Minnereden

Minnereden

Auswahledition

Herausgegeben von Iulia-Emilia Dorobanţu,
Jacob Klingner und Ludger Lieb

DE GRUYTER

Gedruckt mit freundlicher Unterstützung der Deutschen Forschungsgemeinschaft (DFG).

ISBN 978-3-11-046431-3
e-ISBN 978-3-11-046433-7

Library of Congress Cataloging-in-Publication Data
A CIP catalog record for this book has been applied for at the Library of Congress.

Bibliografische Information der Deutschen Nationalbibliothek
Die Deutsche Nationalbibliothek verzeichnet diese Publikation in der Deutschen
Nationalbibliografie; detaillierte bibliografische Daten sind im Internet
über http://dnb.dnb.de abrufbar.

Umschlagabbildung: ÖNB/Wien, Cod.2940*, fol.14v. Die Zeichnung ist der Minnerede
„Die Jägerin" (B508) vorangestellt.
Satz: pagina GmbH, Tübingen
Druck und Bindung: CPI books GmbH, Leck
♾ Gedruckt auf säurefreiem Papier
Printed in Germany

www.degruyter.com

Vorwort

Nach über zehn Jahren Arbeit legen wir hiermit eine kommentierte Auswahledition von 57 Minnereden vor, die bisher in der Mediävistik fehlte und von der wir hoffen, dass sie die Beschäftigung mit diesen so sperrigen wie faszinierenden Texten in Forschung und Lehre erleichtern möge. Ohne mannigfache Hilfe hätten wir die Idee einer solchen Ausgabe niemals verwirklichen können.

So durften wir von der wertvollen Erfahrung, dem freundlichen fachlichen Rat und der kollegialen Unterstützung ausgewiesener Expertinnen und Experten auf dem Gebiet der Minneredenforschung und der Edition mittelalterlicher deutscher Texte profitieren. Melitta Rheinheimer (Berlin) stellte uns unter anderem ihre Unterlagen aus dem Nachlass Hartmut Beckers zur Verfügung. Für konstruktive Gespräche und hilfreiche Verbesserungsvorschläge danken wir Christian Kiening (Zürich), Holger Runow (München), Jakub Šimek (Heidelberg) und den Teilnehmerinnen und Teilnehmern des Heidelberger Forschungskolloquiums.

Zahlreiche Vorarbeiten verdankt unsere Edition Ullrich Bruchhold (Berlin), Raffaela Kessel (Heidelberg) und Flavia Pantanella (Rom), die als wissenschaftliche Mitarbeiterinnen am Editionsprojekt mitwirkten. Als studentische Hilfskräfte begleiteten Benjamin Allgaier, Katharina Böhm, Peter Irion, Mirna Kjorveziroska, Constanze Kreutzer und Christina Ostermann zuverlässig und kompetent die Entstehung der Edition und trugen wesentlich zu ihrem guten Gelingen bei. Substantielle Beiträge zu Textherstellung, Apparaten bzw. Kommentaren von Einzeleditionen steuerten Benjamin Allgaier (Nr. 8–11, 17, 33, 38, 43) und Mirna Kjorveziroska (Nr. 2, 7, 13, 18–20, 24, 28, 29, 31, 32, 35–37, 39, 42, 50, 57) bei. Ihnen allen gilt unser herzlicher Dank.

Als Teil der Forschungskooperation »Heidelberger Forum Edition« im Rahmen der Exzellenzinitiative der Ruprecht-Karls-Universität Heidelberg profitierte unser Editionsprojekt vom lebendigen fachlichen Austausch unter den vielen Projekten in Heidelberg, die sich mit Edition, Kommentierung und Übersetzung befassen. Hierfür gilt unser Dank Janina Reibold und Roland Reuß.

Für die freundliche und unkomplizierte Zusammenarbeit, die Anfertigung von Handschriftenabbildungen und die Möglichkeit der Autopsie von Originalen danken wir all den Institutionen, die die von uns benutzten Handschriften aufbewahren. Besonders genannt seien die Bayerische Staatsbibliothek München, die Herzog August Bibliothek Wolfenbüttel, die Königliche Bibliothek Belgiens in Brüssel, die Nationalbibliothek Warschau, die Sächsische Landesbibliothek – Staats- und Universitätsbibliothek Dresden, die Staatsbibliothek zu Berlin Preußischer Kulturbesitz sowie die Universitätsbibliothek Heidelberg.

Die vorliegende Edition wurde in zwei Phasen ihrer Entstehung von der Fritz Thyssen Stiftung (2005 bis 2007) sowie von der Deutschen Forschungsgemeinschaft (2012 bis 2014) großzügig finanziell gefördert. Dafür danken wir herzlich. Zuletzt möchten wir auch dem Verlag de Gruyter danken, der das Experiment wagt, ein gedrucktes Studienbuch zu erschwinglichem Kaufpreis anzubieten und zugleich alle Einzeleditionen zum kostenlosen Download im Internet bereitzustellen. Für die Betreuung des Bandes und des teilweise komplizierten Satzes danken wir im Besonderen den Verlagsmitarbeiterinnen Maria Zucker und Lena Ebert sehr herzlich.

Wir wünschen allen Nutzerinnen und Nutzern, dass sie sich in ähnlicher Weise wie wir von diesen Diskussionen und Reflexionen über die Liebe begeistern lassen.

Heidelberg, 20. November 2016
Iulia-Emilia Dorobanțu, Jacob Klingner, Ludger Lieb

Inhaltsverzeichnis

Einleitung —— 1
  Minnereden: Überblick, Merkmale und Besonderheiten —— 2
  Editionsgeschichte —— 6
  Auswahl der Texte —— 8
  Methode und Einrichtung der Edition —— 10
  Editionsrichtlinien —— 12
  Handschriftenverzeichnis —— 15
  Literaturverzeichnis —— 21

I. Preis und Liebesbekenntnis
  1. Der rote Mund (B1) —— 27
  2. Der erste Buchstabe der Geliebten (B4) —— 42
  3. Die Schönheit der Geliebten (B6) – zwei Fassungen —— 48
  4. Urkunde der Minne (B14) —— 54

II. Liebesbrief und Liebesgruß
  5. Scherzhafte Liebeserklärung (Z14) – zwei Fassungen —— 62
  6. Liebesbrief (B143) —— 64
  7. Liebesbrief (B147) —— 67
  8. Berliner Liebesbrief I (B148) —— 73
  9. Berliner Liebesbrief II (B149) —— 75
  10. Berliner Liebesbrief III (B150) —— 77
  11. Berliner Liebesbrief IV (B151) —— 80
  12. Liebesbrief (Z28) —— 82

III. Liebes- und Trennungsklage
  13. Das Meiden (B259) —— 85
  14. Das Scheiden (B38) —— 93
  15. Abschiedsgruß (B160) —— 95
  16. Anrufung der Minne (B61) —— 97
  17. Klage über die Untreue der Geliebten (B56) —— 100

IV. Tugendlehre und Lasterschelte
  18. Lob der beständigen Frauen (B272) – zwei Fassungen —— 114
  19. Fluch über die ungetreuen Frauen (B290) —— 126
  20. Schelte gegen die Klaffer (B59) —— 136
  21. Frauenminne und Gottesminne (B309) —— 139

V. Minnesprüche

22. Minnespruch an die Geliebte (B73) —— **141**
23. Minnespruch an die Geliebte (B74) —— **142**
24. Wahre Freundschaft und Liebe (B304) —— **143**
25. Von der Liebe (B314) —— **148**

VI. Rat und Unterweisung

26. Rat eines alten Mütterchens (B207) —— **149**
27. Ratschläge für einen Zaghaften (B421) —— **159**
28. Frau Minne warnt vor Hochmut (B334) —— **166**

VII. Farb- und Blumenallegorese

29. Die sechs Farben (B372) – drei Fassungen mit Anhang —— **172**
30. Die sieben Farben (B376) —— **215**
31. Der Krautgarten (B500) —— **218**
32. Der Blumengarten (B499) —— **247**

VIII. Dialog und Streitgespräch

33. Egen von Bamberg: Das Herz (B49) —— **253**
34. Der Minnenden Zwist und Versöhnung (B233) —— **259**
35. Die Beständige und Wankelmütige (B405) —— **269**
36. Der Minner und der Kriegsmann (B419) —— **302**
37. Das Zauberkraut (B407) —— **309**

IX. Werbungsgespräch

38. Liebeswerbung (B244) —— **329**
39. Glückliche Werbung (B231) —— **351**
40. Gozold: Der Liebesbrief (B213) – zwei Fassungen —— **358**

X. Träume

41. Hans Schneider: Der Traum (B253) —— **368**
42. Traum von erfüllter Liebe (B399) —— **371**
43. Traumerscheinung einer schönen Frau (B522) —— **391**

XI. Minne und Jagd

44. Jagdallegorie (B504) —— **400**
45. Die Jägerin (B508) —— **411**

XII. Minnegericht

46. Der Minne Gericht (B461) —— 415

47. Die Klage der Treue (B447) —— 423

48. Der Harder: Der Minne Lehen (B464) —— 430

49. Erhard Wameshaft: Liebe und Glück (B482) —— 446

XIII. Minnereligion

50. Sekte der Minner (B302) —— 457

51. Predigt im Namen des Papstes an die Jungfrauen und Frauen (B348) – zwei Fassungen —— 466

52. Glaubensbekenntnis eines Liebenden (B15) —— 476

53. Paternoster-Parodie (Z44) —— 483

54. Ave-Maria-Parodie (Z45) —— 486

XIV. Körperliche Liebe

55. Der Allenfrauenhold (B11) —— 488

56. Die Graserin (B23) —— 493

57. Grobianische Werbungslehre (Z78) —— 502

Einleitung

Die vorliegende Edition von 57 spätmittelalterlichen Minnereden mit insgesamt etwa 10.600 Versen stellt für Studium und Forschung erstmals eine am Gesamtcorpus der Minneredentradition orientierte, systematisch gegliederte Auswahl zur Verfügung.[1] Sie entwirft ein repräsentatives Bild jener Gruppe von rund 600 Texten, die die Forschung mit dem Sammelbegriff ›Minnereden‹ bezeichnet.[2]

Die Edition versteht sich als ›überlieferungsnahe Studienausgabe‹.[3] Sie richtet sich nicht nur an ein kleines Spezialistenpublikum, sondern an alle Nutzergruppen mediävistischer Editionen: Studierende, Forscherinnen und Forscher aller historischen Disziplinen sowie Interessierte am Mittelalter, wobei Grundkenntnisse im Bereich des Mittelhochdeutschen vorausgesetzt werden (das entlastet diese Edition von vollständigen Übersetzungen; es werden nur schwer verständliche Wörter und Passsagen im Kommentar erläutert und/oder übersetzt). Die Ausgabe orientiert sich an den spezifischen Bedürfnissen und Anforderungen dieser Nutzergruppen im Rahmen der Möglichkeiten nicht-digitaler, nicht-dynamischer, gedruckter Ausgaben. Auch die zeitgleich erschienene Ebook-Publikation im Internet (www.degruyter.com) bleibt dem gedruckten Buch verpflichtet, trägt aber den Anforderungen besonders des akademischen Unterrichts Rechnung und macht jeden einzelnen Editionstext als Pdf im Open Access-Verfahren bequem zugänglich.

Die 57 hier edierten Minnereden präsentieren weder textkritisch rekonstruierte noch kanonisierte bzw. kanonisierende ›Werke‹, sondern überlieferungsnahe ›Momentaufnahmen‹ von Textprozessen,[4] also ›Texte in ihrer Unfestigkeit‹. Bei mehrfacher Überlieferung wird daher – neben dem Leithandschriftenprinzip – öfter auch die synoptische Darstellung gewählt (Nr. 3, 5, 40, 51) oder der Abdruck zweier Fassungen nacheinander (Nr. 18). In einem Fall besonders komplexer Überlieferungsverhältnisse (15 Handschriften) werden in exemplarischer Absicht fünf Fassungen abgedruckt (Nr. 29).

---

1 Die Edition wurde in den Jahren 2005 bis 2007 zunächst als Teil des Projekts ›Handbuch Minnereden‹ (Klingner/Lieb 2013) von der Fritz Thyssen Stiftung und in den Jahren 2012 bis 2014 von der Deutschen Forschungsgemeinschaft finanziell gefördert. – Aus dem ›Handbuch Minnereden‹ sind die Handschriftensiglen (siehe auch unten, S. 15–20) und die verwendeten Kürzel für die einzelnen Minnereden übernommen; diese bestehen aus einem Buchstaben und einer Nummer, wobei ›B‹ für die bereits durch Brandis 1968 vergebenen Nummern steht (B1–B525) und ›Z‹ für Minnereden, die bei Brandis 1968 noch nicht aufgenommen wurden (Z1–Z85).

2 Zur ›Gattung‹ der Minnereden vgl. Brandis 1968; Blank 1970; Glier 1971; Lieb 2000; Klingner/Lieb 2013, Bd. 2, S. 1–5 (mit weiterer Literatur). Zur Forschungsgeschichte Achnitz 2003.

3 Zum Begriff Studienausgabe und einer Typologie mediävistischer Editionen vgl. Runow 2014.

4 Vgl. Bein 2011; Runow 2014.

Minnereden: Überblick, Merkmale und Besonderheiten

Der erst seit gut 100 Jahren in der Forschung eingebürgerte Begriff ›Minnereden‹ ist zwar in mancher Hinsicht nicht befriedigend,[5] er erscheint uns jedoch – nicht zuletzt aus pragmatischen Gründen – immer noch als sinnvoll. Die Vielfalt der Texte, die durchaus auch andere Klassifizierungen zuließe, wird in der vorliegenden Edition nicht versteckt, sondern ausgestellt. Im folgenden Überblick sind daher jeweils auch die hier edierten Texte aufgeführt, die von der engeren Definition einer ›Minnerede‹ abweichen oder Besonderheiten aufweisen.

Kern einer Bestimmung, was Minnereden seien, steckt im Begriff selbst: Das Hauptthema der Texte ist die zwischengeschlechtliche weltliche Liebe (›Minnerede‹), die – in der Tradition des Minnesangs – als außereheliche, passionierte Liebe konzipiert ist und deren Wesen und Sinn, deren Regeln und Probleme reflektiert, propagiert, beklagt und häufig mit verschiedenen Gesprächspartnerinnen und -partnern diskutiert werden. Anders als im Minnesang werden aber epische Formen (Reimpaarverse, Titurelstrophen) verwendet; die Texte waren daher nicht zum Singen, sondern wohl zum Lesen oder Vortragen (›Minnerede‹) konzipiert, womöglich auch im geselligen Kreis (vgl. Nr. 1: Der rote Mund [B1], V. 337–353, und Nr. 42: Traum von erfüllter Liebe [B399], V. 1).

Minnereden haben einen Ich-Sprecher, der die ›Rede‹ gewöhnlich dominiert[6] (vgl. aber Nr. 36: Der Minner und der Kriegsmann [B419], wo sich lediglich in den letzten drei Versen [V. 166–168] plötzlich ein Ich-Sprecher zeigt). Obwohl in den Minnereden sehr viele Frauen als Figuren auftreten, ist der Ich-Sprecher oder Ich-Erzähler in der Regel männlich; nur gelegentlich findet sich ein weibliches Ich in dieser Rolle (Nr. 37: Das Zauberkraut [B407] und Nr. 42: Traum von erfüllter Liebe [B399]). Männer treten allermeist in der Rolle von Liebenden auf (Ausnahme: Nr. 36: Der Minner und der Kriegsmann [B419]), sofern sie nicht wie z. B. Förster (Nr. 27: Ratschläge für einen Zaghaften [B421]) oder Zwerge, Diener und Herolde (Nr. 48: Der Harder: Der Minne Lehen [B464]) die Funktion von Wegweisern und Stellvertretern haben. Frauen nehmen dagegen typischerweise verschiedene Rollen ein: In monologischen Liebesklagen, Grüßen, Briefen usw. ist das angesprochene Du zwar oft die Geliebte oder es wird in der dritten Person über die Geliebte geredet; in narrativen Zusammenhängen erscheinen Frauen aber häufig auch in den Rollen einer anderen (unglücklich) Liebenden, einer Ratgeberin, einer weisen Alten, einer Frau, die die Minne grundsätzlich ablehnt, oder in der Rolle verschiedener Personifikationen. Neben den konventionellen

---

5 Vgl. zuletzt Achnitz 2016.
6 Vgl. Philipowski 2014.

Personifikationen der Minne und ihrer ›Tugenden‹ (Frau Minne, Frau Treue, Frau Ehre usw.) finden sich manchmal auch ungewöhnliche (z. B. das Glück in Nr. 39: Glückliche Werbung [B231]).

Aufgrund des strengen Verschwiegenheitsgebots[7] und der Rollentypisierung bleiben – sofern sie nicht Personifikationen sind – alle Figuren, auch das Ich, in der Regel namenlos. Gelegentlich werden Initialen genannt (Nr. 2: Der erste Buchstabe der Geliebten [B4] oder Nr. 45: Die Jägerin [B508], V. 65), selten auch Namen bzw. Kosenamen (›Benigna‹ in Nr. 19: Fluch über die ungetreuen Frauen [B290], V. 167, oder ›Helein‹ in Nr. 32: Der Blumengarten [B499], V. 52). Selbst in den Liebesbriefen[8] (Kap. II: Liebesbrief und Liebesgruß) sind weder Adressatin noch Absender genannt, weil es sich in der Regel wohl nicht um personalisierte Briefe, sondern um Musterbriefe oder Briefentwürfe handelt (vgl. aber die Namensparodien in Nr. 10f.: Berliner Liebesbrief III und IV [B150f.]; in Nr. 6: Liebesbrief [B143] ist in der Handschrift Platz für den Namen einer Adressatin frei gelassen).

Minnereden können sowohl monologische, nicht narrative ›Reden‹ als auch Minneerzählungen sein. Bei letzteren ist aber offensichtlich, dass die epischen Anteile »der erörternden Rede untergeordnet« sind und in der Regel die Funktion haben, »Monologe oder Dialoge zu rahmen«,[9] d. h. in Minnereden steht das Reden über die Minne – sei es auf der Ebene des Sprechers oder Erzählers, sei es auf der Ebene des Erzählten – stets im Vordergrund. Dieser Befund konstituiert die Zusammengehörigkeit der Textgruppe, wiewohl zugleich die Typen sehr unterschiedlich sind: Neben Monologen finden sich nicht oder nur ansatzweise narrativ gerahmte Dialoge (z. B. Nr. 29: Die sechs Farben [B372]) oder auch ausdifferenzierte Gesprächssituationen und Streitgespräche (Nr. 35: Die Beständige und Wankelmütige [B405] sowie Kap. XII: Minnegericht). Insbesondere die narrativen Einleitungen, die stets als Hinführungen zu Dialogen oder monologischen Belehrungen fungieren und dabei häufig die Schwellen in eine ›Anderwelt‹ der Minne inszenieren, werden gerne ausführlich gestaltet: Besonders beliebt sind Spaziergangseinleitungen (ausführlich z. B. in Nr. 48: Der Harder: Der Minne Lehen [B464]; Nr. 49: Erhard Wameshaft: Liebe und Glück [B482]), Ausritte zur Jagd (Nr. 27: Ratschläge für einen Zaghaften [B421]; Nr. 31: Der Krautgarten [B500]; Nr. 46: Der Minne Gericht [B461]) oder Träume (Kap. X: Träume). Typisch sind aber auch Mischformen, etwa von monologischem Frauenpreis und Werbungsgespräch (Nr. 38: Liebeswerbung [B244]) oder von monologischer Klage und Minneerzählung (Nr. 13: Das Meiden [B259]; Nr. 17: Klage über die Untreue

---

7 Vgl. Wallmann 1985; Lieb/Strohschneider 1998.

8 Vgl. Schulz-Grobert 1993; Wand-Wittkowski 2000.

9 Lieb 2000, S. 601.

der Geliebten [B56]) oder von einem Ausritt in die ›Anderwelt‹ und einem Traum
(Nr. 43: Traumerscheinung einer schönen Frau [B522]).

Typisch für Minnereden ist auch der oft plakative Einsatz rhetorischer Stil-
mittel. Besonders beliebt sind Allegorien, die häufig auch deutliche Systemati-
sierungstendenzen aufweisen (Kap. VII: Farb- und Blumenallegorese sowie
Kap. XI: Minne und Jagd). Daneben kommen Reihungen und Kataloge jeglicher
Art vor (z. B. Nr. 2: Der erste Buchstabe der Geliebten [B4]; Nr. 13: Das Meiden
[B259]; Nr. 52: Glaubensbekenntnis eines Liebenden [B15]) sowie Schönheitsbe-
schreibungen (Nr. 3: Die Schönheit der Geliebten [B6]; Nr. 10: Berliner Liebes-
brief III [B150]; Nr. 38: Liebeswerbung [B244]; Nr. 43: Traumerscheinung einer
schönen Frau [B522]). Vor allem im Modus des Fluchens und Scheltens findet sich
oft auch eine bildhafte und drastische Wortwahl (Nr. 19: Fluch über die unge-
treuen Frauen [B290]; Nr. 20: Schelte gegen die Klaffer [B59]). Auch der soge-
nannte ›Geblümte Stil‹[10] lässt sich immer wieder auffinden (z. B. Nr. 33: Egen von
Bamberg: Das Herz [B49]; Nr. 34: Der Minnenden Zwist und Versöhnung [B233]).

Minnereden sind stark von Wiederholungen der Argumente, der rhetorischen
Figuren und Darstellungsformen geprägt.[11] Offenbar ging es den meisten Verfas-
serinnen und Verfassern der Texte weniger um Originalität als um Partizipation
an einem Diskurs über die Minne. So erscheint diese Tradition als autopoietisches
System, d. h. Minnereden beziehen sich implizit auf sich selbst und zeugen sich
immer weiter fort. Das lässt sich unter anderem daran ablesen, dass Einzeltext-
referenzen, also konkrete intertextuelle Bezüge selten sind und sich am ehesten
auf herausragende Texte der eigenen Tradition beziehen, insbesondere auf Hada-
mars von Laber ›Die Jagd‹ (B513) (Nr. 36: Die Beständige und die Wankelmütige
[B405]), V. 162 und 187). Anspielungen auf Texte außerhalb der Minneredentra-
dition sind dagegen seltener (vgl. Nr. 1: Der rote Mund [B1] mit Verweisen auf
Wolfram von Eschenbach und Figuren seiner Werke).

Die Minne wird in den Minnereden häufig mit höchster Werthaftigkeit verse-
hen (vgl. aber Nr. 21: Frauenminne und Gottesminne [B309]). Dem entspricht die
weitgehende Ausblendung sowohl rechtlicher, monetärer als auch triebhafter
Aspekte der Zweierbeziehung: Von Ehe, Geld und Sexualität ist in Minnereden
meist nicht oder nur indirekt die Rede. Die moralisch-ethische Übersteigerung
und die Abstrahierung von lebensweltlichen Belangen provozieren aber – wie
schon beim Minnesang – mehrfach Gegenentwürfe, die die ausgeblendeten
Aspekte offensiv einfordern oder diskutieren (z. B. Nr. 36: Der Minner und der
Kriegsmann [B419] und das Kap. XIV: Körperliche Liebe). Einen komischen Effekt
erzeugen jene Minnereden, die – wohl als Konsequenz dieser Übersteigerung –

---

10 Vgl. Hübner 2000.
11 Vgl. Lieb 2001; Lieb/Strohschneider 2005; Lieb/Neudeck 2006.

den minneredentypischen Inhalt in geistlich-kirchlichen Ordnungen oder Textformen (Kloster, Predigt, Gebete) präsentieren, also Parodien sind (Kap. XIII: Minnereligion). Ähnliches gilt für die Übernahme von Formen aus dem Rechtsdiskurs (Nr. 4: Urkunde der Minne [B14] sowie Kap. XII: Minnegericht). Schließlich ziehen eine Reihe von Texten ihre Komik aus der Kontrastierung des ethischen Vokabulars mit drastischer Obszönität (vgl. das Kap. XIV: Körperliche Liebe).

Gewöhnlich handelt es sich bei Minnereden um Reimpaarverstexte, gelegentlich finden sich auch Minnereden, die – in der Tradition Wolframs und Hadamars – in Titurelstrophen abgefasst sind (Nr. 34: Der Minnenden Zwist und Versöhnung [B233]) oder kreuzgereimte Strophengruppen aufweisen (Nr. 26: Rat eines alten Mütterchens [B207]). Ein Übergang zur Prosa ist nur selten, etwa in einzelnen Liebesbriefen, zu beobachten (Nr. 8–11: Berliner Liebesbriefe I–IV [B148–151]).

Bekanntere Minnereden sind die ›Großformen‹ (mit weit über 1000 Versen), etwa die ›Klage‹ Hartmanns von Aue (B48),[12] das ›Frauenbuch‹ Ulrichs von Liechtenstein (B402a),[13] die ›Minnelehre‹ Johanns von Konstanz (B232),[14] die ›Minneburg‹ (B485),[15] die ›Jagd‹ Hadamars von Laber (B513),[16] das ›Kloster der Minne‹ (B439)[17] oder die ›Mörin‹ Hermanns von Sachsenheim (B466).[18] Die Masse der Texte ist allerdings von geringerem Umfang, typischerweise zwischen 30 und 600 Versen; auch sehr kurze Formen werden noch zu den Minnereden gerechnet (Nr. 5: Scherzhafte Liebeserklärung [Z14]; Nr. 25: Von der Liebe [B314]).

Minnereden sind in der Regel anonym überliefert. Ausnahmen stellen die genannten elaborierten Großformen dar, die sich recht oft mit einem Autornamen verbinden. Doch auch bei den hier edierten kürzeren und mittellangen Minnereden tauchen gelegentlich Autornamen auf (Nr. 33: Egen von Bamberg; Nr. 40: Gozold; Nr. 41: Hans Schneider; Nr. 48: Der Harder; Nr. 49: Erhard Wameshaft).

Minnereden entstanden vor allem im 14. und 15. Jahrhundert, Vorläufer gibt es aber schon im 13. Jahrhundert (Nr. 21: Frauenminne und Gottesminne [B309], überliefert zwischen 1250 und 1275); und noch im frühen 16. Jahrhundert scheint die Gattung produktiv zu sein (Nr. 26: Rat eines alten Mütterchens [B207], erstmals überliefert um 1530).

---

12 Neueste Edition von Gärtner 2015.

13 Neueste Edition von Young 2003.

14 Neueste Edition von Huschenbett 2002.

15 Edition von Pyritz 1950.

16 Editionen von Schmeller 1850; Stejskal 1880.

17 Edition von Schierling 1980.

18 Neueste Edition von Schlosser 1974.

Der sprachliche Schwerpunkt der Minneredentradition liegt im Oberdeutschen, obwohl auch eine nennenswerte mittel- und niederdeutsche sowie niederländische Tradition zu beobachten ist (Nr. 24: Wahre Freundschaft und Liebe (B304); Nr. 29: Die sechs Farben [B372] Anhang; Nr. 45: Die Jägerin [B508]; Nr. 51: Predigt im Namen des Papstes an die Jungfrauen und Frauen [B348] Fassung Brüssel).

Die Überlieferungslage der Minnereden stützt die Annahme, dass es bereits im späten Mittelalter ein Bewusstsein für die Zusammengehörigkeit dieser Texte, ein Bewusstsein für den Diskurs oder die Gattung der Minnerede gab. Eine Reihe von Sammelhandschriften vor allem des 15. und frühen 16. Jahrhunderts enthalten nämlich fast ausschließlich Minnereden bzw. relativ geschlossene Minnereden-Textblöcke. Neben solchen Sammlungen (vor allem die Handschriften der Hätzlerin-Gruppe [Pr_2, Lg_4 und Be_3][19] sowie He_3, He_{10}, He_{14}, Lo_4, $Mü_4$, $Mü_6$, $Mü_{19}$, Ne, St_5, Tr, Wi_{16}) gibt es allerdings auch Einzel- oder Streuüberlieferung, besonders im Kontext der Reimpaarkleinepik (z. B. Go_1, Ka_7) oder in Miszellaneen-Handschriften und Hausbüchern (z. B. Be_{12}, He_4, He_{16}, Ka_3, $Mü_{10}$, $Mü_{21}$, $Nü_3$, Sr_3, Wi_1, Wi_8).

Aufs Ganze gesehen weisen Minnereden eine sehr variantenreiche und flexible Überlieferung auf. Die vorliegende Edition dokumentiert das teilweise in Synopsen verschiedener Fassungen einer Minnerede, aber auch in den teils sehr umfangreichen Variantenapparaten (Nr. 31: Der Krautgarten [B500]; Nr. 35: Die Beständige und Wankelmütige [B405]). Während etliche Minnereden nur unikal überliefert sind und manche auch recht stabil überliefert werden, zeigen andere Minnereden eine große Offenheit für kreative Umformungsprozesse (vgl. etwa die beiden Fassungen von Nr. 3: Die Schönheit der Geliebten [B6] sowie von Nr. 51: Predigt im Namen des Papstes an die Jungfrauen und Frauen [B348] oder das offenbar sehr enge Verhältnis von Nr. 31: Der Krautgarten [B500] und Nr. 32: Der Blumengarten [B499]).[20]

Editionsgeschichte

Bisherige Minnereden-Anthologien beschränken sich auf die – meist unkommentierte und nicht überlieferungskritische – Wiedergabe historischer Sammlungskontexte. Die Editionsgeschichte beginnt bereits im späten 18. und frühen 19. Jahrhundert mit dem (teils diplomatischen) Abdruck bedeutender Kleinepik-Sammelhandschriften, in denen einzelne Minnereden bzw. Minnereden-Grup-

---

19 Die Siglen für die Handschriften folgen dem ›Handbuch Minnereden‹ (Klingner/Lieb 2013, S. 23–148) und sind unten, S. 15–20, aufgelöst.
20 Vgl. auch Lieb 2005, Neudeck 2005, Klingner 2016.

pen aufgenommen sind, etwa der Straßburger Hs. Cod. A 94 (Sr₃).[21] der ›Lieder-saal-Hs.‹ von Lassberg (Ka₃)[22] und des ›Liederbuchs der Clara Hätzlerin‹ (Pr₂).[23] Ab der Mitte des 19. Jahrhunderts und kontinuierlich bis heute wurden auch alle Großformen der Gattung (teilweise mehrfach) in Einzelausgaben ediert. Daneben sind auch viele Minnereden geringeren Umfangs ediert worden, allerdings bisher entweder verstreut oder im Rahmen von ›Editionen‹ größerer Sammelhand-schriften.

Auch die neuere Minnereden-Philologie blieb vor allem der je einzelnen Sam-melhandschrift verpflichtet und hat darüber in der Tendenz sowohl den Blick auf den Einzeltext als auch auf das Gesamtcorpus vernachlässigt. So wählte Kurt Matthaei 1913 für seinen DTM-Band ›Mittelhochdeutsche Minnereden I‹ nachein-ander Minnereden aus mehreren Heidelberger Sammelhandschriften aus. In sei-ner Nachfolge zeigen fast alle Minneredeneditoren eine Präferenz für die Zusam-menstellung von Texten nach Maßgabe historischer Sammlungen.[24]

Dieses hergebrachte editorische Vorgehen ist insofern literarhistorisch kon-sequent, als Matthaei und die Forschung nach ihm Gattungsbegriff und Gattungsdefinition vor allem aus der Beobachtung der besonderen Überliefe-rungssituation der Texte in ›reinen‹ Minneredenhandschriften bzw. Minnereden-Blöcken in Kleinepik-Sammelhandschriften ziehen. Indem die vorhandenen Anthologien diese Überlieferungskontexte betonen, muten sie den Einzeltexten jedoch eine Rückstufung zu. Der Einzeltext interessiert nicht je für sich, sondern vor allem als Teil einer Sammlung. Hinzu tritt oft noch eine ästhetische Begrün-dung für eine solche Auswahl: Die Stereotypie und der Dilettantismus, mit der viele Texte gängige Schemata variieren, hat wohl nicht unwesentlich dazu bei-getragen, dass man dem Einzeltext nur einen untergeordneten Status zubilligen wollte – so als müsse man eher von einem perpetuierten ›Minne-Reden‹ statt von einzelnen ›Minnereden‹ sprechen.[25]

Einer Betrachtung des Gesamtcorpus der mittelalterlichen Minnereden, die sich den Texten mit Fragen nach der Typologie und nach diskursgeschichtlich dominanten Konfigurationen nähert – also auf der Ebene der Textphänomene,

---

21 Vgl. Myller 1784.
22 Vgl. Lassberg 1820–25.
23 Vgl. Haltaus 1840.
24 Brauns/Thiele 1938; Stengel/Vogt 1956; Leiderer 1972; Schierling 1980; Mareiner 1984 ff.; Mareiner 1998 ff.; Mareiner 2013. Nicht selten wurden auch komplette Handschriften herausge-geben: Sappler 1970; Schmid 1974; Zimmermann 1980; Schmid 1985. Nur die Arbeit von Rhein-heimer 1975 bietet auf S. 120–177 eine an Literaturgeographie und Gattungssystematik ausge-richtete Anthologie, die sich allerdings auf bisher unedierte Texte beschränkt.
25 Vgl. zur Neuperspektivierung dieser vorher abgewerteten Eigenschaften Lieb 2001, Lieb/Strohschneider 2005 und Lieb/Neudeck 2006.

weniger auf der der Überlieferungsphänomene –, steht diese Art der Edition jedoch eher im Weg. Zum einen bringen die Editionen historischer Überlieferungsverbünde teilweise textphilologisch unbefriedigende Ergebnisse hervor, da die Texte in den großen Sammelhandschriften nicht selten in verderbter oder verballhornter Form überliefert sind, ein Wechsel der Leithandschrift sich aber durch die Kontextvorgabe verbietet. Zum anderen ergeben sich Verzerrungen für das Gesamtbild der Gattung dadurch, dass Texte, die außerhalb der großen Sammlungen überliefert und daher nur verstreut ediert sind, aus dem Blick einer Fachöffentlichkeit geraten, die die Gattung überwiegend in den großen Sammelausgaben rezipiert. In beiden Punkten wird das Problem sichtbar, dass die Minnereden-Sammelhandschriften zwar historisch legitimierte Momentaufnahmen der Gattungsrezeption abgeben, aber hochgradig kontingent sind, was die Zusammenstellung der Einzeltexte und deren textgeschichtlichen Status anbelangt. Diese Kontingenz in der Textauswahl wird noch potenziert, wenn einige Minnereden-Editionen sich nur auf die ›Inedita‹ bestimmter historischer Sammlungen konzentrieren,[26] wobei die Statuszuschreibung als ›unediert‹ nichts über den Text selbst und seine Stellung zu Parallelüberlieferung und Gattungstradition aussagt, sondern nur etwas über die recht zufällige Editionsgeschichte.

Eine Anthologie, die den Gattungszusammenhang systematisch zur Darstellung bringt und die Gattung »in charakteristischen Exemplaren, also in ihren musterhaften und individuellen, ihren erfolgreichsten, amüsantesten und erschreckendsten, feinsinnigsten und derbsten, ältesten und jüngsten Beispielen«[27] präsentiert – wie sie für andere Gattungen der weltlichen mittelalterlichen Kleinepik vorliegt[28] – fehlte bislang.

Auswahl der Texte

Die vorliegende Auswahledition geht zwar auch von der forschungsgeschichtlich etablierten Definition aus, die an den historischen Sammlungen gewonnen ist. Sie nimmt diese Definition von Minnereden aber in ihrem Abstraktionspotential ernst: Mit ihrer Hilfe kann man das Textcorpus bestimmen und nun, mit Blick auf die Gesamtüberlieferung, neu systematisch gliedern.[29] Die Vielfalt der Typen und

---

26 Vgl. etwa Brauns-Thiele 1938; Leiderer 1972.
27 Grubmüller 1996, S. 1008.
28 Vgl. etwa im Fall des Märe die neueren Anthologien von Grubmüller 1996 und Schulz-Grobert 2006.
29 Vgl. auch die typologische Ordnung der Minnereden im ›Handbuch Minnereden‹: Klingner/Lieb 2013, Bd. 2, S. 18–21.

Formen der Minnereden werden in ihrer gattungs- und überlieferungsgeschichtlichen Breite präsentiert. Besondere Berücksichtigung finden die verschiedenen Spielarten der Inszenierung (Spaziergangseinleitung, Traum, Gespräche usw.), sowie das gattungseigene Typen- und Formeninventar (Personifikationsdichtung, Allegorese, Werbungs-, Lehr- und Streitgespräche usw.). Die Auswahl stellt zugleich die chronologische und geographische Streuung (vom späten 13. bis ins frühe 16. Jahrhundert, Texte aus dem oberdeutschen, mitteldeutschen und niederdeutschen Sprachgebiet) sowie die materialen Besonderheiten der Minnedenüberlieferung (Mehrfachüberlieferungen, Varianz, Kompilationen, Fragmente) exemplarisch dar.

Großformen (mit weit über 1000 Versen) wurden aus pragmatischen Gründen nicht aufgenommen – diese relativ wenigen Texte würden wegen ihres Umfangs und ihrer teilweise schwer lösbaren Überlieferungsprobleme (man denke nur an die Strophenreihenfolgen von Hadamars ›Jagd‹ [B513]) den Rahmen des Buches sprengen. Zudem sind sie weitgehend in neueren Editionen verfügbar.

Obwohl 17 von 57 Minnereden hier erstmals ediert werden (Nr. 3, 7, 10, 11, 17, 20, 26–28, 30, 39, 41–43, 47, 48, 57), stand die Frage, ob ein Text bisher bereits ediert wurde oder nicht, bei der Auswahl nicht im Vordergrund. Im Hinblick auf ein breiteres Fachpublikum und eine mögliche Verwendung der Anthologie im akademischen Unterricht wurden vielmehr gerade auch Texte aufgenommen, die in der bisherigen Forschung besondere Aufmerksamkeit erhalten haben und zum Teil bereits in mehreren Editionen vorliegen (z. B. Nr. 1: Der Rote Mund [B1]; Nr. 29: Die sechs Farben [B372]). Die vorliegende Auswahl berücksichtigt im Übrigen auch jene Texte, die im Verlauf der Arbeit am ›Handbuch Minnereden‹ neu als Minnereden bestimmt wurden (vgl. Nr. 5, 12, 53, 54, 57). Zu einer Reihe anderer Texte konnten lange verschollen geglaubte Handschriften bzw. neue, teilweise vollständigere Überlieferungszeugen ermittelt werden (Nr. 3: Die Schönheit der Geliebten [B6]; Nr. 42: Traum von erfüllter Liebe [B399]).[30]

Die Auswahl und die Präsentation der Einzeltexte erfolgen nicht mehr nach Vorgabe der historischen Überlieferungs- und Sammlungskontexte. Dies soll keineswegs als Rückschritt hinter die Errungenschaften einer Philologie gesehen werden, die die Unhintergehbarkeit der historischen Überlieferungsgestalt betont. In Bezug auf die Präsentation des Einzeltextes wird den Überlieferungsphänomenen auch in dieser Auswahledition differenziert Rechnung getragen. Die entschiedene Lösung der Frage nach der Text*auswahl* von der Frage nach den historischen Überlieferungskontexten ist vielmehr als Reaktion auf aktuelle Ver-

---

30 Vgl. Klingner 2008. Zur Minnerede Nr. 42 (B399), die aufgrund mangelnder Kenntnisse der Überlieferung bisher nur rudimentär bekannt war (und daher auch schon verschiedene Forschungstitel trug) vgl. die Bemerkungen in Klingner/Lieb 2013, Bd. 1, S. 636.

änderungen der Forschungssituation zu verstehen: Die neuen Möglichkeiten der Handschriftendigitalisierung haben den Zugang zu den Überlieferungsträgern (genauer: zu ihren Abbildungen) erheblich erleichtert (zu nennen wären gegenwärtig vor allem die ›Bibliotheca Palatina Digital‹ der UB Heidelberg,[31] die ›Digitale Bibliothek‹ der BSB München[32] sowie weitere im Aufbau befindliche Präsentationen). Das entlastet die Editionsphilologie von der Aufgabe, historische Sammlungskontexte erschöpfend abzubilden. Zugleich stehen einem nun prinzipiell möglichen Verzicht auf jegliche Einschränkung der Auswahl – etwa in einer digitalen Edition *aller* verfügbaren Überlieferungszeugen *aller* Minnereden – pragmatische Hinderungsgründe entgegen (vor allem die Dauer der Erarbeitung und die Probleme der Benutzbarkeit). Die begründete Auswahl aus dem Traditionszusammenhang, die durch Gruppenbildung und Kommentierung den Charakter eines ›Lesebuchs‹ bekommt, erscheint uns als eine den neuen Bedingungen adäquate Editionsform.

Methode und Einrichtung der Edition

In dieser Auswahledition rückt der Einzeltext als Entität stärker in den Vordergrund.[33] Die Edition legt für jeden Text auf der Grundlage der je eigenen Überlieferungssituation eine Leithandschrift fest. Kriterien hierfür sind Lesbarkeit, Verständlichkeit und Vollständigkeit des überlieferten Textes. Außerdem ist zu berücksichtigen, dass sich ausgehend von der Leithandschrift die Varianzphänomene der gesamten Überlieferung möglichst gut zur Anschauung bringen lassen. Dies geschieht entweder durch Dokumentation im Variantenapparat (dies ist der am häufigsten gewählte Fall), durch eine synoptische Darstellung mehrerer Überlieferungsträger (Nr. 3, 5, 29, 40, 51) oder durch die Zusammenstellung textgenetisch aufeinander zu beziehender Texte (Nr. 8–11, Nr. 13–15 und Nr. 31/32). Auf diese Weise soll die Vielfalt und Vielstimmigkeit der Überlieferung auch in der Edition sichtbar werden. Dass in dieser Vielstimmigkeit durchaus auch ein Problem für Editor und Leser liegt, soll nicht elegant editorisch verschleiert werden, sondern als beständige Aufgabe für die Interpretation mittelalterlicher Texte in der Ausgabe präsent gehalten werden.

---

31 Vgl. http://codpalgerm.uni-hd.de. Hier sind unter anderem auch alle Heidelberger Minnereden-Sammelhandschriften vollständig einsehbar.

32 Vgl. http://www.muenchener-digitalisierungszentrum.de.

33 Von ›Werken‹ mag man bei den hier edierten Minnereden kaum sprechen, weil sich Autorprofil, Traditionsbezug und Stilbewusstsein kaum manifestieren.

36 der hier edierten Minnereden sind unikal überliefert. Das verursacht teilweise größere Textherstellungsprobleme. Im Stellenkommentar müssen hier gelegentlich alternative Lesungen vorgeschlagen und Übersetzungsoptionen angegeben werden. Emendationen bei unikal überlieferten Texten werden selten und nur dann vorgenommen, wenn eine Verschreibung offensichtlich ist, d. h. wenn die Lesart definitiv keinen Sinn ergibt und mit der Emendation z. B. ein zerstörter Reim oder eine anderweitig mehrfach belegte Wendung des Minnereden-Diskurses wiederhergestellt werden kann.

Erschlossen werden alle Minnereden durch zwei Apparate: einen Variantenapparat (siehe die nachfolgenden Ausführungen zu den Editionsrichtlinien, S. 13 f.) sowie einen je darunter stehenden Stellenkommentar. Der Stellenkommentar gibt gelegentlich Hinweise auf Parallelen zu anderen Texten, vor allem aber erläutert er den Wortschatz und grammatikalisch schwierige Passagen – teilweise werden auch ganze Passagen in neuhochdeutscher Übersetzung geboten. Es wird empfohlen, zu jeder Minnerede auch die ausführlichen Zusammenstellungen und Beschreibungen von Überlieferung, Inhalt und Forschungsliteratur im ›Handbuch Minnereden‹ zu konsultieren.[34]

In der Überschrift steht jeweils nach dem Titel der Minnerede die B- bzw. Z-Nummer aus dem ›Handbuch Minnereden‹.[35] Im Variantenapparat folgen zu Beginn jeder Minnerede die wichtigsten editorischen Informationen, insbesondere die Leithandschrift (»Text nach ...«) sowie ggf. weitere Überlieferungszeugen und editionsphilologische Besonderheiten, die über die allgemeinen Editionsrichtlinien (siehe unten) hinausgehen. Die Handschriftensiglen entstammen ebenfalls dem ›Handbuch Minnereden‹ und sind im Handschriftenverzeichnis (siehe unten, S. 15–20) erläutert. In Klammern werden die jeweils verwendeten Siglen auch zu Beginn jeder Minnerede einmal aufgelöst. Ebenfalls im Variantenapparat zu Beginn jeder Minnerede findet sich ggf. ein Hinweis auf bisherige Editionen des Textes. Die dort verwendeten Kurztitel sind wie alle Literaturangaben der Edition im Literaturverzeichnis (siehe unten, S. 21–26) aufgelöst. Die Blattangaben der Leithandschrift werden in eckigen Klammern am Seitenrand angeführt.

Das Ziel der Auswahledition besteht nicht nur darin, ein genaueres Bild der Minneredentradition jenseits von überlieferungsbedingten Zufälligkeiten und Verzerrungen zu bieten, sondern durch die kommentierende Textpräsentation exemplarischer Vertreter zugleich das Verständnis für die Texte und ihre literarischen wie historischen Kontexte zu fördern.

---

34 Klingner/Lieb 2013, Bd. 1.
35 Ebd.

Editionsrichtlinien

Die allgemeinen Entscheidungen zur Textherstellung, die im Folgenden beschrieben werden, bezwecken eine gewisse Einheitlichkeit und Benutzerfreundlichkeit der Ausgabe trotz der sprachhistorischen und sprachgeographischen Vielfalt der Quellen. In Einzelfällen werden sie jedoch um differenzierte Maßnahmen ergänzt, die zu Beginn der Einzeledition im Apparat angegeben werden.

Die edierten Texte folgen grundsätzlich der Graphie der zu edierenden Handschrift, jedoch nicht streng diplomatisch. So werden verschiedene Buchstabenformen sowie bestimmte Schreibvarianten vereinheitlicht: Im Falle des Buchstaben S werden alle in den Handschriften vorkommenden Formen – gerades S (›Schaft-S‹), rundes S sowie die geschlossenen Formen wie das ›Rücken-S‹ (›Brezel-S‹) – konsequent als rundes S (›s‹) wiedergegeben. Ferner steht im edierten Text v immer für den konsonantischen und u immer für den vokalischen Lautwert. w mit vokalischem Lautwert wird konsequent als u wiedergegeben, wenn es nicht Bestandteil eines Diphthongs ist. Zudem wird die Schreibung von i, j und y vereinheitlicht. Ligaturen werden aufgelöst. Die Ausnahme hiervon stellt die sz-Ligatur dar, die als ›ß‹ wiedergegeben wird. Suspensionskürzungen und Kontraktionskürzungen werden stillschweigend aufgelöst. Diakritika und Superskripta werden nur dann berücksichtigt, wenn sie eindeutig einen Diphthong oder einen Umlaut bezeichnen. In diesen Fällen werden sie ebenfalls stillschweigend aufgelöst.

Getrennt- und Zusammenschreibung werden stillschweigend vereinheitlicht. In den Handschriften fehlende Wortabstände werden eingefügt. Zusammenschreibung wird bei Eigennamen konsequent vorgenommen. Ebenfalls wird bei der Schreibung von Verben mit Vorsilben sowie bei Adverbien, die in den Handschriften getrennt geschrieben werden, vereinheitlichend eingegriffen.

Groß- und Kleinschreibung werden folgendermaßen geregelt: Versanfänge und Eigennamen werden immer groß geschrieben, nicht jedoch Satzanfänge im Versinneren. Neben Personennamen und Ortsnamen werden auch Personifikationen, Hundenamen sowie Pflanzennamen im Kontext einer Allegorie oder Allegorese durch Großschreibung hervorgehoben.

›Historische Korrekturen‹ (durch den Schreiber, Rubrikator oder Benutzer) werden in den edierten Text stillschweigend aufgenommen und im Apparat als solche dokumentiert. Durchgestrichene Wörter in historischen Korrekturen werden durchgestrichen wiedergegeben: z. B. Nr. 46: Der Minne Gericht (B461), V. 31: »das ~~bej~~«.

Historische Interpunktion wird im edierten Text nicht wiedergegeben. Auf ihre Dokumentation wird zur Entlastung des Apparates verzichtet. Moderne Interpunktion nach dem aktuellen Stand der DUDEN-Normen wird zur besseren Lesbarkeit und zur Erleichterung des Textverständnisses eingefügt. Die Richtlinien der DUDEN-Redaktion werden jedoch nicht streng befolgt, sondern syntaktisch angepasst. Zur Hervorhebung direkter Rede werden einfache Anführungszeichen verwendet. Mit doppelten Anführungszeichen wird zitierte Rede innerhalb der bereits markierten direkten Rede hervorgehoben.

Editorische Eingriffe wurden lediglich bei offensichtlichen, das Textverständnis hinsichtlich der Grammatik beziehungsweise der Semantik oder den Reim stark beeinträchtigenden Fehlern vorgenommen. Diese Eingriffe – Tilgungen, Emendationen sowie Konjekturen – erscheinen im Kursivsatz. Im Apparat werden sie differenziert dokumentiert. Aus unserer Sicht unverständliche Textstellen haben wir durch Cruces im edierten Text markiert.

Der Variantenapparat dokumentiert die Textkonstitution sowie die Parallelüberlieferung von mehrfach überlieferten Minnereden. Die Angaben zur Textherstellung umfassen die editorischen Eingriffe und den Umgang mit Besonderheiten der Handschrift wie ›historischen Korrekturen‹ oder Besonderheiten der Textgliederung.

Angestrebt wird zudem die Dokumentation von Überlieferungsbesonderheiten, vor allem hinsichtlich der vom Oberdeutschen abweichenden Schreibsprache. Die Darstellung von Handschriftengruppen und der Gruppenvarianz beabsichtigt nicht Zurückführung auf einen Archetyp, sondern lediglich die Veranschaulichung vorliegender Handschriftenverhältnisse. Im Variantenapparat wird die Überlieferungsvarianz unter Berücksichtigung der gesamten, auf dem aktuellen Erschließungsstand bekannten Parallelüberlieferung verzeichnet.

Die Schreibung der eingetragenen Lesarten folgt im Apparat der Graphie der jeweiligen Handschrift, ohne dass normalisierende Eingriffe vorgenommen werden. Abkürzungen werden jedoch aufgelöst.

Zur Entlastung des Apparates werden mit einer bereits angegebenen Variante gleichlautende und darauf bezogen nicht bedeutungsdifferenzierende Varianten zusammenfassend dokumentiert. Varianten aus verschiedenen Handschriften werden nur unter folgenden Bedingungen subsumiert: wenn sie identisch sind, wenn sich die Unterschiede auf die Schreibung beschränken, wenn sie sich lediglich im Sprachstand, in sprachhistorischer oder sprachgeographischer Hinsicht, voneinander unterscheiden, wenn sie eindeutig Varianten derselben Flexionsform darstellen oder wenn sie keine semantischen oder stilistischen Unterschiede ergeben.

Die Reihenfolge der im Apparat angegebenen Handschriftensiglen orientiert sich grundsätzlich an der Datierung der Überlieferungsträger. Bei ungenauer Datierung der zu berücksichtigenden Handschriften werden die Siglen alphabetisch geordnet. Zugleich strebt der Apparat eine Abbildung der Überlieferungsverhältnisse an: Nicht synoptisch abgedruckte Fassungen einer Minnerede oder aber erkennbare Handschriftengruppen werden im Apparat als zusammengehörig präsentiert, indem die entsprechenden Handschriftensiglen aufeinander folgen. Innerhalb der Gruppen werden die Handschriften chronologisch angeführt. Die Handschriftengruppen werden ebenfalls chronologisch geordnet, wobei ihre Reihenfolge anhand der Datierung der frühesten Handschriften aus den einzelnen Gruppen bestimmt wird. Bei subsumierten Varianten wird dementsprechend immer die älteste Handschrift zitiert, welche die jeweilige Variante enthält.

Dokumentiert werden alle sinntragenden, bedeutungsdifferenzierenden Varianten, alle Hinzufügungen, Streichungen beziehungsweise Auslassungen sowie Änderungen der einzelnen Handschriften im Vergleich zur Leithandschrift. Die Apparate sollen und können nicht die Eigenart der jeweiligen Handschriften in ganzer Fülle darstellen. Es geht hier nur um eine Angabe der signifikanten oder möglicherweise signifikanten Abweichungen, daher werden Einschränkungen vorgenommen. Nicht in den Apparat aufgenommen werden Unterschiede in der Graphie und in der Zeichensetzung, lediglich den Sprachstand betreffende Varianten sowie Unterschiede in der Flexion, besonders Varianten derselben Flexionsform mit gleicher oder unterschiedlicher Silbenzahl.

Handschriftenverzeichnis

Die Auswahledition berücksichtigt 52 sprachhistorisch und sprachgeographisch unterschiedliche Handschriften. Aus pragmatischen Gründen musste auf jeweils neue Handschriftenbeschreibungen verzichtet werden. Die unten stehenden Angaben zu Lokalisierung und/oder Schreibsprachenbestimmung und Datierung entstammen der bisherigen einschlägigen Forschungsliteratur zu den jeweiligen Überlieferungsträgern. Sie bieten – auch unter Berücksichtigung der in den letzten Jahren erschienenen Forschungen – lediglich eine erste Orientierungshilfe. Für die benutzte Forschungsliteratur sowie für stets aktualisierte und weiterführende Angaben sei auf das ›Handbuch Minnereden‹,[36] den ›Handschriftencensus‹ (http://www.handschriftencensus.de/) und die sonstigen mediävistisch relevanten Literaturdatenbanken und Bibliothekskataloge verwiesen.

Sigle und Signatur der Handschrift *mit Angaben zur Lokalisierung / Schreibsprache und Datierung*	**Nummern und Titel der edierten Texte**
Be₁ Berlin, SBB-PK Fragm. 3 (olim Privatbesitz Antiquariat Hans P. Kraus, Wien) *Gebiet der Weichselmündung; niederdeutsch-hochdeutsche Mischsprache; frühes 15. Jh.*	29. Die sechs Farben (B372)
Be₃ Berlin, SBB-PK Ms. germ. fol. 488 *Würzburg; ostfränkisch; um 1530.*	2. Der erste Buchstabe der Geliebten (B4) 13. Das Meiden (B259) 14. Das Scheiden (B38) 15. Abschiedsgruß (B160) 17. Klage über die Untreue der Geliebten (B56) 26. Rat eines alten Mütterchens (B207) 29. Die sechs Farben (B372) 30. Die sieben Farben (B376) 31. Der Krautgarten (B500) 35. Die Beständige und die Wankelmütige (B405) 40. Gozold: Der Liebesbrief (B213)

---

36 Vgl. die Informationen zu den Handschriften und zur jeweiligen Forschungsliteratur bei Klingner/Lieb 2013, Bd. 2, S. 23–148.

Sigle und Signatur der Handschrift	**Nummern und Titel der edierten Texte**
Be₁₀ Berlin, SBB-PK Ms. germ. quart. 284 *Mittelfränkisch; Mitte bis 3. Viertel 14. Jh.*	24. Wahre Freundschaft und Liebe (B304)
Be₁₂ Berlin, SBB-PK Ms. germ. quart. 495 (olim Privatbesitz Matthäus Kuppitsch Wien [Hs. O]) *Nürnberg; nordbairisch mit schwäbischen Spuren; um 1500.*	7. Liebesbrief (B147) 8.–11. Berliner Liebesbriefe (B148–151) 57. Grobianische Werbungslehre (Z78)
Be₁₅ Berlin, SBB-PK Ms. germ. quart. 719 *Hier rheinfränkisch; 1473–74.*	49. Erhard Wameshaft: Liebe und Glück (B482)
Be₁₆ Berlin, SBB-PK Ms. germ. quart. 795 *Niederdeutsch; Anfang oder 1. Viertel 15. Jh.*	29. Die sechs Farben (B372)
Be₁₇ Berlin, SBB-PK Ms. germ. quart. 1107 *Ulm (?); schwäbisch; 1459.*	20. Schelte gegen die Klaffer (B59) 31. Der Krautgarten (B500)
Be₁₉ Berlin, SBB-PK Ms. germ. quart. 1899 (olim Wernigerode, Gräfl. Stolbergische Bibl. Cod. Zb 15) *Mitteldeutsch; 1496.*	37. Das Zauberkraut (B407) 42. Traum von erfüllter Liebe (B399)
Be₂₀ Berlin, SBB-PK Ms. germ. quart. 2370 (olim Lana, Familienarchiv der Grafen von Brandis Cod. XXIII D 33) *Hier III: westschwäbisch; um 1495.*	13. Das Meiden (B259) 14. Das Scheiden (B38) 15. Abschiedsgruß (B160) 35. Die Beständige und die Wankelmütige (B405) 43. Traumerscheinung einer schönen Frau (B522)
Br Bremen, Staats- und Universitätsbibliothek msb 0042-02 (alte Signatur: Ms. b.42.b) *Elsass; alemannisch; 2. Viertel 15. Jh.*	38. Liebeswerbung (B244)
Bs₄ Brüssel, KBR Ms. II 144 *Gelderland (?); mittelrheinisch-niederländisch; 15./16. Jh. mit Nachträgen des 17. Jh.s.*	51. Predigt im Namen des Papstes an die Jungfrauen und Frauen (B348)
De₂ Dessau, Anhaltische Landesbücherei, Wiss. Bibl. u. Sondersammlungen Georg 150 8° *Lüneburg; obersächsisch (?); um 1530.*	35. Die Beständige und die Wankelmütige (B405)
Dr₂ Dresden, SLUB Mscr. Dresd. M 65 *Mittelbairisch; 1415–1430.*	56. Die Graserin (B23)

Sigle und Signatur der Handschrift	**Nummern und Titel der edierten Texte**
Go₁ Gotha, Forschungsbibliothek Cod. Chart. A 216 *Würzburg; ostfränkisch; hier um 1342–1345.*	51. Predigt im Namen des Papstes an die Jungfrauen und Frauen (B348)
Go₃ Gotha, Forschungsbibliothek Cod. Chart. B 53 *Elsass; um 1430–1440.*	3. Die Schönheit der Geliebten (B5)
He₁ Heidelberg, UB Cpg 4 *Schwaben / Grafschaft Oettingen; schwäbisch mit bairischen Formen; 1455–1479.*	56. Die Graserin (B23)
He₃ Heidelberg, UB Cpg 313 *Oberrheingebiet; nordalemannisch-südfränkisch; 1478.*	18. Lob der beständigen Frauen (B272) 31. Der Krautgarten (B500) 35. Die Beständige und die Wankelmütige (B405) 36. Der Minner und der Kriegsmann (B419) 37. Das Zauberkraut (B407)
He₅ Heidelberg, UB Cpg 326 *Mittelbayern (?); bairisch-österreichisch; 1479.*	34. Der Minnenden Zwist und Versöhnung (B233)
He₉ Heidelberg, UB Cpg 355 *Schwaben; nordalemannisch-schwäbisch; um 1450.*	31. Der Krautgarten (B500) 37. Das Zauberkraut (B407) 52. Glaubensbekenntnis eines Liebenden (B15)
He₁₀ Heidelberg, UB Cpg 358 *Oberrheingebiet; südl. Niederalemannisch; vor 1410.*	40. Gozold: Der Liebesbrief (B213)
He₁₄ Heidelberg, UB Cpg 393 *Schwaben; ostschwäbisch; um 1455.*	29. Die sechs Farben (B372) 31. Der Krautgarten (B500) 46. Der Minne Gericht (B461)
He₁₆ Heidelberg, UB Cpg 696 *Westliches Schwaben; schwäbisch; 1475.*	37. Das Zauberkraut (B407)
In₂ Innsbruck, Landesarchiv Hs. 21, VII (alte Signatur: Hs. 778) *15. Jh.*	6. Liebesbrief (B143)

Sigle und Signatur der Handschrift	Nummern und Titel der edierten Texte
In₃ Innsbruck, Tiroler Landesmuseum Ferdinandeum 32001 *Raum Brixen / Innsbruck; bairisch-österreichisch; 1456.*	53. Paternoster-Parodie (Z44) 54. Ave-Maria-Parodie (Z45)
Ka₁ Karlsruhe, BLB Hs. Donaueschingen 77 *Ostfränkisch; um 1470.*	29. Die sechs Farben (B372)
Ka₃ Karlsruhe, BLB Hs. Donaueschingen 104 *Konstanz (?); alemannisch; um 1433 (?).*	4. Urkunde der Minne (B14) 18. Lob der beständigen Frauen (B272) 19. Fluch über die ungetreuen Frauen (B290) 22. und 23. Minnesprüche an die Geliebte (B73 und B74) 29. Die sechs Farben (B372) 36. Der Minner und der Kriegsmann (B419) 37. Das Zauberkraut (B407) 55. Der Allerfrauenhold (B11)
Ka₇ Karlsruhe, BLB Hs. K 408 *Schwäbisch-bairisch-ostfränkisch; 1430–1435.*	1. Der rote Mund (B1) 29. Die sechs Farben (B372)
Lg₄ Leipzig, UB Ms. Apel 8 (alte Signatur: Ms. 1709; olim Halle/S., Universitäts- und Landesbibl., Cod. 14 A 39; davor Privatbesitz Ludwig Bechstein, Meiningen) *Nordfränkisch; um 1512.*	2. Der erste Buchstabe der Geliebten (B4) 13. Das Meiden (B259) 14. Das Scheiden (B38) 15. Abschiedsgruß (B160) 29. Die sechs Farben (B372) 31. Der Krautgarten (B500) 35. Die Beständige und die Wankelmütige (B405) 40. Gozold: Der Liebesbrief (B213)
Lo₄ London, BL Add. 24946 *Nürnberg; 2. Hälfte 15. Jh.*	27. Ratschläge für einen Zaghaften (B421) 29. Die sechs Farben (B372) 39. Glückliche Werbung (B231) 42. Traum von erfüllter Liebe (B399)
Mü₂ München, BSB Cgm 179 *Bairisch-österreichisch; 2. Hälfte 14. Jh.*	34. Der Minnenden Zwist und Versöhnung (B233)

Sigle und Signatur der Handschrift	**Nummern und Titel der edierten Texte**
Mü₄ München, BSB Cgm 270 *Augsburg oder Landsberg am Lech; ostschwäbisch; um 1464.*	29. Die sechs Farben (B372)
Mü₆ München, BSB Cgm 439 *Nürnberg; nach 1473.*	35. Die Beständige und die Wankelmütige (B405)
Mü₉ München, BSB Cgm 713 *Nordbairisch; 1460–1480.*	35. Die Beständige und die Wankelmütige (B405)
Mü₁₀ München, BSB Cgm 714 *Nordbairisch; um 1453–58 / 3. Viertel 15. Jh.*	1. Der rote Mund (B1) 16. Anrufung der Minne (B61) 18. Lob der beständigen Frauen (B272) 19. Fluch über die ungetreuen Frauen (B290) 33. Egen von Bamberg: Das Herz (B49) 48. Der Harder: Der Minne Lehen (B464)
Mü₁₈ München, BSB Cgm 5249/46c II *Bairisch; 2. Hälfte 15. Jh.*	5. Scherzhafte Liebeserklärung (Z14)
Mü₁₉ München, BSB Cgm 5919 *Regensburg (?); um 1510.*	28. Frau Minne warnt vor Hochmut (B334) 29. Die sechs Farben (B372)
Mü₂₁ München, UB 2° ms 731 (Cim. 4) *Würzburg; ostfränkisch; 1345–1354.*	29. Die sechs Farben (B372)
Nü₃ Nürnberg, GNM Hs. Merkel 2° 966 *Augsburg; 1524–1526.*	41. Hans Schneider: Der Traum (B253)
Pr₂ Prag, Knihovna Nárondního muzea Cod. X A 12 *Augsburg; niederbairisch; 1470/71.*	2. Der erste Buchstabe der Geliebten (B4) 13. Das Meiden (B259) 14. Das Scheiden (B38) 15. Abschiedsgruß (B160) 29. Die sechs Farben (B372) 31. Der Krautgarten (B500) 35. Die Beständige und die Wankelmütige (B405) 40. Gozold: Der Liebesbrief (B213)
Ro₃ Rom, Bibliotheca Apostolica Vaticana Pal. IV 228 *Augsburg (?); 1518–1522.*	12. Liebesbrief (Z28)

Sigle und Signatur der Handschrift	Nummern und Titel der edierten Texte
Sr₂ Straßburg, BNU Ms. 2333 (alte Signatur: L germ. 358.4°) *Schwäbisch; 1472.*	47. Die Klage der Treue (B447)
Sr₃ Straßburg, Stadtbibliothek Cod. A 94 (1870 verbrannt) *Niederalemannisch / elsässisch; Mitte 14. Jh.*	29. Die sechs Farben (B372) 50. Sekte der Minner (B302)
St₅ Stuttgart, WLB poet. et phil. 4° 69 *Oberdeutsch; 2. Hälfte 15. Jh.*	13. Das Meiden (B259) 14. Das Scheiden (B38) 15. Abschiedsgruß (B160) 35. Die Beständige und die Wankelmütige (B405)
Tr Trier, Stadtbibliothek, Hs. 1120/128a 4° *Moselfranken (Blankenheim?); moselfränkisch; um 1490.*	31. Der Krautgarten (B500)
Wa Warschau, Nationalbibl., Cod. 8097 III (olim Akc. 8711; olim Thorn / Toruń, Universitätsbibl., Rps 28/III; olim Königsberg, Staats- und Universitätsbibl., Hs. 898) *Hier: alemannisch; 1. Hälfte 14. Jh.*	44. Jagdallegorie (B504)
Wi₁ Wien, ÖNB 2705 *Bairisch-österreichisch; 3. Viertel 13. Jh.*	21. Frauenminne und Gottesminne (B309)
Wi₈ Wien, ÖNB 2885 *Innsbruck / Tiroler Raum; bairisch-österreichisch; 1393.*	53. Paternoster-Parodie (Z44) 54. Ave-Maria-Parodie (Z45)
Wi₁₃ Wien, ÖNB 2940* *Köln; niederrheinisch; 1481.*	25. Von der Liebe (B314) 45. Die Jägerin (B508)
Wi₁₆ Wien, ÖNB 2959 *Bairisch-österreichisch; Mitte 15. Jh.*	31. Der Krautgarten (B500) 32. Der Blumengarten (B499) 35. Die Beständige und die Wankelmütige (B405)
Wo₁ Wolfenbüttel, HAB Cod. 2.4 Aug. 2° *Nürnberg; nordbairisch / ostfränkisch; um 1490/92.*	5. Scherzhafte Liebeserklärung (Z14)
Wo₂ Wolfenbüttel, HAB Cod. Guelf. 16. 17. Aug. 4° *Elsass; Anfang 15. Jh.*	3. Die Schönheit der Geliebten (B6) 29. Die sechs Farben (B372)
Wo₃ Wolfenbüttel, HAB Cod. 29.6 Aug. 4° *Nürnberg; nordbairisch; um 1480.*	5. Scherzhafte Liebeserklärung (Z14)

Literaturverzeichnis

Verzeichnet sind alle in der vorliegenden Auswahledition zitierten Aufsätze, Monographien und Editionen sowie Standardwerke und neuere allgemeine Forschungen zu den Minnereden. Eine umfangreiche Bibliographie, die die Forschung bis 2012 verzeichnet, findet sich im ›Handbuch Minnereden‹ (Klingner/ Lieb 2013), S. 163–223.

Achnitz 2003: Wolfgang Achnitz, Minnereden. In: Forschungsberichte zur Internationalen Germanistik. Germanistische Mediävistik. Hg. von Hans-Jochen Schiewer unter Mitarbeit von Jochen Conzelmann. (Jahrbuch für Internationale Germanistik, Reihe C,6) Bern 2003, S. 197–255.

Achnitz 2016: Wolfgang Achnitz, Rezension zu Klingner/Lieb 2013. In: Beiträge zur Geschichte der Deutschen Sprache und Literatur 138 (2016), S. 451–459.

Bach 1957a: Adolf Bach, Eine Minneallegorie Erhard Wameshafts (Waneshafts?) verfasst um 1470 in Königstein im Taunus. In: Nassauische Annalen 68 (1957), S. 272–283. Wiederabgedruckt in: Adolf Bach, Germanistisch-historische Studien. Gesammelte Abhandlungen. Hg. von Heinrich Matthias Heinrichs und Rudolf Schützeichel. Bonn 1964, S. 442–456.

Bach 1957b: Adolf Bach, Vom Publikum rheinischer Gelegenheitsdichtungen des mittelalterlichen Lebenskreises. In: Rheinische Vierteljahrsblätter 22 (1957), S. 82–100. Wiederabgedruckt in: Adolf Bach, Germanistisch-historische Studien. Gesammelte Abhandlungen. Hg. von Heinrich Matthias Heinrichs und Rudolf Schützeichel. Bonn 1964, S. 507–525.

Beckers 1980: Hartmut Beckers, ›Flos unde Blankenflos‹ und ›Von den sechs Farben‹ in niederdeutsch-ostmitteldeutscher Mischsprache aus dem Weichselmündungsgebiet. In: Zeitschrift für deutsches Altertum und deutsche Literatur 109 (1980), S. 129–146.

Bein 2011: Thomas Bein, Textkritik. Eine Einführung in Grundlagen germanistisch-mediävistischer Editionswissenschaft. Lehrbuch mit Übungsteil. 2., überarb. und erw. Auflage. Frankfurt/M. u. a. 2011.

Bezzenberger 1872: Frîdankes Bescheidenheit. Hg. von Heinrich Ernst Bezzenberger. Halle/S. 1872. Nachdruck Aalen 1962.

Blank 1970: Walter Blank, Die deutsche Minneallegorie. Gestaltung und Funktion einer spätmittelalterlichen Dichtungsform. (Germanistische Abhandlungen 34) Stuttgart 1970.

Brandis 1964: Tilo Brandis, Der Harder. Texte und Studien I. (Quellen und Forschungen zur Sprach- und Kulturgeschichte der germanischen Völker 13) Berlin 1964.

Brandis 1968: Tilo Brandis, Mittelhochdeutsche, mittelniederdeutsche und mittelniederländische Minnereden. Verzeichnis der Handschriften und Drucke. (Münchener Texte und Untersuchungen zur deutschen Literatur des Mittelalters 25) München 1968.

Brauns/Thiele 1938: Mittelhochdeutsche Minnereden II. Die Heidelberger Handschriften 313 und 355. Die Berliner Handschrift Ms. germ. fol. 922. Aufgrund der Vorarbeiten von Wilhelm Brauns. Hg. von Gerhard Thiele. (Deutsche Texte des Mittelalters 41) Berlin 1938. Nachdruck mit einem Nachwort von Ingeborg Glier. Dublin, Zürich 1967.

Büttner 1813: Heinrich Christoph Büttner, Deutsche Gedichte aus dem XIV. Jahrhundert. In: Franconia. Beiträge zur Geschichte, Topographie und Literatur von Franken. Hg. von dems. Bd. 1. Ansbach 1813, S. 221–232.

Dalby 1965: David Dalby, Two middle franconian hunting allegories. In: Mediaeval German Studies. Presented to Frederick Norman. London 1965, S. 255–261.

Dietl 1999: Cora Dietl, Minnerede, Roman und ›historia‹. Der ›Wilhelm von Österreich‹ Johanns von Würzburg. (Hermaea 87) Tübingen 1999.

Dorobanţu/Klingner/Lieb 2014: Zwischen Anthropologie und Philologie. Beiträge zur Zukunft der Minneredenforschung. Hg. von Iulia-Emilia Dorobanţu, Jacob Klingner und Ludger Lieb. Heidelberg 2014 [DOI: 10.11588/heibooks.11.4].

Euling 1908: Kleinere mittelhochdeutsche Erzählungen, Fabeln und Lehrgedichte. Bd. 2: Die Wolfenbüttler Handschrift 2. 4. Aug. 2°. Hg. von Karl Euling. (Deutsche Texte des Mittelalters 14) Berlin 1908.

Gärtner 2015: Hartmann von Aue, Die Klage. Hg. von Kurt Gärtner. (Altdeutsche Textbibliothek 123) Berlin, Boston 2015.

Geuther 1899: Karl Geuther, Studien zum Liederbuch der Clara Hätzlerin. Halle/S. 1899.

Glier 1971: Ingeborg Glier, Artes amandi. Untersuchung zu Geschichte, Überlieferung und Typologie der deutschen Minnereden. (Münchener Texte und Untersuchungen zur deutschen Literatur des Mittelalters 34) München 1971.

Grimm 1816: Altdeutsche Wälder. Hg. durch die Brüder [Jakob und Wilhelm] Grimm. Bd. 3. Frankfurt/M. 1816. Nachdruck Darmstadt 1966.

Grubmüller 1996: Novellistik des Mittelalters. Märendichtung. Hg. von Klaus Grubmüller. (Bibliothek des Mittelalters 23) Frankfurt/M. 1996.

von der Hagen 1848: Friedrich Heinrich von der Hagen, Alterthumskunde. Aus altdeutschen Handschriften. In: Germania 8 (1848), S. 239–315.

Haltaus 1840: Liederbuch der Clara Hätzlerin. Hg. von Carl Haltaus. (Bibliothek der gesammten deutschen National-Literatur 8) Quedlinburg, Leipzig 1840.

Hoffmann von Fallersleben 1855: Heinrich Hoffmann von Fallersleben, Ein Liebesbrief. In: Weimarisches Jahrbuch für deutsche Sprache, Literatur und Kunst 2 (1855), S. 236–242.

Hogenelst 1997: Dini Hogenelst, Sproken en sprekers. Inleiding op en repertorium van de Middelnederlandse sproke. Deel 1: Studie. Deel 2: Repertorium. (Nederlandse literatuur en cultuur in de Middeleeuwen 16) Amsterdam 1997.

Hübner 2000: Gert Hübner, Lobblumen. Studien zur Genese und Funktion der »Geblümten Rede«. (Bibliotheca Germanica 41) Tübingen, Basel 2000.

Kasten 1973: Ingrid Kasten, Studien zu Thematik und Form des mittelhochdeutschen Streitgedichts. Hamburg 1973.

Keinz 1894: Friedrich Keinz, Altdeutsche Kleinigkeiten. In: Zeitschrift für deutsches Altertum und deutsche Literatur 38 (1894), S. 145–160.

Keller 1846: Altdeutsche Gedichte. Hg. von Adelbert Keller. Bd. 1. Tübingen 1846.

Keller 1874: Die altdeutsche Erzählung vom rothen Munde. Hg. von Adelbert von Keller. (Verzeichnis der Doctoren, welche die philosophische Facultät der königlich württembergischen Eberhard-Karls-Universität Tübingen im Decanatjahre 1873 bis 1874 ernannt hat) Tübingen 1874.

Kiepe/Willms 1972: Gedichte 1300–1500. Nach Handschriften u. Frühdrucken in zeitl. Folge. Hg. von Hansjürgen Kiepe und Eva Willms. (Epochen der deutschen Lyrik. Hg. von Walther Killy 2) München 1972.

Klingner 2008: Jacob Klingner, Gattungsinteresse und Familientradition. Zu einer wieder aufgefundenen Sammelhandschrift der Grafen von Zimmern (Lana XXIII D 33). In: Zeitschrift für deutsches Altertum und deutsche Literatur 137 (2008), S. 204–228.

Klingner 2010: Jacob Klingner, Minnereden im Druck. Studien zur Gattungsgeschichte im Zeitalter des Medienwechsels. (Philologische Studien und Quellen 226) Berlin 2010.

Klingner 2013: Jacob Klingner, Zelte der Minne. Beobachtungen zu einem Handlungsort der mittelhochdeutschen Minnereden. In: Wissenspaläste. Räume des Wissens in der Vormoderne. Hg. von Gesine Mierke und Christoph Fasbender. (Euros. Chemnitzer Arbeiten zur Literaturwissenschaft 2) Würzburg 2013, S. 223–237.

Klingner 2016: Jacob Klingner, Geschlechterwechsel in der Minnerede ›Der schwierige Brief‹. In: Der philologische Zweifel. Ein Buch für Dietmar Peschel. Hg. von Sonja Glauch, Florian Kragl und Uta Störmer-Caysa. (Philologica Germanica 38) Wien 2016, S. 115–141.

Klingner/Lieb 2013: Jacob Klingner und Ludger Lieb, Handbuch Minnereden. Mit Beiträgen von Iulia-Emilia Dorobanțu, Stefan Matter, Martin Muschick, Melitta Rheinheimer und Clara Strijbosch. 2 Bände. Berlin, Boston 2013.

Lassberg 1820: Lieder-Saal. Sammlung altdeutscher Gedichte. Hg. von Joseph Freiherr von Lassberg. o.O. Bd. 1. Nachdruck Hildesheim 1968.

Lassberg 1822: Lieder-Saal. Sammlung altdeutscher Gedichte. Hg. von Joseph Freiherr von Lassberg. o.O. Bd. 2. Nachdruck Hildesheim 1968.

Lassberg 1825: Lieder-Saal. Sammlung altdeutscher Gedichte. Hg. von Joseph Freiherr von Lassberg. o.O. Bd. 3. Nachdruck Hildesheim 1968.

Leiderer 1972: Zwölf Minnereden des Cgm 270. Hg. von Rosmarie Leiderer. (Texte des späten Mittelalters und der frühen Neuzeit 27) Berlin 1972.

Lieb 2000: Ludger Lieb, Minnerede [Art.]. In: Reallexikon der deutschen Literaturwissenschaft. Hg. von Georg Braungart u. a. Bd. 2. Berlin, New York 2000, S. 601–604.

Lieb 2001: Ludger Lieb, Eine Poetik der Wiederholung. Regeln und Funktionen der Minnerede. In: Text und Kultur. Mittelalterliche Literatur 1150–1450. Hg. von Ursula Peters. (Germanistische Symposien. Berichtsbände 23) Stuttgart 2001, S. 506–528.

Lieb 2005: Ludger Lieb, Umschreiben und Weiterschreiben. Verfahren der Textproduktion von Minnereden. In: Texttyp und Textproduktion in der deutschen Literatur des Mittelalters. Hg. von Elizabeth Andersen, Manfred Eikelmann und Anne Simon. (Trends in Medieval Philology 7) Berlin, New York 2005, S. 143–161.

Lieb 2008: Ludger Lieb, Minne schreiben. Schriftmetaphorik und Schriftpraxis in den ›Minnereden‹ des späten Mittelalters. In: Schrift und Liebe in der Kultur des Mittelalters. Hg. von Mireille Schnyder. (Trends in Medieval Philology 13) Berlin, New York 2008, S. 191–220.

Lieb/Neudeck 2006: Triviale Minne? Konventionalität und Trivialisierung in spätmittelalterlichen Minnereden. Hg. von Ludger Lieb und Otto Neudeck. (Quellen und Forschungen zur Literatur- und Kulturgeschichte 40) Berlin, New York 2006.

Lieb/Strohschneider 1998: Ludger Lieb und Peter Strohschneider, Die Grenzen der Minnekommunikation. Interpretationsskizzen über Zugangsregulierungen und Verschwiegenheitsgebote im Diskurs spätmittelalterlicher Minnereden. In: Das Öffentliche und Private in der Vormoderne. Hg. von Gert Melville und Peter von Moos. (Norm und Struktur 10) Köln, Weimar, Wien 1998, S. 275–305.

Lieb/Strohschneider 2005: Ludger Lieb und Peter Strohschneider, Zur Konventionalität der Minnerede. Eine Skizze am Beispiel von des Elenden Knaben ›Minnegericht‹. In: Literatur und Wandmalerei II. Konventionalität und Konversation. Burgdorfer Colloquium 2001. Hg. von Eckart Conrad Lutz, Johanna Thali und René Wetzel. Tübingen 2005, S. 109–138.

Linden 2015: Sandra Linden, Zauber der Minne – Zauber der Tugend. Zur Verbindung von Magie und Tugendlehre in spätmittelalterlichen Minnereden. In: Magia daemoniaca, magia naturalis, zouber. Schreibweisen von Magie und Alchemie in Mittelalter und Früher Neuzeit. Hg. von Peter-André Alt u. a. (Episteme in Bewegung 2) Wiesbaden 2015, S. 121–142.

Mareiner 1984 ff.: Michael Mareiner, Mittelhochdeutsche Minnereden und Minneallegorien der Wiener Handschrift 2796 und der Heidelberger Handschrift Pal. germ. 348. (Europäische Hochschulschriften 1, 814 ff.) Bern 1984 ff.

Mareiner 1998 ff.: Michael Mareiner, Mittelhochdeutsche Minnereden und Minneallegorien der Prager Handschrift R VI Fc 26. (Europäische Hochschulschriften 1, 1650 ff.) Bern 1998 ff.

Mareiner 2013: Michael Mareiner, Die Minnereden der Wiener Handschrift 2959. Edition und Übersetzung. Bd. 1. (Europäische Hochschulschriften 1, 2036) Bern 2013.

Maschek 1939: Lyrik des späten Mittelalters. Hg. von Hermann Maschek. (Deutsche Literatur: Reihe Realistik des Spätmittelalters 6) Leipzig 1939.

Matter 2013: Stefan Matter, Reden von der Minne. Untersuchungen zu Spielformen literarischer Bildung zwischen verbaler und visueller Vergegenwärtigung anhand von Minnereden und Minnebildern des deutschsprachigen Spätmittelalters. (Bibliotheca Germanica 59) Tübingen 2013.

Matthaei 1913: Mittelhochdeutsche Minnereden I. Die Heidelberger Handschriften 344, 358, 376 und 393. Mit drei Tafeln. Hg. von Kurt Matthaei. (Deutsche Texte des Mittelalters 24) Berlin 1913. Nachdruck Dublin, Zürich 1967.

Meyer/Mooyer 1833: Altdeutsche Dichtungen. Aus der Handschrift. Hg. von Nicolaus Meyer und Ernst Friedrich Mooyer. Quedlinburg, Leipzig 1833.

Mone 1838: Franz Joseph Mone, Muster zu Gelegenheitsgedichten. In: Anzeiger für Kunde der deutschen Vorzeit 7 (1838), Sp. 552 f.

Mordhorst 1911: Otto Mordhorst, Egen von Bamberg und ›die geblümte Rede‹. (Berliner Beiträge zur germanischen und romanischen Philologie 43, germ. Abt. 30) Berlin 1911.

Myller 1784: Samlung deutscher Gedichte aus dem 12., 13. und 14. Jahrhundert. Hg. von Christoph Heinrich Myller. Bd. 3. Berlin 1784.

Neudeck 2005: Otto Neudeck, Integration und Partizipation in mittelhochdeutschen Minnereden. Zu ästhetischen Kriterien vormoderner Literatur. In: Scientia Poetica. Jahrbuch für Geschichte der Literatur und der Wissenschaften / Yearbook for the history of Literature, Humanities and Sciences 9 (2005), S. 1–13.

Oosterman 2014: Johan Oosterman, ›Der Minne Leben‹. Überlieferung und Umfeld. In: Dorobanţu/Klingner/Lieb 2014, S. 111–128.

Philipowski 2014: Katharina Philipowski, Die Zeit der ersten Person. Warum Ich-Erzählungen keine Wiedergebrauchsrede sind und wozu man sie deshalb gebrauchen kann – am Beispiel von ›Des Spiegels Abenteuer‹ Hermanns von Sachsenheim. In: Dorobanţu/Klingner/Lieb 2014, S. 71–109.

Priebsch 1907: Robert Priebsch, Aus deutschen Handschriften der königlichen Bibliothek zu Brüssel VI. In: Zeitschrift für deutsche Philologie 39 (1907), S. 156–179.

Pyritz 1950: Die Minneburg. Nach der Heidelberger Pergamenthandschrift (CPG 455) unter Heranziehung der Kölner Handschrift und der Donaueschinger und Prager Fragmente. Hg. von Hans Pyritz. Berlin 1950.

Rasmussen 2002: Ann Marie Rasmussen, Gendered Knowledge and Eavesdropping in the Late Medieval German Minnerede. In: Speculum 77 (2002), S. 1168–1194.

Rheinheimer 1975: Melitta Rheinheimer, Rheinische Minnereden. Untersuchungen und Edition. (Göppinger Arbeiten zur Germanistik 144) Göppingen 1975.

Rosenfeld 1930: Hans-Friedrich Rosenfeld, Handschriftliche Funde. In: Zeitschrift für deutsches Altertum und deutsche Literatur 67 (1930), S. 41–46.

Rotermund 1964: Gegengesänge. Lyrische Parodien vom Mittelalter bis zur Gegenwart. Ausgewählt und eingeleitet von Erwin Rotermund. München 1964.

Roth 1814: Johann Ferdinand Roth, Nachricht von einer Sammlung alter teutscher Sprüche und Fastnachtspiele. In: Litterarische Beylagen zu Idunna und Hermode. Nr. 5–7. Hall 1814, S. 20–28.

Runow 2014: Holger Runow, Wem nützt was? Mediävistische Editionen (auch) vom Nutzer aus gedacht. In: editio 28 (2014), S. 50–67.

Sappler 1970: Das Königsteiner Liederbuch. Ms germ. qu. 719. Hg. von Paul Sappler. (Münchener Texte und Untersuchungen zur deutschen Literatur des Mittelalters 29) Berlin, München 1970.

Schierling 1980: Maria Schierling, Das Kloster der Minne. Edition und Untersuchung. Anhang: Vier weitere Minnereden der Donaueschinger Liedersaal-Handschrift. (Göppinger Arbeiten zur Germanistik 208) Göppingen 1980.

Schlosser 1974: Hermann von Sachsenheim, Die Mörin. Nach der Wiener Handschrift ÖNB 2946. Hg. von Horst Dieter Schlosser. (Deutsche Klassiker des Mittelalters 3) Wiesbaden 1974.

Schmeisky 1978: Die Lyrik-Handschriften m (Berlin, Ms. germ. qu. 795) und n (Leipzig, Rep. II fol. 70a). Zur mittel- und niederdeutschen Sangverslyrik-Überlieferung. Abbildung, Transkription, Beschreibung von Günter Schmeisky. (Göppinger Arbeiten zur Germanistik 243) Göppingen 1978.

Schmeller 1850: Hadamar's von Laber Jagd und drei andere Minnegedichte seiner Zeit und Weise: ›Des Minners Klage‹, ›Der Minnenden Zwist und Versöhnung‹, ›Der Minne Falkner‹. Hg. von Johann Andreas Schmeller. (Bibliothek des Litterarischen Vereins in Stuttgart 20) Stuttgart 1850.

Schmid 1974: Codex Karlsruhe 408. Hg. von Ursula Schmid. (Bibliotheca Germanica 16) Bern 1974.

Schmid 1985: Codex Vindobonensis 2885. Hg. von Ursula Schmid. (Bibliotheca Germanica 26) Bern 1985.

Schmidberger 1978: Ekkehard Schmidberger, Untersuchungen zu ›Der Minne Gericht‹ des elenden Knaben. Zum Problem der Tradierung, Rezeption und Tradition in den deutschen Minnereden des 15. Jahrhunderts. Mit einem Textanhang. Diss. Kassel 1978.

Schnell 1985: Rüdiger Schnell, Causa amoris. Liebeskonzeption und Liebesdarstellung in der mittelalterlichen Literatur. (Bibliotheca Germanica 27) Bern 1985.

Schröder 1876: Carl Schröder, Varia aus Wiener Handschriften. In: Jahrbuch des Vereins für niederdeutsche Sprachforschung 2 (1876), S. 51–79.

Schulz 1896: Fritz Schulz, Jagdallegorie. In: Festschrift zum 70. Geburtstage Oskar Schade dargebracht von seinen Schülern und Verehrern. Königsberg 1896, S. 233–237.

Schulz-Grobert 1993: Jürgen Schulz-Grobert, Deutsche Liebesbriefe in spätmittelalterlichen Handschriften. Untersuchungen zur Überlieferung einer anonymen Kleinform der Reimpaardichtung. (Hermaea 72) Tübingen 1993.

Schulz-Grobert 2006: Kleinere mittelhochdeutsche Verserzählungen. Mittelhochdeutsch/Neuhochdeutsch. Hg. von Jürgen Schulz-Grobert. Stuttgart 2006.

Sprague 2007: Maurice Sprague, The Lost Strasbourg St. John's Manuscript A 94 (›Strassburger Johanniter-Handschrift A 94‹). Reconstruction and Historical Introduction. (Göppinger Arbeiten zur Germanistik 742) Göppingen 2007.

Stejskal 1880: Hadamars von Laber Jagd. Mit Einleitung und erklärendem Kommentar. Hg. von Karl Stejskal. Wien 1880.

Stengel/Vogt 1956: Edmund E. Stengel und Friedrich Vogt, Zwölf mittelhochdeutsche Minnelieder und Reimreden. Aus den Sammlungen des Rudolf Losse von Eisenach. In: Archiv für Kulturgeschichte 38 (1956), S. 174–217. Separatdruck: Köln, Graz 1956.

Tinsley 1985: David F. Tinsley, When the hero tells the tale. Narrative studies in the late-medieval »Minnerede«. Diss. Princeton/NJ 1985.

TPMA: Thesaurus Proverbiorum Medii Aevi. Lexikon der Sprichwörter des romanisch-germanischen Mittelalters. Begründet von Samuel Singer. Hg. vom Kuratorium Singer der Schweizerischen Akademie der Geistes- und Sozialwissenschaften. 13 Bde. Berlin, New York 1995–2002.

Uhl 2010: Susanne Uhl, Der Erzählraum als Reflexionsraum. Eine Untersuchung zur ›Minnelehre‹ Johanns von Konstanz und weiteren mittelhochdeutschen Minnereden. (Deutsche Literatur von den Anfängen bis 1700 48) Bern u. a. 2010.

Vetter 1889: Lehrhafte Litteratur des 14. und 15. Jahrhunderts. Hg. von Ferdinand Vetter. Bd. 2: Geistliches. (Deutsche National-Litteratur 12) Berlin, Stuttgart 1889.

Wallmann 1985: Katharina Wallmann, Minnebedingtes Schweigen in Minnesang, Lied und Minnerede des 12. bis 16. Jahrhunderts. (Mikrokosmos 13) Frankfurt/M. u. a. 1985.

Waltenberger 2006: Michael Waltenberger, Diß ist ein red als hundert. Diskursive Konventionalität und imaginative Intensität in der Minnerede ›Der rote Mund‹. In: Visualisierungsstrategien in mittelalterlichen Bildern und Texten. Hg. von Horst Wenzel und C. Stephen Jaeger. (Philologische Studien und Quellen 195) Berlin 2006, S. 248–274.

Wand-Wittkowski 2000: Christine Wand-Wittkowski, Briefe im Mittelalter. Der deutschsprachige Brief als weltliche und religiöse Literatur. Herne 2000.

Westphal 1993: Sarah Westphal, Textual Poetics of German Manuscripts 1300–1500. (Studies in German Literature, Linguistics, and Culture) Columbia/SC 1993.

Young 2003: Ulrich von Liechtenstein, Das Frauenbuch. Mittelhochdeutsch/Neuhochdeutsch. Hg. von Christopher Young. Stuttgart 2003.

Zimmermann 1980: Die Sterzinger Miszellaneen-Handschrift. Kommentierte Edition der deutschen Dichtungen. Hg. von Manfred Zimmermann. (Innsbrucker Beiträge zur Kulturwissenschaft. Germanistische Reihe 8) Innsbruck 1980.

Zingerle 1869: Ingnaz Vinzenz Zingerle, Zwei Travestieen. In: Germania 14 (1869), S. 405–408.

1. Der rote Mund (B1)

[126rb]

    Das ich frawen ie gesach,

    Daß ist als ein slack in ein bach

    Wider ein, die hon ich nu ersehen.

    Des muoß ich von schulden jehen,

5   Das ich kein schoner ni gesach.

    Und lebt noch der von Eschenbach,

    Der must mir den krieg lon,

    Daß ni fraw wart baß geton.

    Der kond frawen hoch loben,

10   Daß in nimman moch*t* uberoben.

    Waß er loben wolt,

    Daß lobt er, als *er* solt,

    Und was er wolt tichten

    Von worheit oder von nichten,

15   Daß het er so gar besint.

    Die werlt also verbrint,

    Daß nimmer sein gleich wirt,

    Er hot ir aller lob verirt.

    Endelich ich wolt,

20   Daß er noch leben solt

Text nach **Ka₇** *(Karlsruhe, BLB Hs. K 408; 1430–35), 126ʳᵇ–128ᵛᵇ. Weitere Überlieferung:* **Mü₁₀** *(München, BSB Cgm 714; um 1453–58), 57ʳ–63ʳ. – Bisherige Ausgaben: Keller 1874, 8–20 (kritisch); Schmid 1974, 503–512 (nach Ka₇).*

Überschrift: Von der schonsten frawen, genant | Der rot munt *Ka₇*; Vom Roten Mündlein *Mü₁₀*.   **1** Das] Was *Mü₁₀*.   **3** hon ~~eh~~ *Ka₇*; ich *überschrieben Ka₇*; hon ich nu ersehen] ich han gesehen *Mü₁₀*.   **4** Des] Der *Mü₁₀*.   **5** ni] ye nie *Mü₁₀*.   **7** den] die *Mü₁₀*.   **8** ni fraw wart baß] frawen nye paß ward *Mü₁₀*.   **10** moch *Ka₇* kund *Mü₁₀*.   **12** also *Ka₇* als er *Mü₁₀*.   **13** wolt tichten] ye getichtt *Mü₁₀*.   **14** oder] vnd *Mü₁₀*; nichten] nicht *Mü₁₀*.   **15** *folgt auf V. 22 Mü₁₀*.

---

2 ›*das ist wertlos, ohne Belang*‹.   **4** von schulden ›*mit Recht*‹.   **7** den krieg lon ›*die Behauptung unangefochten lassen*‹.   **10** ›*sodass ihn niemand übertreffen konnte*‹.   **18** ›*er hat all ihr Lob wertlos gemacht*‹.

In der wird, als man in sach,
Dovon er von Elspeten sprach
Und von der schon Beafloß,
Orgeloses, Kunnebiramoz;
25 Von der suß, die deß grales pflack,
An der tugent und ere lack,
Von Sig*u*ne, der trewen.
Ich sprich, es muoß mich rewen,
Daß er ie se fruo starb.
30 Waß hohes lobs an i*m* verdarp,
Von Ies*ch*uten, Ku*nn*enwaren!
Er hot bei seinen jaren
Lobes vil an sie gewant.
Ich wolt, das mein leip wer ein pfant:
35 Het er gesehen die frawen mein,
Er lies beid, ein und ander, sein,
Beinamen, er wolt dan toben.
Er hulff mir die susen loben
Mit red und mit schalle
40 Endlich für sie alle.
Durch die wer mir so gar liep sein leben.
Er kond ir lob mit hulden geben.
Der ist dohin, das mag nit sein;

[126va]

22 Dovon] Do *Mü$_{10}$;* Elspeten] Elysen *Mü$_{10}$.* **23** Beafloß] Scophlers *Mü$_{10}$.*
24 Oriles vnd auch Sigmers *Mü$_{10}$.* **25** grales pflack] grabs pflagen *Mü$_{10}$.*
26 ere ꝑ *Ka$_7$;* ere lack] er lagen *Mü$_{10}$.* **27** Sygmmyne *Ka$_7$;* Von Sigunne vnd yr
rewen *Mü$_{10}$.* **28** Mir ist layt pey meinen trewen *Mü$_{10}$.* **29** starb] erstarb *Mü$_{10}$.*
30 jn *Ka$_7$* ym *Mü$_{10}$.* **31** yestuten kvmmen waren *Ka$_7$;* Son ystuten küne waren
Mü$_{10}$. **33** vil an sie] an sich vil *Mü$_{10}$.* **36** ander] dy andern *Mü$_{10}$.* **37** Wes na-
men er denn wolt toben *Mü$_{10}$.* **41** *Zweiter Versteil ab so abgesetzt Ka$_7$;* die wer]
die so wer *Mü$_{10}$;* gar *fehlt Mü$_{10}$.* **42** hulden] hawffen *Mü$_{10}$.* **43** don hin *Ka$_7$* da
hin *Mü$_{10}$.*

30f. ›*Welch hohes Lob Jeschûtes und Cunnewâres mit ihm zugrunde ging‹.*
34 ›*Ich wollte (für folgende Aussage) mein Leben zu Pfand setzen‹.* **37** ›*wahrlich,
es sei denn, dass er verrückt geworden wäre‹.* **41** ›*Um ihretwillen wäre es mir so
sehr hilfreich, wenn er noch leben würde‹.*

So lob ich doch die frawen mein
45 Mit herczen und mit sinne.
So minnickliche minne,
Wer sie het als ich gesehen,
Der müest mir der worheit jehen,
Das er gesehe ni schoner leip,
50 Sei halt meit oder weip,
So minnecklichen und so zart,
Wan schoner fraw nie wart.
Zu ir schon ist sie guot,
Liep und wolgemuot.
55 Keusch, zucht und reiner sit
Wonen der minnecklichen mit;
Und so schon gebarn
In iren jungen jarn,
Deß hohet sich min sender muot,
60 Daß meinem herczen sanfft tuot.
In sach ich ni so muoticklich,
So lieplich und so gutlich.
Ist, daß ich kein weil leben sol,
Ich wil ir sprechen also wol
65 Bei minnen senden kummer,
Das ni kein so tummer
Frawen nie so wol gesprach,
Wenn ich ein frawen ni gesach,
Der ir wort und ir schimpff
70 Und ir sit und ir glimpff   [126vb]
Beinamen ie gestund baß,
Als ich von ir do laß.

---

49 gesehe] gesah *Mü$_{10}$*. **50** Sei halt meit] Es sey Junckfraw *Mü$_{10}$*. **54** Liep] Tugentlich *Mü$_{10}$*. **57** gebarn] geparen *Mü$_{10}$*. **61** Ich gesah sie nye so guetlich *Mü$_{10}$*. **62** gutlich] mütlich *Mü$_{10}$*. **70** sit] geper *Mü$_{10}$*. *Nach diesem Vers* Vnd yr sit vnd yr gelas *Mü$_{10}$*. **72** *fehlt Mü$_{10}$*.

---

50 Sei halt ›sei es auch‹. **61** In ›Ihn‹, *hier wohl auf den* senden muot *des Sprechers (V. 59) bezogen.* **63** kein weil ›eine Weile noch‹. **68** Wenn ›denn‹. **70** glimpff ›(angemessenes) Benehmen‹ *(vgl. V. 340).*

Wir horn an dem buoch lesen,
Wir sullen in gener werlt wesen,
75 Das ist gewiß und ist kunt,
Schoner dann die sun siben stunt.
Daß ist wor, das weis ich wol,
Von der ich senden kumer dol,
Meines herczen suße wunne,
80 Die ist hie liehter dan die sunne;
Wie schon sie dort solt werden,
Wann sie nu hie auff erden
Vil liehter dann die sunne sei?
Ir schon want ir tausent bei.
85 Do got die suzzen deracht,
Beschuff und betracht,
Do entwarff er und mas,
Daß er an ir nichtz gebrast.
Lobt ich ieklich ir gelit,
90 Hie lengert ich daß mer mit:
Diß ist ein red als hundert.
Ir schon ist ausgesundert,
Daß ich gar hoch wil kronen
Ir schon uber alle schone.
95 Man sicht mangen wallen zwar
Gein Rom, beide her und dar;
So er dann vil umbgefert
Und guotes gnuock verczart,

---

73 dem buoch] den puchern *Mü₁₀*. **74** gener] der *Mü₁₀*. **75** gewiß] gewissent *Mü₁₀*. **78** senden] sunder *Mü₁₀*. **79** suße *fehlt Mü₁₀*. **82** sie nu] seyt sie *Mü₁₀*. **83** dann die sunne sei] denn sie ye was *Mü₁₀*. **84–87** *fehlt Mü₁₀*. **88** an *mit Einfügezeichen überschrieben Ka₇*; an ir nichtz gebrast] nichtz an yr ver gasz *Mü₁₀*. **89** ieklich] yclychs pesunder *Mü₁₀*. **90** Da lenget sich die red mit *Mü₁₀*. **95** zwar] verr *Mü₁₀*. **96** Zw rom dar vnd her *Mü₁₀*. **97** dann vil] denn verr *Mü₁₀*. **98** Vnd gar vil gutz ver czert *Mü₁₀*.

73–76 *Vgl. Jes 30,26.* **74** gener ›jener‹. **84** ›*Ihre Schönheit ist tausendfach bei ihr*‹. **85** deracht ›*ausmaß, genau bestimmte*‹. **98** ›*und viel Geld ausgibt*‹.

So hot er das fur einen rum,
100 Das man in bestreigt mit heilgtum.
Wann es ist toten bein,
Daß acht ich gar clein.
An der alle min freud stat
Und ein so minicklich antzlicz hot,
105 Der mich domit bestrich,
Alle die not entwich,   [127ra]
Was ich von unselden ie gewan;
So minnecklich ist es geton.
Jens acht ich bei der leichten,
110 Trawn, dis wer des geweihten;
Wann iens entspricht nicht,
Diß spricht, hort und sicht
Und lacht minnicklichen an,
Wem es seins sußen lachens gan.
115 Sprech ich, das die frawe mein
Het liligen weis und rosen schein,
Die red wer ein teil zu grob,
Wann rosen ist der kind lop,
Oder der nit wegerß vinden kan.
120 Man seczt ein rosen dorthin dan,
So es sei in der rosen zeit
Und als das felt mit rosen leit,
Und so sie vor dem taw auffgen

---

99 einen] grossen *Mü₁₀*. **100** bestreigt mit] mit dem *Mü₁₀*. **101** Bestreycht des achtt ich clain *Mü₁₀*. **102** Wann es ist der toten gepain *Mü₁₀*. **104** Die ain so zarts muendlein hat *Mü₁₀*. **106** die not] mein not mir *Mü₁₀*. **107** Was ich von] Vnd was ich *Mü₁₀*. **109** der] dem *Mü₁₀*. **110** Trawn *fehlt Mü₁₀*. **111** entspricht] das spricht *Mü₁₀*. **112** Ditz spricht vnd höret mich *Mü₁₀*. **117** red] varb *Mü₁₀*; ein teil] gar *Mü₁₀*. **119** der *fehlt Mü₁₀*. **122** mit] in *Mü₁₀*. **123** taw] tan *Mü₁₀*.

---

100 bestreigt *›streichend berührt‹*. **109f.** *›Jenes (die Reliquie) achte ich gering. Wahrlich, dieses (das Gesicht der Geliebten) wäre etwas Heiliges‹*. **119** wegerß *›Schöneres‹*. **121** So es sei *›als wäre es‹*.

Und spielent in rechter rot sten,
125 Man nem die rosen uberall,
Die do sten in berg und in tal,
Daß man ir aller rot
Gar uff ein lot,
Und daß die ein rosen garbe
130 Hab aller rosen farbe,
Und daß ir aller rot rise
Vollicklichen auff dise
Und wil dennoch eins thuon:
Die roß hab ir das dorzuo,
135 Daß ir gelber kern schein
So rot sam die bleter fein;
Das wer ein rose cluock
Und wer dobei rot gnuock.
Man nem diß rosen an der stund
140 Und hab sie neben iren sußen mund
Und loß sie bei ein andern sehen,
Die rosen und ir mundes brehen;   *[127rb]*
Wie bald ein man derkür,
Der munt brin fer für!
145 Die roß deucht geselbet

---

125 Man nem] Man veine *Mü$_{10}$*.   **126** sten in berg und in tal] steend an perg an tal *Mü$_{10}$*.   **127** rot] hubscheyt *Mü$_{10}$*.   **128** Auff ain rosen wer geleyt *Mü$_{10}$*. **131** Das yn all ir roet entrise *Mü$_{10}$*.   **133** Dennoch ich noch ains thw *Mü$_{10}$*. **134** Die ros hab ir] Diese rosen haben *Mü$_{10}$*.   **136** So rot allsampt dy pleter ~~fein~~ nit sein *Mü$_{10}$*.   **138** dobei] pey namen *Mü$_{10}$*.   **139** diß] die *Mü$_{10}$*.   **140** iren] der *Mü$_{10}$*.   **144** brawn *Ka$_7$* pruenne *Mü$_{10}$; Konjektur in Anlehnung an V. 16 und 227;* für] hin fuer *Mü$_{10}$. Nach diesem Vers* Nu hoert noch pas mer *Mü$_{10}$*.   **145** deucht geselbet] gefalbet wer *Mü$_{10}$*.

---

128 ›vollständig auf einen Punkt vereint‹.   **129** ›und dass diese Rose ganz und gar‹.   **131** rise ›falle, riesle‹.   **134** ›Die Rose habe dazu noch folgende Eigenschaft‹.   **137** cluock ›fein, hübsch, stattlich‹.   **140** hab ›halte‹.   **142** brehen ›Glanz, Leuchten‹.   **143f.** ›wie bald würde jedermann erkennen, dass der Mund weitaus mehr brenne (als die Rose)‹.   **145** geselbet ›entfärbt‹.

Und auch gar verfelbet
Gegen irm suzzen munt,
Den got mit rot enczunt.
Ja hor ich vil von rot jehen
150 Und hons auch selber gesehen,
Doch wart mir ni roters kunt
Denn ir vil sußer rotter munt.
Wem solt der munt nit behagen?
Ich wil euch daß groß wunder sagen,
155 Daß ir sider oder e
Werlich ie gefreischet me:
Ir rotter munt ist also rot,
Der bei ir in der kirchen stot
Von der tugent, die an im leit,
160 Wem die suß irs gepecz geit,
Des munt wirt recht auff der stat
Noch rotter dann ein rosen plat.
Die varb enphet er von ir,
Es ist wor, gelaubt mir,
165 Wann ich will offentlichen jehen:
Es ist wor, ich hons gesehen.
Ich ghe zu kirchen dick
Nicht wann durch die plick,
Das ich sol die vil liben sehen.
170 Ich gedenck, es wol gescheen
Daß aller grost wunder.

---

146 *fehlt Mü₁₀; verfellet Ka₇.* **147** suzzen] roten *Mü₁₀.* **149** Ja hor ich] Ich hoer *Mü₁₀.* **150** selber] vil *Mü₁₀.* **153** Nu wem solt der munt nu nit wolpehagen *Mü₁₀.* **155** Daß yr vor nye noch ymer *Mü₁₀.* **156** Er vorscht noch erhoert nymer *Mü₁₀.* **158** Der] Die *Mü₁₀;* kirchen] küchen *Mü₁₀.* **160** Wem] Wann *Mü₁₀;* irs gepecz] ir varb *Mü₁₀.* **161** Der *Ka₇* Des *Mü₁₀;* stat ü *Ka₇.* **164** gelaubt] glawbs *Mü₁₀.* **168** wann] denn *Mü₁₀.* **170** So gedenck ich es sol hie geschehen *Mü₁₀.*

---

146 verfelbet ›*fahl geworden*‹. **156** ›*wahrlich noch nie vernommen habt*‹. **158** stot = *stat.* **160** ›*wen die Süße in ihr Gebet einschließt*‹. **168** ›*nur wegen der Blicke*‹.

Merck mer besunder,
Waß ich mit mein augen sach,
Wan endlich daß geschach:
175 Sie kniet fur ein elter
Und het inder hant ein selter;
Beide si knidet und stund
Und laß, als ander frawen thunt.
Es ist wor, gelaubt mir,
180 Ich stund nit fer hinder ir,
Daß ich wol in den selter sach,
Daß die lieb ir zeit sprach.
Do sach ich, das ich ie gesach
Und auch ni mer gesach
185 Von keiner frawen munde.
An der selben stunde
Do begond in die noten
Die swarcz dint roten.
Daß weiß berment wart so rot,
190 Das es den augen röt bot.
Die weiß want *umm* sie was
Brünnen; venster und das glaß,
Das wart auch innicklichen rot,
Das es noch die röt hot.
195 Do ich das wunder do gesach,
In minem herczen ich do sprach

[127va]

---

172 Merck] Nu mercket *Mü₁₀*.　**176** Die lieb vnd las den salter *Mü₁₀*.　**179** Nu hoeret zu mir *Mü₁₀*.　**180** nit *fehlt Mü₁₀*.　**181** in] an *Mü₁₀*.　**183** ich ie gesach] nye geschach *Mü₁₀*.　**184** *fehlt Mü₁₀*.　**187** in die noten] ye dy genot *Mü₁₀*.　**188** dint roten] tinten werden rot *Mü₁₀*.　**189** wart] pran *Mü₁₀*.　**190** bot] erpot *Mü₁₀*.　**191** umm] was vmm *Ka₇;* Die want vnd was vmb sie waß *Mü₁₀*.　**192** Brünnen] Dy Brawnen *Mü₁₀*.　**193** auch innicklichen] alles mynnigklichen *Mü₁₀*.　**195** Do] Als *Mü₁₀*.　**196** minnem *Ka₇*.

---

175 elter ›Altar‹.　**176** selter ›Psalmenbuch, Psalter‹.　**177** knidet ›kniete‹.
182 zeit ›Stundengebet‹.　**183** ie ›nie‹.　**189** berment ›Pergament‹ (vgl. V. 200).

Und gedocht: ›wie mag das wesen,
Wie mag die suß doran gelesen?
Nu ist doch recht rot reich
200 Bermit und schrifft gleich!‹
Sie las in den stunden do,
In der metten stet also:
›Domine, labia mea aperies!‹
Do wart der selter unter des
205 In irn weisen hendenlein
Rotter dann der sunnen schein,
Als sie an dem ostertag auffget
Und spilent in rechter rot stet.
Do ich des glastes wart gewar,
210 Ich stund und gafft alles dar
Und kund ni geachten,
Dencken noch erdrachten,
Wan die rot her hub sich.   *[127vb]*
Zu jüngst do versan ich mich
215 Und gedocht an der selben stunt:
›Es ist ir sußer rotter munt,
Der mit seinem glaste
So reilich und so vaste
An dem salter glest!‹
220 Zu hant ich do west,
Das es von irem munde wer.
Die suz seldenper
Leit uber lanck den salter nider,

---

197 wie] also wie *Mü$_{10}$*.   **198** Wie] Oder wie *Mü$_{10}$*.   **199** doch recht rot reich] es doch reht rot sicherleich *Mü$_{10}$*.   **200** Bermit und schrifft] Das pirmet vnd dy geschrift *Mü$_{10}$*.   **202–299** *fehlt Mü$_{10}$*.   **206** sunden *Ka$_7$*.

---

202 metten *Matutin (Vigil), die erste Gebetszeit des Tages, in der Regel noch in der Nacht gesungen.*   **203** ›Herr, *öffne meine Lippen‹. Dieser Psalmvers (Ps 50,17) wird als Eröffnung des Stundengebets verwendet.*   **208** spilent *hier ›leuchtend‹.*   **210** gafft ›*schaute bewundernd, bestaunte‹.*   **213** ›*wovon die Röte ausging‹.*   **219** glest ›*glänzt‹.*   **222** ›*Die lieblich Liebenswerte‹.*   **223** uber lanck ›*nach längerer Zeit‹.*

    Do geschach daß wunder aber sider:
225 Do sie irs le*sen*s verpflag
    Und der salter vor ir lack,
    Do begond der salter brinnen
    Von rotten außen und inne.
    Dor noch sach ichs uffsten
230 Und das sie schir wolt gen;
    Ein clein weis sidin tuoch
    Solt sie winden umb das buoch,
    Und e das sis darumb want,
    Do was es ir in der hant verbrant
235 Und was das tuch uberalle
    So rot, das ni kein zündal
    Zu Trieppel noch zu *Ninive*
    Wart geworcht nie rotter me.
    Waz gein ir was gekert,
240 Daß muß immer sein geert
    Und muß gewirdet immer sein,
    Das kan ir munt, der frawen min.
    Also kan die suße lesen,
    Der diner ich lang bin gewesen.
245 Meins lobs wirt sie nimmer frei,
    Wie ungenedick sie mir sei
    Oder wie die lieb an mir tut,
    So ist sie doch beinamen guot.
    Es ist meiner unselden schuld.
250 Ich het gern ir huld,   *[128ra]*
    Der herczen liben frawen mein,
    Und mogt es nit weger gesein,
    Daß sie mir doch wer alles holt,

---

225 leders *Ka₇*.   **237** mynne *Ka₇*; *Konjektur vorgeschlagen von Keller 1874.*

---

224 aber sider ›*später noch einmal*‹.   **225** ›*Als sie ihr Lesen beendete*‹.
236 zündal *Zindâl, ein kostbarer Seidenstoff.*   **237** Trieppel *Tripolis; dazu wird* Ninive *als passender Städtename aus dem Überlieferten* mynne *konjiziert.*
249 ›*Die Ursache (für die Ablehnung durch die Dame) ist mein Mangel an Glück*‹.
252f. ›*und – wenn es eben nicht besser sein könnte –, dass sie mir doch wenigstens so gewogen wäre*‹.

Als Her Dittrich was Hern Vasolt,
255 So würd mir doch der gemein gruß,
Den sie *den* andern teiln muß.
Der gruoß kan mich nit vervon,
Ist, das ich bei den leuten ston;
Mogt es aber mit fugen sein,
260 Die andern engulten mein,
Daß sie sweig und ging fur sich?
Merckt, ist das bescheidenlich?
Si wil min kein gnod hon.
Wie offt ich ir den weck verston,
265 So wil sie mich nit grüeßen.
Das got derbarm müeße,
Ach, mich senden armen!
† Die gleich seint den harmen! †
Awe, das ich sie ie gesach,
270 Die mir tut leid und *ungemach;*
Die minnicklich ni gesprach,
Daß ich het min gemach.
Es mogt gescheen,
Daß ni wart gesehen,
275 Daß wer ein clein trostlein
Und hilfft doch daß hercz mein.
Alle minneckliche weip

---

255 gemyn groß *Ka*₇. **256** mit *Ka*₇. **261** n sich *Ka*₇. **267f.** *Keller 1874 erwägt die Streichung der Verse und teilt einen Konjekturvorschlag von Karl Bartsch mit:* Ach ich sender arme | Wie glîch bin ich dem harme (›Hermelin‹); *auch Schmid 1974 hält die Verse für verderbt.* **270** vngemach *Ka*₇.

---

254 *Anspielung auf das* ›Eckenlied‹, *wo Dietrich seinem Widersacher Fasold zunächst insofern* ›hold‹ *ist, als dass er ihn nicht tötet. Fasold begleitet Dietrich dann auf mehreren Aventiuren, wird aber wegen seiner wiederholten Treulosigkeit am Ende getötet.* **255** ›*dann erhielte ich wenigstens einen allgemeinen Gruß‹.* **256** teiln ›*mitteilen, schenken‹.* **257** vervon ›*nützen‹.* **259–261** ›*wäre es aber anständig, dass sie schweigend (ohne Gruß) vorübergeht? Die anderen müssten damit meine Anwesenheit bezahlen‹.* **262** ›*Sagt, gehört sich das?‹* **264** ir den weck verston ›*mich ihr in den Weg stelle‹.*

Wünschen, das ir reiner leip
Mich von sorgen scheide.
280 Frawen und meide,
Durch ewr zucht wünscht mir,
Daß mir noch geluck an ir,
Und auch ir tugenthaffte man!
Wann wer ie herczenliep gewan,
285 Der weis wol, wie es dorumb stet,
Dem sein liep zu herczen get,
Wann er sein hercz hot gewent,
Daß er sich noch lieb sent
Und daß ander ist also gemuot,
290 Daß es euzerlich gein im tut.
Wan ich glaub in allen wol,
Die den senden kummer dol,
Das ist ein leit vor allem leit.
Wer herczen lieb allein treit,
295 Der mag wol von noten sagen,
Daß im nimat hilfft tragen,
Die es billich mit im truog;
Des not ist ungefuog.
Lost ein taussent wunde haben,
300 Der genist und kumpt ir abe.
Und ist er nit ver*ch*wunt,
Er geheilt in kurczer stund,
Daß in dornoch wirret nicht
Und das man in frolich sicht.
305 Wer aber ist von minne wunt,
Die wunden sein ungesunt,
Wann der minne wunden

[128rb]

---

279 scheiden *Ka₇*. **299** *Nach* wunde *ein Buchstabe getilgt Ka₇*. **301** verwünt *Ka₇* verch wunt *Mü₁₀*. **302** geheilt] genist vnd hailt *Mü₁₀*. **303** Vnd das ym darnach gewirret nicht *Mü₁₀*. **306** sein] die sein *Mü₁₀*. **307** minne] mÿnner *Mü₁₀*.

---

282 ›dass mir doch bei ihr noch etwas gelänge‹. **287** gewent ›gewöhnt‹. **290** euzerlich *hier* ›fremd, abweisend‹. **296** nimat ›keine‹. **300** ›der überlebt und wird von ihnen befreit‹. **301** verchwunt ›tödlich verwundet‹.

Swirt auch von grunde*n*,
Dem helffen alle meinster nicht.
310 D*ie,* von der es geschicht,
Die heilt in und nimant me.
Sol mir min send*e* not zerge,
Daß mus an ir gnoden sein,
Der herczen liben frawen mein,
315 Die mir vil liber ist dann ich.
Nimant do versprech sich,
Wann e das ir ein finger swer,
Ich wolt selber eins enbern.
Ir went leicht, es sei min spot?
320 Es ist wor, summer got!
Wann ich bin also gemuot;
Nimat weis, was lieb tuot,
Denn der lieb und leit
Sumlich mit zuchten treit.   *[128ᵛᵃ]*
325 Ich wil die red trummen abe,
Ich furcht, das euch zu lanck habe,
Denn die ich nit mocht verdagen;
Ich muost ir von der lieb sagen

---

308 gründe *Ka₇* grunde *Mü₁₀;* Swirt auch] Schweren auf *Mü₁₀*.   **310** Den *Ka₇*
Dann die *Mü₁₀*.   **311** me] ee *Mü₁₀*.   **312** send not *Ka₇;* Ist das mir mein senende
not zergee *Mü₁₀*.   **316** do *fehlt Mü₁₀*.   **317** e] ee ich wolt *Mü₁₀*.   **318** Ich wolt ee
eins armes enpere *Mü₁₀*.   **319** Ir went leicht] Nu maint yr villeicht *Mü₁₀*.
320 got] vnser herr got *Mü₁₀*.   **324** Sumlich] Senigklichen *Mü₁₀*.   **325** trummen
abe] prechen ab *Mü₁₀*.   **326** euch zu lanck] es euch verdrossen *Mü₁₀*.   **327** So
mocht ich doch ye nicht petagen *Mü₁₀*.   **328** ir von der lieb] euch von der lieben
Mü₁₀.

---

308 Swirt ›schwärt, eitert‹.   **309** meinster = *meister.*   **316** ›*Niemand soll etwas
Falsches behaupten‹.*   **317** swer ›schmerze‹.   **319** ›*Ihr glaubt vielleicht, ich wür-
de scherzen?‹*   **320** summer got = *sam mir got* ›*bei Gott‹.*   **322** Nimat ›*niemand‹.*
324 Sumlich ›*in gleicher Weise‹.*   **325** trummen abe ›*kürzen‹.*

Und doch herczenlichen niht.
330 Sie ist mir liep, wie mir geschicht.
Ich bit uber sie nicht
Nimant keins gerichtz.
Es würt verricht leicht wol,
So man nuo verrichten sol
335 Und es die lieb dunket zeit,
An der alle min selde leit.
Hiemit wil ich gedagen
Und ein andern laßen sagen,
Dem sein wort und sein schimpff
340 Und sein geberd und sein glimpff
Michels baß dann mir zimt
Und den *man* gerner vernimpt.
Wann solt *ir* durch mich tummen
Werden also *zu* stummen,
345 So ist beßer, ich sweig eine
Und reden alle gemeine.
Nu habt ir wol gelusnet mir.
Wenn ir wolt, so sagt auch ir.
Dorzu ich wol sweigen kan.
350 Wer nu wol, der heb an,
Wann ich des min erwinde
Von dem hubschen kinde,

---

329 herczenlichen] hayszlichen *Mü_{10}*. **331** nicht] nichtes *Mü_{10}*. **333** verricht leicht] leiht ver rihtt *Mü_{10}*. **334** nuo] es nu *Mü_{10}*. **337** gedagen] der red getagen *Mü_{10}*. **338** ein andern laßen] laßet euch einen andern *Mü_{10}*. **340** Und sein geberd] Sein kuerczweyl *Mü_{10}*. **341** Also vil pas dann mir gezympt *Mü_{10}*. **342** nam *Ka_7* man *Mü_{10}*; gerner] auch gerner *Mü_{10}*. **343** ich *Ka_7* yr *Mü_{10}*. **344** verstvmmen *Ka_7*; Alle werden also zw stummen *Mü_{10}*. **346** reden] yr redet *Mü_{10}*. **348** auch *fehlt Mü_{10}*. **349** sweigen] geschweygen *Mü_{10}*. **351–360** *fehlt Mü_{10}*.

333–336 ›*Es wird sich sicher in gewünschter Weise ergeben, wenn es vollbracht werden soll und die Geliebte, an der all mein Glück hängt, die Zeit für gekommen hält*‹. **347** gelusnet ›*zugehört*‹. **351** ›*denn ich lasse nun ab*‹.

Daß ist geheißn ›der rot munt‹.
Wem es sei unkunt,
355 Der sehe das buch offt an,
Es sei fraw oder man.
Hie hot ein end das mer;
Got berot den schreiber,
Der das mer hot geschriben,   [128ᵛᵇ]
360 Der ist an dem roten mund bliben.

-----

358 berot ›belohne‹.   **360** an ›ohne‹, so auch in Schreiberversen zu anderen Tex-
ten der Karlsruher Hs., vgl. Schmid 1974, S. 23; Waltenberger 2006, S. 273f., macht
auf eine andere mögliche Übersetzung aufmerksam: Nimmt man das handschrift-
liche an als Präposition mit Dativ, so bedeutet der Vers: ›Der ist dem roten Mund
verhaftet, an ihn gebunden geblieben‹.

2. Der erste Buchstabe der Geliebten (B4)

E ist ain anfang meiner fräden. [49ʳ]
E, ich muos mit dir geuden!
Was der himel hatt beschlossen,
Was wunn von himel ist geflossen,
5 Was edler frucht uff erden lebt,
Was in hochen lüften schwebt,
Was in wasser hat sein wesen,
Was sprechen, schreiben kan und lesen,
Das grüß das zart E von mir
10 Mit stätter triu in lieber gir.
Ich sach, das Lieb, Minn und Süß
Der schön nigen uff ir füß
Und gaben sich gefangen ir.
Das durchgruob das leben mir.
15 Darnach an der Minn pforten
Klopffet ich mit sölichen worten;
Ich sprach allda in meinem sinn:
›Lieb und Minn, seidt ir dinn,
So gebt mir ratt und ler,

Text nach **Pr₂** *(Prag, Knihovna Nárondního muzea Cod. X A 12 [›Liederbuch der Klara Hätzlerin‹]; 1470/71), 49ʳ–51ᵛ. Weitere Überlieferung:* **Lg₄** *(Leipzig, UB Ms. Apel 8 [›Bechsteins Hs.‹]; um 1512), 190ᵛ–194ʳ;* **Be₃** *(Berlin, SBB-PK Ms. germ. fol. 488 [›Ebenreutters Hs.‹]; um 1530), 62ᵛ–66ʳ. – Bisherige Ausgabe: Haltaus 1840, 147–149 Nr. II 11.*

Überschrift: Von dem ersten puochstaben seins Buolen *Pr₂ (gleichlautend Lg₄Be₃).* **1f.** *Anders als die Schreibweisen in Pr₂ und Be₃ nahelegen, wird auch in den ersten beiden Versen bereits das ›E‹ als Anfangsbuchstabe der Geliebten gemeint sein; vgl. die Lesart in Lg₄ sowie V. 45f.* **1** EE *Pr₂,* E *Lg₄* Es *Be₃.* **2** Ee *Pr₂* E *Lg₄* Ehe *Be₃.* **8** schreiben kan] kann vnnd schreiben *Lg₄* kan schreyben *Be₃.* **9** *je ein Punkt vor und nach* E *zur Hervorhebung Pr₂, so auch in den Versen 45 und 46.* **11** sach] saeß *Lg₄Be₃.* **12** nigen] Jungenn *Be₃.*

2 *›E, ich muss vor Freude laut von dir reden‹.* **11f.** *›Ich sah, dass sich die Liebesfreude, die Minne und die Süße der Schönen zu Füßen verneigen‹.* **14** *›Das hat mein ganzes Leben aufgewühlt, durchdrungen‹; vgl. V. 82.* **18** dinn *›darin‹.*

20   Wa ich mein hertz mit lieb hin cher.‹
     Zehannd ward mir ain pot gesandt,
     Der ist der Minn wol bechannt:
     Gehaissen ist er Lieplich Danck
     Und macht mir hertz und sinn kranck.
25   Der sprach: ›Fraw Minn ist nit anhaim.
     Si hat gefangen ain mensch rain,
     Das in der welt nit schöners ist.
     Dahin cher sinn und list.
     Ob dir der mensch werd ze tail,   [49ᵛ]
30   So hast du glück und alles hail.‹
     Mit gantzer fräd sprang ich dann.
     Gar pald ich mich des versan,
     Das es der zart mensch was,
     Der ainig in meinem hertzen saß.
35   Ich sprach zu der rainen:
     ›Lieb, wilt du mich mit triu mainen?‹
     ›Ja‹, sprach si, ›cher her zu mir,
     Mein triu will ich erzaigen dir.‹
     So wol mich und immer wol!
40   Nun bin ich gantzer fräden vol.
     Nun wol mich, das ich hab gelebt,
     Das mein hertz in fräden strebt
     Von ainem zarten pild vein!
     Zwar ich bin ir, wär si nun mein!
45   E, bis vor aller welt gelobt!
     E, hertz und sinn nach dir tobt.
     Ich prinn uf der minne rost.
     Du bist geschmeltz in mein prust
     Mit glüenden zangen.
50   Du bist mein plüender anger.
     Du bist mein prähent sunnenglast.

---

23 Gehaissen] Erheissen *Lg₄Be₃*.   **39** immer wol] ymer mich *Lg₄Be₃*.   **45** bis] ist *Lg₄Be₃*; gelobt] gut *Lg₄Be₃*.   **50** plüender] gluender *Lg₄*.

---

25 anhaim ›zuhause‹.   **31** dann ›von dannen‹.   **42** strebt ›*bewegt ist*‹.   **45** bis ›sei‹.   **48** ›*Du bist in meine Brust hinein geschmolzen worden*‹.   **51** prähent sunnenglast ›*gleißender Sonnenglanz*‹.

Du bist meiner sälden last.
Du bist mein glestig morgenstern.
Du bist mein ros, mein mandelkern.
55 Du bist mein fruchtig rosenpaum.
Du bist meins lebens lestig zaum.
Du bist mein süsser palsammschmack.
Du bist mein trost nacht und tag.
Du bist mein lustig maienspil.
60 Du bist meiner sorgen zil.
Du bist meiner lieb anfang.
Du bist der minn ain lustig strang   [50ʳ]
Und meiner augen himelreich.
Ich waiß uff erd nit dein geleich.
65 All schön ist gen meinem lieb entwicht;
Damit schilt ich kain frawen nicht.
Si ist aller tugent ain pfatt.
Got an ir nichtz vergessen hat.
Der vier conplexen crafft
70 Tregt si mit edler maisterschafft
Zartlich geformt an ir person,
Natürlich, früchtig, vein und schon.
Davon, frawen und ir man,
Ir sullt ir wesen undertan
75 Mit allen züchten und mit ern.
Secht si an! si kan euch leren,
Wie ir gen lieb euch sult erzaigen.
Wa si ist, ir sult ir naigen,
Wann si ewr aller spiegel ist.
80 Ach lieb, wie vein, wie zart du bist!
Dein durchleuchtig rotter mund
Durchgraben hat meins hertzen grund.
Dein friuntliches wencken
Kan mir fräden schencken.

---

52 last ›*Fülle*‹. **53** glestig ›*glänzender*‹. **54** ros ›*Rose*‹. **56** lestig zaum ›*star-kes Zaumzeug*‹. **60** zil ›*Ende*‹. **62** lustig strang ›*froh machender Strick*‹. **65** entwicht ›*nichts*‹. **66** ›*mit diesem Lob will ich aber nichts Negatives über andere Damen sagen*‹. **69** conplexen ›*Elemente, Temperamente*‹. **79** spiegel ›*Vorbild*‹. **83** wencken ›*Winken*‹.

85 Dein kin, dein wenglen, kel und har
    Ist alles geziert nach wunsch gar;
    Dein hend, dein prüst, dein arm, dein leib,
    Schöner dann schön, trautt sälig weib!
    Wilt du nun recht bedencken das,
90 Das nie chain mensch mein hertz besaß
    So gentzlich, als du hast getan,
    So tuost du mich noch sorgen an.
    Dein lieb mein hertz besessen hatt;
    Davon so sprichst du schach und matt.   [50ʳ]
95 Aller liebsts, in meinem hertzen
    Lieb trag ich gemist mit schmertzen,
    Das ich bi dir nit mag gewesen.
    Ach, das krencket mein genesen!
    So wol mich, wol und immer wol!
100 Ir hertz ist aller tugent vol.
    Wann ich si sich des morgens fruo,
    So schick ich hertz und sinn darzuo,
    Das ich ir plick under augen.
    Zwar ich bin des on laugen:
105 Welliches morgens das geschicht,
    Den tag traur ich nimmer nicht.
    Ich pflantz mein augen in ir schön,
    Die ich vor aller welt krön.
    Mein hertz spalt sich an der stund,
110 So si iren rotten mund
    Lieplich entschliust und lacht.
    Vor rechter lieb mein hertz erkracht.
    Ich gedenck in meinem muot:
    ›Chomm, aller liebsts lieb so guot,
115 Besitz mein hertz, das statt dir offen.

––––––––

96 gemist] gemischet *Lg₄* gemuschett *Be₃*.   **97** gewesen] gesein *Lg₄Be₃*.   **103** ir plick] erblick *Be₃*.   **105** Welliches morgens] Welchens morgen *Lg₄Be₃*.   **112** erkracht] erbracht *Lg₄Be₃*.

––––––––

92 an ›ohne, frei von‹.   **94** ›deshalb kannst du mir Schach und Matt ansagen‹.   **96** gemist ›vermischt‹.   **103** ›dass ich sie von Angesicht zu Angesicht anschauen kann‹.   **104** ›Ganz sicher verhält es sich für mich folgendermaßen‹.

    Du hast geschossen und getroffen.
    Du tuost mich hart verwunden;
    Mach mich fräch und gesunden!‹
    Ei, was wunn ist mir beschert,
120 Ob mir kurtzlich widerfert,
    Als mir die lieb gehaissen hatt!
    Ach Ammor, reicher minne pfatt,
    Nun zwing die lieb, das es geschech
    On valsche draw, on mercker spech!
125 Ach Ammor, reicher minnevogt,
    Komm creffticlichen eingezogt   [51ʳ]
    Und sprich der zarten zuo,
    Das si genädiclichen tuo
    Und mit stätter ger
130 Behalt ir triu und auch ir er,
    Als ich auch gern tuon wil.
    Das hieß rechter minne spil:
    Wa lieb an lieb beleibt stätt
    Und nit volget sölicher rätt,
135 Die valsch claffer tuon;
    Damit si stören rechten *suon*
    Und machen lieb gen lieb neid.
    Der si verprennt, des wär zeitt,
    Der mir die lieb*e* laiden wil.
140 Der geb mir nur ain kurtz zil:
    Tusent jar und ainen tag;
    Tuo dann das pöst, das er mag.
    Es wär mir wol ain schmähe tatt,

---

123 lieb *fehlt* Lg_4Be_3.   **125** Ammor] armer Be_3.   **136** son Pr_2 sun Lg_4Be_3.
138 des] es Be_3.   **139** lieben Pr_2 libe Lg_4 liebe Be_3.   **143** wär] wir Be_3; tatt] thut
Lg_4Be_3.

---

118 fräch ›*lebhaft, frisch*‹.   **124** ›*ohne falsche Drohungen und ohne dass die*
Aufpasser es wahrnehmen‹.   **126** eingezogt ›*anmarschiert, einhergelaufen*‹.
128 ›*dass sie (mir) Gnade gewähre*‹.   **136** suon ›*Versöhnung, Vereinigung*‹.
137 neid ›*verhasst*‹.   **138f.** ›*Es wäre an der Zeit, dass derjenige verbrannt werden*
möge, der mir die Liebesfreude zu Leid machen will‹.   **140** ›*Der möge mir nur eine*
kurze Zeitspanne geben‹.   **143** ›*Das wäre für mich ein verwerfliches Handeln*‹.

Solt ich volgen dem ratt,
145 Der mich von ir schaiden solt.
Pfiu, ich wurd dem nimmer holt!
Gen ir so laß ich ie nit ab
Mit rechter lieb bis in mein grab.
Der zarten gib ich meinen segen:
150 Got muoß dein in triuen pflegen,
Got halt dich, lieb, in seiner huot,
Got mach dich frisch und wolgemuot,
Got bewar dich vor allem laid,
Got füg uns zuainander baid
155 Mit minneclichen wercken süß,
Got dir allen kummer püß,
Got hallt in fräden dich gesunt!
Das wunsch ich dir zu aller stunt,
Aubent, morgen, tag und nacht;   *[51ᵛ]*
160 Darzu hat mich dein tugent pracht.
Lieb, tuo mich umbschliessen
Mit armen planck, laß mich geniessen,
Das ich niemantz bin dann dein!
Cher gen mir dein mündlin vein,
165 Senck zu mir der minne lust,
Truck gar lieplich prust an prust!
Lieb, mein triu solt du bedencken
Und pring ain lieplich schencken!
Hertz mein, bis immer frei,
170 Mach, das si stätt bi mir sei!

---

144 Solt] Solttenn *Be₃*. **155** wercken] werden *Lg₄Be₃*. **157** in fräden dich] dich
in freuden *Lg₄Be₃*. **163** dann] wan *Lg₄*. **168** schencken] schrencken *Lg₄Be₃*.

---

169 bis immer frei ›*sei stets unbekümmert*‹.

3. Die Schönheit der Geliebten (B6)

Fassung Gotha

[127^r]

    Ich wil uch sagen, ob ich kan:
    Ich bin ein sinneloser man.
    Mir het ein reine selig wip
    So gar betwungen minen lip,
5   Daz mir witze und sinne
    Von des wibes minne
    Beide sint zerrunnen.
    Nu habe ich mich versunnen,
    Wie ir lip si getan,
10 So ich sü sihe vor mir stan.
    Ich muos ir sin in truwen holt.
    Ir hor, daz luhtet as ein golt,
    Klein reht als ein side.
    Darunder als ein kride
15 Ir scheitel ist so wis.
    Got hat sinen flis
    An daz reine wip geleit.
    Ir stirne ist zuo mossen breit.
    Ire oren, die gehörent wol,
20 Waz sü von rehte hören sol.
    Zwo brune browe, die treit sie,
    Darunder zwei clore öugelin, die
    Schiessent scharff noch guoter art,
    Also obe sü spieltent hochfart.

[127^v]

Text nach **Go₃** *(Gotha, Forschungsbibliothek Cod. Chart. B 53; um 1430–1440),
127ʳ–128ᵛ. – Bisher unediert.*

Überschrift: ~~Von der hubschen frawen~~ Von einer schonen frowen *Go₃*.
24 ~~trubent~~ spieltent *Go₃*.

1f. *Bescheidenheitstopos.* **2** sinneloser ›unverständiger‹. **8** mich versunnen
›darüber nachgedacht‹. **12** as ›wie‹. **13** Klein ›fein‹. **15** scheitel *gemeint ist
hier wohl die am Scheitel sichtbare Kopfhaut, zugleich damit – als pars pro toto –
ihre vorbildlich weiße Haut.* **18** zuo mossen ›angemessen‹. **23** Schiessent ›um-
herblicken‹. **24** ›als ob sie sich in höchster Freude vergnügen würden‹.

Fassung Wolfenbüttel

Ein rede wil ich vohen an,   *[80ᵛ]*
Ich si ein künstenrich man.
Mir het ein reine trut selig wip
Betwungen minen lip
5   Mit einre süßen minne,
Daz mir witz und sinne
Bede sint verrunnen.
Doch habe ich wol vernummen,
Wie ir stoltz lip si geton.
10   So ich sü sihe dort hergon,
Min hertz ist ir mit truwen holt.
Ir hor ist luter also ein golt,
Clein, gel also ein side.
Darunder wiß aso ein kride
15   Ist ir die scheitel aso rehte wiß.
Got het allen sinen fliß
An daz selige wip geleit.
Ir stirn ist zuo moßen breit.

Ir ougbrowen sint brunvar.
20   Dar treit sü zwei ougen clar,
Die schießent rehte uf alle fart,
Aso spiltent sü hasehart.

Text nach **Wo₂** *(Wolfenbüttel, HAB Cod. Guelf. 16. 17. Aug. 4°; Anfang 15. Jh.),
80ᵛ–81ʳ. – Bisher unediert.*

Überschrift: Dis ist die schönheit der frouwen *Wo₂.*   **4** Betwngen *Wo₂.*

---

*Für Worterläuterungen sind auch die Anmerkungen zur Fassung Gotha zu berück-
sichtigen.*   **2** ›als ob ich ein Mann von großer Kunstfertigkeit wäre‹.   **14** aso *(vgl.
auch V. 15, 23, 29, 35, 38, 56, 73, 75)* ›also‹.   **22** hasehart *Name eines Würfelspiels.*

25 Sü luchtent als ein karfunckel.
Die nacht wart nie so tunckel,
Sü gebe von ir liehten schin.
Dobi treit sü ein neselin
So rehte wol formieret,
30 Daz sü ouch wol zieret
Ir wengelin rot und wis als der sne.
Ach, wer gesach ie me
Keinen so röselehten munt?
Er burnet an ir zuo aller stunt
35 Reht als der edel salmander.
Es gesang nie kein galander
So wol als die fröwe, die ich mein.
Ir zene sint wis also helffenbein.
Ir zunge brehtet nut zuo lut.
40 Zuo allen zitten also ein brut,
Wenn sü mich anelachet,
Zwei grübelin sü machet
Jetweder in ir wangen.
Mich mag wol belangen
45 Noch ire süssen minne.
Dobi treit sü ein kinne
Niht zuo smal noch zuo breit.
Darunder sü ein kele treit,
Die ist wis und wolgetan.
50 Es enwere niergent kein man,
Der sü von rehte solte sehen,
Er müste mir die worheit jehen,
Daz sü were ein schönes wip.
Wiß also der sne ist ir lip,
55 Also sint ir armen und ouch ir blang,
So sint ir ouch die vinger lang.

[128ʳ]

26f. ›Selbst in der dunkelsten Nacht würden sie (die Augen) hell erstrahlen‹.
33 ›einen so rosenfarbigen Mund‹. **34** burnet ›brennt‹. **36** galander ›Hauben-
lerche‹. **39** brehtet ›schreit, lärmt‹; nut = nit. **40** ›Jederzeit, ganz wie eine
Braut‹. **44** belangen ›verlangen nach, sehnen nach‹. **55f.** ›so sind auch ihre
Arme und auch ihre glänzende Hautfarbe, so sind auch ihre langen Finger‹.

Sü luhtent aso ein karfunckel.
Die naht wart nie so tunckel,
25 So gebent sü lühten schin.
Dobi treit sü ein neselin
Also rehte wol gesnitzelt.
Ir wengelin hüffe*l*, die sint rot, darunder wiß gemüstet,
Wis aso der schne.
30 Wer gesach ie me
Keinen so roselehten munt
Burnen zuo aller stunt,
Burnen also ein glügende zundel?
Wo gesang ie galander
35 Aso wol aso sü duot, die frouwe min?
Ir zene sint helfenbeinin.
Ir zunge brehtet nüt zuo lut.
Sü ist zuo allen ziten aso ein brut.
Wenne sü mich anlachet,
40 Zwei grübelin sü do machet
Bedenthalben in iren wangen.
So mag mich wol noch ir belangen
Und ouch noch ir suossen minne.
Dobi treit sü ein kinne,
45 Daz ist weder zuo smal noch zuo breit.
Darunder sü ein kele treit,
Die ist wiß und wolgeton.
Es gesach nie kein man.
Wer sü von rehte solte sehen an,
50 Er müste mir der worheit iehen,
Daz sü wer ein schönes wip.
Noch wünsche gestalt ist ir lip.
Dar zuo kan sü wol negen.
Kein meister kunde sü getregen,

---

28 hüffe *Wo*₂.

---

28 wengelin hüffel ›*Erhebungen ihrer Wangen, Bäckchen*‹; gemüstet ›*gemischt*‹.
33 zundel ›*Feuerschwamm, Anzünder*‹. **48** ›*(So etwas Schönes) hat niemand je gesehen*‹. **52** ›*Ihr Körper ist gestaltet, wie man es sich wünscht*‹. **53** negen ›*nä-hen*‹. **54** getregen ›*drehen, drechseln*‹.

Daz fleisch ir für die nagel gat,
Daz edeln fröwen wol anstat:
So kan sü ouch wehe negen.
60 Kein meister kan getregen
So sinnewel die brüstelin, [128v]
So sie treit die fröwe min.
Ir lip ist sleht und niht zuo groß.
Wer sü siht zuo den siten bloß,
65 Die sint nut lang und nut smal.
So stat do nidenan hin zuo tal
Ein dingelin geschaffen wol,
Daz ich doch nut nennen sol.
Dobi hat sü zwei wisse bein
70 Weder zuo groß noch zuo klein.
Ir knüschiben sinnewel,
Die luhtent schone durch daz vel.
Ir füsse hol, ir fersen sleht,
So trutet sü die schuohe reht.
75 Nuo habe ich sü gemessen.
An ir ist nut vergessen:
Sü ist weder zuo kurtz noch zuo lang.
So hat sü einen herlichen gang.
Diß ist der minnen claff.
80 Der daz nut glöbt, der ist ein aff.

---

63 ~~bloß~~ groß *Go₃*.

---

57 *›Das Fleisch reicht ihr vor die Nägel‹ (d.h. sie trägt kurz geschnittene Finger-nägel).* **59** *wehe negen ›besser nähen‹.* **60** *getregen ›drehen, drechseln‹.* **63** *sleht ›gerade, aufrecht‹.* **64f.** *gemeint sind wohl die Hüften.* **71** *›Ihre run-den Kniescheiben‹.* **72** *vel ›Haut‹.* **73** *›Ihre Füße sind nicht platt, ihre Fersen stehen gerade‹.* **74** *›so liebkost sie die Schuhe auf richtige Weise‹.* **79** *Die Wen-dung ›Dies ist das Liebesgeschwätz / die Rede der Liebenden‹ kann als Titel des Textes verstanden werden (vgl. auch die Minnerede B234 ›Der Minne Klaffer‹) oder als Kritik, die das ganze Schönheitslob in Zweifel zieht.*

55 Also zwei hübesche brüstelin,
Aso sü treit die frouwe min.
Ir arme lang,
Ir hende swang.   [81ʳ]
Daz fleisch ir für die nagel got,
60 Daz allen frouwen wol anstot.
Zuo den siten swang und nüt zuo groß.
Wer sü siht zuo den siten bloß,
Die sint lang und dobi smal.
Es stet ouch niden zuo tal
65 Ein dingelin geschaffen wol.
Ich daz selbe nüt nennen sol.
Dobi treit sü zwei wiße knü
Weder zuo groß noch zuo klein.
Ir knüschüben sinwel,
70 Sü lühtent lützel durch daz fel.
Ir füße hol, ir ferßen schleht.
Darzuo treit sü sich ufreht.
Aso han ich sü gemessen
Und habe nüt an ir vergessen:
75 Aso kan ich sü geloben.

---

57 *ergänze:* ›sind‹. **58** swang ›*biegsam, schlank, dünn*‹; *vgl. auch V. 61.* **70** lützel ›*ein wenig, kaum, zart*‹.

4. Urkunde der Minne (B14)

<table>
<tr><td></td><td>Ich, diener miner frowen genant,</td><td>[237vb]</td></tr>
</table>

Ich, diener miner frowen genant,   [237*vb*]
Nach wisung miner sin ermant,
Tuon kunt gar unbetöret
Den allen, von den gehöret
5   Wirt diser brieff oder gelesen,
Die nu sint oder künftig wesen,
Das ich mit fürbetrachtung und rat
Alles, daz min wesen hat
Beslossen uz und inn,
10 Min lib, min hertz, min sinn,
Min muot mit aller siner craft,   [238*ra*]
Min leben in aller hantschaft
Und wez ich hie zur welte pflig
Ald dem ich sunst noch angesig
15 Oder noch gedeicht zu miner hant –
Von aigens wiln ler ermant,

---

1 Ich] i *mit Tinte vorgeschrieben. Initiale in Länge von drei Zeilen nicht ausgeführt*
Ka₃. **7** mit] *das t ist von jüngerer Hand korrigiert Ka₃.*

Der Urkundentext ist auf das Jahr 1371 datiert (vgl. V. 170–172). Der Text entspricht
in Stil und Form einer mittelalterlichen Urkunde. Im Folgenden werden – wo mög-
lich – die entsprechenden Fachbegriffe aus der Urkundenlehre (Diplomatik) den
verschiedenen Textteilen zugeordnet. **1** *einfache Intitulatio als Einleitungsfloskel*
(Protokoll). **2–6** *Verkündigungsformel (Promulgatio).* **7** *Mit diesem Vers be-*
ginnt die Darlegung des eigentlichen Rechtssachverhalts (Dispositio). Die Haupt-
gliederungspunkte des hier begonnenen sehr langen Nebensatzes sind: Das ich
(7) … Alles (8) … Der … frowen min (19) … Gib (22). **11** muot *hier ›freier Wille‹.*
12 *in aller hantschaft ›in allen meinen Taten‹.* **14** *›oder was ich sonst noch er-*
werbe‹. **15** *gedeicht ›gedeiht, zuwächst‹.* **16** *›vom Befehl des eigenen Willens*
angetrieben, freiwillig‹.

Unbekränkt und unbezwungen,
Nach lust stritlich uberrungen –,
Der erwirdigen frowen min,
20 Mime zarten trutalin,
Das alles wandels ist so ler,
Gib (ich aigenlichen ger)
Für aigen als ain aigen guot
Aus aigner aigenschaft huot,
25 Als ich ez selber herbracht han.
Das sal ir wesen undertan,
Wann ich daz alles luterlich
Mit disem brieff erkenlich
Han gen der zarten mich verzigen.
30 Und hab ich icht daran verswigen,
Daz mir der wil licht wird benomen,
Mit dem ich si möcht uberkomen.
Dez wil ich gar berobet sin.
Ez sol dü lieb frowe min
35 Besetzen und entsetzen.
Und sal ich daz nit letzen:
Si sal och niessen, als ich noß,
E min selbs mein verdroß.
Och wie gebüt die frowe min,
40 Also sol min wesen sin

---

17 Unbekränkt] *das zweite k von jüngerer Hand oberhalb von* nt *eingefügt Ka₃.*
20 Mime] *das e von jüngerer Hand über dem zweiten* m *eingefügt Ka₃.* **21** wandels] *das l von jüngerer Hand über* es *eingefügt Ka₃.* **22** Gib] b *auf Rasur Ka₃.*
24 aiger *Ka₃.* **33** Daz *Ka₃.*

---

17 Unbekränkt ›nicht aus Schwäche‹. **18** ›gemäß meinem Wohlgefallen eifrig *überwältigt‹ (?).* **22** ›gebe (das begehre ich ausdrücklich)‹. **24** ›das aus dem *Schutz, der Obhut eigenen Eigentums kommt‹.* **29** ›zugunsten der Geliebten aufgegeben habe‹. **30–32** ›Und sollte ich etwas verschwiegen (unterschlagen) haben, wird mir die Willenskraft leicht genommen werden, mit der ich überhaupt gegen sie ankommen könnte‹. **33** *Der Satz bezieht sich wohl zurück auf* ›alles‹ *(V. 27), was der Sprecher der Dame übereignet hat.* **35** *Rechtsformel, die die freie Verfügungsgewalt über eine Sache bezeichnet.* **36** letzen ›verhindern‹.
37f. ›dass sie auch Nutzen daraus ziehe, wie ich Nutzen daraus zog, bevor ich meines Eigenen überdrüssig wurde‹.

Und stett nach irem willen leben
Forchtiglich on wider streben.
Och alle mines libes glid
Sol ich anders bruchen nid,
45 Nur wie si wil, der ich min leben
Zu frigem aigem han gegeben.
Min zung, mins libs ain hopt gelid,
Sol würken als ain flisig smid
Ir lob bi nacht und och bi tagen
50 Und von ir singen und sagen
Ir er und ir volkomenhait,
Wie si si schön, zart und gemait.
Alsus sol ich der frowen min   [238rb]
Aigen und nit min selbs sin
55 Und gib ir an mir alle recht.
Si sol min fro sin und ich ir knecht
Nu furbas sin genennet.
Wart ich ie her bekennet
Mins selben, dez namen wil ich mich
60 Durch si verzichen willicklich.
Ains ist, daz man mercken sol:
Ob ich der zarten also wol
Gediente – als nach sälde
Geschicket, an gemälde –,
65 In zuo komender zit
† Dick füget und git †

---

44 bruchen] c *auf Rasur Ka*$_3$.

---

46 *Das ›freie Eigen‹ (das Allod) bezeichnet ein Eigentum, über das der Besitzer oder die Besitzerin – im Gegensatz zu einem Lehen (vgl. V. 84) – frei verfügen kann.* **48** würken *›hervorbringen‹.* **56** fro *›Herr‹.* **58–60** *›Wurde ich jemals bisher als ich selbst bekannt (oder: Wurde ich selbst jemals Herr genannt), so will ich auf meinen Namen um ihretwillen freiwillig verzichten‹. Er will also nur noch ›Knecht‹ genannt werden (V. 56).* **62** *Der Nebensatz, der mit diesem Vers beginnt, ist dem Hauptsatz in V. 76f. untergeordnet.* **63f.** *›dienen würde – also auf Glück ausgerichtet und ohne darüber zu sprechen –‹.* **65–68** *›und falls es sich im Laufe der Zeit öfter ereignet und ergibt, dass ihre Tugend sie anfechten und ihr raten würde, das sie mich bedenken wolle‹.*

Und sich ir tugent anefecht
Und riett ir, daz si mich bedächt –
Sid ich so gar willicklich
70 Han in ir huld ergeben mich –,
Das si bi minem leben
Mir maint ze widergeben
Ain tail mines guotes,
Fünd ich si falsches mutes,
75 Daz si daz wolt durch zucht gezemen
So sol ich ir nit wider nemen
Kain aigen in kainer wiß.
Ich main also werden griß,
Das ich ichtz sunders an si hab,
80 Ich main uff ir gnade stab
Iemer hintz uff min ende warten.
Wol mag ich von der zarten
Durch ungemuotes vlechen
Ain clain unschädlich lächen
85 Enphachen, ob ez ir gnade gert,
Daz ich dez von ir si gewert.
Ains man och billich mercken sol:
Ob ir ir hertz tugentvol,
Der zarten frowen min
90 (Sid ich ir friges aigen bin),

---

67 *Vor* Vnd *Rasur Ka*₃. **72** Mir] m *aus* d *korr. Ka*₃. **83** vlechen] *das* l *von jüngerer Hand über* ve *eingefügt Ka*₃.

---

69 Sid ich ›weil ich doch‹. **74–77** ›so würde ich – nähme ich an ihr eine falsche Gesinnung wahr, nämlich dass sie das nur aus Höflichkeit für angemessen erachten würde – von ihr auf keine Weise irgendein Eigentum zurücknehmen‹. **78–81** ›Ich glaube auf diese Weise alt zu werden, dass ich nichts Besonderes ihr gegenüber beanspruche, nämlich – so meine ich es – als auf den Stab ihrer Gnade immer bis zu meinem Tod achtzugeben (mich auszurichten)‹. **83** ›aufgrund eines unbeschwerten Flehens, einer Bitte, die keine Mühsal verursacht‹. **84** ›ein kleines Lehen, das die Rechtslage nicht verändert‹. **88–94** ›Falls jemand ihr – meiner geliebten Dame (deren ›freies Eigen‹ ich doch bin) – aus Freundschaft oder Feindseligkeit ihr vorzügliches Herz fortschaffen oder jemand anderem geben wollte, werde ich mutig dagegen vorgehen‹.

Durch früntschaft oder haß,
Wolt ieman schaffen furbas
Oder iemant andern geben,
Da mag ich frilich wider streben.
95 Dez sol si nit gewaltig wesen.
Ich han si ain mir usserlesen
Ze frou uz der frowen schar.
Si sol mich niender anderswar
Schaffen noch verlichen;
100 Ich mocht si dez verzichen,
Wolt si sin denn nit enbern:
Do stat in mir doch daz gewern.
Alsus sol ich der frowen min
Aigen mit allen den rechten sin,
105 Die redlich hie geschriben stant,
Niendert geschaben noch geblant,
Daz ir daz als belibe stett.
Gantz und slecht on widertät
Han ich der zarten lieben geben
110 Disen brieff versigelt eben
Mit minem insigel offenlich.
Dri hoch frowen och durch mich
Ir insigel daran hant gehangen,
Ob von mir icht wird ubergangen
115 Diser brieff mit kainer tat,
Ez wer fruo oder spat,
Das ich denn gar verswachet si
Und mir kain säld volge bi.

[238va]

---

98 anderswa *Ka₃*.

---

99 ›*weggeben oder verleihen*‹.   **100–102** ›*ich würde ihr das gerne versagen, wür-de es ihr aber andererseits doch gewähren, wenn sie darauf bestünde*‹.   **103** *Etwa mit diesem Vers beginnt der Abschnitt der Urkunde, in dem die Beglaubigungsmittel angeführt werden (Corroboratio), typischerweise Siegel (V. 110ff.) und Zeugen (V. 112ff.); vgl. auch V. 149ff.*   **106** ›*niemals abgeschabt noch unsichtbar gemacht*‹ *also unbeschädigt und vertrauenswürdig.*   **108** ›*Vollständig und aufrichtig und ohne Widerstand*‹. **114–118** *Strafandrohung bei Zuwiderhandlung (Sanctio).* **115** *kainer* ›*irgendeiner*‹.

Fro Min, die in versigelt hat,
120 Die gab mir den ersten *r*at
Und riett mir diß gemächt.
Fro Trü, min fro, die slecht,
Riet mir der Min volge geben.
Fro Stettikait, ir susses leben,
125 Veriach mir der volge och.
Da lieff min wil billich nach.
Darumb han ich die frowen clar
Gebetten all sunderbar,
Das si der ding mit mir iechen:
130 Wöl ich iendert ubersechen
Ald uberfarn, daz hie stat
Geschriben nach ir alle rat,   *[238*^{vb}*]*
Das denn min fro, die Min,
Min hertz und al min sinn
135 Erfolle, so si hartest müg,
Also, daz ich niemant tüg
Hie noch da, man ald wib.
Si wönd och, daz der zarte lib
Mir werd mit allem sinne gran,
140 Dem ich mich ze aigen geben han.
Daz wer mir doch ain sunder not,
Die ich nit nant dann nur den tot.
Die Trü und och die Stättikait,
Die lasen in och wesen lait,

---

120 hat *Ka*$_3$.   **138** der] *defekt (Tinte verschwommen) Ka*$_3$.

---

121 ›*und riet mir, diesen Vertrag aufzusetzen*‹.   **125** ›*erklärte ebenfalls, ich solle (dem Rat) Folge leisten*‹.   **127–148** *erneute Sanctio (vgl. V. 114–118).*   **129** ›*dass sie den Sachverhalt mit mir bestätigen*‹.   **130** ›*Wollte ich irgend unbeachtet lassen*‹.   **135–137** ›*ausfülle, wie sehr sie es nur könnte, so dass ich für niemanden hier oder dort, es sei Mann oder Frau, noch brauchbar wäre*‹; *gemeint ist wohl, dass Frau Minne ihn als Strafe für eine Zuwiderhandlung in die soziale Isolation treiben soll.*   **138–140** ›*Sie (alle drei Personifikationen?) würden dann (im Falle einer Zuwiderhandlung) auch wollen, dass die Geliebte, der ich mich zu eigen gegeben habe, mir mit allen ihren Sinnen feindselig werde*‹.   **142** ›*die ich nur als Tod bezeichnen kann*‹.   **144** lasen in ›*lassen sich*‹.

145 Wöl ich die täging uberfarn.
    Si sullen mich halt niender sparn,
    Si könden mich durch alle lant,
    Ich fuor ain main aid hant.
    ›Wir, Min, Trü und Stattikait,
150 Von bett, die uns ist angelait
    Von unserem getrüwen diener,
    Veriechen wir durch sin er:
    Wir frowen alle dri,
    Wir waren dem gemächte bi
155 Und wollen och dez züge wesen,
    Waz an der hantfest wirt gelesen,
    Und laisten, als wir sint gebetten,
    Wölt er die warhait ubertretten,
    Darumme ze ainer urkunt
160 Ditz gemächt und bunt,
    Daz daz icht werd bechrenck.‹
    ›So han ich, Min, gehenckt
    Min insigel daran
    Zu ainer zügnust und man
165 Ew, Trüw und Stättikait.
    Wir veriechen, waz die karta sait.‹
    Wan diser brieff ist gegeben,
    Han ich die iar gemercket eben
    Und wart mit warhait bestalt:
170 Do man von Cristus geburt zalt

---

145 ›*wenn ich die Übereinkunft (mhd.* tagedinc, teidinc) *nicht halten würde*‹.
146–148 ›*Sie sollten es mir dann eben nicht ersparen und über mich in allen Ländern verkünden, dass ich eine meineidige Hand habe*‹. **149–166** *Die wörtliche Rede der Zeuginnen gehört zur Corroboratio.* **154** gemächte ›*Verfertigung (der Urkunde)*‹. **156** hantfest ›*Urkunde*‹. **157–161** ›*und verpflichten uns darum mit diesem Zeugnis (*urkunt*), so wie wir gebeten wurden, diesen Vertrag und Bund zu erfüllen, damit dieser (der Vertrag) – falls er (der Verfasser der Urkunde) sich über das gegebene Wort (*warhait*) hinwegsetzen wollte –, nicht gebrochen werde*‹. **164** ›*zum Zeugnis und zur Mahnung*‹. **166** ›*Wir pflichten dem bei, was die Urkunde (*karta aus mittellateinisch charta*) sagt*‹. **167–180** *Eschatokoll der Urkunde mit Datierung.* **167f.** ›*Von dem Zeitpunkt, zu dem diese Urkunde ausgegeben wurde, habe ich mir die Jahreszahl genau gemerkt*‹. **169** bestalt ›*festgesetzt*‹.

Tusent jar und truhundert [239ra]
Ains und sibentzig. Ob ieman wundert,
Wann in dem jar, dem sag ich das:
Da stund viol noch daz graß.
175 Ez was, do der rote munt
Den sne durchröt, alß ob ain wunt
Tier in berötet het.
Got im sin röt bestät
Und geb im allez glückes hail!
180 Dir brieff hat end mit disem tail.

---

172 Ob ieman wundert ›*Falls sich jemand fragt*‹.   **173** Wann ›*wann (genau es war)*‹.   **175** ›*Es war (vielmehr zu der Zeit), als der rote Mund*‹.   **178** ›*Gott erhalte ihm (dem Mund) stets seine Röte*‹.   **178f.** *Dieser Wunsch ist an die Dame gerichtet und entspricht damit dem ›Bene valete‹ als Schlusswunsch einer Urkunde.*   **180** Dir = *Dirre* ›*Dieser*‹.

5. Scherzhafte Liebeserklärung (Z14)

›Höfische‹ Fassung

Mein dinst voran in Rethorica! [12ʳ]
Ich pin euch holt in Gramatica.
Daß ich erweisen wil in Loica,
Mit der zal in Arismetrica.
5 Ir gefallet mir wol in Geometria.
Darumb wollen wir singen in Musica:
Die ist wol bekannt alß der Venus in Astronomia.
Domit pfleg ewr got in Theologia
Und laß unß lanng leben in Philozophia
10 Und bewar uns wol in Medicina!

Text nach **Wo₃** *(Wolfenbüttel, HAB Cod. 29.6 Aug. 4°; um 1480), 12ʳ. Weitere Über-
lieferung:* **Wo₁** *(Wolfenbüttel, HAB Cod. 2.4 Aug. 2° [›Wolfenbütteler Priamelhand-
schrift‹]; um 1490/92), 79ᵛᵃ. – Bisherige Ausgaben: Euling 1908, 35 Nr. 274 (nach
Wo₁), Kiepe/Willms 1972, 371 (nach Wo₃).*

Überschrift: Ein hubscher sender brief von der lieb *Wo₁.*

---

3 *Vgl. V. 7 in der ›Parodistischen‹ Fassung.*   **5** *fehlt Wo₁.*   **7** bekannt] erkant *Wo₁.*

›Parodistische‹ Fassung

Mein dienst voran in Rethorica!   *[1ʳ]*
Ich pin dir hold in Gramatica,

Nach der zal in Arismetrica.
Du gevellst mir wol in Geometria;
5   Darumb will ich singen in Musica,
Wan du pist fertig in Astronomia.
Du pist peschissen in Loica;

Des plas ir in ars Medicina.

———

*Text nach **Mü₁₈** (München, BSB Cgm 5249/46c II; 2. Hälfte 15. Jh.), 1ʳ. – Bisherige Ausgaben: Keinz 1894, 155 Nr. VI; Schulz-Grobert 1993, 212.*

6. Liebesbrief (B143)

Dienst und meiner trewn schein   *[1ʳ]*
Ich ew enbeut
Darzuo liebe und alles guot.
Hertze mein, gedanch und muot
5   Sich habent des also veraint,
Daz si ew mit trewn maint.
Des twinget mich ewer minn*e*,
Meiner sinne maisterinne,
Die sich ze einer stunde,
10   Do ich ew anbliken begund*e*,
Von ewren widerbliken taugen
Und schön stal durch mein augen
Und senkt sich in meins herczen huot.
Da vieng si allen meinen muot,
15   Als ich ew das wil kuntlich machen
In natürlichen sachen:
Nu nemet war, wie an vier enden
In den vier elemenden
Die winte die wolken iagent
20   Und stözz aufeinander tragent;
Davon ein donerslak geschicht,
Darauf man fewer varn sicht,
Ee man erchös des slages hel.
Das kumpt von den augen snel,
25   Die sneller sind, dann hören sei.
Fraw, da sult ir chiesen bei:
*S*wa ein man weibes augen,

---

*Text nach **In₂** (Innsbruck, Landesarchiv Hs. 21, VII; 15. Jh.), 1ʳ–1ᵛ. – Bisherige Ausgabe: Rosenfeld 1930, 42f.*

7 minn *In₂*.   **10** begund *In₂*.   **27** Swa *Lesung unsicher In₂*.

---

2 *Der Vers ist unvollständig, wohl um den Eintrag einer direkten Namensanrede zu ermöglichen, die dann mit* mein *zum Reim ergänzt werden konnte. Denkbar wäre auch die Ergänzung durch ein Diminutiv mit dem Suffix* –lein.   **20** ›und führen Stöße gegeneinander aus‹.   **23** ›bevor man den lauten Knall wahrnehmen kann‹.

Die er maint, erbliket taugen,
Von denselben widerbliken
30 Hertzen kluppf und hertzen schriken.
Davon ertzundt sich der muot,
Alz donerstral von donre tuot.
Also ist mir von ew geschehen.
Das mag ich mit der warheit iehen.
35 Das mocht ir vil wol schawn:
Do ich in feuchtem tawn
Ewr zartheit in der grüne fant,
Mein sin und kunst mir gar verswant,
Also das ich ze stunde
40 Weder wort noch weise kunde.
Ich was ein unbesindter man.   [1ᵛ]
Als ich mich des hernach versan,
Mein hertz, sinn warn gar verwunt;
Doch hiet mir ewer roter munt
45 Ein küssen lazzen werden kunt,
So wer ich worden do gesunt.
Mein zart und meiner freuden wunne,
Widerglast der liechten sunne,
Die durch meiner augen schein
50 Brechent in das hertze mein,
O mein brehender morgenstern,
Seit ich mich underwunde gern
Iwerr schone ze schönen
Und ewrer tugende höhe kronen,
55 Wem ist dann ewer werdiu iugent
Geleich an weltlicher tugent?
Trewn, das kan ich vinden nindert,

---

35 *Der Vers ist durch einen etwas größeren Abstand vom vorhergehenden Vers abgerückt In₂.* **47** *Vers marginal durch ein Alineazeichen markiert In₂.*

---

30 *›(entstehen) Herzklopfen und Herzerschrecken‹.* **44** *hiet ›hätte‹.* **48** *Widerglast ›Widerschein‹.* **49** *schein ›Blicke‹.* **52** *mich underwunde ›es auf mich genommen habe‹.* **53** *schönen ›verherrlichen‹.* **57** *›Wahrlich, das kann ich überhaupt nicht erfinden‹; Verweis auf die rhetorische ›inventio‹: Der Sprecher bezeichnet sich als unfähig, die Eigenschaften der Dame vergleichend zu beschreiben und zu loben; daher braucht er die Hilfe von Frau Venus, vgl. V. 58.*

Ez leb denn Fraw Venus indert,
Die der unverrichten sinne
60 Wirdt aller tugent fugerinne.

---

58 indert ›irgendwo‹. **59** unverrichten ›unerfahrenen, nicht belehrten‹.

7. Liebesbrief (B147)

[19ʳ]

    Mein frontliches leib und hochster schacz,

    Nit ker dich an des claffers schwa*tz*!

    Trag leib um leib (das ist der sidt)

    Und tu underweillen, als sext du mich nit,

5   Daz wir nit kumen in geschrai

    Und di falschen schweczrn mochten erfreien,

    Das si eir gespodt mit unß mechten treiben.

    Ee wolt ich, das es under wegen beleiben,

    Wann ich sunst wol wais dein gutten willen,

10   Der mir mein kumer wol *m*echt stillen.

    Wenn es sich sunst †sichen† solt,

    So zweiffelt mir nit, du dettest sunst, wa*s* ich welt,

    Wei wol si*ch* das nit fugen mag.

    Darum clag ich das alle tag

Text nach **Be₁₂** *(Berlin, SBB-PK Ms. germ. quart. 495; um 1500), 19ʳ–21ʳ. – Neben den allgemeinen Editionsrichtlinien gilt für diesen Text: Doppel-n wurde stillschweigend vereinfacht, wo es weder vom Mhd. noch vom Nhd. her nachvollziehbar ist (z. B.* werden *statt* werdenn*); dies auch dann, wenn – was öfter vorkommt – die Schäfte nicht präzise ausgeführt sind, sodass statt* nn *ein* m *erscheint, z. B.* umd *statt* unnd *in V. 4. Alle anderen Doppelkonsonanten sind erhalten geblieben. – Bisher unediert.*

2 schwastz *Be₁₂*. **6** mochten *überschrieben Be₁₂*. **8** beleiben *Die ungewöhnliche en-Endung für die 3. Person Singular ist hier des Reimes wegen beibehalten (vgl. auch V. 72).* **10** wecht *Be₁₂*. **11** sichen *(von mhd.* sîgen *oder* sîhen?*) ist wohl ein Fehler; zu erwarten wäre ein Verb wie* fugen *(vgl. V. 13) oder* (ge)schehen. **12** zwweiffelt *Be₁₂;* wan *Be₁₂*. **13** si *Be₁₂*.

---

1 leib ›*Geliebte*‹; *in dieser Minnerede erscheint* ei *nicht nur als Diphthong von mhd.* î, *sondern auch von mhd.* i *(*ir>eir*), mhd.* ie *(*liep>leib*) und mhd.* öi *(*vröuwen> freien*).* **3** ›*Erwidere Liebe mit Liebe (so gehört es sich)*‹. **4** sext ›*sähest*‹. **5** geschrai ›*Gerede*‹. **6** erfreien ›*erfreuen*‹. **7** eir ›*ihr*‹. **8** ›*Lieber wollte ich, dass es (das Anblicken) unterbleibe*‹. **9** sunst ›*ohnehin*‹. **10** ›*der meinen Kummer durchaus lindern könnte*‹. **12f.** ›*so würde ich nicht daran zweifeln, dass du dann tätest, was ich wollte, auch wenn es nicht geschehen kann*‹ (?).

15   Und will ister leiber leiden pein
      Als lang, pis mich erfreid dein rodes mundlein,
      Dem ich mich so gar ergeben hab.
      Ich hoff, es sol mir mein schmerczen laben.
      Wo mir solixs nit geschicht,
20   So waiss ich sunst kain andre zuversicht.
      Ich hoff aber, das du mich nit solt lassen,
      Anterst ich pauent sunst auch auff antre strosse,
      Di auch genug und geb werden,
      Wenn ich ein solt dein enpern.
25   Sunst hab ich ain orden aussderlessen: *[19ᵛ]*
      Darin will ich haben ain ainixck wessen
      Und will haben ain freien mutt,
      Wei w*ol* es vill lei*ch*t nit *dunck gut.*
      Daz hoff ich: es soll sich paldt wenden,
30   Daz du dein leib moxst zu mir wenden
      Und müxst mich meins laitcz ergeczen.
      Ich hoff aber, das du mich nit an dass affen ordt *tetst* seczen.
      Wei wol ich noch an deir nit merckn chann,
      Daz du mir gebest gutte wordt und argen wan,
35   Doch muss ich dir das schreiben
      Und wil es auch gern dapei lassen peleiben.
      Und hald dich zu meir der geleichen!
      So will ich nit von deir weichen

––––––––

26 anixck *Be₁₂*.   **28** Wei well es vill leidt nit gut dunck *Be₁₂*. *Der Vers ist offenbar verderbt, die vorgeschlagenen Konjekturen lassen sich mit V. 93 plausibel machen.* **32** sest *Be₁₂*.

––––––––

15 ister leiber ›*desto lieber, umso williger*‹.   **18** laben ›*mindern*‹.   **19** solixs ›*solches*‹.   **22f.** ›*andernfalls siedele ich auch an anderen Straßen, die auch ausreichend und akzeptabel wären*‹.   **24** ein ›*einmal, jemals*‹.   **25** ›*So habe ich eine Ordnung, einen Orden ausgewählt*‹.   **26** ain ainixck wessen ›*eine einzige Lebensregel, ein einziges Lebensprinzip*‹.   **27** freien mutt ›*fröhliche Stimmung*‹. **28** ›*auch wenn es (dir?) wahrscheinlich nicht gut erscheint*‹.   **32** an dass affen ordt tetst seczen ›*zum Narren halten wirst*‹.   **34** ›*dass du mir schöne Worte entgegenbringst, obwohl du böse Absichten hast*‹.   **37** ›*Bitte verhalte dich mir gegenüber ebenso*‹.

Und will deir auch nit veint sein,
40 Wann du hast mein hercz in deinem schrein.
Wenn du aber mein wilt mangeln,
So hab ich dein [] an einem angeln.
Daz mag ich wider zu meir zeichen,
Es well dan alle dein true von mir fleichen.
45 Sunst mag mir auch kaine heine pass gefallen,
Wann tu leibst mir vore in allen,
Und will dich auch frundlichen grüssen.
Wer ich pei deir, so kinstu mir mein furwitz wel pussen.
Ich gruss dich auch kurczen zu disser frist;
50 Du waißt sunst wol, was di mainung ist:
›Es stett ain taill an den weiben
Und ain taill an den jungen maiden.‹
Wan ich pei deir wer und mich des frexst,   *[20']*
So wolt ich dich des well peschaiden.
55 Auch must ich wissen, wen der unfal auss dem hauss kem,
Weie oder warpei ich dass vernem,
Das ich ister pass mecht zuhin treden
Und mecht mich huetten vor falschen reden.
Des must du mir ein lassung geben,

---

42 *nach* dein *ist ein Herz in die Zeile gezeichnet Be*$_{12}$. **49** ~~frist~~ *zw Be*$_{12}$.
50 maynug *Be*$_{12}$.   **51–54** *Die fehlerhaften Reime weisen darauf hin, dass die Überlieferung der beiden Verspaare gestört ist.*   **51** stest *korrigiert zu* stett *Be*$_{12}$.
52 maiden *die ersten zwei Buchstaben sind korrigiert aus* we *Be*$_{12}$.   **59** Daz *Be*$_{12}$.

---

41 mein wilt mangeln ›*ohne mich leben willst*‹.   **43** wider zu meir zeichen ›*zu mir zurückziehen*‹.   **44** ›*es sei denn, deine ganze Treue will von mir davonlaufen*‹.
45 kaine heine ›*absolut keine, keine einzige*‹.   **46** ›*denn du bist mir lieber als sie alle*‹.   **48** furwitz ›*Unruhe, Neugier*‹.   **49** kurczen ›*in kurzen Worten*‹.   **50** di mainung ›*die Bedeutung, das Gemeinte*‹.   **51f.** ›*Es hängt teilweise von den Frauen, teilweise von den jungen Mädchen ab*‹ (?).   **53** frexst ›*fragen würdest*‹.
55 der unfal ›*das Unglück, der Unglücksbringende, der Verfluchte*‹, *vgl. V. 71.*
57 ›*damit ich umso besser hereinkommen kann*‹.   **59** lassung *meint wohl eine* ›*vertrauliche Information*‹.

60 Wo es anderst wer deiner leib eben,
    Daz wir einmal zusamen kemen
    Und bede clag gegen ein ander vernemen,
    Und wir unss gegen ein ander erredent,
    Wo wir zusamen kemen an ste*d*ten,
65 Das es nit gewun so lauden schall,
    Das man es nit erveir in ter stat uberall.
    Das tunckent mich gar ser gutt,
    Wo das plib in sollicher hudt,
    Das wir zusamen kemen
70 Und das di leut nit vernemen,
    Dann der unfall seicht mich graussam an.
    Ich main zubar, es sein ein gecke*l*man.
    Ich acht zubar woll, er fircht sich auch
    In sollicher mass glech als ich.
75 Wenn ich west, das er darzu lust heit,
    So wolt ich im ister nechner treten
    Und wolt den weck vor im *nit* meiden.
    Solichcz kan mich neimancz den du poschaiden.
    Wol hin, es kann nit anders sein   *[20ᵛ]*
80 Grosse leib an witerwerdig pein.
    Auch mu*t* mich an di virundzainzigisten.
    So her ich woll, du hast eir mer in deiner kisten,
    Darein du si peschlessen hast.
    Das acht ich woll, ich sei under in der unwerdigst gast,

---

64 stedeten *Be₁₂*.   **72** geckeln man *Be₁₂*; sein *die ungewöhnliche n-Endung für die 3. Person Singular wurde hier beibehalten (vgl. auch V. 8).*   **77** an *Be₁₂*. **81** muss *Be₁₂*.

60f. ›*an welchem anderen Ort (wenn nicht im oben, V. 55, erwähnten Haus) es deiner Liebe passen würde, dass wir uns einmal treffen*‹.   **63** erredent ›*absprechen*‹.   **64** stedten ›*Orten*‹.   **66** erveir ›*erfahre*‹.   **71** *vgl. V. 55;* seicht ›*sieht*‹. **72** zubar ›*wahrhaftig*‹; sein ›*sei*‹; geckelman ›*Einfaltspinsel*‹.   **73** fircht ›*fürchtet*‹.   **76** nechner ›*näher*‹.   **78** poschaiden ›*Auskunft geben*‹.   **79** Wol hin ›*nun gut*‹.   **80** ›*große Liebesfreude ohne das entgegengesetzte Leid*‹.   **81** ›*Die virundzwanzig (Liebhaber?) bereiten mir auch Sorgen*‹.   **82** ›*So höre ich wohl, dass du mehr von ihnen in deiner Kiste hast*‹.

85 Den du hast under in allen.
Wei mocht ich deir dann allain gefallen?
Ich hab zubar woll vernumen,
Wei der in dein krausses har wer kumen.
So acht ich wol, ich muss weichen,
90 Wann ich kann im nit geleichen.
Auch warst du dein kurczweil mit im treibn.
So muss ich armer schwaiss da hinden peleiben,
Wei woll mich sollichs nit tunck gutt.
Doch muss ich darzu nemen ein gutten mutt
95 Und muss mich ainer auch versechen,
Ob ich mug mir etwas auserspechen,
Wann ich mich auch allain gehalden hab an deir.
Das maxtu warlich gelauben mir.
Damit wil ich das peschlissen
100 Und will dich pitten, du welst dich solischt gen mir nit lassen vertrissen.
Nu mus auch gott dein walden
Und muss dich vor vill anfechtung pehalden,
Das du nit eiderman werdest faill,
Wann du pist mir sunst gar zu gaill.
105 Dein pett sol auch umgeben sein
Mit hubschen schenen engellein.   *[21ʳ]*
Di sollen deir stedt peiwonen
Und darnach fur dich niderkneien.
Und wenn sis anheben zu machen,
110 So gedenck an mich, so mustu lachen.
Nit mer, dan haldt hardt hercz, hoster schacz:

------

95 mich ~~auch~~ *Be₁₂*.   **97** ~~mir~~ deir *Be₁₂*.   **102** muss *ist aus* hus *(?) verbessert Be₁₂*.
105 pott *Be₁₂*.   **109** si *Be₁₂*.

------

88 ›wie sich der in deinen Lockenkopf (oder ist die Schambehaarung gemeint?) eingeschlichen hat‹.   **90** ›denn ich kann es nicht mit ihm aufnehmen‹.   **92** schwaiss ›unbedeutender, unwichtiger Mensch‹.   **94f.** ›Doch muss ich damit zufrieden sein und muss mich auch mit einer versorgen‹.   **96** auserspechen ›auswählen‹.   **103** ›damit du dich nicht von jedermann durch Geld erwerben lässt‹.   **104** gaill ›ausgelassen, übermütig, gierig‹.   **111** haldt hardt hercz ›behalte deine Hartherzigkeit‹.

Du waist woll, versagen ist der frauen sidt
Und in ist doch leib, dass man si pitt.

---

113 *Abgesetzt folgen weitere zwei Verspaare:* true vnnd stedt | hedt ich gesedt | Da ist nix auss wordenn | denn eidelnn tisteln unnd torenn *Be$_{12}$*.

112f. *Die Verse entsprechen zwei Freidank-Versen (ed. Bezzenberger 1872, 159 [V. 100,24f.]):* Verzîhen [versagen] iß der wîbe [frowen] site, | doch ist in liep, daz man si bite. *Vgl. Schulz-Grobert 1993, 178; sowie in diesem Band: Nr. 50 Sekte der Minner (B302), V. 243f.*

8. Berliner Liebesbrief I (B148)

[51ʳ]

Mein fruntlichen gruß [51ᵛ]
Wist du, mein hertzigs hercz!
Und wiß vor, meiner und deiner lieb ist gar aus.
Dan der anfanck hat gewunnen ein krebs,
5 Der ist gar hinter sich krochen
Und ist in ein anders loch geschloffen.
Hab dir urlob, pleter kraut!
Ich hab mir uberkumen meines hertzen traut.
Ich hab mir eine außerkorn,
10 Die ist mir hinten lieber dan du forn.
Mit solchen treuen, als du mich mainst,
So mag ich wol lachen, wan du wainst.
Lieb spricht *aber* der pfennig.
Wen der pfenig nimer ist,
15 So ist dein falsche treu alle umb sunst.
Dreu und stet
Hat mir der wint hin gewet.

Text nach **Be₁₂** *(Berlin, SBB-PK Ms. germ. quart. 495; um 1500), 51ᵛ–52ʳ. – Neben den allgemeinen Editionsrichtlinien gilt für diesen Text: Geminationen wie ff, nn und tt wurden stillschweigend vereinfacht, wo sie weder vom Mhd. noch vom Nhd. her nachvollziehbar sind (z. B. werden statt werdenn). Der Text ist in der Handschrift fortlaufend und ohne Reimmarkierungen geschrieben und steht einem Prosatext sehr nahe. Um die offensichtlichen Reimpaarverse sowie möglicherweise verderbte Reimstrukturen sichtbar zu machen, wird der gesamte Brief wie ein Text in Versen präsentiert. – Bisherige Ausgaben: Mone 1838, Sp. 552 Nr. 1; Maschek 1939, 124f. Nr. 2.*

Überschrift: Die Puel brieff *Be₁₂.* **7** vrlut *Be₁₂.* **13** aber aber *Be₁₂.* **15** falche *Be₁₂.*

1f. *›Sei dir meines freundlichen Grußes gewiss, du mein herzlich liebes Herz‹.* **3** *›Und wisse von vorneherein: Mit meiner und deiner Liebe ist es ganz aus‹.* **4–6** *bildhafter Ausdruck für den Wechsel der Geliebten: ›Denn der Anfang hat einen Krebs bekommen, der rückwärtsgekrochen und in ein anderes Loch hineingeschlüpft ist‹.* **7** *›Du kannst gehen, Blatterkraut‹; gemeint ist wohl der Hahnenfuß (Ranunculus acris), dessen scharfer Saft „Blattern" (Blasen, Quaddeln) verursacht.* **8** *mir uberkumen ›für mich gewonnen‹.* **13** *›Angenehm spricht aber das Geld‹ oder ›Liebe bedeutet aber Geld‹ (?).* **17** *hin gewet ›fortgeweht‹.*

Falsch und verlogen
Ist mir her widerumb geflogen.
20 Nit mer, dan geb dir gott ein gute nacht
Und von lilgen ein dach
Und von balsam ein wolgeschmach
Und von cipreß ein kemerlein
Und von negelein
25 Ein pettstatt darein
Und von lilien *guld*in ein pett
Und von wolgemut ein deck
Und mit roten rosen wol umgesteckt.
Und gruß dich got als oft und dick,
30 *Als* maniger stern auß dem himel plickt
Und als manigs pliemel entspriessen mag
Von Ostern piß auf Sant Jacobs tag.
Und gruß dich got durch ein hant vol siden.
Ich will alle frische freu*d*e, hercz, von deiner wegen meiden.
35 Gruß dich got durch ein hant vol gerstenkorn.
Sag mir, hercz lieb: Sein mein dienst angelege*n* oder sein si gar verloren?
Und gruß dich got durch ein seidenfaden,
Mich und dich in ein finster ga*d*en.   [52ʳ]
Und pist du als frum und als pider,
40 Sc*h*ick mir, herczigs hercz, ein fruntlichen gruß herwider.
Nit mer, dan spar dich got gesundt,
Piß ein haß gilt hundert pfundt!

---

18 verlogen ♭ *Be₁₂*.   **26** gûalin *Be₁₂*.   **30** als maniger stern als maniger stern
Be₁₂.   **34** freue *Be₁₂*.   **36** angeleg *Be₁₂*.   **38** gaten *Be₁₂*.   **40** Sckick *Be₁₂*; frunt-
hichen *Be₁₂*.

---

22 wolgeschmach ›*Wohlgeruch*‹.   **23** cipreß ›*Zypresse*‹.   **24** negelein ›*Nelk-
lein*‹.   **27** wolgemut ›*Oregano*‹.   **31** pliemel ›*Blümlein*‹.   **32** Sant Jacobs tag
25. Juli.   **36** ›*Sind meine Dienste (für dich) von Bedeutung oder sind sie völlig
verschwendet?*‹   **38** gaten ›*Gemach*‹.   **41** spar ›*erhalte*‹.   **42** ›*bis ein Hase
hundert Pfund kostet*‹.

9. Berliner Liebesbrief II (B149)

[52^r]

Gruß in gruß verschlossen,
Mit steter lieb umgossen
Vor hin, du edles prieffelein,
Gruß mir die allerliebsten mein.
5   Und gruß mirs nit von sünden,
Sunder von herczen
Schon und sag ir vil guter tausent iar und tag.
Ich hoff, si *vernem* meines herczen grosß klag.
Wan eur roter mundt,
10   Der thut mir kundt.
Eur liepplich angesicht
Mich tag und nacht ansicht.
Und gruß euch got als oft und als dick,
Als maniger stern auß dem himel erplickt
15   Und als manigs pliemel entspriessen mag
Von Ostern piß auf *Sant* Jacobs tag.
Und laß euch gott als lang leben,
Piß auf einem mulstein waxen weinreben.
Und must als lang mein steter pul sein,
20   Piß die selbigen reben tragen wein.
Nun gruß dich got durch einen seidenfaden

Text nach **Be**$_{12}$ *(Berlin, SBB-PK Ms. germ. quart. 495; um 1500), 52^r. – Neben den allgemeinen Editionsrichtlinien gilt für diesen Text: Geminationen wie ff, nn und tt wurden stillschweigend vereinfacht, wo sie weder vom Mhd. noch vom Nhd. her nachvollziehbar sind (z. B. werden statt werdenn). Der Text ist in der Handschrift fortlaufend und ohne Reimmarkierungen geschrieben und steht einem Prosatext sehr nahe. Um die offensichtlichen Reimpaarverse sowie möglicherweise verderbte Reimstrukturen sichtbar zu machen, wird der gesamte Brief wie ein Text in Versen präsentiert. – Bisherige Ausgaben: Mone 1838, Sp. 552f. Nr. 2; Hoffmann von Fallersleben 1855, 238f.; Maschek 1939, 125f. Nr. 3.*

Überschrift: Aliud exemplum pro eodem *Be*$_{12}$.   **6** *Reimwort fehlt (ggf. grunden) Be*$_{12}$.   **8** vm nem *Be*$_{12}$.   **16** sondt *Be*$_{12}$.   **18** vnd piß *Be*$_{12}$.

---

3 Vor ›fahre‹.   **5** von sünden ›*in sündhafter Absicht*‹.   **14** erplickt ›*strahlt*‹.   **15** pliemel ›*Blümlein*‹.   **16** Sant Jacobs tag *25. Juli.*

Mich und dich in ein finster gaden.
Ach got, das ich es euch nit als verschreiben mag,
Das ist meins herczen grosse klag.
25 Nit mer, dan spar euch got gesundt,
Piß daz ein haß fecht einen hundt.
Datum, gegeben an dem tag nach seinem abent, von mir ungenant.
Ich hoff, ich sei euch woll erkant.

----

22 gaten *Be₁₂*. **23** verstreiben *Be₁₂*. **27f.** *ab* von mir ungenant *abgesetzt und eingerückt Be₁₂*.

----

22 gaden ›Gemach‹. **23** als verschreiben ›alles schreiben‹. **25** spar ›erhalte‹.
26 fecht ›fängt‹.

10. Berliner Liebesbrief III (B150)

[52ᵛ]

Fruntlichen gruß in gruß in euer hertz gegossen,   *[52ᵛ]*
Hertzliche lieb in lieb und treu in eur hertz geslossen,
Wenn mein hertz verwundt ist und freuden ploß.
Von irem lieplichen anplicken pin ich gefallen in ir schoß.
5 Ach far hin, du liebes priefelein von art und fein,
Und gruß mir die freudenreichsten und liebsten mein.
Der gruß get auss meines diemutigen hertzen grundt
In euren holtseligen freuntlichen rosenfarben mundt,
Auch in eur wolgethane wenglein klar
10 Und in eur schones goltfarbes har,
Dar zu in eur durchscheinperliche keln weiß.
Ob allen tragt ir in meinem hertzen den preiß.
In eur scheubeleitein prustlein gar fein
Und dar zu eur schnebeisse ermelein,
15 In eurn sibeletein wol gestalten pauch
Und in euren wol geporen auch.
Got gruß euch in eur wolgestalte lent

---

*Text nach **Be₁₂** (Berlin, SBB-PK Ms. germ. quart. 495; um 1500), 52ᵛ–53ᵛ. – Neben den allgemeinen Editionsrichtlinien gilt für diesen Text: Geminationen wie ff, nn und tt wurden stillschweigend vereinfacht, wo sie weder vom Mhd. noch vom Nhd. her nachvollziehbar sind (z.B. werden statt werdenn). Der Text ist in der Handschrift fortlaufend und ohne Reimmarkierungen geschrieben und steht einem Prosatext sehr nahe. Um die offensichtlichen Reimpaarverse sowie möglicherweise verderbte Reimstrukturen sichtbar zu machen, wird der gesamte Brief wie ein Text in Versen präsentiert. – Bisher unediert.*

Überschrift: Das capitel lernet, wie du umb ein igliche nach irem stant durch schrift bulen solt, wie ich dir hernach aufweiß. Sequitur epistula *Be₁₂*. **2** Herchliche *Be₁₂*. **8** freunlichen *Be₁₂*. **15** ~~erm~~ eurm *Be₁₂*. **16** *vor* auch *unleserliches Zeichen, das vielleicht auf ein fehlendes Wort hinweist Be₁₂*.

---

3 Wenn ›denn‹. **5** von art ›von edler Beschaffenheit‹. **11** ›dazu in euren alles überstrahlenden, weißen Hals‹. **13** scheubeleitein ›kreisrunde‹. **14** schnebeisse ›schneeweiße‹. **15** sibeletein ›runden‹. **16** *Der Körperteil (Scham oder Gesäß?) ist wohl absichtlich nicht explizit benannt.* **17** lent ›Lende‹.

(Erhort mich, hertzallerliebstes lieb, behent!)
Und gruß euch in eur schnebeisse pain,   [53ʳ]
20   Auch in eur wolgestalte fuslein clein.
Ich gruß euch von der schaitel piß auf den fuß.
Von euch, hoff ich, werdt mir mein trauren puß.
Das ist mein bett und peger dimutiklich und zart.
Wellet zuchtiklich antworten zu diser fart,
25   Wan ich mich frolich zu euch versich
Und wol fur war bekenne und sprich:
Ir seit die schonest, freudenreichst und wolgethan
Und ob allen andren dragt ir gegen mir ein kron,
Die mein hertz ser verwundert und durchstochen hatt.
30   Erwirb ich eur hult nit, so pin ich tot.
Tut mich, hertzlieb, in solchen nit verachten
Und euch *in* diser lieb wol petrachten,
Wan mein treu gegen euch verpflicht hat schon
Und mich euch zu die*nen* unterworfen hab an abelon.
35   Das lat, hertzigs hertz, genissen mich,
Wann ich mich alles gutz zu euch versich.
Damit spar eur fruntlich hertz got gesundt,
So lang untz ein haß fecht einen hundt.
Got geb euch dorauf hundert guter nacht.   [53ᵛ]
40   Wann ich zu diser zeit nit wol wardt pedacht,
Ich empodt und pring euch dise mer.
Gott pehut euch und allen frowen ire er.
Senen und leichnam, groß verlangen,

---

19 p̊ein *Be₁₂*.   **22** pust *Be₁₂*.   **26** v fur *Be₁₂*.   **32** vor in *Be₁₂*.   **34** dien *Be₁₂*.
40 m wol *Be₁₂*.   **43f.** *abgesetzt und eingerückt Be₁₂*.

---

22 ›*Von Euch, hoffe ich, werde ich für mein Trauern entschädigt*‹.   **24** zu diser fart
›*sogleich*‹.   **25** ›*da ich Euch gegenüber voller fröhlicher Zuversicht bin*‹.   **31** in
solchen ›*in einer solchen Lage*‹.   **33** ›*da sich meine aufrichtige Liebe mit Euch
schön verbunden hat*‹.   **34** *Hier ist das Subjekt* ›*ich*‹ *zu ergänzen; an* abelon ›*ohne
nachzulassen*‹.   **36** ›*da ich mir alles Gute von Euch erhoffe*‹.   **37** spar ›*erhalte*‹.
38 fecht ›*fängt*‹.   **40** ›*Weil ich es mir in diesem Moment nicht gut überlegt ha-
be*‹ *(?)*.   **41** empodt ›*entbot, ließ sagen*‹.   **43f.** *Syntaktisch fehlerhafte Parodie
auf einen konventionellen Liebesgruß (etwa: „Sehnen und Verlangen hat mir mein
Herz umfangen“).*

Hatt mir eur fudt mein zerß umbfangen.
45   Jorg Reckenzerß

Nach dem Text folgt: Einer purgerin sol man schreiben, wie oben angezeigt ist,
und nach ler antwurt magstu dich aber halten und streiben Be_{12}.

---

44 fudt ›Vagina‹; zerß ›Penis‹.   **45** *Scherzhaft ist der Brief mit einem sprechenden*
Autorennamen unterzeichnet.

11. Berliner Liebesbrief IV (B151)

Mein fruntlichen gruß auß herczen grundt   *[53ᵛ]*
Thu ich dir, aller liebste *mein*, kundt.
Ich wunsch dir, hercz lieb, ein gruß
Von dem herczen piß auf den fuß,
5 Von lilgen ein pett
Und von rosen ein deck,
Von mustaten ein thur,
Mit negelein ein rigel dar fur.
Auch thu ich dir, hercz lieb, kundt: *[54ʳ]*
10 Wiß *das:* dein rosenfarben mundt,
Der wil mein hercz verprennen.
Das soltu, hercz lieb, an mir erkennen,
Und solt auch von mir nit wencken.
Daran stet mir oft mein gedencken.
15 Wiß, das mir kein lieberer nie wardt kundt.
Ach, wie hastu mich also ser verwundt!
So mag ich leben nicht an dich.
Ach, hercz lieb, mir vergich,
Das ich doch sicher moge sein
20 Und das kein andrer kum in daz hercze dein,
Sunder, herczliebe, mich alein!
Ach, wie ist mein freudt so klein!

---

*Text nach **Be₁₂** (Berlin, SBB-PK Ms. germ. quart. 495; um 1500), 53ᵛ–54ᵛ. – Neben den allgemeinen Editionsrichtlinien gilt für diesen Text: Geminationen wie* ff, nn *und* tt *wurden stillschweigend vereinfacht, wo sie weder vom Mhd. noch vom Nhd. her nachvollziehbar sind (z.B.* werden *statt* werdenn*). Der Text ist in der Handschrift fortlaufend und ohne Reimmarkierungen geschrieben und steht einem Prosatext sehr nahe. Um die offensichtlichen Reimpaarverse sowie möglicherweise verderbte Reimstrukturen sichtbar zu machen, wird der gesamte Brief wie ein Text in Versen präsentiert. – Bisher unediert.*

Überschrift: Einer paurnmaid *Be₁₂.*   **2** als mein *Be₁₂.*   **5** ~~deck~~ pett *Be₁₂.*
10 das mich *Be₁₂.*

---

5 lilgen ›Lilien‹. **6** deck ›Decke‹. **7** mustaten ›Muskat‹. **8** negelein ›Nelklein‹. **18** vergich ›versprich‹.

Ich schlaf, wache und thu auf erden, waß ich welle.
So ist doch albeg mein hercz eur geselle.
25 Nun far hin, du kleines priefelein,
Und gruß mir den allerliebsten pulen mein
Wol hie zu diser stundt
In irs herczen grundt.
Gruß in gruß beschlossen   [54ᵛ]
30 Wurdt ich in eurem dinst nie verdrossen.
Darauf spar euch gott lang gesundt,
Piß ein frosch erlauft einen hundt
Und ein zeislein und ein finck
Das gancz mer auf drinck.
35 Geben an einer statt,
Do dem nie gedacht wordt.
Dorumb lieb, als ich thu dich!
Nit mer von dir peger ich.
Mein schmerczen soln von mir wissen:
40 In grosser lieb hastu mir mein [] zerrissen.
Nichckel Stechindifudth

---

37 Dorunb *Be₁₂*. **39f.** *abgesetzt und eingerückt Be₁₂*. **40** *nach* mein *ist ein Penis in die Zeile gezeichnet Be₁₂*.

---

24 albeg ›stets‹. **29** ›*Wenn unsere Grüße gegenseitig ineinander eingeschlossen sind*‹. **31** spar ›*erhalte*‹. **32** erlauft ›*einholt*‹. **33** zeislein ›*kleiner Zeisig*‹. **35f.** *parodierte Datum-Formel.* **37** ›*Darum liebe mich so, wie ich dich*‹. **41** *Scherzhaft ist der Brief mit einem sprechenden Autorennamen unterzeichnet;* fudth ›*Vagina*‹.

12. Liebesbrief (Z28)

>Ich bin ain brief und auch ein bot,   *[32ʳ]*
Junckfraw, her zu euch gesant an allen spot.
Junckfraw, mich hat ain knab zu euch gesant,
Der mich hat geschriben mit seiner handt.‹
5   Darumb far hin, du mein klaines briefelein
In die handt der allerliebsten mein
Und sag ir meinen fraintlichen gruß
Von der scheitel biß auf den fuß.
Und sag ir auch darbei,
10   Das kain glid an ir ungeg*riest* sei.
Und sag, ich auch mein dienst berait,
Als menigen steren den himel trait.
Grieß mirß auch nit allain mit dem mundt,
Sunder auß meines hertzen grundt.
15   Feins lieb, so ich dich sol griesen,
So empfach ich fredt in allem meinem schmertzen.
Und ich wil dich griesen an argen wan
Und mit solchen worten heben an:
›Gott grieß dich, hertzlieb, ain *[32ᵛ]* roß on allen doren!
20   Zu ainem steten bulen hab ich euch ausserkoren.
Gott grieß ewr schneeweiß hendt,

Text nach **Ro₃** *(Rom, Bibliotheca Apostolica Vaticana Pal. IV 228; 1518–1522; Datierung im Text, V. 74: 1517), 32ʳ–33ʳ. – Neben den allgemeinen Editionsrichtlinien gilt für diesen Text: Geminationen wie ff, nn und tt wurden stillschweigend vereinfacht, wo sie weder vom Mhd. noch vom Nhd. her nachvollziehbar sind (z. B. werden statt werdenn). – Bisherige Ausgabe: Schulz-Grobert 1993, 241f.*

Überschrift: Incipit liber appocalipsis Johannis decimo secundo *Ro₃*.   **10** vngegreyf *Ro₃*.

Überschrift: ›Hier beginnt das Buch der Apokalypse des Johannes, (Kapitel) 10 (Vers) 2‹; wohl parodistischer Hinweis auf den Engel der Offenbarung in Apk 10,2: „Et habebat in manu sua libellum apertum ...“.   **2** an ›ohne‹.   **10** ›dass kein Körperteil an ihr ohne Gruß bleiben soll‹.   **11f.** ›Und sag ihr, dass ich auch so vielfältig ihr zu dienen bereit bin, wie viele Sterne der Himmel trägt‹.   **16** fredt ›Freude‹. **19** ›Rose ohne Dornen‹ ist ein typisches Beiwort Mariens.

In wölchem ich euch den gruß sendt.
Gott griess ewren stoltzen gang!
Nach euch ich mich †sandt†.
25 Gott grieß dein schneeweiß brist!
Ir mich erfrewent zu aller frist.
Gott grieß ewr frölichen anblick,
Da mich erfrait oft und dick,
Wann ich in sich.
30 Gott grieß dein roten mundt,
Der mich erfrait zu aller stundt.
Gott grieß dein eglen klar und rain,
Die da erleichtet als der karfunckelstain.
Got grieß dein kelen weiß,
35 Geziert mit allem fleiß.
Darumb du, mein ausserwölten junckfraw fein,
Laß mich dir alweg im hertzen befolchen sein
Und schleuß mich in das hertze dein,
Als ich dich in das mein geschlossen hab,
40 So gar on abelon.
Und soldt dich dan ain anderer erwerben,
So wurd mein jungeß hertz sterben.
O rosen rot, o gilgen weiß,
Geziert mit allem fleiß,
45 O reicher sold uber alles gold!
Kainem menschen ward ich nie so hold
Als ich dir allain,
Das ich dich in trewen main.
Nun will ich mein gruß beschliessen
50 Und mein hertz in das dein schliessen:
Hertz in hertz geschlossen,
Lieb in lieb geflossen.
Hertzlieb, biß unverdrossen
Darumb vil tausent guter jar!

---

24 sand *könnte eine falsche Präteritumsform von* ›sehnen‹ *sein; der geforderte Reim weist aber eher auf (be)langen =* ›sehnen, verlangen‹ *hin.* **32** ~~klah~~ klar *Ro₃.*

---

25 brist ›Brüste‹. **32** eglen ›Äuglein‹. **40** ›so ganz ohne davon abzulassen‹.

55 Hertzlieb, hab mich in deiner schar!
Also hat mein gruß ain endt.
Ich empfilch dich gott in sein hendt,
Maria, der mutter frei,
Die wöll unß ewig wonen bei.
60 Nit mer, dann spar dich gott gesundt,
Biß das ain krebß erläuft ain hundt
Und auch ain klaines vögelein
Drinckt auß den Rein.   *[33ʳ]*
Als lang wölt ich geren bei dir sein.
65 Also ist verschlossen das clain briefelein.
Mein hertz sol das insigel sein.
Nit mer, wan het ich tausent hendt,
Noch möcht ich meiner liebe gegen dir geben kain endt.
Das hertz ist bösser dann die wort.
70 Ich ging oft und dick von dir
Und für dich *mit. mit* dem leib
Ich von dir scheid,
Aber mit dem hertzen ich alzeit bei dir bleib.
Amen anno domini 1517 jare, von mir ungenant
75 Und deinem hertzen wolbekant.
Der schönen und guten
Und winsche*n* und wolgemuten,
Der aller hubscht auf erden
Sol der brief in ir schneeweiß hendt werden.

70–73 *Die Versabsetzung folgt den Reimmarkierungen der Handschrift. Die Stelle ist aber offensichtlich verderbt.* **71** *nit Ro₃.* **77** *winschent Ro₃.*

---

55 schar ›Gefolge‹. **60** ›Nichts weiter nun (wünsche ich dir), als dass Gott dich gesund erhalte‹. **67f.** ›Nichts mehr (schreibe ich), denn, auch wenn ich tausend Hände hätte, könnte ich doch mit meinem Liebesbekenntnis nie zu einem Ende kommen‹. **69** bösser dann ›wertvoller als‹. **71** ›und führe dich (doch) mit (mir)‹; da die Stelle den Herzenstausch thematisiert, wurde eine entsprechende Konjektur vorgenommen: nit will nämlich weder zu für dich noch zu mit dem leib passen. **77** ›und der allen Wünschen Entsprechenden und Fröhlichen‹ (?).

13. Das Meiden (B259)

O Meiden, Meiden, Meidenn, [246ʳ]
Wie pistu so gar ein pitter leiden!
Von dir wil ich nun sagen
Und der getrewen lieb clagen.
5   In einem meien es sich macht,
So lieb liebs nim*p*t acht
Freuntlich in grune*m* graß
(Als je von alter gewonheit was,
Das lieb mit lieb vergetzt,
10   Wes es des winders ist geletzt),
Allererst fing sich mein leiden an,
Das ich noch stett meiden hann.
Ich scheid mich von der liebsten mein,
Mein hertz das mocht zubrochen sein.
15   Wenn ich bedacht lieplichen schertz,
So procht mir scheiden pitter smertz.

---

*Text nach **St₅** (Stuttgart, WLB poet. et phil. 4° 69; 2. Hälfte 15. Jh.), 246ʳ–249ʳ.
Weitere Überlieferung: **Be₂₀** (Berlin, SBB-PK Ms. germ. quart. 2370 [olim Lana,
Familienarchiv der Grafen von Brandis Cod. XXIII D 33]; um 1495), 39ᵛ–42ᵛ; **Pr₂**
(Prag, Knihovna Nárondního muzea Cod. X A 12 [›Liederbuch der Klara Hätzlerin‹];
1470/71), 104ʳ–106ᵛ; **Lg₄** (Leipzig, UB Ms. Apel 8 [›Bechsteins Hs.‹]; um 1512),
256ʳ–259ᵛ; **Be₃** (Berlin, SBB-PK Ms. germ. fol. 488 [›Ebenreutters Hs.‹]; um 1530),
126ʳ–129ᵛ. – Bisherige Ausgabe: Haltaus 1840, 191–193 Nr. II 30 (nach Pr₂).*

Überschrift: ein rede von meiden *St₅Be₂₀* Von meiden *Pr₂Lg₄Be₃*.   **2** Wie pistu so
gar] Du bist *Pr₂Lg₄Be₃*.   **3** wil] so muoß *Pr₂Lg₄Be₃*; nun *fehlt Pr₂Lg₄Be₃*.   **4** der
getrewen] getriuer *Pr₂Lg₄Be₃*.   **6** nimant *St₅* niement *Be₂₀* nymbt *Pr₂Lg₄Be₃ (vgl.
V. 98)*; lieb liebs] liebes lieb *Pr₂*.   **7** grunen *St₅* grüenem *Be₂₀* grönem
Pr₂Lg₄Be₃.   **8** je *fehlt Pr₂Lg₄Be₃*.   **9** vergetzt] sich ergetzt *Pr₂Lg₄Be₃* ergetzt *Be₂₀*.
10 des wunders *St₅Be₂₀* den winter *Pr₂Lg₄Be₃*.   **12** stett meiden] stättz von mei-
den *Pr₂Lg₄Be₃*.   **15** bedacht] gedacht *Be₂₀*; schertz] schertzen *Lg₄*.   **16** pitter
smertz] pittern schmertz *Pr₂Be₃* bittern schmertzen *Lg₄*.

---

6 *›wenn sich die Liebenden umeinander kümmern‹.*   **9f.** *›damit der Liebende mit
Liebe für das entschädigt wird, was ihm im Winter verwehrt war‹.*

    Als ich urlaub von ir auch begeret,
    So sahe ich, das si auch vererett
    Heiß zeher uber ir liepliche wangen,
20 Die senlichen auff mein pr*ust* trangen.
    Ich brüfft, das alle ire farb
    Vor leide an ir starb,
    Als ich sie an mich trückt
    Und lieplichen zu mir *schm*ückt.
25 Freuntlichen segen ich ir sprach.
    Si wart an allen crefften swach.
    Do sprach sie gar senlich wort: *[246ʳ]*
    ›Meins hertzen liep, freuntlicher hort,
    So ich dein ie enpern muß,
30 Enpeut von stund mir deinen gruß
    Und trost mich in der senden pein.
    Behalt mich in dem hertzen dein,
    Setz dein trew zu purgen mir,
    So kum ich frolich herwider schier.‹
35 Ich gelobet der liebsten an der statt,
    Was sie mich da von hertzen batt,

---

17 urlaub] vrlaubs *Pr₂*; von ir auch *fehlt Pr₂Lg₄Be₃* von ir *Be₂₀*.   **18** So] Da *Pr₂Lg₄Be₃*; si auch vererett] ire augen rerten *Pr₂Lg₄Be₃* ir ouch reret *Be₂₀*.   **19** ir *übergeschrieben St₅*; ir liepliche] liecht *Pr₂Lg₄Be₃* lieblich *Be₂₀*.   **20** prunst *St₅* brüst *Be₂₀* prust *Pr₂Lg₄Be₃*; senlichen] den enlichen *Be₂₀*. **21** brüfft *t übergeschrieben St₅*; farb] vrab *Be₂₀*. **22** ir] mir *Lg₄Be₃*; starb] erstarb *Pr₂Lg₄Be₃*. **23** trückt] trück *Be₂₀*. **24** snückt *St₅* schmückt *Be₂₀* schmuckt *Pr₂Lg₄Be₃*. **25** Freuntlichen] Freuntliche *Lg₄Be₃*. **26** allen] alle *Lg₄Be₃*. **27** Do] Doch *Pr₂Lg₄Be₃*. **30** von stund] ze stunden *Pr₂Lg₄Be₃*; deinen] den *Lg₄Be₃*. **32** s hertzen *St₅*; hertzen] schmertzen *Be₂₀*. **33** dein trew] sant Johanns *Pr₂Lg₄Be₃*. **34** So kum ich frolich] Das du chomest gesunt *Pr₂Lg₄Be₃*. **35** dar *St₅* der *Be₂₀Pr₂Lg₄Be₃*.

---

18 vererett ›fallen ließ, vergoss‹. **19** zeher ›*Tränen*‹. **21** brüfft ›bemerkte‹. **24** schmückt ›anschmiegte‹. **31** senden pein ›*Liebesqual, Liebeskummer*‹. **33** purgen ›*Bürgen*‹.

Und schickt mit jomer mich von dann.
Wan ich geheissen was ein man,
Sunst was ich weibes genoß.
40 In allen freuden stund ich bloß,
Ich bevalhe mich in das elende.
Alsbald kam Meiden gerant,
Und het sich gen mir gesellet.
Ja ob es mir nicht gefellet,
45 Meiden wil doch bei mir sein,
Meiden pringt mir teglich pein,
Meiden ist ein pitter tranck,
Meiden bringt swerenn danck,
Meiden krenncket hertz und mut,
50 Meiden ist fur frewden gut,
Meiden verbewt lachen,
Meiden thut gantz krafft swachenn,
Meiden berawbet sinne und witze,   [247ʳ]
Meiden bringt kelt und hitze,
55 Meiden macht sueß sawr,
Meiden ist ein boser nachpaur,
Meiden macht den gesunden kranck,
Meiden macht die stunde lanck,
Meiden tut dem hertzen ant,
60 Dem rechte liebe ist bekant.

---

37 schickt mit] schied in $Pr_2Lg_4Be_3$; von dann] dahin dan Pr_2 hin dan Lg_4Be_3.
38 Wan ich geheissen was] Ich was gehaissen $Pr_2Lg_4Be_3$. **39** was] ward
$Pr_2Lg_4Be_3$. **40** In allen] An aller $Pr_2Lg_4Be_3$ An allen Be_{20}. **42** Alsbald] Zuhannd
$Pr_2Lg_4Be_3$. **43** het] her Be_{20}; sich gen] zu $Pr_2Lg_4Be_3$ sich zuo Be_{20}; mir] nur Be_3.
47 tranck] kraut vnd tranck Lg_4Be_3. **48** swerenn danck] swären gedanck
Pr_2Lg_4 schwere gedanck Be_3. **50** ist *übergeschrieben* St_5. **53** berawbet] ravbet
$Pr_2Lg_4Be_3$ betäubet Be_{20}. **55** sueß] süsses $Pr_2Lg_4Be_3$. **57** den *fehlt* $Pr_2Lg_4Be_3$.
60 Dem] Dein Pr_2.

38f. ›*Auch wenn ich dem Namen nach ein Mann war, verhielt ich mich doch
wie eine Frau*‹. **44** ob ›*obwohl*‹. **48** swerenn danck ›*traurige Gedanken*‹.
50 (*ironisch:*) ›*Fernbleiben hilft gegen Freude*‹. **51** verbewt ›*verbietet, verbannt*‹.
59 ant ›*weh*‹.

Das hon ich hertlich versucht.
Meiden, das du seist verflucht!
Was tustu mir zu leide?
Ich sprich das wol uff trew und eide:
65 Mir wer geringer sterben,
Dan also in meiden verderben.
Als ich nue lag in meiden pant,
Do kome ein briff mir gesant
Von der allerliebsten mein.
70 Verswunden was all mein pein,
Wan ich beruffen ward zu ir.
Das was gar lanck meins hertzen gir.
Ich kame, als mir die lieb gepote.
Mich daucht, das ich auß aller notte
75 Enpunden were, do ich sie sahe.
Gar freuntlich ich zu ir sprach:
›Du einiges liep und trost meines hertzen,
Wie gar pitterlichen smertzenn
Hat mir Meiden gesant! [247ᵛ]
80 Ich han bießher nie erkant
Wie krefftig Meiden sei.
Darumb ich „mordigo" schrei

---

64 uff] by *Pr₂Lg₄Be₃*. **66** also *fehlt Pr₂Lg₄Be₃*. **67** ich nue] ich ich *Be₂₀*; lag] lanng *Be₃*; meiden] meidens *Pr₂* meydes *Lg₄Be₃Be₂₀*. **70** was] ward *Pr₂Lg₄Be₃*. **71** ich beruffen] ich berüffet *Pr₂Lg₄Be₃* ich ich berüfte *Be₂₀*. **72** gar] vor *Pr₂Lg₄Be₃*. **74** das] wie *Pr₂Lg₄Be₃*. **75** sie *fehlt Lg₄Be₃*. **76** ich zu ir] sy zu mir *Pr₂Lg₄Be₃*. **77** lip *St₅* lieb *Be₂₀Pr₂Lg₄Be₃*; Du] *u übergeschrieben St₅* O *Pr₂Lg₄Be₃*. **79** Hat] Hant *Be₂₀*; mir] nur *Be₃*. **80** erkant] bechannt *Pr₂Lg₄Be₃*. **82** mordigo] morda Jo *Pr₂* mordiio *Lg₄* mordio *Be₃* morden Jo *Be₂₀*.

---

61 hertlich versucht *›bitter erfahren‹*. **65f.** *›Es wäre leichter für mich, sofort zu sterben, als auf diese Weise am Entbehren (der Geliebten) zugrunde zu gehen‹.* **67** meiden pant *›Fessel des Entbehrens‹*. **76** *Nur in St₅ wird die Passage V. 77–98 als Rede des Mannes gekennzeichnet, in den anderen Handschriften redet hier die Dame, was angesichts von V. 100 plausibler erscheint.* **77** einiges liep *›einzige Freude‹*. **82** mordigo *›Wehe!‹*

Uber Meiden und sein gewalt.
Meiden hot mir manigfalt
85 Gekrencket all mein gemut.
Nu thun es durch dein weiplich gutte
Und halt mich nicht so hertt,
Wann ich doch anders nie begertt
(Dein scheiden mir mein hertz versneidet!)
90 Dann deiner gegenwertigkeit.
Das ist nu nicht zu heilen,
Die weil uns thut Meiden teillen.
Darumb mein ausserweltter hortt,
Seit du gemacht hast den mort,
95 So nim die pueß von meiner hant,
Damit mein leiden wirt gewannt.
Nu kum, kum und kum behendt,
So nimpt mein clagen alles ein endt.‹
Ich fing mein lieb in meine arm,
100 Wann mich ir jamer begond erbarmen.
Verganges elende ich vergaß,
Wir giengen in grunem graß
In einem gartten hin und wider.   *[248ʳ]*
Darnach setzt wir uns nider
105 Und smucket mich zu ir an ir prust.
Ich lebet nach alles meinß hertzen lust,

---

85 Gekrencket] Bekrencket *Be₂₀*.   **86** weiplich] lieplich *Pr₂Lg₄Be₃*.   **88** doch
fehlt Pr₂Lg₄Be₃.   **89f.** *Die beiden Verse sind in Pr₂Lg₄Be₃ umgestellt.*   **91** vn *mit
Umstellungszeichen St₅*; ist nu] ye nicht *Be₂₀*; Das ye chainerlay hailet *Pr₂Lg₄Be₃*.
92 thut Meiden teillen] meiden tailet *Pr₂Lg₄Be₃*.   **94** gemacht] gestifftet
Pr₂Lg₄Be₃; denn *St₅*.   **95** die *fehlt Lg₄Be₃*.   **96** wirt] werd *Pr₂Lg₄Be₃Be₂₀*.   **97** Nu
fehlt Pr₂Lg₄Be₃.   **99** Ich] Vnd *Pr₂*; mein lieb] die liebsten *Pr₂Lg₄* die liebste *Be₃*.
100 begond] gund *Pr₂*.   **101** elende] ellends *Pr₂Lg₄Be₃*.   **105** Und] Ich
Pr₂Lg₄Be₃; mich zu ir an ir] sy lieplich an mein *Pr₂Lg₄Be₃*.   **106** Ich] Vnd
Pr₂Lg₄Be₃; nach *fehlt Be₂₀*; meinß *übergeschrieben St₅ fehlt Pr₂Lg₄Be₃Be₂₀*.

94f. ›da du diese schändliche Tat begangen hast, so empfange jetzt die Vergeltung
aus meiner Hand‹.   **96** gewannt ›rückgängig gemacht, abgewendet‹.

Doch ungeletzt irer eren.
Als mich die recht lieb tet leren,
Vil lieplichs hanndels ich entpfand.
110 Dabei ich stete trew erkannt,
Wann mir ir rossenfarber munt
Do vil lustes und freuden verkunt.
Des gleichen begonde ich mich ir erzeigenn.
Do wart die nacht auf uns neigenn.
115 Ich nam die reinen und die zartten
Und furt sie aus dem paumgartten
In ein gemach, do sie lag
Bei andernn frawenn bis an den tag.
Darnach wart ich gefurt
120 In ein kammern, die do rurtt
Genaw an meines lieben gaden.
Doch wardt nach glucks genaden
Ich gelegt an ein bette,
Da vor mein liep gelegen hette.
125 Die nacht kert ich mich von ir nie,
Auß meinem sinne ich sie nie uberlie.
In lieben gedancken ich do lag.   [248^v]
Des morges, ee *es* recht war tag,
Mich wecket der vogell gesanck.

---

107 Doch ungeletzt irer] Auch vngeletzt iren *Lg₄Be₃*. **108** die *fehlt Pr₂Lg₄Be₃*.
109 entpfand] befandt *Pr₂Lg₄Be₃*. **112** Do vil lustes] Vil wunn *Pr₂Lg₄Be₃;* verkunt] da verchunt *Pr₂Lg₄Be₃* erkunt *Be₂₀*. **113** Groß fräd ich ir auch erzaiget
Pr₂Lg₄Be₃. **114** Die nacht vast vf vns naiget *Pr₂Lg₄Be₃*. **116** paumgartten] garten *Pr₂Lg₄Be₃*. **118** den *fehlt Pr₂*. **120** In] An *Lg₄;* do *fehlt Pr₂Lg₄Be₃;* rurtt] purt
Be₂₀. **121** Genaw *fehlt Pr₂Lg₄Be₃;* lieben] liebes *Pr₂Lg₄Be₃*. **122** nach glucks]
gluck noch *Lg₄Be₃*. **126** sie *fehlt Be₃;* uberlie] verlye *Pr₂Lg₄Be₃Be₂₀*. **128** es waz
recht war tag *St₅;* es recht ward tag *Pr₂Lg₄Be₃Be₂₀*. **129** Mich wecket] Weckt mich
Pr₂Lg₄Be₃.

---

107 ›ohne dass dabei ihre Ehre verletzt wurde‹. **114** ›Dann begann die Nacht sich
über uns zu neigen‹, vgl. V. 144. **121** gaden ›Schlafgemach‹. **124** Da vor ›wo
früher‹. **126** ›ich ließ sie nie aus meinen Gedanken‹.

130 Auß der deck ich do spranck
    Und must mich aber scheiden.
    Davon uns allen beiden
    Noch grosser leid den vor geschach.
    Mit unmut ich zu ir sprach:
135 ›Freuntlicher schatz und hertziges weip,
    Ich scheid von dir allein mit dem leib.
    Sinne, hertz, mut pleibt bei dir hie.‹
    Mit nackenden armen sie mich umbfing
    Und trucket senlichen mich zu ir.
140 ›O lieber gott, wie ich enpir
    Des getrewstes freundes auff erdenn!
    Wie mocht ich frolich werdenn?‹
    Des gleichenn gunde ich mich ir erzeigen,
    Do wart der tag fast auff uns neigenn.
145 Bei sollicher pitterlicher nott
    Ir sneeweis hende sie mir pott
    Und hies mich tretten hindann,
    Wie sie ir kleider mocht angethan.
    Darnach rufft sie mir zustund.
150 Gar senlich sie mir clagenn gund:
    Ir leidt do schaiden macht.   [249^r]
    Ir hertz gar dick erkracht,

---

134 ir] ir da *Pr₂*; sprach] entsprach *Lg₄*.   **136** dir] euch *Pr₂Lg₄Be₃*; dem *übergeschrieben St₅ fehlt Pr₂Lg₄Be₃Be₂₀*.   **137** dir] euch *Pr₂Lg₄Be₃*.   **138** nackenden armen] armen poß *Pr₂* armen bloeß *Lg₄Be₃*.   **139** trucket] trück *Be₂₀*.   **141** getrewstes] gedürsten *Pr₂*.   **143f.** *fehlt Pr₂Lg₄Be₃*.   **145** sollicher pitterlicher nott] solchen bitterlichen nöt *Lg₄*.   **147** tretten hindann] hin dan gon *Be₂₀*.   **148** Wie] Bis *Pr₂Lg₄Be₃Be₂₀*; kleider] claid *Pr₂Lg₄Be₃*; angethan] angetuon *Pr₂Lg₄* legenn an *Be₃*.   **149** zustund] ye zestund *Pr₂Lg₄Be₃*.   **150** gund] begundt *Lg₄Be₃*.   **151** do] das *Pr₂Lg₄Be₃*; schaiden *i übergeschrieben St₅* schadenn *Be₂₀*.   **152** gar] vil *Pr₂*.

---

131 aber ›wieder‹.   **133** den vor ›als vorher‹.   **140** enpir ›entbehre, verzichte auf‹.   **143** gunde ›begann‹.   **144** ›da kam der Tag sehr schnell über uns‹, vgl. V. 114.   **147** tretten hindann ›beiseitetreten‹.   **148** ›während sie sich anziehen wollte‹.

Mit nassen augen sag sie umb.
Vor jamer wart ich ein stum,
155 Wann tzwifach was mein not.
Irenn rotten munt sie mir pott,
Zuletze iren freuntlichen segenn:
›Der ob uns ist, der muß dein pflegenn‹,
Sprach do die miniglich.
160 Zustund hinwider wunscht ich
Alles, das ir hertz begertt,
Und darzu wart ir frewde gemert.
Sie sprach: ›das müß dir auch kumen,
Sunst mag mir nicht gefrumenn.‹
165 In elende schied aber ich von ir.
Ir weiplich gütte betzwang mich,
Das ich in kurtzer fart
Zu hundert malen zu ir kart
Und det die stat anschawen,
170 Do ich mein allerliebste frawenn
Verlassen het allein.
Ach got, mocht ich bei ir gesein
Immer und immer an endt
Und hoffet frolich zu wesen,
175 Mocht ich vor Meiden genesen.

––––––

154 Vor] In $Pr_2Lg_4Be_3$; ich] ich da $Pr_2Lg_4Be_3$.   **155** tzwifach] zwu nacht Lg_4Be_3.
157 iren] vnd $Pr_2Lg_4Be_3$.   **158** ob] ober Lg_4Be_3; der muß] müß Pr_2Lg_4.
160 wunscht *t übergeschrieben* St_5.   **162** wart] was $Pr_2Lg_4Be_3$; gemert] meret
Pr_2Lg_4 werett Be_3.   **163** müß dir auch kumen] wär dein chomen $Pr_2Lg_4Be_3$.
165 Hin schied in ellend aber ich $Pr_2Lg_4Be_3$; In ellende scheid aber ich Be_{20}.
168 malen] mal Lg_4Be_3; zu ir] mich gen ir Pr_2Lg_4 genn ir Be_3.   **171** het] hon Be_{20};
allein] mit pain Be_{20}.   **173** *zugehöriger Reimpaarvers fehlt* St_5; Ymmer vnd ymmer
on end | So wär mein trauren gar gewendt $Pr_2Lg_4Be_3$; Ymer vnnd ymer vnend | Daß
mir min jamer wend Be_{20}.   **175** Mocht ich vor] Ließ mich nur $Pr_2Lg_4Be_3$. *Unter
dem Text, marginal:* Seltten on leiden daz kvmpt von meiden St_5.

––––––

153 sag ›sah‹.   **160** hinwider ›im Gegenzug‹.   **163f.** ›Sie sagte: Das soll auch dir
zuteilwerden, sonst hat es für mich keinen Wert‹.   **167** in kurtzer fart ›in kurzer
Zeit‹.   **168** kart ›(hin-)wandte‹.   **173** an endt ›ohne Ende‹.

14. Das Scheiden (B38)

[38ʳ]

Schaiden tuot mir muoteß quit.
Min hertz wer fro, wer schaiden nit.
Schaiden bringt mir dick ach und we.
Dardurch ich dick trurig stee,
5 So zwai und zwai sich einen,
Den so muoß min hertz bewainen
Lieplichen handel, den ich hett.
Schaiden mir den schaden thet,
Wan alsbald schaidenß ward gedacht,
10 In piterkait min hertz erkracht.
Ellend begund mich bedencken,
Groß jamer tet sich senckcken
Gar tieff in mineß hertzen grund.
Jedoch *ir* früntlich rotter mund
15 Mich trost in der not.
Trüw sich gen trüw erbott
Mit ainem wort unverkert,

Text nach **Be₂₀** *(Berlin, SBB-PK Ms. germ. quart. 2370 [olim Lana, Familienarchiv der Grafen von Brandis Cod. XXIII D 33]; um 1495), 38ʳ–38ᵛ. Weitere Überlieferung:* **St₅** *(Stuttgart, WLB poet. et phil. 4° 69; 2. Hälfte 15. Jh.), 244ʳ–244ᵛ;* **Pr₂** *(Prag, Knihovna Nárondního muzea Cod. X A 12 [›Liederbuch der Klara Hätzlerin‹]; 1470/71), 106ᵛ–107ʳ;* **Lg₄** *(Leipzig, UB Ms. Apel 8 [›Bechsteins Hs.‹]; um 1512), 259ᵛ–260ᵛ;* **Be₃** *(Berlin, SBB-PK Ms. germ. fol. 488 [›Ebenreutters Hs.‹]; um 1530), 129ᵛ–130ᵛ. – Bisherige Ausgaben: Büttner 1813, 223f. (nach St₅); Haltaus 1840, 193 Nr. II 31 (nach Pr₂ mit Laa. von Lg₄ auf XLVII).*

Überschrift: Von schaiden *Pr₂ (gleichlautend in St₅Lg₄Be₃).* **1** tuot] macht *Pr₂Lg₄Be₃;* mir] mich *St₅Pr₂Lg₄Be₃.* **2** wer *(nach* fro)] det *St₅Pr₂Lg₄Be₃.* **3** dick *fehlt Pr₂Lg₄Be₃.* **4** Durch schaiden ich dick ainig stee *Pr₂Lg₄Be₃.* **6** Den so] Dann *Pr₂* Daß *Lg₄Be₃.* **8** Schaiden] Ee schaiden *Pr₂Lg₄* Ein scheydenn *Be₃;* mir] nur *Be₃.* **9** bald] erst *Pr₂Lg₄Be₃.* **11** begund mich] gund ich *Pr₂Lg₄Be₃.* **12** mich *Be₂₀* sich *St₅Pr₂Lg₄Be₃.* **14** ier *Be₂₀* ir *St₅* ain *Pr₂Lg₄Be₃.* **15** trost] tröstet *Pr₂Lg₄Be₃.* **17f.** *fehlen Pr₂Lg₄Be₃.*

---

1 ›Die Trennung beraubt mich des Verstandes‹. **11** ›Elend ergriff mich‹. **17** unverkert ›unverändert, beständig‹.

Daß mir alzit truren wardt.
Auch solt eß sich in kurtz füegen,
20 Daß wir zusamen trüegen
Baide hertz veraint alß ie.
Wen ich recht bedenkck, wie
Mich die allerliebst trücket,
Mit wissen armen schmücket,
25 So ist mir wol und we zuhant.
Ward mir ie grosser lust bekant,   [38ᵛ]
Daß muoß ich iezund büessen.
Ich mag es laider nit geniesen.
Solt ich bi lieb gefangen sin,
30 Daß wer mir ain geringe pin.
Sunst muoß ich iamer liden
Unnd min lieb miden.
Doch komt vilicht schir die zit,
Daß verlangen fröd herwider git.
35 Der ainig trost mich nert.
Ach, daß mir glück beschert
Denn aller höchsten trost min!
Der versprach unverkert zuo sin,
Daß sich schier füeget der tag:
40 So wer verschwunden all min clag.

---

19 Auch solt eß sich] Sich solt *Pr₂Lg₄Be₃*.   **21** ie] hye *St₅*.   **23** die] das *St₅Pr₂* die das *Lg₄Be₃*; allerliebst] liebst *Pr₂Lg₄Be₃*.   **28** *ganzer Vers am Rand ergänzt; braune statt schwarze Schrift; fehlt St₅* Mit hennden vnd mit füssen *Pr₂* Mit henden vnnd fuessen *Lg₄Be₃*.   **29** Solt] Wolt *Pr₂Lg₄Be₃*.   **32** Vnd lieb ain weil vermeiden *Pr₂Lg₄Be₃*.   **33** Doch komt] Sich fuget *St₅Pr₂Lg₄Be₃*.   **34** verlangen] chomen *Pr₂Lg₄Be₃*.   **35** nert] ernert *St₅*.   **36** beschert] beschertt wer *St₅*.   **37f.** *fehlen Pr₂Lg₄Be₃*.   **39** Das morgen käm der selbig tag *Pr₂* Das morgen kome der selbig tag] *Lg₄* Das morgenn kum derselbig tagk *Be₃*.

---

18 ›sodass mir für immer Trauer zuteilwurde‹.   **24** schmücket ›sich an mich schmiegt‹.   **31** Sunst ›So aber‹.   **35** ›Dieser Trost allein hält mich am Leben‹.   **38** *Vgl. V. 17.*

15. Abschiedsgruß (B160)

Wol hin, meins hertzen kaiserin, [107^v]
Ich schaid von dir mit *betrübtem* sinn.
Dein segen mich bewar.
Nun wis: wa ich hinfar,
5 So ist dein unvergessen.
Dein lieb hatt mich besessen.
Ich bin ze aigen dir ergeben.
Ze dienst will ich dir allzeit leben.
Ob ich bi dir nit mag gesein,
10 So hast du doch das hertze mein
Lieplich mit triu gepunden,
Das ich zu allen stunden
Mein zeitt und weil mit dir vertreib.
Gib urlaub, aller liebstes weib,
15 Wann ich mag nimmer baitten.
Doch wis, das mich gelaiten
Senen und verlangen;
Die händ mein hertz gefangen
Und richten das zu dir allain.

Text nach **Pr₂** *(Prag, Knihovna Nárondního muzea Cod. X A 12 [›Liederbuch der Klara Hätzlerin‹]; 1470/71), 107ᵛ–108ʳ. Weitere Überlieferung:* **Lg₄** *(Leipzig, UB Ms. Apel 8 [›Bechsteins Hs.‹]; um 1512), 260ᵛ–261ʳ;* **Be₃** *(Berlin, SBB-PK Ms. germ. fol. 488 [›Ebenreutters Hs.‹]; um 1530), 130ᵛ–131ʳ;* **St₅** *(Stuttgart, WLB poet. et phil. 4° 69; 2. Hälfte 15. Jh.), 245ʳ–245ᵛ;* **Be₂₀** *(Berlin, SBB-PK Ms. germ. quart. 2370 [olim Lana, Familienarchiv der Grafen von Brandis Cod. XXIII D 33]; um 1495), 38ᵛ–39ʳ. – Bisherige Ausgaben: Büttner 1813, 225f. (nach St₅); Haltaus 1840, 193f. Nr. II 32 (nach Pr₂ mit Lesarten von Lg₄ auf XLVII).*

Überschrift: Ain vrlaub *Pr₂ (gleichlautend in Lg₄Be₃St₅Be₂₀).* **1** Wol hin] Wohin *Be₂₀.* **2** trübtem *Pr₂* betrubtem *Lg₄Be₃* traurigem *St₅* trüugen *Be₂₀.* **3** segen] schön *Be₂₀.* **4** wis] gwys *Be₂₀.* **6** Jch hab mich zuo gemessen *Be₂₀.* **7** Ich] Vnd *St₅;* ergeben] gegebenn *Be₂₀.* **9** nit] ycht *Be₂₀;* gesein] sin *Be₂₀.* **10** So hast du doch] Ye doch hostu *St₅* Ye doch so haustu *Be₂₀.*

---

14 Gib urlaub ›*Erteile mir die Erlaubnis, zu gehen*‹. **18** händ = *habent.*

20 O lieplichs lieb, zart fräwlin rain,
    Nimm mein triu recht ze hertzen!
    Wie ich mich schaid mit schmertzen:
    Ellend ist mein gevertt,
    Fräd, lust und wunn hat sich verchert.
25 Gedenck allain mich neren
    Und hoff uff widercheren,
    So mich empfacht dein rotter mund
    Und ich in deiner arm pund
    Gar friuntlich wurd umbschlossen.
30 Zart fraw, bis unverdrossen!
    Halt mich auch stätz in triuer gir.
    Zu letz las ich mein hertz dir.
    Das sol allain dein beleiben,   [108ʳ]
    O cron ob allen weiben.
35 Halt vest, als ich dir ie getraw,
    Und hütt wol, aller liebste fraw!

––––––

22 mit] in *St₅Be₂₀*.   **23** Ellend] Elent vnnd not *St₅* Ellend in not *Be₂₀*.   **25** Gedenck] Gedencken *St₅Be₂₀*.   **26** vff] auch *St₅Be₂₀*.   **33** allain dein] dir eynig *St₅Be₂₀*.

––––––

25 ›Ich denke daran, dass ich alleine überleben muss‹.   **27–29** ›wenn mich dein roter Mund empfangen und ich in die Fessel deiner Arme ganz liebevoll eingeschlossen werden möge‹.   **35** ›Bleib beständig, wie ich dir zu jeder Zeit traue‹.

16. Anrufung der Minne (B61)

[74^r]

Man spricht, wen minne zwing,
Das der selb in senen ring
Und liebes nicht gesehen mag,
Der hab manigen langen tag.
5 Was ir denn leiden pein,
Die hoher minne gern sein!
Und ez wirt in nimer so gut:
Sie müßen helen senenden mut
Durch er und † valscher gepreßt † den leuten pei.

10 Ich furcht, das ich ir einer sei.
Mich jamert und pelangt,
Mich senet und zwangt
Mein mut, mein sin, mein hertz, mein leip
Noch dir, so wolgemutes weip,
15 Mein hort ob allen frawen.
Ach, wenn schol ich dich schawen
So fro von mir in reicher wat
Gehen? so sei noch der stat,
Der seligen zeit, der selden stund,
20 Do ich da küßt den zarten mund,
Dem ich mich gab für aigen!
Ach, wolt mir der schwaigen

Text nach **Mü₁₀** *(München, BSB Cgm 714; um 1453–58), 74ʳ–75ᵛ. – Bisherige Ausgabe: Roth 1814, 24f.*

Überschrift: Dÿ Mÿnne *Mü₁₀.* **9** *Trennungsstrich nach* leu; ten pey *in neuer Zeile Mü₁₀.* **18** Giengen *Mü₁₀.* **20** den *verändert zu* des *Mü₁₀?*

1–4 ›*Man sagt, dass derjenige, den die Minne überwältigt, in Liebessehnsucht sich verstricke und nichts Angenehmes sehen könne und dass ihm viele Tage lang würden‹.* **5f.** ›*Wie sehr sie sich peinigen müssen, die sich der hohen Minne ergeben wollen‹.* **8f.** ›*Sie müssen ihre Sehnsucht aus Gründen der Ehre und (… ?) vor den Leuten verbergen‹.* **14** Noch ›*nach‹.* **16–18** ›*Ach, warum muss ich dich so fröhlich und in kostbaren Kleidern von mir weggehen sehen? Wenn doch noch der Ort da sein würde‹.* **22–24** ›*Ach, wollte mir der (Mund) verschweigen solchen Jammer, der mir nie fehlte, seit mir der Freudenglanz ihrer schönen Gestalt erschien‹.*

Solch jamer, der mir nie geprast,
Do mir erschain der frewden glast
25 Von irem zarten pilde.
Der schein ist worden wilde.
Doch wenn ich die augen in meins hertzen spiegel sach,
Des scheins mir doch nie geprach [75ʳ]
Und pin ires leibes an.
30 Gar offt ich *saz* in solchem wan
Und lig in dem senenden rigel,
Und so sewffz ich nach dem spiegel,
Den man mag greiffen und sehen.
Ach und ach, wenn sol es geschehen,
35 Solch trost, der mich erqui*k*
Mit einem augenplick,
Der auß getrewer hertz gee?
Eia, ob mir das hail gescheh
Von meinem hertzenlieb,
40 So must ich gleich einem dieb
Von ir ain widerplicken steln.
De*s* moht ich lenger nit verheln
Mein varb und mein geperde:
Wann sie ist mir so werde,
45 In meinem hertzen also her!
Ich traws verpergen imer mer.
Nein, nein, das stund zu var!
Hört an, wie ich gepar

---

27 hertzen spiegel sach *in neuer Zeile Mü₁₀*. **30** tafft *Mü₁₀*. **34** ~~geseht~~ schehen *Mü₁₀*. **35** erquikt *Mü₁₀*. **42** Das *Mü₁₀*.

28f. ›*mangelte es mir doch nie an diesem Anblick, auch wenn ich von ihrem Körper getrennt bin‹*. **30f.** ›*Sehr oft saß ich (versunken) in solchen Gedanken, und liege (jetzt) eingesperrt in der Liebessehnsucht‹*. **37** ›*der vom Herz der Treuen (= der Dame) ausginge‹*. **42f.** ›*Aus folgendem Grund kann ich nicht länger den Wechsel meiner Farbe und meine körperlichen Regungen verbergen‹*. **46** ›*Ich traue mir nicht mehr zu, es zu verbergen‹*. **47** stund zu var ›*wäre zu gefährlich‹*. **48f.** ›*Hört zu, wie ich mich stattdessen der sehr lieblichen Minne gegenüber verhalten habe (sie angesprochen habe)‹*.

Fürpas vil susser Minne: *[75ᵛ]*
50 ›Hastu gelert mein sinne
    Gedencken ir mit steter pflicht,
    So ler sie mein vergessen nicht.
    Und wirb auch, das wir paide
    Eins dem andern icht laide
55 Oder icht zu schaden meld,
    Das trew der trew geld.
    Ein susse minn, erwirb also,
    Das lieb mit liebe mich mach fro!‹

---

52 ~~sein~~ mein *Mü₁₀*.

54f. ›*einander kein Leid zufügen oder etwas zum Schaden (des anderen) verraten*‹.
56 geld ›*vergelte, belohne*‹. **57f.** ›*Süße Minne, bewirke, dass mich die Liebste mit Liebesfreude erfreuen möge*‹.

17. Klage über die Untreue der Geliebten (B56)

Groß lieb und falsche treu [364ʳ]
Ist mir in kurtzer zeit worden neu,
Als ich euch bescheiden wil.
Mein hertz, das hat freuden vil
5 Gegen einem meidlein, was wolgestalt.
Sie was mer wan taussentfalt
Gewaltig mein in eren,
Das mir keiner kunt verkeren.
Mich daucht, sie wer sein auch wol wert
10 Und hett mir solt sein beschert.
Sie wer mir gewest umb kein reichthumb feil.
Ich mein, mir wurdt mein teil.
Als ir hernach wert horen,
Sie thet mich recht bethoren.
15 Des must ich gluck laß walten. [364ᵛ]
Was ich nit kann behalten,
Das laß ich bald hinfaren.
Het ich kunt zwitzern als die staren,
Sie hett mein clein geacht.
20 Wer es aber hatt gemacht,

---

*Text nach **Be₃** (Berlin, SBB-PK Ms. germ. fol. 488 [›Ebenreutters Hs.‹]; um 1530), 364ʳ–372ᵛ. – Neben den allgemeinen Editionsrichtlinien gilt für diesen Text: Geminationen wie ff, ll, nn und tt wurden stillschweigend vereinfacht, wo sie weder vom Mhd. noch vom Nhd. her nachvollziehbar sind (z. B. werden statt werdenn); wegen ihrer konsequenten Verwendung wurden fehlerhaft erscheinende Infinitivformen und außergewöhnliche Verbalkonstruktionen nicht verbessert (vgl. V. 15, 61f. usw.). – Bisher unediert.*

Vor dem Text, in der Auszeichnungsschrift sonstiger Überschriften: M | Ach got wie we dem ist | Der lieb sucht do keine ist | H *Be₃*. **15** Das *Be₃*.

---

8 ›sodass es mir niemand übel auslegen konnte‹. **9f.** ›Ich glaubte, sie wäre dessen auch ganz würdig und wäre für mich bestimmt gewesen‹. **11** ›Ich hätte sie gegen keinen Reichtum verkauft‹. **15** ›Deshalb musste ich das Schicksal seinen Gang gehen lassen‹. **18f.** ›Selbst wenn ich wie die Stare hätte zwitschern können, hätte sie mich kaum beachtet‹. **20f.** ›Aber wer es getan hat (wer sich die Gunst der Dame erworben hat), das verschweige ich, bis die Zeit gekommen ist‹.

Laß ich berue zu seiner zeit.
Wer itzo vil außgeit,
Der ist gehalten lieb und wert.
Mein trauren sich teglich mert,
25 Wann ich daran gedenck,
An ir freuntlich schwenck,
Die sie alle zeit mit mir treib
Und mich domit erfreut.
Wolt wen, es wer alles umb sie golt.
30 Da ich genau suchen solt,
Das was kaum halber blei.
Im sei nu, wie im sei.
So hort ichs oft sagen
(Thet auch darnach fragen),
35 Das wer ein ander han im korb,
Der teglich umb sie wurb.
Schickt auß der freier viel,
Biß zu letzt er ir geviel.
Das macht als gunst und gab.   [365ʳ]
40 Domit ich armer must ziehen ab,
Wiewol ich ie und ie hab gehort,
Und ist ein alt spruchwort:
Teglich beiwonen thue vil.
Des ich nit meher glauben wil,
45 Dan es hat sich an mir nit geeicht.
Gar oft ich mich treulich erzeicht
Dasselbig iar hin und here,
Dacht, ob gluck verhanden were,
Solt mir auch kum zu steuer.
50 Groß freudt ward mir teuer,

22f. *Spruchweisheit: der (materiell) Freigebige wird geliebt und geachtet; vgl. V. 39f., 112.* **26** *›an ihre liebenswürdigen Scherze‹.* **29** *›Ich wollte glauben, alles an ihr wäre Gold‹.* **35** *›Ein anderer Hahn im Korb‹ ist hier Metapher für einen Konkurrenten des Sprechers.* **37f.** *›Sie wies viele Freier ab, bis dieser ihr zuletzt gefiel‹.* **39** *als = alles.* **45** *geeicht = geöugt (von mhd. ougen, öugen) ›gezeigt‹, vgl. V. 412.* **48f.** *›und dachte, wenn Glück vorhanden wäre, wird es mir auch zur Hilfe kommen‹.*

Do ich glaublich erfur das,
Das ein ander vor mir was,
Der lieber was dann ich.
Dasselbig noch krenckt mich
55 Und macht mich unmuts vol
Oft, wan ich nu horen soll,
Das man mich domit speit.
Ich redt es uf meinen eidt
Und wils mit warheit sprechen,
60 Das ich mich gern wolt rechen
An einem, der mich hulf veriage,
Mir alzeit freuntlich zusprache
Mit seiner falschen zungen.   [365ᵛ]
Domit ich ward vertrungen.
65 Und solt ich daruber not leiden,
Ein weil das landt meiden,
Dann mir ist zu kurtz geschehen ie.
Das recht ich gern, west ich nur wie,
Und solt ichs im ein iar nachtragen.
70 Ich hett mich nit also lassen veriagen,
Hett ich nit veriagt solt sein,
Dann die schuldt was nit mein.
Darumb ich veriaget ward,
Macht das meinst ir unstet art.
75 Darumb ich ir gib die schuldt,
Auch etlichem, der nit gedult
Hat, das ich in er und gut
Sie liebet in meinem gemut.
Das im doch keinen schaden het gebracht!
80 Das hab ich sicher oft bedacht.
Vor mir sie in hudt was sere.
Das bracht meinem hertzen schwere.

---

57 speit ›verhöhnt‹. **61f.** ›an einem, der dazu beitrug, mich zu verjagen, aber
stets freundlich mit mir redete‹. **64** vertrungen ›verdrängt‹. **65–67** ›Und da-
von sollte ich Not erleiden und eine Zeitlang ins Exil gehen, denn mir ist immer
Unrecht geschehen‹. **74** das meinst ›vor allem‹. **76–78** ›und auch jedem, der
nicht ertragen hat, dass ich sie in ehrenvoller und guter Absicht von Herzen liebte‹.
81 hudt = huote.

Dorft es aber nit clagen,
Auch ir nit baß nachiagen,
85   Dan sie mir nit wardt gegundt.
Darumb ich in trauren stundt,
Besan mich oft hin und her,   *[366ʳ]*
Dacht auf und nieder.
Es stet wilt in der welt:
90   Was im einer außerwelt,
Gevelt bald einem andern auch.
Sie was mein bul und ich ir gauch.
Als ich zu letzt innen wart,
Sie hat sich vein uf mich gespart.
95   Domit sie mich pracht an das narrenseil,
Dan ich was uf das mal veil
Wie zu Moßbach die degen.
Sie hats vor mer gepflegen,
Das marckt ich woll,
100 Wie man ein narren effen soll.
Wiewoll ich sie nit wil nen,
Ich mei, man thue sie sunst wol ken.
Was sie im schilt furt,
Nit ein allein bedurt,
105 Sunder trei oder vier,
Wiewoll das mir
Allein wardt der lone
Und iederman zu spot und hone.
Das ich hab verschult nie,
110 Kann aber woll dencken wie,
Warumb mir solchs ist widerfaren.
Bin ir gewest zu arm,   *[366ᵛ]*

---

108 hanne *Be₃*.

---

92 gauch ›Narr‹.   **94** ›*hat sie sich mir fein verweigert‹.*   **96f.** ›*denn ich war plötzlich käuflich wie die Kämpfer (oder Degen?) in Mosbach‹. Mosbach (Odenwald) war im 15. Jh. Residenzstadt der Pfalzgrafschaft Pfalz-Mosbach(-Neumarkt); unklar ist, worauf sich die sonst nicht belegte Redensart bezieht.*   **98** ›*Sie hat's zuvor schon öfter getan‹.*   **101** nen = *nennen.*   **102** mei = *meine;* ken = *kennen.*   **104** ›*betört nicht nur einen allein‹.*   **108** ›*und ich jedermann zu Spott und Hohn ausgesetzt war‹.*

Darzu zu ungestalt.
Davor ichs wil halt,
115 Wiewoll ich nit weiß den grundt.
Auch verdreust zu dieser stundt
Mich *nichts* als ser und hart,
Als das sie sich so zart
Alle zeit gegen mir stelt,
120 *Als* ob wer keiner in der welt,
Der ir lieber wer dann ich.
Und doch in irem hertzen sich
Gegen einem andern auch stelt dergleichen.
Einem ieden kunt den fuchsschwantz streichen,
125 Lies mich uf dem kropf sitzen.
Hett woll mogen vor engsten schwitzen,
Da ich spurt ir falsch treu und wanckelmut.
Dem april sie sich vergleichen thut
Mit irer unstetigkeit.
130 Aber domit ir hort die warheit,
Das solches also sei:
So was uf ein zeit einer dabei,
Der was mein gut gesell und noch
Hetten miteinander manch seltzam gloch.
135 Der hort eins mals, wie mirs ging,
Sag, wie sie vor mir uberging
Mit grossem zorn und ubermut.
Mich fragt der selbig gesell gut,
Was das vor ein handel wer,
140 Darumb sie so traurig wer;
Begunt mein darzu lachen.
Ich sprach: ›es seindt mir *v*il sachen,
Das sich da begibt.‹
Erst er mich darzu ubt,

[367ʳ]

---

117 Mich als *Be₃*.　**120** Es *Be₃*.　**142** will *Be₃*.

---

114 ›Das nehme ich an‹.　**124** ›den Fuchsschwanz streichen‹ redensartlich für ›schmeicheln‹.　**125** ›auf dem Kropf sitzen lassen‹ redensartlich für ›einen Betrogenen im Irrtum lassen‹.　**134** gloch ›Gelage‹.　**136** sag = sah.　**142f.** ›Es sind für mich viele verschiedene Dinge, die sich hier ereignen‹.　**144** ›Jetzt erst fing er richtig an mich zu provozieren‹.

145 Das mich dann sere verdroß.
Ich gedacht mir das:
›Der esel will dich schlahen.‹
Ich sprach: ›Kann dirs nit gesagen,
Was das vor ein handel ist.‹
150 Kurtz und in schneller frist,
Als ich stundt elendt,
Kam sie behendt
Ein stigen herab mit zornigem mut.
Sie sprach: ›Gesell gut,‹
155 – Zu mir uberlaut –
›Hett dirs nit angetraut!‹,
Lif domit zu der thur hinauß.
Ich gedacht: ›Was wurdt darauß,
Uf die letzt noch werdt?‹
160 Sie hat sich erzurnt hert,
Das sie brun wie ein feuer.
Ich wacht abenteuer,
Drat zu ir vor die thur,   *[367ᵛ]*
Sprach: ›Liebe iunckfrau, sagt mir,
165 Wer hatt euch gethan,
Das ir mich so schnuwet an?
Das beger ich von euch.
Gott sei mein zeuch,
Und red es uf meinen aidt,
170 Das mirs wer treulich lait,
Wann euch von mir solt leides geschehen.
Lam und krump wolt ich mich lieber sehen
Dann euer ungemach!‹
Mit grimmgem zorn sie sprach:
175 ›Laß unverworren mich,
Darzu ungespaiet mich,
Dan ich het mich nit versehen,

---

156 angetraut ›zugetraut‹. **158f.** *›Ich dachte: Was ist jetzt passiert? Und was
wird daraus noch?‹* **162** *›Ich unternahm ein Wagnis (weckte eine gefährliche Be-
gebenheit)‹.* **166** schnuwet an ›anschnaubt‹, von mhd. ane snöuwen oder ane
snûwen. **170** treulich ›wirklich‹. **175f.** *›Lass mich in Ruhe und verhöhne mich
nicht‹.* **177f.** *›denn ich hatte das nicht erwartet, was mir von dir angetan wurde‹.*

Des von dir mir ist geschehen!
Das wiß gleich eben wol!‹
180 Ich armer wardt unmuts voll,
Stundt und hort ir zu.
Ich wust nit, wu hin aus oder wue
Hin ich mich keren solt.
Das sie gar nit wolt
185 Mein kein gnad habe!
Wiewoll ich ir gut wort gabe,
So waren sie doch alle vergebenlich,
Also was sie erzurnet uber mich. [368ʳ]
Fandt bei ir kein barmhertzigkeit.
190 Ich armer stundt in leit,
Gingk traurig von ir.
Weder freit noch mut was bei mir.
Liß manchen seuftzen dief.
Kein nacht ich uber halb schlief.
195 Es wer gleich tag *ode*r nacht,
Alle zeit und stundt ich daran gedacht,
Wolt mir vergessen nit.
Kunt nit dencke, wo mit
Ich solchs mocht vorschult habe.
200 Hett man mich in ein grabe
Uf das mal gelegt,
Hett nit vil darnach gefregt.
Also was mir zu mut.
Dacht mein sach wurdt nimmer gut.
205 Ging, als wer ich derschlagen.
Balt darnach in kurtzen tagen
Es sich macht,
Das gut gesellen sechs oder acht
Kamen an dasselbig ort,
210 Begunden vil guter schwenckwort
Einer gegen dem andern treiben

------

178 Vonn *Be₃*.　**195** aber *Be₃*.

------

182 wu / wue = ›wo‹.　**185** ›Gnade mit mir haben‹.　**197** ›es wollte mir nicht aus
dem Kopf gehen‹.

Bei iunckfrau und bei weiben,   *[368ᵛ]*
Die uf das mal waren da.
Sie waren all zuchtig und fro.
215 Begunden zechen sere,
Fragten mich, warumb ich traurig were,
Hissen mich frolich sein.
Es gab mir heimlich pein,
Dan ich hett sorg, sie wurden ine,
220 Was mir lag in meinem sinne,
Spotten mein darnach darzu.
Ich sprach: ›Ich thu
Alles, das ir wolt haben von mir.‹
Sie brachten mir wol drei oder vir.
225 Ich thett in bescheit.
Mich daucht, mein grosses leit
Wurd sich ringern sere.
Ich dacht hin und here:
›Der unfall wurdt dich nit albeg reiten.
230 Wer ie zu zeiten
Kan ubersehen,
Dem mag woll etwas guts geschehen.
Es ist sunst verloren.
Du mochst noch irn zorn
235 Mit gedult uberwinden   *[369ᵛ]*
Und villeicht noch finden,
Dohin dus nit gelegt hast.‹
Gab mir selber solchen trost,
Wardt frolich und guter ding.
240 Einer wardt lach, der ander sing,
Dann der wein was gut.
Sie waren alle wolgemut
In zuchten und in eren,
Das in keiner kundt verkeren.

224f. *Beim Brauch des Zutrinkens heißt* ›bringen‹, *eine bestimmte Menge (hier drei oder vier Gläser)* ›zutrinken‹, *während* ›Bescheid tun‹ *meint, dass der adressierte Mittrinker – quasi antwortend – dieselbe Menge trinkt.* **229** ›*Das Unglück wird nicht immer auf dir lasten‹.* **231** ubersehen ›*über etwas hinwegsehen, es nicht beachten‹.* **240** ›*Der eine fing an zu lachen, der andere zu singen‹.*

245 Wie ich nu bei dem meitlein saß
Und sie sach das,
Das ich wart drincken sere,
Kam sie fein suptilich here
Mit iren geschmuckten worten schon.
250 Sie sprach: ›Gesell, sag an,
Wie ist dir geschehen,
Das du so traurig hast gesehen
Izt her ein lange zeit?‹
Ich gedacht: ›Nu beit:
255 Es solt wol verwandeln sich.‹
Ich sprach: ›Ir fraget mich
Umb ding, die ir wol wist,
Darzu, wie mir gewesen ist.
Darumb dorft ir der frag nit.   *[369ᵛ]*
260 Ich muß der welt lauf und sitt
Mich ein ander mal baß erlere.
Wann ich ein hirt were,
Hett euch nie liebs gethan,
So wolt ich michs nit nem so hert an.
265 Es ist mir unpillig von euch wiederfaren.
Will aber ein andern warnen,
Der do kompt nach mir.
Vieleicht mir gott auch schir
Beschert ein gute zeit,
270 Das ich all meins leits werdt gefreit.
Ich hab euch mit treuen gemeint.
Darumb nit wunder wer, das ich weint,
Das ichs nit genissen soll.‹
Sie sprach zu mir unverhol,
275 Es wer sunder ursach nit geschehen.
Sie hett horen iehen,
Ich hett mein lieb anderßwo nit weit.
Darumb sie hett gedacht zu derselben zeit,
Was sie solt anfahen,

---

249 schom *Be₃*.   **257** Vmb ~~den~~ *(?)* ding *Be₃*.

---

254 Nu beit ›*Nun warte*‹.

280 Dieweil ich ein ander lieb thet haben;
Das ir ser verschmahet hett.
Mit solchen worten sie mich uberredt
Und mit so grosser bitt, die sie an mich legt.   [370ʳ]
Domit sie mich bewegt,
285 Das ich wolt wen, es wer also.
Wart nit ein wenig fro
Und fraiet michs,
Dan ich hett des ersten stichs
Ein gut spill verlorn.
290 Darumb ich mir nit hett gekorn
Zugewinnen meher ein leß.
Wann ich schon ein gantze wochen uberseß,
So wers als vil alß vor.
Sie pracht mich wieder uf die alten spor,
295 Daruf ich gewesen war.
Nam ir wider eben war.
Als oft ich kam uf den alten fus,
Bot ich ir freuntlich meinen grus,
Der gleich vor geschehen was.
300 Ich wust aber nit, das
Sie ein andern lieber het dan mich.
Dan nur stetes ich
In irem dinst mich ubt.
Al mein sin und gemut
305 Tracht mir stets zu ir.
Meint nit, das mir   [370ᵛ]
Die narenkap wurd angehengt.
Irn worten ich nachhengt,
Was wieder der lieb so voll,

---

290 mir h̶e̶t̶t̶ *Be₃*. **301** E̶i̶n̶ Sie *Be₃*.

---

281 verschmahet ›missfallen‹. **285** wen ›wähnen, glauben‹. **288f.** *Karten-spielmetaphorik ›denn ich hatte mit dem ersten Stich ein gutes Spiel verloren‹.*
290f. *›Darum hatte ich mir nicht ausgerechnet, noch ein ganzes Spiel zu gewinnen‹ (eine ›Lässe‹ ist der letzte Stich, bei dem einem der ganze Gewinn des Spiels ›ge-lassen‹ wird).* **294** spor *›Spur‹.* **297** *›Sooft ich mich so verhielt wie früher‹.*
308 nachhengt *›nachjagte‹.*

310 Das ich die nit kont bergen wol.
Kundt mich auch selbst reigiren nit.
Das macht ir lieplich anplick,
Den sie mir alzeit gab.
Lief im treck und staub
315 Ein gassen auf, die ander nider,
Dacht auf und nieder,
Das ich ir nur kunt zu gefallen leben.
Mein hertz thet in hoen freuden schweben.
Wann ich ir wurdt gewar,
320 Verlur ich mein funf sinn gar,
Wurdt ir beraubt,
War wol halbs tholl und taub.
Meint nit, das meins gleich
Wer in keinem reich.
325 Hat tag und nacht kein ru.
Oft des morgens fru,
Wann ein ander lag und schlief,
Uf der gassen ich noch umblief,
Thett dantzen und hofieren,   [371ʳ]
330 Liß mir gauch das maul schmiren
Mit guten worten schon.
Die waren mein bester lon,
Den ich darvon pracht,
Wiewol ich manche nacht
335 Ungeschlafen lage.
Hett nur sin darnache,
Wie ich ir hult mocht behalt,
Dan sie was nit ungestalt.
Schatzt sie der schon Helena gleich,
340 Vor ein kunigreich
Hatt ich mir sie außerwelt.
Aber gar weit mirs felt.
Wol umb zwen bauernschu
Nent ich schon noch vier darzu.

------

310 bergen ›verbergen‹. **311** reigiren ›beherrschen, kontrollieren‹. **324** keinem ›irgendeinem‹. **343f.** ›*Ich zählte zu zwei (wertlosen?) Bauernschuhen noch vier dazu*‹ (?).

345 Ich wolt nit liege: *ich*
  Ließ recht effen mich,
  Do ich wolt wenn mein sach wer schlecht.
  Do gab sie mir denn narrenrecht
  Vor mein gehapte muhe.
350 Man muß die affen also schu,
  Domit man sie vecht.
  Wer alle sach recht
  Kunt bedencken, wer wol gut.   [371ᵛ]
  Ob mirs nun zu zeiten we thut,
355 Wil ich einem igklichen nit vil von sagen.
  Mich thett der esel nit ein mal schlagen,
  Sunder ein mal, zwei, trei.
  Da solt ich billig bei
  Exempel davon hab genomen
360 Und nit wieder sei kommen
  An solche stett,
  Do mich der esel geclopfet hett;
  So hett ich im recht gethan.
  Ich muß aber gedencken wolan:
365 ›Es hatt villeicht also soll sein.‹
  Wolt gott, sie hett mein
  Getreues hertz innerlich erkent
  Und mich nit so elendt
  Vor die stirn geschlagen.
370 Ich wils aber gedultiglich tragen
  Und denck, ich habs umb got verdint.
  Gar vil man ir noch findt,
  Die thetten der gleich.
  Er hat zwar auch kein kunikreich,
375 Dem sie ist worden zu theil.
  Gott geb mir gluck und heil;   [372ʳ]
  Des darf ich wol.

---

345 ich *als Reimwort aus Vers 346 ergänzt.*   **346** Ich ließ *Be₃.*

---

345 liege ›*lügen*‹.   **347** ›*als ich glauben wollte, meine Sache stünde gut (wäre schlicht, gerade, richtig)*‹.   **350** schu ›*scheu machen*‹.   **351** vecht ›*fängt*‹. **374** zwar ›*gewiss*‹.

Seidt es nit anders sein soll
Und mir so seltzam gat,
380 So main ich nit, das sie hat
Dem landt ein schaden gethan.
Ob ich nu schon
Zu zeiten darvon sag,
Laß im keiner verschmach.
385 Dann ich bin darzu verursacht wol,
Diweil ir hertz was untreu voll
Und beweist mir nie kein gut stuck.
Wardt auch ein mal hinterruck
Gegen ir geben an,
390 Als so ich wie ein vorman
Wes heßlich und ungestalt.
Solchs ein gelber iltesbalck
Mir mein wort gegen ir thet.
Domit ich noch weniger blatz het,
395 Dieweil sie sich nun gegen mir
Alle zeit stelt, als wer ich ir
Der liebst vor andern all.
Hett sie billich in solchem fall,   [372ᵛ]
Wo sie nit anders wer geneigt
400 Gewest, in vortrauen angezeigt,
So hett ich gespart an ire,
Das ich wer lieb gewesen ire.
Aber sie schweigt vein still,
Wolt sich hernach verantworten vil.
405 Das mich vertrost gare,
Dann ich wust vorware,
Das sie solche wort

382–384 ›*Auch wenn ich jetzt schon lange davon spreche, so soll das niemand verschmähen*‹. **389** ›*bei ihr verleumdet*‹. **390f.** ›*als wäre ich hässlich und abstoßend wie ein Fuhrmann*‹. **392** ›*Iltisbalg*‹ *(wörtlich:* ›*Fell des Iltis*‹*) ist ein Schimpfwort für eine ältere und bösartige Frau.* **393** ›*machte ihr gegenüber falsche Aussagen über mich*‹. **394** blatz het ›*mich setzen konnte, dazu gehörte*‹. **401f.** ›*so hätte ich darauf verzichtet, mich bei ihr beliebt zu machen*‹. **404** verantworten ›*rechtfertigen*‹. **405** ›*Das flößte mir viel Hoffnung ein*‹.

Hett geredt an einem ort,
Do ich nit weit von was,
410 Wie mir dann glaublich das
Eine in vortrauen anzeigt.
Sie hats on zweivel mir geeigt.
Da leit mir nun nit hoch an.
Ich hab hinweck meinen lon,
415 Wie ir hapt gehoret mich.
Mich dunckt aber, das ich
Ein bessern hett verdint wol.
Aber was ich nit soll
Mit gutem willen gehaben,
420 Do laß ich bald von abe.

412 geeigt ›gezeigt, zu Erkennen gegeben‹.   **413** ›Da habe ich nun wenig davon‹.

18. Lob der beständigen Frauen (B272)

Fassung I

[175vb]

    Vernement, raini maid und wib,
    Ich wil hert wagen minen lib
    Und bieten uch zehant;
    Min zung wil uz ir bant
5   Lan, daz si lang gefangen hat.
    Ob daz villicht uwer ain angat,
    Die flüch mir, ob si wöl,
    Si wunsch mir ungefell
    Und ane segel uf den se,
10 Tu ez ir in den oren we.
    Mich bat ain minicklicher munt
    Nach miner kür im machen kunt,
    Wie vernüftiges manes kunst
    Sol priß, lob und och gunst
15 Eim steten wib mittailen,
    Die nit ir hertz vailen
    Lat menglichs ansprach,

Text nach **Ka₃** *(Karlsruhe, BLB Hs. Donaueschingen 104 [›Liedersaal-Handschrift‹];*
um 1433), 175ᵛᵇ–176ᵛᵃ. Weitere Überlieferung: **He₃** *(Heidelberg, UB Cpg 313; 1478),*
354ᵛ–357ʳ. Wegen der Umstellung einer größeren Textpassage (V. 109–134) wird der
Text aus **Mü₁₀** *(Fassung II) nicht synoptisch, sondern im Anschluss separat ediert. –*
Neben den allgemeinen Editionsrichtlinien gilt für diesen Text: Geminationen wie ff,
nn und tt wurden stillschweigend vereinfacht, wo sie weder vom Mhd. noch vom
Nhd. her nachvollziehbar sind (z. B. werden statt werdenn). Die nicht ausgeführten
Zwischeninitialen in Ka₃ werden nicht gesondert im Apparat vermerkt, sondern
stillschweigend ergänzt. – Bisherige Ausgabe: Lassberg 1822, 711–715 Nr. 173 (nach
Ka₃).

2 hert] hut *He₃*.   **9** ane segel] vnsegel *He₃*.   **11** bat] hat *He₃*.   **13** monses *Ka₃*
manes *He₃;* vernüftiges] uernufftig *He₃*.

2f. *›ich will mein Leben ernsthaft aufs Spiel setzen und euch sogleich darbieten‹.*
4f. *›meine Zunge will ich aus ihrer Fessel befreien, mit der sie lange gebunden war‹.*
16f. *›die ihr Herz nicht dem Anspruch vieler (Männer) käuflich werden lassen‹.*

In der der mine zach
Von rainer flamme furet.
20 Wie doch ir leben turet
Mengen werden manes muot,
Daz si ir hertz doch in der huot
Hat, *daz* die unstätikait
Mit ir list halmes brait
25 Mag ze kainen siten   [176ʳᵃ]
Gevarlich zu ir gestriten!
Wie mächt man der gedencken?
Von allen sinen wencken
Kan ir unbegriffen lob.
30 So est min sin darzu ze grob.
Iedoch enbrist ein iglich man,
Der daz best ertail, daz er kan.
Uf daz wil ich si brisen
Nach mines sines wisen.
35 Hoch, so ich iemer höchste kan,
Wil ich ir lob vachen an
Und üben gen den lüften.
Die welt mag wol güften
Von ainem rainen steten wib.
40 Was ist untat vertrib
Vor aines wibes stetikait?
Her Tag, ir mügt wol sin gemait,

---

18 der der] der *He₃*.   **22** ir *fehlt He₃*.   **23** daz sy *Ka₃* das sie *He₃*.   **25f.** *Die Verse sind in He₃ vertauscht.*   **25** siten] zyten *He₃*.   **31** enbrist] brist *He₃*.   **32** daz best ertail] spost ein teil *He₃*.   **40** ist untat] sie vndet *He₃*.

---

18 zach ›Docht‹.   **20** ›Wie sehr doch ihr Leben veredelt‹.   **23–26** ›hat, so dass die Unbeständigkeit mit ihrer Tücke in keiner Weise hinterlistig von irgendeiner Seite zu ihr eindringen kann‹.   **28f.** ›Ihr nicht zu fassendes Lob kann sich allem Können entziehen‹.   **31** enbrist ›entkommt (diesem Problem)‹.   **32** Der ›wenn er‹.   **37** ›und (ihr Lob) hinauf in die Lüfte treiben‹.   **38** güften ›übermütig sein‹.   **40** untat vertrib ›Vertreibung von Untat‹; wohl eine Analogiebildung zu Zeit- und Leidvertreib.   **41** Vor ›im Vergleich mit‹.

Das ir si sult beschinen.
Ei sunn, du, laß dir swinen
45 Din trüben und din blichen,
Wan du die steten richen
Belüchten und anbrechen solt.
Daz edel gim und das golt
Ist gen ir kür ungemaß.
50 Wa wiblich rain gelaß
Sich slüsset in die stetikait,
Daz zieret für der selden clait.
Darumb von wibes stetikait
Sich frät von recht und est gemait
55 Alles, das in zit mag leben.
Ewiglich an widerstreben
Der her aller tron,
Billich der engel don
Dich rügent in ir gesang.
60 Wol mag der fröden zang
Adam clamen in die gail,

---

50 wiblich] ieglich *He₃*. **51** slüsset] flüsset *He₃*. **53** dar von *korrigiert zu* dar vmb *Ka₃*. **59** ir] irem *He₃*. **61** *Ist etwa* Adams clamm (›*die Not Adams‹* = *das sexuelle Begehren des Mannes) zu konjizieren? Vgl. die verderbte Stelle in Fassung II, V. 85.*

---

44 laß dir swinen ›*lass dir entschwinden, verzichte auf‹.* **47** anbrechen ›*mit Glanz umgeben‹.* **48** gim ›*Edelstein, Juwel‹.* **49** ›*hat im Vergleich mit ihrer Beschaffenheit keinen Bestand‹.* **50** gelaß ›*Verhalten‹.* **51** Sich slüsset in ›*in sich einschließt, umhüllt‹.* **55** in zit ›*in der Zeitlichkeit, im Diesseits‹, im Gegensatz zur Ewigkeit, vgl. V. 56.* **57** ›*der Herr aller Throne‹, Umschreibung für Gott, der über die Engelschöre herrscht; die ›Throne‹ (lat. throni) sind einer der neun Engelschöre.* **58f.** ›*zurecht auch die Töne der Engel schließen dich in ihren Gesang ein‹ (?).* **60–63** ›*Sicher kann die Zange der Freude (die Frau?) Adam (bzw. den männlichen Trieb?) in die Lust hineinklemmen (erlösen?), weil auch ein Teil seiner Rippe in dir, vertraute Beständige, steckt‹ (?); offenbar eine Anspielung auf die Erschaffung der Frau (Gen 2,21f.), vielleicht mit der folgenden Logik: Die Frau ist deswegen fähig, die Lust des Mannes auf sich zu lenken und ihn zu etwas Positivem zu bringen, weil er bei ihr ein Stück von sich selbst (die Rippe) findet.*

Da sines rippes och ain tail
An dir, gehüre stete, lit.
Geeret si der tag und zit,
65 So du ze welt bist erborn.
Ich brüf, si waren one zorn,
Der helf darzu bedächt.   [176rb]
Wie wol sich fröwen mächt
Der elementen süsse craft
70 Und der planeten maisterschaft
Der stür, die si müsten geben
Zu dinem rainen steten leben.
Wib, wiß, das dich din stetikait
So hoch in die wirde lait,
75 Das dir nie falsch bigeswebt.
Was uf erd, in für lebt,
In wag ald in lüften,
Das mag mit dir wol güften.
Ir frät uch alle sinn,
80 Ich main von dem gewin,
Ob ir si sült bekennen,
Wan wer si höret nennen,
Der mag in hertzen lachen.
Ir stet kan bewachen
85 Ir lob vor falschen varen.
Ir helfet mir ir jaren
Wunschen guotes hailes.
Sich fröt dez werden tailes

---

62 Da] Das *He₃*. **63** dir gehüre stette] der gehür stett *He₃*. **65** erborn] geborn *He₃*. **66** one zorn] vntzorn *He₃*. **69** elen menten *Ka₃* elementen *He₃*. **71** dir *Ka₃* der *He₃*; *vgl. auch Fassung II, V. 95.* **72** dinem] eynem *He₃*. **73** din] die *He₃*. **76** in für] ye *He₃*. **78** mit *fehlt He₃*. **81** si *fehlt He₃*. **82** nemen *Ka₃* nennen *He₃*. **84** bemachen *Ka₃* bewachen *He₃*.

66f. ›*Ich erkenne, dass diejenigen frei von Zorn waren, deren Hilfe dafür sorgte‹.* **68** fröwen mächt ›*erfreuen soll‹.* **77** wag ›*Woge, Wasser‹.* **85** varen ›*Nachstellungen‹.* **86** ir jaren ›*ihren Jahren, ihrer Lebenszeit‹.*

Daz lant, das si beslüsset

90 Und ez ir wol genüsset

An mangerhande hail.

Er ist von recht gail

(Ich main den engel, der ir phligt),

Sid ir kain falschait angesigt.

95 Geert si die saftig wurtzes zucht,

Uz der dü süß balsamfrucht

Erplumet und ersprungen si.

Wie wol mag sich frewen *mit* schallender kri,

Den die selde mainet,

100 Daz er ir hertz verainet

An siner mine findet.

Wie billich in das bindet

Zu den gerechten trüwen.

Wa stete lieb den rüwen

105 Sich seldet und lendet,

Da wirt von recht gepfendet

Ein man umb trüwes dienstes lon,

Den er ir sol erbieten schon.

Dez frö dich, wib, diner stetikait,   [176va]

110 Wa *die* din hertz an konterfait

Trait, da ist din wirdi groß.

Nie creatür wart din genoß,

Si sül dir billich nigen,

Wichen uf strassen, stigen,

115 All umb, daz si vor uns ge.

Sich frät daz grüne graz und cle,

Den si sol uberschriten

Ze jar in sölichen ziten,

---

90 Und] Syd *He₃*. **95** die] der *He₃*. **97** Enblumt vnd entspringt ßi *He₃*. **98** frawen die schallende *Ka₃* frewen schallenden *He₃*. **110** Wa din *Ka₃* Wa die din *He₃*.

---

90 ›und das von ihr sicher Nutzen hat‹. **98** kri ›Schrei, Ruf‹. **104–107** ›Wo beständige Liebe sich dem Kummer zugesellt und dort an Land geht, da wird einem Mann der Lohn seines treuen Dienstes rechtmäßig gepfändet‹. **110** an konterfait ›ohne Falsch‹. **114** ›dir auf Straßen und Steigen ausweichen‹.

So der maig stat geplumpt.
120 Durch stetikait gerümpt
Bistu von schulden, stetes wib,
Mit lob di*n*en werden lib
Sulen alle zungen brisen
Und din tugent wisen
125 Ze bild trülosen und swachen,
Das si sich nach dir machen.
Wib, diner steten mine solt
Zel ich für der selden golt.
Davon laß dir din stetikait
130 Durch hertze lieb, durch hertzelait
*Ka*inen wechsel triben.
So muß dir bibeliben,
Fro, mines lobes kron.
Phligstu der stete schon,
135 So wirt din lob gemeret.
Gepriset und geeret
Wirstu in allen richen
Und mag dir nieman gelichen.
Prüf, wie daz ainem wibe zäm,
140 Das si von zwain dienst nem.
Wirt ir mer, des ist ze vil.
Mich zimpt, dazselb wechselspil
Icht gantzer trüwen walt.
Ich bin in der ainfalt,
145 Das ez mir wärlich nit behagt.
Das red ich halt, waz ieman sagt.

---

122 dinem *Ka₃* dinen *He₃*. **124** wissen *Ka₃* wysen *He₃*. **127** stetten] stet *He₃*.
128 ~~hor~~ golt *Ka₃*. **131** Klainen *Ka₃* Keynen *He₃*; triben tribñ *Ka₃*. **141** Wirt]
Wurt *He₃*; des] das *He₃*. **142** Mich] Mir *He₃*. **143** Icht] Jch *He₃*.

---

119 ›*wenn der Mai in Blumen steht*‹. **124** wisen ›*zeigen*‹. **126** ›*dass sie dich
nachmachen, sich nach dir richten*‹. **131** ›*keine Unbeständigkeit betreiben*‹.
141 ›*Werden es noch mehr, ist es zu viel*‹. **142** ›*Mir scheint, dass ein solches
Wechselspiel keine vollständige Treue beinhaltet*‹. **144** ›*Ich sehe die Sache ein-
fach und klar*‹. **146** ›*Das spreche ich eben aus, was auch immer jemand (ande-
res) sagt*‹.

18. Lob der beständigen Frauen (B272)

Fassung II

1   Vernemet, raine magt und weib,   *[83ʳ]*

1   Vernemet, raine magt und weib,   *[83ʳ]*
     Ich wil hewt wagen meinen leib,
     Bieten zu iren handen.
     Mein zung wil ich außer panden
5   Lan, das so lang betwungen hat.
     Ob das ewr ainen angat,
     So fluch mir, ob er welle,
     Und wünsch mir ungevelle
     Als der dem segel auf dem see,
10   Tu es *im* in den orn wee.
     Mich hieß ain minnigklicher munt
     Nach meiner kür im machen kunt,
     Wie vernüftig ains mannes kunst
     Sol preis, lob und gunst
15   Steten wi*ben* tailn,
     Die nicht ir hertz vailn
     Lant menlich ansprach,
     In de*n* der minnen zagch

Text nach **Mü₁₀** *(München, BSB Cgm 714; um 1453–58), 83ʳ–86ᵛ. Vgl. die Bemerkungen zur Fassung I.*

Überschrift: Frawen Stetigkait *Mü₁₀.* **3** zw ~~ha~~ *Mü₁₀.* **4** panden *der Plural ergibt sich wohl aus dem Reim, führt aber im folgenden Vers zu irreparablen Fehlern (relativer Satzanschluss und Singular des Verbs im Reim); vgl. auch Fassung I.* **10** ir *Mü₁₀; die Lesart ist wohl die ursprüngliche (vgl. Fassung I), ist hier aber inkonsequent, weil zuvor von einem (grammatisch) männlichen Zuhörer die Rede war.* **15** willen *Mü₁₀.* **18** den] der *Mü₁₀.*

2f. ›*ich will heute mein Leben aufs Spiel setzen, in ihre Hände legen*‹. **4f.** ›*Meine Zunge will ich aus den Fesseln befreien, mit denen sie lange gebunden war*‹. **8** ›*und verfluche mich selbst*‹. **9** ›*wie der, der das Segel auf dem Meer (verflucht)*‹; *also etwas verflucht, was er dringend braucht.* **15** tailn ›*zuteilen, zukommen lassen*‹. **16f.** ›*die ihr Herz nicht dem Anspruch vieler (Männer) käuflich werden lassen*‹. **18** zagch ›*Docht*‹.

Von einer flammen fewret.
20 Wie doch ir leben stewret,   *[83ᵛ]*
Leiht vil manches mannes mut,
Das sie ir hertz in der hut
Haben, das ir unstetigkait
Mit ir liebsten halmet prait
25 Nicht mag zu *k*einen seiten
Geverlich zu gestreiten!
Wa mag man der gedencken?
Vor allen sinnen wencken
Kan ir *unbegriffen* lob.
30 Mein sin ist auch dartzu zu grob
Und doch enpriest ain ieclich man:
Das peßt er tailt, das er kan.
Auf das wil ich sie preisen
Nach meines sinnes weisen.
35 Hoh, so ich imer höhst kan,
Wil ich ir lob vahen an,
All auf da gen den lüften.
Di werlt mag all güften
Von einem steten weibe.   *[84ʳ]*
40 Was ist untat vertreiben
Für eins weibes stetigkeit?
Her Tag, ir mügt des sein gemeit,
Das ir sie schült pescheinen.
D*u*, sunne, laß dir schweinen

---

22 g̶l̶u̶t̶ hut *Mü₁₀*. **25** deinen *Mü₁₀*; seiten] szeyten *Mü₁₀*. **29** vnter griff *Mü₁₀*.
43 peschemmen Mü₁₀. **44** Dy d̶ *Mü₁₀*; schwemen *Mü₁₀*.

20f. *›Wie sehr doch ihr Leben die Haltung sehr vieler Männer unterstützt und (diese Haltung allererst) verleiht‹.* **22** *Das sie ›dass sie (die Männer) nämlich‹.*
23–26 *›haben, so dass nicht etwa ihre (der Männer) Unbeständigkeit ihren Liebsten gegenüber sie in irgendeiner Weise an irgendeiner Seite hinterlistig angreifen kann‹.* **28f.** *›Ihr nicht zu fassendes Lob kann sich allem Können entziehen‹.*
31 enpriest *›entkommt (diesem Problem)‹.* **38** güften *›übermütig sein‹.* **40** untat vertreiben *›Vertreiben von Untat‹.* **41** Für *›im Vergleich mit‹.* **44** laß dir schweinen *›lass dir entschwinden, verzichte auf‹.*

45 Dein trucken und dein pleichen,
   So du di steten und di reichen
   Belewhtest und anprehen solt.
   Di edeln stain und das golt
   Sein ir an tewr und an mezz.
50 Wa weiplich raine gelez
   Sich schlewfet in di stetigkait,
   Daz ziert für all saphern clait.
   Weip, frew dich deiner stetigkeit!
   Wa die dein hertz an gunder treit,
55 Werlich, so ist dein wirde groz.
   Nie creatur ward dein genoz.
   Sie schulln dir pillich neigen
   An strassen und an steigen
   (Wir all, wa sie neur vor uns gee).   *[84ᵛ]*
60 Sich frew grünes gras und clee,
   Den sie sol uberschreiten
   Zu jar noch in den zeiten,
   Als sich der mei plumet.
   Durch stetigkait gerumet
65 Wirstu von schulden, stetes weip.
   Mit lob deinen steten werden leip
   Schüllen all zungen preisen
   Und dein lob weisen
   Zu pild den frawen smachen,
70 Das sie sich nach dir machen,
   Wenn deinen steten reichen solt,

---

45 Dem trucken vnd dem pleichen *Mü₁₀*; pleichen *korrigiert aus* plaichen *Mü₁₀*.
49 antewr *Mü₁₀*. **52** saphen *Mü₁₀*. **60** fraw *Mü₁₀*. **66** deinem *Mü₁₀*.

---

45 ›deine Wirkungen des Trocknens und Bleichens‹. **47** anprehen ›mit Glanz umgeben‹. **49** ›sind ihr gegenüber ohne Wert und unvergleichbar‹. **50** gelez ›Verhalten‹. **51** schlewfet in ›anzieht, kleidet mit‹. **52** ›das schmückt besser als jedes saphirblaue Kleid‹. **54** an gunder ›ohne Falsch‹. **69** ›den schlechten Damen zum Vorbild‹. **70** ›dass sie dich nachmachen, sich nach dir richten‹. **71** Wenn ›denn‹.

Den zel ich für der kriechen golt.
Davon la dein stetigkait
Von hertzen weder durch lieb noch lait
75   Noch keinen wechsel treiben.
Zwar so muß dir peleiben,
Fraw, meines lobes kron,
Pfligstu deiner stet schon.
Von reht sich frewet und gemait,   [85ʳ]
80   Weip, von deiner stetigkait
Got, her aller hern tron.
Willich der engel don
Dich rümet in irm gesange.
Wol mag der frewden zange
85   † A Davit Clamm in ir gail †
Das seines rippes auch ain tail
An der gehewren steten leit.
Geeret sei der tag und auch di zeit,
Da du zu der werlt wurdst geporn.
90   Ich prüf, sie worn one zorn,
Der hilf dartzu gedacht.
Wie wol sich frewen macht
Der elementen süsse kraft
Und der planeten maisterschaft
95   Der stewr, die sie musten geben
Zu deinem rainen süssen leben!
Weip, wiß, das dein stetigkait
So hoh dich in di selde lait,   [85ᵛ]
Das dir nie valck peigeschwebt.

---

83 irn *Mü₁₀*.   **85** A Dauit Clamm *(die drei Majuskeln sind rubriziert) Mü₁₀; vgl. V. 61 in Fassung I.*   **92** frawen *Mü₁₀*.   **93** süsser *Mü₁₀*.

---

75 ›gleichwohl keine Unbeständigkeit betreiben‹.   **79** gemait ›wird froh‹. **81** ›Gott, der Herr aller Herren (und aller) Throne‹; die Throne (lat. throni) sind einer der neun Engelschöre.   **86f.** ›dass ein Teil seiner Rippe in der lieblichen Beständigen ist‹, Anspielung auf die Erschaffung der Frau aus einer Rippe Adams (Gen 2,21f.).   **90f.** ›Ich erkenne, dass diejenigen frei von Zorn waren, deren Hilfe dafür sorgte‹.   **92** frewen machtt ›erfreuen soll‹.

100 Was auf erd, in fewr lebt,
In wag und in den lüften,
Das mag von dir güften.
Frewet euch all sinne,
Ich main von dem gewinne,
105 Ob ir sie schült erkennen.
Wer sie siht oder hört nennen,
Der mag in hertzen lachen
Alhie, die also kan wachen
Vor allen valschen varen.
110 Ir helfet mir ir jaren,
Ir güt wünschen hailes.
Sich frewt doch werden tailes
Das lant, das sie peschlewsset,
Seit es ir so vil geneusset
115 An vil mancher hande hail.
Er ist von rehter schantz gail
(Ich main, der engel, der ir pfligt),   *[86ʳ]*
Seit ir kain valschait angesigt.
Geeret sei daz kund und auch di zuht,
120 Auß dem süssen die süß balßamfrucht
Erwachsen und erplümet sei.
Wol mag güften schallich *crei*,
Den die seld so mainet,
Das ir hertz verainet
125 An seiner minne vindet.
Wie pillich in das fridet
Zu den gerechten trewen,
Wa stete minne on rewen
Sich † sodel und lent †.

———

108 machen *Mü₁₀*.　**112** fraw *Mü₁₀*; wert dein *Mü₁₀*.　**122** trei *Mü₁₀*.　**129** ~~lewt~~ lent *Mü₁₀*.

———

101 wag ›*Woge, Wasser*‹.　**108** die *bezieht sich auf V. 106*.　**109** varen ›*Nach-stellungen*‹.　**110** ir jaren ›*ihren Jahren, ihrer Lebenszeit*‹.　**114** geneusset ›*Nut-zen hat*‹.　**116** ›*Der freut sich über einen guten Glücksgriff*‹.　**119** kund ›*Kenntnis, Wissen*‹ (?).　**120** süssen ›*auf süße Weise*‹ (?).　**122** crei ›*Schrei, Ruf*‹.　**126** fri-det ›*befriedet*‹.

130 Da wer mein reht gepfent,
     Würd da nicht miltheit, *des* dinstes lon,
     Mit *trewen* derpoten schon.
     Brüf, wie das eim weib zem,
     Das sie von zwaien diensten nem.
135 Wirt ir mer, des ist zu vil.
     Ich main, das wechßlig gespil   [86ᵛ]
     Nicht grosser frewden walt.
     Ich pin in der ainvalt,
     Das es mir werlich nit pehagt.
140 Das red ich, was euch iemant sagt.

---

131 dy *Mü₁₀*. **132** trewen gen *Mü₁₀*. **140** *Nach diesem Vers schließt in Mü₁₀ ohne Markierung eines Übergangs unmittelbar die Minnerede B290 (siehe hier Nr. 19) an.*

---

132 *Der Mann, dem hier Freigebigkeit mit Treue angeboten werden soll, ist der glückliche Mann, der ab V. 122 beschrieben wird.* **135** *›Werden es noch mehr, ist es zu viel‹.* **137** *›keine großen Freuden hervorbringt‹.* **138** *›Ich sehe die Sache einfach und klar‹.*

19. Fluch über die ungetreuen Frauen (B290)

[56vb]

Ain wib von rainer art erpluot,
Der luter hertz, ir sin und muot
Wirt nach lust gepfendet,
Wenn si ze liebe wendet.
5 Von der natüre zwang
Und och der min zang
Wil sich gehörig bieten,
Wan dez muoß sich genieten,
Was unfruntlichen lebt.
10 So der gedanck lange swebt
Fri, untz er denn lenden muoß
Und setzen siner mine fuoß
Bi ainem, der ir wol behagt,
Und die lieb alda bejagt,
15 Daz si dem werden angesigt,

Text nach **Ka₃** *(Karlsruhe, BLB Hs. Donaueschingen 104 [›Liedersaal-Handschrift‹];
um 1433), 56ᵛᵇ–57ᵛᵇ. Weitere Überlieferung:* **Mü₁₀** *(München, BSB Cgm 714; um
1453–58), 86ᵛ–91ʳ. – Neben den allgemeinen Editionsrichtlinien gilt für diesen Text:
Geminationen wie ff, nn* und tt *wurden stillschweigend vereinfacht, wo sie weder
vom Mhd. noch vom Nhd. her nachvollziehbar sind (z. B.* werden *statt* werdenn*). Die
nicht ausgeführten Zwischeninitialen in Ka₃ werden nicht gesondert im Apparat
vermerkt, sondern stillschweigend ergänzt. – Bisherige Ausgabe: Lassberg 1820,
409–413 Nr. 54 (nach Ka₃).*

1 rainer] guter *Mü₁₀;* erpluot] plüet *Mü₁₀.*   **2** ir sin und muot] der sin der gemüet
Mü₁₀.   **3f.** *fehlt Mü₁₀.*   **5** zwang] entwangen *Mü₁₀.*   **6** Sie müsßen in yr zangen
Mü₁₀.   **7** Wil sich] Der mynne *Mü₁₀.*   **8** Als ich wen wenn sich ir nieten *Mü₁₀.*
9 Muß was vernünftigklichen lebt *Mü₁₀.*   **11** untz er denn] pis es nu *Mü₁₀.*
12 setzen siner] seczet mir der *Mü₁₀.*   **14** Vnd so der mynne da pejagt *Mü₁₀.*
15 dem] den *Mü₁₀;* angesigt] an gesicht *Mü₁₀.*

1–4 *›Wenn eine edle und zur Blüte gekommene Frau sich der Liebe zuwendet,
werden ihr reines Herz, ihr Verstand und ihre Gefühle nach Belieben verpfändet‹.*
7 *›wird sie sich unterwerfen‹.*   **8** sich genieten *›erdulden, erleiden‹.*   **9** unfrunt-
lichen *›ohne Geliebten‹.*   **11** lenden *›an Land gehen‹.*   **14** bejagt *›erjagt‹.*
15 *›dass sie den Würdigen überwindet‹.*

Also daz er kain fröde wigt,
Wan di, da si zustüret,
Und er ir leben türet
Von aller sine sinne kraft.
20 Er git och in ir maisterschaft
Vertriben allü sinü jar.
Und si findet, daz kain far,
Der wanckel mug gehaissen,
Bi im nit get erpaissen.
25 Und sin geerte manes frucht   *[57ra]*
Gen lieb haltet söliche zucht,
Das er ir ain wonet bi,
Mit stäter lieb untrüwe fri.
Ich wil die für ir stätikait *[...]*
30 Wes froden da verdirbet!
Ir wiblich priß erstirbet,
So dorret hie manlicher muot.
Etliche went es in der huot

---

17 Dann zu der sie stewret *Mü₁₀*.   **18** Vnd mit lob rüret *Mü₁₀*.   **19** Nach seiner peßten sinnen kraft *Mü₁₀*.   **20** Er git] Vnd gert *Mü₁₀*.   **21** Beleyben sein leczte jar *Mü₁₀*.   **22** findet] ervindet *Mü₁₀*.   **23** wanckel] wandel *Mü₁₀*.   **24** get] gert *Mü₁₀*.   **25** Jch main auch dy selben frucht *Mü₁₀*.   **26** Jn mynig wird in sülcher zucht *Mü₁₀*.   **27** Das sie wil sein sein amey *Mü₁₀*.   **28** Mit stätter lieb] Haißen *Mü₁₀*.   **29** *Reimpaar unvollständig Ka₃;* Ach ob dy vnstetigkayt | Zu herrn für dy stet layt *Mü₁₀*.   **30** Wes] Was *Mü₁₀*.   **31** erstirbet] stirbet *Mü₁₀*.   **32** manlicher] menschlich *Mü₁₀*.   **33** er *Ka₃* es *Mü₁₀*.

---

16 wigt ›schätzt‹.   **17** ›außer der, zu der sie verhilft‹.   **18** türet ›verherrlicht, aufwertet‹.   **20f.** ›Er verspricht auch, unter ihrer Herrschaft sein ganzes Leben verbringen zu wollen‹.   **22** far ›Stier‹.   **24** erpaissen ›weiden‹.   **25** ›Und sein ehrenvolles männliches Wesen‹.   **27** ain ›allein‹.   **29** *Ausgefallen ist hier wohl ein Verb des Lobens sowie der Übergang zur Klage über die Untreue der Frauen.* **33f.** *Hier und im Folgenden wird die höfische Aufsicht und Sozialkontrolle (Huote) als Deckmantel für unhöfisches Verhalten gedeutet: ›Viele (untreue Frauen) wollen es (ihr untreues Verhalten) unter der Huote halten, damit es nicht verraten werde‹.*

Han, daz es ungemeldet si,
35 Ob ir dient zwen oder dri.
Das wänt si gar verdieben:
Iglichem sich so lieben,
Das er ir wän der liebest sin.
Von schulden uf si lid ich pin
40 In allen minen sinnen.
Den falschen göglerinen
Wunsch ich, daz ez in missege
Und nieman stet an in beste.
Ir lieb ker sich ze lait.
45 Ich wunsch, sich von in schait
Aller werden manes gunst.
Im muoß och falschen sin kunst,
Der loblich von in ticht.
Ist jempt, der mich bericht,
50 Was böser den unstäte si?
Ir golt gesprengt in valsches pli:
Daz sich als verkeren!
Ir castel müessen rern
Ze hufen ir gestain.
55 Ich wunsch, das in kain
Sait icht tön ze tantze.

---

34 ungemeldet] vngeweldet *Mü₁₀*.   **35** Ob ir dient] Dienen yr *Mü₁₀;* oder] oder leicht *Mü₁₀*.   **36** wänt] maint *Mü₁₀;* gar *fehlt Mü₁₀*.   **37** sich so] yr sich *Mü₁₀*. **38** wän] maint *Mü₁₀*.   **39** Vor zorn uff si lid ich pein *Mü₁₀*.   **41** göglerinen] gauklerynnen *Mü₁₀*.   **45** in] im *Mü₁₀*.   **46** manes] man *Mü₁₀*.   **47** och falschen] valschen auch *Mü₁₀*.   **48** Der] Wer *Mü₁₀;* in] ym *Mü₁₀*.   **49** Ist jempt] Sey einer *Mü₁₀*.   **51** Jr gost spengel sich in pley *Mü₁₀*.   **52** Daz sich als] Müssen sich *Mü₁₀*. **54** Ze hufen] Zu hof *Mü₁₀*.   **55** wunsch] wünsch auch *Mü₁₀*.   **56** Sayd dann zu tenczen *Mü₁₀*.

---

36 ›Sie glauben das geheim zu halten‹.   **37** lieben ›beliebt machen‹.   **38** ›dass er glauben muss, er wäre ihr der Liebste‹.   **39** Von schulden ›Mit gutem Grund‹. **41** göglerinen ›Betrügerinnen‹.   **47** falschen ›unehrenhaft werden‹.   **51f.** ›Ihr Gold, das mit falschem Blei vermischt ist, soll sich ganz (in Blei) verwandeln‹. **53f.** ›Ihre Burgen sollen ihre (schmückenden) Edelsteine in Haufen fallen lassen‹. **56** ›(keine) Saite zum Tanz aufspiele‹.

Ir bluomen von ir krance
Sich sigent und smigent.
Ir spiegel si betriegent
60 Müessen, wan si sechent darin,
Das ir schöne unschön schin,
Wenn si sich gern machten klar.
Ir raidelachtes gelwe har
In riß ab iren swarten.
65 Ab mines hertzen karten
Wil ich si tilgen und schaben.
Wönent si ir frode laben   [57rb]
Von ander lüt lachen!
Was mag unwerder machen,
70 Wib, wan din unstätikait?
Ir pfawenhuot schatten brait
Nicht schirme vor der sunnen.
Ich wunsch den külen brunen
Ersigen in in dem maigen,
75 Ob si den wollen raigen.
Die wasen müesen valwen

---

57 von ir krance] vor den krenczen *Mü*$_{10}$. **58** sigent] fleissen *Mü*$_{10}$. **60** wan] so *Mü*$_{10}$. **61** Das] Das yn *Mü*$_{10}$. **62** Wenn] So *Mü*$_{10}$. **63** Jr gelbs geflochtens har *Mü*$_{10}$. **64** ab iren] von yr *Mü*$_{10}$. **66** tiglen *Ka*$_3$ tilgen *Mü*$_{10}$. **67** Wönent] Waynen *Mü*$_{10}$. **68** Von] Wa *Mü*$_{10}$. **69** unwerder] man anders *Mü*$_{10}$. **70** din] die *Mü*$_{10}$. **71** pfawenhuot schatten] pfellerin schatten hut *Mü*$_{10}$. **72** Mich schirmen *Ka*$_3$ Nicht peschirm *Mü*$_{10}$. **73** den] dy *Mü*$_{10}$. **74** Ersigen in] Erseyen *Mü*$_{10}$. **75** Ob si den] Gib den sie *Mü*$_{10}$. **76** wasen müesen] pösen nüczen *Mü*$_{10}$.

---

58 ›mögen herabfallen und sich zusammenziehen‹. **62** klar ›schön‹. **63f.** ›Ihr blondes lockiges Haar falle ihnen von der Kopfhaut‹. **65** karten ›Blatt, Beschreibfläche‹. **67f.** ›Mögen sie ihre Freude ziehen aus dem Lächeln anderer Leute‹. **73–75** ›Ich wünsche, die kühle Quelle möge für sie im Mai versiegen, wenn sie sie erreichen wollen‹. **76** ›Die Wiesen dort sollen fahl werden‹.

Und die bluomen salwen,
Wo si ze felde keren.
Die linden müessen reren
80 Ir lob, wo si hin zogen zu.
Ich wünsch, ain iglich vogel tuo,
Als ich im nuo gebiet,
Daz er sich swigentz niet,
Wa er ir kaine hör.
85 Ir fin berlen ör
Vergentzen und verwachsen.
Ich wunsch och in den achsen
Gebresten den gezierten wagen,
Der si ze fröd sölle tragen.
90 Ich wunsch *ir* falsches togen
Sich brait uz den logen,
Das ez der menig werde kunt.
Ze helbling müessen irü phunt
Unnützlich gedichen.
95 Hail muoß sich in verzichen
In allem irem gewerb.

---

77 Die plumen allenthalben *Mü*$_{10}$.   **80** wo si hin zogen] so sie yn ziehen *Mü*$_{10}$.
84 es *Ka*$_3$ er *Mü*$_{10}$; hör] horen *Mü*$_{10}$.   **85** fin berlen ör] verdornew oren *Mü*$_{10}$.
86 Vergentzen] Erganczen *Mü*$_{10}$.   **87** Vnd wern zu vn gelachsen *Mü*$_{10}$.
88 Gebresten] Presten *Mü*$_{10}$.   **89** ze fröd sölle] zu den freunten wöll *Mü*$_{10}$.
90 den falschen *Ka*$_3$ yr valsches *Mü*$_{10}$; togen] tagen *Mü*$_{10}$.   **91** Sich praten auß
den augen *Mü*$_{10}$.   **92** mögend *(Lesung unsicher) Ka*$_3$ menig *Mü*$_{10}$; ez] sie *Mü*$_{10}$.
93 Ze helbling müessen] Zu scherpff werden *Mü*$_{10}$.   **94** Vnd unnützlich gedich-
en *Mü*$_{10}$.   **96** Jn allen yren werben *Mü*$_{10}$.

---

77 salwen *›verwelken‹.*   **79** reren *›fallen lassen, verlieren‹.*   **80** lob *›Laub‹.*
83 *›dass er fleißig schweige‹.*   **84** ir kaine *›eine von ihnen‹.*   **86** *›sollen zuwach-
sen und überwuchert werden‹.*   **87f.** *›Ich wünsche auch, der geschmückte Wagen
möge in den Achsen brechen‹.*   **90f.** *›Ich wünsche, dass ihr falsches Geheimnis
sich aus der Lüge heraus so verbreite‹ (?).*   **93f.** *›Ihre Pfunde müssen verlustbrin-
gend zu halben Pfennigen werden‹.*   **95** *›Das Glück muss sie verlassen‹.*
96 gewerb *›Tätigkeit‹.*

Ir krüter sam verderb

In irem würtzgarten.

Ir *präcklin* die zarten

100 Muoß sich erwutten in ir schosß.

Och muoß ir kraf*t* groß

Verliessen ir gestain

Darzu, ob sich ir ain

Licht stieß, daz ir ir *og* swär,

105 Das ir der stain unhelfber

Mit sinen kreften si.

Ir ses sich in dri

Verwandel uff ir toppelspil.

Ist ir fröd also vil,   *[57ᵛᵃ]*

110 Als in min hertz gün,

So ist si dannocht tün.

Ich klag nit ain die missetat,

Die unstät alda begat.

Ich klag dez werden manes muot,

---

97 verderb] verderben *Mü₁₀*.   **98** In irem] Muß in yren *Mü₁₀*.   **99** sprächlin *Ka₃* preckelein *Mü₁₀*.   **100** Muoß sich *fehlt Mü₁₀*.   **101** kraff *Ka₃* kraft *Mü₁₀*; groß] dy groz *Mü₁₀*.   **103** Darzu] Durch das *Mü₁₀*; sich] sie *Mü₁₀*.   **104** ir ogen *Ka₃* ain aug *Mü₁₀*; stieß] stoß *Mü₁₀*; swär] erschwer *Mü₁₀*.   **105** Das yr gestain vnhelffper wer *Mü₁₀*.   **106** Mit allen yren krefften sein *Mü₁₀*.   **107** Er setze *Ka₃* Jr ses *Mü₁₀*; sich] müß sich *Mü₁₀*.   **108** Verwandeln auff yr zabelspil *Mü₁₀*.   **109** In ze *Ka₃* Jn volg *Mü₁₀*; fröd] hayles *Mü₁₀*.   **110** Als] Sam *Mü₁₀*.   **111** So ist es ye gar schmal vnd dünn *Mü₁₀*.   **112** ain] allain *Mü₁₀*.   **113** unstät] dy vnstet *Mü₁₀*.

99f. ›*Ihre süßen Hündchen sollen in ihrem Schoß zu wüten beginnen*‹; *die Lesart in Ka₃ ist wohl als Diminutiv von* ›*Sprehe*‹ *(*›*Star*‹*) zu verstehen, was aber in diesem Kontext kaum einen Sinn ergibt.* **101f.** ›*Auch ihre Edelsteine sollen ihre große Wirkkraft verlieren*‹. **103f.** ›*in folgender Weise: Falls einer von ihnen vielleicht etwas zustoßen würde, dass ihr ihr Auge wehtäte*‹. **105** unhelfber ›*nicht helfend, unnütz*‹. **107** Ir ses ›*Ihre Sechs*‹. **108** toppelspil ›*Würfelspiel*‹. **110** gün ›*gönnen würde*‹. **111** tün ›*dünn, klein*‹.

115 Der lib, leben und guot
So jemerlichen swendet.
Ich waiß, daz ez dich phendet,
Fro Minn, an dinem briß,
Stürestu zu der wiß,
120 Die dich so sere letzet,
Wan ir gebärd hetzet
Nach dem getrüwen hertzen
Mit ir wiblich schertzen,
Recht alz du selber sigest *da*.
125 Alsus in liebloser sla
Mit valsche si dich tribet,
Wa das din hertze schribet
An diner rachzal.
Daz krencket mins gedingen schal.
130 Minn, sider ich diner hilfe ger,
So wiß mir helflich stürbär.
Hilf mir, ir falsch gebaren,

---

115 lib] leib und *Mü₁₀*. **116** sendet *Ka₃* schwendet *Mü₁₀*. **117** daz ez dich] das tuch *Mü₁₀*. **118** dinem] ewrn *Mü₁₀*. **119** Stürestu] Stewrt yr sie *Mü₁₀*. **120** dich so] euch doch *Mü₁₀*. **123** ir wiblich] yren plicken *Mü₁₀*. **124** tat *Ka₃*; Als ob ir süld sein alda *Mü₁₀*. **125** So yr doch nyendert auf der schla *Mü₁₀*. **126** Seyt die die valsch treybt *Mü₁₀*. **127** Wo das ewr hazz nit peschreibt *Mü₁₀*. **128** An ewr rachsal *Mü₁₀*. **129** krencket] wüßtt *Mü₁₀*. **131** helflich] hilflich vnd *Mü₁₀*. **132** ir falsch gebaren] in Valsches waren *Mü₁₀*.

---

116 swendet ›verschwendet‹. **117** *direkte Anrede an die personifizierte Minne.* **119** ›*wenn du die Listige unterstützt‹.* **120** letzet ›schädigt‹. **121f.** ›*denn ihr Verhalten macht Jagd auf das treue Herz‹.* **123** schertzen ›Spielereien‹. **124** sigest da ›anwesend wärst‹. **125** ›*So auf hasserfüllte Fährte‹.* **127f.** ›*dorthin, wo dein Herz das schreibt, ohne dass Du es rächst‹ (?).* **129** ›*Das schwächt den fröhlichen Jubel meiner Zuversicht‹.* **131** ›*so unterstütze mich mit deiner Hilfe‹.* **132–134** ›*Hilf mir, dass ihr treuloses Verhalten, ihre unanständige Art und ihre Betrügereien nicht so großen Schaden anrichten‹.*

Unfügen und ir faren,
Daz icht so grosen schaden tuo!
135 Ei, gerechti Minn, grif zu,
Berob ir liechte ogen
Ir krefte, die so togen
Mit falsche schinen kunden.
Mund, wangel, die da zunten,
140 An ir röt erblichen,
Das sich die stäten richen
An in nit so vergaffen.
Schalleckliches claffen
Ler si für stilles kosen.
145 Ich wunsch den trüwelosen,
Ir falsches umbfachen
Wib und man versmachen.
Nuo wil ich fürbaz sprechen:
Sölt ich mich nuo rechen
150 Und trost nach mines hertzen haß,
Den falschen ungetrüwen baß
Nach miner trü zu klaffen,   *[57vb]*

---

133 Vnfug das sein varen *Mü₁₀*.   **134** *ausradiertes Wort vor* icht *Ka₃;* Daz icht so]
Vnd sie da *Mü₁₀*.   **135** gerechti] rehte *Mü₁₀;* grif] nu greyff *Mü₁₀*.   **138f.** *fehlt*
Mü₁₀.   **140** An ir röt] An mund an wang an rot *Mü₁₀*.   **141** Das] So das *Mü₁₀*.
142 An in icht also ergaffen *Mü₁₀*.   **143** ~~lachen~~ claffen *Ka₃;* Schalleckliches] Ain
schallez reiches *Mü₁₀*.   **144** Ler] Lern *Mü₁₀*.   **145** den trüwelosen] das dy erlosen
Mü₁₀.   **148f.** *statt diesem Verspaar stehen in Mü₁₀ die Verse 152f.*   **150** Und trost
nach] Tröst ich *Mü₁₀*.   **151** Vor den rainen frawen paz *Mü₁₀*.   **152** Nach meiner
ger entlawchen *Mü₁₀*.

---

137 Ir ›ihrer‹.   **139** zunten ›(in Rot) erflammten‹.   **143f.** ›Lehre sie laut zu klaf-
fen statt heimlich zu plaudern‹.   **146f.** ›dass ihre falsche Umarmung Frauen und
Männern zuwider sei‹.   **150–152** ›und mich – dem Hass meines Herzens gemäß –
trösten, um über die falschen Untreuen – meiner Treue gemäß – laut zu sprechen‹.

Ich wunscht in spötlich strafen,
Wan si zartlich wolten gan.
155 Nuo kan ich laider nit verstan,
Wa ste der rechten mase zil.
Davon ich ze mase wil
Schwigen durch der mase pflegen.
Den staeten urlobes segen
160 Wil ich mit trüwen senden.
Han ich an kain enden
Gesprochen, daz in nit behagt,
Wa das ir aine wärlich sagt,
Do wil ich mich hinnaigen
165 Und büessen, wie ir aigen
Wille mir ertailet.
Beningna, sid mich gailet
Din rain tugent suoß,
So süeß mich süessi puoß
170 Hie oder wa ich missevar.
Min lib, min sin, min leben gar

---

153 Jch wünsch yn spötlich strawchen *Mü$_{10}$*. **154** Wann si zartlich] Ob sie mit zühten *Mü$_{10}$*. **156** ste] sie *Mü$_{10}$*. **157** ich ze mase] nu zu dem mal *Mü$_{10}$*. **158** Schwigen] Schweigenß *Mü$_{10}$*; der] dy *Mü$_{10}$*. **159** staetten urlobes] Rainen Steten meinen *Mü$_{10}$*. **160** mit trüwen] wünschen vnd *Mü$_{10}$*. **162** Gesprochen] Besprochen *Mü$_{10}$*; behagt] pehag *Mü$_{10}$*. **163** ir aine] ewr kainer *Mü$_{10}$*; sagt] sag *Mü$_{10}$*. **164** Do] So *Mü$_{10}$*; hinnaigen] naygen *Mü$_{10}$*. **165** ir] ewr *Mü$_{10}$*. **166** mir ertailet] newr vrtaylet *Mü$_{10}$*. **167** Beningna] Benigna *Mü$_{10}$*. **169** So süeß] Büß *Mü$_{10}$*; süessi] süsser *Mü$_{10}$*. **171** Min lib min sin] Mein sin mein leip *Mü$_{10}$*.

153f. *›ich würde ihnen nur spaßeshalber Strafen an den Leib wünschen, wenn sie anständig verschwinden wollten‹.* **159** urlobes segen *›Abschiedssegen‹.* **161** kain enden *›irgendeiner Stelle‹.* **163** *›wo eine etwa von ihnen die Wahrheit gesagt hat‹.* **167** *›Gütige, da mich erfreut‹; Benigna (Nebenform Beningna; ›gütig‹) könnte hier auch der Vorname der Geliebten sein.* **169** *›so versüße mich mit einer süßen Buße‹.*

Sülent warten diner hend,
Untz an min letzstes end,
Wan ich von diser klag
175 Hie nit mer sag.

---

173 Untz] Biß *Mü₁₀;* min letzstes] meins lebens *Mü₁₀.* **174f.** *fehlt Mü₁₀.*

20. Schelte gegen die Klaffer (B59)

[127^v (123^v)]

Ach gott, wold mich niemant melden,
Ich wolt also recht gern schelten,
Die da wol sint scheltens wert.
Ir loster schniden also ein swert.
5 Ir bose cleffige zungen:
Mit falscher samellungen
Schinden sie manchen heimlichen wont,
Recht also ein bissender huont,
Der do ungewarnet bissett
10 Und sich an untugend flissett.
Also tuontt die claffer, mein ich.
Ach her gott von humelrich,
Solt ich die claffer blenden,
Das underst wolt ich in zum obersten wenden.
15 Solt ich die claffer zemen,

[128^r (124^r)]

Die bein wolt ich en lemen,
Das sie nimer kemen dar,
Da si der genaden nemen war.
Also stopet ich in den munt,
20 Die augen blendet ich in zustund,
Das sie nit mochten gesehen,
Was liebes und guottes mag geschen
Von zweigen, die sich hant recht lip.

---

*Text nach **Be**₁₇ (Berlin, SBB-PK Ms. germ. quart. 1107 [›Veesenmeyersche Hs.‹];
1459), 127ᵛ–129ʳ (neue Foliierung: 123ᵛ–125ʳ). – Neben den allgemeinen Editions-
richtlinien gilt für diesen Text: Nasalstriche, die der Schreiber beim Possessivpro-
nomen* min *wiederholt setzt (myñ), werden ignoriert, um eine Verwechslung mit*
minne *zu vermeiden. – Bisher unediert.*

---

1 melden ›verraten‹. **4** Ir loster ›Ihre Laster‹. **6f.** ›Mit unehrenhaftem Eifer
verwunden sie heimlich manch einen‹. **9** ungewarnet ›ohne Vorwarnung‹.
10 ›und sich lasterhaft verhält‹. **13f.** ›wenn ich die Klaffer blenden dürfte, würde
ich es so einrichten, dass sie alles verkehrt herum sehen‹. **16** en lemen ›ihnen
lähmen‹. **19** ›Ebenso würde ich ihnen den Mund stopfen‹. **23** Von zweigen
›zwischen zwei Menschen‹.

Ach claffer, also bistu ein diep:
25 Du stillest in alle ir frolichkeitt.
Cleffer, du fugest als hertzeleitt
Mit diner falschen zungen.
Pfi dich, du hast bezwungen
Mich armen, das ich truren muoß,
30 Mir tuo dan die zarte trouwens buoß,
Wann ich ein liep han ußerkorn,
Liebers liep wart nie geborn.
No kan ich leider noch endar mich nit lossen sehen
Vor der bosser claffer spehen.
35 Das litt mir armen gar zu hart:
Wann sol ich die reine, susse, zart
Durch die cleffer lossen farn,
Das muoß min hertz bitter herarn,
Wann sie ist so hubsch und so fin:
40 Min sonne, min tag, min licht, min schein,
Min hort, min heil, min trost.
An sie kan ich nit werden erlost
Von kumer und von sorgen,   *[128ᵛ (124ᵛ)]*
Den ich trag obon und morgen.
45 Ale freud sie mir ernuwet,
Krefftlichen hatt sie gebuwett
Mitten in minem hertzen.
Alles truren und smertzen
Verswindet und verstricket,
50 Wan sie mich anblicket
(Das gelt ich ir!) recht als ein struß,

---

28 bezungen *Be₁₇*.   **46** gebugett *Be₁₇*.

---

25 stillest ›stiehlst‹.   **26** als ›so viel, sehr viel‹.   **28** Pfi dich ›Schäme dich‹.
30 ›wenn mir die Liebliche nicht meine Treue vergilt‹.   **33** ›Nun kann ich mich (bei
der Geliebten) leider nicht sehen lassen und traue es mich auch nicht‹.   **35** ›Das
fällt mir Armen allzu schwer‹.   **36** Wann ›Denn wenn‹.   **38** herarn ›entgelten‹.
42 An ›Ohne‹.   **44** obon ›abends‹.   **46f.** ›machtvoll hat sie sich mitten in mei-
nem Herzen niedergelassen‹.   **49** verstricket ›ist eingesperrt, gebunden‹.
51f. ›(das will ich ihr vergelten!) genau wie ein Strauß, der durch den Blick seine
Jungen ausbrütet‹; Anspielung auf naturkundliches Wissen, wie es u. a. im ›Physio-
logus‹ tradiert wurde; gemeint ist, dass der Sprecher zum Leben erweckt wird, wenn
sie ihn anblickt.

Der da sicht sin jungen uß.
Also kan ich *nit* wedersehen ir,
Doch hussett sie im hertzen mir;
55 Dain sehen ich sie alle zitt.
An ir min trost, min heil litt,
Min wonne, min heile, min ademas.
Recht als die *sonne* durch das glaß
Sch*eint sie* durch das hertze min.
60 O ach, min leit und min pin,
Das sie mir ungenedig ist,
Das machen deß falschen claffers list.
For den mussen wir uns hutten.
Das sie gott laß *verwutten,*
65 Das muß ir meistes leitt sin,
Wa*nn* sie stif*t*en grosse pin
In manchem jungen hertzen.
Uff mart, jamer und smertzen,
Uff liegen, trigen stett ir sin.   *[129ʳ (125ʳ)]*
70 Der tuffel fur sie m*it* einander hin!
Amen.

---

53 ir *Be₁₇.* **58** schone *Be₁₇.* **59** Schneid *Be₁₇.* **61** ~~was~~ ist *Be₁₇.* **64** wir woden *Be₁₇.* **66** Was *Be₁₇;* stiffen *Be₁₇.* **70** mint *Be₁₇.*

53–55 *›Obwohl ich ihren Blick nicht erwidern kann, wohnt sie doch in meinem Herzen; darin blicke ich sie die ganze Zeit an‹.* **57** adem*a*s *›Diamant‹.* **64** *›Dass Gott sie wahnsinnig werden lasse‹.* **68** mart *›Marter, Qual‹.* **69** *›nach Lügen und Betrügen trachten sie‹.* **70** *›Der Teufel möge sie alle zusammen wegführen!‹*

21. Frauenminne und Gottesminne (B309)

[154va]

Swa grozez fiwer brinnet,
Vil liht er meil gewinnet,
Der im ze nahen loufen wil.
Des han ich gemerchet vil.
5 Swer ouch wil oft frowen sehen,
Ir schone und ir chleider spehen,
Der mac vil liht da beiagen,
Daz er muz lange chumber tragen.
Chlop, reizel und stric
10 Sint ir griffe und ir plic.
Damit man si væhet ane wern.
Der sich gern welle nern,
Der flihe si, daz ist min rat:
Ein angel louzet unnder ir wat,
15 Der zuchet herze und sin
Und zuchet ouch di sele hin.
So muz man leben in ir gebot.
Sus werdent si der manne got.
Di in hercelibe iehent
20 Und gotes minne ubersehent,
Ditz ist ein zwivaltiger tot:
Hie iamer und dort immer not.
Swem solch leben suze si,
Der wes in gern und ofte bi.

[154vb]

Text nach **Wi₁** *(Wien, ÖNB 2705 [›Wiener Kleinepikhandschrift‹]; 3. Viertel 13. Jh.),*
154va–154vb. – Bisherige Ausgabe: von der Hagen 1848, 301f.

9 retzel *Wi₁*. **11** si *übergeschrieben, nachträglich ergänzt Wi₁*.

---

2 meil ›*Fleck, Brandmal‹*. **9** ›*Kloben, Lockspeise und Strick‹ (Instrumente des*
Vogelfängers). **11** ›*Damit fängt man sie (die Männer, wie sie ab V. 5 geschildert*
wurden) ohne Gegenwehr‹. **14** ›*Ein Haken lauert unter ihrer Kleidung‹.*
15 zuchet ›*zieht hinweg‹.* **19** in ›*ihnen‹.* **22** *gemeint sind Diesseits und Jen-*
seits. **24** ›*der sei gerne und oft bei ihnen‹.*

25 Si machent im diu wange bleich
    Und lerent in des iamers sleich.
    Ir netze und iriu bant
    Sint minem hercen wol bechant,
    Swie ich nu fri und ledich var
30 In der frien gotes schar,
    Der dirre werlt vroud ist blint
    Und von ir girde gevreit sint.
    Herregot, des lob ich dich,
    Wan du hast erlost mich.
35 Min vroud ist niwan an dir.
    Du bist miner vrouden gir.
    Din gut ist vrouden vol.
    Daz hastu an mir erzeigt wol,
    Daz ich niht der werlt chumber dol.
40 Darumbe ich dich immer loben sol.

---

26 *Hakenförmiges Zeichen vor dem* s *in* sleich *Wi₁, das allerdings kein Korrektur-*
zeichen zu sein scheint. Von der Hagen 1848 schlägt die Lesart leich *vor.*

---

26 ›*und bringen ihm den Weg des Unglücks bei*‹; sleich = *slich* ›*Schleichweg*‹ *(?).*
29 Swie ›*obwohl*‹. **31** ›*der die Freude dieser Welt blind erscheint*‹. **39** ›*sodass*
ich die Bedrängnis der Welt nicht erleiden muss‹.

22. Minnespruch an die Geliebte (B73)

Lasters werd er nimer fri,   *[194ᵛᵇ]*
Der rainen wiben vigent si.
Lieb han und miden
Ist ein bitter liden;
5 Lieb han und selten sechen,
Daz tut we, das muß ich iechen.
Lan ich mich an nieman,
So äfft mich och ieman.
Lieb han on trost
10 Ist mins hertzen rost.
Lieb, mag ich bi dir nit sin,
So hestu doch das hertze min.
Laß iederman sin, der er ist,
Das man dir icht sag, wer du bist.
15 Laß dich gen mir nit wisen ab,   *[195ʳᵃ]*
So bin ich ainig din stetter knab.
Lieb, ich mich schaid
On trost in allem lait.
Lieb, la din zwifeln sin,
20 Wann ich bin ainig din.

---

*Text nach **Ka₃** (Karlsruhe, BLB Hs. Donaueschingen 104 [›Liedersaal-Handschrift‹]; um 1433), 194ᵛᵇ–195ʳᵃ. – Die nicht ausgeführten Zwischeninitialen in Ka₃ werden nicht gesondert im Apparat vermerkt, sondern stillschweigend ergänzt. – Bisherige Ausgabe: Lassberg 1825, 107 Nr. 184.*

1 *L mit Tinte vorgeschrieben; dreizeilige Initiale nicht ausgeführt Ka₃.*

---

2 vigent ›Feind‹.   **3–6** *Parallelüberlieferung in Seitenstetten Stiftsbibliothek, Cod. 286, fol. 1ᵛ:* Lieb haben vnd nicht geniessen | Das mocht den tewffel verdriessen | Lieb haben vnd selten an sehen | Das tuet we dez müz ich jechen.   **7f.** *›Wenn ich mich auf niemanden verlasse, dann macht mich auch niemand zum Narren‹.* **14** *›damit man dir auch nicht sagt, wer du bist (wer du sein sollst)‹.* **15** *›Sei nicht abweisend zu mir‹.*

23. Minnespruch an die Geliebte (B74)

[195ra]

Dem ich durch lieb werd,
Der leb selig uff erd;
Dem ich durch lieb worden si,
Dem won seld und ere bi.
5 Das du min lieb bist,
Das waiß got, der ob uns ist.
Dem hertzen trü gebrist,
In dem me frunt denn ainer ist.
Du hest ubel gehutet mir,
10 Des wil ich och sicher volgen dir.
Die ich gern säch,
Die ist mir ze wäch;
Der ich nit enmag,
Der bekom ich al tag.
15 Du bist, das mich gefrowen kan,
Ain selig jar gang dich an!
Des sin, mut, hertz dick trurig stat,
Der ungetrüwes lieb hat.
Der nit wöl gesselle sin,
20 Der blip dus und kum nit her in.
Du lidest willicklich
Und wil doch trösten dich.

---

*Text nach **Ka₃** (Karlsruhe, BLB Hs. Donaueschingen 104 [›Liedersaal-Handschrift‹]; um 1433), 195ʳᵃ. – Die nicht ausgeführten Zwischeninitialen in Ka₃ werden nicht gesondert im Apparat vermerkt, sondern stillschweigend ergänzt. – Bisherige Ausgabe: Lassberg 1825, 111 Nr. 185.*

1 D *in* Dem *mit Tinte vorgeschrieben; zweizeilige Initiale nicht ausgeführt Ka₃.*

---

1 werd ›zuteilwerde‹. **7** gebrist ›mangelt, fehlt‹. **9** ›Du hast mich vor Bösem gehütet‹. **12** wäch ›fein, herrlich‹. **20** dus ›draußen‹.

24. Wahre Freundschaft und Liebe (B304)

[61ra]

   ›Ich inweis geinen boim so suoze,
   De neit sure worzelen hain inmuoze.‹
   Dit ein wise meister sprach.
   Gein mensche volle raste hain inmag
5 Dan in demme, dat he mint.
   Des suocht he. als he is neit invint,
   De dan suochtit des inzijt.
   Als dat oige, des neit insijt,
   Da dat herze inne ruoit.
10 Och vruondes darven, wei we dat duoit!
   De wilt, de mach id wale pruoven,
   Dat neit me inmach bedruoven,
   Noch scharper inis gein swert,
   Dan dat afkeren, des dat herze gert.
15 Dat inmach neiman wale verstain
   Dan de, de damit muois umbegain.
   We deif man muoze dat suochten suocken,
   Als man na vruonde besteit zuorucken!

Text nach **Be**$_{10}$ *(Berlin, SBB-PK Ms. germ. quart. 284 [›Blankenheimer Tristanhs.‹];
Mitte bis 3. Viertel 14. Jh.), 61*^{ra}*–61*^{vb}*. – Neben den allgemeinen Editionsrichtlinien
gilt für diesen Text: ij als Schreibung für das lange i wurde beibehalten, ebenso die
Schreibung* minnen *mit Doppel-n, aber* mint *als flektierte Form mit einfachem* n.
Unlesbare Stellen der beschädigten Handschrift Be$_{10}$ *(vor allem V. 36–38, 54–64,
70–76 u. ö.) wurden nach Rheinheimer 1975 ergänzt und kursiviert. – Bisherige
Ausgabe: Rheinheimer 1975, 126–130, c).*

7 is zijt *Be*$_{10}$.

1f. *›Ich kenne keinen so süßen Baum, der nicht saure Wurzeln haben muss‹.*
4f. *›Kein Mensch kann vollkommene Ruhe finden, außer in dem, was er liebt‹.*
6f. *›Danach sucht er. Wenn er es nicht findet, dann seufzt er sogleich darüber‹.*
8f. *›So geschieht es auch, wenn das Auge dasjenige nicht sieht, in dem das Herz
Ruhe findet‹.* **10** *Och ›Ach‹; darven ›Entbehrung, Mangel‹.* **11–14** *›Wer will, der
kann es gut erkennen, dass nichts mehr betrüben kann und auch kein Schwert so
scharf ist wie die Abwendung desjenigen, was das Herz begehrt‹.* **17f.** *›Wie tief
müsste man den Ursprung des Seufzens suchen, wenn man vom Freund zurückge-
lassen wird‹.*

Kuonde man duorg des herzen gruont
20 Gebrechen, dat dede man dan kuont,
Als man gerne bi vruonden were.
We weis, wa dat suochten kere
Of wei verre dat man dat hole!
Doch duongt is mich rechte wole:
25 Legit under dusent bergen,
Als komet sin zijt, id mag sig neit bergen.
Als de zijt is, so muois mant hain,
Lege al ertrich drup gedrain.
He is ein dore, de des besteit,
30 Darzuo he neit inis bereit.
Ingeve neit umbe den nuotz ein kaf,
Als mans besteit, inleist dan af.
We afleist, e he volherde,
Ich wene, eme weinich nuotz werde.
35 He were selich, de dat kende,
W*e* guoit id si *herd*en an dat ende.
H*o*rt, wei da *geschre*ven steit,
Id ma*hh*it uns *da*s bescheit:
Volherden van rechter art   *[61*^{rb}*]*
40 Is der rechte*n* minnen zart
Mit stedicheit inwendich,
Want ir neit inis gelich.

---

26 bergen *darübergeschrieben Be*₁₀.   **40** rechter *Be*₁₀.

19–21 ›*Könnte man in die Tiefe des Herzens eindringen, könnte man zeigen, wie gerne man bei Freunden ist‹.*   **22f.** ›*Wer weiß, wo das Seufzen hinkehrt oder von wie fern man es herholt.‹* **24** duongt ›*scheint‹.* **25** Legit ›*Liegt es‹.* **26** sig ›*sich‹;* bergen ›*verbergen, verstecken‹.* **27** mant ›*man es‹.* **28** drup gedrain ›*darauf aufgetragen, darüber geschüttet‹.* **29** ›*Der ist ein Tor, der mit etwas beginnt‹.* **31f.** ›*Es ist völlig nutzlos, wenn man mit etwas beginnt, ohne die Konsequenzen zu tragen‹;* kaf ›*Spelze des ausgedroschenen Getreides‹.* **33** ›*Auch wer es (kurzerhand) ableistet, ohne vollständig auszuharren‹.* **34** eme ›*ihm‹.* **35** kende ›*kannte, erleben dürfte‹.* **38** ›*es gibt uns Folgendes kund‹.* **39–42** ›*Vollständiges Ausharren in rechter Art und Weise und mit Beständigkeit wohnt der rechten, zärtlichen Minne inne, denn ihr kommt nichts gleich‹.*

Ein gansz vruont, de is billich
Mir ein ander ich.
45 Da rechte minne zuosamenheit,
Da wirt nummer underscheit.
Dat inmach neit *van* ein gain,
Dat ganze minne deit bestain.
Minne is starc als der doit.
50 Mit minnen verwint man alle noit.
He hait genuoch, de da minnit,
Want minne alle dinc verwinnit.
Of recht is min sin,
Minne inis nei*t* usserlich gewin.
55 De da minn*et* u*p* be*j*ach,
Als lange sin vruont *geven* mach,
So mint he in wei*n*ich weder;
Na gaven leit vruontschaf *darneder.*
Dat inis neit der *minnen recht,*
60 Dat si weise der gaven *drecht.*
Schoneit sal man oig neit *proven.*
Man sal ganze duocht in minn*en loven,*
Als uns der wise hat gele*i*rt.
He sprach: ›de sich dar*zuo kert,*
65 Dat he einen vruont have,
Dat inkuomt eme neirgin ave
Mer, dat neit inslisse de duocht.

---

55 minnent *Be*$_{10}$.

43f. ›*Ein wahrer Freund ist für mich mit gutem Grund ein zweites Ich (alter ego)*‹.
45 zuosamenheit ›*zusammenhält*‹. **46** underscheit ›*Trennung*‹. **47f.** ›*Es kann nicht von einem ausgehen, dass die wahre Liebe bestehen bleibt.*‹ **49** doit ›*Tod*‹.
50 ›*Mit Liebe überwindet man jede Not*‹. **55** up bejach ›*zwecks Gewinn*‹.
56–58 ›*Solange sein Freund Gaben geben kann, erwidert er seine Liebe ein wenig; sobald aber keine Gaben mehr kommen, beendet er die Freundschaft*‹. **59f.** ›*Es steht der Minne nicht an, nach Gaben zu trachten*‹. **61** oig neit proven ›*auch nicht hochschätzen*‹. **62** ganze duocht ›*wahre Tüchtigkeit, Tugend*‹; loven ›*loben*‹. **66f.** ›*das verliert er nie wieder, denn die Tugendhaftigkeit lässt sich nicht aufbrauchen (verschleißen)*‹ (?).

Also minnet, of ir muocht.‹
Suolden wir an de schoneit gain,
70 So inkuonde vruontschaf neit be*stain*;
Als id an dat alder *geit*,
So worden guode vruont leit.
Of ich wale versinnen *mich*,
Ganze vruontschaf is ewelich,
75 Vergessen *nimme* oig *na deme dode*.
Dat deit manich *vruont node*.
Man sal oig neit minnen edilcheit,
Dan dei van duogden upgeit.
De is ein recht edil man,
80 Dem sins selvis duocht zerin kan.
Dat lasterbere is, dat sal man vlein,
Zuo den duogden sal man sich zein.
Des dingis mach man vil bedeckin,
Da man ane pruovit vleckin.
85 De dat dinc wilt pruoven ant beste,
Ich wene, sin herze sanfte reste.
An vruonden sal man oig manungen plegen,
Dat si sich in duogden legen
Inde *dei oven* alsz wesen sal.
90 *Och*, wat bricht man nu des al!
Och, wei vele des nu verdirvet,

[61va]

---

75 minne *Be₁₀*.   **89** oven dei *Be₁₀*.

---

68 of ›wenn‹.   **69–72** ›*Sollten wir uns an der Schönheit orientieren, könnte Freundschaft nicht bestehen bleiben: Wenn das Alter kommt, dann würden nämlich gute Freunde einander leid werden*‹.   **73** ›*Wenn ich das richtig sehe*‹.   **75** ›*und wird auch nach dem Tod nie vergessen*‹.   **77** edilcheit ›*Adel*‹.   **78** ›*außer dem, der aus den Tugenden hervorgeht*‹.   **80** ›*dem seine eigene Tüchtigkeit zur Ehre verhelfen kann*‹.   **81** vlein ›*fliehen*‹.   **82** ›*man soll sich den Tugenden zuwenden*‹.   **83f.** ›*Man kann vieles überdecken, worauf man einen Fleck bemerkt*‹.   **85** ant beste ›*am besten*‹.   **87** oig manungen plegen ›*auch Ermahnungen richten*‹.   **88f.** ›*dass sie sich in Tugenden üben und dass die Tugend über allem stehen soll*‹.   **91–94** ›*Ach, wie viele nun deswegen zugrunde gehen, weil man eifrig danach trachtet, wie man die Tüchtigkeit unterdrücke und das Laster emporhebe*‹.

Want man nu ecker darna wirvet,
Wei man de duogt *n*edergedrucke
Inde unduogt upgezucke!
95   He heist nu ein beirve man,
De den anderen bedregen kan.
Och der leider meren!
Allit, dat leift, besteit sich zuokeren
An laster inde an valscheit.
100 *Darumbe* wenich dat geschreven steit:
›Allit, dat up der erden is,
Dat is *b*uose inde ungewis.
Der *tru*wen is cleine of neit,
Want man nu ecker loisseit pleit.‹
105 Ich wene, *T*ruowe gewichen is,
Want *du*, Loisseit, so geweldich bis.
Ein schatz, de da verborgen leit,
Den neiman intastit noch inseit,
Wat mach hei nuotzis hain?
110 Truwe, als mach ich van dir sain
Na deme, als ich mich versinnen:
We mint, he sal mit truwen minnen
In*d* sal id herden *b*is an den doit.
Daaf sal in brengen ingeine noit.
115 Hude beguonen, morne laissen af –   *[61ᵛᵇ]*
Darumbe geve ich neit ein kaf.

─────────

113 In *Be₁₀.*

─────────

95 beirve ›*vortrefflicher*‹. **96** bedregen ›*betrügen*‹. **97** ›*Weh über diese trauri-
gen Nachrichten*‹. **98f.** ›*Alles, was lebt, beginnt sich dem Laster und der Bosheit
zuzuwenden*‹. **100** wenich ›*glaube ich*‹. **101** up ›*auf*‹. **102** ›*ist böse und un-
zuverlässig*‹. **103f.** ›*Die Treue ist gering oder gar nicht vorhanden, weil man nun
eifrig untreu handelt*‹. **106** ›*weil du, Untreue, so mächtig bist*‹. **107** leit ›*liegt*‹.
108 ›*den niemand anfasst oder sieht*‹. **110f.** ›*Treue, so viel kann ich nach all dem,
was ich weiß, von dir sagen*‹. **113** ›*und soll darin bis zu seinem Tod verharren*‹.
114 ›*Davon soll ihn keine Not abbringen*‹. **115f.** ›*Heute beginnen, morgen ablas-
sen – das ist für mich nichts wert*‹ (vgl. V. 31).

25. Von der Liebe (B314)

›Alderleveste fruntchen, bescheide mich   *[118ᵛ (22ᵛ)]*
Umme fruntschop, des bidde ich dich,
Want ich, leff, wiste allerghernst,
Off leffte *w*ere schim*p* ader ernst.‹
5   ›Gheselle, des will ich dich bescheiden:
Id is werlich van en beiden;
Want id wert in einem schimpe erdacht
Unde wert mit ernste vullenbracht.‹

Text nach **Wi₁₃** *(Wien, ÖNB 2940*; um 1481), 118ᵛ [22ᵛ doppelte Foliierung der Handschrift]. – Bisherige Ausgabe: Schröder 1876, 54 Nr. XII.*

4 vere *Wi₁₃;* p *nachgetragen Wi₁₃.*

------

3 leff ›*Geliebte*‹; allerghernst ›*am allerliebsten*‹.   **4** leffte ›*Liebe*‹.   **7** Want id wert ›*denn es wird*‹.

26. Rat eines alten Mütterchens (B207)

1

Hewer, als sich des sumers wone   [389ʳ]
Erzeiget hat manigfalt,
Der uns erquickt taw und sone,
Das erforett hat der wintter kalt,

2

5   Nach altter gewonheit, als ich hor sagen,
So plegt man in altter artt
Fraudt zu treiben in solchen tagen
Zu eren des Meien fartt.

3

Nun raisset mich die lustige zeit,
10   Das ich ging spatzieren uff einen plan,
Darin ich hort des Maien streitt.
Grosser frewdt mein hertz noch nie gewan.

4

Ich gedacht gar bald uff einen fundt,   [389ᵛ]
Wie ich mit glimpff mocht kommen dohin,
15   Das mir doch wur*d* die warheit kunt,
Was frewt mocht in dem gartten sein.

5

Ich kam mit glimpff dohin und wie ich kundt.
An unglimpff mir noch nie geprach:
Ich kam nie zu rechter zeit.
20   Des gleichen mir da auch geschach.

Text nach **Be₃** *(Berlin, SBB-PK Ms. germ. fol. 488 [›Ebenreutters Hs.‹]; um 1530),
389ʳ–394ᵛ. – Bisher unediert.*

Überschrift: Vonn einem Altten | mutterlen *Be₃*.   **1** der sumer *Be₃*.   **15** wur *Be₃*.

---

1 Hewer ›*In diesem Jahr*‹.   **3f.** ›*womit uns Tau und Sonne das neu beleben, was
der kalte Winter hat erfrieren lassen*‹.   **8** ›*um den Lauf des Mais zu ehren, zu
Ehren des Mais*‹.   **9** raisset ›*reizte*‹.   **10** plan ›*Wiese*‹.   **11** streitt ›*Wettstreit (der
singenden Vögel)*‹.   **13** fundt ›*Idee, Einfall*‹.   **14** glimpff ›*Anstand*‹.   **18** ›*An Un-
glück mangelte es mir noch nie*‹.

6

Ich fandt gesellen und frawen gepardt
Biß auff ein alttes mutterlein.
Die selb, die was auff mich gespartt.
Zu dem ging ich mich setzen hin.

7

25 Ich saß bei ir, biß mich die zeit verdroß.
Ungeladen kam ich dare.
Ich wer gern gescheiden in solcher maß,
Ungefugett von der schare.

8

Da vill mir ein ein schwer gedanck,
30 Des ich mich kaum entschlahen mocht,
Der mich in unmuth ser bezwanck
Und mich zu einem seufftzen bracht.

9

Das fraulein lacht und sach mich an.   [390ʳ]
Sie sprach ›Herwieder frewden spiel!
35 Wer meidens nit vergessen kan,
Dem wurdt dieck in frauden unmut ziell.‹

10

Ich sprach: ›Ach nain, zartt frawe mein.
Es ist nit, das mich bringen thut.
Hett ich zu meiden, so wolt ich sein
40 Frolich und trach*en* hohen mut.‹

11

›Gesell, ob ich dich recht verst*an*,
So stundt zu ir dein freuntschafft schmall.

---

40 trach ein *Be₃*.   **41** versten *Be₃*.

---

21 gepardt *›je zu zweit zusammen‹*.   **23** *›Die war für mich übrig geblieben‹*.
26 *›Ich war ja gekommen, ohne eingeladen zu sein‹*.   **27** gescheiden *›weggegan-*
gen‹.   **28** *›ohne dass es die Gruppe merken würde‹*.   **30** entschlahen *›frei ma-*
chen von‹.   **34** etwa *›Lass das Spiel der Freuden zu‹*.   **35f.** *›Wer nicht vergessen*
kann, dass er der Geliebten aus dem Weg gehen muss, der wird oft traurig inmitten
der Freude‹.   **38** *›Das ist es nicht, was mich hierher bringt‹*.   **42** *›so hast du sie*
nicht sehr geliebt‹.

Seint du meidens begerest *han*,
So steht uff scheiden dein bester fall.‹

12

45 ›Ach nain, zart frawe mein, vermerckt mich woll:
Wer iemandt liebs zu meiden hat,
Des wurdt zuletz der freuden zoll.
Es kumpt die zeit, das sein wurdt radt.‹

13

›Gesell, bescheidt mich einer frag hie:
50 Wie bist du ir worden so loß?
Geschach es von ir oder durch dich?
Welchs gab sich an trewen bloß?‹

14

›Zartt fraw, untrew von mir noch nie geschach,   *[390ᵛ]*
Von trewen ich auch verlassen bin.
55 Hett ich ie gefischett der lieben bach,
Hoffnung hett mich wieder getragen dohin.‹

15

›Gesell, begib dein hoffnung nit.
Zu gluck bist du noch nit veralt.
Glucks zu wartten bieß gericht.
60 Der lieb gewerb ist manigfalt.‹

16

›Zartt fraw, dasselb, das clag ich sere,
Das so manigfaltiger man
Von Frawen Geschanden bitt selt und ere
Und ich bleib doch dahinden stan.‹

---

43 mein *Be₃*.

43f. ›*Wenn du dir wünschst, der Geliebten aus dem Weg gehen zu müssen, ist die Trennung von ihr für dich das beste Los*‹.   **45** vermerckt mich woll ›*versteht mich recht*‹.   **48** ›*Am Ende kommt die Zeit, in der ihm geholfen wird*‹.   **50** ›*Wie hast du sie verloren?*‹   **52** ›*Wer von euch beiden ist untreu geworden?*‹   **55f.** ›*Hätte ich überhaupt einmal im Bach der Geliebten gefischt, so hätte mich die Hoffnung wieder dahin getragen*‹.   **57** ›*Freund, gib deine Hoffnung nicht auf*‹.   **58** veralt ›*zu alt geworden*‹.   **59** ›*Sei bereit, nach dem Glück auszuschauen*‹.   **60** ›*Die Liebe geht viele Wege*‹.   **62f.** ›*dass sich ein unbeständiger Mann von Frau Schande Glück und Ehre erbittet*‹.

17

65 ›Gesell, soltt es alles sein darnach gericht,
Nach dem sich mancher vormainet dieck,
So wer der frawen groß gebrech
Und furtt mancher trei an einem strick.‹

18

›Fraw, dasselbig clag ich auch,
70 Das so manigfeltiger furtt.
Noch bleib ich der narren gauch –
Ich beger zuletz der selben schur.‹

19

›Gesell, ich *wil dich* trewen leren: [391ʳ]
Vill besser ist, du bleibst doheim.
75 Die selben sich der untrew neren
Und haltten doch unter in allein kein.‹

20

›Fraw, billich ich das erkennen kan.
So sten ich dick vor schemen unfro,
Wan iederman hencket farben an,
80 So bleib ich armer esell graw.‹

21

›Gesell, erfrewet dich gemaltte wandt,
So thu in die kirchen stan.
Sie sein Fraw Venus nit alle bekant,
Die sich mit farb bekaffett han.‹

---

73 dich in *Be₃*. **84** bekaffett *womöglich in* behafft *von beheften* ›verzieren‹ *zu verbessern (vgl. V. 177)?*

---

66 ›*was sich viele Männer oft erhoffen*‹. **67** gebrech ›*Schaden*‹. **68** ›*und mancher würde drei (Geliebte) gleichzeitig am (Liebes-)Strick herumführen*‹. **71f.** ›*Trotzdem bin ich zuletzt von den Narren genarrt und verlange am Ende, dasselbe Verderben wie diese zu erleiden*‹. **75f.** ›*Die Genannten leben von der Untreue und halten keine Treue untereinander (?)*‹. **78** ›*Doch stehe ich oft unglücklich vor Scham*‹. **79** *Anspielung auf das Farbentragen der Minnenden.* **81** wandt ›*Gewandstoff, Kleider*‹. **84** bekaffett ›*eingekleidet*‹, *von bekappen* ›*einkleiden*‹ *(?)*.

22

85 ›Fraw, die farb erfrewt mich clein,
Wan sie nit von lieb erscheint.
Das ich aber alzeit bleib allein,
Das beraubet mir beid mut und sin.‹

23

›Gesell, ob du mochtest eigen pleiben,
90 So beut dein freiheit niemants veill.
Wer will solchen kauffmanschatz treiben,
Frei*en* willen*s* begibt ein michell teill."

24

›Zartt frawe mein, der frei will pleibt unversert,   *[391ʳ]*
Wann die lieb hatt rechte bestandt.
95 Durch lang stett wurdt er gemertt.
† Der ielaids will bleibt unzertrant †.‹

25

›Gesell, wilt du auff die fartt,
So walt dein gluck, du darffst sein vil.
Bescheidt den wechter auff der fartt,
100 Das du nit verschlaffst der untrew spil.‹

26

›Zartt fraw, der fartt wer ich gericht,
Wann mir der weck geoffnet were.
Die raiß an mir zwar nit gebricht,
Gewun gluck an mir die widerkere.‹

27

105 ›Gesell, ia gluck, das wurcket hart
In der frawen lieb, das wiß furware.
Doch in der lieb nie hoers wart
Dan trew, die laß herkommen gare.‹

---

92 Freies willen *Be₃*.   **95** landt *Be₃*.   **108** fare *Be₃*.

89f. ›*Freund, möchtest du dein eigener Herr bleiben, biete deine Freiheit niemandem zum Verkauf an*‹.   **91** kauffmanschatz ›*Handel*‹.   **92** ›*gibt einen großen Teil des freien Willens auf*‹.   **95** ›*Durch lange Beständigkeit wird er (der freie Wille) vermehrt*‹.   **98** ›*so möge das Glück mit dir sein, denn du brauchst viel davon*‹.   **101** gericht ›*bereit*‹.   **104** ›*wenn das Glück zu mir zurückkäme*‹.

28
›Fraw, wie mag die an mir werden kundt,
110 So sie nimant ubt an mir?
Ich ubt sie gern zu aller stundt,
So scheue*n* mich die wiltten dier.‹

29
›Gesell, von eilen geschach nie kein gut,   [392ʳ]
Sagt man den hochsten leutten vore.
115 Bieß frei und trag ein hohen mudt,
Hoffnung ist des gluckes tore!‹

30
›Fraw, ich gern fraidt im hertzen trage,
So weiß ich nit, umb welche not.
Wann mich hoffnung einmall zu fraiden zoche,
120 Ich hett mich lang getantzet zu todt.‹

31
›Gesell, wilt du sei*n* in diesem schimpff,
So geburtt dir zu wissen weiß und wort.
Besuch dich baß, beweiß dein glimpff,
Villeicht entschleust *s*ich der sellten *hort.*‹

32
125 ›Zartt fraw, der wortt, der kenn ich nit,
Der weiß auch vergessen han.
Viel ungeschickter kerlen man sicht,
Allein mich gluck doch wil bestan.‹

33
›Gesell, vil mancher des entgilt,
130 Der sein noch nie genoß vast hoch.

---

112 scheue *Be₃.* **121** sei *Be₃.* **124** dich der sellten *Be₃ Reimwort fehlt; für die Konjektur vgl. V. 179.*

---

112 scheuen ›*meiden‹.* **113** *sprichwörtlich, vgl. TPMA 2, EILE 42–52.* **117** trage ›*trüge‹.* **118** ›*doch weiß ich nicht, welche Not ich dafür noch erleiden müsste‹ (?).* **119** ›*Wenn mich die Hoffnung nur einmal zur Freude geführt hätte‹.* **122** ›*so ge-bührt es dir, Melodie und Worte zu kennen‹.* **123** Besuch dich baß ›*Versuche dich zu verbessern‹.* **124** ›*dann öffnet sich dir sicherlich das Glück‹.* **126** ergänze ›ich‹. **128** ›*doch will mir das Schicksal feindlich entgegentreten‹.* **129f.** ›*Guter Freund, viele bezahlen für etwas, von dem sie noch kaum etwas gehabt haben‹.*

Wer es nit mit sinnen spilt,
Dem beutt man mit einem fentten schach.‹
34
›Fraw, das beschaiden gluck *mich* hatt verseumpt,   [392ᵛ]
Darauff laß ichs bestan.
135 Das unbeschaiden doch nimmer kimpt,
Es gett den wegk, den es soll gan.‹
35
›Gesell, dein trost ist groß.
Nun bescheide mich einer frage hie:
Hast du nie keiner frawen in solcher maß
140 Dein dinst erbotten hifor noch ie?‹
36
›Fraw, ia ich trug einmall im hertzen holdt
Einer frawe ein iare und auch woll me.
Zuletz badt ich der lieben solt.
Mir wardt hinach als viel als vor.‹
37
145 ›Gesell, was antwortt wardt dir da?
Das die du mir die warheitt kundt.
Gingk es ir auch zu hertzen na,
Seindt dich hat ir lieb verwundt?‹
38
›Fraw, zwar nain, das daucht mich nicht.
150 Ir lieb must ich mich gantz erwegen.
Sie sprach, ir sinn weren also gericht,
Bulschafft wolt sie gegen niemants pflegen.‹

---

133 man *Be₃*.

---

132 *›dem bietet man mit einem Bauern Schach‹; vgl. Boner, Edelstein 16,46 (TPMA 7, KLEIN 162).* **133f.** *›Frau, das mir bestimmte Glück hat mich im Stich gelassen, damit lasse ich es bewenden‹.* **135** *›Und das nicht für mich bestimmte Glück wird mir so oder so niemals zuteil‹.* **140** hifor *›bis jetzt‹.* **143** *›Zuletzt erbat ich mir einen Liebeslohn von der Geliebten‹.* **146** *›Dass sie (die Antwort) mir die Wahrheit kundtun möge‹.* **150** erwegen *›verzichten auf‹.*

39

›Gesell, es ist der frawen sitt,   *[393^r]*

Das sie sich von erst machen tewer.

155 Wer sich will lassen zalen domit,

Dem wurdt von in ein cleine stewer.‹

40

›Fraw, ich ließ also bestan.

Ich meint, ich hett zu vill geredt,

Do sie sich macht so fer davon.

160 Ein sprach gab ich umb die ander wedt.‹

41

›Gesell, ob iemant ist begeren

Einer frawen, die er in eren vindt,

Der muß gar vleissig bitt leren.

Es velt kein baum von cleinem windt.‹

42

165 ›Fraw, ich glawb nit daran,

Das man mag kauff*en* die lieb umb wordt.

Sie muß von gantzem hertzen gan

Oder sie gewindt gar schwindt ein ortt.‹

43

›Gesell, ob iemant ist gesindt

170 Zu beweisen dinst der frauen werdt,

On zweivell er den lon befindt.

Zimlicher bedt wurdt er gewerdt.‹

44

›Zartt fraw, ich albeg gott loben wolt,   *[393^v]*

Mocht ich allein werden untterricht,

175 Wie ich iren dinst volbringen solt,

Wan an die niemandt gutts geschicht.‹

---

159 macht ~~stewer~~ *Be₃*. **166** kauff *Be₃*.

---

154 ›*dass sie sich zuerst unerreichbar machen*‹. **155** zalen ›*abspeisen*‹. **156** ein cleine stewer ›*kaum eine Gabe*‹. **160** ›*Diese eine Rede gab ich auf in Erwartung eines anderen Lohnes*‹. **163** ›*der muss lernen, fleißig zu bitten*‹. **168** ›*oder sie ist schnell zu Ende*‹. **172** ›*Für angemessene Bitten würde ihm Lohn gewährt*‹. **173** albeg ›*immer*‹. **176** ›*Denn ohne sie widerfährt niemandem Gutes*‹.

45

›Gesell, wilt du sein mit lieb behafft,
So sei ires dinstes alzeitt gevlissen.
Villeicht entschleust sich der seltten krafft,
180 In frewde magstu ires dinsts genissen.

46

Gesell, an dir ich trew erkenne,
Der solt du billig forttel han.
Ein stuck oder zwei *ich* dir nen*ne*,
Die ander*n* will ich lassen stan.‹

47

185 ›Fraw, mocht ich euch geben danck,
Da wer ich sicher willig zu.
Ewer diner sunder wanck
Will ich wesen spatt und fru.‹

48

›Gesell, das ist mein erste lere:
190 Du solt alzeitt sein verschwiegen
Und alle*n* frawn beweisen ere,
Dein zusag sol sie nit betriegen.‹

49

›Zartt fraw, das sein die rechte stuck.   [394ʳ]
Wer sie im zu hertzen lest gen,
195 Dem mocht woll enste*n* von frawen gluck.
Ach fraw, nun last euch horen *j*ehn!‹

50

›Gesell, gehorsam sei du in
Und bit sie, wan es fuglich ist.
Dis stuck nim in deinen sinn
200 Und beweiß es zu aller frist.‹

---

183 wil ich dir nen *Be₃*. **184** ander *Be₃*. **191** allein alle *Be₃*. **195** enste *Be₃*.
196 mehn *Be₃*.

---

177 behafft ›*anhaltend verbunden*‹. **179** ›*Sicherlich entschließt sich dann die
Kraft des Glücks*‹. **182** forttel ›*Vorteil*‹. **183** stuck ›*Sache*‹, *bezieht sich hier und
im Folgenden auf die Lehre*. **192** ›*dein Wort ihnen gegenüber soll sie nicht be-
trügen, auf dein Wort sollen sie sich verlassen können*‹. **196** horen jehn ›*sprechen
hören*‹.

51

›Fraw, gros gnad und ewig lon
Geb euch gott in seinem reich.
In ewerm dinst will ich bestan,
Dieweill ich leb und ewiglich.‹

52

205 ›Gesell, nun muß dich got bewaren,
Mein frawen wollen scheiden sich.
Mit den muß ich von hinnen faren,
Nit lenger darff ich se*um*en mich.‹

---

208 senen *Be₃. Es folgt in Be₃ eine Nachschrift in Auszeichnungsschrift (dieselbe der Überschrift):* Wem leitt am hersten stat | Dem trost bald hernach gat | Ich hab unglucks vil gehapt *(marginal:* et ego*) [394ᵛ]* | Beid fru unnd spat | Und will nu auff gluck harren | Und sunst immer sei unverwaren | Mit ungluck wu ich bin | Ungluck fertt gar dohin | Amen | M. E. *Die abschließenden Initialen sind auf den Vorbesitzer Martin Ebenreutter zu beziehen.*

27. Ratschläge für einen Zaghaften (B421)

Es kam ains mals dartzue,   *[122ᵛ]*
Das ich in meines pettes rue
Ain nacht ungeschlafen lag,
Bis das auf gieng der liechte tag.
5   Des nachts ain newrait gefallen was.
Ich gedacht ich möcht nit tun bas,
Dann das ich ausrait des tags nach haill,
Ob mir ain has möcht werden zutaill,
Den mir erlüfen mein hund.
10 Ich macht mich zu der selben stund,
Und rait hinaus auf ain weitt.
Da rait ich etliche lannge zeitt,
Das mich ain tail verdriessen ward.
In der weil ward ich ain vart,
15 Da ain has was hingefarn.
Da mocht ich mich nit lennger sparn,
Mir ward nach der vart gach.
Ich eilt demselben hasen nach
Und wollt in aufhetzenn
20 Und mich der ganntzen weil ergetzen.
Und kund der vart nie an ain end komenn,
Wo der has hinkomen wär.
Ich ward aller kunst lär,
Wann ich wont er hiet sich gesetzt,
25 Das ich sollt werden ergetzt
Meiner arbait und müe,   *[123ʳ]*
Die ich von morgen frue

---

*Text nach **Lo₄** (London, BL Add. 24946; 2. Hälfte 15. Jh.), 122ᵛ–125ʳ. – Bisher unediert.*

Überschrift: Newraitt *Lo₄.*   **21** *unvollständiges Reimpaar.*

Überschrift: Newraitt ›Rauhreif‹.   **14** ›Nach einer Weile bemerkte ich eine Fährte‹.
16 sparn ›zurückhalten‹.   **17** ›es drängte mich zu der Fährte‹.   **20** ›und mich für die lange Mühe entschädigen‹.   **24** ›denn ich glaubte, er habe sich (irgendwo) hingesetzt‹.

Was geritten auf nonzeitt.
So was der ie lennger ie weitter
30 Von mir hingerucktt.
Von zorn ich den windstrick zuckt
Und lies die hund nach im streichen.
Ich gedacht: ›so müest du doch entweichen,
Du seiest dann niendert vor dem walld bekant.‹
35 Die hund strichen nach im zehant.
Ich raitt in nach als pest ich mocht.
In meinem sinn ich oft gedacht:
›La sehen, wenn sie in ferstreichen wellent,
Ob sie mir den hasen noch hewt vellend.‹
40 Die hund die lufent weitt dahin,
Ich rait imermer nach in hin,
Huntz ich kam an ain weits holltz.
Da sach ich ain vesst, die was stolltz,
Die lag dort an ainem berg,
45 Das ich von haws nie kain schöner werich
Bei meinen tagen hon gesehenn,
Als mir furwar mein hertz mues iehen.
Ich hielt da still und sach die an.
Zu der weill hort ich ain man,
50 Der auch aus dem holtz herraitt.
Wie kawm ich da erpaitt,
Das ich in fragt der märe.
Mich taucht es wär ain vors*täre*.
Ich rait fur mich, bis ich in ansach.
55 Do gruest ich in und sprach:
›Trawt gesell, tue mir kundt,
Hast du nit gesehen drei hundt,
Die laufen bei disem tann?‹
Er sprach: ›gesell, ich enhann

---

53 vorstnare *Lo*₄.

---

28 nonzeitt ›*Nachmittag*‹ *(neunte Stunde von sechs Uhr gerechnet).* **29** der =
der Hase; vgl. auch V. 32: im. **31** ›*Vor Zorn ließ ich die Hundeleine los*‹.
38 ferstreichen ›*einholen*‹. **42** ›*bis ich zu einem großen Wald kam*‹. **43** vesst
›*Feste, Burg*‹. **45** werich ›*Werk, Vollendetes*‹. **51** erpaitt ›*wartete*‹.

60 Kain hund gesehen bei disem tag.‹
Ich sprach: ›gesell, mer ich frag,
Das du mir tuen wollest bekant,
Wie die vest sei genant
Oder wer sein wonung darauf hab.‹
65 Do antwurt mir der knab,
Und sprach: ›sie haissent Newnburg.
Es ist auch mit wonung darinne
Fraw Minn mit irm hofgesinde
Und sunst vil frawen und knaben
70 Sind ietz vil zu ir geladen.
Die treibent manigerlei frewden spill,
Dartzue aller frewden vill.‹
Ich sprach: ›gesell, wer es an hass,
Ich wöllt dich gern fragen bass.
75 Sag an, törst ich auch in das haws?‹
Er sprach: ›ia, on allen grauss
Mag darein gen, wer da will.‹
Da gedacht ich mir: ›sweig nu still.
Ich will mich recht der hund verwegen
80 Und will mich auf die stras legen
Und will schawen die abentewr,
Wie der starcken Minne fewr
Die lewt entzunden kund.‹
Ich rait nach zu derselben stund,
85 Bis ich in ain vorhof kam.
Ain gesell das pfard von mir nam.
Er sprach, er wollt mir es wol bewarn.
Er fuert es hin uber ainen parn.
Des danckt ich im gar ser
90 Und ich achtet des pfards nit mer.
Ich eilt fur mich hin gar schier,
Pis ich nach meines hertzen gir
In ain schone stuben gieng,

[123ᵛ]

---

66 *unvollständiges Reimpaar.*   **73** Er *Lo*₄.

---

79 verwegen ›*verzichten auf*‹.   **80** legen ›*begeben*‹.   **88** ›*Er führte es weg, hin-
ter eine Schranke*‹.

Da ich die abentewr verfieng,
95 Als mir der vor*stä*r het gesagt.
Wie wenig mich der weil betragt,
Und waent, ich war in dem paradeis!
Von weibes billd ain bluendes reis
In aim venster ich erplickt,
100 Das was so gar nach wunsch geschickt,   *[124ʳ]*
Das ichs bei meinen tagen so schöns
Nie gesehen hann.
Sie trueg auf irem haubt ain kron,
Die was cos*t*perlich erhaben.
105 Vor ir sach ich ain stoltzen knaben,
Mitt dem sie guetlich reden begund.
Ich hort aus irem rotten mund,
Das sie zu im sprach: ›sag mir fürwar,
Was willt du geben zum newen iar
110 Deines hertzen trösterinn?‹
Er sprach zu ir: ›fraw edele Minn,
Ich kan laider niendert vinden kain,
Die mich im hertzen trag allain
Oder die mich trosten wöll.‹
115 Sie sprach zu im: ›gutter gesell,
Sag an, wie mag das gesein,
Das du seiest so gar allain,
Das du kaine im hertzen tragst,
Die du lieb für all frawen hast,
120 Da du von nembst ain gutten muet?‹
Da antwurt ir der knab gut
Und sprach: ›es ist so gar on das nicht.
Sich hat mein hertz zu ainer gericht,
Die mir fur all frawen gevellt.
125 Die han ich mir dartzue ausserwellt,
Das ich sie lieb han in meinem hertzen,
Das ich oft leid von ir grossen schmertzen,

---

95 vorstnär *Lo₄*.   **101** *unvollständiges Reimpaar.*   **104** cosperlich *Lo₄*.

---

94 verfieng ›*antraf, vernahm*‹.   **96** betragt ›*bekümmerte*‹.

Und han irs noch nie kund getan.‹
Sie sprach zu im: ›wie bistu ain man,
130 Das du irs nit tarst sagenn?
Furch*t*stu, du werdest von ir erslagen?
Oder mainst du, sie solt umb dich selber werben?
So wolt weiblich zucht verderben,
Wie leicht sie dir wirt zusprechen.
135 Was tuest du selber an dir rechen,
Das du ir nit klagest deinen kumer?   [124ᵛ]
Du zimbst mich darumb sein ain tumer.
Du sollt dein geluck gegen ir versuechen.
Vileicht mocht sie geruechen,
140 Das sie tut, wes du sie bitst.‹
So sprach er zu derselben frist:
›Fraw Minn, wann ich ietzund bei ir bin
Und das ich ir sagen will mein sin,
So ist mein lieb gegen ir so gros,
145 Das ich wird aller meiner red blos,
Wann ich vor lieb also erstum
Und bedenck *ie* meiner tum.
Wie ist mir also geschehen,
Das ich ain wort nit tar gechen
150 Gegen der liebsten, so ich sie han?‹
Fraw Minn lacht den knaben an
Und sprach zu im: ›sag mir mer:
Und kam die weil ain ander her,
Dem sie auch geviell
155 Und dem sein hertz nach ir wiell,
Das er sie umb ir hulld bät
Und ir das selber kund tät
Gar balld mit seiner zungen,
Und dem also gelunge,
160 Das sie in zu ainem diener näm –

––––––

131 Furchstu *Lo₄*. **147** ey *Lo₄*.

––––––

134 ›*wenn sie dich einfach ansprechen würde*‹. **137** ›*Es kommt mir vor, als seist
du in dieser Sache ein Dummkopf*‹. **147** tum ›*Dummheit*‹. **149** gechen = (ge)je-
hen ›*sagen*‹. **155** wiell ›*wallte, drängte*‹.

Wie mainst, das dein hertz erkäm,
Das die ain ander erworben hiet?
Mit trewen ich dir sicher riet,
Das du nit lennger beiten sollt.
165 Du solt werben umb ir hulld,
Und besich, was sie hab in irem sinn!
Und bring sie ganntzleich inn!
Wenn du kumbst zu ir, so sag irs gar,
So wirstu wol an ir gewar,
170 Ob sie well den rechten weg.
Will sie dann *nit* an das netz,
So suech ain andrew, die dich sein ergetz,
Dein lieb, die du hast verlorn.

[125ʳ]

Wann es tät mir selber zorn,
175 Wolltest du dich also versawmen.
Du sollt dem hertz rawmen,
Du sollt dich nit lennger sparn,
Du sollt ie ainem erfarn,
Was du mügst an ir gehaben
180 Oder wie sie dich woll begaben.
Das rat ich dir on allen spott.‹
Damit sprach sie zu im: ›gesegen dich gott!
Ich mag nit lennger bei dir sein,
Ich mües zu den andern frewelein hinein.
185 Du hast wol gehort mein ler.‹
Des danckt er ir von hertzen ser.
Damit die fraw von dannen gie,
Den knaben sie allain lie.
Dem het sie als vil vorgekundt,
190 Das er erst recht ward entzünt,
Von ires fewres flammen.
Da gedacht ich mir: ›bei namen

---

170 *unvollständiges Reimpaar.* **171** nit *fehlt Lo₄.*

---

161 erkäm ›*erschrecken würde*‹. **167** ›*Und sage ihr alles*‹. **171–173** ›*Will sie dir dann nicht ins Netz gehen (sich fangen lassen) (?), so suche eine andere, die dich für die Liebe entschädigt, die du verloren hast*‹. **176** rawmen ›*Raum geben*‹. **178** ie ainem ›*endlich einmal*‹. **192** bei namen ›*wahrlich*‹.

Ich hon das wol gehört,
Das sich ainer selb betört,
195 Der lieb gegen ainer im hertzen treit
Und sie das nit wissen lat.
Da wirt kainer selb erfrewet von,
Als ich von ir vernomen han,
Als uns die Minn hat gelert.
200 Ich hof, sie werden noch all gewert,
Die mit trewen und mit ern bitten sein.
Doch west ich in stät das hertze mein,
Ewen mocht ich sein auch geniessen.
Damit will ich die red beschliessen
205 Und damit ain ende gar.
Got geb uns ain news frolichs iar!

---

201 bitten sein ›darum bitten‹. **202f.** ›*Doch wüsste ich, dass mein Herz beständig wäre, könnte ich auch immer Nutzen davon haben*‹.

28. Frau Minne warnt vor Hochmut (B334)

[202^v]

    Es was gen des maien krafft,
    So manig werde geselschafft
    Durch freud sich hebet auf den plan,
    Durch guet geding auf gueten wan.
5   So sicht man in den tauen
    Paide ritter und frauen
    Sich freien gen der sumer zeit,
    Wan es ir iglichem also leitt,
    Das er die samnung pegert,
10 Auf das, das er werd also gebert
    Ritter und geselscheffte.
    Davon komen der lieb kreffte
    Und weibes güete.
    Ach, wi ain guet gemüete
15 Mag wol der selb habenn,
    Den Venus also kan labenn
    Mit irer hilffreicher steur!
    Die frewde mir gar teur

Text nach **Mü₁₉** *(München, BSB Cgm 5919; um 1510), 202ʳ–205ʳ. – Neben den allgemeinen Editionsrichtlinien gilt für diesen Text: An Stellen, wo im Mittelhochdeutschen der Diphthong* uo *(mhd.* guot*) stehen würde, wurde das gelegentlich in der Hs. auftretende* ü *(güt) stets zu* ue *(guet) vereinheitlicht, weil sich in der Hs. mehrfach die ausgeschriebene Form findet:* muet *(69),* guett *(108),* thuet *(118) etc. – Bisher unediert.*

Überschrift: Ain ander red von gedüncken *[202ʳ]* Mü₁₉. **3** ich *Mü₁₉.* **13** Komen vnd *Mü₁₉.*

Überschrift: gedüncken *(im nachfolgenden Text der Minnerede stets* pedüncken *oder* bedüncken*, außer V. 103) ›Vorstellung, Einbildungskraft; Vermuten, Wähnen, Nachdenken, Grübeln; Schein, Scheinbares‹. Der Text spielt mit und seine Argumentation lebt von der Polyvalenz des Begriffes.* **4** *tautologische Formulierung, etwa: ›in guter Hoffnung auf gute Zuversicht‹.* **5** in den tauen *›inmitten des Taus, der taubedeckten Wiesen‹.* **7** freien *›freuen‹.* **8f.** *›denn um jeden von ihnen stand es so, dass er Gesellschaft suchte‹.* **10** gebert *›gewährt‹.* **17** steur *›Unterstützung‹.* **18** gar teur *›sehr teuer, unerreichbar, fehlend‹.*

Ist gewessen manige stund.
20   Auch pin ich nitt von minne wund.
Doch kam ich von geschichte dar,
Do ich ein frewden*reiche* schar
Gar frolich bei einander fand.
Hie ains sich do underwand,   [203ʳ]
25   Als es lieblich *sein* mochte,
Des ander, als es tochte.
Zue mir enredte nimant nit.
Mit fuge ich von danne schit
Und kom von dan auf ain ander rifir,
30   Do maniger hande wilder tir
Lebten als sie solden:
Die vogellein auf dem dolden
Gar inniklichen singen;
Aus herten felsen dringen
35   Prunen, die waren kald.
Sunst was der minnkliche walt
Gar lustig und gar küelle.
Nu sach ich ein gestüelle
Vor mir maisterlich erhaben.
40   Zue handt lies ich mein traben
Und slaich zue füessen hin naher pas.
Nu sach ich, das darauff satz,
Das was ein weiblich pilde.
Mein sinn was doch nit wilde.
45   Was das selbe möcht gesein?
Es tewch mich ein kunigein,

---

22 frewdenrichte *Mü₁₉*. **24** bye *Mü₁₉*. **25** ist mochte *Mü₁₉*. **44** mynn vnd
synn *Mü₁₉*.

---

21 von geschichte ›zufällig‹. **24–26** ›*Hier sorgte sich eines um das andere, wie
es gefiel und angemessen war*‹. **29** rifir ›*Gegend, Bereich*‹. **32** auf dem dolden
›*in der Baumkrone*‹. **33f.** *Man würde Präteritalformen erwarten (sungen und
drungen); womöglich ist eine Abhängigkeit von V. 31* sie solden … singen *anzu-
setzen*. **38** gestüelle ›*thronartiger Aufbau*‹. **43** weiblich pilde ›*Frauengestalt*‹.

Die wer von himmel kümen dar, [203ᵛ]
So miniklich nach wunsche gar
Was si geformirt und gepildet.
50 Ach, wie wol si vergildet
Allem dem, das da lebte
Und das nach irm solde strebte!
Des tewcht mich alda zu stund.
So recht fewrig was ir mund,
55 Ir wanng rotte reiche,
Ir anlütz minnikliche,
Ir augen lautter und clar,
Auf irem haubt gelbes har,
Das ir was kraus und also lanck,
60 Das si nach wunsch umb den leib schwanck,
Bedecket allenthalben gar.
Nu nam ich vil eben war,
Das ein junger, dewchte mich,
Auf seinen knien gar cleglich
65 Kniet all vor der frawen clar.
Si sprach: ›nu thue mir offenwar,
Durch was du her seist kummen.‹
›Ach fraw, des sind mir benommen
Hertz, muet und all mein sine.
70 Der habt ir gewalt, Fraw Minne, [204ʳ]
Wan si ist ewer underthan,
Von der ich dissen schaden han.
Ir lieb hat mein hertz pesesen.
Mich pedünck, si hab mein vergessen.‹
75 Si sprach: ›enist dir anders nit,
So waist du nit, was dir gepricht.
Pedüncken manigen hat betrogenn.
Pedüncken machet auch gelogen,

---

49 gefpildet *Mü₁₉*. **64** ~~byr~~ knien *Mü₁₉*. **70** meine *Mü₁₉*. **73** ~~pessen~~ pesesen *Mü₁₉*. **78** *Am Versanfang* ~~Das Jr wennet~~ *Mü₁₉*.

---

62 vil eben ›*sehr genau*‹. **74** Mich pedünck ›*Mir scheint, Ich nehme an*‹. **76** ›*dann weißt du nicht, was dir eigentlich fehlt*‹. **78f.** ›*Das Vermuten bewirkt, dass ihr glaubt, dass auch Gelogenes wahr sei*‹.

Das ir wenet, es sei war.
80 Auch machet pedüncken offenwar,
Das man die warhait hat vernicht.
Von bedüncken des gar vil geschicht.
Daran soltu nüt keren dich.
Auch enist es nit gar wunderleich,
85 Ob ein süese reine frucht
Es wil meiden durch ir zucht
Und durch felscher prüefer spehen,
Das si nit wil an sehen
Den, dem si doch guetes gan.
90 Will dan bedüncken einen man,
Das si sein hab vergessen,
Und wil es dar*für* messenn,
Das pringt im laid und ungeduldt.   *[204ʳ]*
Und het er aller kriechen gold,
95 Er müest dapei verdorben *sein*.
Pedüncken pringt schbäre pein,
Auch macht pedüncken dicke fro.
Das pedüncket mich und ist also.
Pedüncken hat auch wol zu geben
100 Paide trawrig und frolich lebenn.
Pedüncken macht reiche,
Der doch an güete *ist* ungleiche
Gene*m*, dem sein gedüncken nit
Halb so guet und gemüete gitt.‹
105 ›Zarte fraw, das lasset ane has.
Ich wolt gar mich peden*chen* pas.‹,

---

82 den *Mü₁₉*.   **83** dicht *Mü₁₉*.   **92** *Vor* für *stehen ein f und zwei weitere durch-
gestrichene unleserliche Buchstaben Mü₁₉.*   **95** sindt *Mü₁₉*.   **102** vnd ist ~~reiche~~
vngleiche *Mü₁₉*.   **103** Genen *Mü₁₉*.   **106** pedenchten *Mü₁₉*.

---

81 vernicht ›*für nichts geachtet, entwertet*‹.   **87** ›*und wegen der Kontrolle böser
Aufpasser*‹.   **92** darfür messenn ›*dahingehend auslegen*‹.   **101–104** ›*Das Ver-
muten macht denjenigen reich, der an Besitz dennoch arm sein mag verglichen mit
einem anderen, dem sein Vermuten nicht halb so viel Freude gibt*‹.

Sprach der minne kranck gemüet.
Des antwurt im die frawe guett:
›Das lasse ich wol ane neitt,
110 Wann wild du wessen sorgen queit,
So dien ir auf guet gedingen,
Auf das dir wol gelinge.
Bis vorswigen und behüet,
Zu allen zeiten woll gemüett
115 Und lasse nit bedüncken betriegen dich.   [205ʳ]
Auf meinen aid das ratte ich,
Wan pedüncken ist paide poß und guet.
Pedüncken es alles thuet,
Dan bedüncket dich woll, so ist dir woll.
120 Nit mer ich dir sagen soll.
An dem pedüncken es alles leitt.
Nu hab urlaub, des ist zeitt.‹
Mit laube er von danne schied.
Inn mir selbs ich mich beriett
125 Und pedüncht mich auch also guet sein.
Zue hant lies ich die königein
Sitzen und slaich zue hant,
Da ich mein pferd gepunden fant.
Ich saß darauf und rait von dan.
130 Wie es erging dem selben man,
Das lasse ich woll ane streit
Und las es ligen als es leitt.

---

108 antawt *Mü₁₉*. **112** gelingem̃ *Mü₁₉*. **119** bedüncken *Mü₁₉*. **120** nü *Mü₁₉*, *das* ü *ist aus einem anderen Buchstaben verbessert.* **128** Doch *Mü₁₉*; fan *Mü₁₉*. **129** ~~da~~ von *Mü₁₉*.

---

109 ane neitt ›*ohne Hass, in freundlicher Weise*‹. **110f.** ›*denn wenn du frei von Sorgen sein willst, dann diene ihr in guter Hoffnung*‹. **121** leitt ›*liegt*‹. **123** Mit laube ›*Mit (ihrer) Erlaubnis*‹. **131** ›*das lasse ich sein, ohne weitere Auskunft anzustreben*‹.

29. Die sechs Farben (B372)

Fassung Gruppe I

[10rb]

Mich fraget ein frauwe minneclich.
Sie sprach zu mir: ›bescheide mich
Eins dinges dorch den reichen got!
Dez ich dich frage sunder spot.‹
5 Ich sprach: ›frauwe, ob ich kan.‹
Da sprach die rein tugentsam:
Ich wenn wol, ez sei dir kunt:
Sprich, wie gevellet dir der funt,
Dez man pflieget dorch alle lant
10 Und mit den röcken tut bekant

---

*Text nach **Ka₇** (Karlsruhe, BLB Hs. K 408; 1430–1435), 10ʳᵇ–11ᵛᵇ. Weitere Überlieferung: **Sr₃** (Straßburg, Stadtbibliothek Cod. A 94 [1870 verbrannt, zitiert nach Myller 1784]; Mitte 14. Jh.), 20ᵛᵇ–22ᵛᵃ; **Be₁₆** (Berlin, SBB-PK Ms. germ. quart. 795; Anfang oder 1. Viertel 15. Jh.), 4ʳ–4ᵛ; **Wo₂** (Wolfenbüttel, HAB Cod. Guelf. 16. 17. Aug. 4°; Anfang 15. Jh.), 81ʳ–83ʳ; **Pr₂** (Prag, Knihovna Nárondního muzea Cod. X A 12 [›Liederbuch der Klara Hätzlerin‹]; 1470/71), 75ᵛ–79ʳ; **Lg₄** (Leipzig, UB Ms. Apel 8 [›Bechsteins Hs.‹]; um 1512), 132ᵛ–137ʳ; **Be₃** (Berlin, SBB-PK Ms. germ. fol. 488 [›Ebenreutters Hs.‹]; um 1530), 5ᵛ–9ᵛ, sowie **Mü₁₉** (München, BSB Cgm 5919 [›Hausbuch des Ulrich Mostl‹]; um 1510), 239ʳ–243ʳ. – Bisherige Ausgaben: Myller 1784, XXIV–XXVI (nach Sr₃); Haltaus 1840, 168–170 Nr. II 21 (nach Pr₂); Schmid 1974, 79–84 (nach Ka₇); Sprague 2007, 76–81 (nach Sr₃).*

Überschrift: Die sechs varb *Ka₇* Dis ist von den sehs farwen *Sr₃* Dis sint die vij varwen *Wo₂* Von uszlegung der sechs varb *Pr₂* Auslegung der sechs farbe *Lg₄Be₃* Ain ander sprüch der siben farb *Mü₁₉*.

1 minneclich] gar mynneclich *Pr₂Lg₄Be₃*.   **2** Sie] Vnd *Pr₂Lg₄Be₃Mü₁₉*; bescheide] bewise *Sr₃Wo₂*.   **4** spät *Ka₇*; sunder] on *Pr₂Lg₄Be₃Mü₁₉*.   **5** Er *Ka₇* Ich *Sr₃Wo₂Pr₂ Lg₄Be₃Mü₁₉*; ich] ich es *Pr₂Lg₄Be₃Mü₁₉*.   **7** wenn] gelaub *Pr₂Lg₄Be₃Mü₁₉*; wol *fehlt Pr₂Lg₄Be₃Mü₁₉*.   **8** Sprich] Sù sprach *Sr₃* Merck *Pr₂Lg₄Be₃Mü₁₉*; wie] wie wol *Wo₂*. **9** man] man nu *Sr₃Wo₂Pr₂Lg₄Be₃Mü₁₉*; alle] die *Sr₃*.   **10** Daz ist dir harte wol erkant *Sr₃*; Und] Daz men *Wo₂Pr₂Lg₄Be₃Mü₁₉*; den *fehlt Wo₂Pr₂Lg₄Be₃Mü₁₉*.

---

7 wenn ›wähne, glaube‹.   **8** funt ›Befund, Gepflogenheit‹.

Fassung Gruppe II

Mich fragt ain fraw minnenklich.   [107ᵛ]
Sie sprach: ›gesell, beweis mich!
Eins dings beger ich durch gott,
Das du mir sagest sunder spott.‹
5 Ich sprach: ›fraw, ob ich es kan.‹
Ia sprach die fraw wolgetan:
›Ich wän wol, es sei dir khund:
Sag, wie gefellt dir der fund,
Des man nu pfligt durch alle lannd,
10 Das man mit rocken tut bekannt

Text nach **Lo₄** *(London, BL Add. 24946; 2. Hälfte 15. Jh.), 107ᵛ–110ʳ. Weitere Über-*
lieferung: **He₁₄** *(Heidelberg, UB Cpg 393; um 1455), 65ʳ–68ᵛ;* **Mü₄** *(München, BSB*
Cgm 270; um 1464), 165ʳ–167ᵛ. – Die paratextuellen Elemente bzw. die Marginalien
in Mü₄, die als Gliederungshilfen auf die einzelnen Farben verweisen, wurden im
Apparat nicht verzeichnet. – Bisher unediert.

Überschrift: Von den varben vnd was | Yede varb bedeuttett *Lo₄* Von den süben
farben *He₁₄* Von den sechs warben *Mü₄*. **1** minnenklich] gar waidelich *He₁₄* so
minneclich *Mü₄*. **2** gesell] zuo mir *Mü₄*. **3** dings *fehlt He₁₄;* beger ich durch]
durch den richen *He₁₄Mü₄*. **4** Das du mir sagest] Des ich dich fraug *He₁₄Mü₄;*
sunder] on allen *He₁₄* gar sunder *Mü₄*. **5** fraw] ja *He₁₄*. **8** Sag] Sprich *He₁₄Mü₄*.
9 nu *fehlt He₁₄*.

10f. ›*dass man anhand der Kleider bekannt macht und mit der Zurschaustellung*
der (Kleider-)Farben‹.

Und mit der farbe tu*t* schauwen,
Wie iegkliches hertzen frauwen
Ist gegen iren leip gemut?
Ist daz hübsch oder ist ez gut?
15 Dez kan ich nicht versinnen mich.
Darumb, so wil ich fragen dich.
Der rechten warheit weiß ich nit.‹
Ich sprach: ›mein mut euch vergicht,
Wie ez umb alle varbe sei.
20 Daz sait mir de*r* schandenfrei,
Der werde graffe Wernher
Von Honburg, mit reicher zier,
Der werlt gunst also behielt,
Daz er in hohen eren wielt.
25 Er waz ein degen der ritterschafft.
Der sait mir der varbe krafft.
Den fragt ich der mere,   *[10ᵛᵃ]*

---

11 tůnt *Ka₇;* tut schauwen] schowe *Sr₃* schovwen *Wo₂Pr₂Lg₄Be₃*.   **13** Ist gegen iren leip] Sù gegen ime si *Sr₃* Gen Jm sey *Pr₂Lg₄Be₃Mü₁₉*.   **14** Ist daz] Es ist *Sr₃;* ist ez] ist *Sr₃* ist daz *Wo₂ fehlt Pr₂Lg₄Be₃Mü₁₉*.   **15** versinnen] besynnen *Pr₂Lg₄Be₃Mü₁₉*. **16** so *fehlt Sr₃*.   **17** rechten *fehlt Pr₂Lg₄Be₃Mü₁₉*.   **18** sprach] spriche *Sr₃;* mut] munt *Wo₂Pr₂Lg₄Be₃Mü₁₉;* euch] ùch wol *Sr₃Wo₂*.   **19** alle] dy *Mü₁₉;* sei] ste *Mü₁₉*. **20–29** *fehlt Mü₁₉*.   **20** dez *Ka₇* der *Sr₃Wo₂Pr₂Lg₄Be₃*.   **21** Der werde] Von Werdenberg *Pr₂* Von Wirdenbergk *Lg₄* Vonn wirttenbergk *Be₃*.   **22** Von Honburg] Von Honberg *Sr₃* Von henberg *Wo₂* Ain Ritter *Pr₂Lg₄Be₃;* mit] der mit *Sr₃Wo₂;* zier] zer *Sr₃Wo₂* er *Pr₂Lg₄Be₃*.   **23** also] er *Pr₂Lg₄Be₃*.   **24** Daz] So dz *Sr₃Wo₂;* in hohen] nach gar hohen *Sr₃* gar hoher *Wo₂* grosser *Pr₂Lg₄Be₃*.   **25** ein degen der] ein tolde *Sr₃* ein frumme *Wo₂* auch wert der *Pr₂Lg₄Be₃*.

---

11 *›und an der Farbe sehen kann‹*.   **13** gegen iren leip *›ihrem Geliebten gegenüber‹*.   **15** *›Das kann ich nicht verstehen‹*.   **21f.** *Der als Gewährsmann genannte Adlige ist vielleicht der ›Schweizer‹ Minnesänger Graf Wernher II. von Homberg (Hohenberg), der 1320 gestorben ist und evtl. zur Zeit der Abfassung der Minnerede noch lebte*.   **23f.** *›der das Wohlwollen der Menschen dadurch besaß, dass er in vornehmer Ehrenhaftigkeit herrschte‹*.

Und mit der farb schaw,
Wie jedes hertzen fraw
Gen irem lieb sei gemut?
Ist es hubsch oder dunckt es dich gut?
15 Des ich nicht versinne mich.
Darumb, so tuon ich fragen dich.
Der rechten warhait wais ich nicht.‹
Ich sprach: ›mein mund euch wol vergicht,
Was es umb iede varb sei.
20 Das sagt mir ainer, dem wonnt bei

Chunst und kluege maisterschaft;
Der sagt mir aller varb kraft.
Denselben fragt ich der mer,

---

12 jedes] yeglichs *He₁₄* ietlichs *Mü₄*. **14** oder *übergeschrieben Lo₄;* dunckt es dich] ist eß *He₁₄Mü₄*. **15** nicht versinne] mit nit kan besynnen *He₁₄* nit versinnen *Mü₄*. **16** tuon ich fragen] will ich pitten *He₁₄Mü₄*. **18** mund] frow *He₁₄* muot *Mü₄*. **19** Was] Wie *He₁₄Mü₄;* iede] die *He₁₄Mü₄*. **20** wonnt] wont ich *He₁₄*. **22** aller] der *He₁₄Mü₄*. **23f.** *fehlt He₁₄*. **23** Denselben] Den *Mü₄*.

Warumb die varbe were.
Der nant mir sie alle.
30 Frauwe, ob euch daz gefalle,
Ich sage euch, alz er sait mir.‹
Sie sprach: ›darumb, so wil ich dir
Immer tragen holden mut.
Nu sage mir, trut geselle gut,
35 Waz meinet grüene varbe?
Darnach die andern garbe.‹
Ich sprach: ›grüene ist ein anefang.
Den hertzenliep noch nie beczwanck
Von minne noch von frauwen,
40 Den sal man grüen schauwen.
Die varbe kündet, daz er sei
Noch herczlichen liebes frei
Und zu herczen nie hat geleit
Kein liebe: davon er grüene treit.‹
45 Sie sprach: ›daz ist ein kluger funt.

---

28 Warumb] Wie es umbe $Sr_3Wo_2Pr_2Lg_4Be_3$; die] alle $Sr_3Pr_2Lg_4Be_3$. **29** Der] Er $Pr_2Lg_4Be_3$; mir *fehlt* Wo_2. **30** Frauwe *fehlt* $Mü_{19}$. **31** sage] sagt es Lg_4Be_3; Als Jch hort sagen mir $Mü_{19}$. **32** so *fehlt* $Sr_3Pr_2Lg_4Be_3$; wil] rat $Mü_{19}$. **33** holden] hohen Lg_4Be_3 selden $Mü_{19}$. **35** meinet grüene varbe] gröne varb main $Pr_2Lg_4Be_3Mü_{19}$. **36** *fehlt* $Pr_2Lg_4Be_3Mü_{19}$; garbe] alle Wo_2. **37** Ich sprach zart frawe rein $Pr_2Lg_4Be_3Mü_{19}$ / Grön ist ain anfang $Pr_2Lg_4Be_3$ Groß ist ain anfang $Mü_{19}$. **38** Den] Dein $Mü_{19}$; noch *fehlt* $Pr_2Lg_4Be_3Mü_{19}$. **39** minne] mannen Sr_3. **40** grüen] in gruenem Wo_2 in grön $Pr_2Lg_4Be_3Mü_{19}$. **41** kündet] ver kundet Lg_4Be_3. **42** Noch] Alles Sr_3 *fehlt* $Wo_2Pr_2Lg_4Be_3Mü_{19}$; herczlichen] herze Sr_3 Hertzen $Pr_2Lg_4Be_3Mü_{19}$; frei] lieb frey $Pr_2Lg_4Be_3$ lieb schney $Mü_{19}$. **43f.** *fehlt* $Pr_2Lg_4Be_3Mü_{19}$ **43** zu herczen nie] nüt ze herzen Sr_3 noch nüt zuo hertzen Wo_2; hat] habe Sr_3Wo_2. **44** liebe] liep Sr_3; grüene] gruenes Wo_2.

---

28 ›weshalb es die Farben gäbe‹. **36** garbe = *garwe* ›vollständig, ganz und gar‹.
38–40 ›Denjenigen, den herzliche Liebesfreude noch nie durch Minne oder durch Damen überwältigte, soll man in grünen Kleidern sehen‹. **45** kluger funt ›geistreicher Einfall‹.

Was iede varb bedewtten wer.
25 Do nannt er mir sie all.
Fraw, ob euch das gevall,
Ich sag euch, als er sagte mir.‹   [108ʳ]
Sie sprach: ›ia sicher, ich danck sein dir
Mitt stetten trewen und holldem muot!
30 Nu sag mir, trawt gesell guot,
Was maint die grun varb?‹
Der frag ich nit lennger darb.
Ich sprach: ›gruen ist ain anefang.
Den hertzenlieb noch nie betwang
35 Von minn noch von frawen,
Denn soll man zerecht in gruen schawen.‹

Sie sprach: ›das ist ain kluoger fund.

24 Wie es vmb die warb wär *Mü₄*. **25** Do] Vnd *He₁₄* Der *Mü₄*; er *fehlt He₁₄Mü₄*.
26 euch das] es üch *He₁₄*. **27** Ich sag euch] Das sag ich uch *He₁₄*. **28** ia sicher
ich danck sein] deß will ich dancken *He₁₄* des wil ich imer danken *Mü₄*. **29** Vnd
ymmer tragen hohen muot *He₁₄* Vnd allzit tragen heldes muot *Mü₄*. **30** trawt]
lieber *He₁₄*. **31** die *fehlt He₁₄Mü₄*. **32** Dar nach die andern graw *He₁₄Mü₄*.
34 Den] Die *He₁₄*. **35** minn] liebi *Mü₄*. **36** zerecht *fehlt Mü₄*; Der sol sich in
gruen laussen schowen *He₁₄*.

32 ›*Auf die (Beantwortung der) Frage verzichtete ich nicht lange*‹.

Nu tuwe mir auch die andern kunt
Und sage mir darnach, waz ist rot.‹
Ich sprach: ›daz ist der minne not,
Die in so sere hat enzunt.
50 So tut er mit der varbe kunt,
Daz er gar sere minnet
Nach liebe, daz er prinnet
Alz ein glut in dem fewr.‹
Da sprach die vil gehewr:
55 ›Ich sag dir, daz ich mangen weiß,
Dem lieb, lait, kalt noch heiß
Von weiben selten ist geschehen
Und laßt sich doch in rotem sehen,
Daz man wene, er sei
60 Ein minner. er ist minne frei.   *[10ᵛᵇ]*
Die Minne weiß nicht, ob er lebt,
Und er doch in den roten röcken strebt
Und gut frauwen betrügt

----

46 auch *fehlt* *Pr₂Lg₄Be₃Mü₁₉;* andern] ander varwe *Wo₂*. **47** darnach *fehlt* *Pr₂Lg₄Be₃Mü₁₉*. **48** sprach] spriche *Sr₃*. **49** in] sù *Sr₃;* hat] hant *Sr₃;* enzunt] er zündt *Mü₁₉*. **50** So tut er] Er tuott *Pr₂Lg₄Be₃Mü₁₉;* mit] mir *Pr₂* müt *Lg₄Be₃*. **51f.** Noch liebe daz er mynnet | Daz er gar sere brinnet *Wo₂Pr₂Lg₄Be₃Mü₁₉*. **51** minnet] brinnet *Sr₃*. **52** prinnet] minnet *Sr₃*. **54** vil] wol *Pr₂Lg₄Be₃Mü₁₉*. **55** mangen] vil mange *Sr₃Wo₂;* dir daz] dir das das *Lg₄Be₃*. **56** Dem] Den *Sr₃;* lieb lait] von liebe *Sr₃Pr₂Lg₄Be₃Mü₁₉* liep noch leit noch *Wo₂*. **57** Von weiben *fehlt* *Pr₂Lg₄Be₃Mü₁₉;* selten *fehlt Wo₂*. **58** sahen *Ka₇* sehen *Sr₃Wo₂Pr₂Lg₄Be₃Mü₁₉;* rotem] rott *Pr₂Lg₄Be₃Mü₁₉*. **59** Daz] Durch das *Sr₃Wo₂Pr₂Lg₄Be₃* Dürch das das *Mü₁₉;* wene] wene daz *Sr₃Wo₂* mein *Mü₁₉*. **60** minner] puoler *Pr₂Lg₄Be₃Mü₁₉;* er ist] so ist er *Sr₃* ie doch ist er *Wo₂* vnd ist *Pr₂Lg₄Be₃Mü₁₉;* minne] liebe *Lg₄Be₃*. **61** Minne] lieb *Lg₄Be₃*. **62** Und er doch] Vnd er *Sr₃* Vnd we er *Wo₂* Wiewol er *Pr₂Lg₄Be₃Mü₁₉;* in den roten röcken] in dem roten rocke *Sr₃Wo₂* in rottem *Pr₂Lg₄Be₃* Jn rottenn *Mü₁₉*. **63f.** *Die Verse sind in Pr₂Lg₄Be₃Mü₁₉ vertauscht.* **63** Und *fehlt Pr₂Lg₄Be₃Mü₁₉;* betrügt] trüget *Sr₃Wo₂* er betriugt *Pr₂Lg₄Be₃* er betrewg *Mü₁₉*.

51f. *›dass er überaus innig der Liebe gemäß liebt, sodass er brennt‹.* **62** strebt *hier etwa ›herumspringt‹.*

Nu tue mir auch die andern kund!‹

>Fraw, ich hort, das rot prinne
40 So ganntz nach lieb in der minne
Als fenix in dem fewr.‹
Io sprach die vil gehewr:
>Ich sag dir, das ich vil manigen wais,
Dem lieb noch laid, kalt noch hais
45 Von frawen sellten ist geschehen,
Der sich doch lat in rott sehenn,
Durch das man wenn, er sei
Ein minner. nain, er ist sein frei!
Die minn wais nit, ob er ir lebt
50 Und doch in rottem gewande strebt
Und gut frawen trewgt

38 *Nach diesem Vers folgen in He$_{14}$ dieselben Verse wie in Gruppe I, V. 47–50 (Abweichungen:* 49 in] ain; 50 So tut er mit der varbe] Mit der farb tuot er*).* **39** Das er so ser print *He$_{14}$* Das es gar ser prinnt *Mü$_4$.* **40** Nach lieb das mynnt *He$_{14}$Mü$_4$.* **41** fenix] die gluot *He$_{14}$* ain gluot *Mü$_4$.* **42** Io] Ych *He$_{14}$* Da *Mü$_4$.* **43** vil *fehlt He$_{14}$Mü$_4$.* **44** laid] laid noch *He$_{14}$Mü$_4$.* **45** sellten *fehlt He$_{14}$;* geschehen] beschehen *He$_{14}$Mü$_4$.* **46** Der sich doch lat] Vnd laut sich doch *He$_{14}$Mü$_4$.* **47** Durch] Dar vmb *He$_{14}$.* **48** Ein minner] Yn mynn *He$_{14}$* Ain lieber *Mü$_4$;* sein frei] frow *He$_{14}$* frey *Mü$_4$.* **49** minn] lieb *Mü$_4$.* **50** doch *fehlt Mü$_4$;* in rottem gewande] in ainem rotten rock *He$_{14}$Mü$_4$.*

41 fenix *der mythische Vogel Phönix verbrennt, um aus dem Feuer wieder aufzuerstehen.* **47** wenn *›wähnt, glaubt‹.*

Und uff die minne lügt
65 Und sagt von minnen brant,
Der minne noch nie erkant.
Ob sie geit kalt oder warme,
Daz hat er wenig noch erfarn.
Sich, daz leben, daz tut mich graw,
70 Nu sage mir darnach: waz ist blaw?‹
Ich sprach: ›daz ist stetikeit,
Der liebe nach herczenliebe trait.‹
Sie sprach: ›daz ist ein guter siet.
Dem sieten wil ich volgen nit.
75 Ez zimmet wol, daz er stete sei,
Dem liebe in hertzen wonet bei.
Doch siehet man mangen blaw tragen.
Möcht der rock die warheit sagen,
Er sait vil andere mere,
80 Wie steet sein herre were.
Den er an treit dorch stetikeit,

---

64 leût *Ka₇* er liugt *Pr₂Lg₄Be₃Mü₁₉*; Und *fehlt Pr₂Lg₄Be₃Mü₁₉*. **65** von] von der *Pr₂Lg₄Be₃Mü₁₉*. **66** Der minne noch] Der doch mynn *Pr₂Lg₄Be₃Mü₁₉*; erkant] bekande *Sr₃*. **67** geit] sey *Pr₂Lg₄Be₃Mü₁₉*. **68** *fehlt Mü₁₉*; Daz hat er] Er hatt es wenig *Pr₂Lg₄Be₃*. **69** Sich *fehlt Wo₂*; daz leben] des leben *Sr₃* der leben *Pr₂Lg₄Be₃Mü₁₉*; daz tut] tuot *Sr₃Wo₂* macht *Pr₂Lg₄Be₃* machten *Mü₁₉*; mich] mit *Be₃*. **70** Nu *fehlt Sr₃*. **72** liebe nach herczenliebe] liep gegen herzeliebe *Sr₃Wo₂* hertzen lieb gen lieb *Pr₂Lg₄Be₃Mü₁₉*. **73** daz] ditz *Mü₁₉*; guter] cluoger *Pr₂Lg₄Be₃* hübscher *Mü₁₉*. **74** Dem sieten wil ich] Den sitten wil ich *Sr₃* Ich will dem auch *Pr₂Lg₄Be₃Mü₁₉*; volgen] wonen *Wo₂*; nit] mitte *Sr₃Wo₂Pr₂Lg₄Be₃Mü₁₉*. **76** liebe in hertzen] hertzen lieb *Pr₂Lg₄Be₃Mü₁₉*. **77** tragen] an tragen *Pr₂Lg₄Be₃*. **79** vil] ein *Sr₃ fehlt Wo₂Pr₂Lg₄Be₃Mü₁₉*. **80** herre] herze *Sr₃Wo₂Pr₂Lg₄Be₃*. **81f.** *fehlt Pr₂Lg₄Be₃Mü₁₉*. **81** Den er] Der in *Sr₃Wo₂*.

---

69 *›Siehe, das Leben bewirkt, dass ich ergraue‹.* **72** *›die ein Liebender gegenüber seiner Herzensliebsten in sich trägt‹ (?).* **74** *›Der Sitte werde ich (jedoch) nicht folgen‹; das bezieht sich wohl darauf, dass man den Farbencode manipulieren kann (vgl. V. 77ff.).*

Und auf die minn leugt
Und sagt von der minne band,
Der er doch kains nie erkant,
55   Ob sie geb kallt oder warm.
Das hon ich dick von in erfarn.
Sich, das leben tut mich machen grab.
Nu sag mir darnach, was ist plab!‹
Ich sprach: ›das maint stattikaitt,
60   Der lieb gen hertzenlieb treitt.‹
Sie sprach: ›das ist ain cluger sitt.
Dem will ich sicher vollgen mit.
Im zimbt wol, das er stät sei,
Dem lieb im hertzen wonet bei.
65   Doch sicht man manigen plab tragen.
Mocht der rock die warhait sagen,
Er sagt vileicht ain ander mer,   *[108ᵛ]*
Wie stat seins hern hertz wer,
Der in treit durch stettikait.

------

52 minn] lieb *Mü₄*.   **53** der minne] mynn *He₁₄* liebe *Mü₄*.   **54** Vnd haut ir nie
erkant *He₁₄* Der minn nie erchant *Mü₄*.   **56** dick von in] gar vil *He₁₄* noch uil clain
Mü₄.   **57** tut mich machen] macht mich *He₁₄* tuot mich *Mü₄*.   **58** Nu] Vnd *Mü₄*.
60 Der] Wer *He₁₄*; gen] nach *He₁₄*.   **62** Dem] Dem sytt *He₁₄Mü₄*; sicher *fehlt*
He₁₄Mü₄.   **63** Im] Dem *He₁₄*.   **64** Dem] Wenn *He₁₄*; im] in *He₁₄*; wonet] won *He₁₄*.
65 Doch sicht man] Aber man sicht *He₁₄*.   **67** ain *fehlt He₁₄*.   **68** Wie] Wer *He₁₄*;
seins hern hertz] im hertzen *He₁₄* sein hertz *Mü₄*.   **69** in treit] sy stätt *He₁₄*.

------

57 ›*Schau, das Leben lässt mich ergrauen*‹.

Der rock vil leicht ein anders sait.
So wirt manig weip betrogen.
Doch hat die varbe nit gelogen:
85 Sie ist gar steet, wie ioch sei der man,
Der den blawen rock treit an.
Solt manger nach der stete tragen,
So wil ich dir die warheit sagen:
So must manger tragen grawe,
90 Der felschlichen treget blawe.
Der rede sei geswiegen.
Laßen wir daz allez ligen.
Und sage mir, geselle gut,
Der wiß an treit, wie ist der gemut?‹   *[11ʳᵃ]*
95 Ich sprach: ›daz maint ein guter wan,
Der im von liebe ist uffgetan.
Daz mainent weiß kleider.‹
Sie sprach: ›owe ia leider,

---

83 *langer horizontaler Strich über* ogen *Ka₇;* manig] vil manig *Sr₃Wo₂.* **84** Doch]
So *Sr₃Wo₂Pr₂Lg₄Be₃Mü₁₉.* **85** Sie] Bla *Sr₃Wo₂Pr₂Lg₄Be₃Mü₁₉;* gar *fehlt Pr₂Lg₄Be₃*
Mü₁₉; wie ioch sei der man] wie ioch der man *Sr₃Wo₂* wie halt der man *Pr₂* halt wie
der mann *Lg₄Be₃* wie hallt er Jn an *Mü₁₉.* **87** *langer horizontaler Strich über* agen
Ka₇; der] seiner *Pr₂Lg₄Be₃Mü₁₉.* **88** wil] wais *Mü₁₉;* die warheit] fürwar *Pr₂Lg₄Be₃*
Mü₁₉. **89** So must manger] Er müst *Pr₂Lg₄Be₃* Jr müss *Mü₁₉.* **90** Den men siht
schelklich tragen bla *Sr₃* Den man siht felschlich tragen blo *Wo₂;* felschlichen]
täglich *Pr₂Lg₄Be₃Mü₁₉;* treget] thüt *Mü₁₉.* **91f.** *fehlt Pr₂Lg₄Be₃Mü₁₉.* **91** sei] der si
gar *Sr₃* der sy nun *Wo₂.* **92** Laßen] Und loszen *Wo₂;* daz] dis *Sr₃Wo₂.* **93** Und]
Nun *Pr₂Lg₄Be₃Mü₁₉;* geselle] trut geselle *Sr₃Wo₂Pr₂Lg₄Be₃Mü₁₉.* **94** an *fehlt*
Pr₂Lg₄Be₃Mü₁₉; ist der gemut] stätt des muot *Pr₂* stet sein muot *Lg₄Be₃Mü₁₉.*
95 daz maint] daz ist *Sr₃* es ist *Pr₂Lg₄Be₃Mü₁₉;* wan] man *Pr₂Mü₁₉.* **97** Daz mai-
nent] Den mainen *Pr₂* Den meyne *Lg₄Be₃* Des teutten *Mü₁₉; nach 97 wohl verse-*
hentliche Wiederholung der Verse 95f. der Leiths. seitens der Dame: Sie sprach es
ist ein guter wann | Der Jm von lieb ist auff getann *Lg₄Be₃.* **98** owe ia] ich gelaub
Pr₂Lg₄Be₃Mü₁₉.

---

85 *›Sie ist ganz und gar beständig, in gleichem Maße, wie es auch der Mann sein*
sollte‹. **87** nach der stete *›gemäß der Beständigkeit‹.*

70   Vileicht der rock ain annders seitt:

Plaw ist stat, wie aber sei der man,
Der den plawen rock trait an.
Solt ieder nach seiner stat tragen,
So will ich dir fur ain warhait sagen,
75   Das maniger muest tragen grab,
Den man sicht vallschen tragen blab.
Damit der red sei geswigen
Und lassen wir die farb ligen!
Und sag mir, trawt gesell gut,
80   Der weis trait, was ist dem zumuet?
Ich sprach: ›dasselb bedewt ain lieben wan,
Der im von lieb ist aufgetan.
Das mainen weisse klaider.‹
Sie sprach: ›ich gich sein laider,

---

70 ain *fehlt* He_{14}. **71** sei der man] der man sy He_{14}. **73** ieder] menger $He_{14}Mü_4$; seiner] der $He_{14}Mü_4$.   **74** wahait Lo_4 warhait $He_{14}Mü_4$; dir] euch $Mü_4$; fur ain] die $He_{14}Mü_4$. **75** So müst er tragen graw $He_{14}Mü_4$. **76** Den] Dem $Mü_4$; vallschen] falschlich $He_{14}Mü_4$. **78** die farb] es also $He_{14}Mü_4$. **79** trawt] lieber He_{14}. **80** Der] Wer $He_{14}Mü_4$; trait] an treit $He_{14}Mü_4$; was ist dem zumuet] wie ist der gemuot $He_{14}Mü_4$. **81** dasselb bedewt] das macht He_{14} das ist $Mü_4$; lieben] lieber $He_{14}Mü_4$; wan] man He_{14}. **82** im von lieb] ain lieb He_{14}. **83** mainen] macht He_{14} maint $Mü_4$. **84** ich gich sein] ja $He_{14}Mü_4$.

---

73 nach seiner stat ›*gemäß seiner Beständigkeit*‹.

Wie manger weiß kleider treit,
100 Dem herczen liep noch lait
Von guten weiben nie geschach!
Daz ist meins herczen ungemach,
Daz er gicht, er habe guten wan,
Der herczenliebes noch ist an.
105 Wie mag der leben in wan,
Der noch ist hertzenliebes an?
Gelaube mir der mere,
Sie seint recht klaffere,
Die sich mit den röcken laßen sehen,
110 Waz in von weiben ist geschehen.
Daz solt auch wol verswiegen sein.
Nun tund sie ez offenlichen schein
Und machent ein geschelle.
Ein heimlich traut geselle,
115 Der gar verswiegen were,
Der solt die selben mere
Wißen, und anders niemant me.

---

99 Wie] Das $Sr_3Wo_2Pr_2Lg_4Be_3Mü_{19}$; kleider *fehlt* $Pr_2Lg_4Be_3Mü_{19}$; treit] an traitt $Pr_2Lg_4Be_3Mü_{19}$.   **100** Dem] Den $Mü_{19}$; noch] vnd noch Lg_4Be_3; lait] herzeleit Sr_3Wo_2. **103–106** *fehlen* $Pr_2Lg_4Be_3Mü_{19}$.   **103** *fehlt* Wo_2.   **105f.** *fehlt* Sr_3.   **105** Wie het der liep in wone Wo_2.   **106** Der hertze liep noch ist one Wo_2.   **108** Sie seint] Sù heissent $Sr_3Pr_2Lg_4Be_3Mü_{19}$ Daz sü sint Wo_2; recht klaffere] lesterere Sr_3Wo_2 wol lestrer $Pr_2Lg_4Be_3$ wol erstner $Mü_{19}$.   **109** sich mit den röcken laßen] mit den roecken sich lant Sr_3; sich *fehlt* $Wo_2Pr_2Lg_4Be_3Mü_{19}$; den *fehlt* $Pr_2Lg_4Be_3Mü_{19}$. **110** von weiben] von liebe Sr_3 guotz $Pr_2Lg_4Be_3Mü_{19}$; ist] si Sr_3. *Nach diesem Vers zwei Plusverse in* $Pr_2Lg_4Be_3Mü_{19}$: Von rainen säligen weiben | Es solt ainer [mir $Mü_{19}$] in sein hertz schreiben.   **111** Daz solt] Das sol Sr_3 Vnd solt $Pr_2Lg_4Be_3Mü_{19}$; auch wol] ovch gar Sr_3Wo_2 *fehlt* $Pr_2Lg_4Be_3Mü_{19}$.   **112** Nun] So $Pr_2Lg_4Be_3Mü_{19}$; ez *fehlt* $Wo_2Pr_2Lg_4Be_3Mü_{19}$.   **114** *fehlt* Lg_4Be_3; traut] guet $Pr_2Mü_{19}$.   **115** gar verswiegen] geren gerecht $Pr_2Lg_4Be_3Mü_{19}$.   **116** solt] sol $Pr_2Lg_4Be_3Mü_{19}$.   **117** anders *fehlt* $Sr_3Wo_2Pr_2Lg_4Be_3Mü_{19}$.

---

104 an ›ohne‹.   **109** ›die sich an den Kleidern anmerken lassen‹.   **113** geschelle ›Getöse‹.

85 Das maniger weis klaider antrait,
Dem hertzenlieb noch hertzenlaid
Von gutten frawen nie geschach.
Das ist meines hertzen ungemach:
Das er gicht, er hab gutten wann,
90 Der hertzenlieb noch ist alles an.

Und gelaub mir der mär:
Sie haissent trügner,
Die mit den rocken lassent sehen,
Was in von frawen sei geschehen!

---

85 antrait] treit *He$_{14}$Mü$_4$*. **87** nie] nit *He$_{14}$*. **89f.** *fehlt He$_{14}$*. **90** alles *fehlt Mü$_4$*. **91** Und *fehlt He$_{14}$Mü$_4$;* der] die *He$_{14}$Mü$_4$*. **92** Sie] Er *Mü$_4$*. **93** Die] Die sich *He$_{14}$;* den rocken] röcken oder mit farben *He$_{14}$*. **94** sei] ist guotz *He$_{14}$* ist *Mü$_4$;* geschehen] beschehen *Mü$_4$*.

---

90 an ›ohne‹.

Sein liep, sein leit, sein wol, sein we
Solt man einem gesellen sagen.
120 Daz waz hievor bei alten tagen:
Wan eineme ein guter wan geschach,
Dez selben er nieman veriach
Und tr*uog* in alters eine.
Nu ist ez gar gemaine:
125 Wem ein guter wan geschicht,
Daz er den offenlichen gicht,
Daz sie in dan trösten wil.
So sait ers dreistunt alz vil,
Alz sie im da erzaigt hat.
130 Daz waz hievor ein groß missetat.
Geschicht im ein guter wan,
Zuhant went er sie han
Und wenet, sie solle in gewern.

[11rb]

-----

119 Solt] Sol *Pr₂Lg₄Be₃Mü₁₉*; man] er *Pr₂Lg₄Be₃Mü₁₉ fehlt Sr₃*; einem gesellen] eime guoten gesellen *Sr₃Wo₂* nit fürbas *Pr₂Mü₁₉* fürbas nit *Lg₄Be₃*.   **120** Daz] Es *Pr₂Lg₄Be₃Mü₁₉*; hievor bei] hie vor in *Sr₃* vor *Pr₂Lg₄Be₃Mü₁₉*.   **121** eineme *fehlt Mü₁₉*; ein *fehlt Pr₂Lg₄Be₃*; geschach] geschicht *Wo₂*.   **122–125** *fehlt Wo₂*.
122 Dez selben er] Daz er den *Sr₃* Das er des *Pr₂Lg₄Be₃* Das er das *Mü₁₉*.   **123** trüge *Ka₇* truog *Pr₂Lg₄Be₃Mü₁₉*; alters eine] allein *Pr₂Lg₄Be₃Mü₁₉*.   **124** Nu] So *Pr₂Lg₄Be₃ Mü₁₉*; ez *fehlt Lg₄Be₃*; gar *fehlt Sr₃* nun *Pr₂Lg₄Be₃* Jm *Mü₁₉*.   **125** Wem] Wan eime *Sr₃Pr₂Lg₄Be₃Mü₁₉*.   **126** den *fehlt Pr₂Lg₄Be₃Mü₁₉*; gicht] vergiht *Sr₃* spricht *Pr₂Lg₄ Be₃Mü₁₉*.   **127** Daz sie in] Das in sin frowe *Sr₃Pr₂Lg₄Be₃* Darin ain schbar *Mü₁₉*; dan *fehlt Sr₃Pr₂Lg₄Be₃Mü₁₉*.   **128** So sait ers] Vnd seit den *Sr₃* Vnd *Wo₂* Vnd macht des *Pr₂Lg₄Be₃Mü₁₉*; dreistunt] tusent stunt *Sr₃*.   **129** sie im da erzaigt] sù ime erzoeiget *Sr₃* sü imme den erzöiget *Wo₂* sy sich erpoten *Pr₂Lg₄Be₃* sich er er poten *Mü₁₉*.
130 waz hievor] ist *Sr₃Wo₂Pr₂Lg₄Be₃Mü₁₉*.   **131** im] ime aber *Sr₃* aber eime *Wo₂ fehlt Mü₁₉*; ein guter wan] ain güt yden *Mü₁₉*.   **132** went] so wenet *Sr₃* maint *Pr₂ Lg₄Be₃Mü₁₉*; han] ze han *Pr₂Lg₄Be₃* ziehen *Mü₁₉*.   **133** wenet *fehlt Sr₃Wo₂Pr₂Lg₄ Be₃Mü₁₉*; sie *fehlt Sr₃Pr₂Lg₄Be₃Mü₁₉*; solle in] in sülle *Wo₂*; gewern] zehant gewern *Sr₃Wo₂* pald geweren *Pr₂Lg₄Be₃Mü₁₉*.

-----

123 alters eine ›*ganz für sich*‹.

95   Das in sein fraw nu trosten will,
      So sait er tausent stund als vill,
      Als sie im ertzaigt hatt.
      Das ist ain grosse missetat.
      Geschicht im aber ain gutter wann,
100 Zuhant went ers erworben han:
      Sie sull in zuohant gewern.

---

95 Das in sein fraw nu] Wann ain frow ain He_{14}; nu *fehlt* $Mü_4$.   **96** So] Vnd $Mü_4$; er] er da von He_{14} dann $Mü_4$; stund] mal He_{14}.   **97** ertzaigt] verhaissen He_{14}.   **99** Geschicht] Beschicht $Mü_4$; im aber] ainem dann He_{14}.   **100** erworben *fehlt* $Mü_4$; So muet er sy zuo hand an He_{14}.   **101** Sie] Vnd sie $He_{14}Mü_4$; zuohant *fehlt* $He_{14}Mü_4$.

So fischt er vor dem pern.
135 Daz ist der minner siet nu.
Und so er sie überkumpt, so spricht sie huwe.
Dez geschicht nu viel, dez ich nu wol siehe.
Dez wil ich ioch trösten sie.
Also macht auch der gut wan
140 An alle freude wol zurgan.
Die mere saltu von mir sagen,
Den, die die weißen röcke an tragen.‹
Darnach die schöne fraget mich
Von swarczer varb. da sprach ich:
145 ›Frauwe, daz meint leicht ein zorn:
Daz einer hat ein liep erkorn

---

134 So fischt er] Der vischet *Sr₃Wo₂Pr₂Lg₄Be₃* Gen vischent *Mü₁₉;* vor dem] verre vor den *Sr₃* verre von dem *Wo₂* von dem *Mü₁₉*. **135** Daz] Es *Pr₂Lg₄Be₃Mü₁₉;* der minner] miner *Wo₂* des mynners *Pr₂Lg₄* des nymmer *Be₃* des pulers *Mü₁₉*. **136** Das er pald spricht Ju *Pr₂* Das er spricht gar baldt Jü *Lg₄Be₃* Das Er gar pald spricht Jü *Mü₁₉;* Und *fehlt Sr₃Wo₂;* sie überkumpt] uf kumet *Sr₃;* spricht sie] sprichet er *Sr₃* sprech er *Wo₂*. **137** Sin wurt vil wening dz men siht *Sr₃* Ein wrt nüt vil des man sich *Wo₂* Sein wirt wenig des man sich *Pr₂Lg₄Be₃* Es gepurt offt das man sich *Mü₁₉*. **138** Dez] Verswiget ers *Sr₃* Verwiget daz *Wo₂* Versicht des *Pr₂Lg₄Be₃* Verschuldet des *Mü₁₉;* ioch *fehlt Sr₃Wo₂Pr₂Lg₄Be₃Mü₁₉;* sie] niht *Sr₃* dich *Wo₂Pr₂Mü₁₉* mich *Lg₄Be₃*. **139** macht] moeht *Sr₃Wo₂Pr₂Lg₄Be₃* das *Mü₁₉;* auch *fehlt Wo₂Pr₂Lg₄Be₃Mü₁₉;* der gut] ain guoter *Pr₂Lg₄Be₃Mü₁₉*. **140** wol] mag *Mü₁₉;* zurgan] ergan *Pr₂Lg₄Be₃Mü₁₉*. **141** Die mere] Diese mere *Sr₃* Das *Pr₂Lg₄Be₃Mü₁₉;* von mir] dan *Mü₁₉*. **142** Den die] Den *Sr₃* Den die do *Wo₂* Dy da *Mü₁₉;* die weißen röcke] wisze röcke *Wo₂* weisz *Pr₂Lg₄Be₃Mü₁₉*. **143** Darnach] Zuhannd *Pr₂Lg₄Be₃Mü₁₉*. **145** meint] bedeut *Lg₄Be₃* magent *Mü₁₉;* leicht] vil lihte *Wo₂* villeicht *Pr₂Lg₄Be₃Mü₁₉*. **146** Daz] Wann *Pr₂Lg₄Be₃Mü₁₉*.

---

134 ›*So fischt er vor dem Fischernetz‹; Redewendung im Sinne von ›etwas Unsinniges tun‹ (vgl. TPMA 3, FISCHEN 11–25).* **136** ›*Und wenn er sie überrumpelt, so verspottet sie ihn‹.* **139f.** ›*So kann die Hoffnung auf Gutes, wenn jegliche Freude fehlt, gewiss dahinschwinden.‹*

Der visch*t* verr vor dem pern,

Wann sein geschicht als leicht nit.   *[109ʳ]*
Des man sich verwänt, des trost dich nit!‹

105 Darnach die schen fragt mich
Umb swartze varb. da sprach ich:
Fraw, das maint den zorn.
Das im ainer ain lieb erkorn

---

102 visch *Lo₄* fischt *He₁₄Mü₄;* Der] Der selb *He₁₄;* vor dem pern] von dem mer *He₁₄.*
103 Wann sein geschicht] Geschicht sein *He₁₄Mü₄;* als leicht] villicht *He₁₄* aber als
licht *Mü₄.* **104** Des man sich verwänt] Die man sicht verben *He₁₄;* dich *fehlt*
He₁₄. **105** schen fragt mich] zart frow minneclich *He₁₄.* **106** Fraugt vmb swartz
vnd graw farb mich *He₁₄.* **107** Ych sprach das macht laid vnd zorn *He₁₄.*
108 Das im ainer] Dann ainer *He₁₄* Das im ainer *Mü₄;* erkorn] haut erkorn *He₁₄.*

---

102 ›*Ein solcher fischt weit vor dem Fischernetz‹; Redewendung im Sinne von ›et-*
was Unsinniges tun‹ (vgl. TPMA 3, FISCHEN 11–25). **104** ›*Verlasse dich nicht auf*
das, was man sich einbildet‹.

Und dient der also sere,
Daz er gut und ere
An sie mit stetem dienst leit.
150 So schaffet ie unstetikeit,
Daz sie villeicht ein andern nimpt
Tzu diener, daz ir missezimpt.
Wie wol er ir gedienet hat,
Daz sie im ungelonet lat.
155 Davon so muß er trauren,
Sein freude muß im sawrn,
Sein liep sein leit ist worden.
Dez mueß er swarczen orden
Tragen durch hertzen reuwe.‹
160 Sie sprach: ›die ungetreuwe,
Die daz immer manne getut,
Der wünsch ich, daz ir nimmer gut
Von keinem man müß geschehen.

[11va]

---

147 der] dem $Pr_2Lg_4Be_3Mü_{19}$.　**148** Daz] So das Sr_3Wo_2; gut] leib $Pr_2Lg_4Be_3Mü_{19}$.
149f. *fehlt* Lg_4Be_3.　**149** stetem] gantzem $Pr_2Mü_{19}$.　**150** So schaffet ie] So schaf-
fet ir Sr_3Wo_2 Vnd schicket dann Pr_2 Vnd schicket sich dan $Mü_{19}$.　**151** Daz] An
Lg_4Be_3; villeicht *fehlt* $Pr_2Lg_4Be_3Mü_{19}$.　**152** ~~sie~~ ir Ka_7; Tzu diener daz ir] Zuo diener
der ir Sr_3 Das ir doch ser $Pr_2Lg_4Be_3Mü_{19}$.　**153** Wie wol er ir] Wie wol er ie Sr_3 Wann
ir jener wol $Pr_2Lg_4Be_3$ Wan Jr diener wol $Mü_{19}$.　**154** im] Jn $Pr_2Lg_4Mü_{19}$ *fehlt* Be_3;
ungelonet] vnbelonet Pr_2 vnbeleumet Lg_4Be_3 vnbelient $Mü_{19}$.　**155** Davon] Dar-
umb $Pr_2Lg_4Be_3Mü_{19}$; so muß] sol Sr_3.　**156** freude] frowe Sr_3; muß] mussen $Mü_{19}$;
im] in ym Lg_4Be_3; sawrn] ersauren $Pr_2Lg_4Be_3$.　**157f.** *Die Verse sind in Sr_3 ver-
tauscht.*　**157** Sein liep sein leit ist] Der ime von ir ist Sr_3 Sein lieb ze laid ist
$Pr_2Lg_4Be_3$ Wan sein lieb ist zü laid $Mü_{19}$.　**158** Dez] Daz Wo_2; orden *fehlt* $Mü_{19}$.
159 durch hertzen] mit hertziger $Pr_2Lg_4Be_3Mü_{19}$.　**160** Sie] Da $Pr_2Mü_{19}$ Do
Lg_4Be_3; die ungetreuwe] die vil ungetruwen Sr_3 die schön die getriu $Pr_2Lg_4Be_3$
$Mü_{19}$.　**161** Welliche fraw das tuott $Pr_2Lg_4Be_3Mü_{19}$.　**162** ich Ka_7 ir $Sr_3Wo_2Pr_2Lg_4$
Be_3 *fehlt* $Mü_{19}$; wünsch ich] wunsch Lg_4Be_3.　**163** müß geschehen] geschehe
$Sr_3Wo_2Pr_2Lg_4Be_3Mü_{19}$.

---

150 ie *hier* ›irgendeinmal‹.

Hat und dient der so ser,
110 Also, das er guot und er
An sie mit stattem dinst leitt.
So schaft ir unstattikaitt,
Das sie ain andern nimbt
Ze dinst, das ir misszimbt;
115 Wie woll er ir gedient hatt,
Das sie in ungelonet latt,
Davon mues er trawrn.
Sein frewd mues im ersawren,
Sein lieb ist im zu leid worden.
120 Des mues er swartzen orden
Ummer tragen mit iamers rew.‹
Si sprach: ›owe, die ungetrew,
Die das imer kaim man tuot,
Der wunsch ich, das ir nimer guot
125 Von kainem man geschech,

---

110 guot] lib vnd guot *He₁₄*.   **111** stattem dinst] stätten diensten *He₁₄*.   **112** So *fehlt He₁₄*.   **113** ain andern] ir zuo lieb ain andern *He₁₄*.   **114** Das doch ir stätt nit zympt *He₁₄*.   **115f.** *Diese Verse sind in He₁₄ vertauscht.*   **115** Wie woll] Vil vil *He₁₄*; er *fehlt Mü₄*.   **116** Das sie in] Vnd sie ainem *He₁₄* Das si im *Mü₄*.   **117** Davon] Dar vmb *He₁₄*.   **120** swartzen] swartzen vnd grauen *He₁₄*.   **122** owe die ungetrew] welch frow ist so vntrw *He₁₄* owe der vngetrw *Mü₄*.   **123** Die das imer kaim] Das die ainem *He₁₄*.   **124** ir] der *He₁₄*.   **125** geschech] beschäch *Mü₄*.

Daz man sie müst unsteet sehen,
165 Daz wolt ich gar wenig klagen.
Ich wolt, daz sie swarcz müst tragen,
Daz sie damit erkant sei
Und ir groß unstetikeit dabei.
So bliebe vil manige stete,
170 Daz sie nicht missetet*e*
An keinem guten manne.
Man solt sie banne
Künden und in die echt.
Wee ir, die dez immer gedecht,
175 Daz sie den frummen scheucht
Und zu dem argen fleucht.
Welch weip den selben wechssel tut,
Daz macht ie unsteten mut.‹

---

164 Die man so gar unstete sehe *Sr₃Wo₂* Die man so vnstätt sech *Pr₂Lg₄Be₃Mü₁₉*. **165** Daz] Die *Sr₃;* gar *fehlt Pr₂Lg₄Be₃Mü₁₉*. **166** daz sie swarcz müst] sù ovch swarz mueste *Sr₃* daz sü swartz an müste *Wo₂* auch schwartz mit Jm *Pr₂Lg₄Be₃Mü₁₉*. **167** sie] man *Sr₃Wo₂* man sy *Pr₂Lg₄Be₃Mü₁₉;* damit erkant sei] do mitte erkande sù *Sr₃Wo₂* all chennet eben *Pr₂Lg₄Be₃* kennet all eben *Mü₁₉*. **168** groß *fehlt Sr₃Wo₂;* Die in vnstättikait leben *Pr₂Lg₄Be₃Mü₁₉*. **169** vil *fehlt Sr₃Wo₂Pr₂Lg₄Be₃Mü₁₉*. **170** missetet *Ka₇* wystet *Mü₁₉*. **171** guten] frumen *Pr₂Lg₄ Be₃Mü₁₉;* manne] ~~man~~ noch *Mü₁₉*. **172** banne] ze banne *Sr₃Wo₂Pr₂Lg₄Be₃;* zu ~~pandt~~ pann künden Jn dy acht *Mü₁₉ (V. 172 mit V. 173 zusammengezogen)*. **173** *fehlt Mü₁₉;* Künden] Vorkunden *Lg₄Be₃;* in die echt] in ahte *Sr₃Wo₂*. **174** Wee ir die dez] Wie sù es *Sr₃* Wann sy ir des *Pr₂Lg₄Be₃Mü₁₉;* immer] ie *Sr₃Wo₂ fehlt Pr₂Lg₄Be₃Mü₁₉*. **175** den frummen] den biderben *Sr₃Wo₂Pr₂* so den bidern *Lg₄Be₃* ein pider man *Mü₁₉*. **176** dem *überschrieben Ka₇;* argen] boesen *Sr₃*. **177f.** *Die Verse sind in Sr₃ vertauscht.* **177** weip] fraw *Pr₂Lg₄Be₃Mü₁₉;* den selben] sölichen *Pr₂Lg₄Be₃Mü₁₉*. **178** Daz] Die *Pr₂Lg₄Be₃Mü₁₉;* macht ie unsteten] schaffet ir unsteter *Sr₃Wo₂* hatt ye vnstätten *Pr₂Lg₄Be₃Mü₁₉*.

---

169 *Hier fordert die Gesprächspartnerin ironisch eine Beständigkeit der vielen hartherzigen Damen, die darin bestünde, dass diese aufgrund ihrer schwarzen Kleiderfarbe keinem gutgesinnten Mann mehr Schaden zufügen könnten.* **172f.** *›Man sollte sie in Acht und Bann tun‹.* **178** *›dies (dieser Wechsel) ruft immer wieder Unbeständigkeit hervor‹.*

Die man so unstät sech!
Furwär, das wolt ich imer klagen.
Ich wollt, sie muest swartz antragen,
Das man dabei erkannt
130 Ir unzucht und ir schant.
So belib manige fraw stät,
Das sie nimer missetät
An kainem gutten man.
Man sollt sie ze pann
135 Verkunden und betrachten.
Und auch die ungeslachten,
Die den frumen schewcht
Und zu dem argen fleucht.
Welich fraw solhen wechsell tuet,
140 Das schaft ir unstatter muet.

---

127 das wolt ich imer] ich welt sie nymmer *He₁₄* das wolt ich nimmer *Mü₄*.
128 *fehlt He₁₄*. **129** erkannt] chant *Mü₄*. **130** unzucht] laster *He₁₄*. **133** An
kainem] Am clainem *He₁₄* Chainem *Mü₄;* gutten] fromen *He₁₄*. **134** ze pann]
zuom pann *Mü₄*. **135** Verkunden] Bechünden *Mü₄*. **136** Und auch die] Die sel-
ben *He₁₄*. **137** den] von den *He₁₄;* schewcht] schüchend *Mü₄*. **138** zu dem] den
He₁₄ zuo den *Mü₄;* fleucht] zuo flücht *He₁₄* flauchend *Mü₄*. **140** schaft] macht
He₁₄.

136–138 *›Ebenso wie die Bösartige, die vor dem Guten zurückschreckt und zum
Bösen strebt‹.* **140** *›das bewirkt ihre Unbeständigkeit‹.*

Da mit der rede waz gennug.
180 Darnach die minnekleich vil klug,
Die fragt mich von der varbe gel.
Sie sprach: ›die varbe ist so hel
Und siehet man sie doch selten tragen.
Von der varbe saltu mir sagen.‹
185 Ich sprach: ›daz ist der minne solt:
Daz reich minneklich golt
Kündet, daz er si gewert,
Wez er an lieb hat begert.
Mit dem, so leßet er sehen,
190 Daz im von liebe ist geschehen.‹
Sie sprach: ›deinem sieten trage ich haß.

---

179 der rede waz] was des $Pr_2Lg_4Be_3Mü_{19}$.   **180** Darnach] Ze hannd $Pr_2Lg_4Be_3Mü_{19}$; vil klug] kluog Sr_3Wo_2 vnd cluog $Pr_2Lg_4Be_3$ vnd dy clüg $Mü_{19}$. **181** Die *fehlt* $Sr_3Wo_2Pr_2Lg_4Be_3Mü_{19}$; von der] nach der Sr_3Wo_2.   **182** Sie] Ich $Pr_2Lg_4Be_3Mü_{19}$; sprach] sprach wie Sr_3; so] ze $Pr_2Lg_4Be_3Mü_{19}$.   **183** Und siehet man sie] Vnd sich dy $Mü_{19}$; doch] so Sr_3 doch gar Wo_2 *fehlt* $Pr_2Lg_4Be_3Mü_{19}$.   **184** Von der varbe saltu mir] Doch sol ich dauon sagen $Pr_2Lg_4Be_3Mü_{19}$.   **185** sprich Ka_7 sprach Sr_3Wo_2; Ich sprach *fehlt* $Pr_2Lg_4Be_3Mü_{19}$; daz ist] Es ist $Pr_2Lg_4Be_3$ Got ist $Mü_{19}$; minne] reycher $Mü_{19}$. **186** Daz] Vnd das $Mü_{19}$; reich minneklich] rain lauter $Pr_2Lg_4Be_3Mü_{19}$.   **187** sie Ka_7 ist Sr_3Wo_2; Kündet] Kert $Mü_{19}$.   **188** an lieb] in liebe $Wo_2Mü_{19}$ lieb Lg_4Be_3.   **189** Mit dem] Mit der Sr_3Wo_2 Mit der varb $Pr_2Lg_4Be_3Mü_{19}$; so leßet er] lat er sich Sr_3 lastz er $Pr_2Lg_4Be_3$ laß $Mü_{19}$; sehen] schowen Sr_3 ersehenn $Mü_{19}$. *Nach diesem Vers ein Plusvers in* Sr_3: Von der er ist verhowen.   **190** von liebe *fehlt* $Pr_2Lg_4Be_3Mü_{19}$; ist] ist guot $Wo_2Pr_2Lg_4Be_3$ gücz ist $Mü_{19}$. *Nach diesem Vers ein Plusvers in* Sr_3: Des muos ime die varwe iehen.   **191** haß *unterhalb der Zeile geschrieben* Ka_7; deinem] den Sr_3 dem $Wo_2Pr_2Lg_4Be_3Mü_{19}$; sieten] sisten $Mü_{19}$; trage ich haß] bin ich gehas Sr_3.

189f. ›*Damit lässt er sichtbar werden, was ihm durch die Liebe zuteilgeworden ist*‹.

Doch zurnt maniger ane sach.   [109ᵛ]
Ich wän, das es sein torhait mach,
Wann er beleibt vor schullden ungewert,
Der unverdients lonns begert.‹
145 Damit der red was genueg.
Damit die minecklich, die klueg,
Fragt mich umb die farb gell.
Sie sprach: ›die varb ist gar hell
Und sicht man sie doch sellten tragen.
150 Von der farb sollt du mir sagen!‹
Ich sprach: ›es maint der minne solld.
Das reich minenckleichs golld
Beckennent, das es sei gewert,
Was er an lieb hab gert.‹

155 Sie sprach: ›dem sitten trag ich has.

141–144 *fehlt* He₁₄Mü₄. **145** der red was genueg] der sy gemuot *He₁₄*.
146 Damit] Dar nach *Mü₄;* Nun sag mir lieber gesell cluog *He₁₄*.   **147** Was maint
der farb gel *He₁₄*.   **148** Sie] Ych *He₁₄*.   **149** Und] Nun *He₁₄;* man *fehlt Mü₄;* doch]
gar *He₁₄*. **151** es] das *He₁₄* der *Mü₄;* minne solld] lieben seld *Mü₄*.
153 Beckennent] Bechund *He₁₄* Erkennet *Mü₄;* es] er *He₁₄Mü₄*.   **154** Was] Wes
Mü₄; hab gert] haut begert *He₁₄Mü₄*.

---

141 ane sach ›*ohne Ursache, grundlos*‹.

Er solt ez wol versweigen baß.

Wan ein minnekleiches weip

Iren zarten klugen leip

195 Irem diener geit für eigen,   [11vb]

Daz solt er nieman zeigen.

Er soltz sencken in seins herczengrunt,

Daz ez nimmer würde kunt

Den mannen noch den weiben,

200 Die weil einem der selden scheiben

† Kein kauff † viel glückes gan.

So vindet man manigen man,

Er wolt nicht lieb haben ein,

Ez kumme dan für die gemein.

---

192 ez *fehlt Sr₃;* wol *fehlt Pr₂Lg₄Be₃Mü₁₉.*   **193** Wan] Wenne *Sr₃Wo₂* So *Pr₂Lg₄Be₃ Mü₁₉.*   **194** Iren zarten klugen] Irn minneclichen zarten *Sr₃* Iren kluogen zarten *Wo₂* Ir hertz vnd iren *Pr₂Mü₁₉* Jr hertz vnnd Jrem *Lg₄Be₃.*   **197–220** *fehlt Wo₂ (Textabbruch).*   **197** Er soltz] Vnd solt das *Pr₂Lg₄Be₃Mü₁₉;* sencken *fehlt Sr₃Pr₂Lg₄Be₃Mü₁₉ (steht im nächsten Vers).*   **198** Daz] Senken dz *Sr₃Pr₂Lg₄Be₃* Geruchen das *Mü₁₉;* ez] das *Pr₂Lg₄Be₃ fehlt Mü₁₉;* nimmer] niemanne *Sr₃Mü₁₉;* würde fehlt Sr₃Pr₂Lg₄Be₃Mü₁₉ (steht im nächsten Vers);* kunt] kumbt *Mü₁₉.*   **199** Den mannen] Würde weder manne *Sr₃* Wurd chainem mann *Pr₂Lg₄Be₃* Wan kümbt kain man *Mü₁₉;* noch den weiben] noch wibe *Sr₃* oder weib *Pr₂Lg₄Be₃* noch kain weib *Mü₁₉.*   **200** Die weil] Wen *Sr₃Pr₂Lg₄Be₃* So *Mü₁₉;* einem] ime *Sr₃* Jn *Pr₂Lg₄Be₃* man *Mü₁₉;* der selden scheiben] des gelükes schibe *Sr₃* gelückes scheib *Pr₂Lg₄Be₃* zirklicher schreibt *Mü₁₉.*   **201** So eben gienge uf selden ban *Sr₃* Trüg vff der sälden pan *Pr₂Lg₄Be₃* Frag nu Jn der selben pan *Mü₁₉. Nach diesem Vers drei Plusverse in Sr₃:* Daz solt er alterseine han

   So dz es niemer zuo einre stunt

   Würde keinem menschen kunt.

202 *fehlt Pr₂Lg₄Be₃Mü₁₉;* So] Nu *Sr₃;* manigen] ovch manigen *Sr₃.*   **203** Das solt er allain han *Pr₂Lg₄Be₃* Das sol der alain han *Mü₁₉;* Er] Der *Sr₃;* lieb haben ein] ein liep han *Sr₃. Nach diesem Vers ein Plusvers in Sr₃:* Das ers wuste alleine.   **204–206** *fehlt Pr₂Lg₄Be₃Mü₁₉.*   **204** Ez kumme dan] Er mueste *Sr₃.*

---

192 *›Er (der, der Gelb trägt) sollte es gewiss lieber verschweigen‹.*   **200f.** *›wenn einem das Glücksrad (bei diesem Kaufhandel?) so viel Glück zukommen lässt‹.* **203** *›der nicht eine einzige lieb haben könnte, ohne dass es allgemein bekannt würde‹.*

Er sollt es wol versweigen bas,
Wenn ain zarttes werdes weib
Iren zartten minenckleichen leib
Irem diener gäb fur aigen.
160 Das sollt er niemand zaigen;
So, das er aus seines hertzen grund
Wurd imer kainem menschen kund.

So vindet man nu manigen man,
Der liebs nicht allain wollt han,
165 Das er es west allain;
Es muest komen für die gemain.

156 Er sollt es] Es solt ainer *He₁₄;* versweigen] verschwiben *He₁₄.* **157** Wenn] Vnd *He₁₄;* zarttes werdes] hüpsch waidelich *He₁₄* zarttes minneclichs *Mü₄.* **158** zartten minenckleichen] cluogen zarten *He₁₄.* **159** Irem] Yren *He₁₄.* **160** sollt] sol *He₁₄.* **161** So *fehlt He₁₄;* er] es *He₁₄Mü₄.* **162** Wurd imer] Wirt nimer *Mü₄;* Nymmer kainem menschen werden kunt *He₁₄.* **163** So vindet man] Aber man vint *He₁₄.* **164** Der liebs] Das liebes lieb *He₁₄;* allain] ain *Mü₄.* **166** komen *fehlt He₁₄Mü₄;* die] die gantzen *He₁₄.*

164 ›*der Liebesangelegenheiten nicht für sich behalten wollte*‹.

205 Ez solt zu recht nit tun die minne.
 Sie solten in irem sinne
 Die minne tragen und helen,
 Alz einer, der da wolt stelen.
 Daz waz hievor minner recht,
210 Er wer richter oder knecht.‹
 Ich sprach: ›frauwe, daz besorget ir?‹
 Daz sprach die minneklich zu mir:
 ›Daz straffen geet dich nicht an.‹
 ›Frauwe, so laßet mich urlaup han
215 Und gebbet mir euwern werden segen.‹
 Sie sprach: ›got muß dein immer pflegen,
 Wann du mir hast gesait,
 Warumb man alle varbe treit.‹
 Von danne schie*d* ich da zu stund.
220 Urlaup gab mir ir roter mund.

———

205 Des wolt ein minner haben ruom *Sr₃*.　**206** Dz solt ein minner niemer ge-
tuon *Sr₃*.　**207** Die minne tragen und] Ein minner solte die minne *Sr₃* Vnd solt
das vast *Pr₂Lg₄Be₃Mü₁₉*.　**208** Alz einer] Rehte als ein diep *Sr₃* Als ain dieb
Pr₂Lg₄Be₃Mü₁₉; da wolt] wolte *Sr₃* da will *Pr₂Lg₄Be₃Mü₁₉*.　**209f.** *Die Verse sind in*
Sr₃ vertauscht.　**209** hie *fehlt Pr₂Lg₄Be₃Mü₁₉;* vor minner] vor der minner *Sr₃* vor
alter *Pr₂Lg₄Be₃* von alter *Mü₁₉*.　**210** Er] Es *Sr₃Pr₂Lg₄Be₃;* richter] ritter *Pr₂Lg₄Be₃*
Mü₁₉. Nach diesem Vers vier Plusverse in Pr₂Lg₄Be₃Mü₁₉:
 Er solt seiner mynn
 Nyemantz pringen ynn
 Dann das ers west allain
 Der selb sitt der was rain.
211 Ich sprach *fehlt Sr₃Pr₂Lg₄Be₃Mü₁₉*.　**212** Daz sprach die minneklich] Zehant
die schoene sprach *Sr₃Pr₂Lg₄Be₃* Zu handt der schön sprach *Mü₁₉*.　**213** Daz straf-
fen] Min schaffen *Sr₃* Mein straffen *Pr₂Lg₄Be₃Mü₁₉*.　**214f.** *fehlt Lg₄Be₃*.　**214**
Frauwe] Ich sprach *Sr₃Pr₂Mü₁₉;* so *fehlt Pr₂Mü₁₉*.　**215** Und] Fraw *Pr₂Mü₁₉;* mir] mir
frowe *Sr₃;* werden *fehlt Sr₃Pr₂Mü₁₉*.　**216** Sie] Ich *Lg₄Be₃;* immer *fehlt*
Pr₂Lg₄Be₃Mü₁₉.　**217** Wann du mir hast] Vnd lone dir dz du mir hast *Sr₃* Du hast
mir recht *Pr₂Lg₄Be₃Mü₁₉*.　**219** schiede *Ka₇;* zu stund] zehant *Sr₃;* Es ward mir vor
nye kunt *Pr₂Lg₄Be₃* Ez wart mir vor nie pechant *Mü₁₉*.　**220** roter mund] munt dur
brant *Sr₃;* Des hat beweiset mich dein mund *Pr₂Lg₄Be₃* Daz hat mich pebeist dein
nam *Mü₁₉*.

———

211 daz besorget ir ›*darum macht Ihr Euch Sorgen*‹.　**213** ›*Der Tadel bezieht sich*
nicht auf dich‹.

Des will der minner haben ruem.
Furwar, das sollt kainer nimer tuen.
Er sollt gar die minn helen
170 Als ain dieb, wann er will stelen.
Das was ee der minn recht,
Er wär ritter oder knecht.‹
Ich sprach: ›das besorgt ir?‹
Darnach die schon sprach zu mir:
175 ›Mein straffen geet dich nit an.‹
Ich sprach: ›so lat mich urlaub han
Und gebt mir, fraw, ewrn segen!‹
Sie sprach: ›gott mues dein pflegen!
Gott lon dir, das du mir hast gesagt,   [110ʳ]
180 Wes ich dich zu vil han gefragt!‹
Urlaub nam ich an der stund
Und schied von irem rotten mund.

---

167 minner] ymer *Mü₄*; ruem] rain *He₁₄*.   **168** Furwar das] Es *He₁₂*; kainer nimer]
aber kaine nit *He₁₄* chain miner *Mü₄*.   **169** Er] Es *He₁₄*.   **170** wann er] der da
He₁₄Mü₄.   **171** Das] Vnd *He₁₄*; minn] lieb *Mü₄*.   **172** Er wär] Es weren *He₁₄*.
173 sprach] sprach frow *He₁₄*.   **174** die schon sprach] die sp frow sprach *He₁₄*.
176 so] frow *He₁₄*; urlaub] ewr urlaub *Mü₄*.   **178** gott] got der *He₁₄*.   **179** lon]
danckt *He₁₄*.   **180** War vmb man die farb trait *He₁₄Mü₄*.   **181** an der stund] da
zestund *He₁₄*.   **182** Und schied] Und schied mich *He₁₄* Do schied ich *Mü₄*.

---

173 das besorgt ir ›*Darum macht Ihr Euch Sorgen*‹.   **175** ›*Mein Tadel bezieht sich
nicht auf dich*‹.

Mischfassung

Mich fraget ein frauwe minneclich.   [167ʳᵇ]
Sie sprach zuo mir: ›berihte mich
Eines dinges durch den richen got!
Des frage ich dich one allen spot.‹
5   Ich sprach: ›frauwe, ob ich ez kann.‹
Sie sprach, die reine lobesam:
›Ich wene wol, ez si dir kunt:
Sich, wie gefellet dir der funt,
Des man nu pfliget durch alle lant
10   Und mit den röcken tuot bekant
Und mit der varwe schauwen,
Wie iekliches herzen frauwen
Gein sime liebe si gemuot?
Ist daz hübsch und ist daz guot?

---

*Text nach **Mü₂₁** (München, UB 2° ms 731 [Cim. 4] [›Würzburger Liederhandschrift‹ /
›Hausbuch des Michael de Leone‹]; 1345–1354), 167ʳᵇ–168ᵛᵇ. Weitere Überlieferung:
Ka₁ (Karlsruhe, BLB Hs. Donaueschingen 77; um 1470), S. 325–328. In diesem Apparat wird außerdem die Fassung **Ka₃** (Karlsruhe, BLB Hs. Donaueschingen 104
[›Liedersaal-Handschrift‹]; um 1433), 18ʳᵇ–19ʳᵇ, dokumentiert, die keiner der beiden
Hauptgruppen zuzuordnen ist. – Bisherige Ausgabe: Lassberg 1820, 153–158 Nr. 26
(nach Ka₃).*

Überschrift: Hie hebt sich die rede an von den sehs varwen *Mü₂₁* Von den farben
Ka₃. **1** frauwe] Jungfrawe *Ka₁.* **2** zuo mir *fehlt Ka₃;* berihte] geselle bewise
Ka₃. **3** dinges *fehlt Ka₁.* **4** e in one *überschrieben Mü₂₁;* Des frage ich dich] Dez
ich dich frag *Ka₃;* one allen] gar sunder *Ka₁.* **5** frauwe *fehlt Ka₁.* **6** Sie] Ja *Ka₁*
Do *Ka₃;* reine lobesam] rain tugent san *Ka₃.* **8** Sich] Sprich *Ka₁* Nü sag mir *Ka₃;*
der] dirre *Ka₁.* **9** nu *fehlt Ka₁.* **10** Und] Vnd man *Ka₃;* den *fehlt Ka₃.* **11** Und
mit der varwe] Wie sy sich lasent *Ka₃;* schauwen] schawe *Ka₁.* **12** Wie iekliches]
Iglicher gen sins *Ka₃.* **13** Gein sime liebe] Vnd wie sy gen Jr amyen *Ka₃.*
14–27 *fehlt Ka₃.* **14** und ist daz] oder *Ka₁.*

---

8 Sich ›Schau‹.   **13** Gein sime liebe ›seinem (des Herzen) Geliebten gegenüber‹.

15 Des kan ich niht versinnen mich.
Dorumme, so wil ich fragen dich.‹
Ich sprach: ›der warheit weiz ich niht.
Min muot üch wol vergiht,
Wie ez umme alle varwe si.
20 Daz saget mir einer, dem wonet bi
Kunst und cluoge meisterschaft.
Der seit mir der varwe kraft
Und nante sie mir alle.
Frauwe, ob üch daz gevalle,
25 Ich sage üch, als er seite mir.‹
Sie sprach: ›dorum, so wil ich dir
Immer tragen holden muot.
Nu sage mir, trut geselle guot,
Waz meinet grüene varwe?
30 Und darnoch die andern garwe.‹
    Diz ist ein vorrede gewest
    Diz sagt von der grüenen varwe
›Grüen ist ein anevanc.   *[167ᵛᵃ]*
Der hertzeliep noch nie betwanc
Von minne noch von frauwen,
Den sol man grüene schauwen.
35 Die varwe kündet, daz er si
Noch hertzeliebes fri.‹
    Diz ist von der roten varwe

---

15 ich niht] ich mich nicht *Ka₁*. **16** so *fehlt Ka₁*. **23** sie mir] mir sie *Ka₁*. **24** ob üch daz] ob sie euch *Ka₁*. **26** dorum so wil ich] so wil ich dor vmb *Ka₁*. **29** meinet] ist *Ka₃*. **30** Und *fehlt Ka₃*. **nach 30** *Zwischenüberschrift (zwei Zeilen) fehlt Ka₁Ka₃*. **31** Greûn *Mü₂₁* Grün *Ka₁* Grüns *Ka₃*. **32** Der hertzeliep] Den hertze liep *Ka₁* Wen lieb von lieb *Ka₃*; noch *fehlt Ka₃*. **34** Den sol man] Der lat sich *Ka₃*; grüene] Jn grünem *Ka₃*. **35** Die varwe kündet] Vnd kunt die varw *Ka₃*. **36** hertze] hertzeliches *Ka₃*. *Nach diesem Vers vier Plusverse in Ka₁Ka₃ [entsprechen Fassung I, 43–46]*. **nach 36** *Zwischenüberschrift fehlt Ka₁Ka₃*.

17f. ›*Ich sagte: Die Wahrheit (über die Beurteilung des Farbentragens) kenne ich nicht. Mein Herz sagt Euch jedoch gewiss*‹.

›*Un*de sage mir von der varwe rot.‹
Ich sprach: ›daz ist der minnen not,
Die in sere hat enzunt.
40 Daz tuot er mit der varwe kunt,
Daz er sere brinnet
Nach liebe, daz er minnet,
Als ein gluot in dem füre.‹
Do sprach die vil gehüre:
45 ›Ich sage dir, daz ich manigen weiz,
Dem liep, leit, kalt noch heiz
Von wiben selten ist geschehen
Und let sich in rotem sehen,
Durch daz man wene, daz er si
50 Ein minner; ia er ist minnens vri.
Die Minne weiz niht, ob er lebt
Und in den roten röcken strebt
Und giht von minnen brande.
Der minne er nie er kande.
55 Ob sie gebe kalt oder warm,
Daz hat er nie ervarn.

37–40 *Statt dieser Verse folgende Verse in Ka₃:*
Dar nach die liebe fraget mich
Vmb rot farw do sprach ich
Rot mainet der miner not
Wann es die myn ie gebott.

37 Uvnde *Mü₂₁;* von der varwe] dor nach waz ist *Ka₁.* **38** not] tot *Ka₁.* **40** Daz]
So *Ka₁.* **41** sere] so sere *Ka₃.* **42** Nach] Nach dem *Ka₁;* er] er sere *Ka₁.* **43** Als]
Sam *Ka₃;* dem] ainem *Ka₃Ka₁.* **44** vil *fehlt Ka₃.* **45** daz ich] daz *Ka₁.* **46** liep
leit kalt] lieb noch lait kalt *Ka₃;* noch] vnd *Ka₁.* **47** Von wiben] Von frawen *Ka₁*
Von rainen wiben *Ka₃;* selten] nie *Ka₃.* **48** let sich] leit sich doch *Ka₁Ka₃.* **50** ia
er ist] so ist er *Ka₃;* minnens] liebes *Ka₁* mine *Ka₃.* **52** Und] Der *Ka₃;* in den roten
röcken] in dem roten rocke *Ka₁* Jn rotten rocken *Ka₃.* **53** Und] Er *Ka₃;* giht] sait
Ka₃. **54** minne er] mynne *Ka₁Ka₃;* nie] noch nie *Ka₁.* **55** gebe] sy *Ka₃.* **56** Daz
hat er] Do hat si *Ka₃;* nie] noch ny *Ka₁* noch ein wenig *Ka₃.*

41–43 ›*dass er schmerzhaft für die Geliebte, die er liebt, brennt wie glühende Kohle
im Feuer‹.* **52** ›*und (weiß auch nichts davon, dass er) in den roten Röcken herum-
springt‹.*

Diz ist von der blawen varwe
Sich, daz leben tuot mich gra.
Nu sage mir darnach, waz ist bla.‹
Ich seit: ›daz meinet stetekeit,
60   Der liep gein liebe in hertzen treit.‹   *[167ᵛᵇ]*
Sie sprach: ›daz ist ein cluger site.
Dem site wil ich volgen mite.
Ez zimet wol, daz er stete si,
Dem liep in herzen wonet bi.
65   Sus siht man manigen blawez tragen
Und solt der rock die warheit sagen,
Er seit vil liht ein ander mere,
Wie stete sin hertze were,
Der in do treit durch stetekeit.
70   Der rok vil liht ein anderz seit.
Sus wirt vil maniger betrogen.
Do hot die varwe niht gelogen:
Bla ist stete wie auch der man,
Der den blawen roc treit an.
75   Solt in durch stete maniger tragen,

---

nach 56 *Zwischenüberschrift fehlt Ka₁Ka₃.*   **57** Sich] Sy sprach *Ka₃;* daz] daz selb
Ka₃; tuot] machet *Ka₃.*   **58** Nu] Dar nach *Ka₃;* dar nach *fehlt Ka₃. Nach diesem*
Vers zwei Plusverse in Ka₃:
        Ich sprach daz thün ich sicher gern
        Vnd wil uch der bett gewern.
59 Ich seit] Jch sprach *Ka₁ fehlt Ka₃;* daz meinet] Blau mainet vil licht *Ka₃.*
60 Wann wer dar Jn ist beklait *Ka₃;* gein liebe in hertzen] in hertze liebe *Ka₁.*
61f. *fehlt Ka₃.*   **63** Ez] Dem *Ka₃.*   **64** Dem] Wem *Ka₃;* liep in herzen] hertze liep
Ka₃. Nach diesem Vers vier Plusverse in Ka₃:
        Der zieche sich Jn blawen orden
        Frü an dem morgen
        Wöl er ain frowen diener sin
        Vnd ain klüg myner vin.
65–72 *fehlt Ka₃.*   **65** manigens, *s durch Unterpungierung getilgt Mü₂₁;* Sus siht
man] Doch syhe ich *Ka₁.*   **68** sin hertze] sein herre *Ka₁.*   **70–72** *fehlt Ka₁.*
73 Der sol sich halten als der man *Ka₃.*   **75–78** *fehlt Ka₃.*

---

60 ›*die ein Liebender zu seiner Geliebten im Herzen trägt*‹.   **68f.** ›*wie beständig*
das Herz dessen wäre, der ihn der Beständigkeit wegen trägt‹.

So wil ich dir die warheit sagen:
So müest maniger tragen gra,
Den man siht fels*ch*lich tragen bla.
Do mit der rede ist geswigen
80 Und lazzen wir ez allez ligen.
         Diz ist von der wizzen varwe
*U*nd sage mir, trut geselle guot,
Der wiz treit, wie ist der gemuot?‹
Ich sprach: ›daz ist ein guoter wan,
Dem im von liebe ist ufgetan.
85 Daz meinent wizze cleider.‹
Sie sprach: ›uwe ia leider,
Daz maniger wirt von guotem wane,
Der liebes noch ist ane.
Gelaube mir der mere,
90 Sie heizzent lesterere,
Die mit den röcken lazzent sehen   [168ʳᵃ]
Waz *in* von den wiben ist geschehen.
Ez solt baz verswigen sin.
Nu tuon sie offenlichen schin
95 Und machen ein geschelle.

---

78 felslich *Mü₂₁*. **79** Do mit] Hie mit *Ka₃*; ist] sy *Ka₁*. **80** ez allez] die blawen *Ka₃*. *Nach diesem Vers zwei Plusverse in Ka₃:*
         Vnd fragend der andren furbasz
         Ane nid vnd ane hasz.
nach 80 *Zwischenüberschrift fehlt Ka₁Ka₃*. **81** Und] Nu *Ka₃*; trut *fehlt Ka₃*.
82 Der] Nü der *Ka₁*. **83** Ich sprach] Fro *Ka₃*; ist] meinet *Ka₁*; ein *fehlt Ka₁Ka₃*.
84 Dem] Der *Ka₁Ka₃*. **86** uwe ia] owe *Ka₃*. **87** wirt von guotem wane] giht von gutem won *Ka₁* wisse klaider trait *Ka₃*. *Nach diesem Vers vier Plusverse in Ka₃:*
         Dem hertz lieb noch hertz laid
         Von güten wiben nie beschach
         Daz ist mins hertzen vngemach
         Das er ye hett gutten wän.
88 liebes] rechte liebe *Ka₁* hertzliches liebes *Ka₃*; noch *fehlt Ka₃*. **89** der] dü *Ka₃*. **91** den *fehlt Ka₃*. **92** im *Mü₂₁* Jn *Ka₁Ka₃*; den wiben] frawen *Ka₁Ka₃*; ist geschehen] sy beschehen *Ka₃*. **93f.** *fehlt Ka₃*. **95** Und machen] Er machet *Ka₃*.

---

87 Daz ›so (weiß gekleidet)‹. **95** ›und machen (daraus) ein Getöse‹.

Ein heimlich trut geselle,
Der gar verswigen were,
Der solt die selben mere
Wizzen und nieman me.
100 Sin liep, sin leit, sin wol, sin we
Solt man guoten gesellen sagen.
Daz was hie vor bi alten tagen,
Wanne im ein guoter wan geschach,
Daz ez denne nieman veriach.
105 Er truoc in alterseine.
Nu ist ez gar gemeine,
Wanne im ein guoter wan geschiht,
Daz er den offenlichen giht,
Daz in sin frauwe trösten wil,
110 Und sprichet dristunt also vil
Sam im sie bezeiget hat.
Daz ist ein grozze missetat.
Geschiht aber im ein guoter wan,
Zuohant wenet er sie han
115 Und sie sulle in gewern.
Der vischet verre von dem bern.

---

96 heimlic *Mü₂₁*.　**97f.** *fehlt Ka₃*.　**99** Wizzen] Sölt ez wissen *Ka₃*.　**101** man] er aim *Ka₃*.　**102** was] geschäch *Ka₃;* hie vor *fehlt Ka₃*.　**103** Wanne im] So aim *Ka₃;* geschach] beschäch *Ka₃*.　**104** ez] er in *Ka₁* er *Ka₃*.　**105** alterseine] alter seine *Mü₂₁* alters ain *Ka₃*.　**106** ez] es worden *Ka₁*.　**107** Wanne im] So aim *Ka₃;* geschiht] beschicht *Ka₃*.　**108** den] danne *Ka₁;* giht] vergicht *Ka₃*.　**109** sin frauwe] sin lieb *Ka₃*.　**110** Und sprichet] Er sait sin *Ka₃*.　**111** Sam] Als *Ka₁Ka₃;* im sie] sy im *Ka₁Ka₃;* bezeiget] erzaiget *Ka₁Ka₃*.　**113** *fehlt Ka₃;* aber im] ym aber *Ka₁*.　**114** wenet er sie han] er wönt sy gewert *Ka₃*.　**115** *fehlt Ka₃;* sulle] wolle *Ka₁*.　**116** Der] Er *Ka₃;* vischet] wischet *Ka₁;* bern] bere dert *Ka₃*. *Nach diesem Vers vier Plusverse in Ka₃:*

> Daz ist der miner sitte nü
> Wenn es sy uber kompt so spricht er hü
> Dennoch hat der güt wan
> An alle frod wol ergan.

---

116 *›Ein solcher fischt weit entfernt vom Fischernetz‹; Redewendung im Sinne von ›etwas Unsinniges tun‹ (vgl. TPMA 3, FISCHEN 11–25).*

Wenic sin geschicht, daz man sich versicht.
Des wil ich trösten dich.‹
    Diz ist von der swartzen varwe
Dar nach die reine gar minneclich
120 Umme swartze varwe frage*t* mich.
Ich sprach: ›frauwe, daz meinet zorn.
Der ein liep hat uzerkorn   [168rb]
Und dem dienet so sere,
Daz er lip, guot und ere
125 Und steten dienst an sie leit,
So schaffet ir unstetekeit,
Daz sie liht ein ander nimt,
Daz ir sere missezimt.
Dorumme, so muoz er truren.
130 Sin fraude, die muoz suren.
Sin liep sin leit ist worden.
Des muoz er swartzen orden
Tragen von iamers rüwe.‹
Sie sprach: ›die ungetrüwe,
135 Die daz immer manne tuot,
Der wünsche ich, daz ir nimmer guot

117f. *fehlt Ka₃.*   **117** Sein geschit vil wenig des man sich *Ka₁.*   **118** Des] Verwe-
net des *Ka₁.*   **nach 118** *Zwischenüberschrift fehlt Ka₁Ka₃.*   **119** die reine gar min-
neclich] dye mynniglich *Ka₁* dü lieb fraget mich *Ka₃.*   **120** frage mich *Mü₂₁* froget
mich *Ka₁* do sprach ich *Ka₃.*   **121** Swartz meinet vil licht zorn *Ka₃.*   **122** Der] Wer
Jm *Ka₃.*   **123** Und dem dienet] Vnd dynet Jm *Ka₁* Vnd der Jm dienet *Ka₃.*
124 Daz] So das *Ka₁;* lip *fehlt Ka₁Ka₃.*   **125** An sinen staetten dienst hat geleit
Ka₃.   **126** schaffet] schaffet licht *Ka₃.*   **127** liht] villeicht *Ka₁Ka₃;* nimt] mynt
Ka₁.   **128** Daz ir sere] Sin dienst Jm vil licht *Ka₃.*   **129** Dorumme] Da von *Ka₃;* so
fehlt Ka₃.   **130** fraude] lieb *Ka₃;* die *fehlt Ka₁Ka₃;* suren] Jm süren *Ka₃.*   **132** Des]
Da von *Ka₃.*   **133** von] noch *Ka₁* Jn *Ka₃;* rüwe] trüwen *Ka₃.*   **134** die ungetrüwe]
owe der vngetrüwen *Ka₃.*   **135** manne] kainem man *Ka₃;* tuot] getuet *Ka₁.*

---

117 ›Kaum etwas von dem, worauf man hofft, geschieht‹.

Von keinem guoten manne geschehe,
Die man so gar unstete sehe.
Fürwar daz wolt ich nimmer geclagen,
140 Ob ich die warheit solte sagen,
Daz man dobi erkande
Ir unzuht und ir schande.
So blibe vil manige stete,
Daz sie nimmer missetete
145 An keinem guoten manne.
Man solt sie zuo banne
Verkünden und verachten.
We der ungeslahten,
Die den biderben schühet
150 Und zuo dem argen flühet.
Welch frauwe sulchen wehsel tuot,
Daz schaft ir unsteter muot.‹
Do mit der rede was genuoc.   *[168ᵛᵃ]*
Dornoch die minnecliche cluoc
          Diz ist von der gelwen varwe
155 Fraget mich umme varwe gel.
Sie sprach: ›die varwe ist gar hel

---

137 Geschäch von kainem mane *Ka₃.*   **138–145** *fehlt Ka₃.*   **139** nimmer] ymmer *Ka₁.*   **140** Jch wolte das sy swartz muste tragen *Ka₁.*   **147** Verkünden] Kunden *Ka₁Ka₃.*   **148** We der] Owe der *Ka₃.*   **149** den biderben] den frümen *Ka₃.*
152 *Nach diesem Vers sechs Plusverse in Ka₃:*
      Ich wölt sy gar waenig klagen
      Daz sy swartzes müsi tragen
      Daz man da by erkante
      Ir laster vnd ir schande
      So belib manigi stett
      Daz sy kain vntrüwe taett.
153 *fehlt Ka₃;* was genuoc] sey geswigen *Ka₁. Nach diesem Vers ein Plusvers in Ka₁:* Vnd lassen wir es alles ligen.   **154** Vnd sage mir traut geselle gut *Ka₁;* cluoc] vil snel *Ka₃.*   **nach 154** Diz r *Mü₂₁* r *durch Unterpungierung getilgt. Zwischen-überschrift fehlt Ka₁Ka₃.*   **155** Der gele tregt wie ist der gemut *Ka₁;* mich umme] von der *Ka₃.*   **156f.** *fehlt Ka₁.*   **156** gar *rechts nach* hel *nachgetragen Mü₂₁;* Ob si icht wider bel *Ka₃;* die varwe] si *Ka₃;* gar] so recht *Ka₃.*

---

152 ›*das bewirkt ihre Unbeständigkeit*‹.

Und siht sie doch gar wenig tragen.
Von der varwe solt du mir sagen.‹
Ich sprach: ›daz ist der minnen solt.
160 Daz riche minnencliche golt
Kundet, daz er si gewert,
Des er an liebe hat begert.‹
Sie sprach: ›dem site trage ich haz.
Ez solt sin verswigen baz.
165 Wenne daz ein minneclichez wip
Irn zarten stoltzen lip
Irm diener git für eigin,
Daz solt er nieman zeigen.
Er solt ez in sines hertzen grunt
170 Senken, daz ez immer kunt
Würde man noch wibe.
Wanne im gelückes schibe
Gienge eben uf der selden plan,
Daz solt er alterseine han.
175 Nu vindet man vil manigen man,
Der liebes allein niht möhte gehan,
So daz er weste alleine,
Ez mueste für die gemeine.
Des wil er immer haben ruom.

---

157 siht sie doch gar wenig] sich sy den selten *Ka₃*.   **158** Von der varwe solt du mir] Dü solt mir von der farwe *Ka₃*.   **162** Des] Wez *Ka₃*; an] an sinem *Ka₃*; hat] habe *Ka₁* ie *Ka₃*.   **164** Ez] Er *Ka₃*; sin] ez wol *Ka₃*.   **165** daz *fehlt Ka₁Ka₃*.   **166** zarten stoltzen] stoltzen zarten *Ka₁* zarten minicklichen *Ka₃*.   **167** Irm] Ir *Ka₃*; git] gebe *Ka₁*.   **170** Senken daz ez immer] Sencken das er nymmer *Ka₁* Tragen daz es nymer wurd *Ka₃*.   **171** weder manen noch wiben *Ka₃*.   **172** Wenn sin gelück begünd schiben *Ka₃*.   **173** Gienge eben] Also daz es gieng *Ka₃*; der selden plan] selden ban *Ka₃* der solden ban *Ka₁*.   **174** alterseine] alter seine *Mü₂₁* alters ainig *Ka₃* alter sein *Ka₁*.   **175** vil *fehlt Ka₃*.   **176** Er wölt liebes nit enhan *Ka₃*; allein niht] nicht en *Ka₁*.   **177** So *fehlt Ka₃*; er] er es *Ka₁Ka₃*.   **179** er immer] der mynner *Ka₁Ka₃*.

172f. ›Sollte ihm das Glücksrad gleichmäßig auf der Ebene der Glückseligkeit gehen‹.

180 Furwar, ez solt keiner nimmer getuon.
    Daz was hiefor der minner reht,
    Er wer ritter oder kneht.‹
    Ich sprach: ›frauwe, daz besorget ir?‹
    Zuohant die schöne sprach zuo mir: *[168vb]*
185 ›Min strafen, daz get dich niht an.‹
    Ich sprach: ›so lat mich urlaub han
    Und gebet mir üwern segen.‹
    Die frauwe sprach: ›got müez din pflegen
    Und lon dir: du hast mir geseit,
190 Warum man alle varwe treit.‹
    Von dannan schiet ich san zuo stunt.
    Urlaup gab mir ir roter munt.
        Hie gen uz die sehs varwe

---

180 Furwar *fehlt Ka₃;* ez] daz *Ka₃;* keiner nimmer] kein nymmer *Ka₁* kain miner *Ka₃;* getuon] thün *Ka₁Ka₃.* **181** Daz] Ez *Ka₁.* **182** Er] Ez *Ka₁.* **183** frauwe *fehlt Ka₁;* ir] dir *Ka₁.* **184** Zuohant] Dar nach *Ka₃.* **185** daz *fehlt Ka₃.* **186** so *fehlt Ka₃.* **188** Die frauwe] Sye *Ka₁Ka₃;* din] din iemer *Ka₃.* **189** lan *zu* lon *korrigiert Mü₂₁;* Und lon dir] *fehlt Ka₃.* **190** alle] die *Ka₃. Nach diesem Vers acht Plusverse in Ka₃:*

    Dez sag ich dir grossen danck
    Blib iemer stätt ane wanck
    Gen diner liebsten frowen
    Vnd lasz durch niemantz drowen
    Das du icht woldest sin
    Mit der falschen varwe schin
    Dez gab ich ir sicherhait
    Ane laster vnd äne lait.

191 Von dannen schide ich mich zurstunt *Ka₁* Schied ich von dannen da ze stunt *Ka₃.* **192** roter] susser roter *Ka₁.* **nach 192** *Unterschrift fehlt Ka₁Ka₃.*

---

183 daz besorget ir ›*darum macht Ihr Euch Sorgen*‹. **185** ›*Mein Tadel bezieht sich nicht auf dich*‹.

Anhang: fragmentarische niederdeutsche Fassungen

<table>
<tr><td>

Gruppe I (niederdeutsche Fassung)

</td><td>

Gruppe II (niederdeutsche Fassung)

</td></tr>
</table>

	Gruppe I		Gruppe II
	Mich vraghete ein vrowe minnichlich *[4ʳ]*		
	Se sprach tzo mir bescheiden mich		
	Tzwor eines dinghes dorch den got		
	Des ich di vraghe sunder spot		
5	Ich sprach ia vrowe ob ich des kan		
	Do sprach de reine lobesan		
	Ich wene wol it si dir kunt		
	Nu sprich wi ghe vellet dir de vunt		
	Und mitz ir varwen schowe		
10	Weslighes hertzen vrowe		
	Tieghen erem leibe si ghemotz		
	Is datz hobesch is datz gutz	1	It si hobesch edder guet *[ra]*
	Des en kan ich nicht vor sinnen mich		Des kan ich nicht vorsinnen mich
	Dar umme wolde ich vraghen dich	3	... umme so muz ich vraghen dich
15	Ich sprach der warheit weit ich nicht		
	Min munt uch ober daz vor gicht		
	We itz umme alle varwen si		
	Datz saghede mir der here vri		
	grabe Wirner van Wirtenberck		
20	Der i so tughentlighe werck		
	Dorch reden had mid ritterscaft		
	Der saghede mir der varwen kraft		
	Unde nante ze mir alle		
	Vrowe ob uch datz ghe valle		
25	Ich saghe u alzo her saghete mir		
	Se sprach dar umme wil ich dir		
	Umber traghen holden mut		

Text nach **Be₁₆** *(Berlin, SBB-PK Ms. germ. quart. 795; Anfang 15. Jh.), 4ʳ–4ᵛ. Abweichend von den allgemeinen Editionsrichtlinien werden hier keine Eingriffe in den Text vorgenommen, keine Interpunktion eingeführt und kein Kommentar gegeben. Textverlust der Hs. wird mit Auslassungspunkten markiert. – Bisherige Ausgabe: Schmeisky 1978, 16–19.*

Text nach **Be₁** *(Berlin, SBB-PK Fragm. 3; frühes 15. Jh.). Abweichend von den allgemeinen Editionsrichtlinien werden hier keine Eingriffe in den Text vorgenommen, keine Interpunktion eingeführt und kein Kommentar gegeben. Textverlust der Hs. wird mit Auslassungspunkten markiert. – Bisherige Ausgabe: Beckers 1980, 142–146.*

Nu saghe mir trut gheselle gut
Watz meinet grone varwe
30 Dar nach de anderen gharwe
Vrowe grun datz ist ein anevanck
Den hertzeleb och nu entwanck
Van minne unde och van vrowen
Der led sich ghrune schowen
35 De varwe bedudet daz her si
Nach hertzeligher lebe vri

Ze sprach daz ist ein ...gher vunt
Nu doe mich och de anderen kunt
Nu saghe mir dar na watz ist rot
40 Ich sprach datz ist der minn...
De en so swinde hat ensunt
Aldus doet he mid der varwen kunt
... her ze sere zinnet
Nach lebe daz her brinnet
45 Recht sam ein gliet in einen viure
Do sprach de vil ghe hure
Ich saghe dir daz ich mannighen weit
Den lep noch leit noch kalt noch heit
Van ghuden wiben is ghe schen
50 Und let sich doch an röten seen
De gute vrowen trughet
Und uph de minne lughet
Und secht van minnen bande
Der minne ni ir kande
55 Ob ze ghibt kalt ider warm
Des had her och ni durch varn
Durch daz men wenne wer he si
Ein minr io ist her minnen vri

Ja sich ditz lebe ... machet mich ghira
60 Nu saghe mir dar na watz ist bla
Vrowe blaw bedudet stedicheit
Wer hertzebeb in hertzen treit
Deme zimt wol datz her stete si
Deme leb an hertzen wonet bi

Ich sprach grun ist ein anevanck
5 Deme hertzen libe ni ghetwanck
Von minnen noch van vrcuwen
De zal men grune schouwen
De varwe kundet daz her si
Noch hertzelikes libes vri
10 Unde kein libe tzom hertzen noch hat geleit
Da umme he grune varwe treit
Sie sprach daz ist ein klucher vunt
... do mir och der anderen kunt
...aghe mir dar nach waz ist rot
15 Ich sprach daz ist der minne not
De en sere haz untsunt
So dot her mit der varwe kunt
Daz her gar sere sinnet
Nach libe daz her brinnet
20 Als ein gluet an deme vuz
Zto mir do sprach de vil ghehur
Ich saghe dir daz ich menghen weit
...eme lip noch leit noch kalt noch heit
...on guten vrouwen ist gheschen
25 He lat sich doch an roten seen

Dorch daz men wene daz her si
Ein minner io ist her mirnen vri
Die minne weit nicht ab her lebet
De an deme roten rocke strebet
30 Unde guthe vrouwen dreghet
Unde uf die minne leghet
Unde seit van minnen brande
Die minne her ni kande
Ab sie kalt si edder warm
35 Des hat her ni ir varn
Sich daz lebent machet mir graw
Nu saghe mir dar na waz ist blaw
Vrowe daz meinet steticheit *[rb]*
Wer lip keghen hertzelip treit

65 Se sprach *[4ᵛ]* daz ist ein edele zit
Dem zulven wil ich volghen mit

Ja bla ist stete we ober der man
Der den blawen rock treghet an
Men zicht vil manghen ...law an traghen
70 Konde de rock de warheit saghen
Her saghete ein ander ...ere
Wi stete sin here were

Ja desser rede der zi ghe sweghen
Nu latze ...ir der irsten leghen
75 ... zaghe mir trut gheselle ghut
Wer witz an treit we ist her ghe mut
    De verde varwe
Vrowe witz datz ist ein leber wan
Der keghen zinem lebe ist up ghe tan
Datz meinet witze kleider
80 Se sprach o wi o leider
Datz mengher witze kleider treit
Deme hertzel... her...eleit
Van ghuten wiben ni ghe schach
Datz ist mines hertzen unghemach

85 Ghe lobet mir der mere
Itz heitzent laster ere
De mit den rocken latzen seen
Watz im van vrowen zi ghe scheen
Itz scholde iu batz vor sweghen zin
90 Nu dun se openbaere ...hin
Unde machet ein ghe schelle
Ein hemlich trut ghe selle
De ghar ...swe... were
De zolde de zulven mere
95 Witzen und neman me
Zin leb zin leit zin wol zi we

40 Sie sprach daz ist ein klucher sit
Dem wil ich gerne volgen mit
Id temet wol daz her stete si
Deme lip in hertzen wonet bi

Doch sut men mennegen blaw tragen
45 Unde mochte die rock die warheit sagen
Er seit ein ander mere
We stete sin hertze were
Die den an treit dorch steticheit
Der rock vil lichte ein ander seit
50 Doch wirt vil manich vrow betroghen
Dar hat die varwe doch nicht ghelogen
Blaw ist stete we dem man
Die den blawen rock treit an
Solde manich nach stete tragen
55 So wil ich die warheit saghen
So moste vil manich tragen graw
Den men sut valslich tragen blaw
Da mit die rede si ghesweghen
Unde laze wi iz alle leghen
60 Unde saghe mir trut ghezelle gud
Wer wit an treit wi ist sin mud

Vrow daz meinet in guter wan
Der ein van lib ist uf ghetan
Daz meinet witte kleider
65 Sie sprach owi leider
Daz mennich witte kleider treit
Deme hertze lip noch hertze leit
Von guten vrouwen ni gheschach
Daz ist minz hertzen unghemach
70 Daz her seit her habe guten wan
Der alles libes noch ist aen
Ghelobet mir der mere
Sie sint lesterere
Die mit den rocken la...en seen
75 Waz in von vrouwen ist beschen *[va]*
... solde bat vorswegen sin
Nu tun sie offenberlich schin
Unde machen ein gheschelle
...n heimelich trut gheselle
80 ...r gar vorsweghen were
...r solde desse selbe mere
...ten unde nemant me
... lip sin leit sin wol sin we

Datz solde her einen guten sellen zaghen
Jtz waz hirbevoren bi alden daghen

85 ...en solde des keim gheselle sagen
... wast an den alden taghen
... eme ein guter wan gheschach
Nemande he des vor iach
...en trughe daz alleine
... ist daz so ghemeine
90 ...m ein guter wan gheschut
...s he offenberlich guet

Zicherlich der minnen recht
100 Her were gut ritter edder knecht
Ob nu en zin vrowe trosten wil Als inn sin vrouwe trosten wil
Zo sprechet her dre stunde alzo vil So beromet he drestunt so vil
Wen se em dar ir tzeichent hat So eine sin vrouwe ghetekent hat
... ... grot missetat 95 Werlich daz ist ein missetat
  Daz ist der minne sete nu
  Waz ich dir saghe daz merke du

105 Her git we se em wille ghe weren
...schet ... van en beren
Alsus mach zich ein leber ......
... wiben wol vor ghan
Dar nach de schone vraghete mich Dar nach die schone vraghete mich
110 Der swar... varwen do sprach ich Umme swarte varwe do sprach ich
  De ve... varwe
... daz meynet villichte eyn tzorn 100 Vrouw ditz meinet lichte ein tzorn
Wer hertzeleb hatz utz... Wer ein lip hat uz irkorn
...net im zo zere Unde denet deme so sere
Alzo daz her lib und ere So daz her gud unde ere
115 Durch rechte lebe an... Unde steten denst an se leit
So volghet ir unsteticheit 105 So machet ir unsteticheit
Dat ze einen anderen meinet Daz se vil lichte ein ander nemet
... im untruwe ir scheinet Wo sere ir daz missetemet
Und se im unghelonet lat Wo wol he er ghedenet hat
120 De er so vil ghe denet hat Daz se em des unghelonet lat
Ja zich des mut her truren 110 Da von so mot her truren
Zin lib daz mutz im zuren Sin vrouwe mot im suren
Sin lebe tzo leide is wrden Sin lip tzo leide ist worden [vb]
Des mut her swarten orden Des mot her swarten orden
125 Traghen in hertzen ruwe Traghen von iamers ruwen
Zo we dir unghetruwe 115 Se sprach der unghetruwen
De datz umbermer ghetut De daz nimmer manne tut
Der wunsch ich daz er number ghut Der wunsche ich daz ir nummer gut
Van ghuten mannen h... ghesche Von keinen manne besche
130 De men zo ghar unstete se De so gar unstete sei
Alsus so sicht men manghen swarten
 an traghen
Durch daz men ze bi zinen taghen
Datz he dar mede ir kennet zi

Und ir unsteticheit dar bi
135 Alsus bleue vil m...nnigher stete
Der nicht missetete
Bi einen guten manne
Men zolde ze don

120 Keghen einen guten manne
Men solde sie tzo banne
Kundighen und vorachten
We der unslachten
Der den guten schuet
125 Unde mit valsche den bedrughet
Welk vrouwe sulchen wessel tut
Daz kumpt von irer unsteten mut
Da mit der rede was ghenuch
Dar na de minichliche kluch
130 Vraghede mir umme varwen ghel
Sie sprach die varwe ist so hel
Unde ich see die weinich traghen
Von der varwe zaltu mich saghen
Vrouwe daz meinet der minnen tzo...
135 Daz riche minnichlicher golt
Went her ist ghewerd
Des her an libe hat begherd
Sie sprach tzo deme ich traghe h...
Iz solde sin vorswegen baz
140 Wen ein minnichlicher wip
Iren stolten werden lip
Irme dener gipt vor eighen
Des solde he keimanne seighen
Her solde daz an siner hertzen g...
145 Senken daz nummer w...de kunt
Owe nu vint men menighen ma...
Der lip mochte alleine han
Eer he daz wiste alleine

30. Die sieben Farben (B376)

Grün [276^v]

Grün, das ist ein anfangk.
Den herzelieb ni bezwangk
Von keiner wirdigen frawen,
Den soll man in grün schawen.

Rot

5 Wenn ein junger gesell gut
Hat begeben sein herz und mut
Und in rechter lieb wirt entprant
Und im wirt ein plick gesant
Von sines herzen trost,
10 So ist er von aller pein erlost.
Dann brunt sein herz als ein glut.
Das zeichen rote farb tut.

Bloe

So einer in rechter liebe sei
Und hat sein stetigliche trew dobei,

---

*Text nach **Be₃** (Berlin, SBB-PK Ms. germ. fol. 488 [›Ebenreutters Hs.‹]; um 1530),
276ᵛ–277ᵛ. – Neben den allgemeinen Editionsrichtlinien gilt für diesen Text: Gemi-
nationen wie ff, nn und tt wurden stillschweigend vereinfacht, wo sie weder vom
Mhd. noch vom Nhd. her nachvollziehbar sind (z. B. werden statt werdenn). – Bisher
unediert.*

Überschrift: Von den sieben farben *Be₃.*   **8** *Das a in* gesant *ist unsicher Be₃.*
11 Dein *Be₃.*   **14** ~~stetl~~ stettigliche *Be₃.*

2–4 *›Denjenigen, den niemals die Herzensliebe irgendeiner erhabenen Dame über-
wältigt hat, den soll man in Grün sehen‹.*   **6** begeben *›hingegeben‹.*   **nach
12** Zwischenüberschrift: Bloe *›Blau‹.*   **13–16** *›Wenn einer rechte Liebe empfindet
und dabei seine beständige Treue hält, um die eine und sonst keine (Treue) zu
bewahren, den allein soll man in Blau sehen‹.*

15 Zu halten eine und anders keine,
Den sicht man in bloe alleine.
Damit beweist sein herz das,
Das er pleibt stet an unterlaß.

Weis   *[277ʳ]*

Als ich vernommen han,
20 So bedeut weiß ein guten wan.
Ob *im* ein lieplich anschein
Aufschleust das herz sein,
Der hofft von stundt auf guten wan.
Halt dich in weiß: sie wirt es verstan!

Grae

25 Ich will euch wissen lan:
Grae bedeutt in elend stan.
Wie gern einer mit willen thet
Zu dienst, wer in bett,
Und das nicht mach verstan –
30 Der soll grae zu cleidern han.

Schwartz

Ich sach on allen schmerzen:
Wo einer mit trewen hat sein herzen
In rechter liebe gehalten ie
Und umb kein sach gewenck nie
35 Und davon on schuld verstossen wirt,
Das ist, das im zugebird

------

21 mich *Be₃*.

------

20 ein guten wan ›*eine gute Hoffnung, Zuversicht*‹.   **22** Aufschleust ›*öffnet*‹.
nach 24 Zwischenüberschrift: Grae ›*Grau*‹.   **26** ›*Grau bedeutet, fern zu bleiben*‹.
27–29 ›*Wie gern einer auch (Minne-)Dienst erweisen möchte und in Bitten verharr-
te und (wenn) ihm das alles zu nichts verhelfen kann*‹.   **34** ›*und bei keiner Gele-
genheit wankelmütig geworden ist*‹.   **36** das im zugebird ›*das ihm zusteht*‹.

Schwarzes kleit, domit er trawren hat.　　　　　　　　*[277ᵛ]*
So wirt erkannt die missetat
Die an ime begangen ist.
40　Also hat schwartz trawren list.

Gelb

Wer in gelbe kleidet sich,
Als ich des versten mich,
Der hat sein lieb uberwunden.
Das thut er in gelber farb kunden.

---

40 ›Auf diese Weise gibt Schwarz vom Trauern Kenntnis‹.　**42** ›so nehme ich das wahr, verstehe ich das‹.　**43** ›der hat seine Geliebte erobert‹.

31. Der Krautgarten (B500)

[10^r]

An ainem tag ich paisen rait
Mit ainem habich in ain awe prait.
Di vand ich ligen pei mir nachant;
Darin zu reiten must ich gahen,
5 Ob ich icht vashünr darin fundt
(Mir voligt niemant denn mein hunt),

Text nach **Wi₁₆** *(Wien, ÖNB 2959; Mitte 15. Jh.), 10ʳ–16ᵛ. Weitere Überlieferung:* **Pr₂** *(Prag, Knihovna Nârondního muzea Cod. X A 12 [›Liederbuch der Klara Hätzlerin‹]; 1470/71), 170ʳ–175ᵛ;* **Lg₄** *(Leipzig, UB Ms. Apel 8 [›Bechsteins Hs.‹]; um 1512), 320ᵛ–328ʳ;* **Be₃** *(Berlin, SBB-PK Ms. germ. fol. 488 [›Ebenreutters Hs.‹]; um 1530), 190ᵛ–198ʳ;* **He₉** *(Heidelberg, UB Cpg 355; um 1450), 147ᵛ–155ʳ;* **He₃** *(Heidelberg, UB Cpg 313; 1478), 460ʳ–466ʳ;* **Be₁₇** *(Berlin, SBB-PK Ms. germ. quart. 1107 [›Veesenmeyersche Hs.‹]; 1459), 97ʳ–104ᵛ;* **Tr** *(Trier, Stadtbibliothek 1120/128a 4°; um 1490), 20ᵛ–24ʳ;* **He₁₄** *(Heidelberg, UB Cpg 393; um 1455), 68ᵛ–76ʳ. – Neben den allgemeinen Editionsrichtlinien gilt für diesen Text: Geminationen wie* ff, nn *und* tt *wurden stillschweigend vereinfacht, wo sie weder vom Mhd. noch vom Nhd. her nachvollziehbar sind (z. B.* werden *statt* werdenn*). Wo mhd.* uo *stand, begegnet in Wi₁₆ meist die Graphie* ue*; dies wurde beibehalten und an allen entsprechenden Stellen (bei sonstigen Markierungen von ehemaligem* uo*) zu* ue *vereinheitlicht. Stets beibehalten wird die Graphie* ie*, etwa in* dier *(V. 89). – Bisherige Ausgaben: Haltaus 1840, 243–248 Nr. II 59 (nach Pr₂ mit Lesarten von Lg₄); Mareiner 2013, 110–140 (nach Wi₁₆).*

Überschrift: Von ainem wurtzgarten *Pr₂Lg₄Be₃* Vonn der frauwen Jm Garten *Be₁₇Tr.* **1** An ainem tag] AJns tages *Pr₂Lg₄Be₃* Vff einen tag *Tr.* **2** habich] häpchlin *He₉* hapch *He₁₄;* ain awe prait] einen walt *Be₁₇.* **3** Di] Da *Lg₄Be₃* Do *He₃* Den *Be₁₇;* ligen pei mir] by mir ligen *Pr₂Lg₄Be₃He₉He₃Be₁₇TrHe₁₄;* nachant] noch *Tr.* **4** *fehlt He₃;* Darin zu reiten] Zü ritten dar Jn *Be₁₇Tr;* must ich] ich tett *Pr₂Lg₄Be₃* wart mir *Be₁₇Tr;* Dar ein muoß ich ritten gauchen *He₁₄.* **5** vashünrr *Wi₁₆* vaßhun *Lg₄Be₃* phausant *He₉He₃Be₁₇Tr* frischnur *He₁₄;* icht] nit *He₉He₃* *fehlt He₁₄.* **6** niemant] nichtz *Pr₂* nichts nach *Lg₄Be₃* niemant nach *He₁₄;* mein hunt] die hunde *Be₁₇Tr.*

---

1 ich paisen rait ›*ritt ich auf eine Beizjagd‹, d. i. eine Jagd mit einem Falken, Habicht o. Ä. auf Federwild, Hasen usw.* **3** nachant ›*in der Nähe‹.* **5** vashünr ›*Fasanen‹.*

Di suechen waid hin und her wider
In der aw auf und nider.
Nach den hunden ich da kert.
10 Ich vand ein hag, das was gehert
Lustiklich nach des maies zier.
An dem hag so prueft ich schir,
Das es was al dar gemacht
Und was geschiket in der acht,
15 Als ob es umb einen garten gieng.
Iedoch sein leng nit weit ving.
Es was geleicht mit framdem list:
Recht als ein hertz geschaffen ist,
Also was es mit eken drein.

---

7 suechen] suochten $Pr_2Lg_4Be_3He_3Be_{17}TrHe_{14}$; waid] baid $Pr_2Lg_4Be_3He_9He_3$ $Be_{17}TrHe_{14}$; hin und her] her vnd $Pr_2Lg_4Be_3He_9He_3Be_{17}TrHe_{14}$. **9** Nach] Von $Pr_2Lg_4Be_3$; da] mich $He_9He_3Be_{17}$ mit *Tr*. **10** hag] heck He_{14}; das] des He_9He_3 der $Be_{17}Tr$; gehert] gehort Lg_4Be_3 gefert He_9He_3 geheget Be_{17} uvele verhegert *Tr* verhert He_{14}. **11** Lustiklich] Gar lustlich He_9He_3 Kustlich *Tr*; nach] mit $Pr_2Lg_4Be_3$; zier] gefert vnd zier He_3 gir He_{14}. **12** An] Auff Be_3 Ain He_9; so] da $Pr_2Lg_4Be_3$ *fehlt* $He_9He_3He_{14}$. **13** es] er $Be_{17}Tr$; was al dar] was dahin $Pr_2Lg_4Be_3Be_{17}Tr$ da hin was He_9He_3. **14** Und] Es $Pr_2Lg_4Be_3$ Wenn es He_9He_3 Er $Be_{17}Tr$; geschiket] geschackt He_9; in der] nach sölicher He_9He_3. **15** ob *fehlt* He_{14}; es] er $Be_{17}Tr$; einen] den He_{14}. **16** Iedoch] Doch $Pr_2Lg_4Be_3$ Aber He_9He_3 *fehlt* $Be_{17}TrHe_{14}$; sein] Ein *Tr*; nit weit] nit wegs $He_9He_3Be_{17}Tr$ doch nit wit He_{14}; ving] vmbfieng $Pr_2Lg_4Be_3He_9He_3Be_{17}TrHe_{14}$. **17** Es] Er $Be_{17}Tr$; geleicht] geschrenckt $Pr_2Lg_4Be_3$ gemacht $He_9He_3Be_{17}Tr$ gelickt He_{14}; mit framdem] mit $Pr_2Lg_4Be_3$ nach fremden He_9He_3 noch freuden $Be_{17}He_{14}$ nach fremder *Tr*. **18** Recht *fehlt* He_9He_3; als] wie $Be_{17}Tr$. **19f.** *Die Verse sind in* He_{14} *vertauscht.* **19** Also *fehlt* He_9He_3; es] er $Be_{17}Tr$; mit] von He_9He_3; Also was mir egegnet dar jn He_{14}.

---

7 Di suechen waid ›die suchen ihre Nahrung‹ (ist hier wohl auf die Fasanen zu beziehen; in den anderen Hss. sicher auf die Hunde). **9** ›Ich folgte den Hunden‹. **10** gehert ›geschmückt‹. **14** geschiket ›gestaltet‹. **17** ›Es war (Folgendem) gleich gemacht mit wunderlicher Kunstfertigkeit‹.

20 Ich gedacht mir: ›darin müez sein
Abentewr.‹ mein phert zuhandt
Ich von mir an ain stawden pandt.
Ich gieng hinzu durch spehen.
Hindurch macht ich nit gesehen.
25 Suchen gieng ich pas hinfür,　　　　　　　　　　　　　　[10ᵛ]
Ob ich indert fünd ain tür,
Di darein gemachet wer.
Das suechen pracht mir michel swär,
Wan ich fand sitzen in der wild
30 Mit sendlicher klag ein weiblich pild.
Ir iamer pracht mir smertzen.
Si lie von irem hertzen
Vil manigen sewftzen tiefen;
Die zäher ir auch liefen
35 Ze tal über ire wangen.
Ir trawren het mich gefangen.

------

20 mir *fehlt* $Pr_2Lg_4Be_3He_9He_3Be_{17}TrHe_{14}$; müez] müß ich Lg_4Be_3 müssen He_{14}. **21** zuhandt] acht zuo hand He_9 auch zuhand He_3 ich pand He_{14}. **22** Ich *fehlt* $He_9He_3He_{14}$; pandt] zehand He_{14}. **23** Ich] Vnd $Pr_2Lg_4Be_3He_9He_3He_{14}$; hinzu durch] mit list Pr_2Lg_4 mit lust Be_3 vmb den hag He_9He_3 hin dan durch He_{14}; Hin zü dem gieng Jch spehen Be_{17} Hin zu dem hag gieng ich spehen Tr. **24** macht] so macht $He_9He_3Be_{17}$; Wa ich durch das hag möchte sehen Pr_2 Wie ich durch den haegk mocht sehen Lg_4Be_3. **25** Suchen gieg ich Wi_{16} Sust gieng ich suchen $Be_{17}Tr$; pas hinfür] hin vnd für $Pr_2Lg_4Be_3$; Ich hin fürbaß suochen nur He_{14}. **26** tür] tiede Tr. **28** Das] Min He_9He_3 Diß $Be_{17}Tr$; pracht] düt mir Be_{17} thete Tr; mir *fehlt* He_{14}; swär] schw *[Textverlust]* Lg_4. **29** fand] sach $Pr_2Lg_4Be_3$; sitzen] sitz He_3; in der wild] Jn dem gewild $He_9He_3Be_{17}Tr$. **30** Mit sendlicher klag] Mit senender clag $Pr_2Lg_4Be_3$ Ain zart fröw He_9He_3 Mit siner clag Be_{17} Mit sener clage Tr Von sender clag He_{14}; ein *fehlt* He_3. **31** Ir iamer] Der jamer He_3 Jr kumer $Be_{17}Tr$; mir] nur Lg_4Be_3. **32** Si] Wann sye Be_{17}. **33** Vil *fehlt* $He_9He_3Be_{17}Tr$. **34** Die zäher] Die trehen Be_{17} Jre trehen Tr; ir auch] ir da Pr_2 von ir He_{14}. **35** ire] die $Pr_2Lg_4Be_3Be_{17}He_{14}$. **36** Jr leib der was behangen $Pr_2Lg_4Be_3$ Jr lib der was gefangen He_9 Jr lib was behangen He_3 Jr lieb was befangen $Be_{17}Tr$ Jr fröd was ir engangen He_{14}.

Nach klag mit swartzen klaideren gar,
Do mein di rain ward gewar,
Si gruest mich gar trewlich.
40 Ich sprach: ›genad, fraw saldenreich,
Wisset, mir ist ewr klagen laid.
Ich wil ew mit dinst sein berait:
Ob es mag iemant underfaren,
Mein leib und guet sult ir, fraw, nit sparen.‹
45 Si sprach: ›des dank dir got, seliger man,
Und wiss die klag, di ich sende han,
Di mag niemant gewenden mir.
Iedoch wil ich es sagen dir
Durch di grossen trewe dein.

---

37 Nach klag *fehlt* $He_9He_3Be_{17}Tr$ Sie waz vmm geben He_{14}. **38** mein di rain] die zart min He_9He_3 myn die zart $Be_{17}Tr$. **39** Si gruest] Da grüsst sy $Pr_2Lg_4Be_3$; gar *fehlt* $He_9He_3Be_{17}Tr$; trewlich] trauriclich $Pr_2Lg_4Be_3He_{14}$ tugenglich $He_9He_3Be_{17}Tr$. **41** mir ist ewr klagen] üwer clag die ist mir He_9 üwer clag ist mir He_3 mir ist uwer clag $Be_{17}Tr$. **42** Ich] Vnd $Pr_2Lg_4Be_3He_9He_3Be_{17}TrHe_{14}$; ew mit dinst] ze dienst euch $Pr_2Lg_4Be_3He_9He_3Tr$ zu dinst Be_{17}; sein] sey Lg_4Be_3; Vnd will ich üch sein zuo dienst berait He_{14}. **43** es mag iemant] ich es iemets möcht He_9 es jemants mocht $He_3Be_{17}Tr$ ir laid jemand künd He_{14}; underfaren] widerfaren Lg_4Be_3Tr über farn He_{14}. **44** ir *oberhalb der Zeile eingefügt* Wi_{16}; und] min $He_9He_3Be_{17}Tr$; fraw *fehlt* $Pr_2Lg_4Be_3He_9He_3Be_{17}TrHe_{14}$. **45** des *fehlt* $Pr_2Lg_4Be_3He_{14}$ nün $He_9He_3Be_{17}Tr$; dank dir got] got danck dir $Pr_2Lg_4Be_3He_{14}$; seliger] guoter Pr_2Lg_4 gutten Be_3 du selligerman Be_{17}. **46** Und *fehlt* $Pr_2Lg_4Be_3He_9He_3Be_{17}TrHe_{14}$; die klag di] das clagen das $Pr_2Lg_4Be_3$ myn clag die $Be_{17}He_{14}$ myne clage dich die Tr; sende *fehlt* $Pr_2Lg_4Be_3He_9He_3Be_{17}TrHe_{14}$. **47** Di mag] Kan $Pr_2Lg_4Be_3$ Iane mag Be_{17} Das kan He_{14}; niemant] yemand He_{14}; gewenden] gewennen He_9. **48** Iedoch] Doch $He_9He_3Be_{17}TrHe_{14}$; wil ich es sagen] so sag ich $Pr_2Lg_4Be_3$ sae wil ich sagenn $TrHe_{14}$. **49** Durch] Vmb He_{14}.

37f. ›*Als die Reine – ihrem Klagen angemessen ganz in schwarz gekleidet – mich wahrnahm*‹. **43** ›*Falls jemand etwas dagegen unternehmen kann*‹. **46** sende ›*Sehnende, Liebende*‹.

50   Siech, der würtzgarten, der ist mein.
     Do hat Fraw Er ir wanung in,
     Fraw Trew, Fraw *Stät*, Fraw Min,   [11ʳ]
     Die all irer frewden warten hie
     In dem garten, da doch nie
55   Chain framdes krawt gewachsen was,
     Nur durichlewchtiges grüenes graz,
     Daz gruent und wuechs in reicher zier.
     Die frawen al rieten mir,
     Ich solt ein gartner darein lan,
60   Der es mit edlen krawteren schan
     Ziert; des wer der grunt wol wert.
     Nun fand ich ainen, der des pegertt
     Und sprach zu mir, er wolt (trewen!)

---

50 Siech] Sich gesel $Be_{17}Tr$; der würtzgarten] dieser wurtzgart $Pr_2Lg_4Be_3$; der ist] ist $Pr_2Lg_4Be_3He_3Be_{17}TrHe_{14}$.   **52** Er Wi_{16}; Fraw Trew, Fraw Stät] Frauwe trüi Stätt vnd $Pr_2Lg_4Be_3$ Fröw stätt fröw trüw vnd och He_9Tr Fraw stet drüwe vnd He_3 Frauw truwe frauw stet vnd auch Be_{17} Frow trw stet frow säld He_{14}.   **53** ~~hinn~~ hie Wi_{16}; Die all irer frewden warten] Jn fräden auch wären $Pr_2Lg_4Be_3$ Die wären och Jn fröden He_9 Sie waren auch in frewden He_3 Auch Jn freuden warn $Be_{17}Tr$ Die waren all in fröden He_{14}.   **54** dem] dissem $Be_{17}Tr$; garten] gärtlin $Pr_2Lg_4Be_3He_{14}$; da doch] da $Pr_2Lg_4Be_3$ da nach He_9 dannoch He_3He_{14} do zwir $Be_{17}Tr$.   **55f.** *Die Verse sind in* Be_{17} *vertauscht.*   **55** framdes krawt] vnkrüt $He_9He_3Be_{17}Tr$; gewachsen] Jn gewassen He_9He_3 nie gewassen Be_{17}.   **56** Nur] Den nün He_9He_3 Dann Jtel $Be_{17}Tr$; grüenes fehlt $Be_{17}Tr$.   **57** Daz] Der $Pr_2Lg_4Be_3$; und wuechs] da $Pr_2Lg_4Be_3$ all zit He_9He_3Tr alwegen in der zyt Be_{17} dar jnn He_{14}; reicher] der He_9Tr dem He_3 fehlt Be_{17}.   **58** al] all da He_{14}.   **59** gartner] garten Be_{17}; darein lan] dar zu lonen $Be_{17}Tr$ dar zuo hün He_{14}.   **60** Der] Des Be_{17}; krawteren] wurtzen $Be_{17}Tr$.   **61** Ziert] Pas ziert wer He_{14}; des] es wer $He_9He_3Be_{17}Tr$ daz wer He_{14}; grunt] guot He_9He_3Tr der eren Be_{17}; wol fehlt He_{14}.   **63** *Vers in* He_3 *aufgespalten:* Vnd mir versprach er wolt | Es mit truwen so bewarn; sprach zu mir] mir versprach $Pr_2Lg_4Be_3He_9He_{14}$ versprach mir $Be_{17}Tr$; er wolt trewen] mit triüen $Pr_2Lg_4Be_3$ er welt es mit trüwen He_9 woltes mit truwen Be_{17} er wolt mit truwen Tr by siner trw He_{14}.

---

51 wanung ›*Wohnung*‹.   **53** warten ›*wahrnahmen, pflegten*‹.   **63** trewen ›*wahrhaftig*‹.

Es also bebaren, das es mich nit solt rewen
65   Und kain klag von im nie wurd.
     In das gertlein ich in da fuert
     Und antbürt im das in sein gewalt.
     Sein getrewer dinst es ziert pald.
     Solt ich sein aller wunsch gewert,
70   Ich hiet nit mer darein begert.
     Es was ein irdisch paradeis.
     Darin so wue*chs*en wunschelriz.
     Auch lustiklich darin pluett
     Das edel krawt Wolgemuet,
75   Des frucht wuechs in di hoch so gar,

---

64 Es also bebaren] Er wolts bewaren *Pr₂Lg₄Be₃* So bewarn *He₅ fehlt He₃* Also bewarn *Be₁₇Tr* Er wolt bewaren *He₁₄;* das es mich nit solt rewen] on rewen *Pr₂Lg₄Be₃* daz mich kein ruwen *Be₁₇* das kein ruwen *Tr* das es mich nit rw *He₁₄.* **65** Jch getraut der pflege sein *Pr₂Lg₄Be₃* Vnd dar zuo tain das sich gebürt *He₉He₃* Von siner pfleg niemer bereyt *Be₁₇* Jn siner pflege nommer berurte *Tr* Von siner pfleg an rürt *He₁₄.*   **66** das gertlein] den garten *He₉He₃Be₁₇* dem garten *Tr;* in da] den *He₉He₃Be₁₇* Jne *TrHe₁₄;* Vnd fuort Jn in das gärtlein mein *Pr₂* Vnnd furt Jn Jnn das gertlein *Lg₄Be₃.*   **67** Und] Jch *Pr₂Lg₄Be₃;* im das] das *Pr₂* den *He₉He₃* Jn Jm *Be₁₇* Jm den *Tr* in das *He₁₄;* in sein] ich sein *Pr₂* im sein *He₁₄.*   **68** Sein] Ein *He₃Be₁₇Tr;* getrewer] triüer *Pr₂Lg₄Be₃He₉He₃He₁₄;* es ziert] der zierte *Tr* der ziert es *He₁₄;* pald] so balde *Tr.*   **69** Solt] Vnd solt *He₉He₃.*   **70** nit mer darein] nit mer dann sein *Pr₂Lg₄Be₃* sein nit anderß *He₁₄.*   **72** wüeschen *Wi₁₆;* so *fehlt Pr₂Lg₄Be₃He₃Tr* da *He₉;* wunschel] winschel *He₉He₃* wonschel *Be₁₇* wontzel *Tr* edle *He₁₄.*   **73** Auch] O *Tr;* lustiklich] lustlich vnd schön *Be₁₇Tr;* pluett] gebl *[Textverlust] Tr.*   **74** Das edel krawt] Vnd edel krut *Tr* Die edlen krütter *He₁₄.*   **75f. fehlt Be₁₇.*   **75** Des frucht wuechs] Das bluot *He₉He₃Tr* Die frucht wuochs *He₁₄;* di] der *Tr.*

---

64 bebaren = *bewarn* ›sorgen für‹.   **67** antbürt ›überantwortete‹.   **72** wunschelriz ›Wünschelruten‹, *hier wohl als sprechender Name für Gewächse, die besonders gute Wirkung haben.*

Das man sein nam auswendig war.
Ich fand auch darin liechten schein,
Vergismeinnit, das edel pluemelein,
Der varib ie schain in stattikait.
80 Verswinden so muest al mein laid,
Wan ich sah plüen Augentrost,
Das edel plüemlein gar erlost
Mein hertz von allem ungemach;
Aber gar selten ich es sach:
85 Es was maistail verpargen.
Doch schied mich von sarigen
Das werd krawt Gedenkchanmich,
Wan das liez alzeit vinden sich.
Nit halbs ich dier es gesagen kann,
90 Was hoches lustes lag daran.

[11^v]

---

76 sein] des $Pr_2Lg_4Be_3$; nam auswendig] ynwendig nam $Pr_2Lg_4Be_3$ vßwendig nam $Tr He_{14}$.   **77** auch *fehlt Tr*; darin liechten] da in liechtem Pr_2Be_3 do Jnn liechtten Lg_4 dar Jn in liechte He_9.   **78** das edel pluemelein] das plümlein $Pr_2Lg_4Be_3$ du edels blammlin He_9He_3 ein plümilin $Be_{17}Tr$ vnd plümelin vin He_{14}.   **79** Der] Des $Pr_2Lg_4Be_3He_9Be_{17}Tr$; ie schain] schain $He_9Be_{17}Tr$ erschain He_{14}; Das fraw scham instetikeyt He_3.   **80** Verswinden so muest] Verswunden was $Pr_2Lg_4Be_3$ Verswunden muost mir He_9 Verswunden ist mir He_3 Verschwunden so müst $Be_{17}He_{14}$; al] als $He_3Be_{17}Tr He_{14}$.   **81** plüen] plümlin He_{14}; Augentrost] miner augen trost $Be_{17}Tr$.   **82** erlost] clost *Tr*.   **83** von allem] vom allem He_9 vor allain He_{14}.   **84** gar *fehlt* $Pr_2Lg_4Be_3$; es] das $Pr_2Lg_4Be_3$ deß He_{14}.   **85** Es was maistail] Des merern tails was es Pr_2 Des merers teils was es Lg_4Be_3 Es was das mertail $He_9He_3Be_{17}Tr$ Es was der maistal He_{14}.   **86** Doch] Doch so He_{14}; mich] mich gar Pr_2Lg_4 mich gantz Be_3.   **87** krawt *fehlt* $He_9He_3Be_{17}Tr$; Gedenkch] denck $Pr_2Lg_4Be_3$ gedenckt He_{14}.   **88** Wan das] Das krautt $Pr_2Lg_4Be_3$ Das $He_9He_3Be_{17}Tr$; Was allzit das ließ vinden sich He_{14}.   **89** es *fehlt* $He_9Be_{17}Tr$; gesagen] vol sagen $Be_{17}Tr$ sagen He_{14}.   **90** Was hoches lustes] Wann hocher lust Pr_2Be_3 Was hoher lust Lg_4 Was grauß lust He_9He_3.

---

76 auswendig ›außerhalb des Gartens‹.   **86** sarigen ›Sorgen‹.   **87** *Sprechende Blumennamen wie ›Gedenk an mich‹ u. Ä. sind analog zum ›Vergissmeinnicht‹ zusammengeschrieben; vgl. Nr. 32 (B499), V. 75.*

Chain reif ward nie so kalt,
Es gruent alzeit in der gestalt
Als in des liechten maien plüed.
Nu merk, gesel, durich al dein güet,
95 Ob ich it pilich iamer klag,
Seind ich gelebt han den tag,
Das mir das alles ist verdarben.
Ich solt lieber sein gestarben,
Denn das ich arme ansehen sol,
100 Das es ist warden unkrawtz vol.
Der Wolgemuet in frewden pluet:
Das ist nu alles mit Wermuet
Verwachsen und verdeket gar.
Ich nim nu laider pitter würtzen war.

---

91 reif] reyff noch schnee $Pr_2Lg_4Be_3$ riff kain schne $He_9He_3Be_{17}TrHe_{14}$; nie *fehlt* $Pr_2Lg_4Be_3$.   **93** Als] Als ob es wer He_9He_3; liechten] süssen He_9He_3 richen $Be_{17}Tr$. **94** gesel durich al dein güet] lieber gesell guot He_{14}.   **95** it] nit $Pr_2Lg_4Be_3$ $He_9Be_{17}TrHe_{14}$; iamer] kumer $Be_{17}Tr$; klag] trag $Pr_2Lg_4Be_3He_9He_3Be_{17}TrHe_{14}$. **96** Seind] Das He_9He_3 Syt daz $Be_{17}Tr$; ich gelebt han] ich han gelebt $Be_{17}Tr$. **97** mir das alles ist] er mir Jst alßo He_9 er mir ist so He_3 es ist mir so gar Be_{17} es mir ist Tr; verdarben] verdriben Be_{17}.   **98** Ich solt lieber sein] Ich wolt lieber sein $Pr_2Lg_4Be_3$ Mir möcht besser sin He_9He_3 Mir mocht uil besser sin Be_{17} Mir mocht vil besser sin ich were Tr Mir wer besser ich wer He_{14}.   **99** Denn] Wann $Be_{17}TrHe_{14}$; arme] solichs $Pr_2Lg_4Be_3$ das He_9 dich He_3 fehlt $Be_{17}TrHe_{14}$.   **100** Das *fehlt* $Pr_2Lg_4Be_3$; ist warden unkrawtz] ist alles vnkrauts $Pr_2Lg_4Be_3$ ist vnkrutz worden $He_9He_3Be_{17}He_{14}$ wil vnkruets werden Tr.   **101** Der] Da $He_9He_3He_{14}$ Do $Be_{17}Tr$; frewden] eren $Pr_2Lg_4Be_3$.   **102** mit *oberhalb der Zeile eingefügt* Wi_{16}; alles *fehlt* $He_9He_3Be_{17}Tr$; mit *fehlt* $Pr_2Lg_4Be_3He_{14}$; Wermuet] vermüt Lg_4Be_3 vnmuot He_{14}. **103f.** *fehlt* $Pr_2Lg_4Be_3$.   **103** Verwachsen und verdeket] Verhagt vnd verwassen $He_9He_3Be_{17}Tr$.   **104** Ich nim] Jch nem He_9 Jch nam He_3 Nun niem He_{14}; nu laider] och $He_9He_3Be_{17}TrHe_{14}$; pitter] by der $He_9He_3Be_{17}Tr$; würtzen] wuortzeln $He_9He_3Be_{17}Tr$.

---

95 it ›nicht‹.

105 Do ich Vergismeinnit ee vand,   [12^r]
    Das hat mir Neselkrawt nu verprant
    Und mues auch anen mich der frucht
    Gedenkchanmich; darumb nu flewcht
    All mein frewd von meinem hertzen.
110 Mir fügt auch michler smertzen
    Maniger daren, des scherff mich peint.
    Wie gruen mein hag doch auswendig scheint,
    Scholt es den falschen werden kund!
    Darumb fleiss ich mich zu aller stund,
115 Das ich mein hag auswendig zier,

---

105 Do ich] Vnd da ich $Pr_2Lg_4Be_3$ Da mit He_9 Daz ich Be_{17} Wa ich He_{14}; Vergismeinnit] min vergiß nit Be_{17} myner vergiß nit Tr; ee *fehlt* $Pr_2Lg_4Be_3He_9He_3Be_{17}Tr$. **106** Da Wi_{16} Das $Pr_2Lg_4Be_3He_9He_3Be_{17}TrHe_{14}$; mir Neselkrawt nu] nun nesselkrautt $Pr_2Lg_4Be_3Be_{17}TrHe_{14}$ mir nessel krut He_9He_3. **107** auch *fehlt* $Pr_2Lg_4Be_3He_9He_3$ $Be_{17}Tr$; anen mich] verwegen mich $He_9He_3Be_{17}Tr$ ainen mit He_{14}. **108** darumb nu flewcht] machet flucht $Pr_2Lg_4Be_3$ da von mir flucht He_9He_3 dauon flucht Be_{17} auch von flucht Tr dar vmb mit flucht He_{14}. **109** All mein frewd] Der fräd $Pr_2Lg_4Be_3$ All fröd $He_9He_3Be_{17}Tr$ All fröd fliehend He_{14}. **110** Mir fügt] Mir gefugt $Be_{17}Tr$ Jch hon He_{14}. **111** *fehlt* He_{14}; mich peint] mich bit Be_{17} mit bint Tr. **112** gruen] grim He_3; doch *fehlt* $Pr_2Lg_4Be_3He_9He_3Be_{17}TrHe_{14}$; auswendig] vssen $Pr_2Lg_4Be_3Be_{17}Tr$. *Nach diesem Vers zwei Plusverse in* $Pr_2Lg_4Be_3$:
    Jch hab ynwendig pitterkait
    Doch wär es mir ain sunder laid.
Zwei Plusverse in He_9He_3:
    So hön Jch doch Jn wenig bitterkait
    Mir wer och besunder laid.
Zwei Plusverse in $Be_{17}Tr$:
    So han ich doch Jnwenig bitterkeit
    Vnd brecht mir auch ein sunder leid.
Zwei Plusverse in He_{14}:
    Jch hon inwendig pitterkait
    Doch wer es mir von hertz laid.
113 Scholt es den falschen] Das es den falschen sölt He_9He_3; den] dem $Be_{17}Tr$; werden] wesen He_{14}. **114** Darumb fleiss ich mich] Jch tuo fleiß $Pr_2Lg_4Be_3$. **115** mein hab Wi_{16} mein hag $Pr_2Lg_4Be_3He_9He_3Be_{17}He_{14}$ mynen bergk Tr.

---

107 anen mich ›verzichten auf‹. **111** ›viele Dornen, deren Schärfe mich quält‹. **112f.** ›Dass mein Hag nach außen hin so grün erscheint, das mögen die Falschen ruhig wahrnehmen‹.

Das niemant wert gefrewt an mir.
Man wänt, wer es aussen ansiecht,
Ich hab darin geprechen nicht,
Wan es was ie der falschen lab,
120 Wan dem gueten frewd gieng ab,
Als mir senunden weib ist geschehen.‹
Ich sprach: ›fraw, tuett mir veriehen,
Wer hat den schaden euch erbarben,
Das ewr frucht also sind verdarben?
125 Hat der gartner icht missetan?‹
Si sprach: ›es ist nit gar daran.
Hiet er sich mit huet pas umbgesehen,
Mir wer nit solicher schad geschehen,

---

116 gefrewt] erfröwt *He₉He₃;* an mir] ane Jme *Tr.* **117f.** *fehlt He₉He₃.* **117** Man wänt] Es went *Pr₂* Er went *Lg₄* Er meint *Be₃* Vnd *Be₁₇Tr fehlt He₁₄;* es] Jn *Be₁₇Tr;* aussen] vßwenig *Be₁₇TrHe₁₄;* ansiecht] sicht *Pr₂Lg₄Be₃He₁₄.* **118** Ich] Meyn ich *Tr* Der went er *He₁₄;* geprechen] gebrestes *Be₁₇TrHe₁₄.* **119** Wan] Dann *Be₁₇Tr;* was] ist *Pr₂Lg₄Be₃;* ie der] yeder *He₃;* lab] lob *Pr₂Lg₄Be₃TrHe₁₄.* **120** Wan] So *Pr₂Lg₄Be₃* Wen *He₉He₃Be₁₇* Das *He₁₄;* dem gueten] den guoten *Pr₂Lg₄Be₃He₉He₃* dem fromen *He₁₄;* frewd gieng] gat fräd *Pr₂Lg₄Be₃* gieng an fröd *He₉He₃* ain fröd gieng *He₁₄.* **121** senunden weib] senenden *Pr₂* senden *Lg₄Be₃* sunder *He₉He₃* sennen *Be₁₇Tr* fromen *He₁₄;* geschehen] beschenhen *He₉He₃Be₁₇TrHe₁₄.* **122** fraw] trautt fraw *Pr₂Lg₄Be₃;* veriehen] Jehen *Be₁₇.* **123** Wer] Was *Pr₂Lg₄Be₃He₁₄;* den schaden euch] uch den schaden *Be₁₇;* erbarben] geporen *Pr₂Lg₄Be₃* verbraucht *He₁₄.* **124** ewr] die *Pr₂Lg₄Be₃;* also sind] ist so *Pr₂He₉He₃* ist also *Lg₄Be₃* also ist *Be₁₇Tr* ist *He₁₄;* verdarben] verloren *Pr₂Lg₄Be₃.* **125** gartner] gart *He₁₄;* icht] ye *Lg₄Be₃* nit *He₁₄;* missetan] myns than *He₃.* **126** gar *fehlt Pr₂Lg₄Be₃;* daran] aun *Pr₂Be₁₇He₁₄.* **127** sich mit huet] sich *Pr₂Lg₄Be₃* sich mit listen *He₉He₃* mit liesten sich *Be₁₇Tr* mit huot *He₁₄;* pas *fehlt He₉He₃Be₁₇Tr;* umbgesehen] vmbseßen *Be₁₇.* **128** nit solicher schad] sölicher schad nit *Pr₂Lg₄Be₃He₉He₃* nie sölicher schad *He₁₄;* geschehen] gesehen *He₃.*

---

116 ›damit niemand sich an mir (an meinem Leid) erfreut‹. **119** ›denn die Falschen haben sich schon immer daran gelabt‹. **123** erbarben ›erworben, verursacht‹.

Gesel, als ich dir sagen will:
130 Wiss, es ist gar unmassen vil
Hie in unrainen vergiften slangen.
Di tuent darnach von art belangen: [12^v]
Wo in Wolgemuet wirt kunt,
Das verderbent se gar zustund.
135 Von erst ich in das weren tet
Und was darzu alles mein pet,
Das er sich mit listen umbsach,
Das mir nit schad von in geschach.
Nun ist uns laider paiden miselungen
140 Von iren posen vergiften zungen.
Daran beschuldigt ich in ain tail

---

129 dir *oberhalb der Zeile eingefügt Wi*$_{16}$; als] das *He*$_9$*He*$_3$.   **130** Wiss *fehlt He*$_9$*He*$_3$*Be*$_{17}$*TrHe*$_{14}$; gar *fehlt Pr*$_2$*Lg*$_4$*Be*$_3$ hie *He*$_9$*He*$_3$*Be*$_{17}$*Tr*; unmassen] vnmassen zill *Lg*$_4$*Be*$_3$ an mossen *Be*$_{17}$*He*$_{14}$.   **131** Hie *fehlt He*$_9$*He*$_3$*Be*$_{17}$*TrHe*$_{14}$; in unrainen vergiften] vnrainer gifftiger *Pr*$_2$*Lg*$_4$*Be*$_3$ Vnrainer vergifften *He*$_9$*He*$_3$ Vnreiner vergifftigen *Be*$_{17}$ Vnreiner vergiffter *Tr* Vngifftiger *He*$_{14}$.   **132** darnach von art] von art *Pr*$_2$*Lg*$_4$*Be*$_3$ von art dar nach *He*$_9$*He*$_3$*Be*$_{17}$*Tr* von natur *He*$_{14}$; belangen] verlangen *He*$_9$.
133 Wo] Nuwe *Tr*.   **134** verderbent se] sy verderben Jn *Pr*$_2$*Lg*$_4$*Be*$_3$ vertribent sie *He*$_9$*He*$_3$ sie verderbent sie *Be*$_{17}$ sie den verderbent *He*$_{14}$; gar zustund] zu stunt *Pr*$_2$*Lg*$_4$*Be*$_3$*Be*$_{17}$ zuo aller stund *He*$_{14}$.   **135** Von erst] Mit aller erst *He*$_9$*He*$_3$*Tr* Mit aller der erst *Be*$_{17}$; ich in das weren] ich Jn des warrnen *Pr*$_2$*Lg*$_4$*Be*$_3$ *He*$_9$*He*$_3$*Be*$_{17}$ ich mir das warten *Tr* ist es in warner *He*$_{14}$.   **136** darzu alles] zu aller zeitt *Pr*$_2$*Lg*$_4$*Be*$_3$*Be*$_{17}$*Tr* all zitt *He*$_9$*He*$_3$ ouch alzitt das *He*$_{14}$; mein pet] mit bätt *He*$_9$ mitt bot *He*$_3$ myn gebet *Tr*.
137 es *Wi*$_{16}$ er *Pr*$_2$*Lg*$_4$*Be*$_3$*He*$_9$*He*$_3$*Be*$_{17}$*TrHe*$_{14}$; sich mit listen] mit listen sich *Pr*$_2$*Lg*$_4$*Be*$_3$*Be*$_{17}$*He*$_{14}$ mit sich listen *He*$_9$; umbsach] vmb säh *Pr*$_2$*Lg*$_4$*Be*$_3$*He*$_9$*Be*$_{17}$*Tr*.
138 nit] icht *Pr*$_2$*Lg*$_4$*Be*$_3$*Be*$_{17}$*Tr*; in] im *Lg*$_4$*Be*$_3$*He*$_9$*He*$_3$*TrHe*$_{14}$; geschach] geschäch *Pr*$_2$*Lg*$_4$*Be*$_3$*He*$_9$*Be*$_{17}$*Tr*.   **139** uns laider] laider vnß *He*$_9$; paiden *fehlt Pr*$_2$*Lg*$_4$*Be*$_3$*He*$_9$ *He*$_3$*Be*$_{17}$*TrHe*$_{14}$.   **140** iren posen vergiften] iren vergifftigen *Pr*$_2$*Lg*$_4$*Be*$_3$*Be*$_{17}$*Tr* Jeren falschen *He*$_9$*He*$_3$ irer böser falscher *He*$_{14}$.   **141** an *Wi*$_{16}$ ain *Pr*$_2$*Lg*$_4$*Be*$_3$*He*$_9$*He*$_3$ *Be*$_{17}$*TrHe*$_{14}$; Daran beschuldigt ich in] Jch beschuldig Jn des *Pr*$_2$*Lg*$_4$*Be*$_3$ Dar an beschuldig Jch Jn *He*$_9$ Daran beschuld ich yn *He*$_3$*He*$_{14}$ Dar Jnn beschuldig ich Jn *Be*$_{17}$*Tr*.

---

132 ›*Die gelüstet es entsprechend ihrer Art nach Folgendem*‹.

Und noch mer mein gross unhail.
Das hat noch mer schuld daran,
Wan niemant sich vor in gehüeten kan.
145 Es ist zu vil ir unrainikait.
Ich klag, das es got vertrait,
Das si swachen guete frucht.
Ich wünsch in, das si muesen flucht
Von allem ertreich nemen gar,
150 Darin man rainer frucht nimt war!
Si solten wanen zu kainer frist
An stetten, do raine frucht ist,
Das zu rainen sachen frumbt,
Und gueter frucht zu schaden kumpt.

---

142 Und noch] Doch $Pr_2Lg_4Be_3$ Noch He_{14}; mein] Jr He_9He_3.   **143** Das *fehlt* He_{14}; noch mer] noch grösser $Pr_2Lg_4Be_3$ Je He_9He_3 me Be_{17} ire *Tr* von miner He_{14}. **144** Wan *fehlt* $Pr_2Lg_4Be_3Be_{17}Tr$; niemant sich] sich niemant He_{14}; gehüeten] hüten $Pr_2Lg_4Be_3He_3He_{14}$.   **145** zu vil] groß $Pr_2Lg_4Be_3$ so vil $He_9He_3Be_{17}Tr He_{14}$; ir] Jar Be_{17} gare *Tr*; unrainikait] vnerfennkeit Be_{17}.   **146** klag] klag es Lg_4Be_3 halt He_{14}. **147** guete] guoten guote He_{14}.   **148** Ich] Vnd $He_9He_3Be_{17}Tr$; in *fehlt* $Pr_2Lg_4Be_3$ $He_9He_3Be_{17}Tr$; muesen *fehlt* He_9He_3.   **149** Von allem ertreich nemen] Von allem lannd nemen $Pr_2Lg_4Be_3$ Müssend niemen von allem ertrich He_9He_3 Nemmen von allem ertrich Be_{17} Nieman von allen ertrich *Tr* Von allem erdrich yendert He_{14}. **150** Darin] Da He_9 Das He_3 Wo $Be_{17}Tr$; rainer] guot $He_9He_3Be_{17}Tr$; nimt war] Jn niemen tar He_9He_3 Jn nennen tar $Be_{17}Tr$.   **151** solten] wolten Lg_4Be_3 solent Be_{17}; wanen] wün He_9He_3; kainer] aller $Pr_2Lg_4Be_3He_9He_3He_{14}$.   **152** Nyendert dann da vnkraut ist $Pr_2Lg_4Be_3Be_{17}Tr$ Nienen den da vnkrut ist He_9He_3 Niendert wann wa vnkrut ist He_{14}.   **153** zu rainen sachen] da keinen sachen $Pr_2Lg_4Be_3$ doch zuo kainen sachen $He_9Be_{17}Tr$ doch in keinen sachen He_3 zuo kainen guotten sachen He_{14}.   **154** Und] Nur $Pr_2Lg_4Be_3$ Nün $He_9Be_{17}Tr$ Nieman He_3 Mir He_{14}; zu schaden kumpt] zü sach den kumt Be_{17} zu sach dem ko [*Textverlust*] *Tr*.

---

146 vertrait ›zulässt‹.   **151–154** ›*Sie (die Falschen) sollten niemals dort wohnen, wo die gute Frucht ist, was gute Dinge bewirkt, und (niemals dort wohnen) wo es einer guten Frucht schaden wird‹.*

155 Wie gar se prachten unkrawt enbicht,
Das scholt niemant klagen nit,
Wan poz schol man mit pos vertreiben.
Das aber nicht frei sol beleiben
Frucht, di der welt und got behagt!
160 Von irer gift mein hertz da klagt   *[13']*
Und ist auch das, das ich imer muez klagen,
Wan mein garten hat nie getragen
Kain frucht, der niempt misewendt gicht,
Und doch des geniessen nicht.
165 Mir hat es verderbet so ser
Ir vergifte zung, das imer mer

155f. *fehlt* $Pr_2Lg_4Be_3He_9He_3$.   **155** prachten unkrawt] vnkrut brechten $Be_{17}Tr$; Ob sie das selb prechen enwicht He_{14}.   **157** Wan] Das $Pr_2Lg_4Be_3Be_{17}Tr$ Dan He_3 *fehlt* He_{14}; poz schol man] Man solt böß He_{14}; vertreiben] verdr *[Textverlust]* Tr. **158** Das aber] Aber das He_{14}; nicht frei sol] nicht sol frey $Pr_2Lg_4Be_3$ nit sol reyn $Be_{17}Tr$ sol nit fry He_{14}.   **159** der welt und got] got vnd der welt He_9He_3 gütte vnd der welt $Be_{17}Tr$ got vnd die welt He_{14}; behagt] beh *[Textverlust]* Tr.   **160** ~~fer~~ gift Wi_{16}; Von] Wan Lg_4Be_3 Vor $Be_{17}Tr$; irer gift] Jr vergifft $Pr_2Lg_4Be_3He_9He_3Be_{17}TrHe_{14}$; da] das $Pr_2Lg_4Be_3He_9He_3Be_{17}TrHe_{14}$; klagt] clag *[Textverlust]* Tr.   **161** auch das *fehlt* $Pr_2Lg_4Be_3He_9He_3Be_{17}Tr$; imer muez] muoß ymmer Pr_2; Vnd muoß ymmer vnnd oweclich clagen He_{14}.   **162** Wan *fehlt* $He_9He_3Be_{17}Tr$; hat nie] nye hat $Pr_2Lg_4Be_3$. **163** Kain frucht der] Den frucht die He_9He_3 Frucht die $Be_{17}Tr$ Kain frucht die He_{14}; niempt] man $Pr_2Lg_4Be_3$ yeman $Be_{17}Tr$ die welt He_{14}; misewendt gicht] wisswendig gicht He_3 mißwenden gich *[Textverlust]* Tr missigt He_{14}.   **164** doch des] kunt des $Pr_2Lg_4Be_3$ macht sie doch He_9He_3 mocht sin doch Be_{17} mocht doch sin Tr kund doch deß He_{14}; geniessen] genessen $Be_{17}Tr$.   **165** Mir hat es] Sy haben mirs $Pr_2Lg_4Be_3He_{14}$ Es haut mir es $He_9He_3Be_{17}$ Eß haits mir Tr; so ser] gar $He_9He_3Be_{17}Tr$. **166** vergifte] vergifftig Be_{17}; zung] zungen $Pr_2Lg_4Be_3$; das imer mer] das nymmer mer $Pr_2Lg_4Be_3$ das nim war He_9He_3 das nemen war Be_{17} des nym ware Tr; Das mir das nymmer mer He_{14}.

---

155 *›Wie sehr die Unkräuter sie (wiederum) zunichte machten‹ (?); zur Wendung vgl. V. 186 sowie Nr. 42 (B399), V. 132.*   **158f.** *›Ach dass die Frucht, die der Welt und Gott Freude macht, so gar nicht verschont wird‹.*   **163f.** *›irgendeine Frucht, die man tadelt, und hatte doch keinen Nutzen davon‹.*

Kain frewden frucht gruent darinn.
Darumb Fraw Trew, Fraw Stät, Fraw Min
Sich muesten daraus schaiden;
170 Aber Fraw *Er* niemandt kan erlaiden,
Si wel noch ir wanung darin han,
Und wird doch oft von in gepfeifet an,
Von manigem falschen atem.
O herr, si wellent sein nit geraten,
175 O wie gar mein frewd wirt siech und swach!
Noch sleichent si mir al nach
Und ich doch voricht gen in enpier.

---

167 frewden frucht] fröd kain frucht *He₉He₃* freud oder frucht *Be₁₇Tr* frucht *He₁₄;*
gruent] wechßt *Pr₂Lg₄Be₃He₁₄* graint mir *He₉He₃* begrüned *Be₁₇Tr.*   **168** Fraw Trew
Fraw Stät] fraw triü Stätt *Pr₂Lg₄* fraw stett trew *Be₃* fröw stätt fröw trüw *He₉He₃*
truw frauw stett *Be₁₇Tr;* Fraw Min] vnd Mynn *Pr₂Lg₄Be₃* vnd auch mynne *Be₁₇Tr.*
169 Sich] Sie *He₁₄;* muesten daraus] dar vß muoßt *He₉He₃* dar uß müsten *Be₁₇Tr*
muosten dar uff *He₁₄;* schaiden] tuon schaiden *He₉He₃.*   **170** Er *fehlt Wi₁₆;* Fraw
Er] frauwe Jre *Tr;* niemandt kan] kan niemen *He₉He₃Be₁₇TrHe₁₄;* erlaiden] geladen
Be₁₇ geleiden *Tr* laiden *He₁₄.*   **171** noch *fehlt Pr₂Lg₄Be₃He₉He₃Be₁₇TrHe₁₄;* ir *fehlt*
He₁₄.   **172** doch oft] öch dick *He₉He₃* daes *Tr;* von in *fehlt Pr₂Lg₄Be₃He₉*
He₃Be₁₇TrHe₁₄; gepfeifet] gepfufet *He₉He₃* gepieffet *Tr.*   **173** manigem] ainem
Pr₂Lg₄Be₃ irem *He₁₄.*   **174** O herr *fehlt Pr₂Lg₄Be₃He₉He₃Be₁₇TrHe₁₄;* si wellent] Sy
will *Pr₂Lg₄Be₃* Mügent sie *He₉He₃* Mag sie *Be₁₇Tr* Noch wellend sie *He₁₄;* sein] des
Pr₂Lg₄Be₃.   **175** O *fehlt Pr₂Lg₄Be₃He₉He₃Be₁₇TrHe₁₄;* gar] wol *He₉He₃;* wirt siech und
swach] ist matt vnd schach *Pr₂He₉He₃* ist mat vnd schwach *Lg₄Be₃He₁₄* ist mat-
schach *Be₁₇* ist marschucke *Tr.*   **176** Noch] So *He₉He₃* Doch *Be₁₇* Doe *Tr;* sleichent]
fliehend *He₁₄;* al] allzeit *Pr₂Lg₄Be₃He₁₄* doch all weg *He₉He₃* alles *Tr.*   **177** gen in]
gen ir *Pr₂Lg₄Be₃* von Jnen *He₉He₃Be₁₇Tr* gen im *He₁₄;* enpier] bir *He₉Be₁₇.*

---

170 niemandt kan erlaiden ›*kann es niemand verleiden*‹.   **172** gepfeifet an ›*an-*
gezischt‹.   **174** sein nit geraten ›*nicht damit aufhören*‹.   **177** ›*aber ich fürchte*
mich nicht vor ihnen‹.

Sew mugen nit mer geschaden mir,
Wan alles das, das mir ie frewd gab,
180 Das habent se mir geprochen ab.
Ir wil ist gar an mir geschehen.‹
Mit solicher klag tet *si* das veriehen
Und wainat so hertzenlichen,
Das mir mein frewd muest entweichen.
185 Ich sprach: ›ei liebe frawe, nicht!
Ir pringt *euch* selber gar enwicht,
So mag es doch nit anders gesein.
Ewr groz verliesen und klag pringt mir pein,   *[13ᵛ]*
Doch solt ir nit so gar groslich klagen

---

178 Sew] Wenn sy He_9 Wie sie He_3; mugen] kunden He_{14}; nit] nichtz He_{14}; mer *fehlt* $Pr_2Lg_4Be_3$; geschaden] schaden He_3. **179** Wan *fehlt* $He_9He_3Be_{17}Tr$ Vnd He_{14}; das das] das $Pr_2Lg_4Be_3He_9He_3Be_{17}He_{14}$; ie *fehlt* Lg_4Be_3; frewd] fräden $Pr_2Lg_4Be_3$. **180** geprochen] prochen Pr_2 gesprochen He_{14}. **181** gar] gantz $Pr_2Lg_4Be_3$ *fehlt* $He_9He_3Be_{17}Tr$; an mir *fehlt* $Pr_2Lg_4Be_3$. **182** ich Wi_{16} sie $Lg_4Be_3He_{14}He_9Be_{17}TrHe_3$; tet] dutt He_3; das] mir $He_9Be_{17}Tr$ ym He_3; veriehen] iehen $Pr_2Lg_4Be_3He_{14}$. **183** hertzenlichen] ynneclichen $Be_{17}Tr$. **184** *fehlt* Tr; mein frewd muest] muost fräd $Pr_2Lg_4Be_3He_9He_3He_{14}$ freud must Be_{17}; entweichen] entwissen Be_{17}. **185** ei *fehlt* He_9He_3 ach $Be_{17}Tr$ y He_{14}; liebe] raine $He_9He_3Be_{17}Tr$. **186** er ew [ew *oberhalb der Zeile nachgetragen, zwischen* er *und* selber] Wi_{16}; Ir pringt euch selber] Bringt euch selbs $Pr_2Lg_4Be_3$ Jr bringent üch selber $He_9He_3TrHe_{14}$ Jr bangen uch selber Be_{17} Jre brengen uch selber Tr; gar] also $Pr_2Lg_4Be_3$ *fehlt* He_{14}. **187f.** *Die Verse sind in* He_{14} *vertauscht.* **187** So mag es doch] Es mag an das $Pr_2Lg_4Be_3$; anders *fehlt* $Pr_2Lg_4Be_3$; gesein] sin He_9. **188** verliesen] verschlissen He_9He_3; und klag *fehlt* $Pr_2Lg_4Be_3He_9He_3Be_{17}TrHe_{14}$; pringt] tuot He_{14}; mir *fehlt* $Pr_2Lg_4Be_3$. **189** ~~ich~~ ir; ir *oberhalb der Zeile* Wi_{16}; Doch solt ir] Jr sült $He_9He_3He_{14}$ Jedoch sol uch Be_{17} Je doch solt Jre Tr; nit so gar groslich] nit so größlich $Pr_2Lg_4Be_3$ so gröplich nit He_9He_3 nit als groblich Be_{17} nit so groblich Tr so gröslich nit He_{14}; klagen] verzagen He_{14}.

186f. ›Ihr bringt euch selbst gar nicht weiter, weil es doch nun einmal nicht zu ändern ist‹. **188** verliesen ›Verlust‹.

190 Und an muet so gar verzagen.
    Es ist doch an dem iar noch frue;
    Nemt einen anderen gartner darzue,
    Der sich vor ungewurem kün pas
    Bewaren, denn der sein ee pflegünd was,
195 Und der sich sein in trewen underwindt.
    Und was der unkrawtes darin vindt,
    Das lat in daraus rewten gar.
    In kurtzer frist werdet ir gewar,
    Seind der gründt ist also guet,
200 Euch wirdt noch wachsen Wolgemuet
    Und was euch varmal frewd gab.‹
    Si sprach: ›gesel, di red laz ab!
    Mir ist der grundt so gar verdarben
    Und an allen frewden erstarben.

---

190 an muet] on mut $Be_{17}Tr$ üwer gemüt He_{14}; gar verzagen] ser verclagen He_{14}.
191 ist *fehlt* He_9; doch an dem iar noch] doch an dem Jar $Pr_2Lg_4Be_3$ noch an dem
Jar He_9He_3Tr noch an den Joren Be_{17} an dem jar noch He_{14}. **192** anderen *fehlt*
$Pr_2Lg_4Be_3He_{14}$; gartner] garten He_{14}; darzue] nach der zu $Lg_4Be_3He_{14}$.
193 ungewurem] vngewin He_9He_3 vngebwen He_{14}; kün] kunnt bewarn He_9He_3
kund gewarnen Be_{17} kan gewannen *Tr fehlt* He_{14}. **194** *fehlt* Be_{17}; Bewaren *fehlt*
He_9He_3Tr Bewarn tuond He_{14}; der sein ee pflegünd] iener gartner Pr_2Be_3 iener
gartten Lg_4 der sin erster pfleger He_9He_3 der sin mit dem erste pflege Tr der sein
vor pfleger He_{14}. **195** Und *fehlt* $Pr_2Lg_4Be_3$; der *fehlt* He_9He_3; sein *fehlt* $Pr_2Lg_4Be_3$
den $Be_{17}Tr$; in trewen] mit trüwen He_9He_3 mit trw He_{14}; underwindt] vnder winn
He_9 das vnder winnet Tr. **196** Und *fehlt* $Pr_2Lg_4Be_3He_9He_3Be_{17}TrHe_{14}$; der] er
$Pr_2Lg_4Be_3He_9He_3Be_{17}TrHe_{14}$; unkrawtes] vngerechtzs He_{14}. **197** in] vch $Be_{17}Tr$; dar-
aus] uß Be_{17}. **198** In kurtzer frist werdet ir] Jr werdent Jn kurtzer frist He_9He_3;
kurtzer] kurtzen Tr. **199** Seind] Sit das Be_{17} Gut das Tr; also] so $He_9He_3Be_{17}$
$TrHe_{14}$. **200** wachsen Wolgemuet] wachsen gemut wol He_3 woel wassen genug
Tr. **201** Und] O der He_{14}; euch *fehlt* $He_9He_3Be_{17}Tr$; varmal] vor He_{14}; frewd] fräden
$Pr_2Lg_4Be_3TrHe_{14}$. **202** di red] das He_{14}. **203** der grundt so gar verdarben] so
gare verdorben der grunt Tr; gar] ser $Pr_2Lg_4Be_3$. **204** an allen] alle $Pr_2Lg_4Be_3$ Jn
allen He_9He_3 on alle He_{14}; frewden] fräd $Pr_2Lg_4Be_3He_{14}$; erstarben] erstrebt Pr_2 er-
sterbt Lg_4Be_3 gestorben $He_9He_3Be_{17}Tr$ verdorben He_{14}.

---

199 Seind der gründt ›weil der Boden‹. **201** varmal ›vormals‹.

205 Es lebt kain maister undter der sun,
Der mir es wider pringen kun.
Es sol und muez das leben mein
Vor aller welt versperet sein,
Wan sich mein sin muess wol verstan,
210 Das ich nit gelükch darzue han.
Und der mir geben hat di wal
In allen landten uberall,
So hiet ich doch kainem getrawt pas,
Dann dem, der sein vor gewaltig was.
215 Und gib im doch nit gentzlich die schuld;

---

205 Es lebt kain maister] Es lebt chainer *Pr₂Lg₄Be₃* Das kain maister lept *He₁₄;* der *fehlt Lg₄Be₃*.   **206** mir es] es mir *He₉He₃* es *He₁₄*.   **208** aller] alder *He₉* aller der *Tr;* versperet] beschlossen *He₉He₃Be₁₇Tr* gespert *He₁₄*.   **209** vestan *Wi₁₆* verstan *Pr₂Lg₄Be₃He₉He₃TrHe₁₄* verton *Be₁₇;* Wan] Den *He₉He₃;* sich mein sin] mengclich *Pr₂Lg₄Be₃* sich min sind *He₉* ich mich *He₁₄;* muess wol] muoß *Pr₂Lg₄Be₃* mügend wol *He₉* wol mügent *He₃Be₁₇Tr* wol *He₁₄*.   **210** nit *oberhalb der Zeile nachgetragen Wi₁₆;* nit gelükch darzue] gelücks nit darzuo *Pr₂Lg₄Be₃Be₁₇* gelücks darzuo nit *He₉He₃Tr* dar zuo kain geluck *He₁₄;* han] enhän *He₉*.   **211** Und] Den *He₉He₃Be₁₇Tr;* der *fehlt He₁₄;* mir geben hat] mir hett geben *He₉He₃Be₁₇* geben mir hett *He₁₄;* di wal] den gewalt *Be₁₇Tr*.   **212** *fehlt He₁₄;* allen landten] allem land *He₉He₃Be₁₇Tr;* uberall] uwer all *Be₁₇*.   **213** So *fehlt Be₁₇He₁₄;* hiet ich doch] hett ich *Pr₂Lg₄Be₃He₉He₃* Doch het Jch *Be₁₇* Jch hett *He₁₄;* kainem *fehlt Be₁₇Tr*.   **214** *fehlt He₁₄;* Dann dem] Denn *He₉Be₁₇ fehlt He₃* Da den *Tr;* sein vor gewaltig] sein gewaltig *Pr₂Lg₄Be₃* sin erster pfleger *He₉* sin von erst pfleger *He₃Be₁₇* sin mit erst pleger *Tr*.   **215** gentzlich] gar *Pr₂Lg₄Be₃* gantz *He₉He₃Be₁₇Tr;* die *fehlt He₉He₃He₁₄*.

---

209 ›denn mein Verstand muss akzeptieren‹.   **211** ›Und wenn mir jemand die Wahl (aus vielen Männern) gegeben hätte‹.   **214** ›als dem, der vorher über den Garten herrschte‹.

Von grassem ungelukch ich es duld. [14ʳ]
Vil meiner verlust, das muess ich iehen,
Hat er sich ainhalb ubersehen;
Vnhail mir anderthalb macht
220 Sovil, das ich mir han gedacht,
Das ich zu frewden nit pin geparen.
Mir tuet auch wol von schulden zaren,
Das mir mein frewd ist abgeprochen.
Ich wais nit, was an mir ist gerochen,
225 Wan niemant was mit mir uberladen.
Mein garten stuend aller welt an schaden,
Ich lie iedem man das sein.
Mich frewdt ein klains pluemelein

---

216 grassem ungelukch] vnglück groß *Pr₂Lg₄Be₃* grossem vnhail *He₉He₃* minem vngeluck *He₁₄;* es] das *Pr₂Lg₄Be₃He₉He₃He₁₄ fehlt Be₁₇Tr;* duld] vnduld *He₃.* **217** Vil meiner verlust] Min verlust *He₉He₃* Vnd mynß lustes *Be₁₇Tr* Vil miner schuld *He₁₄;* das] des *Be₁₇Tr;* Jch muoß die warhait iehen *Pr₂Lg₄Be₃.* **218** ainhalb] halb *He₉He₃Be₁₇Tr.* **219** *fehlt He₁₄;* anderthalb] das ander *Pr₂Lg₄Be₃;* macht] naucht *He₉Be₁₇Tr.* **220** Sovil] Also *Be₁₇Tr;* das *fehlt Be₁₇;* gedacht] gedracht *He₁₄.* **221** Das ich zu frewden nit pin] Jch sey zu fräden nit *Pr₂Lg₄Be₃* Das ich bin zü freuden *Be₁₇* Das ich zuo kain fröden bin *He₁₄;* nit *fehlt Tr;* pin] sy *He₉He₃.* **222** Mir tuet auch] Noch tuot mir *Pr₂Lg₄Be₃* Mir tuot doch *He₉He₃* Mir Jst auch *Be₁₇Tr;* wol von schulden] von schuld *Pr₂* von schulden *Lg₄Be₃* besunder *He₉He₃* von freuden *Be₁₇* vnfreuden *Tr* billich von schulden *He₁₄.* **223** mein frewd ist] frucht Jst *He₉He₃* myn frucht ist *Tr* ist mein fröd *He₁₄.* **224** aus *Wi₁₆* an *Pr₂Lg₄Be₃He₉He₃He₁₄ fehlt Be₁₇Tr;* nit *fehlt Pr₂Lg₄Be₃He₉He₃He₁₄;* ist] sy *He₉He₃.* **225** Wan niemant was] Es was neint *He₉He₃Be₁₇TrHe₁₄;* uberladen] überalden *He₁₄;* Jch tett nyemantz überladen *Pr₂Lg₄Be₃.* **227** Ich *fehlt He₉He₃* Vnd *Be₁₇Tr;* iedem man] yederman *Pr₂Lg₄Be₃He₉He₃Be₁₇TrHe₁₄.* **228** frewdt] erfrauwt *Be₁₇Tr;* pluemelein] bomblin *Be₁₇.*

217f. ›*Für einen großen Teil meines Schadens (das muss ich sagen) ist einerseits er verantwortlich‹.* **221** geparen ›*geboren‹.* **222** ›*Auch bin ich zurecht zornig‹.* **225** mit mir uberladen ›*von mir belästigt, bedrängt‹.* **226** an ›*ohne‹.*

Pas und pracht mir hochen muet,
230 Dann oft ainer frawen nun tuet
Der garten und anger in reicher zier,
Er muet, wes si gedennket ir,
Das si des kainen mangel hat.
Davon mein frewd ist pillich mat,
235 Das mich so gar ains klainen genuegt
Und unhail mir den schaden fuegt.
Und oft ain fraw lebt laides an,
Die kain guete frucht nit erkennen kan,
Und wer irs hertzen lab,
240 Das man mocht allen frawen ab

---

229 pracht] gab $Be_{17}Tr$; hochen] grössern Pr_2Lg_4 grossenn Be_3 besunder He_9He_3 hohem Tr hohern He_{14}.   **230** *fehlt* Be_3; Dann] Der He_{14}; oft ainer frawen] offt ainner andern fröwen He_9He_3 offt ein ander boum Be_{17} vff andern frauen Tr offt ainer andern He_{14}; nun *fehlt* $Pr_2Lg_4Be_3He_9He_3Be_{17}TrHe_{14}$.   **231** Der garten] Jr gart $He_9He_3Be_{17}$ Jre zart Tr; und anger in reicher] vnd ander Jer riches He_9He_3 vnd alle Jr riches Be_{17} vnd Jre aller rechtes Tr was in richer He_{14}.   **232** Er muet] Grönt $Pr_2Lg_4Be_3He_{14}$ Jch waiß $He_9He_3Be_{17}Tr$; wes] was He_3Tr; si gedennket] sye gedencker He_9 die gedenckt $Be_{17}Tr$ gedenckt sy He_{14}.   **233** Das si des] Die des gar $Be_{17}Tr$; kainen] kleine Tr.   **234** Davon] Dar vmb He_9He_3; mein frewd ist] ist myn freud Be_{17}.   **235** Das] Vnd $Be_{17}TrHe_{14}$; so gar ains klainen] so gar ain clains $Pr_2Lg_4Be_3$ ain cläins so wol He_9He_3 so gar ein cleinen Be_{17} so gare ans cleinen Tr gar ains klainß He_{14}; genuegt] so wol benügt He_9 so wolbringt He_3 benügt He_{14} genüg Be_{17}.
236 Und] Das He_{14}; unhail mir] mir vnhail $Pr_2Lg_4Be_3He_{14}$ heil mir He_3; fuegt] thut He_3.   **237** oft *fehlt* $Be_{17}Tr$; ain] manch $Be_{17}Tr$; lebt] lett He_9 legt He_3; laides an] lades man He_{14}.   **238** kain *fehlt* $He_9He_3Be_{17}Tr$; guete frucht nit] guot frucht $Pr_2Lg_4Be_3He_{14}$ nit güt frucht $Be_{17}Tr$.   **239** wer] wär auch $Pr_2Lg_4Be_3$ wer all zitt $He_9He_3Be_{17}Tr$ doch He_{14}; lab] las He_3 lob $Be_{17}TrHe_{14}$.   **240** *fehlt* He_3; Das] Wä He_9; man] sy $Pr_2Lg_4Be_3He_9Be_{17}TrHe_{14}$; mocht allen frawen] nach allen fräden $Pr_2Lg_4Be_3$ guoten fröwen mächt He_9 macht andern frouwen Be_{17} mocht andern frauwen Tr; ab] ob He_{14}.

232f. ›*damit ihr an dem nichts mangelt, was der verlangt, den sie sich erwählt hat*‹.
234 pillich mat ›*zurecht matt gesetzt, zerstört*‹.   **236** Und ›*und trotzdem*‹.
237 laides an ›*ohne Leid*‹.   **239** ›*und ihr Herz würde sich daran laben*‹.

Geprechen irer frewden frucht gar.
Und von den man nimpt war,   *[14ᵛ]*
Das i*r* gar*t* zu aller frist
Gemain und unbeslossen ist:
245 Ainer get aus, der ander ein.
Das pringt meinem hertzen sunder pein,
Das di kain ungelukch tuet stillen:
Es gruent und pluedt alzeit nach irem willen,
Wes si ie frewd gedenket ir.‹
250 Ich sprach: ›fraw, gelawbt mir,
Ein ieslich ding ist mir, als man es wigt.
Welhe fraw der siten pfligt,
Di mag leicht laides wesen an.

---

241 Geprechen irer frewden frucht] Jr fräden frucht geprechen *Pr₂Lg₄Be₃* Jr freuden frucht *Be₁₇* Ir fröden frucht prechen *He₁₄*; irer frewden frucht] Jr fröd vnd frucht *He₉He₃* Jr freuden frucht *Be₁₇Tr*.   **242** Und *fehlt Pr₂Lg₄Be₃He₉He₃Be₁₇Tr* Vnd ouch *He₁₄*; von den man nimpt] von den man auch nymmbt *Pr₂Lg₄Be₃* von den so niement *He₉He₃* By der nün nement *Be₁₇* Sie der nune nement *Tr* von dem niempt nur *He₁₄*.   **243** ist gar *Wi₁₆* ir gart *Pr₂Lg₄Be₃He₉He₃Be₁₇TrHe₁₄*.   **244** unbeslossen] vngeschlossen *He₉* vmb slassen *Be₁₇Tr*.   **245** Ainer] Das ainer *Pr₂Lg₄Be₃He₉He₃Be₁₇He₁₄* Daz vmer *Tr*.   **246** meinem] min *He₉He₃*; sunder *fehlt Pr₂Lg₄Be₃TrHe₁₄* gros *He₃* ein sunder *Be₁₇*.   **247** kain] nit *Pr₂Lg₄Be₃*.   **248** gruent und pluedt] blut vnd grunt *Be₁₇Tr*; alzeit *fehlt Pr₂Lg₄Be₃He₉He₃Be₁₇TrHe₁₄*.   **249** Wes] Wie *Lg₄Be₃*; si ie] sy ze *Pr₂He₉He₃Be₁₇* Jre zu *Tr* es ze *Lg₄Be₃* fry zuo *He₁₄*; frewd] fräden *Pr₂Lg₄Be₃Be₁₇TrHe₁₄*; gedenket] dencket *Pr₂Lg₄Be₃*.   **250** fraw gelawbt] gelobt liebe frow *He₁₄*.   **251** Ein ieslich] Yeglich *Pr₂Lg₄Be₃He₉* Deglich *He₃* Jeckliches *Be₁₇Tr* Min yeglich *He₁₄*; mir *fehlt Pr₂Lg₄Be₃He₉He₃Be₁₇TrHe₁₄*.   **252** der] des *Pr₂Lg₄Be₃Be₁₇TrHe₁₄* sölichs *He₉* solcher *He₃*; pfligt] enpfligt *He₉*.   **253** Di] Den *He₉He₃*.

---

242 von den *gemeint sind die Frauen, die ohne Leid leben und nicht zur Unterscheidung von guten und schlechten Früchten fähig sind (vgl. V. 237ff.).* **244** ›*allgemein zugänglich und unverschlossen ist*‹.   **247** ›*dass kein Unglück diese Frauen aufhält*‹.

Si lät ir nit zu hertzen gan,
255 Ist, das ein frucht wirt geletzt,
Ain andre si an di stat setzt.
Ob ir auch nit wol gevelt,
Ainen anderen garten si auserwelt.
Aber welhe fraw sich also tuet neren,
260 Das mag hart lang geweren.
Es wirt in irm garten new
Ein krawt, haist Afterrew,
Sovil, das zu des maien zeit
Al ir frewd danider leit.
265 Und ist das wol, des muez ich iehen,
Ich wolt es geren selber sehen,
Das irs der schawr niderslueg,

---

254 lät] lecht Be_{17}; ir] irs $Pr_2Lg_4Be_3He_{14}$.   **255–258** *fehlt* He_{14}.   **255** das] das ir $Pr_2Lg_4Be_3He_9He_3Be_{17}Tr$; ein frucht wirt] wirt ain frucht $Pr_2Lg_4Be_3$.   **256f.** *fehlt* Lg_4Be_3.   **256** andre] anders Pr_2 ander $He_9He_3Be_{17}Tr$; si an di stat] an die stat sy Pr_2.   **257** Ob] Jst das He_9He_3; auch] dann ainer Pr_2 die öch He_9He_3 auch einer $Be_{17}Tr$; nit *fehlt* Be_{17}; wol *fehlt* He_9He_3.   **258** Ainen] An He_9; garten] gartner $Pr_2Lg_4Be_3$ *fehlt* $He_9He_3Be_{17}Tr$; si] sie Jr He_9He_3Tr; auserwelt] bestelt $Pr_2Lg_4Be_3$.   **259** Aber] Doch $Pr_2Lg_4Be_3$ *fehlt* $He_9He_3Be_{17}Tr$; sich also tuet] sich thut also Lg_4Be_3 sich des tuot $He_9He_3Be_{17}$ sich thuet des Tr tuot sich also He_{14}.   **260** Das] Die Pr_2 Sie Lg_4Be_3; hart] selten $Pr_2Lg_4Be_3Be_{17}Tr$ nit He_9He_3 doch nit He_{14}; geweren] wern He_{14}.   **261** wirt] wachst He_{14}.   **262** krawt] krut das $He_9Be_{17}Tr$; Afterrew] afftertruw $Be_{17}Tr$.   **263** Sovil] Also $Be_{17}Tr$ Sie will He_{14}; zu] in $Pr_2Lg_4Be_3He_9He_3Be_{17}TrHe_{14}$.   **264** frewd] frucht $Pr_2Lg_4Be_3He_9He_3Be_{17}TrHe_{14}$; danider] Jr nider He_9He_3.   **265** das] es He_9He_3; wol] waere Tr; des] das $Pr_2Lg_4Be_3He_9He_3Be_{17}TrHe_{14}$; iehen] gehen He_3 sehen Be_{17}.   **266** geren selber] selber geren $Pr_2Lg_4Be_3Be_{17}TrHe_{14}$ auch selber gern He_9He_3.   **267** irs] sy $Pr_2Lg_4Be_3$ Jn es He_9He_3; der schawr] das wetter He_9He_3 der hagel $Be_{17}Tr$.

---

259 also tuet neren ›*auf diese Weise am Leben erhält*‹.   **260** hart ›*kaum*‹.   **262** Afterrew ›*Reue danach, nachfolgender Kummer*‹.   **265** ist das wol ›*es ist sicher so*‹.   **267** ›*dass der (Regen)Schauer denjenigen Frauen den Garten zerstörte*‹.

Di da triben solich ungefueg.
Aber welhe fraw gepawet hat　　　　　　　　　　　　*[15ʳ]*
270　Iren garten nach Frawen Eren rat
Und di ungelukch macht unfro,
Das es kumt also,
Das ain gartner tuet ubersehen,
Als ewch, fraw, ist geschehen,
275　Scholt di frucht nit wider newen,
Das wer zu klagen und zu rewen.
Darumb, rain selig fraw zarte,
Gedenket darnach, das ewr garten
In frewd werd wider gestellet.
280　Seind ir kain anderen wellet,
So tuet noch den versuechen pas,

---

268 Di] Wellch frow *He₁₄;* da *fehlt Pr₂Lg₄Be₃Be₁₇TrHe₁₄;* ungefueg] vnfug *He₃.*
269 Aber] Vnd *Pr₂Lg₄Be₃ fehlt He₉He₃Be₁₇Tr;* gepawet] Jeren garten
He₉He₃Be₁₇Tr gepaw *He₁₄.*　　**270** Iren garten] Ain garten *Pr₂Lg₄Be₃He₁₄* Gebuwt
He₉He₃ Gebuwen *Be₁₇Tr;* rat] rait *Tr.*　　**271–274** *fehlt He₁₄.*　　**271** Und] Daz *Be₁₇Tr;*
ungelukch macht] macht vngelück *Pr₂Lg₄Be₃* vngesell macht *He₉* vngefel macht
He₃.　　**272** Das] Oder das *Pr₂Lg₄Be₃He₉He₃Be₁₇* Aber das *Tr.*　　**273** Das] Das sich
Pr₂Lg₄Be₃He₉He₃Be₁₇Tr; ain] der *He₉He₃Be₁₇Tr;* gartner tuet] gerner dutt *He₃* gartten
thür *Lg₄.*　　**274** *fehlt Be₁₇Tr;* Als ewch fraw] Fraw vnd als eüch *Pr₂Lg₄Be₃* Fröw er
als üch *He₉He₃;* geschehen] beschenhen *He₉He₃.*　　**275** Scholt] Ob *He₁₄;* di] die ir
Pr₂Lg₄Be₃He₁₄ Jr *He₉He₃* der Jr *Be₁₇* Jre Jre *Tr;* nit wider newen] nit uber buwenn *Tr*
wer wider new *He₁₄.*　　**276** rewen] rw *He₁₄.*　　**277** *fehlt He₁₄;* rain selig fraw] ir
liebe fraw *Pr₂Lg₄Be₃* raine fröw *He₉He₃* reine frauw sellig vnd *Be₁₇Tr.*
278 Gedenket] Erdenckt *Lg₄* Bedenck *He₉* Gedennck *He₃He₁₄;* darnach das] nach
das *Be₁₇* das nach *Tr* dar an das *He₁₄;* garten] fart *He₃* gar *He₁₄.*　　**279** In frewd] Jn
fräden *Pr₂Lg₄Be₃* Zuo fröden *He₉He₃Be₁₇Tr;* werd wider] wider werd *Pr₂Lg₄Be₃*
Be₁₇Tr; Wider zuo fröden frucht wert geselt *He₁₄.*　　**280** Seind] Syt das
He₉Be₁₇Tr; ir] Jr ye *Be₁₇Tr;* anderen] andern gartner *Pr₂Be₃* gartten *Lg₄.*　　**281** noch
den] nach den *He₉* noch dem *Tr* doch nach dem *He₁₄;* versuechen] so wersuchen
Be₁₇.

---

275 *›und sollten dann die Früchte nicht erneut erzeugt werden‹.*　　**281** *›so versucht*
es noch einmal mit demjenigen‹.

Der sein des ersten ain stifter was.
Vileicht ist er gewitzigt nue,
Das er fürbas siecht pas darzue.‹
285 Si sprach: ›den rat, den du mir solt geben,
Wiss, die weil ich han mein leben,
Wil ich mich sein noch niemantz underwinden.
Ob ich in in Afterrew tet pinden,
Das er nue geren ein guetcz tät,
290 So ist es laider mir warden zu spät.
Ich han im es alles vor gesagt.‹

---

282 sein des ersten] des amm ersten $Pr_2Lg_4Be_3$ sin von erst He_9He_3 sun mit dem ersten Be_{17} sin mit dem ersten Tr sein von erst nw He_{14}; ain stifter] stiffter $Pr_2Lg_4Be_3$ ain pfleger He_9 pfleger $He_3Be_{17}TrHe_{14}$. **283** er *fehlt* Lg_4Be_3; gewitzigt] gezwigt He_{14}. **284** fürbas siecht pas] hinfür sicht bas $Pr_2Lg_4Be_3$ sich bas tuot flissen He_9He_3 sich baß tut $Be_{17}Tr$ mit listen lügt baß He_{14}. **285** den du mir solt] tuo mir nit $Pr_2He_9He_3$ thun mir nit Lg_4Be_3 soltu nit Be_{17} nit Tr den du haust mir He_{14}; geben] gebe Tr. **286** Wiss] Denn wyß He_9He_3Tr Jch nun wiß Be_{17}; weil *fehlt* He_{14}; han mein leben] mag geleben $Pr_2Lg_4Be_3He_9He_3Be_{17}Tr$ mag leben He_{14}. **287** Wil ich mich sein] Das Jch mich sin He_9He_3; noch niemantz] nyemantz $Pr_2Lg_4Be_3$ nüme He_9He_3 noch niemalz He_{14}; underwinden] vnder wind He_9He_3; Mich sin aber numme vnder winde $Be_{17}Tr$. **288** ich *fehlt* $Pr_2Lg_4Be_3He_9He_3$ $Be_{17}TrHe_{14}$; in Afterrew] wol after rew $Pr_2Lg_4Be_3He_{14}$ affter rüw nün wol He_9He_3 nün ein ruw wol Be_{17} ein ruwen nu woel Tr; tet pinden] tuot pinden $Pr_2Lg_4Be_3He_{14}$ bünd $He_9He_3Be_{17}Tr$. **289** er nue geren] er gern $He_9He_3Be_{17}Tr$ min gern He_{14}. **290** es laider mir warden] es worden mir $Pr_2Lg_4Be_3$ es mir laider worden He_9 er mir leyder wordenn He_3 es leider worden $Be_{17}Tr$ in nun worden He_{14}; zu spät] zü spot Be_{17} spede Tr. **291** han im es alles vor gesagt] hab im alle vor gesagt Lg_4 hab Jm alles vor gesagtt Be_3 hön es Jm alles vor gesagt He_9 hanß ymme vormalß alles gesaget $Be_{17}Tr$ hon uns offt vor gesagt He_{14}.

---

283 gewitzigt ›*klug geworden*‹. **287** ›*will ich weder von ihm noch überhaupt von irgendjemandem Dienste annehmen*‹. **288** ›*Falls ich ihn überhaupt in diesem Zustand nachträglicher Reue an mich binden könnte*‹. **291** vor ›*schon vorher*‹.

Ich sprach: ›er pillich klagt,
Ob er ie rainen muet gewan,
Wo er sich wais schuldig daran,
295 Das ir seit komen in soliche klag
Und euch davon niempt pringen mag. [15^v]
Doch, fraw, ert aller frawen güet
Und kert ein wenigs ewr gemüet
Von so iämerlicher swär!
300 Wie euch sei al frewd unmer,
Doch sult ir so gar allain nit sitzen
Oder ir schaidt euch selbs von witzen.

---

292 er pillich] pillich er das $Pr_2Lg_4Be_3He_9He_3Be_{17}Tr$ gar pillich er das He_{14}; klagt] clage *[Textverlust] Tr.* **293f.** *Die Verse sind in* He_{14} *vertauscht.* **293** rainen] einen reinenn *Tr.* **294** wais schuldig] schuldig waiß $Pr_2Lg_4Be_3Be_{17}TrHe_{14}$ schuldig waist He_9He_3; daran] ane *Tr.* **295** Das ir seit komen] Das er üch haut braucht He_9 Der uch hat bracht He_3 Dan jre sine komen *Tr;* soliche] die $Pr_2Lg_4Be_3$. **296** Und *fehlt* He_{14}; euch davon] euch $Pr_2Lg_4Be_3$ Da von üch He_{14}; niempt] nichtz $Pr_2Lg_4Be_3$ yeman He_{14}; pringen] benemen $Pr_2Lg_4Be_3$; Wiewol es nit anders sin mag He_9 Wie wols nit anders gesin mag He_3 Wie es nün nit andern sin mage Be_{17} Wie eß nuwe nit anders sin magk *Tr.* **297** Doch] Zart $Pr_2Lg_4Be_3$ *fehlt* $Be_{17}Tr;$ ert] so erent $Be_{17}Tr;$ aller] all $He_9He_3Be_{17}TrHe_{14}$. **298** Und kert] Verchert $Pr_2Lg_4Be_3$ Vnd bekern He_9He_3 Vnd enkern *Tr;* ein] an He_9; ewr gemüet] üwern muot $He_9He_3He_{14}$ weren müt Be_{17} muet *Tr.* **299** Von so] Von so gar He_9He_3 So gar von $Be_{17}Tr$ Ein tail so von He_{14}; iämerlicher] vngewegner $Pr_2Lg_4Be_3He_9He_3Be_{17}Tr$ vngeberen He_{14}; swär] seure *Tr.* **300** euch sei al frewd] euch all fräd sey $Pr_2Lg_4Be_3Be_{17}Tr$ wol all fröd üch sy He_9He_3 üch all fröd sind He_{14}. **301** Doch *fehlt* $He_9He_3Be_{17}Tr;$ sult ir so gar allain] sült ir so allain $Pr_2Lg_4Be_3$ So gar allain solt Jr He_9He_3 So gar allein sollten Jr ye $Be_{17}Tr$ sond ir so ain He_{14}. **302** Oder] Anders He_9He_3 *fehlt* $Be_{17}Tr;$ ir schaidt euch selbs] ir schaident euch $Pr_2Lg_4Be_3He_9$ ir scheident He_3 Jr mochten anders scheyden Be_{17} Jre musten anders scheiden *Tr* ir schaid uch gar He_{14}.

---

292 pillich klagt ›er hätte guten Grund zu klagen‹. **296** niempt ›niemand‹. **300** ›Auch wenn euch jegliche Freude abhanden gekommen ist‹. **302** ›oder ihr verhaltet euch selbst nicht klug‹.

Zu den lewten sult ir gan:
Leicht wirt etwas vor *euch* getan,
305 Damit ir vertreibt di stund.‹
Si sprach: ›gesel, deinen rat ich fund
Getrew, mocht ich des voligen dir.
Wiss, das nimer ist wirser mir,
Dann wann ich kurtzweil var mir siech.
310 Es mag nichtz pas erfrewen mich,
Denn wann ich mag allein gesein.
Doch wil ich durich di trew lere dein
Solicher klag mich fürbas massen,
So ver ich es imer mag gelassen,

---

303 den *fehlt He₁₄*.　　**304** vor ewr *Wi₁₆* vor euch *Pr₂Lg₄Be₃He₁₄Tr* von üch *He₉* fur vch *He₃* var *Be₁₇;* Leicht] Vil licht *He₉He₃Be₁₇TrHe₁₄*.　　**305** Damit] Das *He₁₄;* ir] ir auch *Pr₂Lg₄Be₃ fehlt He₃;* vertreibt] kurtzent üch *He₉He₃* vertribt ouch *He₁₄*. **306** deinen rat ich fund] din raut ist gesund *He₉He₃*.　　**307** Getrew] Gerecht *Pr₂Lg₄Be₃He₉He₃He₁₄* Recht *Be₁₇Tr;* mocht] kund *Be₁₇Tr;* des voligen] geuolgen *Pr₂Lg₄Be₃He₉He₃TrHe₁₄* gefallen *Be₁₇*.　　**308** wieser *Wi₁₆;* Wiss] Doch wyß *He₉He₃* Wist *Tr;* das *fehlt Pr₂Lg₄Be₃;* nimer ist wirser] nymmer würser ist *Pr₂Lg₄He₉He₃Be₁₇* nun mer wirser ist *Be₃* niemant wuster ist *Tr* ist nymer wirß *He₁₄;* mir] wenn mir *He₉* dan mir *He₃Be₁₇Tr*.　　**309** Dann wann ich kurtzweil] Dann so ich kürtzweil *Pr₂Lg₄Be₃* Denn wa Jch kürtzwil *He₉He₃He₁₄* Was kurtz wil Jch *Be₁₇* Was ich kurtzweil *Tr*.　　**310** Es mag] Es tuot *Pr₂Lg₄Be₃* So möcht *He₉He₃Be₁₇* Sie mocht *Tr* Es kan *He₁₄;* nichtz pas] nit bas *Pr₂Lg₄Be₃* nüntz bas *He₉* nutzbas *He₃* doch nit laß *Be₁₇* doch nit baeß *Tr* ouch nichtzt baß *He₁₄*.　　**311** Denn wann] Dann wa *Pr₂Lg₄Be₃He₉He₃Be₁₇* Dan wie *Tr* Da von *He₁₄;* mag allein] möcht allain *He₉He₃Be₁₇* enlein mocht *Tr* ainig mag *He₁₄*.　　**312** wil ich] so will *He₁₄;* trew *fehlt Pr₂Lg₄He₉He₃Be₁₇TrHe₁₄;* Durch die lere doch will ich dein *Be₃*.　　**313** Solicher klag mich] Mich miner clag *He₉* Mich ymer clag *He₃* Dich miner clag *Be₁₇* Dich nymmer clage *Tr* Mich sölicher clag *He₁₄;* fürbas *fehlt He₉He₃He₁₄* vormaß *Tr*.　　**314** So] Also *Be₁₇Tr;* ver] fer vnd *He₉He₃He₁₄* fere als *Tr;* ich es imer mag] ichs mag *Pr₂Lg₄Be₃He₉He₃TrHe₁₄* Jch mag es *Be₁₇*.

---

304 vor ›für‹.　　**309** var mir siech ›*vor mir sehe*‹.

315 Und wil mich unnutz weren
Und wil mich ains gedingen neren
Und mich des trosten, ob ich nit han,
Das ich doch nit verliesen kan,
Wenn es doch in der welt also stat,
320 Das niemant so liebs nit hat,
Es müess ie nemen ausgankch.
Gesel, ich sawm dich hie zu lankch.
Du werst leicht lieber anderswo
Und ich wil auch nimer wesen do.   [16ʳ]
325 Darumb vor hin in gotes phleg.
Mir sind hie wol kund di weg.
Und dank dir got deiner trew,
Das dir zu hertzen get mein rew
Und mich so geren machest fro!‹

---

315 *fehlt Lg₄Be₃;* Und wil] Will ich *Pr₂He₉He₃Be₁₇TrHe₁₄;* unnutz] vnmuotz *Pr₂He₉He₃* vngemüts *Be₁₇TrHe₁₄.* **316** Und wil] Will ich *Lg₄Be₃;* mich *fehlt Be₁₇Tr;* ains *fehlt Pr₂Lg₄Be₃* ains ains *He₁₄;* gedingen] dinges *Pr₂Lg₄Be₃He₉He₃* dingen *He₁₄.* **317** mich des *fehlt Pr₂Lg₄Be₃He₉He₃Be₁₇TrHe₁₄;* ob] das *He₉He₃* was *Be₁₇* wes *Tr;* ich] ich das *He₁₄;* han] enhan *Pr₂Lg₄Be₃He₉He₃.* **318** doch] das *He₉He₃Be₁₇Tr;* nit] nichtz *Pr₂Lg₄Be₃* nit mer *He₁₄.* **319** Wenn] Darin *Be₁₇* Dan *Tr;* doch *fehlt He₉He₃Be₁₇TrHe₁₄;* also stat] gat *Pr₂Lg₄Be₃* so stait *Tr* also gaut *He₁₄.* **320** so liebs nit] so liebs *Pr₂Lg₄Be₃He₉He₃* nichtz so lieb *He₁₄.* **321** ie *fehlt Pr₂Lg₄Be₃He₉He₃* *Be₁₇Tr* doch *He₁₄;* nemen] nieman *He₉He₁₄.* **322** sawm dich] harr *He₁₄;* hie *fehlt Be₁₇.* **323** leicht] vil *Pr₂Lg₄Be₃.* **324** Und *fehlt Pr₂Lg₄Be₃He₉He₃Be₁₇TrHe₁₄;* nimer wesen] nit bleiben *Pr₂Lg₄Be₃* nit mer wesen *He₁₄.* **325** vor hin] so fare ich hene *Tr.* **326** Mir sind] Wir fand *Be₁₇;* hie wol kund] wol kündig hie *Pr₂Lg₄Be₃He₉He₃Be₁₇Tr* hie kündig *He₁₄;* di] din *He₃.* **327** deiner trew] der guotten trüwen *He₉He₃* dinen truwen *Tr.* **328** zu hertzen] so nachent *Pr₂Lg₄Be₃He₉He₃* *Be₁₇Tr* so nach nach *He₁₄;* rew] rewen *Pr₂Lg₄Be₃He₉He₃Be₁₇Tr.* **329** machest] machtest *He₉* mochtest *He₃* mechtest *Be₁₇Tr.*

---

315 ›und will das unterlassen, was nichts nützt‹. **316** ›und will mich an eine Hoffnung halten‹. **317f.** ›und mich damit trösten, dass ich, falls ich etwas nicht besitze, es auch nicht verlieren kann‹. **321** nemen ausgankch ›ein Ende haben‹. **325** vor hin ›gehe nun fort‹.

330 Ich sprach: ›fraw kem es also,
    Das ich euch ewr swer wenden kündt,
    Mein dienst ir willig fündt.
    Damit, fraw, so rüecht mir urlab geben.
    Got geb, das ir noch tuet leben,
335 Das ir ergetzet wert aller ewr pein!‹
    Si sprach: ›trawt geselle mein,
    Kains ergetzen muet ich nit.
    Ich beger nur rach und gottes gericht
    Uber das gewürm unrain,
340 Das maniger frawen und nit mir allain
    Bringt laid und grassen schaden!‹
    Ich sprach: ›di welt ist uberladen
    Mit in, das ich es selber klag.
    Niemant sich vor in gehueten mag.

------

330 Ich] Er *Tr*.   **331** euch *fehlt* $Pr_2Lg_4Be_3He_9He_3Be_{17}TrHe_{14}$; swer] laid He_{14}; wenden] gewenden $Pr_2Lg_4Be_3He_9He_3Be_{17}TrHe_{14}$.   **332** Mein dienst ir] Üwer güt mich all zitt He_9He_3; willig] minneclich He_{14}; fündt] fünd He_9He_3 vind He_{14}.   **333** Damit fraw so rüecht] Damit so rücht $Pr_2Lg_4Be_3$ Nün sünd ir He_9 Nun sund He_3 Darumb sollent ir Be_{17} Dar vmb so sollen Jr *Tr* Dar vmb so ruocht He_{14}.   **334** geb] wel $He_9He_3Be_{17}Tr$ der geb He_{14}; das ir noch tuet leben] das Jr noch müssen geleben He_9He_3 das ir noch gelebend $Be_{17}Tr$ üch sin segen He_{14}.   **335** Das] Bis $Pr_2Lg_4Be_3$ Vnd das He_{14}; aller *fehlt* $Pr_2Lg_4Be_3He_9He_3Be_{17}TrHe_{14}$.   **336** trawt] trut lieber $He_9He_3Be_{17}Tr$ zuo mir He_{14}.   **337** Kains] Wiß chains $Pr_2Lg_4Be_3He_9He_3Be_{17}TrHe_{14}$; ergetzen] ergetzes He_9He_3 arges Be_{17} ergen *Tr*; muet] beger $He_9He_3Be_{17}Tr$ ger He_{14}; nit] micht Be_{17}.   **338** beger] ger $Pr_2Lg_4Be_3He_{14}$; nur] nun $Pr_2He_9Be_{17}$ num He_3 min *Tr* nur noch He_{14}; und gottes gericht] gottes gericht He_3 vnd gericht Be_{17} vngericht *Tr* von gotz gericht He_{14}.   **339f.** *fehlt* He_{14}.   **339** das gewürm] vngewürm Pr_2 gewurm Lg_4Be_3.   **340** ~~vnd~~ vnd Wi_{16}; und *fehlt* $Pr_2Lg_4Be_3$; nit mir allain] mir nit ain He_9He_3 mir ein $Be_{17}Tr$.   **343** Mit in] Mit Jm Be_{17} Also vast He_{14}; es *fehlt* $He_9He_3Be_{17}TrHe_{14}$.   **344** Niemant sich] Wann sich niemant He_{14}; gehueten] hüten $Pr_2Lg_4Be_3$; Vnd es doch nit anders sin mag He_9 Vnnd es doch nit anders gesin mag He_3.

------

333 rüecht ›geruht, wollt‹.   **334** tuet leben ›erleben werdet‹.   **337** ›ich begehre keine Entschädigung‹.

345 Iedoch das in oft widerfert,
Das in wirt der palk zepert;
Wan man ain unbeschaidene slangen
An einer heken hies hangen,
Das premen und flewgen ab ir nagen.
350 Darumb schult ir nit verzagen.
Ir werdt noch frewd an in leben.‹
Si sprach: ›dein trost tuet mir geben   *[16ᵛ]*
Frewd und unmuet ringen.
Got las dir nimer misselingen,
355 Wo du hin kerst; des wünsch ich dir!‹

---

345 Iedoch] Doch *Pr₂Lg₄Be₃He₁₄* Vnd *He₉He₃Be₁₇Tr;* das in oft] oft Jn auch *Pr₂Lg₄Be₃* man doch by wil *He₉He₃Be₁₇Tr* in offt das *He₁₄;* widerfert] erfert *He₉He₃Be₁₇Tr.* **346–348** *fehlt Be₁₇.* **346** in wirt der palk] Jn der palg wirt *Pr₂Lg₄He₉He₃Tr* in der plack wirt *He₁₄* im der hals wurdt *Be₃;* zepert] zier zert *Tr.* **347** Wan man] Als *He₉He₃Tr;* ain unbeschaidene] oft gescheyd *Pr₂Lg₄Be₃* ain er worffen *He₉He₃* einer herworffen *Tr;* Das man offt ein pecken die langen *He₁₄.* **348** An einer heken hies] Sicht an den hecken *Pr₂Lg₄Be₃* Die man sicht an ainer hecken *He₉He₃Tr* Sich an einer hecken *He₁₄.* **349** und flewgen *fehlt Pr₂Lg₄Be₃* vnd würm *He₉He₃Be₁₇Tr;* ab ir] sy da *Pr₂Lg₄Be₃* von ir *He₉He₃* von *Be₁₇* von Jne *Tr* ab in *He₁₄.* **350** Darumb] An rauch *Pr₂Lg₄Be₃* Ye noch *He₉He₃* Vn rach *He₁₄;* schult ir] tuot *Pr₂Lg₄Be₃.* **351** an in] vonn yn *He₃;* leben] sehen *Pr₂Lg₄Be₃* geleben *He₉He₃Be₁₇Tr.* **352** dein trost] din guoter trost *He₉He₃Be₁₇Tr;* tuet] du *He₃ fehlt Be₁₇Tr;* mir *fehlt Pr₂Lg₄Be₃.* **353** Frewd] Mit fräd *Pr₂* Mir freud *Lg₄Be₃;* unmuet] vngemach *He₉He₃Be₁₇Tr* vngemüt *He₁₄;* ringen] mir ringen *He₁₄.* **354** nimer misselingen] ymmer gelingen *He₁₄.* **355** Wo] War *He₃;* hin kerst] varest *Pr₂Lg₄ Be₃;* des] das *Lg₄Be₃He₉Be₁₇TrHe₁₄ fehlt He₃.*

345f. *›Jedoch geschieht es ihnen oft, dass man ihnen das Fell gerbt (sie verprü-gelt)‹.* **347–349** *›denn man würde auch eine ruchlose Schlange an einer Hecke aufhängen, damit Bremsen und Fliegen sie stechen (sie abnagen)‹.* **351** *›Ihr wer-det noch über sie triumphieren‹.* **353** unmuet ringen *›beschwichtigt meinen Un-mut‹.*

Mit urlab schied ich von ir
Und kam hin wider haim geritten
Und ward vor mir das nit vemiten:
Ich wünsch der rainen, das si auf erd
360 An allen den erfreidt wird,
Di ir ie gefuegen laid.
Das wer ir rechter lan, auf meinen aid.

---

356 ich] ich da $Pr_2Lg_4Be_3He_9Be_{17}He_{14}$; ir] dir Jr Be_{17} dir Tr. **357** hin *fehlt* $Pr_2Lg_4Be_3He_9He_3Be_{17}TrHe_{14}$. **358** Und] Noch $Pr_2Lg_4Be_3$ Nun He_{14}; ward] wirt Pr_2TrHe_{14} wurt $Lg_4Be_3He_9He_3Be_{17}$; vor mir] mir $Pr_2Lg_4Be_3$ nümer von mir $He_9He_3Be_{17}Tr$; das nit *fehlt* $He_9He_3Be_{17}Tr$ das He_{14}. **359** rainen] rainen fröwen guot He_9He_3 der reinen zarten $Be_{17}Tr$ frowen He_{14}; das si auf erd *fehlt* $He_9He_3Be_{17}Tr$ hie uff erd He_{14}. **360** An allem dem gefrät wird $Pr_2Lg_4Be_3$ Das erföt wird Jr muot He_9 Das erfrewt werd ir gemut He_3 Das sie werde gefrauwet an allen den Be_{17} Das sie werden gefreut an allen den gesten Tr Das sie an dem erfröt wird He_{14}. **361** Di ir ie] Das ir ye $Pr_2Lg_4Be_3$ An allen den die Jr ye He_9 An allen den die yn He_3; gefuegen] gefüget $Pr_2Lg_4Be_3$ gefuogten $He_9Be_{17}Tr$ fugten He_3He_{14}. **362** Das wer ir rechter lan] Wann das wär wol $Pr_2Lg_4Be_3He_{14}$ Das welt Jch werlich He_9 Das wolt ich He_3 Daz wer wol $Be_{17}Tr$. *Zusatz in* Be_{17}: Yel yel.

---

362 lan ›*Lohn*‹.

32. Der Blumengarten (B499)

Do der winder ende nam   *[1ʳ]*
Und der sumer mit seiner zier kam,
Mit gewalt vertriben ward der sne,
Di sun prach durch di wolken her
5   Und sich anfengt mein erster mai,
Do het ich frewd manigerlai.
Das taw sich niderreret,
Jeglichew würtze sich verkeret
Gegen der sunn vil eben,
10   Als si ir frucht wole geben.
Mit gewalt aufdrang lawb und grass
Und alles, das auf erdtreich was,
Das hueb uber hawbt zu gruen an.

---

*Text nach **Wi₁₆** (Wien, ÖNB 2959; Mitte 15. Jh.), 1ʳ–3ᵛ (=**Wi₁₆I**). Weitere Überlieferung: In derselben Handschrift, 9ᵛ, ist der Anfang dieser Minnerede noch einmal aufgezeichnet (=**Wi₁₆II**). – Neben den allgemeinen Editionsrichtlinien gilt für diesen Text: Geminationen wie ff, nn und tt wurden stillschweigend vereinfacht, wo sie weder vom Mhd. noch vom Nhd. her nachvollziehbar sind (z. B. werden statt werdenn). Wo mhd. uo stand, begegnet in Wi₁₆ meist die Graphie ue; dies wurde beibehalten und an allen entsprechenden Stellen (bei sonstigen Markierungen von ehemaligem uo) zu ue vereinheitlicht. Stets beibehalten wird die Graphie ie. – Bisherige Ausgabe: Mareiner 2013, 38–46 (nach Wi₁₆I), ebd., 90 (nach Wi₁₆II).*

1 *Zweizeilige D-Initiale nicht ausgeführt Wi₁₆I;* Do] Zu der zeit do *Wi₁₆II.*   **2** Und *fehlt Wi₁₆II.*   **3** vertriben] verdrungen *Wi₁₆II.*   **4** wolken] gewolken *Wi₁₆II.* **5f.** *fehlt Wi₁₆II.*   **5** ersten *Wi₁₆I.*   **8** würtzen *Wi₁₆I.*   **10** wole] wolt *Wi₁₆II.* **13** uber hawbt] vber hawp *Wi₁₆II.*

---

5 *›und mein Mai begann‹; die Verbform ist Präteritum des hier schwach flektierten Verbs anevangen (vgl. auch V. 99); der ›erste Mai‹ meint den fünften Monat des Jahres, als ›ander Mai‹ wird bisweilen der Juni bezeichnet.*   **7** *sich niderreret ›heruntertropfte‹.*   **8–10** *›alle Kräuter wandten sich direkt der Sonne zu, als wollten sie ihr Früchte darbieten‹.*   **11** *gewalt ›Kraft‹; aufdrang ›drangen empor‹.* **13** *uber hawbt ›in die Höhe, gen Himmel empor‹.*

Do ich mich des versan,
15　In der zeit hueb ich mich aus
Ain klainen weg von meinem haws
Zu ainer awen, die ich da fand;
Der steig was mir wol bekant.
Ich sach vor mir sten ein hag,
20　Tapei waren auf und ab
Pawm und pluemlein wol geschikt.
Do ich die schanen frucht erplicht,
Ich pegund pald gahen
Und wolt der süssekait enpfahen.
25　Mich pracht di gezier auf ain stras,
Do sach ich fogelein klain und gras,　　　　　　　　　　[1ᵛ]
Di flugen dorther in maies plan
Und hueben frolich zu singen an.
Ainer den anderen uberschrai.
30　Di suez stim in dem mai
Macht, das ich mich nicht verstan
Und begund in den gedanken gan,
Pis ich kam auf ain gefert.
Gueter ding ich mich ernert

---

14 das *Wi₁₆I* des *Wi₁₆II*. **15** In der zeit] Vil pald *Wi₁₆II*. **17f.** *fehlt Wi₁₆II*. **19** sach vor mir sten ein] gie zu ainem *Wi₁₆II*. **20** waren] stunden *Wi₁₆II*. **21** pluemlein] pluemen *Wi₁₆II*.　**22** die schanen] schon *Wi₁₆II. Nach diesem Vers folgt in Wi₁₆II ein eigenständiger Schluss:*

> Do hab ich dy zartten an gesehen
> Vnd die myniklich veriehen
> Die ich so lang ie gesach
> Des freit sich mein gemuette gach
> Das ist der myniklichen auch geschehen
> Die gesegnet mich nächten mit spehen.

---

14 mich des versan *>das bemerkte<*.　**15f.** *>entfernte ich mich in dieser Zeit ein kleines Stück von meinem Haus<*.　**20** Tapei *>dabei<*.　**21** wol geschikt *>wohlgeformt<*.　**22** schanen *>schönen<*.　**24** der süssekait enpfahen *>ihre Süße aufnehmen<*.　**25** di gezier *>die Zierden (der Natur)<*.　**26** gras *>groß<*.　**29** uberschrai *>zwitscherte lauter, übertönte<*.　**31** mich nicht verstan *>meine Besinnung verlor<*.　**32** *>und begann, in Gedanken verloren herumzugehen<*.　**34** ich mich ernert *>erfreute ich mich<*.

35 Da selbs auf dem spar,
    Do sach ich nach alem wunsch gar
    Drei pawm vor mir sten.
    Darzue pegund ich pald gen.
    Umb die pawm ein mawr gie,
40 Die di pawm umbevie.
    Mit weis was die mawr erpawen,
    Gruen und swartz darin gehawen
    Und bezaichnet doch geleich ainem hertzen.
    Allererst gewan ich smertzen,
45 Wan niemant kund mir gesagen di mär,
    Wes alhie diser garten wär.
    Ich pegund ausen umbhin gan,
    Ich sach ein türlein dapei stan,
    Das ain wenigs offen was.
50 Ich sach krawt, pluemen und gras,
    Und entzwischen den pawmen drein
    Sas betruebt ein frawn, genant Helein,   [2ʳ]
    Und bezaihent an aller irer gepär,
    Als si in dem hertzen swär wär.
55 Ich naigt mich fur sei auf ain pain
    Und gruest di miniklich, di rain.
    Ich sprach: ›nu sagt mir, hochgeparne frucht,
    Und tuet das durch ewr weiblich zucht,
    Was euch laides ist geschehen,
60 Das ich euch so trawrig hab gesehen.
    Di weil ich das leben han,
    So rich ich euch gern, sovil ich kan.‹
    Si sprach: ›das wil ich sagen dir,
    Wan ich hab das gehort ie,
65 Das niemant sein kumer sol allain tragen.
    Nun wil ich dir in mit trewen klagen.

---

51 pawen *Wi₁₆I*. **63** wil *übergeschrieben Wi₁₆I*. **66** ich *übergeschrieben Wi₁₆I*.

---

35 spar ›Spur, Fährte‹. **41** Mit weis ›Aus weißem Material‹. **43** ›und umriss tatsächlich eine Form, die einem Herzen glich‹. **52** Helein ›Helena‹. **53f.** ›und offenbarte mit ihrer gesamten Haltung, wie sehr sie in ihrem Herzen traurig wäre‹. **55** fur sei ›vor ihr‹. **62** rich ›räche‹. **66** in ›ihn (den Kummer)‹.

Du siechs alhie an den pawmen drein,
Als verr ist der garten mein.
Den hab ich erpawt mit gantzem fleis,
70 Mit rosen und mit liligen weis,
Und was krawt mich zu den frewden deicht guet.
Vergismeinnit und Wolgmuet
Mit gewalt darunder was ensprungen
Und aus allen pluemen gedrungen,
75 Gedenkchanmich, Augentrost,
Das es mich oft von sargen lost.
Wie selten mir das hail macht geschehen,   [2ᵛ]
Das ich di frucht mocht ansehen!
Noch pluet si stät in dem hertzen mein
80 Und Hatmichlieb, das plüemelein.
Das het ich schan erpawen
Und wolt nit anders getrawen,
Es scholt mir allain di frucht pringen.
Ich het nit lang den gedingen:
85 Es wardt darunder aufgen
Und uberal pei meinen pluemlein sten
Pitterleicher Wermuet.
Der verdrang mir mein suesse plued
Und all mein frucht und wune.
90 Es habent auch der slangen giftig zungen
Mein edel pluemen undergraben
Und mir di würtzen verdaret haben,
Das ich furicht, es werd di frucht darren.‹

---

70 mit l̵i̵g̵ *Wi₁₆I*.   **81** empawen *Wi₁₆I*.   **90** auch *korrigiert aus* aus *Wi₁₆I*.

---

68 ›wie weit sich mein Garten erstreckt‹.   **71** deicht ›schien‹.   **75** *Sprechende Blumennamen wie ›Gedenk an mich‹ u. Ä. sind analog zum ›Vergissmeinnicht‹ zusammengeschrieben; vgl. auch V. 80 sowie Nr. 31 (B500), V. 87.*   **76** von sargen lost ›von Sorgen erlöste‹.   **77f.** ›Nie wird mir das Glück widerfahren, die Früchte ansehen zu können‹.   **81** erpawen ›angepflanzt‹.   **82** nit anders getrawen ›auf nichts anderes vertrauen‹.   **84** gedingen ›Hoffnung‹.   **85** ›Es begann, darunter zu wuchern‹.   **88** plued ›Blüten‹.   **92** verdaret haben ›haben verdorren lassen‹.   **93** ›sodass ich befürchtete, die Früchte würden (auch) verdorren‹.

Ich sprach: ›fraw, ir sult noch harren
95 Und sult euch erwelen ainen man,
Der ewrs garten fürbas pflegen kan
Und der im wan mit trewen pei.‹
Si sprach: ›wer solt davon haben freud,
Wan sich hat gefengt an
100 Faren, di da kunen gan
Durch alles gras in das edel krawt
Und vertreiben den Wolgemuet uberlawt,
Das er muez darren und nit mer gruen?   [3ʳ]
Und suest manige edle pluemen,
105 Di verdarb mir an der stet,
Die ich in der zeit gezogen het.
Ich gedacht, ich solt Vergismeinnit behalten haben,
Da hetten mirs di slangen ausgegraben.
Augentrost macht mir nit beleiben,
110 Die nessel kunden mirs vertreiben.
Ich pawt rosen, liligen und kle,
Dafür wuschken lawter distelen her.
Gedenkchanmich, feial plab,
Der ist mir vertriben mit gewalt da.
115 Iedoch zier ich di mawr auswendig wol
Durch das, das es niemand merken sol,
Das ich inwendig sei versert,
Das den ungetrewen ir freud nit wert gemert.
Ob sew mein swer erkennen kunden,
120 So mochten vil in etlichen stunden
Ir hertz in hochem muet erheben.
Davon wil ich mich hueten eben,
Das sein niemant werd gewar,

---

94 harren ›*Geduld haben*‹. **96** fürbas ›*fortan, in Zukunft*‹. **97** ›*und der sich in ihm mit Treue aufhalten würde*‹. **100** Faren ›*Farne*‹. **102** uberlawt ›*vollständig*‹. **104** suest ›*sonst*‹. **105** an der stet ›*augenblicklich*‹. **108** ausgegraben ›*aus dem Boden gewühlt*‹. **109** macht ›*konnte*‹. **112** ›*an ihrer Stelle wuchsen lauter Disteln hervor*‹. **113** feial plab ›*blaue Veilchen*‹. **115** auswendig ›*nach außen*‹. **119** Ob sew ›*Wenn sie*‹. **120** in etlichen stunden ›*in kurzer Zeit*‹. **122** Davon ›*Deshalb*‹; eben ›*sorgfältig*‹.

Das mir alle frucht ist verdarben gar.
125 Merkch, trawt gesel, was ich dir sag,
Ob ich disen smertzen icht pillich klag.‹
Ich sprach: ›fraw, von wem mag das komen,
Das ewr frucht also tuet abnemen?
Ob es sei von frawen oder von man,
130 Kundt ir ew an den warten icht verstan?‹   [3ʸ]
Si sprach: ›ich hort von ainem menschen sagen;
Wär dem also, so müest ich imer klagen,
Wan ich hieth umb es verschult nie.
Ich was im mit gantzen trewen ie.‹
135 Ich sprach: ›fraw, hiet ir an schuld solich laid,
So wünsch ich dem menschen von gerechtikait,
Das alles sein gelukch müez hinder sich plüen,
Haber gail müez im werden gruen!‹

---

138 *Nach diesem Vers bricht die Erzählung ab; der Rest der Seite ist leer.*

125f. *›Beurteile, lieber Freund, was ich dir sage, ob ich diesen Schmerz nicht mit Recht beklage.‹*   **129f.** *›Konntet Ihr von den Wächtern nicht erfahren, ob das von einer Frau oder von einem Mann verursacht wurde?‹*   **133** *›denn ich hatte dies niemals verschuldet‹.*   **135** hiet *›habt‹;* an *›ohne‹.*   **136** von gerechtikait *›im Namen der Gerechtigkeit‹.*   **137f.** *›dass sein ganzes Glück verwelken und sein erntereifer Hafer wieder grün werden soll‹.*

33. Egen von Bamberg: Das Herz (B49)

[167^r]

Wirt ie mein hercz gogel,
So ist doch zwar laides vogel
In im nu außgeprütet.
Durchhiczt und durchglütet,
5 Durchflammet und durchflücket
Und stercklichen aufgezücket
In hat ain solch meiden.
Mich wundert, wie erleiden
Ain hercz künn solch ungewiter.
10 ›Ach wie manger zitter
Dich rüret in der prust mein,
Manigfaltig lait und grosse pein!
Und starcker pegir vackell,
Die hat dein tabernackel
15 Durchgleßtet und durchflammet,
Das in dir gestammet
Der zoh von hicz praßtelt,
Also das mir erkraßtelt
Di prust und gar erschütelt,
20 Wann in dir, hercz, wudelt
Und wallet pegird mit senen.

[167^v]

---

*Text nach **Mü**₁₀ (München, BSB Cgm 714; 1453–1458), 167ʳ–170ʳ. – Neben den allgemeinen Editionsrichtlinien gilt für diesen Text: Geminationen wie ff, nn und tt wurden stillschweigend vereinfacht, wo sie weder vom Mhd. noch vom Nhd. her nachvollziehbar sind (z. B. werden statt werdenn). – Zu vergleichen ist die textkritische und ausführlich kommentierte Edition: Mordhorst 1911, S. 11–15 und 24–29.*

1 WJirt *Mü₁₀*. **10** mange *Mü₁₀*. **17** Zoh *Mü₁₀*. **18** er ɟ kraßtelt *Mü₁₀*. **21** wallet mit pegird mit *Mü₁₀*.

---

1 gogel ›ausgelassen‹. **5** durchflücket ›(durch)lodern‹. **7** ›hat ihn (den Vogel des Leids) ein solches Meiden‹. **15** Durchgleßtet ›durchleuchtet‹. **16f.** ›dass der in dir stehende (?) Docht vor Hitze prasselt‹. **17f.** vgl. ›Minneburg‹ (B485, ed. Pyritz 1950), V. 3289–3291: Und auch dez fures brasteln, | Daz mir daz hertze krasteln | Wart sam ein durrer spach. **18** erkraßtelt ›knistert‹. **20** wudelt ›regt sich‹.

Ach, kund ich dicz gewenen,
Hercz, das du wolst abgan,
Seit lieb dir gibt so schweren lon!
25 Sag an mir, hercz, wie hub es sich,
Das dir ward ain solcher stich
Als de*m* getrewen Anfortas?‹
›Ich sag dirs gern; nu hör das:
Mir geschach in kurczen zeiten
30 Ain starckes widerreiten,
Von rabein ain pondelich gust
Eben gezilt durch dein prust
Mitten in meins leben macht.
Der starck gust drücken pracht
35 Spalt durch meins wesens gancz.
Meiner freud rok da schrancz
Enpfieng und ward zutrennet.
Wer ritterschaft erkennet,
Der wiß, das ich widerhielt
40 Meins mutes schilt, *der* spielt   [168ʳ]
Von plickes sper: das was so *arg*,
Das sein gelüptes eisen parg
Sich tief in mein wunden.
Auch het man zu den stunden
45 Besehen funcken stieben,
† Blansern da. † Sust *klieben*

---

23 ab ~~lan~~ gan *Mü₁₀*.　**27** dein *Mü₁₀*.　**40** da er *Mü₁₀*.　**41** gancz *Mü₁₀*.　**46** Blansern *Mordhorst 1911 konjiziert* glanstern; flieben klieben *Mü₁₀*.

---

22 dicz gewenen ›*dich daran gewöhnen*‹.　　**23** abgan ›*Abstand nehmen*‹.
26f. *Als der Gralskönig Anfortas im Minnedienst für Orgeluse gegen einen Heiden tjostiert, trifft ihn dieser mit einer vergifteten Lanze (vgl. Wolfram von Eschenbach: Parzival 479,8–14); vgl. V 42f.*　**29** in kurczen zeiten ›*kürzlich*‹.　**31** ›*eine aufgrund des Anrennens gewaltige Tjost*‹.　**34f.** ›*Die Kraft der starken Tjost spaltete mein Wesen vollständig*‹.　**36f.** ›*Der Rock meiner Freude bekam dort eine Schramme und wurde zerrissen*‹.　**39** widerhielt ›*dagegen hielt*‹.　**40** spielt ›*zerbrach, wurde gespalten*‹.　**42** gelüptes ›*vergiftetes*‹.　**46** klieben ›*zerbrechen*‹.

Must ich, hercz, elend,
Es sei denn, das mir send
Triakers trost mein safierprehen
50 Und woll mein dürr wunden sehen
Und hailen sie mit süsß pigment.
So werden gar mein element
Zutrennet und geschaiden.
Man siht auf meiner haiden
55 Manig dürres plat und falben clee,
Der paumen plüt in dem ree.
Auch ist meins veldes saff verschwant,
Davon die stammen sich nicht lant
Zu fremden früchten stupfen.
60 Mein sel wil mir entschlupfen.
Mich leßt mit trostes tau ain weip,   [168ᵛ]
Die so minnigklichen leip
Tregt vor allen weiben.
Wer taussent leib von weiben
65 Auf ain seit und sie allain da wider,
Noch würd mein traurn nicht darnider
Gelegt on ir hilf trost.
Sust pin ich auf der minne rost.
Mein freunt wirt gar vergaudet,

---

53 *Trennungsstrich zwischen* ṽñ *und* geschayden *Mü*₁₀. **56** der *Mü*₁₀. **57** ich
*Mü*₁₀. **59** ~~ku~~ hupffen *Mü*₁₀ stüpfen *bei Mordhorst 1911.* **69** sein *Mü*₁₀.

---

49 Triakers trost ›Hilfe des Theriaks‹, *vgl.* ›Minneburg‹ (B485), *V. 1435: driakkers
trost, Theriak ist ein berühmtes, aus unterschiedlichen Zutaten hergestelltes All-
heilmittel;* safierprehen ›Saphirglanz‹ (Umschreibung für die Dame). **51** pigment
›Gewürz, Gewürzwein‹. **52** elament = element. **55** falben ›verwelkten‹.
56 ›die abgestorbenen Blüten der Bäume‹. **57** saff ›Saft‹; verschwant ›ver-
braucht‹. **58f.** ›daher lassen die Stämme sich nicht dazu antreiben, neue Früchte
zu tragen‹. **61** leßt ›erfrischt‹. **64–67** ›Wären tausend Frauen auf einer Seite
und sie allein auf der anderen Seite, würde dennoch mein Trauern ohne die Hoff-
nung auf ihre Hilfe nicht aufhören‹. **68** vgl. die mehrfach belegte Wendung ›bren-
ne auf dem Rost der Minne‹ (Mordhorst 1911, 26f.). **69–71** ›Meine Freude wird
ganz vergeudet, wenn ihr Bild in vielen Gedanken (bei den vielen Gelegenheiten, bei
denen ich an sie denke) die Lust schnell zum Kochen bringt‹.

70   So lust in mir vaßt saudet
      Ir pild in manchen gedencken.
      Das kan denn sunder wencken
      Mit scharpfer doners eil
      Schiessen pegirde pfeil
75   Mit glaßtes übertraht,
      Das ich nicht freuden aht,
      Dann das ich sie seh.
      Mein leiden das ist speh:
      Nu ist mir warm in kellt.
80   Und kundig in ainvellt
      Wird ich. In armut reichen,
      In dem getrenge weichen
      Wil ich, in dringen weiten.
      In frid so wil ich streiten.
85   Das ist ain grosses wunder:
      In der sammnung pesunder
      Bin ich und nider in der hoch,
      Treg in der schnellen joch,
      Mit pitter in der süssigkait,
90   Mit ru in großer erbait,
      Mit süß all in der pitter,
      Mit gesuntem leib ich zitter.
      Sust ist in mich gehammert
      Ir pild, in mir verkammert,
95   † Geretiert ain †; mit heres kraft
      Und mit cluger maisterschaft

                                                                                [169ʳ]

---

81 teichen *Mü₁₀*.   **83** *Mordhorst 1911 konjiziert* in der engen witen, *wohl wegen des Gegensatzes und um nicht V. 82 zu wiederholen.*   **87** h̶ö̶h̶ hoch *Mü₁₀*. **95** *Mordhorst 1911 konjiziert* secretieret.

---

75 ›mit Übermaß an Glanz‹.   **78** speh ›wunderlich, seltsam‹.   **81** ›In Armut (will ich) reich werden‹.   **83** in dringen weiten ›im Dringen (auf etwas) das Weite suchen‹.   **86** pesunder ›abgesondert, isoliert‹.   **88** joch ›Eile‹.   **94** verkammert ›in eine Kammer eingeschlossen‹ (sonst nicht belegt), vgl. auch V. 98.   **95** geretiert *vielleicht zu einem sonst nicht bezeugten retieren: ›festmachen‹ (?).*

Kan es sich in mich fadmen,
Sust muß ich es pegadmen.
Wenn es sust kumpt geflendert,
100 Wie oft sich denn verendert
Mein sin in mancherlai gedank!
Do spinnet fantasi den strank   *[169ᵛ]*
Mit sinnes ubertraht.
Der pindet, das kain aht
105 Ich han denn nach dem mündelein,
Das von reht scholt wesen mein,
Scholt anders glübd schuld wesen:
Sust kan ich sterben noch genesen!‹
›Sag mir mer, liebes hercz mein,
110 Wer ist sie, die dir solch pein
Thut on alle schuld?
Du hest gerner ir huld
Dann das irdisch paradeis.‹
›Ach freunt, wer ich so weis,
115 Ich hercz wolt dich peschaiden gern,
Wolt es von mir kain prüfer lern:
Vor allen weiben ain kron,
Geworcht auß der stern tron;
Ich main den tugenthaften,
120 Der würcken kund pehaften
In der elementen klos,
Den got in iren leip vergos.   *[170ʳ]*

---

97 fadnen *Mü₁₀*. **98** pegadnen *Mü₁₀*. **102** fautasi *Mü₁₀*. **118** ~~Geporg~~; worcht überschrieben *Mü₁₀*. **119** *Die Konjektur von (Mordhorst 1911) ist nicht zwingend, weil das überlieferte* den *– abhängig von V. 117 – auch Dat. Pl. sein kann.*

---

97 fadmen ›*einfädeln*‹. **98** pegadmen ›*in einen Raum bringen, einschließen*‹ *(sonst nicht belegt).* **99** geflendert ›*geflattert*‹. **103** ›*unter den überwältigenden Sinneseindrücken*‹. **107** ›*falls überhaupt ein Gelübde eine Verpflichtung auferlegt*‹ *(Mordhorst 1911, 28).* **118** ›*(ist sie so) beschaffen (, als stamme sie) aus dem Sternenthron (d. h. dem Himmel)*‹. **120f.** ›*deren Wirken sich in der Masse der Elemente festsetzen konnte*‹.

Irs antlücz velt i*st* von rubein.
Feurprehen von agramentein
125 Darein von perlein gleßtig.
Ein ast damitten reßtig,
Geformet als ain driangel.
Sein silberweiß hat mangel
Der traub. An allen seiten
130 Sich fruchtig saft weiten
Kan; an den dreien enden
Auß seinem saft senden
Drei florn von l*i*eb in harm.
Got, laß dich erparm,
135 Thut sie mir nit hilf schein,
Von der ich leid solche pein!‹
Davon mein hercz sellten erlacht.
Die red hat Maister Egen gemacht.

---

123 ich *Mü*$_{10}$.   **133** leyb *Mü*$_{10}$.

---

124 ›*Feuerglanz von Agremontin‹ (sagenhafter Berg, erwähnt u.a. im Parzival, 496,10), vgl. auch ›Minneburg‹ (B485, ed. Pyritz 1950), V. 2430f.: dar ynnen | Brent für von Agrimontin.*   **125** *Mit perlein sind die Zähne der Dame gemeint; gleßtig ›glänzend (ist)‹.*   **126** *Mit ast ist die Nase der Dame gemeint; reßtig ›(ist) ruhend, rastet‹ (?).*   **129** *traub ›Trübheit‹.*   **131–133** *›an den drei Enden senden drei Blumen (gemeint sind wohl Augen und Mund), die aus seinem (des Astes) Saft entstanden sind, (den Betrachter) aus der Liebe ins Leid‹.*

34. Der Minnenden Zwist und Versöhnung (B233)

1

›O edle creature,   *[61ʳ]*

Weipleiches chunnes chrone,

O suesse raine gehewre,

Sprich meinem lanngen dinst noch ze lone:

5   „Mein aigen knecht, ich wil mich lassen rewen,

Han ich an dir gezweifelt,

Und dich nennen nicht wann den getrewen.“

2

Und la den zweifel weichen

Dar, da man valscher minne,

10   Wann wiss das sicherleichen,

Das auf der erde lebt chain chuniginne,

Von der ich wolte für dich sein gamiset.

Dannkch hab der werden Minne,

Dew mich hat allso süess pfad gewiset!

3

15   Mich mag von dir geschaiden   *[61ᵛ]*

Nicht wann ein sterben aine.

Zwar aller prufer laiden

Verneigen darzue wenig und auch chlaine.

Es chünden alle frawen gelokchen

---

*Text nach **He₅** (Heidelberg, UB Cpg 326; 1479 [?]), 61ʳ–64ʳ. – Weitere Überlieferung:*
***Mü₂** (München, BSB Cgm 179; 2. Hälfte 14. Jh.), 81ᵛ–84ᵛ. – Bisherige Ausgabe:*
Schmeller 1850, 163–169, Str. 691–720 (nach He₅).

13 werde *He₅Mü₂*.   **17** aller] alle *Mü₂*.   **19** Es chünden] Erkunden *Mü₂*.

---

2 ›*Krone des weiblichen Geschlechts‹.*   **3** *gehewre* ›*liebliche‹.*   **4** ›*sag als Lohn
für meinen langen Dienst doch einmal Folgendes‹.*   **8f.** ›*Und lass den Zweifel da-
hin fahren, wo man Betrüger liebt‹.*   **12** ›*um derentwillen ich wollte, dass du mich
vermissen musst‹.*   **17f.** ›*Wahrlich, die Feindseligkeiten aller Aufpasser bringen
mich davon nicht im Geringsten ab‹.*   **19f.** ›*Alle Damen dieser Welt könnten mein
Herz nicht von Dir weglocken‹.*

20 Von dir nicht meinem hertzen,
Und wären si doch alle schön wunscheltokchen.

4
Ich han von meiner iugende,
Fraw mein, dich ain gemainet.
Du hast auch soliche tugende
25 Und solichew stätichait mir erschainet,
Das ich an sinne müste sein betöret,
Ob unnser paider liebe
Von meiner unstätichaite wurd erstöret.

5
Davon so la dein schertzen,
30 Seit ich dich han gesetzet
Ze frewden meinem hertzen,
Das es ze ser von dir icht werd geletzet,
Wann wenn ich deinen zweifel recht gedenkche,
So stewret mich das wunnder,
35 Das ich mich tieffe in strennges trawren senkche.‹

6
›Main frewnt, mich hat verirret
Nicht, wann dew strenngew minne.
Anders mir auch nicht wirret,
Wann das ich gar zu sere nach dir prinne.
40 Und wann du mich dann meidest für dew masse,
Das gat mir so gar zu hertzen,
Das es mich weiset auf der zweifel strasse.

---

20 meinem hertzen] mein hertz *Mü₂*. **32** icht] ich *Mü₂*. **35** strennges] strenfes *Mü₂*. **36** frewnt] frewd *Mü₂*. **39** zu *fehlt Mü₂*; dir] ir *Mü₂*. **40** meidest] neydest *Mü₂*. **41** mir] ir *Mü₂*.

---

21 schön wunscheltokchen ›*so schöne Puppen, wie man sie nur wünschen kann*‹.
22 von meiner iugende ›*von Kindheit an*‹. **25** erschainet ›*gezeigt*‹. **28** erstöret ›*zerstört*‹. **34** ›*überkommt mich der seltsame Zustand*‹. **35** strennges ›*starkes, gewaltiges*‹. **40** für dew masse ›*über die Maßen*‹ (?). **42** ›*dass es (das Meiden) mich auf die Straße der Zweifel führt, mich zweifeln lässt*‹.

7

So ist mir auch wol kunndig,
Das du es wol erdachtest.
45 Du pist wol allso fundig,
Ob du dich meinem zarten gerne machtest,
Das es ergienng wol an der prüfer mellden.
Sol ich das nicht bezweifelen,
Das du mich sichst darüber allso sellden?

8

50 Du pist meins hertzen wunne,   [62ʳ]
Ein spiegel meiner augen,
Meiner frewden flüssig prunne.
Ich han ze trawt dich meinem hertzen tawgen
Erwellt auf liepleichs minikleichs zarten.
55 Mich daucht auch gefuege,
Du solldest meines willen eben wartten.

9

Allt mus ich des engellten,
Das ich dich also minne?
So mag ich sei wol schellten
60 Dew Minne, die dich aller meiner sinne
Gewalltig hat gemacht ob allen mannen
Und dich *mir* frömd*et*,
Alls ich dir sei verpoten und verpannen.

10

Du waist auch wol besunnder,
65 Das ich ab deinem leibe

---

62 nur *He₅* mir *Mü₂*; frömdest *He₅Mü₂*.

---

44 ›*dass du dein Handeln (wegen der Gefahr der Aufpasser) sehr wohl bedachtest*‹.   **45** fundig ›*erfinderisch, klug*‹.   **46f.** ›*dass – wenn du dich meiner Liebe gerne ergäbest – es ganz ohne den Verrat der Aufpasser geschähe*‹.   **48f.** ›*Muss ich daher nicht in Zweifel geraten, wenn du dich mir trotzdem so selten zeigst?*‹   **52** flüssig prunne ›*sprudelnder Quell*‹.   **56** ›*dass du auf meine Absichten achtgibst*‹.   **57** Allt ›*Oder*‹.   **62** frömdet ›*fremd, abweisend sein lässt*‹.   **63** verpannen ›*untersagt*‹.   **65f.** ›*dass ich aus deiner Existenz wundersame Freude beziehe*‹.

Mir frewde nim ein wunnder
Und das auf erde magede noch nie weibe
Wart pas ze müete denn mir vil ellennden.
Wenn ich *d*ich pei mir vinnde,
70 So mues alles trawren von mir wennden.‹

11
›Meines hertzen paradisel,
O meiner augen sunne,
Mein plüendes wallsamreisel,
Ob aller wunn auf erde hie mein wunne,
75 Weis mich durch dein weiplich güette merckent!
Ich mag mit waren worten
Dich leicht vor alle*m* zweivel sein der sterckent.

12
Solld ich dich erst verchiesen,
Dich, aller weibe chrone,
80 So müst ich doch verliesen.
Voraus ia wär mein dinst von dem lone
Besundert, den ich dir han ie gezaiget.
Wer möcht mich des ergetzen,
Ich wär gen allen weiben denn genaiget?

13
85 Du sprichst, das ich dich meide,   *[62ᵛ]*
Das chunn dir zweifel meren.
Wiss, das ich davon leide
An meinem hertzen so getanes seren,
Das es mir alles mein gemüte krenkchet.

---

67 magede noch nie weibe] nye mägede noch weybe *Mü₂*. **69** mich *He₅Mü₂*.
73 wallsam] balsam *Mü₂*. **77** allen *He₅* allem *Mü₂*.

---

73 wallsamreisel ›*Balsamzweig*‹. **75** ›*hör mich deiner weiblichen Güte wegen
an*‹. **76f.** ›*Ich kann sicher mit wahren Worten derjenige sein, der dich vor allem
Zweifel(n) stärkt*‹. **78** erst verchiesen ›*zuerst nicht beachten*‹. **79** Dich *ist das
Akkusativobjekt zu V. 80.* **81f.** ›*Von Vornherein hätte mein Dienst, den ich dir
immer erwiesen habe, bestimmt keinen Anspruch auf Lohn*‹. **84** ›*selbst wenn ich
mich vor allen Frauen verneigen würde*‹. **88** so getanes seren ›*solche Schmer-
zen*‹.

90 Wiss, suesse trösterinne,
    Das dein mein hertz stätigkleich gedencket.

14
Du mainst, ich mochte fuge
Wol für die prüfer vinnden.
Wiss, wär ich der so chluege,
95 Ich wollt uns paidew sennder not entpinnden.
Das mag nicht sein, alls mich mein witze leret,
Ich fürchte das besunnder,
Es wurde von brüfer*n* dir vercheret.‹

15
›Ze vil haiss ich dich meiden,
100 Die mass lat sich wol *nie*ssen,
Dew chan niemandt verreiden,
Dich wil sein sunst villeichte nur verdriessen.
Warzue man willen hat, das lat sich fuegen,
Des sicht man verennden
105 An manigen ennden nicht so gar di kluegen.

16
Ob ich dich nu erchenne
An meinem dinst lassen,
Sprich selb, wie möcht ich denne
Entperen des? ich müste *zweive*l vassen,
110 Wenn du ze verre mich meidest in die lennge
Und waist, das ich in herzen
Nach dir noch leide minikleiche strennge.

17
Betrüebte dich mein leiden,
Ich pin nicht so verchlauset,

---

98 brüefer *He₅* prüfern *Mü₂*. **100** messen *He₅* niessen *Mü₂*. **105** di *fehlt Mü₂*.
109 ze vil *He₅* zweiuel *Mü₂*.

---

92 fuge ›einen geschickten Ausweg‹. **100** ›von diesem Maßhalten kann man gut
profitieren‹. **101** verreiden ›verkehren, verdrehen‹. **103** ›Was man will, das
lässt sich erreichen‹. **104** verennden ›zu Ende bringen‹. **106f.** ›Wenn ich nun
entscheide, dich in meinen Minnedienst zu lassen‹. **112** strennge ›Bedrängnis‹.
114 verchlauset ›eingeschlossen‹.

115 Das du mich allso meiden
  Willt. so pin ich auch wol allda pehawset,
  Da dich das mer noch das gepirg gewennden
  Nicht chunde so die lennge.
  Du möchtest mich wol solicher sorge pfennden.

18

120 Versawmen noch vergachen, [63ʳ]
  Wollst du der paider wartten,
  Wer möcht unns dann gevachen?
  So solt ich dir von schulden pilleich zartten.
  Ich achtät chlain aller pruefer mellden,
125 Ob du mir chämst zu masse,
  Das wär nicht ze dikche noch ze sellden.‹

19

›Meins herczen chaiserinne,
  Du ratest auf die masse;
  Wiss, das dein süesse minne
130 Mich weiset ab der masse rechter strasse.
  Wenn ich dich sich, so wirt die masse enteret,
  Io wirib ich alls ein tummer,
  Der nicht verstat, wie vil man in geleret.

20

  Ich wais, dein chunst erchennet,
135 Das denn dew werdew minne
  Mich töbleichen prennet
  Und mich berawbet aller weisen sinne.
  Dein süesse sennffte minikleichen plikche

---

117 gepirg] gepurg *Mü*₂. **122** dann gevachen] denn begachen *Mü*₂. **131** enteret] entöret *Mü*₂. **133** geleret] gelernet *Mü*₂. **138** Dein] Den *Mü*₂.

---

117 gewennden ›abhalten‹. **119** pfennden ›befreien‹. **120f.** ›*Wenn du darauf achtest, dass wir uns weder zu sehr versäumen noch übereilen*‹. **122** gevachen ›*fangen, erwischen*‹. **123** zartten ›*Liebe, Zuneigung zeigen*‹. **131** so wirt die massse enteret ›*so wird dem Maßhalten sein Recht genommen*‹. **132** Io wirib ›*dann handle*‹. **136** töbleichen ›*rasend*‹.

Mich denne so verirrent,
140 Das ich mich mer zu der unmassen schicke.

21
Ee ich denn allso wirbe,
Das es dir chäm zu laide,
Wold ich das ich stürbe.
Lieg ich, so ger ich das die minne schaide
145 Mich von dem trost nach deinem suessen lone,
So wär ich wol verfluchet
Und solld ich entperen seiner edeln suessen chrone.‹

22
›O frewnt, wann wär dein meiden
Nicht wann von solichen schullden,
150 So wollde ich gerne leiden
Und wollt mit willen iamer nach dir dullden.
Sol aber ich gedenkchen, das es füege
Unstätt deines hertzen,
So wiss, das ich den iamer senffter trüege.

23
155 Owe mir sennden armen,   *[63ᵛ]*
Wie wär ich dann verweiset!
Es möcht dir selb erparmen,
Das ich dein gir so lieplich han gespeiset
Mit lieplicher freuntlicher hanndlunge.
160 Wer möcht mich des ergetzen,
Ob dew unstätichait dich überrunge?

---

141 denn] dann *Mü₂*. **143** Wold] E wolt *Mü₂*. **152** füegen *He₅* fuge *Mü₂*.
154 trüege] trage *Mü₂*.

---

144 Lieg ich ›*Sollte ich lügen*‹. **148f.** ›*Ach Geliebter, wenn dein Fernbleiben nur daran läge*‹. **152f.** ›*Sollte ich aber denken, dass es (das Fernbleiben) von der Unbeständigkeit deines Herzens verursacht würde*‹. **154** den iamer *hier* ›*jenen Kummer*‹, *gemeint ist der in V. 150f. genannte Kummer.* **156** dann verweiset ›*dann (wenn das Meiden aus seiner Unbeständigkeit herrührte) in die Irre geleitet*‹. **158** ›*dass ich dein Begehren so liebevoll versehen habe*‹. **160f.** ›*Wer könnte mich hierfür entschädigen, wenn die Unbeständigkeit dich überwände?*‹

24

Greiff selber zu den funden,
Die meinen zweivel stören.
Will du dich auch versünnden,
165 Ich wil es gern sechen unde hören.
Macht du mir deinew stätichait bewären,
So wil ich dir gelauben
Und fürpas mer chainen lugnären.‹

25

›Meins hertzen edlew gimme,
170 La dir von mund erchlingen
Nicht allso hertte stimme!
Du willt mich gar von allen frewden pringen.
Sol ich dich erst meiner stätichait beweisen,
Dew wil ich dir bewärn
175 Und anders nicht denn mit dem haissen eisen

26

Und auch mit starcken aiden!
Willdu die, trawt, verhören,
Ob ich dich müg beschaiden
Und auch die deinen missetraw erstören.
180 Gib mir den aid, das ist gar ane wennde,
Alls dirs mein will erzaiget,
Wann ich ste hie mit aufgehabter hennde.‹

27

›Ich wil dich des sein werende
Und wil das auch gelauben,

---

163 zweivel] zwei *Mü₂; an dieser Stelle, offenbar mitten im Wort, bricht der Text in Mü₂ ab.*

---

162 funden ›*Gedanken, Eingebungen, Ideen‹.*   **166** bewären ›*wahr machen, beweisen‹.*   **169** edlew gimme ›*Edelstein‹.*   **175** *gemeint ist ein Gottesurteil, in dem ein glühendes Eisen in die Hand genommen werden muss.*   **177** verhören ›*anhören, prüfen‹.*   **178f.** ›*falls ich (dadurch) mich dir erklären und auch dein Misstrauen zerstreuen könnte‹.*   **180** ›*Sprich mir den Eid vor, das ist ganz unabwendbar‹.*   **182** ›*denn ich stehe hier mit (zum Eid) erhobener Hand‹.*   **183** ›*Ich will dir dies gewähren‹.*

185 Sei*t* du sein pist so gernde,
So sol dein aid mich alles zweivels rauben.
Sprich mir nach, alls dich mein witze lere,
Und wirt das nun volfüeret,   [64ʳ]
So wil ich han zu frewde fürpas chere.

28
190 Sprich an: „hab ich *ver*sprochen,
Da werd io der minne
An mir allso gerochen,
So das mein hertze von ir prannd verprinne,
Und wo ich weipleich leschen welle suechen,
195 Das müeß ich annders finnden
Nicht denn versmachen, zürnen und fluechen."‹

29
›Amen. des pin ich gerende
Und wil den fluech auch leiden.
Seid ich untrew lernde,
200 So mües all welltlich frewde mich vermeiden,
Und was zu hochgemüete mich mug stewren,
Das müesse von dir werden
Und auch von allen weiben sich mir *tewren*.‹

30
›Frewnt, han ich nu gemailet
205 Dich und an schullden,
So wil ich sein gesailet
An dainen pannden, hüntz das mir dein hullde
Erworben wirt von deinem stäten hertzen.

---

185 sein du sein *He₅*.   **190** gesprochen *He₅*.   **203** trewen *He₅*.

---

189 fürpas chere ›weitere Hinwendung‹.   **190–192** *›Fang so an zu sprechen: Wenn ich das Wort gebrochen habe, dann würde für immer die Minne so an mir gerächt‹.*   **194** leschen *›das Löschen des Feuers‹, gemeint ist der Trost.*   **199** *›Sollte ich später untreu werden‹.*   **201–203** *›und alles, was mich zur Freude bringen kann, müsste mir von dir, Würdiger, und auch von anderen Frauen unerreichbar werden‹.*   **204** gemailet ›getadelt‹.   **205** an schullden ›zu Unrecht‹.   **206** gesailet ›gefesselt‹.   **207** hüntz ›bis‹.

Gewer mich des drate,
210 So wil ich dann mit frewden iarlannck stertzen.‹

31
›Genad, edlew suesse rainew,
Gepewt du mir dein phlehen!
Ia pin ich dein allainew,
Wenn ich pin nicht wann nur mein selbers lehen.
215 Leib und auch guot das stat in deiner hennde.
Es sei nach deinem willen
Mein selbes sin, mein selbes auch ellennde.‹

---

210 ›dann werde ich das ganze Jahr jubeln‹. **212** ›befiehl du mir, dich anzufle-hen‹. **214** ›denn mir selbst bin ich nur als Lehen gegeben‹. **217** ›mein eigenes Denken und auch mein eigenes Unglück‹.

35. Die Beständige und die Wankelmütige (B405)

[37ᵛ]

Ich rait ains tags in hochem muot
Uß durch lust, als maniger tuot,
Und wolt es ie nit lenger sparen:
Ich wolt ervorschen und erfaren,
5 Wie es wär in der welt gestalt.
Ich kam, da ich fand jung und alt,
Frawen und mann an manigem end.
Wa ich kam, da was ellend
Mein zergesell gar lange zeitt.

Text nach **Pr₂** *(Prag, Knihovna Nárondního muzea Cod. X A 12 [›Liederbuch der Klara Hätzlerin‹]; 1470/71), 37ᵛ–44ʳ. Weitere Überlieferung:* **Wi₁₆** *(Wien, ÖNB 2959; Mitte 15. Jh.), 94ʳ–102ᵛ;* **Mü₆** *(München, BSB Cgm 439; nach 1473), 38ʳ–47ʳ;* **Mü₉** *(München, BSB Cgm 713; 1460–80), 72ʳ–81ᵛ (=* **Mü₉I**) *und 200ᵛ–213ʳ (=* **Mü₉II**); **He₃** *(Heidelberg, UB Cpg 313; 1478), 400ʳ–406ᵛ;* **St₅** *(Stuttgart, WLB poet. et phil. 4° 69; 2. Hälfte 15. Jh.), 249ᵛ–257ʳ;* **Be₂₀** *(Berlin, SBB-PK Ms. germ. quart. 2370 [olim Lana, Familienarchiv der Grafen von Brandis Cod. XXIII D 33]; um 1495), 46ʳ–52ᵛ;* **Lg₄** *(Leipzig, UB Ms. Apel 8 [›Bechsteins Hs.‹]; um 1512), 176ᵛ–184ʳ;* **Be₃** *(Berlin, SBB-PK Ms. germ. fol. 488 [›Ebenreutters Hs.‹]; um 1530), 48ᵛ–56ʳ;* **De₂** *(Dessau, Anhaltische Landesbücherei, Wiss. Bibl. u. Sondersammlungen Georg 150 8°; um 1530), 94ʳ–106ᵛ. – Bisherige Ausgaben: Haltaus 1840, 138–143 Nr. II 8 (nach Pr₂ mit Laa. von Lg₄); Mareiner 2013, 412–448 (nach Wi₁₆).*

Überschrift: Von ainer stätten vnd von ainer fürwitzen *Pr₂Lg₄Be₃De₂* Die vierbicz und stet *Mü₉I* Von der firbiczen und steden frawen *Mü₉II* Ein krieg von einer stetten vnd unstetten frawenn *St₅Be₂₀.* **1** in] aus *Mü₆.* **2** Uß durch lust] Durch lust auß *Mü₉IMü₉II* Auch durch lust *St₅Be₂₀;* als] sam *Mü₉II.* **3** Und] Ich *Wi₁₆;* ie *fehlt Mü₆Mü₉IMü₉IIHe₃.* **5f.** *fehlt Mü₆.* **5** wär in der welt] yn der werlt wer *Mü₉I.* **7** Frawen] An frauen *Mü₆;* mann *fehlt Mü₆;* manigem] eynem *He₃.* **8** Wa] Do *St₅Be₂₀;* kam] hin kert *Wi₁₆* hin kom *Mü₉IMü₉II;* da was ellend] do was ich ellend *Mü₉I* so was ich ellend *Mü₉II* in daß ellende *Be₂₀.* **9** Mein zergesell] Vnd mein zergesell *Mü₉I* Das wert *Mü₉II* Min zör gesell *Be₂₀* Mein zart gesell *Be₃;* gar lange] vil manige *Wi₁₆* gar manig *Mü₆* mannig *Mü₉I* etwas lange *Mü₉II* lanng *Be₃.*

---

7 an manigem end ›mancherorts‹.   **9** zergesell ›Tischgenosse, Gefährte‹.

10 Darumb truog ich mir selber neidt,
Das ich mit im besessen was
Und kunt doch nit gepessern das:
Dann ich was jungk und ain tor,
Der ich noch bin, ist laider war.
15 Nun fuogt es sich in kurtzer zeitt,   *[38ʳ]*
Das ich auch kam on argen neidt,
Da ich vil frawen vand
Und auch gesellen, die ich kannt.
Die hetten gar ain hübschen tantz,
20 Wann es was in des maien glantz.
Si triben fräden manigerlai:
Ie dick, so sach ich zwai und zwai
Hübscher wort in züchten pflegen.

---

10 truog] trag *Mü₆Mü₉ISt₅Be₂₀;* Darumb ich mir selber wart tragen neit *Mü₉II.* **11** Das ich mit im besessen] Das mein so gancz vergessen *Mü₉II* Da mit ich besessen *He₃.* **12** Und kunt doch] Vnd kund auch *Wi₁₆Mü₉I* Vnd ich kund *Mü₆* Doch kont ich *Mü₉II;* gepessern] verkeren *Wi₁₆* besynnen *Mü₆* bessern *He₃. Nach diesem Vers ein durchgestrichener Plusvers (V. 14 versehentlich vorgeschoben) in Be₃:* Der ich noch bin ist leyder war. **13** Dann] Wan *Wi₁₆Mü₆Mü₉IMü₉II;* was] was desmals *Mü₉II;* und] vnd auch *He₃.* **14** Der ich] Der ich laider *Wi₁₆* Als ich leider *Mü₆He₃* Das ich leyder *Mü₉I;* ist laider] das ist *Wi₁₆Mü₆Mü₉I* es ist *He₃;* Was ich red das ist war *Mü₉II.* **15** in kurtzer] an einer *Mü₆* gar in kurczer *He₃.* **16** auch *fehlt Wi₁₆Mü₆Mü₉IMü₉IISt₅Be₂₀;* argen] allen *Mü₉I;* on argen neidt] auff einen anger weit *Wi₁₆.* **17** Da ich *fehlt Mü₆;* vil frawen] fil frawen vnd junkfrawen *Wi₁₆Mü₉II* junckfrauen vnd frauen *Mü₆* gar uil yunckfrawen vnd frawenn *Mü₉I* vil jungfrawen vnd frawen *He₃.* **18** auch *fehlt Mü₆He₃;* die ich] vil auch *He₃* dich ich *Lg₄;* kannt] erkant *Wi₁₆Mü₆* woll kand *Mü₉IMü₉II* wol erkant *He₃.* **19** gar] do *Mü₆ fehlt Mü₉IMü₉II.* **20** Wann] Vnd *Mü₆.* **21** Si] Die *Mü₆;* fräden] freüd vnd *Mü₆.* **22** *fehlt Lg₄Be₃;* dick] offt *Mü₆Mü₉I;* so *fehlt Mü₆Mü₉IMü₉IIHe₃;* sach ich] sach *Wi₁₆* saß *De₂.* **23f.** *fehlt Lg₄Be₃.* **23** Hübscher] Hübsche *Mü₆;* in] mit *Mü₆Mü₉IMü₉II;* züchten] sythen *De₂.*

---

10 neidt ›*Hass, Unmut*‹. **16** on argen neidt ›*aus freien Stücken, gerne*‹.
23 ›*höfische Wechselreden wohlerzogen austauschen*‹.

Mich daucht, es wär von hübschait wegen.
25 Iedoch tett ich deßgeleichen nicht,
Das ich mercket uff sölich geschicht,
Darumb, das iemants hett verdriessen
Und mich auch mit liessen.
Si waren all frädenreich,
30 Iegliches mit seinem geleich.
Si lebten in wunn und fräden.
Mich sach niemantz gewden.
Ich gieng nur bi in hin und her
Als ain schlechter mitreitter.
35 Da ich sach und vernam,
Das iederman groß lusts began,

---

24 von hübschait] von puelschafft Wi_{16} von der hübscheit $Mü_9II$ von der hub-
schen He_3. **25** *fehlt* $Mü_6$; Iedoch] Yedoch so $Mü_9I$ Doch $Mü_9II$; deß] der $Mü_9II$.
26 Das ich mercket uff] Als ob ich mercht auff Wi_{16} Doch merckt ich nit eben $Mü_6$
Vnd mercket nit uil auff $Mü_9II$ Das ich icht merckt uff He_3; sölich] de Wi_{16}. *Nach
diesem Vers ein Plusvers in* $Mü_6$: Wie sich eins mit dem anderen verpflicht.
27 das] do $Mü_6$; iemants] nyemant $Wi_{16}Mü_6St_5Be_{20}$ nymants $Mü_9IMü_9II$ yemant
He_3. **28** mich auch] auch mich $Mü_6$; mit liessen] mit in liessen Wi_{16} nit hiessen
$Mü_6$ vnnot liessen He_3. **29** all] alle gar $Mü_9IMü_9II$; Nyder sitzen wann sie sunst
freüden reich $Mü_6$. **30** Iegliches] Yedleicher Wi_{16} Waren yetlich gleich $Mü_6$ Yg-
lichs geleich $Mü_9IIHe_3$. **31f.** *fehlt* Be_{20}. **31** Si lebten] Lebten Wi_{16} Lebt $Mü_6$ Die
lebten He_3; wunn und] wün vnd in $Wi_{16}Mü_6Mü_9I$ grossen $Mü_9II$. **32** Mich sach]
Do sach mich $Mü_6$ Mich sah aber $Mü_9IMü_9II$; gewden] reygen De_2. **33** gieng]
zoch $Wi_{16}Mü_5Mü_9IMü_9IIHe_3$; nur *fehlt* $Wi_{16}Mü_6He_3$ nün Lg_4Be_3; bi in *fehlt*
$Mü_9IMü_9II$ by im He_3. **34** Als] Sam Wi_{16}; schlechter] ander $Mü_9IMü_9II$; mitreitter]
mit treytter De_2. **35** Da] Biß das $Mü_6$; ich] ich nw $Mü_9I$ ich die dingk nu $Mü_9II$;
sach] hortt Wi_{16}. **36** iederman] ein yderman $Mü_9II$; groß lusts] so vil schimpff
Wi_{16} so uil lustes $Mü_6Mü_9I$ so uil freuden $Mü_9II$ jm lust He_3.

25f. *›Ich handelte allerdings nicht so, dass ich solcherlei Tun aufmerksam beob-
achtete (wie ein Aufpasser)‹.* **27f.** *›ich handelte deshalb nicht so, damit niemand
Verdruss hätte und sie mich auch dabei sein ließen‹.* **32** *›Mich sah niemand laut
fröhlich sein‹.* **34** *›wie ein einfacher Rittergenosse‹.*

Da begund ich ze wanndern
Von ainer rotth zu der andern.
Ains gund singen, das ander sagen,
40 Das dritt von dem vierden clagen
Senen und groß verlangen,
Das fünfft hett das sechßt umbfangen
In sölicher lieb, als man dann tuott.
Si waren alle wolgemuot
45 In züchten und in eren,
Das in niemantz mocht vercheren,
Alsvil ich sach, hortt und vernam.   *[38ᵛ]*
Fürbas ich gegangen kam
Für ain waidenlich gemach.
50 Darinn ich sicherlichen sach

---

37 ich] auch *Wi₁₆* ich vast *Mü₉I* ich ser *Mü₉II* als ich *He₃;* wanndern] wandeln *He₃.*
38 rotth] red *Mü₉IMü₉IISt₅Be₂₀.*   **39** Ains] Es *Lg₄;* gund] pegünd *Wi₁₆* begond zu
St₅Be₂₀; sagen] zu sagen *St₅Be₂₀.*   **40** *fehlt Mü₉II;* von dem vierden] den vierden
Wi₁₆ von der widerfart *Mü₆* begonde geüden das vierde *Mü₉I* dem vierden *He₃* von
dem andern *St₅Be₂₀;* clagen] sagen clagenn *St₅.*   **41** Senen] Es hatte senen *Mü₉I;*
verlangen] belangen *Mü₆He₃.*   **42** fünfft] seß *He₃* fünft daß *Be₂₀;* sechßt] ge-
schlecht *He₃;* So hatte eins das ander vmbfangen *Mü₉II.*   **43** In] Mit *Mü₆Mü₉I;*
sölicher] grosser *Mü₉II;* als man dann tuott] als man tüett *Wi₁₆Mü₆* zu sammen
Mü₉II. Nach diesem Vers ein Plusvers in Mü₉II: Alles in eren vnd in gut.   **44** Si]
Vnd *Mü₆* Die *He₃;* alle] allegar *Mü₉II fehlt St₅Be₂₀.*   **45** In züchten] An zuchten
Mü₆; in eren] in schon eren *Wi₁₆* an eren *Mü₆.*   **46** Das in niemantz] Dasselb in
nymants *Mü₉II* Das yeman *He₃;* jn nyemantz mocht] künd in nyemant *Wi₁₆.*
47 Alsvil] Als ver *Wi₁₆Mü₆Mü₉IMü₉IIHe₃;* sach *fehlt St₅Be₂₀;* hortt *fehlt Mü₆Mü₉*
IMü₉II; sach hortt] hort sach *Wi₁₆.*   **48** ich] ich auch *Wi₁₆Mü₉IHe₃.*   **49** Für] Gar
fur *Wi₁₆Mü₆* Fur gar *Mü₉IMü₉IIHe₃;* waidenlich] sewberleichen *Wi₁₆* mynnigklich
Mü₆ weydiliebe *St₅;* gemach] sach *St₅Be₂₀.*   **50** sicherlichen] sitzen *Mü₉II;* Ein
myniglichen frawenn ich sahe *St₅ (zusammengezogen mit V. 51);* Nun hört wie mir
geschach *Be₂₀.*

---

38 rotth ›Gruppe‹.   **46f.** ›*dass es ihnen niemand verübeln konnte, soweit ich sah,*
hörte und verstand‹.

Ain minnecliche frawen,
Als ich si ie tett schawen.
Da ichs am ersten erplicket,
Mein hertz in fräden erquicket
55 Und gund in mir cze ringen,
Als wolt es uß der prust springen
Vor lust und grosser gir,
Die ich hett selbs czu ir,
Wann si was wunneclich gestalt:
60 Ir schön und zucht was manigvalt;
Darzu hett si ain guot gepärd.
Nun was die minneclich, die werd,

51–54 *fehlt Be₂₀*.   **51** *fehlt St₅;* Ain minnecliche] Ain schane stolcze *Wi₁₆* Ein schone mynnigklichen *Mü₆Mü₉IHe₃* Gar on masse ein schone *Mü₉II* Eyn wunigkliche *De₂*.   **52** Als] Sam *Mü₉II;* sy *fehlt Mü₉IMü₉IIHe₃;* ie] al mein tag ye *Wi₁₆* nit *Mü₆* mein lebdag ye *Mü₉IMü₉II* yemandag *He₃;* tett schawen] het geschawen *Wi₁₆Mü₆*.   **53** Da] Als *He₃;* am] zwm *Wi₁₆He₃* im *Lg₄Be₃;* erplicket] anplikt *Wi₁₆Mü₆Mü₉IMü₉IIHe₃St₅*.   **54** hertz] hercz ward *Wi₁₆;* in] aus *Mü₉II;* erquicket] do erkücht *Wi₁₆* do erquickt *Mü₆Mü₉I* sicher quickt *Mü₉II* entquickt *St₅*.   **55** gund] pegund *Wi₁₆;* in mir] mit mir *Mü₆* in mir selber *Mü₉I;* cze *fehlt Mü₉I*.   **56** Als wolt es] Sam es *Wi₁₆* Als ob es wolt *Mü₆* Als ob es *Mü₉IHe₃* Recht sams wolt es *Mü₉II;* uß der prust] aus der prüst wolt *Wi₁₆He₃* aus mir wolt *Mü₉I* aus mir *Mü₉II*.   **57** Vor lust] Von solcher lieb *Mü₆* Von rechtem lust *Mü₉I;* und] vnd auch vor *Wi₁₆* und vor *Mü₉IIHe₃;* gir] begir *Mü₉IMü₉IIHe₃St₅Be₂₀*.   **58** ich] ich selber *Mü₆* mein hercz *Mü₉I* do mein hercz *Mü₉II* ich in mir selbs *He₃;* hett] in mir gewan *Wi₁₆* trug *Mü₆* gewan *Mü₉II;* selbs *fehlt Wi₁₆Mü₆Mü₉IIHe₃;* czu ir] zwir *Mü₉II*.   **59** wunneclich] gar wünschlich *Wi₁₆* mynnigklich *Mü₆* gar mynniglichen *Mü₉I* wol *Mü₉II* gar woniclich *He₃* wunnsamlich *St₅Be₂₀*.   **60** und zucht] zucht *Mü₆* die *Mü₉II* jr czucht *He₃ fehlt St₅Be₂₀*.   **61** hett] so het *Wi₁₆Mü₉II;* ain guot] ein recht *Mü₆* auch ein guts *Mü₉I* gar ein gute *Mü₉II*.   **62** Nun was] Dy schan *Wi₁₆Mü₆Mü₉IMü₉IIHe₃;* minneclich] wuniklich *Wi₁₆De₂*.

---

52 *›so wie ich sie immer anschauen würde‹.*   **55** ringen *›rasen‹.*

Doch nit gar allain:

Bei ir ain andere fraw vein

65 Stuond in rechter wattes milt.

Der selben sin gedaucht mich wilt.

Gar wanckel was ir muot.

Die erst, minneclich und guot,

Begund in zoren mit ir kriegen.

70 Da ich das hortt, tett ich mich schmiegen

Gar haimlich an ain ennd

Zu der tür bi der wennd

Und wolt des kriegs ain ennd warten.

Ich hort die minneclich und zarten

——————

63 Doch] Die was doch $Wi_{16}Mü_9IMü_9II$ Die was auch $Mü_6$ Was da He_3; gar *fehlt* $Mü_9II$. **64** ir] ir was Wi_{16} ir sas $Mü_6$ ir stund $Mü_9IMü_9IIHe_3$; fraw *fehlt* $Mü_9I$; vein] rein $Mü_6Mü_9IMü_9IIHe_3St_5Be_{20}Lg_4Be_3$; fraw vein] frewelein Wi_{16}. **65** Stuond *fehlt* $Wi_{16}Mü_6Mü_9IMü_9IIHe_3$; rechter] reicher $Wi_{16}Mü_6Lg_4Be_3De_2$; wattes] wat vnd was Wi_{16}; milt] vnd milde $Mü_9I$ wild He_3. **66** *fehlt* $Mü_9II$; Der selben] Ir Wi_{16}; gedaucht] der dawcht Wi_{16} daucht $Mü_6He_3St_5Be_{20}$ dauchten $Mü_9I$. **67** Gar] Vnd etbas Wi_{16} Vnd gar $Mü_6Mü_9IHe_3$ Vnd eczwas gar $Mü_9II$; wanckel was ir muot] wankels müettes sein $Wi_{16}Mü_6He_3$ wankelmutig sein $Mü_9IMü_9II$ wanckel was ir gemuth De_2. **68** minneclich] die waidenleich Wi_{16} die mynnigklich $Mü_6Mü_9IMü_9IIHe_3$ wunnigklich De_2; und guot] dy fein $Wi_{16}Mü_6Mü_9IMü_9IIHe_3$ die guete Be_{20} guth De_2. **69** in zoren mit ir] in zaren mit der selben $Wi_{16}Mü_6Mü_9II$ in zorn mit ym $Mü_9I$ mit der selben in czorn He_3. **70** ich das hortt *fehlt* $Mü_9II$; tett] do thett $Mü_6$ do wart $Mü_9I$; mich *fehlt* Wi_{16}; schmiegen] schwigen $Mü_6$. **71** haimlich] stil $Mü_9II$. **72** Zu der] Hinter die $Mü_6$ Als pey der $Mü_9IMü_9II$ By der thür He_3; bi der] an der $Mü_9I$ an die $Mü_9II$ zu der He_3; Dohin kam ich behenth De_2. **73** Und] Ich St_5Be_{20}; wolt] wolt ye $Mü_9II$ wolt do Be_3. **74** Ich hort] Ich hor Wi_{16} Do hört ich $Mü_6$ Vnd hort St_5Be_{20}; die minneclich] die waidenleich Wi_{16} *fehlt* $Mü_6$ die wunnigklich De_2; und] dy $Wi_{16}Mü_6Mü_9IMü_9IIHe_3St_5Be_{20}$.

——————

65 ›stand in voller Kleiderpracht‹. **66** ›Sie schien mir eine sittenlose Einstellung zu haben‹. **67** ›Sehr wankelmütig war sie‹. **71** ennd ›Ort, Stelle‹. **73** des kriegs ›des Streitgesprächs‹.

75 Zu der wanckeln heben an.
   Si sprach: ›ich sag dir, ich han
   Vor zeiten wol an dir bechannt,
   Das du dein hertz in lieb gewandt
   Hast an ainen knaben guot,   [39ʳ]
80 Der durch dich lebt in hochem muot
   Spatt und fruo zu aller zeitt.
   Sein trost und hoffen an dir leitt.
   Wa man ritterschafft üben sol,
   Da ist er muotz und fräden vol
85 Durch dich allain zu aller stund.
   Das macht, das du hast kund
   Im getan mit deinen worten,
   Du woltest deins hertzen pforten
   Mit ganczer triu verschliessen,
90 Das niemantz sol geniessen
   Deiner lieb dann er allain.

---

75 Zu der wanckeln] In der virbiczen *Mü*$_9$*I* Czu der vierbiczen *Mü*$_9$*II* Zu der andern frawen *He*$_3$ In wanckeln *St*$_5$; an *fehlt Mü*$_9$*I* an die eine *St*$_5$.   **76** Si] Die *St*$_5$; ich sag dir] ich wil dir sagen *Wi*$_{16}$*Mü*$_6$*Mü*$_9$*IMü*$_9$*IIHe*$_3$; ich] was ich *Wi*$_{16}$.   **77** wol an dir] an dir wol *Mü*$_6$; bechannt] erkantt *Wi*$_{16}$*Mü*$_9$*IMü*$_9$*IISt*$_5$*Be*$_{20}$.   **78** du *fehlt Wi*$_{16}$; hertz in lieb] herczen lieb *Wi*$_{16}$ hertz lieb *Mü*$_6$ hercz hest *Mü*$_9$*IMü*$_9$*II* hercz lieb hast *He*$_3$. **79** Hast *fehlt Mü*$_9$*IMü*$_9$*IIHe*$_3$; an ainen] an gegen ainen *Wi*$_{16}$ zu dem *Mü*$_6$ Gen einem reynem *He*$_3$ ann einem *Lg*$_4$*Be*$_3$.   **80** dich] liebe *St*$_5$*Be*$_{20}$ *fehlt Be*$_3$; lebt in] treit *Mü*$_6$*Mü*$_9$*II* in *St*$_5$*Be*$_{20}$; hochem muot] hohenn mut *Mü*$_6$*Mü*$_9$*IILg*$_4$ hochmut *He*$_3$. **81** Spatt und fruo] Früe vnd spat *Wi*$_{16}$*Mü*$_6$*Mü*$_9$*II* Spat frw *He*$_3$*Be*$_{20}$; zeitt] stund *Wi*$_{16}$. **82–85** *fehlt Wi*$_{16}$.   **82** hoffen] hoffnung *Mü*$_6$*Mü*$_9$*IMü*$_9$*IIHe*$_3$.   **83** Wa] Wann wa *Mü*$_9$*II* Wan *He*$_3$; üben] vbell *Be*$_3$.   **84** er] es *Mü*$_6$ *fehlt De*$_2$; muotz] nücz *Mü*$_9$*IHe*$_3$ lust *De*$_2$.   **86** Das macht] Dar vmb *Wi*$_{16}$ Das macht darumb *Mü*$_6$ Das ist darumb *Mü*$_9$*II*; hast] im *Wi*$_{16}$*Mü*$_6$*Mü*$_9$*IMü*$_9$*II* alleyn ym *He*$_3$.   **87** Im] Hest *Wi*$_{16}$*Mü*$_6$*Mü*$_9$*IMü*$_9$*IIHe*$_3$; deinen] deinem *De*$_2$.   **88** deins hertzen] yn in deiner lieb *Mü*$_9$*I* deiner eren *Mü*$_9$*II*.   **89** Mit ganczer triu] Mit ganczen trewen *Wi*$_{16}$*Mü*$_9$*IIHe*$_3$ Mit gantzen trew *Mü*$_6$ In ganczen treüen *Mü*$_9$*I*; verschliessen] wesliessen *Mü*$_9$*II* inbeschliessen *He*$_3$. **90** Das] Darumb das *Mü*$_9$*II*; sol] scholt *Wi*$_{16}$*Mü*$_6$*Mü*$_9$*I*.   **91** Deiner] Deine *Wi*$_{16}$.

Und waisst fürwar, das er kain
In aller welt hat für dich.
Nun lass ich wol beduncken mich
95 Und hab gemerckt an disem tantz,
Das du im schlechst alenfantz
Und tuost sein gantz vergessen,
Auch deines hertzen lieb messen
Ainen andern gesellen
100 Und wilt den überschnellen.
Des soltest du pillich schämen dich!‹
Die wanckel sprach: ›nun hör auch mich:
Der warhait will ich dir veriehen.
Als du sprichst, du habst gesehen

---

92 Und waisst] Vnd ich wais Wi_{16} Ich weiß $Mü_9IMü_9II$; kain] keyne $Mü_9ISt_5Lg_4Be_3De_2$. **93** In] Hat in $Mü_6$; aller] aller diser $Mü_9II$; hat für] liebt dan $Wi_{16}He_3$ dann $Mü_6$ lieber hat dan $Mü_9I$ liep hat dan $Mü_9II$. **94** Nun] Vnd $Mü_6$; lass ich] last in $Mü_6$; wol *fehlt* $Mü_9IMü_9II$; beduncken] das duncket $Mü_6$ den bedüncken He_3 geduncken De_2. **95** hab] hab es wol $Mü_6$ han es $Mü_9I$ hon das $Mü_9II$ es wol He_3; an disem] pej disem $Mü_6$ an dem $Mü_9I$ an eynem $Mü_9II$ by dem He_3. **96** alenfantz] den alfancz $Wi_{16}Mü_6Mü_9IMü_9IIHe_3St_5$. **97** tuost] tüest auch Wi_{16} willt $Mü_6$. **98** Auch] Vnd hast Wi_{16} Darzu $Mü_6$ Vnd $Mü_9IHe_3$ Wan $Mü_9II$ Durch Be_3; deines hertzen lieb] dein lieb Wi_{16} dich auch $Mü_6$ thust dem hercz liebe $Mü_9I$ dein hercz stet $Mü_9II$ dust sin hercz lieb He_3 deines freyen lieb De_2; messen] gemessen Wi_{16} vermessen $Mü_6Mü_9IMü_9II$. **99** Ainen] Gegen einem $Wi_{16}He_3$ Mit einem $Mü_6$ Bey eynem $Mü_9I$ In liebe gen einem $Mü_9II$. **100** wilt] mainst $Mü_9IMü_9II$; den] den auch Wi_{16} domit in $Mü_9I$ den dein also $Mü_9II$; überschnellen] vellen $Mü_9I$ zu uellen $Mü_9II$. **101** Des *fehlt* $Mü_6$ Das De_2; soltest du] Du solt $Mü_6$; pillich] müglich Wi_{16} myniglich He_3. **102** wanckel] wankel gemüett Wi_{16} wanckel mutes $Mü_6$ wanckelmütig $Mü_9IMü_9II$ wanckelmug He_3; nun *fehlt* $Wi_{16}Mü_6Mü_9IHe_3$; auch *fehlt* $Wi_{16}Mü_6Mü_9IMü_9II$. **103** veriehen] jehen Wi_{16}. **104** Als] Das $Mü_6$.

92f. ›*Und du weißt genau, dass er keine andere Frau auf der ganzen Welt dir vorzieht*‹. **96** ›*dass du ihn betrügst*‹. **98** messen ›*zuteilen*‹. **100** überschnellen ›*überlisten, betrügen*‹.

105 Und vor lang an mir bechannt,
    Das ich meins hertzen lieb gewandt
    Hab gen ainem, des ich nit nenn.
    Desselben ich dir wol bechenn.
    Doch zu der zeitt, da es geschach,
110 Als er mir und ich im veriach
    Söllicher lieb gar unverhält,   *[39ᵛ]*
    Da hatt er mir an ainem gevält.
    Ich hab von im nit verstanden,
    Das er wölt sein in främden lannden
115 Und wölt mich lassen allain.
    Ich bin gewesen in sölicher main,
    Das er solt warten mein

---

105 lang] zeytten $Wi_{16}Mü_6Mü_9IIHe_3$ zu zeiten $Mü_9I$; bechannt] erkantt $Wi_{16}Mü_9IMü_9IISt_5Be_{20}$.   **106** *fehlt* Lg_4Be_3; Das] Wie $Mü_9II$; meins hertzen lieb] mein herczen lieb Wi_{16} mein hertz lieb $Mü_6He_3$ mein lieb $Mü_9IMü_9II$; gewandt] hab gewant $Mü_9IMü_9IISt_5$.   **107** Hab *fehlt* $Wi_{16}Mü_9IMü_9IISt_5Be_{20}$; gen ainem] zu einem $Mü_6$ an eynen $Mü_9IMü_9II$; des] den $Wi_{16}Mü_6Mü_9IIHe_3$ das St_5Be_{20}; nit nenn] nit wil nenen Wi_{16} nit dar nennen $Mü_6$ dir nicht darff nennen $Mü_9IMü_9II$ nit darff nemen He_3 icht nenne St_5Be_{20}.   **108** Desselben] Dasselbig $Mü_9II$ Des He_3 Daß selb Be_{20}; ich dir wol] wil ich dir $Wi_{16}Mü_6Mü_9IHe_3$ thu ich dir $Mü_9II$; bechenn] pekenen $Wi_{16}Mü_6Mü_9IMü_9IIHe_3$.   **109** Doch] Aber $Wi_{16}Mü_6Mü_9IMü_9IIHe_3$; zu der zeitt] zw den zeitten $Wi_{16}Mü_9IHe_3$ *fehlt* $Mü_6Mü_9II$; es] dasselb $Mü_6$ sölches $Mü_9II$.   **110** Als] Do $Wi_{16}Mü_6Mü_9IHe_3$ Das $Mü_9II$; im] im auch He_3 *fehlt* Be_{20}.   **111** gar] ganncz He_3. **112** an ainem gevält] ein end gezellet $Mü_6$ an einem gefelt daß St_5.   **113** Ich] Das ich $Wi_{16}Mü_9IHe_3$ Vnd $Mü_6Mü_9II$; hab von im nit] nit hab Wi_{16} hett an im wol $Mü_6$ han an ym $Mü_9I$ hon auch des nicht $Mü_9II$ nit han an jm He_3 von im St_5 hab von ym De_2; verstanden] verstanden han St_5.   **114** Das *fehlt* $Mü_6$; er] er von mir $Mü_9II$. **115** *fehlt* $Mü_9I$; wölt mich] mich also wolt $Mü_9II$; allain] ain Wi_{16}.   **116** main] ain Wi_{16}.   **117f.** *Die Verse sind in* $Mü_9IMü_9II$ *vertauscht.*   **117** *fehlt* De_2; Das] Und das $Mü_9I$ Vnd $Mü_9II$; er *fehlt* $Mü_9II$; solt warten mein] alczeit solt wartten mein $Wi_{16}He_3$ solt allezeit warten mein $Mü_6Mü_9II$ allezeit meiner solt warten $Mü_9I$.

---

111 unverhält ›*offen, offenbar*‹.   **112** ›*da hat er mir gegenüber in einer Hinsicht einen Fehler gemacht*‹.   **117** warten mein ›*nach mir sehen*‹.

Und wa ich wär, da solt er sein.
So wär ich allzeit frädenreich.
120 Das leben ist also nit gleich:
So iederman lebt in der wunn,
So solt ich sitzen als ein nunn,
Die ainen orden halten will?
Nun hast du doch gehöret vil:
125 „Was ain mensch ains augen wolt,
Damit es nit gesehen solt?"
Ich liuge dir auch nit:
Ich hab die weil zu ainer pit,

------

118 Und *fehlt Mü₉IMü₉II;* wär] war *Be₃;* er] er auch *Wi₁₆Mü₉IMü₉II. Nach diesem Vers ein Plusvers in Mü₉I:* Als dann zugehört einer hübschen zarten.   **119** So wär ich] So möcht ich wesen *Mü₆* Das ich von im würd *Mü₉II* So ich *Be₂₀;* allzeit *fehlt Mü₆Mü₉II.*   **120** Das leben ist] Aber das leben ist *Wi₁₆* Das ist dem leben *Mü₉II;* also] dem *Wi₁₆* meynem *Mü₉I fehlt Mü₉II* alles *He₃;* nit gleich] vngeleich *Mü₉I. Nach diesem Vers ein Plusvers in De₂:* Wen eins von dem anden weicht.   **121** der *fehlt Wi₁₆.*   **122** So *fehlt Mü₆He₃;* sitzen] aynig leben *Mü₉IMü₉II;* als] dann als *Mü₆* sam *Mü₉II;* Mir wer alß ainer nunen *Be₂₀.*   **123** ainen] yren *Mü₉IMü₉II.*   **124f.** *fehlt Mü₆.*   **124** Nun *fehlt Mü₉IIHe₃;* hast du] Du hast *He₃;* doch] doch wol *He₃;* vil] so uil *He₃.*   **125** Was] Warzu *Mü₉II.*   **126** Damit es] Do es *Wi₁₆* Was dorfft ich augen so ich *Mü₆* Ob er da mit *He₃* Da mit er *St₅Be₂₀;* gesehen] mit gesehen *Wi₁₆* gescheen *Mü₉IIBe₃* sehen *Mü₆He₃.*   **127** Ich liuge dir] Vnd lawgen dir *Wi₁₆Mü₉IMü₉II* Vnd darumb lig du *Mü₆* Vnnd lug dir *He₃* Ich laugen dir *St₅Be₂₀Lg₄Be₃* Ich legen dirn *De₂;* auch] da pey *Wi₁₆* auf der rede *Mü₆* darumb *Mü₉IMü₉II* daruff *He₃;* nit] nit das *St₅.*   **128** Ich hab die weil] Ich hab ein weil *Wi₁₆* Wann ich mir han *Mü₆* Ich hann dir uil *He₃* Ich die weil *St₅Be₂₀.*

------

120 ›*Aber die Lebensweisen sind ungleich verteilt‹.*   **125f.** ›*Was will denn ein Mensch mit Augen, wenn er nicht mit ihnen sehen soll‹; sprichwörtlich, vgl. Freidank 71,13; TPMA 1, AUGE 283–316.*   **128–130** ›*Ich habe die Zeit (der Abwesenheit des ersten Geliebten) zu einem Verweilen – jetzt, da wir (die ganze Gesellschaft) hierhergekommen sind – mit einem anderen genutzt‹.*

Als wir ietz hieher chomen,
130 Mit ainem andern fürgenomen.
Zu dem will ich mein hertz setzen
Und will mich mit dem iens ergetzen.
Ich will mein zeitt mit dem vertreiben,
Will ainer lang ußbeleiben.
135 Des will ich nit engelten,
Ob er mich will sehen selten.‹
Die stätt, die schön und minneclich,
Sprach zu der wilden: ›pfei dich!

---

129 Als] Seit *Mü₆*; wir] wir sein *Mü₆* wirt *Mü₉II*; hieher chomen] her sein komen *Wi₁₆Mü₉IMü₉II* sind her komen *He₃* her komen sein *St₅* herkümen *Be₂₀*.   **130** Mit ainem andern] Mir ainen anderen *Wi₁₆St₅Be₂₀Lg₄Be₃* Einen andern *Mü₆* So hon ich mir ein andern *Mü₉I* Mir dan zu freüden *Mü₉II* Miteynander *He₃* Wie eynen andrn *De₂*; fürgenomen] genomen *Mü₉II* fur genomen han *St₅*.   **131** Zu dem] Mit dem *Wi₁₆* An den *Mü₉IMü₉II* Dem *St₅Be₂₀*; will ich mein hertz] wil ich mein zeit *Wi₁₆* ich mein freüntlichs hercz will *Mü₉II*; setzen] vertreiben *Wi₁₆* kern vnd seczen *He₃*. **132f.** *fehlt Wi₁₆*.   **132** will *fehlt Mü₆*; mit dem iens] mit im *Mü₆* mit dem leyds *Mü₉I* meins vngemachs *Mü₉II* leids *He₃* mit dem eins *St₅Be₂₀De₂*.   **133–136** *fehlt Mü₆*.   **133** Ich] Vnd *Mü₉IMü₉IIHe₃*; dem] ym *Mü₉IMü₉IIHe₃*.   **134** Will] Wolt *Wi₁₆*; ainer] aber ainer *Wi₁₆He₃* er aber *Mü₉I*; lang] ye *Mü₉I*; uß] aussen *Mü₉ISt₅Be₂₀De₂*; So lang vnd yener ist aussen peliben *Mü₉II*.   **135** ich] ich an frewden *Wi₁₆He₃* an freüden *Mü₉I*; Wan ich sein an freüden nicht wil entgelten *Mü₉II*.   **136** will] wolt *Wi₁₆Mü₉IMü₉II fehlt Be₃*.   **137** stätt] zart *Wi₁₆*; die schön und minneclich] dy schan dy waidenlich *Wi₁₆* die mynnigklich die schon *Mü₆* die schön die mynniglich *Mü₉IHe₃St₅Be₂₀* die schün die gar mynniglich *Mü₉II* die vnnd minniglich *Lg₄* vnnd die minigklich *Be₃* die schon und wunnigklich *De₂*.   **138** zu der wilden *fehlt Wi₁₆* zu der vierbiczen *Mü₉II*; pfey] pfüy vnd pfäch *Wi₁₆* pfu pheh *Mü₉IMü₉II* pfy *He₃*; Die sprach ach got dein gedon *Mü₆* (*vgl. V. 208*).

---

132 ›und will mich mit diesem für jenes (dafür, dass der Geliebte fernbleibt) entschädigen‹.   **135** engelten ›büßen, bezahlen, darunter leiden‹.   **136** selten ›nie‹.

Nun will ichs got von himel clagen,
140 Das du solt weibs namen tragen
Und ich von dir muoß hören,
Das du den frummen wilt betören,
Der seinen leib und guot   [40ʳ]
Zu allen zeitten we tuot
145 Umb dein und seiner ere willen,
Und du mit im wilt äffens spilen.
Das tuott mir ie in hertzen andt.
Ich wolt, er hett dich nie erchannt
Und du deßgleich hinwider in.
150 Du hast ain schnöden, bösen sin;
Laß noch davon, das ratt ich dir!

139–146 *Die Verse stehen in Mü₆ zwischen V. 208 und V. 209.*   **139** Nun] Das *Wi₁₆* Vnd *Mü₆*; ichs] ich *Wi₁₆Lg₄Be₃*; got] crist *Mü₆*.   **140** Das] Saß *Be₂₀*; solt weibs namen] pej vns solst namen *Mü₆*; tragen] haben *Wi₁₆*.   **141** Und] So *Mü₉II*; von dir muoß] das sol von dir *Wi₁₆Mü₉I* von dir das sol *Mü₆* das von dir sol *Mü₉IIHe₃*.   **142** frummen] knabenn *Be₂₀*; wilt] also wilt *Mü₉II*.   **143** seinen] seinem *Wi₁₆Mü₆Mü₉IMü₉IISt₅Be₂₀Be₃*; und] vnd seinem *Wi₁₆Mü₆* vnd auch seinem *Mü₉I* vnnd auch sin *He₃*; guot] gut zu aller zeit wee thut *Mü₉II (zusammengezogen mit V. 144).*   **144** *fehlt Mü₉II.*   **145** Umb] Durich *Wi₁₆Mü₉IMü₉II* Vnd *Be₂₀*; dein] diner *He₃* dient *Be₂₀*; und seiner] vnd seinen *Mü₆* vnd deyner *St₅* vmb diner *Be₂₀*; ere *fehlt Mü₆*.   **146** Und] Das *Wi₁₆He₃ fehlt Mü₉II*; du mit im wilt äffens] dw mit dem wild schälklich *Wi₁₆* du mit im effentz wilt *Mü₆* wilt mit ym des effleins *Mü₉I* Wiltu nu des effleins mit ym *Mü₉II* Das du mit dem wilt effen *He₃* du mit im wilt effleins *St₅Be₂₀*.   **147** Das *fehlt Mü₆*; ie *fehlt Wi₁₆* sicher *Mü₆Mü₉I* schier *Mü₉II fehlt He₃*; in] an meinem *Wi₁₆Mü₉II* im *Mü₆St₅Be₂₀Lg₄Be₃* am *Mü₉I* in dem *He₃*.   **148** er] ich *Mü₉IMü₉II*; dich] dir *He₃*; nie] nit *He₃* ye *Lg₄Be₃*.   **149** Und du] Vnd *Wi₁₆* Thu *He₃*; deßgleich *fehlt Mü₉II*; hinwider] wider *Wi₁₆Mü₆He₃*.   **150** schnöden bösen] snoden ploden *Wi₁₆* pösen schnöden *Mü₆Mü₉ILg₄Be₃* blöden schnoden *He₃*.   **151** Laß noch davon] Do laz von *Wi₁₆Mü₉IMü₉IIHe₃* So laß dauon *Mü₆*; das] da *He₃*; ich] ich mit rechten treuen *Mü₉II*.

---

147 andt ›weh‹.   **148** erchannt ›kennengelernt‹.   **149** ›und du ihn ebenfalls nicht‹.

Du solt fürwar gelauben mir,
Das du dir mit vil sachen
Gen der welt ain wort wilt machen,
155 Das dir nit schaden tuott allain
Sunder allen frawen rain;
Darzu allen gesellen,
Die frölich wesen wöllen:
Den pringts ain groß mißtrauen.
160 Ere daran all frawen
Und tuo als übel an im nicht!
Waist nit, wie der Laubrer spricht?
„Geding pald sich mailt,

---

152 solt] solt das *Mü₉II*.   **153** vil] solichen *Wi₁₆Mü₆Mü₉IMü₉IIHe₃*.   **154** Gen] Bey *Mü₉IMü₉II*; wilt] wirst *Wi₁₆Mü₆Mü₉IMü₉II*.   **155** dir *fehlt Be₂₀*; tuott] pringt *Wi₁₆Mü₆Mü₉IMü₉IIHe₃*.   **156** Sunder] Besunder *Mü₉II*; allen] allen guetten *Wi₁₆*; frawen] frawen allein *Mü₉I. Nach diesem Vers ein Plusvers in Mü₉II:* Die do gern wern wolgemut.   **157f.** *Die Verse sind in Mü₉I vertauscht.*   **157** Darzu] Vnd dar zw *Wi₁₆Mü₆Mü₉IMü₉IIHe₃*; allen gesellen] allen guetten gesellen *Wi₁₆Mü₆Mü₉IHe₃* allen gesellen gut *Mü₉II*.   **158** *fehlt Mü₉II;* Die] Die geren *Wi₁₆Mü₆Mü₉IHe₃*; wesen] werden *Mü₉ISt₅*.   **159** mißtrauren *Pr₂* mißtrawen *Mü₆Mü₉IMü₉IISt₅Be₂₀Lg₄ Be₃De₂* mit druwen *He₃*; pringts] wirt *Wi₁₆Mü₉IMü₉II* bringst du *Mü₆St₅Be₂₀*; ain] *fehlt Mü₆*.   **160** Ere daran] Tüe sein nit vnd er *Wi₁₆Mü₉II* Thun es nit vnd ere *Mü₆* Thut sein nicht vnd er *Mü₉I* Tu sie nit vnd er *He₃* Das sie nicht getrawen *St₅Be₂₀*; all] alle gut *Mü₉IMü₉II* allen *St₅Be₂₀*.   **161** Und *fehlt Wi₁₆He₃*; tuo] thun *St₅Be₂₀De₂*; als übel an im] so vbel an dir selber *Wi₁₆* so übel neur an vns *Mü₉I* so übel an vns *Mü₉II* an im als vbels *De₂*.   **162** *fehlt De₂;* Waist] Waist dw *Wi₁₆Mü₅Mü₉IMü₉IIHe₃ St₅Be₂₀Lg₄Be₃*.   **163f.** *Diese Verse sind in Mü₆ vertauscht.*   **163** *fehlt Wi₁₆Mü₉ IMü₉IIHe₃;* pald sich] belang sich *Mü₆* sich baldt *Lg₄Be₃*; mailt] meldt *St₅Be₂₀*.

---

154 *›bei den Leuten einen schlechten Ruf machen wirst‹.*   **162** *Laubrer gemeint ist Hadamar von Laber, Verfasser der Minnerede ›Die Jagd‹ (B513), vgl. V. 187.*   **163–168** *Vgl. Hadamar von Laber, Die Jagd (ed. Stejskal 1880), Str. 550: „Swâ sich das herze teilet, | dâ ist diu lieb gespalten, | gedinge blanc sich meilet. | swer rehte liebe kan mit triuwen halten, | des muot, des sin, des herze sol des einen | und ouch nit mêr begeren, | daz ist und anders niht gerehtez meinen.*   **163** *›Hoffnung befleckt sich schnell‹.*

Wa sich das hertz tailt,
165 Da ist die lieb gespalten.
Wer triu lieb will halten,
Des hertz, des muot, des sinn
Sol des ainen, nit mer beginn."
Dasselb solt du bedencken recht:
170 Beleib stätt an deinem knecht
Und tuo dein hertz nit spalten,
So macht mit eren alten.‹
Die firwitz und die wildt
Sprach: ›ich bin nit so milt,
175 Das ich mein hertz in zwai tail.   [40ᵛ]

---

164 Wa] War *Be₃*; tailt] tüet spalten *Wi₁₆* zurutelt do ist die lieb zuspalten *Mü₉IMü₉II* (*zusammengezogen mit V. 165*) geteilt *He₃*.   **165** *fehlt Mü₉IMü₉II;* Da ist] Vnd wirt *Mü₆*; gespalten] vngehalten *Wi₁₆* zerspalten *Mü₆Be₂₀*.   **166–171** *fehlt Mü₆*.   **166** *fehlt He₃;* Wer *fehlt Wi₁₆* War *Be₃*; triu lieb] Die rechte lieb mit trewen *Wi₁₆* rechte lieb und trew *Mü₉IMü₉II;* halten] pehalten *Wi₁₆St₅Be₂₀. Nach diesem Vers ein Plusvers in Wi₁₆:* Die sol stättes müettes mit fleiss walten.   **167** Des hertz] Des sol hercz *Mü₉I* Das hercz *He₃*; des muot des synn] des müett vnd des sin *Wi₁₆* mut vnd synn *Mü₉I* sol also sein *Mü₉II* des mutes synn *He₃*.   **168** des ainen] daß ainem *Be₂₀* des einem *Lg₄Be₃* des reynen *De₂*; nit] vnd nit *Wi₁₆*; Nit mer begern denn seyn *Mü₉I* Das er nicht mer pegern sol dan das ein *Mü₉II* Sol eins vnd nit mer begeren sin *He₃*.   **169** Dasselb] Das *Wi₁₆* Des *He₃*; bedencken] gedencken *He₃*.   **170** Beleib] Vnd peleib *Wi₁₆Mü₉IMü₉IIHe₃*; deinem] deinen *Wi₁₆*.   **171** tuo] thun *St₅De₂*; nit] also *Mü₉I* nicht also *Mü₉IIHe₃*.   **172** macht] magstu *Mü₆Mü₉IHe₃St₅Be₂₀* machts *De₂*; mit eren] mit frewden in eren *Wi₁₆Mü₆Mü₉IMü₉IIHe₃*; alten] halten *He₃De₂*.   **173** und] vnd auch *Wi₁₆Mü₉IMü₉IIHe₃*.   **174** Sprach] Die sprach *Mü₉II He₃*; so] als *Mü₉I*; milt] wildt *Be₃*.   **175** in zwai tail] in czway wel tailen *Wi₁₆Mü₉IMü₉IIHe₃* will in zwej teilen *Mü₆* enczwey teill *St₅Be₂₀* in zweyteyll wildt *Be₃*.

---

168 ›soll davon eine beginnen, und keine (Beziehung) darüber hinaus anfangen‹.
172 macht ›kannst du‹.   **173** firwitz ›Neugierige, Ungezügelte, Leichtfertige‹.
174 milt ›freigebig‹.

Ich sorg, mir möchtz niemands hail.
Mein hertz ist darumb nit entzwai,
Ob mich ain guot gesell erfrä
Und ich deßgleich hinwider in.
180 Du hast ain blöden sin
Und bist von clainen witzen,
Mainst, ich wöll also versitzen,
Bis das ich mich bedächt,
Das mir ain katz ain pachen prächt.
185 Fürwar, ich tuo der aller kains.
Ich will dir auch sagen ains:
Du sagst mir von des Labrers puoch;

---

176 sorg] fürcht $Wi_{16}Mü_6Mü_9IMü_9IIHe_3$ besorg St_5; mir möchtz] es möcht mir $Mü_6$ mich möchte $Mü_9IMü_9II$ mir mocht St_5; niemands hail] niemant hailen $Wi_{16}Mü_6Mü_9IHe_3$ nymants geheilen $Mü_9IISt_5$ niemen geheil Be_{20}. **177** ist] ist mir $Mü_6$ das ist He_3; entzwai] zw streytt Wi_{16} vntrew $Mü_9IMü_9II$. **178** Ob] Das $Mü_9II$; guot] ander $Mü_6$; erfrä] erfreytt $Wi_{16}St_5$. **179f.** *Die Verse sind in* $Mü_6$ *vertauscht.* **179** Und] Oder $Mü_9IMü_9II$; ich *fehlt* $Mü_6$; deßgleich *fehlt* $Mü_9II$ glich He_3; hinwider] ich wider Wi_{16} wider $Mü_6$. **180** hast] hast gar Wi_{16}; blöden] pösen schnöden $Mü_6Mü_9I$ torenden $Mü_9II$ schnöden bloden He_3. **181** Und] Dw $Wi_{16}Mü_6Mü_9I$; von clainen] auch nit von grossen Wi_{16} auch nit an guten $Mü_6$ auch wol von grossen $Mü_9I$ auch nicht wol pey guten $Mü_9II$ auch nit von grosser He_3 von kainen Be_{20}. **182** Mainst] Mainstu $Wi_{16}Mü_9IMü_9IISt_5Be_{20}De_2$; wöll] wol mich Wi_{16}; versitzen] besiczen $Mü_9I$. **183f.** *Die Verse sind in* $Mü_6$ *vertauscht; fehlt* $Mü_9I$. **183** das *fehlt* Wi_{16}; mich] mich also Wi_{16} wol He_3; Nein damit würdt es nit schlecht $Mü_6$ Ich müst mich lang wedencken recht $Mü_9II$. **184** Das] Alslang pis $Mü_6$; katz] mauß $Mü_9II$. **185** Fürwar] Das Wi_{16} Darumb $Mü_6$; ich tuo] thun ich $Mü_6$ der thu ich He_3 ich De_2; der aller] der $Mü_9II$ aller He_3; tuo der aller] der alles wil tüen Wi_{16}. **186** Ich] Für war ich Wi_{16}; auch] auch wol $Wi_{16}Mü_9IMü_9IIHe_3$ wol $Mü_6$. **187** Du sagst] Sagstu He_3; mir] mir uil $Mü_9IMü_9IIHe_3$; des *fehlt* $Mü_9IMü_9IIHe_3$.

---

176 ›Ich mache mir Sorgen, dass es mir niemand heilen könnte‹. **180** blöden ›einfältigen‹. **183** ›bis ich noch auf den Gedanken käme‹. **184** ›dass mir eine Katze freiwillig eine Speckseite brächte‹; sprichwörtlich, vgl. TPMA 6, KATZE 55. **187** Vgl. V. 162.

Darinn so stat ain spruch,
Den ich auch gelesen han.
190 Der selbig hebt sich also an:
„Ach, langes fürgewunnen
Und uff wasser ir weg runnen,
Das machet widerlauf.
Langs främden schaidet lieben chauf.

---

188 so *fehlt* $Wi_{16}Mü_6Mü_9IIHe_3St_5Be_{20}$ do $Mü_9I$ da $Lg_4Be_3De_2$; stat] stet auch $Mü_9IMü_9IIHe_3St_5Be_{20}$; spruch] vnder spruch He_3. **189** auch] auch wol $Wi_{16}Mü_9IHe_3$ offt $Mü_9II$. **190** Der selbig] Nun hor der Wi_{16} Der $Mü_6He_3$. **191f.** *fehlt* $Wi_{16}Mü_9IMü_9II$. **191** fürgewunnen] fewr gewynnen $Mü_6$ furbegynnen He_3 fur gewinnen St_5Be_{20}. **192f.** *Die Verse sind in* He_3 *vertauscht.* **192** Und] Vnnd vil He_3 *fehlt* St_5Be_{20}; ir weg] weg He_3 ir wege St_5Be_{20}; runnen] rynnen $He_3Lg_4Be_3De_2$ ringen St_5Be_{20}; Ich will in wasser auf wag rynnen $Mü_6$. **193f.** *Die Verse sind in* $Mü_6$ *vertauscht.* **193** Das] Ach langes meiden Wi_{16} Ach langes vorgen $Mü_9IMü_9II$; machet] dw Wi_{16} bringet $Mü_6$; widerlauf] wilder lauff Wi_{16}. **194** *fehlt* St_5Be_{20}; Langs] Ach langes $Mü_6He_3$ Vnd langes $Mü_9IMü_9II$; främden] meyden $Mü_9I$ scheyden $Mü_9II$ fremdes He_3; schaidet] schide $Mü_6$ schaffet He_3; lieben *fehlt* $Mü_6$ der lieben $Mü_9IMü_9II$ lieber He_3; Kümbt mir dy weil ain ander in kawff Wi_{16}.

191–196 *Vgl. Hadamar von Laber, Die Jagd (ed. Stejskal 1880), Str. 223: „Ach, verrez fürgewinnen | daz machet widerlöufe | und vil in wâge rinnen. | ach, langez fremden scheidet liebe köufe. | ez mac sich küelen in geselleschefte, | sô mac mich troesten niemen | wan ez allein; daz scheidet mich von krefte". Was in der ›Jagd‹ als Klage des beständigen Mannes über das Sich-Entziehen der Frau (des allegorischen Wildes) gemeint ist und das Leiden in der Minne begründet, wird hier umgedeutet zur Klage einer Frau über die Abwesenheit des Geliebten und zur Rechtfertigung ihrer Untreue.* **191** *›Ach, lang andauerndes Gewonnen-Haben eines Vorsprungs‹, gemeint ist hier das lange Sich-Entziehen des Geliebten.* **192** *›und ihr Weggeschwommen-Sein auf dem Wasser‹, entweder bezieht sich* ir *auf mehrere Männer (im Sinne etwa der Kreuz- oder Pilgerfahrten übers Meer) oder (inkonsequenterweise) auf die Geliebte.* **193** *›das ruft eine gegenläufige Bewegung hervor‹.* **194** *›Langes Fremd-Sein löst den Geschäftsvertrag der Liebe auf‹.*

195 Er hatt villeicht gesellschafft,
    So ich geschaiden wär von crafft."
    Dabi du magst verstan,
    Ob ich recht oder unrecht han.
    Als ich dir vor hab veriehen,
200 So hab ich mich die weil fürsehen
    Mit ainem andern helt,
    Der mir auch wol gevelt,
    Das mir die weil an fräden frummt,
    Alslang bis iener wider chomt.

---

195 *fehlt Mü₉IMü₉II;* Er] Sie *De₂;* hatt villeicht] mag sich küelen in *Wi₁₆He₃* möcht pulen in *Mü₆;* gesellschafft] der gesellschafft *Wi₁₆* geselschafften *He₃.* **196** *fehlt Be₂₀; dieser Vers ist in Wi₁₆Mü₆Mü₉IMü₉IIHe₃ aufgespalten:*
    Ach lange frewd mach plöde krafft
    Solt mich nyemant den der ain trösten
    Das schied mich ser von meinen krefften *Wi₁₆;*
    Solt dann mich nymant denn sein krafft
    Trösten das schide mich gar von crefften *Mü₆;*
    Solt mich dann nymants trösten dan er
    Das schadet mir von krefften ser *Mü₉I;*
    Solt mich nv nymants trösten daran dan er
    Das wurd mir schaden an meinen krefften ser *Mü₉II;*
    Solt mich dan nyemant drosten dan er
    Das schied mich gar von krefften *He₃.*
197 du magst] magst dw wol *Wi₁₆Mü₆Mü₉IHe₃* du woll magst *Mü₉II.* **198** Ob] Das *Mü₉II;* ich] ir *Mü₆;* recht oder] nit *Mü₉II;* han] han getan *Mü₉II.* **199f.** *Die Verse sind in Mü₉IMü₉II vertauscht.* **199** Als] Vnd als *Wi₁₆* Dann als *Mü₆* Sam *Mü₉II;* vor *fehlt Mü₉II* von im *St₅;* hab veriehen] ver jehenn han *St₅.* **200** So] Wan *Mü₉II;* hab ich] kann ich *Mü₉I* ich hon *Mü₉II;* fürsehen] für gesehen *Wi₁₆.* **201** andern] anderen ausserwelten *Wi₁₆.* **202** auch] im herczen *Wi₁₆Mü₉IMü₉II* auch im hertzen *Mü₆He₃;* wol *fehlt Mü₆.* **203** Das] Vnd das *Wi₁₆* Vnd der *Mü₉I* Vnd *Mü₉II;* die weil] auch *Wi₁₆Mü₉II;* an] ein *He₃Lg₄Be₃;* frummt] frundt *Lg₄Be₃;* Vnd der mir erfreüt all mein glider *Mü₆.* **204** Alslang] So lang *Mü₉II;* bis] uncz das *Mü₉I;* iener] der ander *Mü₉I;* wider chomt] her wider kümbt *Wi₁₆* kompt hinwider *Mü₆* hierwider kümpt *Mü₉I.*

---

196 So ›während‹. **200** fürsehen ›versorgt‹. **203** ›was mir so lange zu Freuden nützlich ist‹.

205 Will diser dann nit bei mir sein,
    So nimm ich leicht ien wider ein.‹
    Die stätt minneclich, die schön
    Sprach zu der wilden: ›dein gedön
    Tuott mir in hertzen zoren,
210 Wann ich hör, es ist verloren
    Die groß lieb und stättikait,
    Die der frumm hat an dich gelait.
    Das muoß mich immer riuen.
    Ich sprich bi meinen triuen:
215 Und hett ich ainen frummen helt
    Mir zu fräden ußerwelt
    Und hett an im bechannt,

[41ʳ]

---

205 Will] Wolt Wi_{16}; diser dann] der den Wi_{16} dann er $Mü_6$ dan diser $Mü_9IMü_9IIHe_3$; nit bei mir] pej mir nit $Mü_6$.　　**206** nimm ich] nympt mich He_3; leicht *fehlt* $Wi_{16}Mü_6$ villeicht $Mü_9IMü_9IIHe_3St_5Be_{20}$; ien] disen Wi_{16} den andern $Mü_9I$ eyner He_3.　　**207** Die stätt] Dy zart Wi_{16} Do stund He_3; minneclich die schön] dy wüniklich dy schan Wi_{16} die schön die minnigklich $Mü_6$ die minniglich die schön $Mü_9IMü_9IIHe_3$ wunnigklich die schon De_2.　　**208** wilden] wild gethon He_3; dein gedön] pfuj dich $Mü_6$ ach dein gedön $Mü_9IMü_9II$ *fehlt* He_3; Sprach ach wie ist dein tuen Wi_{16}.　　**209** Tuott] Das thut $Mü_6$ Es dutt He_3; mir] mir schier Wi_{16} *fehlt* He_3; in] am Wi_{16} im $Mü_6St_5Be_{20}Lg_4Be_3De_2$ ymmer am $Mü_9I$ am $Mü_9II$ sicher mym He_3. **210** hör] merck $Mü_9II$; ist] ist an dir Wi_{16} ist alles $Mü_9IMü_9II$. **211** und] die St_5Be_{20}.　　**212** frumm] früm held $Wi_{16}Mü_6Mü_9IMü_9IIHe_3$ frum dir De_2; hat an dich] an dich hat $Wi_{16}Lg_4Be_3$.　　**213f.** *Die Verse sind in $Mü_9II$ vertauscht.*　　**213** Das] Vnd $Wi_{16}Mü_6$ Die $Mü_9I$ Es $Mü_9II$; mich] mich selber $Wi_{16}Mü_6Mü_9IMü_9IIHe_3$ ich De_2; immer *fehlt* $Mü_9II$.　　**214** Ich] Vnd $Mü_6Mü_9II$; sprich] sprich wol Wi_{16} sprichs $Mü_6Mü_9IMü_9II$ sprach He_3; bi meinen] auch wol pej guten $Mü_6$.　　**215** Und *fehlt* $Mü_6$; ich *fehlt* $Wi_{16}Mü_9IMü_9II$; ainen frummen] ein solichen frümen Wi_{16} ein frommer stolczer $Mü_9I$ ein stolczer frummer $Mü_9II$ einen fromen stolczen He_3. **216** Mir] Mich im $Mü_9IMü_9II$; zu] zu grosser He_3.　　**217** Und] Vnd ich $Mü_9I$; hett] het das $Mü_9II$; bechannt] wol erkanntt $Wi_{16}Mü_6Mü_9I$ erkant $Mü_9IISt_5Lg_4Be_3$ wol bekant He_3.

---

217 bechannt ›erkannt‹.

Das er sein hertz hett gewandt
Mit gantzer triu zu mir,
220 Alcz dein gesell hat zu dir,
So sprich ich das uff meinen aid,
Das mir immer müst wesen laid,
Solt ich mir nur gedencken,
Das mein hertz von im solt wencken
225 Als tewr als umb ein har.
Und wär er von mir hundert jar,
Noch wolt ich sein ie beitten
Und dabi zu allen zeitten
Mit andern fräden treiben.

---

218 hertz] herczen lieb Wi_{16} hertz lieb $Mü_6Mü_9IHe_3$; hett *fehlt* $Wi_{16}Mü_6$.   **219** Mit gantzer triu] Hiet mit ganczen trawen Wi_{16} Hett mit gantzer trew $Mü_6$ Mit ganczen treuen $Mü_9ISt_5Be_{20}$ In grosser liebe $Mü_9II$ Gar mit ganczen druwen He_3.   **220** dein] der güett Wi_{16} der $Mü_9I$ dann der $Mü_9II$; hat zu] tut gen $Mü_9II$ zu St_5; So sag ich warlich dir Be_{20}.   **221** sprich] sprach He_3; ich das] wol Wi_{16} ich wol $Mü_6Mü_9IHe_3$ ichs wol $Mü_9II$; Vnd nim daß vff min aydt Be_{20}.   **222** Das] Do $Mü_9I$; mir immer müst wesen] müst mir wesen ymer $Mü_6$ müst mir wesen $Mü_9I$ mir ymmer muß werden $Mü_9IIDe_2$ vmer must wessen Lg_4Be_3.   **223** Solt ich mir nur] Das ich mir solt solt Wi_{16} Das ich mir nymermer solt $Mü_6$ Das ich mir ymmer sölt $Mü_9IHe_3$ Das ich mir des solt $Mü_9II$ Solt ich nur newrt St_5. *Nach diesem Vers werden in $Mü_9I$ die V. 220–223 versehentlich wiederholt.*   **224** mein hertz] ich $Mü_6$; von im solt] von im wöllt $Mü_6$ sölt von ym $Mü_9IHe_3St_5Be_{20}$; wencken] wincken De_2.   **225** tewr als] wenig als Wi_{16} klein als $Mü_6$ uil als $Mü_9I$ *fehlt* He_3 trewer als De_2; ein] ein eynigs He_3. **226** Und *fehlt* $Mü_6$; jar *fehlt* De_2.   **227** Noch] So $Wi_{16}Mü_6Mü_9IMü_9IIHe_3$ Doch Be_3; ich] ich doch $Mü_9IMü_9IIHe_3$; sein *fehlt* He_3De_2; ie] mit trewen $Wi_{16}Mü_6Mü_9IHe_3$ *fehlt* $Mü_9II$; beitten] warten He_3.   **228** Und *fehlt* St_5; dabi] dennoch Wi_{16}; zu] in St_5; zeitten] gezeitten danoch St_5.   **229f.** *fehlt* De_2. **229** Mit andern] Mit ander $Mü_9I$ Ander He_3 Mit worten andern Be_{20}; fräden] freunden Lg_4Be_3.

---

223 ›würde ich auch nur bei mir denken‹.   **225** ›(auch nur) so selten wie nie‹; umb ein har *scheint hier als Verstärkung von* ›teuer‹ = ›nicht erreichbar, nicht vorhanden‹ *gebraucht.*   **227** ›ich würde doch immer auf ihn warten‹.   **229** ›mit anderen (in Geselligkeit) fröhlich sein‹.

230 Doch wolt ich stätt beleiben
    Mit gantzer triu zu aller frist.‹
    ›Ich hör, das du nit weiser bist‹,
    Sprach die firwitz frawe,
    ›Du last dich in torhait schawen.
235 Ich brüf wol an deinem sinn,
    Du pfligst nit rechter minn:
    Dich möcht ainer leicht gewenen,
    Du tättest dich zwölff jar nach im senen
    Oder villeicht bis an dein end.   [41^v]
240 Liebe, davon dein sin wennd!
    Wilt du vor senen wesen frei,

---

230 Doch wolt ich] Ich wolt aber *Wi$_{16}$Mü$_6$Mü$_9$IMüII$_9$* Vnnd dannoch an im *He$_3$;* stätt] ye stätt *Wi$_{16}$Mü$_9$I* ye wol stet *Mü$_9$II.*   **231** Mit gantzer triu] An meinem geselen *Wi$_{16}$Mü$_6$Mü$_9$IMü$_9$IIHe$_3$* Mit mancher trew *Lg$_4$Be$_3$;* frist] czyt *He$_3$.*   **232** hör] hor wol *Wi$_{16}$Mü$_6$Mü$_9$IMü$_9$IIHe$_3$;* nit weiser bist] nicht jüng pist *Wi$_{16}$* nit weis pist *Mü$_6$St$_5$Be$_{20}$* bist wist nyt *He$_3$.*   **233** frawe] zw der stätten frawenn *Wi$_{16}$Mü$_6$Mü$_9$I Mü$_9$IIHe$_3$.*   **234** Du] Wan du *Mü$_9$II;* last] lobst *Lg$_4$Be$_3$;* dich] dich auch *Wi$_{16}$Mü$_6$Mü$_9$IHe$_3$.*   **235** Ich brüf] Vnd brüff auch *Mü$_6$* Nu prüff ich *Mü$_9$IHe$_3$* Vnd prüff das *Mü$_9$II;* an deinem sinn] an deinen synnen *Mü$_9$II* in dym synn *He$_3$St$_5$Be$_{20}$.*   **236** *fehlt St$_5$;* Du pfligst nit] Das dw nit pfligst *Wi$_{16}$Mü$_6$Mü$_9$IHe$_3$* Das du pflichst *Mü$_9$II* Du pflegest nit *Be$_{20}$Lg$_4$Be$_3$De$_2$;* rechter] der rechten *Wi$_{16}$Mü$_6$Mü$_9$II;* minn] synn vnnd mynn *Lg$_4$Be$_3$.*   **237** Dich] Die *He$_3$;* ainer] ein frümer *Wi$_{16}$* ein frummer helt *Mü$_9$IMü$_9$II* ein frume *He$_3$;* leicht] frolich *Mü$_6$ fehlt Mü$_9$IMü$_9$II.*   **238** Du tättest dich] Das du im dest *Mü$_9$IMü$_9$II;* zwölff] zehen *He$_3$;* im *fehlt Mü$_9$IMü$_9$II.*   **239** Oder] Als *Mü$_6$;* bis] vncz gar *Wi$_{16}$;* dein] sin *He$_3$.* **240** Liebe] Sy lieb *Mü$_9$I* Lieb du dich *He$_3$;* davon dein sin] von dem sin dich *Wi$_{16}$* dein hertz dauon *Mü$_6$* deinen synn dauon *Mü$_9$IMü$_9$II* von dinem synn *He$_3$.* **241** Wilt du] Vnd wildw *Wi$_{16}$Mü$_9$IHe$_3$* Wan wiltu *Mü$_9$II;* vor senen] von seinen *Mü$_9$II* vor senden *He$_3$.*

237f. ›*Dir könnte einer wahrscheinlich beibringen, dass du dich zwölf Jahre lang nach ihm sehntest*‹.

So nimm dir zwen oder drei:
Ob ainer hiutt von dir wolt wanndern,
So hettest morgen pald ain andern
245 Und wurd dein fräd gar manigvalt.
Hett ich dein schön und dein gestalt,
Ich macht mirs nützer vil dann du
Und füget mich alltzeit darzuo,
Das ich hett sechs oder acht.‹
250 Die stätt, die minneclich, die schlecht
Zorniclich zu diser sprach:
›Ach, got füg dir ungemach
Umb sölich grosse missetatt!

---

242 So nimm dir] So soltw haben $Wi_{16}Mü_6$ So soltu zum mynsten haben $Mü_9I$ So soltu ir zu dem mynsten haben $Mü_9II$ Soltu haben He_3 So nym ir St_5Be_{20}; zwen oder *fehlt* $Mü_9II$.   **243** ainer hiutt] heütt einer $Mü_6Mü_9II$ er hütt He_3 eyner halt Lg_4Be_3; von dir wolt] wolt von dir $Mü_9IIHe_3Be_{20}$.   **244** So hettest] So hiest dw $Wi_{16}Mü_6Mü_9IMü_9IISt_5Be_{20}Lg_4Be_3De_2$ Das du den hettest He_3; morgen pald] manigen als pald Wi_{16} morgen alspald $Mü_6$ pald morgen $Mü_9IMü_9II$ *fehlt* He_3; ain] den $Mü_9IIHe_3$.   **245** Und] So $Mü_6$ Dauon $Mü_9II$; wurd dein fräd] bleibt dein freüd $Mü_6$ dein freüd wurd $Mü_9II$; gar *fehlt* $Mü_9IMü_9II$.   **246** Hett] Vnd het $Mü_9II$; ich] ich neür $Mü_9I$ ich dich $Mü_9II$; dein schön und dein gestalt] dein schon vnd dein gewalt $Mü_6$ dein schöne gestalt $Mü_9IMü_9IIHe_3$ dein schonn vnnd gestaltt Be_3. **247** Ich macht mirs nützer] Ich wolt mirz nüeczer machen $Wi_{16}Mü_6Mü_9IHe_3$ So wolt ich mirs nüczer machen $Mü_9II$; vil *fehlt* $Wi_{16}Mü_6Mü_9IMü_9IIHe_3$ mer De_2. **248** Und] Ich $Wi_{16}Mü_9IMü_9IIHe_3$; füget mich alltzeit] wolt mich also füegen Wi_{16} wöllt mich allzeit fügen $Mü_6Mü_9I$ wolt mein wesen also richten $Mü_9II$ mocht mich alczit fügen He_3; darzuo] zu $Mü_9II$.   **249** ich] ich ir $Mü_9II$; hett] het het $Mü_9II$; sechs] siben $Mü_6$.   **250** stätt] schan $Wi_{16}Mü_9II$; minneclich] wüniklich $Wi_{16}De_2$; schlecht] lacht He_3.   **251** Zorniclich] In zoren $Wi_{16}Mü_6Mü_9IMü_9II$ In czorn sie He_3 Zorniglich sie St_5Be_{20}; diser] der firbiczen $Wi_{16}Mü_9IMü_9IIHe_3$ der wilden $Mü_6$. **252** Ach *fehlt* $Mü_6$; füg] füg ich St_5Be_{20}.   **253** sölich] dein $Mü_9II$; grosse] vnendlich Wi_{16}.

---

248 ›*und würde mich jederzeit so verhalten*‹.   **250** schlecht ›*Aufrichtige*‹.

Schweig und gib dir selber ratt
255 Zu unendlichen sachen!
Du woltest mich an eren schwachen,
Das chainer frummen zugehört.
Dein wilder sin, der tört,
Des solt in warhait werden innen.
260 Ich brüf, du bist in dem sinne
Und wilt vil knaben äffen.
Du wirst dich selber treffen.
Des solt du wol gelauben mir.
Nit mer will ich sagen dir.‹
265 Mit dem die schön, die minneclich
Wolt von der wilden fügen sich

---

254 *Nach diesem Vers zwei Plusverse in* St_5Be_{20}:
Des morgens frue vnd spat
Des du mogest genyssen tratt St_5;
Deß morgenß fruo vnd spaut
Daß du mugest geniesen traut Be_{20}.

255 Zu unendlichen] Zw solichen vnerberen Wi_{16} In solchen vnendlichen $Mü_6$ In sölchen vnerlichen $Mü_9I Mü_9II$ Zu solchen vnendlichen He_3 Dyn vnendlichen St_5 Zu wendlichen De_2.   **256** eren] eren vnd wirden $Mü_6$; Du wirst dir ein sölches wort machen $Mü_9II$.   **257** chainer frummen] kainer frawen Wi_{16} frummen frauen nit $Mü_6Mü_9I Mü_9IIHe_3$.   **258** wilder sin] vnstätter müett Wi_{16} wilder sein Be_{20}; der] ist Wi_{16} dich $Mü_6Mü_9IIHe_3St_5Be_{20}$ dich ser $Mü_9I$; tört] petortt Wi_{16} betört $Mü_6Mü_9ISt_5Be_{20}$.   **259f.** *fehlt* $Mü_6$.   **259** Des solt] Des solt dw $Wi_{16}He_3St_5Lg_4$ Du solt $Mü_9I$ Du wirst $Mü_9II$ Daß soltu $Be_{20}Be_3$; in warhait] wol $Mü_9II$ in warheit wol He_3; werden *fehlt* $Mü_9II$.   **260** Ich brüf] Nün prüeff ich wol Wi_{16} Ich pruff woll $Mü_9IHe_3$; dem] deinem St_5Be_{20}; Vnd pist auch nicht pey guten synnen $Mü_9II$. **261** Und wilt] Vnd mainst dw wolst $Wi_{16}Mü_9I$ Du meinst du wollest $Mü_6Mü_9II$ Du meinst He_3; äffen] zu effen He_3.   **262** Du wirst] Für war dw tüest $Wi_{16}Mü_6He_3$ Fur war du wirst $Mü_9I$.   **263f.** *fehlt* He_3.   **263** Des] Das $Wi_{16}Mü_6Be_{20}Be_3$; wol *fehlt* $Mü_6Mü_9IMü_9II$ in warhait wol St_5.   **264** will] so will $Mü_6$.   **265** Mit dem] Do mit Wi_{16}; schön] schan vnd Wi_{16} stett $Mü_6$; minneclich] wüniklich $Wi_{16}De_2$. **266** fügen] schaiden $Wi_{16}Mü_9I$.

---

255 unendlichen ›schlechten, erbärmlichen‹.   **258** tört ›*macht dich zum Narren*‹.
262 ›*Du wirst dir selbst schaden*‹.

Uß irem gemach herfür.
Da stuond ich bi der tür
Und erschrack an massen hart.
270 Ich sorgt, si dächt, wes ich da wart.
Ich eilt herfür, mir was gach.   [42ʳ]
Alspalt mich die zart ersach,
Da sprach zu mir die vein:
›Gesell, du solt gegrüesset sein!
275 Sag mir, was tuost du hie?‹
Ich naigt mich nider uff die knie
Und danckt der minneclichen frawen.
Ich sprach: ›gnad, fraw, ich wolt schawen

---

267 *fehlt He₃;* Uß] Vnd wolt aus *Wi₁₆Mü₆Mü₉IMü₉II;* irem] dem *Wi₁₆;* herfür] hierfür *Mü₉IMü₉II.* **268** Da stuond ich] Do stüend ich dennoch *Wi₁₆Mü₆Mü₉IHe₃* Do sach sie mich steen *Mü₉II.* **269** Und] Des *Mü₉II;* erschrack] erschrecket mich *Mü₆* erschrack sie *Mü₉II;* an massen] aus der massen *Wi₁₆* vnmassen *Mü₆Mü₉IHe₃* etwas *Mü₉II.* **270** Ich sorgt *fehlt Wi₁₆Mü₉II* Ich vorcht *Mü₆Mü₉IHe₃De₂* Ich besorgt *St₅Be₂₀;* si dächt] Ob sy gedächt *Wi₁₆* sie gedecht *Mü₆He₃St₅* sie sprech *Mü₉I* Vnd sprach *Mü₉II;* da *fehlt Mü₆He₃.* **271–276** *fehlt Mü₉II.* **271** Ich] Vnd *Mü₆;* herfür] hierfür *Mü₉I* hin fur *He₃;* mir was] vnd mir *Wi₁₆* vnd was mir *Mü₆Mü₉IHe₃.* **272** Alspalt] Do *Wi₁₆;* mich die zart ersach] mich dy schan dy zartt ersach *Wi₁₆* die zart ersach mich *St₅* die zart ersach *Be₂₀;* ersach] sag *De₂.* **273** Da sprach zu mir] Zw mir sprach *Wi₁₆Mü₆Mü₉IHe₃;* die vein] dy wüniklich dy fein *Wi₁₆* die rein die fein *Mü₆* die zart die fin *He₃.* **275f.** *Die Verse sind in De₂ vertauscht.* **275** Sag] Vnd sag *Wi₁₆Mü₆Mü₉IHe₃;* mir] mir dan *Wi₁₆Mü₉I;* tuost du] du thust *Mü₉I* du *He₃.* **276** die] ain *Wi₁₆He₃.* **277** Und danckt] Ich dancht *Wi₁₆ fehlt Mü₉I* Ich antwort *Mü₉II* Vnnd *Lg₄Be₃;* der] Gen der *Mü₉I;* minneclichen] schanen *Wi₁₆* wunnigklichen *De₂.* **278** Ich sprach *fehlt Wi₁₆* Vnd sprach *Mü₉II;* gnad fraw] fraw *Mü₉ISt₅ fehlt Mü₉IIBe₂₀;* wolt] thue hie *Mü₉I* thu eüer gemach *Mü₉II* wil *He₃;* schawen] an schauen *Mü₆. Nach diesem Vers drei Plusverse in Mü₉II:* Iczund in disem meyen
   Mich dünckt ir seyt eüch zweyen
   Vnd pin in schrecken gestanden aldo.

---

269 an massen hart ›*über die Maßen sehr*‹.

Ewr waidenlichs gemach allda.‹
280 Si sprach: ›kan dich das machen fro,
So solt du fürbas herein gan!‹
Dasselb tett ich und sach da stan
Die firwitzen an erster statt.
Die sprach: ›gesell, was hatt
285 Dich her pracht zu disem tantz?‹
Ich sprach: ›fraw, des maien glantz
Und auch mein tummer muot,
Als noch vil maniger tuot.‹
Die stätt, die schön, die säldenber
290 Sprach: ›gesell, nun gang her!
Ains des will ich fragen dich.
Des solt du auch beschaiden mich.
Du sichst uns baid vor dir stan.
Sag, welhe woltest lieber han,

---

279 *fehlt Mü$_9$II*; waidenlichs] kostlichen *Wi$_{16}$*.   **280** Si sprach *fehlt Mü$_6$*; kan dich das] Kan das dich *Mü$_6$* kunt ich dich *Mü$_9$IMü$_9$II* kan ich dich *He$_3$* ich kan dich deß *Be$_{20}$*.   **281** solt du] mustu *Mü$_9$II*; fürbas] pas *Mü$_9$II*; herein] hierein *Mü$_6$He$_3$*; gan] gon gon *Be$_{20}$*.   **282** Dasselb] Das *Mü$_6$Mü$_9$IMü$_9$IIHe$_3$*; und] do *Wi$_{16}$Mü$_6$He$_3$* also *Mü$_9$IMü$_9$II*; sach *fehlt Be$_{20}$*; da] ich *Wi$_{16}$Mü$_6$Mü$_9$IMü$_9$IIHe$_3$*. **283** an erster] an irer ersten *Wi$_{16}$Mü$_6$Mü$_9$IMü$_9$II* an ir *He$_3$St$_5$Be$_{20}$*.   **284** Die] Sy *Wi$_{16}$Mü$_9$IMü$_9$IIHe$_3$St$_5$Be$_{20}$* Dieselb *Mü$_6$*; was] wer *Wi$_{16}$*; hatt] hat dich hierbracht *Mü$_9$II*.   **285** Dich her pracht *fehlt Mü$_9$II*; her pracht] herbracht het *De$_2$*; disem] disem hubschen *Mü$_9$II* eynem *He$_3$*.   **286** fraw *fehlt Mü$_9$II*; des] der *Be$_{20}$*. **288** noch] offt *Mü$_9$IHe$_3$*; vil *fehlt Wi$_{16}$Mü$_9$I*; maniger] maniger tümber *Wi$_{16}$Mü$_6$*; Vnd etlich gesellen gut *Mü$_9$II*.   **289** Die stätt die schön] Dy schan dy zart *Wi$_{16}$*; säldenber] selden werd *Wi$_{16}$Mü$_9$IMü$_9$II*.   **290** Sprach] Dy sprach *Wi$_{16}$Mü$_6$*; nun gang her] hör *Mü$_6$* nun her *He$_3$*.   **291** des *fehlt Mü$_9$IILg$_4$Be$_3$* das *He$_3$*.   **292** Des] Desselben *Mü$_9$II* Das *Mü$_6$Be$_3$*; du *fehlt De$_2$*; auch *fehlt Mü$_6$Mü$_9$IMü$_9$II* wol *He$_3$*; beschaiden mich] mir sagen *Mü$_6$*.   **293** uns] vns hie *Wi$_{16}$*; vor] hie vor *Mü$_6$He$_3$*. **294** Sag *fehlt Wi$_{16}$Mü$_9$IMü$_9$IIHe$_3$*; woltest lieber] woldest dw lieber *Wi$_{16}$Mü$_9$IMü$_9$IISt$_5$Lg$_4$Be$_3$De$_2$* du lieber wölltest *Mü$_6$*.

---

289 säldenber ›*Heilbringende*‹.

295 Ob sich die selb bedächt,
Und nem dich uff für iren knecht?‹
Mein hertz ward mit strick besessen.
Des munds ich offen het vergessen
Und dacht: ›ach, wär die red verdolt!‹
300 Ich west nit, was ich sagen solt.
Doch gab mir got in den sin,
Das ich sprach: ›fraw, ich bin
Euch baiden *zu* dienst beraitt   [42ᵛ]
Und waiß darinn chain underschaid.‹
305 Die firwitz tett mich fragen,
Ich solt ir ie sagen.
Ich sprach: ›ich hoff, es sei ewr schimpff,
Das ir nit sölichen ungelimpff

---

295 sich] sie $\textit{Mü}_9$II; bedächt] nu recht bedecht $\textit{Mü}_9$I nu bedecht $\textit{Mü}_9$II bedeckt $\textit{He}_3$.   **296** nem dich uff] dich wolt haben $\textit{Wi}_{16}\textit{Mü}_6\textit{Mü}_9$I dich auff nem $\textit{Mü}_9$II dich haben $\textit{He}_3$; für iren] zu einem $\textit{Mü}_6\textit{Mü}_9$I für ein $\textit{He}_3$ zu irem $\textit{St}_5\textit{Be}_{20}$.   **297f.** *fehlt* $\textit{Mü}_9$II.   **297** ward] das was $\textit{Wi}_{16}\textit{Mü}_9$I was do $\textit{Mü}_6$ was da $\textit{He}_3$ was $\textit{St}_5\textit{Be}_{20}$; strick] forichten $\textit{Wi}_{16}$ schrecken $\textit{Mü}_6\textit{Mü}_9\textit{IHe}_3\textit{Lg}_4\textit{Be}_3$ schreck $\textit{St}_5\textit{Be}_{20}\textit{De}_2$.   **298** Des munds ich] Das ich des mündes $\textit{Wi}_{16}\textit{Mü}_6\textit{Mü}_9\textit{IHe}_3$; ich offen het] het offen $\textit{Wi}_{16}\textit{Mü}_6\textit{Mü}_9\textit{IHe}_3$ het ich offen $\textit{St}_5\textit{Be}_{20}$.   **299f.** *fehlt* $\textit{Be}_{20}$.   **299** Und] Ich $\textit{Wi}_{16}\textit{Mü}_9\textit{IMü}_9$II; dacht] gedacht $\textit{Wi}_{16}\textit{Mü}_9\textit{IMü}_9\textit{IIHe}_3\textit{St}_5$; ach *fehlt* $\textit{Mü}_6\textit{St}_5$ ach got $\textit{Mü}_9\textit{IMü}_9\textit{IIHe}_3$ ich $\textit{Be}_3$; die red] der rede $\textit{Lg}_4\textit{Be}_3$ der holt $\textit{De}_2$; verdolt] verholt $\textit{Mü}_9$I.   **300** Ich] Vnd $\textit{Mü}_9\textit{IISt}_5$; west] wüst $\textit{He}_3$; sagen] thun $\textit{Mü}_9$I antworten $\textit{Mü}_9$II.   **301** Doch] Do $\textit{Mü}_9$I Doch so $\textit{Mü}_9$II Das $\textit{St}_5\textit{Be}_{20}$; den] meinen $\textit{Wi}_{16}$ *fehlt* $\textit{Mü}_6\textit{Mü}_9\textit{IISt}_5\textit{Be}_{20}\textit{De}_2$.   **302** Das ich] Ich $\textit{Mü}_6$ Vnnd $\textit{He}_3$; sprach] sprach zu ir $\textit{He}_3$; fraw] yr frawen $\textit{Mü}_9$I *fehlt* $\textit{Mü}_9$II.   **303** bin zu $\textit{Pr}_2$ zw $\textit{Wi}_{16}\textit{Mü}_6\textit{Mü}_9\textit{IMü}_9\textit{IIHe}_3\textit{St}_5\textit{Be}_{20}\textit{Lg}_4\textit{Be}_3\textit{De}_2$; Euch] Euch allen $\textit{Mü}_6$.   **304** waiß] ist $\textit{Mü}_9\textit{IMü}_9$II was $\textit{St}_5$.   **305** tett] pegünd $\textit{Wi}_{16}$; mich] mich am ersten $\textit{Wi}_{16}\textit{Mü}_6$ mich in ernst $\textit{Mü}_9\textit{IMü}_9$II zum ersten $\textit{He}_3$.   **306** Ich] Vnd sprach ich $\textit{Mü}_9$II; ir ie] ir ye dy warhaitt $\textit{Wi}_{16}\textit{Mü}_6$ ir es ye $\textit{Mü}_9$I dir es $\textit{Mü}_9$II ir die warheit $\textit{He}_3$.   **307** sprach] sprach fräw $\textit{Mü}_9\textit{IMü}_9$II; sei] füg $\textit{Be}_{20}$.   **308** Das] Vnd pitte euch das $\textit{Mü}_9$II; nit] mir nicht $\textit{Wi}_{16}\textit{He}_3$ *fehlt* $\textit{Mü}_9$II mir $\textit{Be}_{20}$ mit $\textit{De}_2$; sölichen] solchem $\textit{De}_2$; Ir wollent mir dann sunst vnglimpff $\textit{Mü}_6$.

---

297 *Mein Herz wurde in der Schlinge gefangen*‹.   **299** verdolt *›(schon) erduldet, vorbei*‹.   **306** ie sagen *›immer Antwort geben*‹.   **307** schimpff *›Spaß*‹.   **308** ungelimpff *›Schmach*‹.

Mir damit wolt zufügen.
310 Mich sol pillich benügen,
Wann ir mir baid günstig seit.‹
Die stätt sprach: ›nun peitt,
Ains hab ich mir fürgenomen:
Du solt mit glimpff von uns chomen.
315 Darzu gib ich den willen,
Wir wöllen maiste augen spilen,
Welhe dich gewinn.‹
Ich schwaig und dacht in meinem sinn:

---

309 Mir *fehlt* $Wi_{16}Mü_6He_3$ Das ir mir Lg_4Be_3; damit wolt] Mit der frage $Mü_6$ wolt domit $Mü_9I$ nicht wölt $Mü_9II$ da mit sulichenn solt St_5 da mitt Be_{20} dar tzu wolt Lg_4Be_3; zufügen] fügen $Mü_9I$ zu sagen St_5Be_{20}.   **310** *fehlt* St_5Be_{20}; Mich] Wann mich $Mü_6$; pillich] gar pilleich $Wi_{16}Mü_9I$ an eüch peyden wol $Mü_9II$ daran billich He_3; benügen] genüegen $Wi_{16}Mü_9IMü_9II$.   **311** Wann] An ew paiden das $Wi_{16}Mü_9I$ Das $Mü_6He_3$; baid *fehlt* Wi_{16} $Mü_9I$; Das ich sey in euerm dinst bereitt $Mü_9II$.   **312** stätt] zart $Mü_6$ stett die schön $Mü_9I$ stet fraw $Mü_9II$; nun] gesel nün Wi_{16} geselle $Mü_6$ gesell mit He_3 nit Lg_4Be_3.   **313f.** *Die Verse sind in $Mü_9I$ vertauscht.*   **313** mir fürgenomen] vernomen $Mü_6$.   **314** Du solt mit glimpff] Da von solt dw mit gelimppfen Wi_{16} Domit du in gelimppffen magst $Mü_9II$ Das soltu mit glimpff He_3; von uns *fehlt* Wi_{16} dauon $Mü_6$ *fehlt* He_3; chomen] ver komen He_3.
315 Darzu gib] Vnd gib darzu ganzz $Mü_6$ Vnd gib gancz darzu He_3; ich] auch Wi_{16} *fehlt* $Mü_6Mü_9IMü_9IIHe_3$; den] deinen $Wi_{16}Mü_6Mü_9IMü_9IIHe_3Be_3$.   **316** Wir wöllen] Vmb dich woll wir $Mü_9II$; maiste augen] der maisten augen Wi_{16} $Mü_6Mü_9IIHe_3De_2$ der maysten auch $Mü_9I$ der meystecz augen St_5 maister augen Be_{20} der meinsten augen Lg_4Be_3.   **317f.** *Die Verse sind in He_3 vertauscht.*
317 Welhe] Vnd welche $Mü_6Mü_9IHe_3$; dich] dich da Wi_{16} dich dann do $Mü_6$ dich dann $Mü_9IMü_9II$ dan dich da He_3.   **318** Ich schwaig *fehlt* Wi_{16}; und] Ich Wi_{16}; dacht] gedacht mir Wi_{16} gedacht St_5; meinem] meinen Wi_{16}; Die salt du haben in deinem synn $Mü_6He_3$ Die selbig zeücht dich hyn $Mü_9I$ Die selb für dich mit hin $Mü_9II$.

---

316 maiste augen ›*die meisten Augen*‹, *offenbar Name eines Würfelspiels.*

    ›Ach got, das sich Gelück besinn,
320 Das mich die stätt fraw gewinn!‹
    Nun huob die stätt, die wolgetan,
    Amm ersten uff zwai würffelen
    Und warff ein quater und ain ses.
    Die firwitz sprach: ›ja ist es des,
325 Dem würffel ich auch wol getraw.‹
    Da warff die firwitz fraw
    Ain quater und ain drei.
    Die stätt, die schön und wandelsfrei
    Sprach: ›gesell, ich hab gewunnen dich.‹
330 Wer was fröer dann ich?
    Ich sprach: ›fraw, ich bin ewr knecht!

319f. *fehlt Mü$_9$IMü$_9$IIHe$_3$.*   **319** Ach got] Ich gedacht *Mü$_6$;* sich Gelück] es das glück *Mü$_6$* gluck sich *Lg$_4$Be$_3$;* besinn] bestünd *Mü$_6$* besunde *St$_5$* besande *Be$_{20}$.* **320** Das] Vnd das *St$_5$Be$_{20}$;* die stätt fraw] dy rain dy stätt *Wi$_{16}$* die rein die fein *Mü$_6$.* **321** Nun] Da *Wi$_{16}$* Do *Mü$_6$ fehlt Mü$_9$II* Also *He$_3$;* huob *fehlt Mü$_9$II* stet *He$_3$;* die stätt] die rein *Mü$_6$* die stet die schun *Mü$_9$II fehlt He$_3$.* **322** Amm ersten uff] Zum ersten mit *He$_3$* Von ersten auff *St$_5$Be$_{20}$;* würffelen] würffelen an *Wi$_{16}$Mü$_9$IHe$_3$St$_5$Be$_{20}$ Lg$_4$Be$_3$De$_2$;* Zwen würffel auf am ersten vnd hub an *Mü$_6$* Hub mit zweien wurffeln am ersten an *Mü$_9$II.* **323** Und] Sie *Mü$_9$II;* und ain] vnd *Lg$_4$Be$_3$. In Mü$_6$ sind die Augenzahlen nicht ausgeschrieben, sondern als kleine Bilder in den Text eingefügt, ebenso in V. 327.* **324** Die firwitz sprach] Do sprach die ander *Mü$_9$II;* ja] ja ja *Be$_{20}$;* des] das *St$_5$.* **325** *fehlt Mü$_9$II.* **326** Da warff] Nün warff dar *Wi$_{16}$* Vnd hub an *Mü$_6$* Und warff dar *Mü$_9$I* Vnnd warff also *He$_3$.* **327** Ain] Vnd warff ain *Wi$_{16}$Mü$_6$Mü$_9$II* Sie warf ein *Mü$_9$I;* quater] zinkchen *Wi$_{16}$* taus *Mü$_9$IMü$_9$II;* und *fehlt Mü$_9$II.* **328** Die stätt die schön] Dy schan dy stätt *Wi$_{16}$* Do sprach *Mü$_9$II;* und] dy *Wi$_{16}$Mü$_6$Mü$_9$IMü$_9$IIHe$_3$St$_5$Be$_{20}$.* **329** Sprach *fehlt Mü$_9$II* Die sprach *St$_5$Be$_{20}$;* gesell *fehlt Mü$_9$I;* dich *fehlt Mü$_6$He$_3$.* **330** Wer was fröer] Wer was do froer *Wi$_{16}$* Wer fröwer waß *Be$_{20}$* Wer was fruer *De$_2$;* Er sprach ich han es vor besunnen *Mü$_6$* Ich sprach ich hab es vorbesumnen *He$_3$.* **331f.** *Die Verse sind in Mü$_6$He$_3$ vertauscht.* **331** Ich sprach fraw] Vnd sprach fraw *Wi$_{16}$ fehlt Mü$_6$He$_3$;* ich bin] Seit ich bin *Mü$_6$* Sit das ich bin *He$_3$* ich pin gern *Mü$_9$II;* ewr] ewer stetter *Mü$_6$.*

---

323 ›*und würfelte eine Vier und eine Sechs‹.*   **330** fröer ›*froher‹.*

Nun sült ir mich berichten recht,
Was ir ze dienst wolt von mir han,
Des bin ich willig undertan.‹
335 Si sprach: ›das will ich sagen dir. [43^r]
Wilt du also volgen mir
Und wilt mir auch zu willen leben,
So will ich dir ain ratt geben:
Vor allen dingen hab lieb got.
340 Damit heltst du die zehen pott
Und wurdst du darinn funden,
Dein glück sich mert zu allen stunden
Und wirt dich baide fraw und man
Darumb vil dester lieber han.‹
345 Die firwitz ward gar schimpflich lachen

---

332 Nun] Darumb $Mü_9II$; sült ir mich] seind ir mir $Mü_6$ sind ir mich He_3; berichten] vorrichten $Mü_9II$ bewisen He_3.   **333** Was] Wen He_3 Wan De_2; ze dienst wolt von mir] zu dinst von mir wollt $Mü_6$ von mir zu dinst wölt $Mü_9IMü_9II$ von dienst wöllt von mir Be_{20}.   **334** Des] Das $Mü_6Be_3$ Dem $Mü_9IMü_9II$; willig] willig vnd ew Wi_{16} euch pillich $Mü_6$ willig vnd $Mü_9IMü_9IIHe_3$.   **335–356** *fehlt* $Mü_9II$.   **335** Si] Die fraw Be_3.   **336** Wilt] Vnd wild Wi_{16}; also] dann also $Mü_6$.   **337f.** *fehlt* $Mü_6$.   **337** wilt] wiltu Be_{20}; auch *fehlt* Be_{20}.   **338** ain] ein guten $Mü_9I$.   **339** lieb got] got lieb $Mü_9I$.   **340** Damit] So St_5Be_{20}; du *fehlt* $Mü_9I$; zehen] ziehen He_3; pott] gepott $Wi_{16}Mü_6Mü_9IHe_3St_5Be_{20}Lg_4Be_3De_2$.   **341f.** *fehlt* $Wi_{16}Mü_6He_3$.   **341** wurdst] wirst $Mü_9ISt_5Be_{20}Lg_4Be_3De_2$; du *fehlt* $Mü_9IBe_{20}$; darinn] imenn St_5; funden] erfunden $Mü_9I$.   **342** Dein glück sich mert] So walt got dein $Mü_9I$ Dein gluck sich gemeret St_5.   **343** Und wirt dich] Werden dich Wi_{16} So werden dich $Mü_6$ Vnd werden dich St_5Be_{20} Vnd wurt dich Lg_4Be_3; baide] darumb $Mü_9I$; fraw] frawen $Wi_{16}Mü_6Mü_9IHe_3St_5Be_{20}$; und] vnd die St_5Be_{20}.   **344** Darumb] Gar Wi_{16} Fürbas $Mü_6$ Beyde $Mü_9I$ *fehlt* St_5Be_{20}; vil *fehlt* $Mü_6$; lieber] weger $Mü_6$.   **345** ward] pegünd $Wi_{16}Mü_6He_3St_5Be_{20}$; gar schimpflich] schimppflich Wi_{16} *fehlt* $Mü_6$ smelich $Mü_9I$ der red He_3.

---

341 ›und wenn man dieses Verhalten an dir sieht‹.   **345** ›Die Leichtfertige lachte voller Spaß‹.

Und sprach: ›wilt in zu priester machen,
So ler in vor die hailigen schrifft
Und tuo in darnach uff ain stifft.
So wirt er hailig uff erden.‹
350 Das müet die schön, die werden.
Si sprach: ›liebe, da laß von!
Was gat dich unser sach an?
Hast du vil främder lieb ze schaffen,
So weich münich oder pfaffen,
355 Wamit dir am basten ist;
Schweig und beleib, als du bist!‹
Die stätt sprach: ›mein lieber knecht,
Ich will dich wol berichten recht:
Wilt du meins willen fleissen dich,

346 Und sprach] Der rede sie sprach *Mü*₆ Sie sprach *Mü*₉*IHe*₃; wilt] wildu
*Wi*₁₆*Mü*₆*Mü*₉*IHe*₃*St*₅*Be*₂₀*Lg*₄*Be*₃*De*₂; zu] ein *Mü*₉*I fehlt He*₃. **347** die] der *He*₃;
schrifft] geschrifft *Wi*₁₆*Mü*₆*Mü*₉*ISt*₅*De*₂. **348** tuo in darnach] tüe in dan *Wi*₁₆
sendt in hyn *Mü*₉*I* thun in dar nach *Lg*₄*Be*₃ thun darnach *De*₂. **349** wirt er hailig]
heiliget er vileicht *Wi*₁₆ geheiligt er villeicht *Mü*₆*He*₃ wirt er uilleicht heylig *Mü*₉*I*
wurd er heillig *St*₅*Lg*₄*Be*₃*De*₂; uff] hie auff *Wi*₁₆*Mü*₉*I*. **350** Das müet] Das müet
vast *Wi*₁₆ Domit *Mü*₉*IHe*₃ Da muth *De*₂; schön] stätt *Wi*₁₆ mynnigklichen
*Mü*₆*Mü*₉*IHe*₃ schön vnd *St*₅*Be*₃; die werden] werden *Be*₃. **351** Si sprach] Vnd
sprach *Wi*₁₆*Mü*₆ Sprach sy *Mü*₉*I*; da laß von] laß dauon *Mü*₆*Mü*₉*I* das laß von *De*₂.
352 sach] ding *He*₃ wesen *Be*₂₀. **353** vil] it *Wi*₁₆ vil mit *Mü*₆ *fehlt Mü*₉*I* mit vil
*St*₅*De*₂; ze schaffen] geschaffenn *St*₅*Be*₂₀. **354** So weich] Dw machst weichen
*Wi*₁₆ So magstu wol nemen *Mü*₆ So magstu weyhen *Mü*₉*I* So mach *He*₃ So nym
*St*₅*Be*₂₀; oder] vnd *Wi*₁₆*Mü*₉*ISt*₅*Be*₂₀*De*₂. **355** Wamit] Oder mit wen *Wi*₁₆ Oder wo-
mit *Mü*₆*Mü*₉*IHe*₃; am basten] wol *Mü*₆. **356** Schweig] Vnd sweig *Wi*₁₆ Darumb
schweig *Mü*₆ So swig *He*₃; beleib als] pis als *Mü*₉*I* blib das *He*₃ bleyb der *St*₅*Be*₂₀.
357f. *fehlt Mü*₆*He*₃. **357** Die stätt] Sie *Mü*₉*II*. **358** Ich will] So will ich *Mü*₉*II*;
wol *fehlt Mü*₉*IIDe*₂. **359** Wilt du] Vnd sprach zu im wiltu *Mü*₆; fleissen] also
vleissen *Mü*₉*I*.

350 müet ›verdross‹. **353** ›*Unterhältst du viele auswärtige Liebschaften*‹.
354 weich ›*meide*‹.

360 So solt du eben mercken mich,
Das du ie gedenckest daran,
Was ainem frummen biderman
In ritterschafft gehöret zuo.
Darinn allzeit dein fleiß tuo!
365 Darnach halt dich in sölicher huot,
Das du allzeit gedenckest in guot
Mein und aller frawen pild
Und wird auch *nimmer* so wild,
Das du wöllest gedencken
370 Ainer frawen ere ze krencken!
Bis auch frisch und gail!
Ist dann, das dir geschicht ain hail,
Das dich ain frumme stoltze maid
Erkennt in sölicher erberkait

[43ᵛ]

---

360 So solt du] Du solt *St₅Be₂₀;* eben] gar eben *Mü₆* vbenn *Be₃.*   **361** ie] allzeit *Mü₆* ye stecz *Mü₉I* stecz *Mü₉II fehlt St₅Be₂₀;* gedenckest] seist gedacht *Wi₁₆;* Das sie ist gedacht daran *He₃.*   **362** Was] Daß *Be₂₀;* ainem] ein *Wi₁₆.*   **363** ritterschafft] ritterleichen sachen *Wi₁₆Mü₆* ritterlicher that *Mü₉IMü₉II* redlichen sachen *He₃;* zuo] an *Wi₁₆.*   **364** Darinn] Dar in dw *Wi₁₆* Des glichen *He₃;* allzeit dein fleiß] du deinen fleis *Mü₆* dein fleiß *Mü₉II* du auch *He₃* du auch dein fleiß *St₅Be₂₀* allzeith den fleyßs *De₂;* tuo] thun *De₂.*   **365** Darnach] Doch *Mü₆.*   **366** allzeit] din zyt *He₃* in aller zeyt *St₅* zuo allerzit *Be₂₀;* guot] gütte *Be₂₀.*   **368** ymmer *Pr₂* nymer *Wi₁₆Mü₉IMü₉IISt₅Be₂₀Lg₄Be₃De₂;* Und wird] Vnd würd *Mü₆Be₂₀Lg₄Be₃* Wird ich *Mü₉II;* auch nimmer] doch nymmer an mut *Mü₆* auch nummer an mut *He₃.*   **369** du] du dir *Wi₁₆* du ymmer *Mü₆* du der *He₃;* wöllest] thust *Mü₆He₃.*   **370** Ainer frawen] Da mit dw ainer ir *Wi₁₆Mü₆Mü₉IMü₉II* Da mit du ein andern *He₃* Ewer frawen *De₂;* ere *fehlt He₃* ehe *De₂;* ze] woltcz *Wi₁₆* mügst *Mü₆Mü₉IMü₉II* must *He₃.*   **371** Bis] Vnd pis *Wi₁₆Mü₆Mü₉IHe₃* Darzu piß *Mü₉II;* auch] auch alzeit *Wi₁₆* doch allezeit *Mü₆ fehlt Mü₉II.*   **372** Ist dann das *fehlt Mü₉II* Ist das *St₅Be₂₀* Ist dan *De₂;* dir geschicht] got peschertt *Wi₁₆* dir got beschert *Mü₉IHe₃* Peschert dir got *Mü₉II* dir bescherdt *De₂;* ain] das *Wi₁₆Mü₆Mü₉IMü₉IIHe₃St₅Be₂₀Lg₄Be₃De₂.*   **373** dich] ich *Mü₉ISt₅.*   **374** erberkait] peschaidenhait *Wi₁₆* biderkeit *Mü₆Mü₉IMü₉IIHe₃* erwirdigkeyt *St₅Be₂₀.*

---

369 gedencken ›*beabsichtigen*‹.   **371** ›*Sei auch munter und fröhlich!*‹

375 Und will ze puolen haben dich,
Gevelt si dir dann bas dann ich,
So will ich wol erlauben dir,
Das du dein lieb cherest zu ir.
Die gunst hab dir von mir ze lon,
380 Wann ich dir nicht dann guotes gan.‹
Ich sprach: ›fraw, ich bin ewr allain!‹
Si sprach: ›lieber gesell mein,
Ains, das sag ich dir fürwar:
Es möchten chomen zehen jar,
385 Das du nit kämest in söliche nähe,
Das du mich möchtest sehen,

---

375 Und] Das sie *Mü₉II;* will ze puolen] zu pulen *Mü₆* will zu eynem pullen *Mü₉ISt₅Be₂₀* zu eynem pulen will *Mü₉II.*   **376** dann bas] paß *Mü₉II;* dann ich] wann ich *Mü₆Lg₄Be₃* das ich *He₃.*   **377** ich *fehlt Wi₁₆;* wol] auch wol *Mü₆He₃;* So nym sye zu mir *Mü₉IMü₉II.*   **378f.** *fehlt Mü₉II.*   **378** lieb] lieb auch *Wi₁₆* trew auch *Mü₆;* Das ratt ich dir *Mü₉I.*   **379f.** *fehlt Wi₁₆Mü₆.*   **379** Die gunst hab dir] Doch hab myn gunst *He₃;* Vnd hab von mir allen gunst vnd lon *Mü₉I.* **380** Wann] Wo *He₃;* nicht dann] sust nit *He₃* nicht wan *Lg₄Be₃;* Desselben vergan ich dir *Mü₉II.*   **381** fraw] fraw stätt *Wi₁₆* *fehlt He₃;* ewr] eüer knecht *Mü₉IMü₉IIHe₃. Dieser Vers ist in Mü₆ aufgespalten:*
Ich sprach liebe fraw nein
Ich pin ewer knecht allein.
382 lieber] guetter *Wi₁₆;* mein] nein zwar *Mü₆* neyn *He₃Lg₄Be₃.*   **383** *fehlt Mü₆;* Ains das] Eins tags *Mü₉I fehlt Mü₉IIHe₃* Einß *Be₂₀;* sag ich] Ich sag *Mü₉IIHe₃;* dir] dir das *He₃.*   **384** Es möchten chomen] Es mochten ver gen *Wi₁₆Mü₉IMü₉IIHe₃* Sich möchten ergeen *Mü₆* Dastu nit kompst *St₅;* zehen] wol zehen *Mü₆* uil *Mü₉II* in zehen *St₅.*   **385** *fehlt Lg₄Be₃;* du nit kämest] wir nit kemen *Wi₁₆* es sich nit füget *Mü₆* sich nit fugt *He₃* du nit konst *De₂;* in söliche nähe] in solcher nehen *Mü₆* in solchen mähten *He₃* jehen *De₂.*   **386** du mich möchtest] wir aneinander mochten *Wi₁₆* wir einander möchten *Mü₆* wir möchten an einander *Mü₉I* dw nicht mochtest *Be₃;* sehen] gesehen *Mü₉IMü₉IIHe₃St₅Be₂₀.*

---

379 ›*Die Erlaubnis sollst du zum Lohn von mir bekommen‹.*   **380** gan ›*gönne‹.*

Des künd ich dich nit ergetzen.
Ich will dich nit also versetzen,
Wann es wär nit ain guoter lauff.
390 Du solt das wägst nemen uff,
Und volg meinem ratt!‹
Damit si mir ir hennd pot
Und gab mir früntlichen segen.
Ich sprach: ›got müß ewr pflegen.‹
395 Die firwitz schwaig recht als ain maus.
Da gieng ich zu der tür uß
Und schied mich von in baiden.

387f. *Diese Verse sind in Be$_{20}$ vertauscht.* **387** Des] Wie *Wi$_{16}$Mü$_{6}$Mü$_{9}$IMü$_{9}$IIHe$_{3}$* Das *Be$_{3}$De$_{2}$;* künd] solt *Wi$_{16}$* möcht *Mü$_{6}$;* nit] des *Wi$_{16}$Mü$_{9}$IMü$_{9}$IIHe$_{3}$* dann des *Mü$_{6}$.* **388** dich] dyn *St$_{5}$Be$_{20}$;* nit also] also nicht *Mü$_{9}$IIHe$_{3}$.* **389f.** *Die Verse sind in Mü$_{9}$II vertauscht.* **389** Wann es wär] Es wer auch *Wi$_{16}$* Es wurd dir sust *Mü$_{9}$II;* nit *fehlt Mü$_{9}$IMü$_{9}$II;* guoter lauff] guter kauff *Mü$_{6}$* langer kauff *Mü$_{9}$IMü$_{9}$II.* **390** das wägst] das sicher *Mü$_{9}$I* das *Mü$_{9}$II* das best *He$_{3}$* daß nächst *Be$_{20}$;* nemen] dienen *De$_{2}$.* **391** volg] volgenn *Be$_{3}$;* meinem ratt] mir was ich ratt *Wi$_{16}$* mir was ich dir rat *Mü$_{6}$* mir das ich dir rat *Mü$_{9}$IHe$_{3}$;* Das ist mein getreüer rat vnd segen *Mü$_{9}$II.* **392f.** *fehlt Mü$_{9}$II.* **392** Damit] So mit *Wi$_{16}$;* mir *fehlt De$_{2}$;* ir hennd] ir hant *Wi$_{16}$* *Lg$_{4}$Be$_{3}$De$_{2}$* die hant *Mü$_{6}$He$_{3}$* yr hendleyn *Mü$_{9}$I;* pot] pat *Wi$_{16}$Mü$_{6}$Mü$_{9}$IHe$_{3}$St$_{5}$De$_{2}$.* **393** früntlichen] frantlichen iren *Wi$_{16}$Mü$_{6}$Mü$_{9}$I* iren *He$_{3}$.* **394** Ich sprach] Ich sprach fraw *Wi$_{16}$* *fehlt Mü$_{9}$II;* got müß ewr] got müess ew *Wi$_{16}$* Alczeit muß deyner Got von hymel *Mü$_{9}$II* got wol uwer *He$_{3}$.* **395–408** *fehlt Mü$_{9}$IMü$_{9}$II.* **395f.** *Die Verse sind in Mü$_{6}$ vertauscht.* **395** recht *fehlt St$_{5}$Be$_{20}$.* **396** Da gieng ich] Mit dem gieng ich *Wi$_{16}$* Ich schied mich *Mü$_{6}$* Da mit ging ich *He$_{3}$.* **397–408** *Die Verse sind in Wi$_{16}$ umformuliert:*

> Vnd liess dy frawen pey einander stan
> Ich wais nit was se fiengen an
> Ich eilt vber die praitten haid
> In lieb vnd auch in grossem laid
> Ich gedacht an das gäche schaiden
> Das da geschach von vns paiden
> Da mit hat die red ein endt
> Got helff vns aus dem ellendt.

397 Und] Ich *Mü$_{6}$;* mich] mich also *He$_{3}$.*

---

387 ›dafür könnte ich dir keine Entschädigung leisten‹. **390** das wägst ›das Beste‹.

Doch wie si sind geschaiden,
Da hab ich nit gefraget nach.   [44ʳ]
400 Ich gieng zum tantz, da was mir gach.
Da nun der tantz ain end nam
Und ich seid andern enden kam,
Hab ich bedacht dick den ratt,
Den mir die stätt gegeben hatt.
405 Besunder si mir günnen wolt,
Das ich ainer möcht wesen holt,
Die mir gefiel bas dann si.
Die gesach ich sicherlich nie.

---

398 Doch *fehlt Mü₆He₃;* sind] sich haben *Mü₆* sich furbas hand *He₃.*   **400** Ich] Vnd *Mü₆He₃;* da was mir gach] do was mir hin gach *Mü₆* vnd was mir gach *He₃* do hin war mich gach *St₅* dahin waß mir gach *Be₂₀* ein end nam *Lg₄Be₃.*   **401** *fehlt Lg₄Be₃.*   **402** *fehlt St₅;* ich *fehlt Be₂₀;* seid *fehlt Mü₆He₃* beseyt *De₂;* andern enden kam] an ein ander end kam *Mü₆He₃* ain andre vber kam *Be₂₀* an ander ende kam *Lg₄Be₃.*   **403** Hab] Sieder hab *Mü₆He₃;* bedacht dick] offt gedacht *Mü₆He₃* gedacht dick an *St₅* gedacht dick *Be₂₀;* den ratt *fehlt Mü₆He₃. Nach diesem Vers zwei Plusverse in He₃:*

    Das mich gluck hett zu ir bracht
    Das ich vernam vil trüwen rat.

404 stätt] lieb *He₃* stett fraw *St₅;* An manchen trewen rat *Mü₆.*   **405** Besunder] Auch das *Mü₆* Besunder das *He₃St₅Be₂₀;* günnen] vergünnen *Mü₆* gennen *Be₂₀.* **406** ainer] einer andern *Mü₆He₃St₅Be₂₀.*   **407** Die] Ob sie *He₃;* gefiel bas] dann pas geuiel *Mü₆* bas geuiel *He₃St₅Be₂₀;* dann si] dann die *Mü₆* wan sy *Be₂₀Lg₄Be₃De₂.*   **408** Die] Der *Mü₆;* sicherlich] noch *Mü₆* all myn dag noch *He₃. Es folgt:* Amen *Wi₁₆Mü₉IIHe₃De₂.*

---

398 ›*Doch wie die beiden (Frauen) sich voneinander getrennt haben*‹.   **402** ›*und ich seitdem an andere Orte kam*‹.

36. Der Minner und der Kriegsmann (B419)

Ein tumber uz durch dienst rait.   *[88ra]*
Der kam uff ain straß brait.
Der wolt er volgen nach.
Gar nach er vor sin sach
5   Ein waidenlichen raiten.
Ain schön roß an siner sitten
Traft man im raisiglichen mit.
Der diener hett nit lenger bitt.
Er ilt zu im mit ger.
10 Er sprach: ›junckher miner,
Mit züchten uch der milt got.‹
Er danckt im sunder ane spot
Und fragt in der mär,
Wa sin gefert hin wär.
15 Er sprach: ›gesell, daz sag ich dir.
Ain hoff ist gekündet mir

Text nach **Ka₃** *(Karlsruhe, BLB Hs. Donaueschingen 104 [›Liedersaal-Handschrift‹]; um 1433), 88ra–89ra. Weitere Überlieferung:* **He₃** *(Heidelberg, UB Cpg 313; 1478), 316r–318v. – Neben den allgemeinen Editionsrichtlinien gilt für diesen Text: Die Gemination des n in minne und minner wurde stillschweigend vereinheitlicht; sie ist in Ka₃ nicht konsequent graphisch realisiert (mal steht* mine[r], *mal* minne[r], *mal* mīne[r]), *vgl. aber die Besonderheiten in V. 10, 60 und 154. Die nicht ausgeführten Zwischeninitialen in Ka₃ werden nicht gesondert im Apparat vermerkt, sondern stillschweigend ergänzt. – Bisherige Ausgabe: Lassberg 1822, 25–29 Nr. 90 (nach Ka₃).*

Nachgetragene, neuzeitliche Überschrift: Kriegsmann u. der Minner LXXXVIII *Ka₃.* **1** *Dreizeilige Initiale nicht ausgeführt Ka₃;* tumber] diener *He₃.* **4** sin] im *He₃.* **6** siner] einer *He₃.* **10** miner] min her *He₃.* **11** *Entweder stellt der Vers eine (elliptische) Grußformel dar oder es fehlt eine Verbform, z.B.* grüeze.

---

5 ›*einen (Mann) vortrefflich reiten‹.* **7** ›*führte man im Trab kriegerisch ausgerüstet mit ihm‹.* **8** ›*Der Diener wartete nicht länger‹.* **10** *In diesem Vers ist das hsl.* miner *wohl als nachgestelltes Possessivpronomen zu verstehen (›mein junger Herr‹; ähnlich in V. 60; vgl. dagegen V. 26 und 88 u.ö. sowie die Lesart in He₃).* **14** ›*wohin er ziehen wolle‹.* **16** hoff ›*Hof, Hoftag‹.*

In dem lant. da wil ich hin.‹
›Gesell, als lieb ich dir bin,
Sag mir, dez ich dich frag:
20 Getrustu, ob ich mag
Ain dienst da gehan?
Wil kain raiß dar gan
Ald wil sich kain krieg her heben?
Waistu, wirt man darumb icht geben,
25 So rit ich gern mit dir dar.‹
Der minner sprach: ›zu dem hoff ich var
Weder umb hab noch umb guot,   [88rb]
Denn in rechtem hochen muot
Wil ich bi dem hoff sin
30 In dem dienst der frowen min
Und wil ritterschafft da triben.
Ich sol von rainen wiben
Gar werlich halten uf der jost.
Umb anders nit dann sost
35 Ritt ich ze hoffen, nu umb das,
Das ich allen frowen dez baß
Gevall und miner amien,
Der zarten und der frien.‹
›Minner, sag, dez ich dich bitt:
40 Dienstu diner frowen mit,
So sag mir, waz ist din lon
Oder waz wirt dir dar von,
So daz man dir hab noch guot nit git.‹
Der minner sprach: ›min lon, der lit

---

24 wirt] wurt *He₃;* darumb] drus *He₃.* **26** zu dem hoff ich] ich zu hoff *He₃.*
29 bin *Ka₃.* **32** von] vor *He₃.* **33** der] dem *He₃.* **35** nu] num *He₃.* **36** dez
baß] destbas *He₃.* **43** So *fehlt He₃.* **44** lit] byt *He₃.*

---

20 Getrustu ›*Glaubst du‹.* **22f.** ›*Wird irgendein Kriegszug dorthin unternommen
werden oder wird von dort aus irgendein Krieg ausgehen?‹* **24** ›*Sei versichert,
wenn man deswegen dort irgendetwas zahlen wird‹.* **33** ›*mich sehr tapfer schla-
gen in der Tjost‹.* **34** dann sost ›*als darum‹.* **37** amien ›*Freundin‹.* **40** ›*Wenn
du damit deiner Dame dienst‹.*

45 Uff der Minne gnad.
Si si mir gut oder schad,
Dez hat si alles stat.
Menger daz gelücke hat,
Daz im al frod widerfert.
50 Dabi ist mangem ungemach beschert.
Ainem lieb, dem andern lait,
Daz ist der Minn gewonhait.
Menger gert von lieb nit mer,
Weder ir lib noch ir er,
55 Nur daz si in main
Für ain andern clain.
So dient och manger lang zit,
Daz man im nu ain guot wort git
Ainost inn dem jar.‹
60 Der diener sprach: ›herr miner, zwar
Ir sint der witz tumb.
Und dient ir nu darumb,
Daz man uch holt si
Und uch och dabi
65 Mit gutter red lobt?
Ich han mangen herrn gehabt,
Der mir guot gehaiß gab,
Die wil ich uff min selbes hab
Im ungefordret nach rait.   [88va]
70 Oft und dick er mir dann sait,
Er wolt iemer helffen mir
Und tät daz sicherlichen schier,
Das ich ain wil an im hert.
Wenn ich mich dann ab zert

------

55 Nur] Nun *He₃*.   **58** nu] num *He₃*.   **62** nu] num *He₃*.   **65** lobt] labt *He₃*.

------

47 ›das liegt in ihrer Macht‹.   **55f.** ›nur, dass sie ihn ein wenig lieber als einen *anderen haben möge‹.   **59** Ainost ›einmal‹.   **60** *Die Anrede kann hier als ›Herr Minner‹ oder als ›Mein Herr‹ verstanden werden, vgl. V. 10; zwar ›wirklich‹.* **67–69** *›der mir schöne Versprechen gab, solange ich ihm auf eigene Kosten und ohne Forderungen zu stellen hinterherritt‹.* **73** *›damit ich eine Weile treu bei ihm ausharrte‹.* **74** *›Wenn ich dann allen Besitz aufgebraucht hatte‹.*

75 Und ich fordern begund,
     Zehant ward ich im unkunt.
     Was er mir vor gewesen holt,
     Wenn er mir helffen solt,
     So was unser liebi dahin.
80 Habt ir minner denn den sin,
     Das ir nu dient uff guot gehaiß
     Und man uchz ander danckz nit waiß?
     Ich wölt noch den herrn finden,
     Der sich mins dienstz wurd underwinden
85 Und mich hielt in hochen eren
     (Wölt ich nit gab an in geren)
     Und gund mir sines dienstes wol.‹
     Der minner sprach: ›sid ich dir sagen sol:
     Wir dienen herrn recht als du,
90 Daz solt mir geloben nu,
     Darzu frowen durch hochen muot,
     So wir lib und guot
     Durch frowendienst werden an.
     Ain wib bringt darzu mangen man,
95 Das er guoti ding tuot,
     Das im sust in sin muot
     Vil licht nimer kem,
     Ob er kain lieb im näm.‹
     ›Nu sag mir, guot gesell,
100 Dez ich dich fragen wel.
     Du ferst zu dem hoff dar,
     Wie oft es ist in dem jar,
     Ainost oder zwir?‹
     Er sprach: ›gesell, daz sag ich dir.
105 Ez wert daz jar vil nachen,

---

81 nu] num *He₃*.   **90** solt] solt du *He₃*.   **100** wol *Ka₃*.   **102** es ist] ist es *He₃*.

---

84 ›*der meinen Dienst annehmen würde*‹.   **86** ›*wenn ich nicht Gaben (ohne Dienstleistung) von ihm verlangen wollte*‹.   **88** ... ›*da ich dir antworten soll*‹. **90** solt ›*sollst du*‹.   **93** werden an ›*verlieren*‹.   **96** sust ›*sonst*‹. **105–107** ›*Schon wenn das Jahr kaum begonnen hat (?), kann es mir nicht schnell genug gehen, endlich hinzureiten*‹.

Ich kan ez hart ergachen
Ze ritten ettwenn.‹
›Sagt mir, wie denn,
Wenn ir vertuot uwer guot?
110 So ist kain fro so gemuot,   *[88ᵛᵇ]*
Die uch wider uff setz
Und uwers schaden ergetz.‹
Er sprach: ›daz si dir gesait.
Wenn wir komen in nötikait,
115 So spot man unser ze gesicht.
Wenn wir gar habent nicht,
So sin wir ze mal darvon.
Also ist die minn gewonn:
Nit lenger min die liebi gert,
120 Denn nu die wil min guot wert.
Wenn ich min guot gar verschertz,
So nimptz ain ander in ir hertz,
Von dem si dienst hat furbaß.‹
Der diener sprach: ›von we ist das,
125 Das du ez so wol waist
Und doch minner orden traist?‹
Er sprach: ›gesell, daz sag ich dir.
Ich wenn, ald welt warte mir,
Wenn ich an min lieb gedenck.
130 So wän ich, daz mich itt krenck
Kain gebrest von armuot.
Wenn aber ichz versetz min guot,

---

120 nu *fehlt He₃*.   **122** nimptz] nympt *He₃*.   **124** we] wen *He₃*.   **126** minner] nymer *He₃*.   **128** warte] mit *He₃*.   **132** ichz] ich *He₃*.

---

111 ›*die Euch wieder auf die Beine hilft*‹.   **117** ›*so sind wir gleich verloren*‹. **119f.** ›*Die Liebste verlangt nach mir nur so lange, wie ich noch über Besitz verfüge*‹. **121** verschertz ›*verschwende*‹.   **122** nimptz ›*nimmt sie*‹.   **124** von we ist das ›*woher kommt das*‹.   **128** ›*Ich glaube, dass die ganze Welt auf mich blicke, mir untertan sei*‹.   **132** ichz versetz ›*ich dafür verpfände*‹.

Erst so wird ich inn
Min selbes ungewin
135 Und das ich wirb mit notikait.‹
Der diener sprach: ›min muot, der lait
Mir vast der minne orden.
Mir ist ain krieg kunt worden.
Da wil ich ritten hin.
140 Vil licht berit ich ainen gewin,
Daz ich den winter zerung han.
So wirstu dines gutes an
In dem dienst der minn.
An aim krieg ich gewin
145 Min zerung täglich.
Waz ich verlüß erlich,
Daz gilt mir der herre min.
Ich wil bi dem ernst sin
Und wil lassen bi dem schimpf dich,
150 Wenn alz min guot vertät ich,
Wolt si mir darnach werden gram
Und ich si doch in irem nam
Vil gar an worden wär.
Ir sit nit lenger minnär,   *[89ʳᵃ]*
155 Denn uwer guot mag verlegen.
Wolt ich sin den auch pflegen,
So hett ich licht dez gutes nicht.
So wär min dienst sust ain wicht.
Zu dem hoff an mich rit!

---

133 wird] wurd *He₃*. **142** wirstu] wurstu *He₃*. **143** Im *Ka₃*, In *He₃*. **144** aim] ain *He₃*. **148** ernst] ersten *He₃*. **151** Swolt *Ka₃*. **152** si *fehlt He₃*. **153** an worden] vnwerd *He₃*. **158** ain wicht] entwicht *He₃*.

---

136 lait ›*verleidet*‹. **140** berit ›*erwerbe im Kampf*‹. **149** schimpf ›*Spaß, Scherz*‹. **150** Wenn ›*denn*‹. **153** ›*ganz und gar verloren hätte*‹. **154** *Der Reim auf* wär *deutet auf die ursprüngliche mhd. Wortform* minnaere. **155** ›*als euer Besitz die Kosten deckt*‹. **156** ›*Wollte ich auch ein solches Leben führen*‹. **158** ain wicht ›*vergeblich, unnütz*‹. **159** an ›*ohne*‹.

160 Der mir umb min dienst icht git,
Dem dien ich vast und gern,
Daz er mir ruch verkern
Min armuot, die mir dick tuot we.
Ich wän, gesell, daz icht me
165 Unser geselschaft lenger wert.‹
Urlob ich da von in gert
Züchtiglichen uff der straß.
Ich waiß, wedrem gelang baß.

---

162 ruch] geruch *He₃*. **163** tuot] dett *He₃*. **166** im *Ka₃He₃*. **168** wedrem] welchn *He₃; danach:* Amen *He₃*.

---

162 ruch verkern ›abwenden möge‹. **166** *Erst hier tritt ein Ich-Erzähler auf. Aus V. 168 ergibt sich, dass er als Zuhörer des Streitgesprächs der zwei Männer zu sehen ist.*

37. Das Zauberkraut (B407)

*A*ins tags ze ainer summer zitt,   *[29ʳᵃ]*
So lob und graß gemuote git,
Sach ich ain wol gezieret veld.
Da was bluomen widergelt
5   Von aller varbe guot.
Das lücht ain klain mir in den muot,
Das ich da von ain frod gewan.
Ich sprach zu ainer: ›nu wol dan‹,
Dü bi mir da allaine waz,
10 ›Wir sullen bluomen und graß
Brechen ze ainem krentzalin;   *[29ʳᵇ]*
Da mit gat uns die stunde hin.‹

---

*Text nach **Ka₃** (Karlsruhe, BLB Hs. Donaueschingen 104 [›Liedersaal-Handschrift‹]; um 1433), 29ʳᵃ–30ᵛᵇ. Weitere Überlieferung: **He₉** (Heidelberg, UB Cpg 355; um 1450), 127ᵛ–134ᵛ; **He₃** (Heidelberg, UB Cpg 313; 1478), 449ʳ–454ʳ; **He₁₆** (Heidelberg, UB Cpg 696; 1475), 193ʳ–198ʳ; **Be₁₉** (Berlin, SBB-PK Ms. germ. quart. 1899; 1496), 112ʳ–117ᵛ. – Neben den allgemeinen Editionsrichtlinien gilt für diesen Text: Die Gemination des n in* minn(e) *wurde in den V. 24, 112f. und 302 gegen Ka₃ durchgeführt. – Bisherige Ausgaben: Lassberg 1820, 211–218 Nr. 30 (nach Ka₃); Brauns/Thiele 1938, 87–97 Nr. 16 (nach He₉ mit ausgewählten Lesarten von He₃, He₁₆ und Ka₃).*

Überschrift in He₁₆ 193ʳ: Etliche kurtzweilige spruch *(marginal oben, nachträglich, neuzeitlich);* Colloquium poeticum de fidelitate amantij *(marginal rechts, nachträglich von einer Hand des 19. Jh.).* **1** *Dreizeilige Initiale nicht ausgeführt Ka₃.* ze] *in He₉He₃He₁₆Be₁₉.* **2** lob und graß] graß vnd loub *He₁₆Be₁₉.* **3** Sach ich ain] Kam ich vff ain *He₉He₃He₁₆Be₁₉.* **4** was] fand ich *He₉He₃He₁₆Be₁₉;* bluomen] blumlin *He₃.* **5** aller] aller hand *He₉He₃* mancher hande *He₁₆Be₁₉.* **6** mir *fehlt He₉He₃He₁₆Be₁₉;* den] minem *He₉He₃He₁₆Be₁₉.* **7** Da *Ka₃* Das *He₉He₃He₁₆Be₁₉.* **8** Ich] Vnd *He₉He₃He₁₆Be₁₉;* ainer] mir gespiln *He₉He₁₆Be₁₉* mynr gespiln *He₃;* nu *fehlt He₁₆Be₁₉He₃.* **9** mir ~~mir~~ *Ka₃;* bi mir da allaine] da allain by mir *He₉He₃He₁₆Be₁₉.* **10** sullen] weln *He₉He₃He₁₆Be₁₉;* bluomen] blumlun *He₉He₃.* **12** stunde] zit *He₉He₃He₁₆Be₁₉;* hin] da hin *He₉He₁₆Be₁₉.*

---

2 ›wenn Laub und Gras gute Stimmung bringen‹.   **4f.** ›Da zeigten die Blumen alle schönen Farben‹.   **6** ›Das hellte meine Stimmung ein wenig auf‹.

Wir giengen mit ain ander dar
Und namen der bluomen war,
15 Die uns dar zu fuogten recht.
Die vogel tribent ir gebrecht
Und sungent da widerstritt.
Do brach ich in dem anger wit
Mang krut, das mir was unbekant.
20 Mir wart aines in min hant,
Da von mir aventür beschach:
Do ich daz krut erst gebrach,
Do sach ich vor mir alle man,
Wer zu der minn ie trost wolt han.
25 Ich horti och ir rede wol
(Der ich doch nit gar sagen sol)
Und wist och allen iren gedanck.
Mit wunder da min hertze ranck,
Wie mir beschächen wär.
30 Mich tunckt ain frömdes mär,
Daz mir so manig hertz was kunt,
Das mir davor biß uff die stunt
So gar verborgen was gesin.

---

14 namen] nemen do *He₉* namen do *He₃Be₁₉* namen da *He₁₆;* bluomen] cruter *He₉He₁₆Be₁₉* drutter *He₃.* **15** dar zu] dar zu nun *He₉He₃;* fuogten] fügen *He₃.* **17** Und] Sie *He₉He₃;* da] alle *He₉He₁₆Be₁₉* all mit *He₃.* **18** in] vff *He₉He₃He₁₆Be₁₉;* anger] angel *He₁₆.* **19** was] waß vor *Be₁₉.* **20** Mir wart] Do ward mir *He₉He₃He₁₆Be₁₉;* min] dy *Be₁₉.* **21** aventür] groß auben tür *He₉* groß afentüre *He₁₆Be₁₉He₃.* **22** Da *Ka₃* Als bald *He₉He₃He₁₆Be₁₉;* krut erst gebrach] crütlin ie abgebrach *He₉He₃* aller erste abgebrach *He₁₆Be₁₉.* **24** trost] kain muot *He₉He₃;* wolt han] gewann *He₉He₃He₁₆Be₁₉.* **25** Ich] Vnd *He₉He₃He₁₆Be₁₉;* ir] all ir *He₉He₃He₁₆Be₁₉.* **26** nit gar] gar nit *He₉He₃He₁₆* all nit *Be₁₉.* **29** mir] mir da *He₉He₃He₁₆Be₁₉.* **30** Mich tunckt] Vnd ducht och mich *He₉* Vnnd ducht mich auch *He₃* Es düchte mich gar *He₁₆Be₁₉.* **31** hertz *fehlt He₁₆Be₁₉;* was] wart *He₁₆Be₁₉.* **32** da *fehlt He₉He₃He₁₆Be₁₉;* die] die selben *He₉He₁₆Be₁₉* dies *He₃.* **33** gar *fehlt He₉He₃.*

---

16 gebrecht ›Gesang‹. **17** ›und trugen dort ihren Wettgesang vor‹.

Do marckt ich, das daz krütalin
35 An im selber hett die kraft.
Da von ward ich gedachthaft,
Wez ich zu dem ersten nämi war.
Min sin mich wiset do aldar,
Wann mich vor wunderlanger zit
40 Darumb wundert widerstrit,
Ob ainem wäre baß ze muot,
Der mit gantzer trü behuot
Ist gar an alles wencken,
Als ainem, der wil gedencken
45 Hüt an ains, ans ander morn.
Dü arbait tuncket mich verlorn,
Ob dem iemer guot beschicht.
Ich wart sin noch nie uz gericht
Und sach doch vor mir mangen man,
50 Von dem ich nit gesagen kan,

---

34 ich] ich erst *He₉He₃*; daz krütalin] diß kreuthelein *Be₁₉*.   **36** ward] so ward *He₉*; gedachthaft] gedencken hafft *He₉* gedencken vast *He₁₆Be₁₉*.   **37f.** *fehlt He₉He₃He₁₆Be₁₉*.   **39** Wann] Das *He₉He₃He₁₆Be₁₉*; vor wunderlanger] het gewundert lang *He₉He₃* vor hett gewundert lang *He₁₆Be₁₉*.   **40** Darumb wundert] Dar umb ich hett gehebt *He₉He₃* Vnd gehebt *He₁₆* Vnd gehabt *Be₁₉*; widerstrit] menchen stritt *He₉He₃* vil manigen strit *He₁₆Be₁₉*.   **41** wäre] weß *Be₁₉*.   **42** Das mit *Ka₃* Der mit *He₉He₁₆Be₁₉* Der nit *He₃*; gantzer trü] gantzen truwen *He₁₆Be₁₅*; behuot] wol behuot *He₁₆Be₁₉*.   **43** Ist] Wer *He₉He₃He₁₆Be₁₉*; gar *fehlt He₉He₃He₁₆Be₁₉*.   **44** Als ainem das wil *Ka₃* Oder ainr der welt *He₉He₃He₁₆Be₁₉*.   **45** Hüt an ains] An ains hüt *He₉He₃He₁₆Be₁₉*; ans] vnd an das *He₉He₁₆Be₁₉*.   **46** verlorn] gar verlorn *He₉He₃He₁₆Be₁₉*.   **47f.** *fehlt He₉He₃He₁₆Be₁₉*.   **49** Und sach doch vor mir] Do ich nun vor mir sach *He₉* So ich nun vor mir sach *He₃* Do ich nuon sach vor mir *He₁₆Be₁₉*; mangen] all *He₉He₃He₁₆Be₁₉*.   **50** dem] den *He₉He₃He₁₆Be₁₉*; ich nit] ich üch nit allen *He₉He₃* ich yetz nit allen *He₁₆Be₁₉*.

---

36 gedachthaft ›in Gedanken befangen, nachdenklich‹.   **39f.** ›denn seit sehr langer Zeit frage ich mich, wie die offene Frage zu beantworten wäre‹.   **43** an alles wencken ›ohne jegliches Schwanken‹.   **45** ›heute an das eine, morgen an das andere (Mädchen)‹.   **48** ›Ich habe bisher dafür noch keine Antwort bekommen‹.

Wann sin wurd vil licht ze vil.
Von ainem ich doch sagen wil:
Dez nam ich für si alli war,
Wann min gedanck mich wiset dar.
55 Dez wandel hett so stätten schin,
Das ich nu uff die trüwe min,
Solt *ich* nach wort und wunsch ain knaben
Durch stättikait erwellet haben,
Ze im hett den besten trost.
60 Von dem wan waz ich erlost,
Do ich im in sin hertz*e* sach.
Mich wundert daz ez nit zerbrach,
So vil fröd dar inne waz.
Das wunder was, daz er genaß,
65 Wann sölich waz sins hertzen clus,
Sam immen wonnent in ainem huß.
Ich dacht: ›hie soltu mär erfarn.‹

[29va]

---

51 sin] sü He_{16} eß Be_{19}. **52** Von] Yedoch von $He_9 He_3 He_{16} Be_{19}$; doch] üch nun $He_9 He_3$ vch $He_{16} Be_{19}$. **53f.** *fehlt* $He_9 He_3 He_{16} Be_{19}$. **55** hett] gab $He_9 He_3 He_{16} Be_{19}$. **56** nu] maint $He_9 He_3 He_{16} Be_{19}$. **57** Solt Ka_3 Sölt ich $He_9 He_3 He_{16} Be_{19}$; wort und wunsch] wiß vnd wort $He_9 He_3 He_{16} Be_{19}$. **58** Durch stättikait] Zuo rechter trüw $He_9 He_3$ Zuo rechter stetikeit $He_{16} Be_{19}$. **59** hett ich Ka_3 hett ich gehabt $He_9 He_3 He_{16} Be_{19}$. **60** Von dem wan waz] Da von so ward $He_9 He_3 He_{16} Be_{19}$; ich] ich bald $He_9 He_3 He_{16} Be_{19}$. **61** in sin hertzen Ka_3 ie in sin hertz $He_9 He_{16}$ sin hertz He_3 in sin hertze Be_{19}; Do] Dann so bald $He_9 He_3$ Als balde $He_{16} Be_{19}$. **62** ez] es ym He_{16} ich eß Be_{19}; zerbrach] zubrach Be_{19}. **63** fröd] fröwen $He_9 He_3 He_{16} Be_{19}$. **64** Das wunder was daz] Mich wundert wie $He_9 He_3 He_{16} Be_{19}$; er] er nie $He_9 He_3$ es ye $He_{16} Be_{19}$. **65** Ain fuor in dü ander vß $He_9 He_3 He_{16} Be_{19}$. **66** Als binn tuond vß irm huß He_9 Vs bynen thun vß irm hus He_3 Als duben in einem dübhuß $He_{16} Be_{19}$. **67** hie] schwig hie $He_9 He_3 He_{16} Be_{19}$; mär] mer $He_9 He_3 He_{16} Be_{19}$.

---

51 ›*denn das würde wahrscheinlich zuviel werden*‹. **55** ›*Dessen Lebensart wirkte so beständig*‹. **60** wan ›*Irrtum*‹. **64** genaß ›*am Leben blieb*‹. **65f.** ›*denn es stand um die Klause seines Herzens so, als wohnten darin Bienen in einem Bienenkorb*‹. **66** immen ›*Bienen*‹.

Min red wolt ich nit lenger sparn.
Ich sprach: ›lieber geselle wert,
70 Ainer frag min hertze gert.
Die sond ir nit versagen mir.‹
Er sprach: ›vil liebi fro, was ir
Gebiettent, des bin ich berait.‹
Ich sprach: ›mir ist von uch gesait,
75 Ir haltent gar unstätten muot.‹
Er sprach: ›waffen, wer daz tuot,
Wes der sünd an mir begat!
Des sel da von wirt niemer rat.‹
Ich sprach: ›land uwer zürnen ab,
80 Wann ichz an uch befunden hab.
Ain krut han ich in miner hant,
Daz mir tuot uwer hertz bekannt,

---

68 Mich *Ka₃* Min *He₉He₃He₁₆Be₁₉*.   **69** ~~min~~ wert *Ka₃*; Ich] Vnd *He₁₆Be₁₉*; lieber] min vsser welter *He₉He₃* vil vsserwelter *He₁₆Be₁₉*.   **70** gert] an dich begert *He₉He₃* het an dich begert *He₁₆Be₁₉*.   **71** Die] Der *He₉* Des *He₃* Das *He₁₆Be₁₉*; sond ir] solt dü *He₉He₃He₁₆Be₁₉*.   **72** vil] ach *He₉He₃He₁₆Be₁₉*.   **73** daz *Ka₃He₉Be₁₉* des *He₁₆He₃*; berait] all zitt berait *He₉* willich bereit *He₁₆Be₁₉*.   **74** Ich] Sü *He₉He₃He₁₆*; mir ist] da ist mir *He₉He₃* das ist mir *He₁₆Be₁₉*; von uch] von dir *He₉He₃He₁₆Be₁₉*.   **75** Ir haltent] Wie das du habst *He₉He₃He₁₆Be₁₉*; gar] gar ain *He₉He₃He₁₆* ein *Be₁₉*.   **76** waffen] ach lieb fröw *He₉He₃He₁₆Be₁₉*.   **77** Wes der sünd] Was grosser sünd er *He₉He₃He₁₆Be₁₉*.   **78** Des sel da von] Dar vmb sinr sele *He₉He₃He₁₆Be₁₉*; wirt niemer] mag nü mer werden *He₉* nymer wirt *He₃* nymmer mag werden *He₁₆Be₁₉*.   **79** Ich] Sü *He₉He₃He₁₆Be₁₉*; sprach] sprach schwig geselle vnd *He₉He₁₆Be₁₉* sprach swig gesell *He₃*; land uwer] laß din *He₉He₃He₁₆Be₁₉*; zürnen] zorn *He₁₆Be₁₉He₃*.   **80** ichz] ich doch selbs wol *He₉* ich doch selbs *He₃* ichs doch selbs wol *He₁₆* ichß wol selbß *Be₁₉*; an uch] ander *He₉* an dir *He₁₆Be₁₉He₃*.   **81** Ain krut han ich] Ich hön ain crüt *He₉He₃He₁₆Be₁₉*.   **82** Daz mir tuct] Das tuot mir gantz *He₉He₃* Daß tuot mir gar *He₁₆Be₁₉*; uwer] din *He₉He₃He₁₆Be₁₉*.

---

77 *›wie sehr derjenige sich mir gegenüber versündigt‹*.   **78** *›Deswegen wird seine Seele nie gerettet werden‹*.

Und bin durch frag her zu uch komen,
Wann ich noch nie han recht vernomen,
85 Ob ainem man, der stetti pfleg,
Ain ainig lieb me muotes geb
Als ainem, der vil licht hat drig.
Wedrem da baß ze muote sig?‹
Er sprach: ›ir mügt wol jung sin;
90 Ir fragent sam die kindalin.
Wie möcht mich aini machen fro?
Sid ir min gedenck doch wissent so,   [29vb]
So muoß ich mich dez schuldig geben,
Das ich bi allem minem leben
95 Och minder lieb nie gewann
Den dri, so ich nit hin uber han.
Sust hab ich ze manger gutten wan.
Solt ich dann nit me muotes han
Denn ainer, der sin stättikait

---

83 durch] och durch *He₉He₃He₁₆Be₁₉*; her *fehlt He₃Be₁₉*; uch] dir *He₉He₃He₁₆Be₁₉*. **84** noch] vor *He₉He₃He₁₆Be₁₉*; recht *fehlt He₉He₃He₁₆Be₁₉*. **85** ainem] ain *He₉He₃*. **86** muotes] nütz *He₁₆Be₁₉He₃*. **87** Als ainem] Oder ainer *He₉He₃He₁₆Be₁₉*; vil licht hat] hat villicht *He₃*. **88** Wedrem] Welhem *He₉He₃He₁₆Be₁₉*; da baß] das baß *He₁₆* das boß *Be₁₉*. **89** ir] fröw ir *He₉He₃He₁₆Be₁₉*. **90** fragent sam die] redenn glich als ob ir sigen ain *He₉* redent glich eym *He₃* fragent glich als ob ir sin ein *He₁₆Be₁₉*. **92** Sid] So *He₁₆*; gedenck] gedenckt *He₁₆* gedanck *Be₁₉*; doch] nün *He₉He₃He₁₆Be₁₉*. **93** muoß] wil *He₉He₃He₁₆Be₁₉*; dez *fehlt He₉He₃*. **95** Och *fehlt He₉He₃He₁₆Be₁₉*; minder lieb] mienr büln *He₉He₁₆* mer bulen *He₃* meiner bülen *Be₁₉*. **96** hin uber hon *[hon ist aus kom verbessert] Ka₃* dor über kam *He₉He₃* hin über kann *He₁₆Be₁₉*. **97** Sust hab ich ze manger] Vnd sust zuo menher hett ich *He₉He₃He₁₆Be₁₉*. **98** muotes] muotz *He₉* mütz *He₁₆He₃*. **99** sin] all sin *He₉He₃He₁₆Be₁₉*.

---

87 drig ›drei‹. **88** sig ›sei‹. **92–96** ›Da Ihr meine Gedanken also kennt, muss ich bekennen, dass ich nie in meinem Leben weniger als drei Geliebte hatte, wenn nicht noch mehr‹. **97** ›So darf ich Gutes von mehreren erwarten‹. **98** me muotes ›mehr Freude‹.

100 An ain ainig frowen lait
   Und nit lept, denn wie dü wil?
   Der haltet ain verlorn spil,
   Wer sin zit alsus verzert,
   Das er sich mit gedencken nert.
105 Mit dem wolt ich nit han gemain.
   War ich kom, da find ich ain,
   Dü mir hoch gemuote git.
   In fröd leb ich sunst on alle zit.‹
   Ich sprach: ›ir hant nit rechten sin!
110 Der red ich gar ersrocken bin.
   Sont gedenck nit bringen muot,
   So ist die minn zu nütti guot.
   Wan waz ist an der minne me,
   Denn guot gedanck, wie es denn dar nach ge?
115 Durch fromd sol man nit abelan,
   Wer ain stättes hertz wil han.

---

100 An] Nun an *He₉He₃He₁₆Be₁₉*; ain *fehlt He₉*.   **101** nit lept] lebt nit *He₃*; dü] sü *He₉He₃He₁₆Be₁₉*.   **102** verlorn ~~han~~ *Ka₃*; Der] Da dunckt mich er *He₉He₃* Der selbe der *He₁₆Be₁₉*; ain *fehlt He₉He₁₆Be₁₉*.   **103** Wer] Wenn wer *He₉He₃* Denn wer *He₁₆Be₁₉*.   **104** ~~nit~~ sich *Ka₃*; nert] erwert *He₃*.   **105** dem] im *He₃*; nit] nit gern *He₉He₁₆Be₁₉* vngern *He₃*.   **106** War ich] Wa ich hin *He₉He₃He₁₆Be₁₉*; da *fehlt He₃*.   **108** In fröd leb ich] Da mit so bin ich fröw *He₉He₁₆Be₁₉* Do mit bin ich fro *He₃*; sunst *fehlt He₉He₃He₁₆Be₁₉*; on alle] zuo aller *He₉He₃He₁₆Be₁₉*.   **109** Ich] Sü *He₉He₃He₁₆Be₁₉*; ir hant] du hast *He₉He₃He₁₆Be₁₉*; rechten] ainen rechten *He₉He₃He₁₆Be₁₉*.   **110** gar] übel *He₉He₃He₁₆Be₁₉*.   **111** Sont] Denn sölt *He₉He₃* Dann sollten *He₁₆Be₁₉*; bringen] geben *He₉He₃He₁₆Be₁₉*.   **112** ist] wer doch *He₉He₁₆* wer *He₃Be₁₉*; zu nütti] zuo nütten *He₉* zuo nichten *He₁₆Be₁₉He₃*.   **113** an der] ander *He₉He₃*; me] nün me *He₉* nuon besserß me *He₁₆Be₁₉*.   **114** gedanck] gedingen *He₉He₃* gedencken *He₁₆Be₁₉*; denn *fehlt He₉He₃He₁₆Be₁₉*.   **115f.** *fehlt He₉He₃He₁₆Be₁₉*.

---

104 ›indem er von Gedanken lebt‹.   **108** sunst on alle zit ›so zu jeder Zeit‹.   **111** ›Sollten Gedanken keine Freude bringen‹.   **112** zu nütti ›zu nichts‹.   **115** ›Wegen eines abweisenden Verhaltens (der Dame) soll man nicht (von der Minne) ablassen‹.

Ich bin och iemer in dem sin,
Daz nieman gantz frod gewinn,
Wann der sin hertz also berait
120 Mit trüwen und mit stättikait,
Das er ain einig lieb hat
Und im sin sinn nit furbaz stat.
Da si sins hertzen ogen
An sechent haimlich togen,
125 Ist das uff erd nit himelrich?
Ich wän, der frod si nit gelich.‹
Er sprach: ›ja, wär velen nit,
So wolt ich halten so den sitt.
Zwai ding ich zwain gelichen kan:
130 Da nu ain og hat ain man

---

117 Ich bin] Vnd ich bin He_9He_3 Vnd bin $He_{16}Be_{19}$; och iemer] zwar nymmer $He_{16}Be_{19}$; in] an $He_9He_3He_{16}Be_{19}$. **118** nieman] ümer yeman He_9He_3 er ymmer $He_{16}Be_{19}$. **119** der] wer das $He_{16}Be_{19}$. **121** ain einig] nit mer den ain $He_9He_3He_{16}Be_{19}$. **122** sinn] synne He_{16}. **123** Da si] Vnd das die sy He_9He_3 Vnd das die selbe sy He_{16} Vnd das die selbe seyn Be_{19}. **124** An sechent] Wenn er die sicht He_9 Wann er sicht $He_{16}Be_{19}He_3$; togen] vnd tögen $He_9He_3He_{16}Be_{19}$. **125** himelrich] ain himelrich $He_9He_3He_{16}Be_{19}$. **126** Ich wän] Mich bedünckt $He_9He_3He_{16}Be_{19}$; nit] nüntz He_9 nucz He_3. **127** wär velen] tett mir die ainig kain vntrüw $He_9He_3He_{16}$ dett mir dy eynig kein antwort Be_{19}. **128** ich halten] ich och gern halten He_9He_3 ich gern haben $He_{16}Be_{19}$; so *fehlt* $He_9He_3He_{16}Be_{19}$. **129** ~~sol~~ kan Ka_3; Zwai] Aber zwey $He_9He_3He_{16}Be_{19}$; ich zwain] ich zuo samen $He_9He_{16}Be_{19}$ zesam ich He_3; gelichen kan] gelichet hön $He_9He_3He_{16}Be_{19}$. **130** Da *fehlt* $He_9He_3He_{16}Be_{19}$; nu ain og hat] Hat nun ain og $He_9He_3He_{16}$ Hat nuon eine auch Be_{19}. *Nach diesem Vers zwei Plusverse in* $He_9He_3He_{16}Be_{19}$: Schleht inn [ym He_3] ain ryß dar in $He_9He_{16}Be_{19}$ | Er muoß dar nach blint sin $He_9He_3He_{16}Be_{19}$.

---

127 wär velen nit ›gäbe es keinen Mangel (an solcher Erfüllung)‹. **129** ›Zu zwei Dingen (paarweise Vorhandenes) kann ich eine zweifache Analogie anbieten‹. **130–136** ›Für den Mann, der nur ein Auge hat, und für den, der nur eine Geliebte hat – statt zweien –, kann das Leben niemals gut werden, denn beide müssen sich ständig sorgen, wie sie sich genau davor hüten, dass sie das Jeweilige verlieren (das eine Auge bzw. die eine Geliebte), denn so würde für sie das Leben verdrießlich‹. In den anderen Handschriften wird die dauernde Gefahr für den Einäugigen in den Plusversen dadurch veranschaulicht, dass der Schlag eines Zweiges in das eine Auge unmittelbar zur Erblindung führen würde.

Und der nu ain lieb haben sol,
Denn zwain, kan nimer werde*n* wol,
Wenn si in sorgen müsent leben,
Wie sie sich gehüttent eben,
135 Das in iettweders icht engang,
Wan als ir zit wurd in ze lang.
Da von sol ain iglich man
Sich warnen, so er besten kan,
Das er der sorg müg wesen an.
140 Ellent sol er nit bestan.
Man git im och des selben dran,
Als ich in beschaiden kan:
Wer ainer in wendig aller blau
Von rechter stätt, so wurt er gra,
145 Das si von ernst ald von schimpf.
Und kumpt ain junger, der gelimpf

[30ra]

---

131 Und] Wann *He₁₆Be₁₉*; lieb] leip *Be₁₉*.   **132** nimer werder *Ka₃* selten wesen *He₉He₃He₁₆Be₁₉*.   **133** si] sy all zitt *He₉He₃* sie alle *He₁₆Be₁₉*; müsent *fehlt He₃*. **134** eben] wol vnd eben *He₉He₃He₁₆Be₁₉*.   **135f.** *fehlt He₉He₃He₁₆Be₁₉*.   **137** Da von] Darumb *He₉He₃*.   **139f.** *fehlt He₁₆Be₁₉*.   **140** An aim buoln sol er nit hän *He₉* In eym buln sol er nit han *He₃*.   **141** Man] Wenn man *He₉He₃He₁₆Be₁₉*; des selben] dasselb *He₃*.   **142** *fehlt He₁₆Be₁₉*; in] üch wol *He₉He₃*.   **143** Wer] Dann wer *He₉He₃* Vnd wer *He₁₆Be₁₉*; in wendig *fehlt He₉He₃*; aller blau] ytelblaw *He₉He₃He₁₆Be₁₉*.   **144** so wurt] vnd würd *He₉He₃Be₁₉* wurde würd *He₁₆*.   **145** Das si] Es sy *He₉He₃* Es wer *He₁₆Be₁₉*; von ernst] in ernst *He₉He₃He₁₆Be₁₉*; von schimpf] in schimpff *He₉He₃He₁₆Be₁₉*.   **146** gelimpf] klainen glimpff *He₉* kein glimpff *He₁₆Be₁₉He₃*.

---

138 warnen ›vorsehen‹.   **140** ›Einsam soll er nicht bleiben‹.   **141** ›Man leitet ihm auch folgende Lehre davon ab‹.   **143f.** ›Wäre einer in seinem Inneren durch rechte Beständigkeit völlig blau, dann würde er (trotzdem) ergrauen‹.   **146** gelimpf ›das angemessene Benehmen‹.

Vervachet in nit umb ain har,
Het er geharet zwaintzig jar.
Kan er mit kainen dingen
150 Nit hoch an dem tantze spring*en*,
Was im ze guot beschechen solt sin,
Den lon nimpt der jung allen in.
Etlich frawen hand auch den muot,
Daz ritterschaft si nit tunckt guot:
155 Ob ainer lib und guot tuot we,
So fröt sich ain*i* michels me
Und tunckt sin baß für truren guot,
Der dient in ainem *kutz*huot.‹
Ich sprach: ›daz wär gar ane schimpf:
160 Der frowen gib ich nit gelimpf,
Wan daz wär ritterschaft ain slag,

147f. *Dieses Verspaar steht in* $He_9He_3He_{16}Be_{19}$ *nach dem Verspaar 149f.* **147** Vervachet] Sin stätt ver facht $He_9He_3He_{16}Be_{19}$. **148** Het] Vnd hett $He_9He_3He_{16}Be_{19}$; geharet] gehört $He_{16}Be_{19}$. **149f.** *Dieses Verspaar steht in* $He_9He_3He_{16}Be_{19}$ *direkt nach dem Verspaar 145f.* **149** er *fehlt* $He_9He_3He_{16}Be_{19}$; kainen] kainerlay He_9He_3. **150** Nit hoch hoch Ka_3 Wen nun He_9 Wann nür He_3 Wann nuo hoch $He_{16}Be_{19}$; an dem tantze] ain dancz He_3; springe Ka_3 hochspringen He_9He_3. **151f.** *fehlt* $He_9He_3He_{16}Be_{19}$. **153** Etlich] Zwar ettlich $He_9He_3He_{16}Be_{19}$; den *fehlt* $He_{16}Be_{19}$. **154** ritterschaft si] sie ritterschafft $He_9He_3He_{16}Be_{19}$. **155** Ob] Vnd ob $He_9He_{16}Be_{19}$ Vmd ob He_3. **156** sich ain Ka_3 sie ainr He_9He_{16} sich eynr He_3Be_{19}; michels] vil $He_9He_3He_{16}Be_{19}$. **157** Und] Nun He_9He_3; sin] sie $He_9He_3He_{16}Be_{19}$; baß] vast $He_{16}Be_{19}$. **158** isenhuot Ka_3 kutzhuot $He_9He_{16}Be_{19}$ kaczen hut He_3; Der] Ainr der da $He_9He_3He_{16}Be_{19}$; in] vnder $He_9He_3He_{16}Be_{19}$. **159f.** *Die Verse sind in* He_9He_3 *vertauscht.* **159** Ich sprach daz wär] Das red ich $He_9He_3He_{16}Be_{19}$; gar ane] än allen $He_9He_3He_{16}Be_{19}$. **160** Sie sprach das wer groß vngelimpff $He_9He_3He_{16}Be_{19}$. **161f.** *fehlt* $He_9He_3He_{16}Be_{19}$.

147f. *›würde ihm überhaupt nichts nützen und wenn er zwanzig Jahre ausgeharrt hätte‹.* **155–158** *›Wenn einer auch Leben und Besitz in Gefahr bringt, so freut sich doch eine solche Dame viel mehr an demjenigen und hält denselben für geeigneter, ihre Trauer zu vertreiben, der in einer Kutte seinen Dienst ableistet‹.* **158** kutzhuot *›Hut der Geistlichen‹.* **160** *›Diese Dame rechtfertige ich nicht‹.*

Den nieman widerbringen mag,
Solt man ai*n* unverdienten man,
Der nie ritters muot gewann,
165 In gutter frowen dienst sechen.
Und solt daz mit ir willen beschächen,
Do rü mich manig arbait,
Dü wär so ubel angelait
Von mangem fromen ritter wert,
170 Der nit wan gutter ding gert.
Sölt den sin dienst vervachen so,
Daz sin frowen machen fro
Muoß *ainer* mit aim *kutz*huot,
Ich trü, ez kain guot fröwe tuot.
175 Da bi so merck ich aber wol:
Untrü ist allez kumbers vol.   *[30rb]*
Wer ir ze dienst wil sin berait,
Dem mert sich laid und arbait
Und leret sölich getat.
180 Das man so mangen lieb hat

---

163 aim *Ka$_3$* ainen *He$_9$* ein *He$_3$* *fehlt He$_{16}$Be$_{19}$;* unverdienten] vnuerdientem *He$_{16}$Be$_{19}$*. **167** Do] So *He$_9$He$_3$He$_{16}$Be$_{19}$*. **168** Dü] Denn dü *He$_9$He$_3$He$_{16}$Be$_{19}$;* wär] werst *He$_{16}$;* so *fehlt He$_9$He$_3$He$_{16}$Be$_{19}$*. **169** ritter] man *He$_9$He$_3$* gesellen *He$_{16}$Be$_{19}$*. **172** sin] die *He$_9$He$_3$He$_{16}$Be$_{19}$;* machen] mecht *He$_9$He$_3$He$_{16}$Be$_{19}$*. **173** Muoß mit *Ka$_3$* Ainr vnder *He$_9$He$_3$He$_{16}$Be$_{19}$;* isenhuot *Ka$_3$* kutz huot *He$_9$He$_{16}$Be$_{19}$* kacz hutt *He$_3$*. **174** ez] das es *He$_9$He$_{16}$Be$_{19}$* das *He$_3$;* guot] frum *He$_{16}$Be$_{19}$*. **175** Da] Dann do *He$_{16}$Be$_{19}$;* merck] merckt *He$_{16}$Be$_{19}$;* aber *fehlt He$_{16}$Be$_{19}$*. **176** Untrü] Das vntrüw *He$_9$He$_3$He$_{16}$Be$_{19}$;* allez *fehlt He$_9$He$_3$He$_{16}$Be$_{19}$*. **177** Wer] Wann wer *He$_{16}$Be$_{19}$;* ze dienst wil sin] ist zuo dienst *He$_9$He$_3$He$_{16}$Be$_{19}$*. **178** re mert *Ka$_3$*. **179** Und] Wenn fröwen *He$_9$He$_3$He$_{16}$Be$_{19}$;* leret] lett *He$_9$He$_3$*. **180** so *fehlt He$_{16}$Be$_{19}$*.

---

162 widerbringen ›wiedergutmachen‹. **167f.** ›*dann bedauere ich die große Mühe, die vergeblich angewandt worden wäre*‹. **179** ›*und das motiviert dann solche Handlungen (wie die der Dame)*‹. **180–183** ›*Dass man so viele Geliebte hat und von keinem einzigen den Dienst, der für die Liebeserfüllung hinreichend wäre, zurückweist – das habe ich bisher nie gehört*‹.

Und man kaines dienstz versmacht,
Der ze fröd wol vervach,
Daz ich selten e gehort.
Ez ist ain alt gesprochen wort:
185 „Ain einig kint ze hertzen gat
Baz dan da man sibin hat."
Wie möcht ich sibnen *wesen* holt?
Eb ich den frowen ratten solt,
Die durch muot lieb wond han,
190 Daz ain fröti ain bider man,
Der dar zu guot wär,
Daz man ze kainer swär
Ir in mocht uf gehaben.
Ich schilt och nit den jungen knaben,
195 Er si jung oder alt,
Hat er geburd und gestalt,
S*t*at im ze ritterschaft sin muot –

---

181 man *fehlt He₉He₃* etlich *He₁₆Be₁₉;* kaines dienstz] dienst nicht *He₉He₃He₁₆Be₁₉.* **182** Der ze fröd wol] Wa denn wort zuo wort *He₉* Wan dan wort zu wort *He₃* Wann wort von wort *He₁₆Be₁₉.* **183f.** *Die Verse sind in He₁₆Be₁₉ vertauscht.* **183** Daz ich selten e] Ich hön es vor dig *He₉He₃* Vnd han es dick wol *He₁₆Be₁₉.* **185** ze hertzen] vil bas zu herczen *He₃.* **186** Baz dan da] Vil baß denn da *He₉He₁₆Be₁₉* Dann wo *He₃.* **187** holt *Ka₃* wesen holt *He₉He₃He₁₆Be₁₉.* **188** den] vnd *He₉* nun *He₃* vns *He₁₆Be₁₉;* ratten] nun räten *He₉.* **189** durch muot] durch lieb *He₁₆Be₁₉;* lieb wond] weln lieb *He₉He₃* nutz wöllen *He₁₆Be₁₉.* **192** man] man in *He₉He₃He₁₆Be₁₉.* **193** Ir in] Inir *He₉* Ir *He₃* In ir *He₁₆Be₁₉;* mocht] möcht irgen *He₁₆Be₁₉.* **194** nit] nye *Be₁₉;* den] die *He₉He₃He₁₆Be₁₉.* **195** si] sy doch *He₁₆Be₁₉.* **196** geburd] geberde *He₁₆Be₁₉.* **197f.** *fehlt He₁₆Be₁₉;* **197** Sat *Ka₃* Stät *He₉He₃;* im *fehlt He₃.*

184–186 *Das Sprichwort ist in dieser Version (Einzelkind wird mehr geliebt als eines von mehreren Kindern) nur hier belegt; ähnlich ist das selten belegte Sprichwort, dass man das jüngste oder schwächste Kind am meisten liebt (vgl. TPMA 7, KIND 14–21).* **188** Eb ›Ob‹. **190** ›dass einen ein tapferer Mann erfreue‹. **192f.** ›sodass man es ihr nicht zum Vorwurf machen könnte, ihn erwählt zu haben‹.

Den machet wol ain frowe guot,
Und man sich trü an in versicht:
200 Dem sol sin jugent schaden nicht.
Sölt daz nit muot und fröde sin,
Ob ainer in dem dienst min
In guttes ritters namen käm?
Wenn ich dü mär an im vernäm,
205 Das sölt mich billich machen geil
Und ich wisti wol, daz ich teil
An eren mit im möchti han
Und allen zwifel sölti län,
Also das er sin trü
210 Gen mir behielt on rü.
Daz möcht mir me muotes geben,
Wan ob ich richti so min leben
Als uwer sin gerichtet ist.
Uwer muot wert kainen frist:
215 Hat ir hüt lieb, daz ist morn ain lait.
Mich tuncket dez uf minen ait:
Ain ainig lieb müg bringen
Muot vor allen dingen.‹
Er sprach: ›dez gib ich gelimpf   *[30ᵛᵃ]*

---

198 Den machet] Den mocht *He₉* Dem mocht *He₃*.   **199** Und] Das *He₁₆Be₁₉*; in] im *He₉He₃He₁₆Be₁₉*.   **201–208** *fehlt He₉He₃He₁₆Be₁₉*.   **209** Also] Doch *He₉He₃*; er] doch *He₁₆Be₁₉*; sin *fehlt He₃*.   **210** Gen mir behielt] Behalt an mir *He₉* Behalt gein mir *He₁₆Be₁₉He₃*.   **211** möcht] mag *He₉He₃*; me muotes] mernuotz *He₉* nymcz *He₃* me nutz *He₁₆Be₁₉*.   **212** richti] recht *He₉He₃He₁₆Be₁₉*; so *fehlt He₉He₃* also *He₁₆Be₁₉*.   **213** uwer] din *He₉He₃He₁₆Be₁₉*.   **214** Uwer] Din *He₉He₃He₁₆Be₁₉*; wert] der wert *He₁₆Be₁₉*; kainen] ain kurtz *He₉He₃He₁₆Be₁₉*.   **215** Hat ir] Hast du *He₉He₃He₁₆Be₁₉*; daz ist morn] so hast du morn *He₉He₁₆Be₁₉* morn hastu *He₃*; ain *fehlt He₉He₃He₁₆Be₁₉*.   **216** dez] och das *He₉He₃* wol *He₁₆Be₁₉*.   **217** Ain] Daz ain *He₉He₃He₁₆Be₁₉*.   **218** Muot] Müt vnd fröide *He₁₆Be₁₉*.   **219** ich] ich üch *He₉He₃He₁₆Be₁₉*.

198f. ›*einen solchen jungen Mann kann eine Dame veredeln, so dass man mit Treue bei ihnen rechnen kann*‹.   **205** geil ›*froh, heiter*‹.   **219** ›*Er sprach: Das halte ich für richtig*‹.

220 Und red och das an allen schimpf:
Ez sol uch billich geben muot,
Ob ir ain frumen ritter guott
Hant in uwer gewalt so gar,
Daz er enwil noch getar
225 Nit, wann als uwer wille stat.
Ob der kain ander lieb hat
Den uch, daz füeget uch gar recht.
Da mit ist er ain armer knecht,
So *ir* in ubel sechent an
230 Umb klain schuld, als ich wol han
Gesechen, wie im den beschicht:
So er von uch mag schaiden nicht,
Und ir an im dez werden gewar,
So machent ir in so ruwevar
235 Umb den wint, der da hin wet,
Daz er sitzet und sich blät
Und wurt gerumpfen alz ain bir.

---

220 schimpf *aus* glimpf *korrigiert (?)* Ka_3; och das] das gar He_9He_3; schimpf] glimpff He_9. **221** Ez] Er He_3; uch] ouch $He_{16}Be_{19}$. **222** Ob] Das $He_9He_3He_{16}Be_{19}$; ir ain] irem He_3; ritter] gesellen $He_{16}Be_{19}$. **223** Hant in uwer gewalt] In üwerm gebott hand He_9He_3 Hant in vwerm gebott $He_{16}Be_{19}$. **224** er *fehlt* He_{16}; enwil] nit anders wil $He_9He_3He_{16}Be_{19}$; getar] entar He_9He_3 dar He_{16}. **225** Nit wann als] Denn wie He_9He_3 Dann als $He_{16}Be_{19}$. **226** Ob der] Vnd er sust $He_9He_3He_{16}Be_{19}$; lieb] buoln $He_9He_3He_{16}Be_{19}$. **227** daz] so $He_{16}Be_{19}$; uch *fehlt* He_3. **228** Da mit ist er] Da mit ist so ist er gar He_9 Da mit so ist er gar $He_{16}Be_{19}He_3$. **229** So ist Ka_3, Wenn ir $He_9He_3He_{16}Be_{19}$. **232** So] Vnd $He_9He_3He_{16}Be_{19}$. **233** ir *fehlt* Be_{19}; an im dez] des selben an im He_9 desselbenn He_3 an im des selben $He_{16}Be_{19}$. **234** so] gar $He_9He_3He_{16}Be_{19}$. **235** wet] weihet He_{16}. **236** sitzet] sicht $He_{16}Be_{19}$; sich blät] ist gebleght $He_9He_3He_{16}Be_{19}$. **237** gerumpfen] gerümpfer He_9 gerumpffner He_3; alz] den $He_9He_3He_{16}Be_{19}$; ain bir] ain bür He_9 die birn $He_{16}Be_{19}$.

---

220 an allen schimpf ›im Ernst‹. **234–237** ›lasst ihr ihn so elend aussehen wegen des Windes, der dahin weht (gemeint ist die Launenhaftigkeit der Dame), dass er dasitzt und wie eine Birne erst anschwillt und dann runzlig wird‹.

Ich han gesechen wol zwür,
Daz si dann sint uwer spot.
240 Da vor behut mich got!
Wer sich ze vil stät nimet an,
Der vallet in ettikan.
Dar uf ich genaiget bin,
Daz ich muß haben lichten sin.
245 Daz sol man mir nit für ubel han.
Ez kompt och wenig frowen an
Von überiger stättikait –
Das hat mir aini gesait.
Da von ich an dem sin wil wesen,
250 Das ich mit drin wil baß genesen,

---

238 han] hän öch *He₉He₃He₁₆Be₁₉*; gesechen wol] gesenhen me denn *He₉He₃* wol gesehen *He₁₆Be₁₉*.   **239** sint] warn *He₉He₃He₁₆Be₁₉*; uwer] der fröwen *He₉He₃He₁₆Be₁₉*.   **240** Da vor] Da vor so *He₉*; got] lieber herre got *He₉* lieber gott *He₁₆Be₁₉He₃*.   **241** Wär *Ka₃* Wenn wer *He₉He₃He₁₆Be₁₉*; ze vil] so vil *He₃*.   **242** ettikan] *vielleicht ist auch* ectikan *zu lesen Ka₃* etti kon *He₉* ethikan *He₃* ettyban *He₁₆* etliche ban *Be₁₉*; vallet] felt gern *He₉He₁₆Be₁₉* volgt gernn *He₃*;   **243** ich] ich laider *He₉He₃He₁₆Be₁₉*.   **244** Daz ich muß] Dar vmb so muoß ich *He₉He₁₆Be₁₉*; lichten] im lihten *He₉* ein lichten *He₁₆Be₁₉He₃*.   **245** man mir nit] mir niemen *He₉He₃He₁₆Be₁₉*.   **246** wenig] mench *He₉He₃He₁₆Be₁₉*; an *fehlt He₃*.   **247** *In He₃ ist dieser Vers mit 246 zusammengefasst:* Es kompt auch manch frawen von übriger stetikeit *He₃*.   **248** Das hat mir aini] Als mir ir ain hät *He₉He₃* Als mir eine hat *He₁₆Be₁₉*.   **249** Da von ich] Darumb ich ümer *He₉He₁₆Be₁₉* Darumb ich *He₃*; an] vff *He₉He₃He₁₆Be₁₉*; dem] den *He₁₆*.   **250** Das *fehlt He₉He₃He₁₆Be₁₉*; mit drin wil] müg mit dryen *He₉He₃He₁₆Be₁₉*.

---

238 zwür *›zweimal‹*.   **242** ettikan *könnte entweder aus ›Eifer, Eifersucht‹ (mhd. etkum) oder aus ›Schwindsucht‹ (aus lat. hectica) abgeleitet sein. Für eine Krankheit spricht übrigens die Reaktion der Frau in V. 255.*   **244** lichten *›unbeschwerten, fröhlichen‹.*   **246f.** *›Es (die Krankheit, V. 242) befällt auch einige wenige Frauen von sehr großer Beständigkeit‹.*   **247** überiger *›überflüssiger‹.*   **250** baß genesen *›besser zurechtkommen‹.*

Denn daz ich ainer aigen wär
Und dann der selben wurd unmär.‹
Ich sprach: ›her, ist im also,
Daz trü machet so gar unfro
255 Und bringt so groß siechtagen,
Als ich uch hör da von klagen,
So tuncket mich, der selbe funt
Si mangem knaben worden kunt.
Sid unstätt gesunthait bringen mag,
260 So lobentz untz an den jungsten tag!
Mich nimpt och kain wunder me, $[30^{vb}]$
Das frowen wirt so dick we,
Sid es von rechter trü beschicht,
Wann si kain untrü kennent nicht.
265 Ich wil mich erfaren baß,
Ob kainer si hie, der sinen haß

---

251 daz] ob $He_9He_3He_{16}Be_{19}$; ainer] eym He_3; aigen] allain $He_9He_3He_{16}Be_{19}$. **252** dann der selben] ich der selben denn He_9He_3 ich dann der selben $He_{16}Be_{19}$. **253** Ich] Sü $He_9He_3He_{16}Be_{19}$; her] gesell $He_9He_3He_{16}Be_{19}$; im] nu He_{16}. **254** machet] mocht He_9. **255f.** *Die Verse sind in* He_9He_3 *vertauscht.* **255** bringt] kumpt da von $He_9He_3He_{16}Be_{19}$; so] als He_9He_3. **256** uch] dich He_9He_3 dick $He_{16}Be_{19}$; hör da von] da von hör $He_9He_3He_{16}Be_{19}$; klagen] sagen $He_9He_3He_{16}Be_{19}$. **257** mich] mich wol $He_9He_3He_{16}Be_{19}$. **258** mangem knaben] dir vnd menchen gesellen He_9 dir vnd manichem gesellen $He_{16}Be_{19}He_3$; worden *fehlt* He_9He_3 werden $He_{16}Be_{19}$. **259** Sid] Vnd $He_{16}Be_{19}$; bringen] manigen He_{16} manchen Be_{19}. **260** lobentz] nem ich ir lebend als He_9 meyn ich ir lebennt He_3 mein ich ir lebent alle $He_{16}Be_{19}$; den *fehlt* $He_{16}He_3$. **261** Mich nimpt] Vnd nimpt mich $He_9He_3He_{16}Be_{19}$; och *fehlt* $He_{16}Be_{19}$; kain] nit $He_9He_3He_{16}Be_{19}$. **262** Das frowen] Das den fröwen He_9He_3 Dann das frouwen He_{16} Dann das der frawen Be_{19}; wirt so dick] dick wirt He_9 so dick würt $He_{16}Be_{19}He_3$. **263** Sid] Wenn $He_9He_3He_{16}Be_{19}$; es] es inn $He_9He_3He_{16}Be_{19}$. **264** kennent] künnen He_9 künden He_{16} konnen Be_{19}. **265** Ich wil] Ydoch wil ich $He_9He_3He_{16}Be_{19}$. **266** kainer] yeman $He_9He_3He_{16}Be_{19}$; hie *fehlt* $He_9He_3He_{16}Be_{19}$.

---

252 unmär ›widerwärtig, verhasst‹. **257** funt ›Gedanke, Ausflucht‹. **260** lobentz ›lobt sie‹.

Och an untrü hab gelait.
Ob mir der welti sin berait
Mit ernst gen uch ze krigen?
270 Ich sprich daz sunder liegen:
Ain frow sol sich dez nemen an,
Daz si uber krieg dekaine man.
Da von ich geselschaft suchen wil.‹
Innan wart dez kam min gespil,
275 Die mit mir uz gegangen waz.
Si sprach: ›we, wie mügt mich das,
Das du hie stast so rech*t* verdacht
Und dich daz vil licht klain vervacht.‹
Si slug daz krut mir uz der hant
280 Und warff ez von ir in ain sant,
Ze ainem brunen, der da floß.
Mit dem runß daz krut hin schoß,

---

268 der] der selb $He_9He_3He_{16}Be_{19}$. **269** uch] dir $He_9He_3He_{16}Be_{19}$; krigen] drie-genn He_3. **270** Ich sprich] Er sprach $He_9He_3He_{16}Be_{19}$; daz sunder liegen] fröw ir süln uch biegen $He_9He_3He_{16}Be_{19}$. **271** Ain] Denn kain He_9He_3 Kein frouwe $He_{16}Be_{19}$; dez *fehlt* $He_9He_3He_{16}Be_{19}$; nemen] nieman He_9. **272** *Nach diesem Vers stehen in* $He_9He_3He_{16}Be_{19}$ *zwei Plusverse:* Wen es in gar übel an stät | Meng fröw sin clainen gewin genuomen hät. **273** Da von] Sü sprach darumb $He_9He_3He_{16}Be_{19}$; geselschaft] doch hilff gegen dir He_9 hilf geyn dir $He_{16}Be_{19}He_3$; wil] rat $He_{16}Be_{19}$. **274** Innan wart dez] Vnder dem He_9He_3 Vnder des $He_{16}Be_{19}$. *Nach diesem Vers steht in* Be_{19} *ein Plusvers:* Mit vil worten vngestill. **276** we] wer He_3. **277** so rech Ka_3 so $He_9He_{16}Be_{19}$ *fehlt* He_3; hie stast] stest alhie He_9He_3 stest hie $He_{16}Be_{19}$. **278** dich daz] es dich $He_9He_3He_{16}Be_{19}$; vil licht klain] so lützell He_9He_3 so lutzel alhie $He_{16}Be_{19}$. **279** krut] crutlin $He_9He_3He_{16}Be_{19}$. **280** Und warff ez von ir in ain] Das es fiel hin nider He_9 Das es fiel hin in den $He_{16}Be_{19}He_3$. **281** Ze ainem] In ainen $He_9He_3He_{16}Be_{19}$; da] da hin $He_{16}Be_{19}$. **282** runß] runsch Be_{19}; krut] crutlin $He_9He_{16}Be_{19}$.

---

269 krigen ›*kämpfen, streiten*‹. **270** sunder liegen ›*ohne Lügen, tatsächlich*‹.
271f. ›*Eine Frau soll sich vornehmen, keinen Mann (alleine) zu besiegen*‹.
273 geselschaft ›*Verbündete*‹. **274** ›*Das bemerkte meine Freundin und kam herbei*‹. **276** mügt ›*betrübt, besorgt*‹. **277** verdacht ›*in Gedanken vertieft*‹.
282 runß ›*Wasserströmung*‹.

Das ich daz niemer me gesach.
Waffen, jo und iemer ach,
285 Wie wart ich do so unfro!
Ich wist noch sach noch hort nit do,
Wann min gespil allain bi mir waz.
Ich sprach: ›und solt ich wunschen daz,
Daz dir ze laid och möchti komen,
290 Wenn du hest mir vil frod benomen.‹
Si sprach: ›sag mir, wie füegt sich das?‹
Ich sait ir, wie ez gegangen was,
Was ich gehört het und gesechen,
Und wie der ritter het veriechen,
295 Und unsern krieg von wort ze wort.
Do si die red nu gar erhort,
Si sprach: ›hett ich die hulde din,
Ich tätt dir och den rat min:
Laß laiden dir unstättikait

---

283 ich daz] ich es $He_9He_3He_{16}Be_{19}$. **284** Waffen] Ach waffen $He_9He_3He_{16}Be_{19}$. **285** do] des He_9He_3; so] so gar $He_{16}Be_{19}$. **286** wist noch *fehlt* $He_9He_3He_{16}Be_{19}$; hort] harte He_{16}; nit] zwar neman He_9He_3 *fehlt* $He_{16}Be_{19}$. **287** Wann] Nieman dann He_{16} Nymant daß Be_{19}; allain *fehlt* $He_{16}Be_{19}$; bi mir] mit dir He_3; waz *fehlt* $He_9He_3He_{16}Be_{19}$. **288** und solt ich] waffen jo ich solt He_9 waffenn do ich He_3 ach woffen ich solt $He_{16}Be_{19}$; daz] dir $He_9He_3He_{16}Be_{19}$. **289** Daz] Alles das $He_9He_3He_{16}Be_{19}$; dir] ir He_3; och *fehlt* $He_9He_3He_{16}Be_{19}$. **290** vil] groß $He_9He_{16}Be_{19}$ *fehlt* He_3. **291** sag mir] lieb gespil He_9He_3 geselle He_{16} gespil Be_{19}. **292** ez] es mir $He_9He_3He_{16}Be_{19}$; gegangen] ergangen He_{16} gangen Be_{19}. **293** Was ich gehört het] Vnd was ich hett gehört $He_9He_3He_{16}Be_{19}$. **294** wie der ritter] was mir der guot gesell $He_9He_3He_{16}Be_{19}$. **295** Und] Vnd sagt ir $He_9He_3He_{16}Be_{19}$. **296** die red nu gar] nun von mir das He_9 nun das vonn mir das He_3 nuon das von mir $He_{16}Be_{19}$. **297** hett] gespil hett $He_9He_3He_{16}Be_{19}$; ich] ich nuo $He_{16}Be_{19}$. **298** ~~die~~ dir Ka_3 ~~die red~~ den rat Ka_3; tätt] geb $He_9He_3He_{16}Be_{19}$.

---

287 Wann ›nur‹. **299** laiden ›Leid sein‹.

300 Und belib, als du mir hast gesait,
    In dinem alten sinne!
    Da mit dienst du der minne.‹

Anhang

Nach Vers 302 stehen in $He_9He_3He_{16}Be_{19}$ folgende Plusverse (Text nach He_9):
    Das sü dich von recht macht frö
    Ich spräch min gespil wie redst du so
    Er hät mir gesagt so recht wol
    Von vn stett das ich im geloben sol
5*   Vnd das mir och die sinn min
    Werfent ain grösen zwifel drin
    Ydoch ich ümer fragen wil
    Ob der müg wesen also vil
    Die mir minß kriegs by gestand
10* Oder der die me liebß denn ains hand
    Vnd indas muot vnd fröd git
    Wer mich nun wist vff disen stritt
    Dem wünsch ich das im lieb geschech
    Ober mir der warhait jech
15* Wenn ich das crütlin nümer me
    In miner hand gesäch alz E
    Ich hoff aber der mer tail mir gestand
    Das stettikait in vnserm land
    Werd brechen für vn stetten muot

---

300 Und belib *fehlt* $He_9He_3He_{16}Be_{19}$; mir] mir vor dick $He_9He_3He_{16}Be_{19}$. **301** In dinem] Vnd blib vff dim $He_9He_3He_{16}Be_{19}$. **302** dienst] so dienst He_9He_3.

1* sü *fehlt* He_{16} du Be_{19}; macht] tuot $He_{16}Be_{19}$. **2*** min] liebe $He_{16}Be_{19}$. **4*** Von vn stett *fehlt* $He_{16}Be_{19}$; ich *fehlt* He_{16}. **7*** ich ümer] vmer ich He_3. **10*** Oder] Ob Be_{19}; der *fehlt* $He_{16}Be_{19}$; me] nie He_{16}. **11*** muot vnd fröd] fröide vnd muot $He_{16}Be_{19}$. **12*** Wer] Were He_{16}; wist] wüst He_{16}; disen] dem He_3. **14*** mir *fehlt* $He_{16}Be_{19}$; der] die gantzen $He_{16}Be_{19}$; jech *fehlt* He_3. **16*** gesäch] gesich $He_{16}Be_{19}$. **17*** hoff aber] getruwe $He_{16}Be_{19}$; mer tail] meisteil He_3. **19*** Werd brechen] Brech $He_{16}Be_{19}$; Wer brechen He_3.

20* Ydoch so dünckt mich min halb guot
Das ich getrw vnd stett wil sin
Ümer byß an das ende min
Vnd raut och allen mannen vnd wiben
Das sie och vff dem sin beliben
25* Wenn trüw vnd stett zimpt der minn wol
Das red ich als ich billich sol
Hie hat diser spruch ain end
Got vnß sin gnäd send

Nur in He₁₆Be₁₉ finden sich (als Schreiberkommentar?) folgende Verse (nach He₁₆):
Dissen spruch vnd geschicht
30* Hat vns ein guot stete frouwe gedicht
Als ich vernummen han
Got gebe ir den ewigen lan
Wann diser spruch hie hat ein ende
Gott vns allen kummer wende
35* Das mir hie mügen wider streben
Vnd dort kommen in das ewig leben
Das helff vns maria die muoter sin
Vnd behüt vns dort vor der helle pin
Amen

20* so *fehlt He₃Be₁₉;* min] nun *He₁₆.*   **21*** ich *fehlt He₁₆Be₁₉.*   **23*** allen *fehlt He₃.*   **24*** dem] dem selben *He₁₆Be₁₉.*   **26*** *Nur in He₁₆Be₁₉ folgt das Verspaar:* Wann ich bin trurig gewesen | Das vntruwe vor mir nit mag genesen *He₁₆;* nit mag vor mir genesen *Be₁₉.*   **35*** mir] wir *Be₁₉.*

38. Liebeswerbung (B244)

Eines tages daz beschach, [125ʳ]
Daz ich ein schöne frouwe sach.
Die selbe cluoge frouwe
Was aller spiegel *schou*we.
5 Und begunde sü mich grüssen,
Ich neig ir zuo den füssen.
Sü was zuo mole vollekumen. [125ᵛ]
Irem libe was niht benomen,
Waz frouwen solt aneston,
10 Daz was an ir hofeliche geton.
An ir lag alle selikeit,
Ir lip mit zühten was bekleit,
Ir rede ir ouch wol anezam,
Su was von tugenden lobesam,
15 Ire geberden worent guot,
Sü truog einen senften muot.
Ir stirn, die was lieplich,
Ir brawen warent min*n*enklich,
Ire oren stundent hünder dem hor:
20 Nieman weis, wie sü geschaffen worent darvor.

Text nach **Br** *(Bremen, Staats- und Universitätsbibliothek msb 0042–02; 2. Viertel 15. Jh.), 125ʳ–136ᵛ. – Bisherige Ausgabe: Meyer/Mooyer 1833, 44–51 Nr. IV.*

Überschrift: Von eime gewerbe eins und einer *Br.*   **4** spiegel *l übergeschrieben;* we *(mit durchgestrichenem unleserlichen Buchstaben davor) Br.*   **9** solte *Br.*   **11** alle *übergeschrieben;* belikeit selikeit *Br.*   **17** ~~stirne~~ stirn *(übergeschrieben) Br.*   **18** ~~froide~~ *(darüber:* ~~freude~~*)* ~~die was~~ brawen warent *(übergeschrieben)* minnenklich *Br.*

---

3 cluoge ›zierliche‹ *(vgl. V. 32, 35 und 48).*   **4** ›war das (ideale) Spiegelbild aller Spiegel‹.   **5** ›Als sie mich begrüßte‹.   **9** aneston ›geziemen‹.   **13** anezam ›geziemte‹.   **18** *die mehrfache Korrektur der Hs. lässt sich so deuten, dass hier ein Wort (vielleicht ›Scheitel (f.)‹? vgl. z. B. B6, V. 15) nicht verstanden wurde; der Ersatz des unsinnnigen ›Freude‹ durch ›Brauen‹ überzeugt jedenfalls kaum, weil diese in V. 23 erwähnt werden.*   **20** ›Niemand weiß, wie sie (die hinter dem Haar verborgenen Ohren) in freigelegtem Zustand (d. h. wenn sie nicht hinter dem Haar verborgen wären) beschaffen waren‹.

Daz süllent ir glouben:
Sü truog zwei falkenougen,
Zwei brüne bröwen ob den ougen
Mit hofelichen zühten wol gezogen.
25 Ouch worent ir ire wengelin
Wis und rot gemenget fin.
Sü lühtent also ein sterne:
Ach got, wie sach ich sü so gerne!
Ir zene wis also ein helfenbein,
30 Ir munt die rosen überschein
Und was ouch an varwen rich.   *[126ʳ]*
Kluog und ouch dobi wunnenklich
Was ire kele und ouch ir kinn.
Sü hette ein vil süsse stüm
35 Und ein vil kluoges neckelin,
Es möhte hübscher nit gesin.
Ir arme zuo mose lange
Gestalt zuo eime umbefange.
Ir hende wis also simmelmel,
40 Ir vingerlin lang also sinwel.
Ir lip was zuo moßen swang:
Nit zuo kurtz noch zuo lang,
Nit so gros noch zuo klein,
Do bi hübesch und rein.
45 Do worent ouch ir brüstelin
Also ein wolgewahssen eppfelin.
Do was ir mit rehtem fuoge

---

23 ~~Dar obe~~ zwei brüne ~~ougbröwen~~ *Br.*   **24** wol *(übergeschrieben)* ~~der~~gezogen
Br.   **25** ~~in~~ ir *Br.*   **33** *vor* kinn *ein unleserliches Wort durchgestrichen Br.*
39 symmel *über unleserlichem durchgestrichenen Wort Br.*   **41** ~~krang~~ swang *Br.*
42 kurtz *r übergeschrieben Br.*   **45** *davor* ~~Sü was ein lîchtes libelin~~ *Br.*   **46** ~~des~~
eppfelin *Br.*   **47** wa~~rt ich~~ ir *(übergeschrieben) Br.*

37f. ›*Ihre Arme (waren) genau richtig lang für eine Umarmung*‹.   **39** also sim-
melmel ›*wie Semmelmehl*‹.   **40** also sinwel ›*und ebenso rund*‹.   **41** swang
›*schlank*‹.

Ir föisselin sinal und cluog.
Ein gürtelin sach ich sü tragen,
50 Do kan ich üch nit von gesagen.
Ir gewant ging ir uff den fuoß.
Sit daz ich es alles sagen muoß,
Daz mir von ir gedencket:
Ir lip was wolgeklencket,   *[126ᵛ]*
55 Sü ging so höfeliche
Und trat so zertekliche.
Sü was also ein kertze sleht,
Sü tet allen dingen reht.
Su was zühtig und guot.
60 Zuht schöne frouwen tuot.
Alle tugent an ir lag,
Alle hofelicheit ich an ir wag.
Uff erden sach ich ir nit gelich.
In minen ougen sicherlich
65 Su was noch wisser denne der sne.
Vollesagen kunde ich niemer me
Der grossen schönheit, der sü pflag,
Wanne alle selde an ir lag.
Do ich daz minnenkliche kint
70 Gesach, do wart ich an fröuden blint.
Min lip wart ouch trostes one,
Wanne ich was in dem wone,
Ich möhte danne erwerben
Ir hulde, ich müste sterben.
75 Suß was ich wol ein halbes jor

---

48 *der Vers ist über* ~~Gelimt an die klûge~~ *geschrieben Br.*   **60** ~~tûnt~~ tût *Br.*
61 ~~also~~ tugent *Br.*   **62** hofelichen eit *(übergeschrieben) Br.*   **69** minenkliche
Br.   **73** Mir *Br;* ~~werden~~ erwerben *Br.*

---

48 sinal ›gewölbt‹.   **54** wolgeklencket ›*schön geflochten*‹.   **57** sleht ›gerade‹.
60 ›*Sittsamkeit macht Damen schön*‹.   **62** wag ›*stellte fest*‹.   **66** Vollesagen
›*Vollständig beschreiben*‹.   **70** an fröuden blint ›*freudlos*‹.   **72–74** ›*denn ich
glaubte, ich müsste sterben, wenn ich nicht ihre Gunst erwerben könnte*‹.

In grossem jomer, daz ist wor,
Daz ich ir, armer tumber,
Nie getürste klagen minen kumber.   [127ʳ]
Do geschach eins morgens früg,
80 Daz ich mir gedohte dar zuo:
›Den grossen kumber, den ich tol,
Und sü mir in gebüssete wol!
Nuo wil ich in ir sagen,
Solt sü mich tuon slagen,
85 Wan sü ist von hoher art.‹
Sus huop ich mich uff die fart.
Do ich vant die vil süssen,
Ich viel ir zuo den füssen.
Ich sprach: ›Gnode, frouwe reine,
90 Mit truwen ich üch meine.
Und lont minen smertzen
Erbarmen üch von hertzen,
Den ich an minem hertzen trag.‹
Die schöne sprach: ›Waz wilt du? Sag!‹
95 Ich sprach: ›Frouwe künigin,
Mit truwen ich üch minne.‹
Sü sprach: ›Du entuost, wene ich.‹
Ich sprach: ›Owe, sehent, wie ich
Von minnen bin getan:
100 Min hertze, daz wil mir entgon.‹
Sü sprach: ›Es entuot, des wil ich wer sin.‹
Ich sprach: ›Ich wil uwer diener sin,   [127ᵛ]

---

77 ~~maniger~~ armer *(übergeschrieben) Br.*   79 ~~so gesach~~ geschach *(übergeschrie-ben) Br.*   80 dar *übergeschrieben Br.*   82 ~~gebůssen~~ ssete *(übergeschrieben) Br.*
87 ~~fuesse~~ süssen *Br.*   91 ~~mich~~ minen *Br.*   93 trage~~n~~ *Br.*   94 sage~~n~~ *Br.*
99 *der Vers ist am linken Rand nachgetragen; ebenso am rechten Rand, dort je-doch durchgestrichen Br.*   101 en *übergeschrieben;* daz *Br.*   102 sin des *Br.*

---

81 tol *›ertrage‹.*   82 *›dass sie ihn doch von mir nähme‹.*   84 *›selbst wenn sie mich schlagen sollte‹.*   91 lont *›lasst‹.*   100 entgon *›entweichen‹.*   101 des wil ich wer sin *›dafür will ich einstehen‹.*

Des habe ich mich verflissen.‹
Sü sprach: ›Wo keme du her, daz dich die gense nit enbissen?‹
105 Ich sprach: ›Ich wil uwer *diener* sin.‹
Sü sprach: ›Was darf ich denne din?‹
Ich sprach: ›Ich diende üch gerne.‹
Sü sprach: ›Wannen kummest du, von Berne?‹
Ich sprach: ›Woltent ir eht es gerne geruochen!‹
110 Sü sprach: ›Du solt es anderswo versuochen.‹
Ich sprach: ›Frouwe, gnodent minnenklich!‹
Sü sprach: ›Dine rede ist unendlich.‹
Ich sprach: ›Ich bin üch holt, uff minen eit!‹
Sü sprach: ›Dü verlürest din erbeit.‹
115 Ich sprach: ›So ist mine fröide enweg.‹
Sü sprach: ›Daz ist mir also ein tregk.‹
Ich sprach: ›Ir went vertriben mich.‹
Sü sprach: ›Gant hinweg, wer hebet dich?‹
Ich sprach: ›Owe, ich enmag nit gon!‹
120 Sü sprach: ›So solt du varen lon.‹
Ich sprach: ›Frouwe, ich klage üch minen smertzen.‹
Sü sprach: ›Io, es get mir an miner basen hertzen.‹

---

103 Des *am linken Rand nachgetragen Br.*   **104** du, die *und* nit *übergeschrieben;
nach diesem Vers:* ~~Ich sprach des habe ich mich verflissen~~ *Br.*   **105** ~~Daz ich~~ uwer
diener wil sin; Ich sprach ich wil *am linken Rand nachgetragen Br.*   **106** ich
übergeschrieben Br.   **108** kummes̶t *Br.*   **109** eht *übergeschrieben;* ~~sehen~~ gerů-
chen *Br.*   **111** minenklich *Br.*   **116** ~~du~~ mir; entregk *Br.*   **118** ~~go du en~~ gant hin
(übergeschrieben) Br.   **121** smertzen *r übergeschrieben Br.*   **122** *danach* ~~Ich
sprach ich stirbe an dirre stat / Sü sprach daz ist mir also mere~~ *Br.*

---

103 ›darauf ist mein Eifer gerichtet‹.   **104** keme ›kamst‹.   **105** *Der Vers ist durch
die* ›Verbesserungen‹ *identisch mit V. 102.*   **106** ›Wofür brauche ich dich denn?‹
108 *wohl eine Anspielung auf den Sagenkreis um Dietrich von Bern.*   **109** ›Wenn
ihr es (mein Werben) nur freundlich aufnehmen wolltet‹.   **111** gnodent ›seid gnä-
dig‹.   **112** unendlich ›zwecklos‹; vgl. V. 186.   **116** ›Das gilt mir soviel wie Dreck‹
(also gar nichts).   **118** hebet ›hält‹.   **120** varen lon ›dich fahren lassen‹.

Ich sprach: ›Ich stirbe an dirre stat.‹ [128ʳ]

Sü sprach, daz ist wor: ›Wie det dir daz bat?‹

125 Ich sprach: ›Ir werdent schuldig an mir.‹

Sü sprach: ›Ich tuon doch *n*it dir.‹

Ich sprach: ›Die sinne habe ich verlorn.‹

Sü sprach: ›Suoche sü hünder den oren!‹

Ich sprach: ›Min hertze ist löider ler.‹

130 Sü sprach: ›Der tüfel ist gever.‹

Ich sprach: ›Not twinget mich, frouwe minnenklich.‹

Die schöne sprach: ›Schlaffert dich.‹

Ich sprach: ›Owe, wie lange went ir daz triben?‹

Sü sprach: ›Leg dich nider und los dich riben!‹

135 Ich sprach: ›Helffent oder ich bin tot!‹

Sü sprach: ›Dar zuo sint dir die backen noch zuo rot.‹

Ich sprach: ›Frouwe, ir went verderben mich!‹

Sü sprach: ›Du bist dem tode nit gelich.‹

Ich sprach: ›Ir hant verwürret mir daz hertze min.’

140 Sü sprach: ›Du maht ein narre sin,

Daz du clagest, so dir nit enist.‹

Ich sprach: ›Frouwe, ich weis wol, was mir gebrist:

Ich stirbe, die sele mir uff der zungen lit.‹

Sü sprach: ›So begon ich din iorzit.‹

145 Ich sprach: ›Mich hebet uwer gebende.‹

Sü sprach: ›Enbint dich, du hast doch hende.‹

Ich sprach: ›Owe, ich arm man! [128ᵛ]

Wie sol ich min ding vohen an?

Mir get der kopf umbe.‹

150 Sü sprach: ›Go zuo dem küffert, der leit dir ein reiff darumb.‹

---

126 tůn *übergeschrieben;* mit *Br.* **130** *Tilgung eines Buchstabens vor* ver? *Br.*
131 klich *übergeschrieben Br.* **136** noch zů *übergeschrieben Br.* **139** ver-
wúrret *drittes r übergeschrieben;* min *übergeschrieben; nach* mir *einer oder meh-*
rere unleserliche Buchstaben getilgt Br. **142** gebrist *übergeschrieben Br.*
150 *ursprünglich zwei Verse, die mit einer Linie verbunden wurden Br.*

---

124 bat ›Bad‹. **130** gever ›hinterlistig‹. **132** Schlaffert dich ›Du wirst müde‹.
134 riben ›reiben, massieren‹. **143** ›Die Seele liegt auf der Zunge‹: redensartlich
für ›dem Tod sehr nahe sein‹. **144** ›Dann feiere ich deinen Todestag‹. **145** ›Euer
Band (der Minne) hält mich fest‹. **149** ›Mir dreht sich der Kopf‹. **150** küffert
›Küfer‹ (Hersteller von Fässern).

Ich sprach: ›Die koge ist mir zuo herte.
Uwer munt mich schier ernerte.‹
Sü sprach: ›Kan ich denn einen segen?‹
Ich sprach: ›Ir hant üch verwegen,
155 Daz ir mich machent fröiden blos.‹
Sü sprach: ›Wiltu schier verköffen so bachen groß?‹
Ich sprach: ›Frouwe, wa sint üch uwer sinne?‹
Sü sprach: ›Ich wene, sü sint hie inne.‹
Ich sprach: ›Frouwe, bedenckent üch bas!‹
160 Sü sprach: ›Waz hülfe dich das?‹
Ich sprach: ›Ich habe zuoversiht.‹
Sü sprach: ›Du endarft der rede niht,
Wenne, swig und tuo din mul zuo!‹
Ich sprach: ›Daz duhte mich noch zuo fruo.‹
165 Sü sprach: ›Was nimmest du dich an?‹
Ich sprach: ›Do were ich gerne üwer man
Und wil üch iemer dar umbe flehen.‹
Sü sprach: ›Wo neme ich dir daz lehen?‹
Ich sprach: ›War umb redent ir das?‹
170 Su sprach: ›Ich mercke dich nit bas.‹   [129ʳ]
Ich sprach: ›Ich muotete üch gerne an.‹
Sü sprach: ›Io, lieber tumper man.‹
Ich sprach: ›Ir wellent es nit verston.‹
Sü sprach: ›Entruowen ich enkan.‹

---

153 einen *en übergeschrieben Br.* **156** bache; groß *übergeschrieben Br.*
174 Entrv̊gen *Br.*

---

151 koge *›Koge‹ ist ein Holzhammer, mit dem der Küfer die Reifen auf dem Fass festschlägt.* **152** *›Euer Mund würde mich sofort retten‹.* **153** segen *›Segens-spruch, Zauberformel‹; während der Sprecher von ihrem Mund einen Kuss erwartet, bietet die Dame lediglich Worte an.* **154** verwegen *›entschlossen‹.* **156** bachen *›Schinken‹.* **163** Wenne *ist hier wohl keine Konjunktion, sondern das mhd. ›(ich) waene‹ (vgl. auch V. 158 und 203), hier adverbial eingesetzt im Sinne von ›gewiss, wahrlich‹.* **165** *›Was hast du vor?‹* **166** man *›Dienstmann‹.* **170** *›Ich verstehe dich (immer noch) nicht besser‹.* **171** *›Ich ginge gerne auf euch los‹.* **174** *›Ich kann es wirklich nicht (verstehen)‹.*

175 Ich sprach: ›Ich slieffe gerne bi üch, daz muoß ich iehen.‹
Die schöne sprach: ›Gelustet dich, wilt du minen fuoß sehen?‹
Ich sprach: ›Mir ist noch uwer min*ne* goch.‹
Sü sprach: ›Do ist ein botte noch.‹
Ich sprach: ›D*es* lont mich in uwer hus.‹
180 Sü sprach: ›Werest du dinn, du müst heruß.‹
Ich sprach: ›Bin ich üch unmere?‹
Sü sprach: ›Du bist ein klaffere!‹
Ich sprach: ›Mine *rede* üch niht vertriessen sol.‹
Sü sprach: ›Es tuot, daz weis got wol.‹
185 Ich sprach: ›Ir went vertriben mich.‹
Sü sprach: ›Din rede ist u*n*endelich.‹
Ich sprach: ›Frouwe, die minne lit uff mir.‹
Sü sprach: ›Wurff su abe dir!‹
Ich sprach: ›Owe, frouwe, sü wil nit herabe!‹
190 Sü sprach: ›So salt du es uns*erm* heren clagen,
Du dorehter affe!‹
Ich sprach: ›Es ist nit also geschaffen: [129ᵛ]
Es stecket mir in der hut also ein mus.‹
Sü sprach: ›So tuo dier schraffen, so kumt es dir herus.‹
195 Ich sprach: ›Vil reine creature, sol ich genesen,
So muoß uwer helfe dobi wesen.‹
Sü sprach: ›Ich gibe dir einen pfennig zuo stir daran
Und loß dich in die ba*t*stube gon.‹

---

175 *ursprünglich zwei Verse, die mit einer Linie verbunden wurden;* mûß đ *Br.*
176 *ursprünglich zwei Verse, die mit einer Linie verbunden wurden Br.*
177 minen *Br.*   **178** đ sprach *Br.*   **179** Daz; ~~botten~~ in *Br.*   **181** vnmere *offenbar aus etwas anderem korrigiert Br.*   **183** rede ich; úch *übergeschrieben Br.*
184 *vor* tût: *Tilgung (von* en?) *Br.*   **186** vnnendelich *Br.*   **190** vnßn *Br.*
193 muos *Br.*   **194** dir *übergeschrieben Br.*   **196** ~~ich~~ vwer; ~~han~~ do *Br.*
198 bastube *Br.*

---

177 ›Ich strebe (eile) nach Eurer Liebe‹.   **178** ›Ein Bote ist hier in der Nähe (den du für einen Botengang nutzen kannst)‹.   **180** dinn ›darin‹.   **186** vgl. V. 112.
193 also ein mus ›wie eine Maus‹, gemeint ist: ›es ist nicht leicht zu fassen‹; oder ist doch ›Mus‹ gemeint?   **194** ›So schröpfe dich doch (lass dich zur Ader), dann kommt es heraus‹.   **197** stir ›Unterstützung‹.

Ich sprach: ›Frouwe, die minne wil verburnen mich.‹
200 Su sprach: ›So löffe in die brüsche und kiele dich!‹
Ich sprach: ›Mir mag nieman gehelffen den ir.‹
Sü sprach: ›Der meisterschaft ich wol enbir.
Wenstu, daz ich ein artzet si?‹
Ich sprach: ›Owe, lont mir uwer helfe wonen bi!‹
205 Die schöne sprach: ›Wer tuot dir?‹
Ich sprach: ›Daz tuont ir.‹
Sü sprach: ›Du bist doch sterker vil denne ich.
Wie möhte ich denne überwinden dich?‹
Ich sprach: ›Frouwe, sit ich uch von erste ersach,
210 So habe ich gehebet ungemach.
Ich sider dicke bin erwachet
Und mir selber kummber gemachet,
Daz ich habe in *mime* sinne,
Frouwe, noch uwer minne,
215 Der min hertz in *liebe* begert.‹   *[130ʳ]*
Die schöne sprach: ›Du bist sin ungewert.
Wilt du nit hinnan gon
Und wilt mich unertöibet lon?
Ich tuon dir dinen rücken
220 Mit streichen umhücken.‹

---

199 mich *übergeschrieben Br.*   **200** *unleserliche Wörter übergeschrieben Br.*
206 ir̃ tůnt *Br.*   **209** vch *übergeschrieben Br.*   **211** ~~Daz~~ *Br.*   **212** ~~Von dem~~
~~vngemach~~ *Br.*   **213** minne *Br.*   **214** *danach* ~~Daz min hertze in minne libe be-~~
~~gert~~; *darunter* non vacat *Br.*   **215** mimmer lib; *nach diesem Vers:* ~~Die schöne~~
~~sprach in minne liebe begert~~ *Br.*   **216** ~~ungemach~~ wert *(untergeschrieben) Br.*
217 Wit *Br.*   **218** wit *Br.*   **220** um~~b~~ *Br.*

---

199 verburnen *›verbrennen‹.*   **200** brüsche *gemeint ist die Bruche (elsässisch*
›Brisch‹, dt. ›Breusch‹), ein im Mittelalter vor allem für die Stadt Straßburg wich-
tiger Fluss (er mündet südwestlich von Straßburg in die Ill).   **212** *ergänze: habe.*
213f. *vgl. V. 231f.*   **214** noch *›noch immer‹; vielleicht ist ursprünglich wie in V. 177*
›nach‹ gemeint, was sich aber syntaktisch nicht zu V. 213 fügt.   **216** *›Es wird dir*
nicht gewährt‹.   **218** unertöibet *›(noch) nicht taub (geworden)‹.*   **219f.** *›Ich*
belade dir deinen Rücken ringsherum mit Schlägen‹.

Ich sprach: ›Frouwe, do wider ich nit wil streben.
So heissent mir ioch streiche geben!
Ich beger ir von minnen,
Mag ich nit anders hie gewinnen,
225 Das mir doch etwas werde,
Ob das ich verderbe.‹
Die schöne lachen do began.
Sü sprach: ›Du bist ein doreht man.‹
Ich sprach: ›Frouwe, mir ist ernst.‹
230 Sü sprach: ›Was hettest dü aller gernst?‹
Ich sprach: ›Frouwe, mir ist in minem sinne
Anders nit den uwer minne.‹
Sü sprach: ›In ernst!‹ – ›Ich weis nit wol,
Nuo war ich nach ir hin sol.‹
235 Sü sprach: ›Nuo suoche vaste!‹
Ich geriet ir umb die brüstelin tasten.
Sü sluog mir uff die hende,
Doch möhte sü nit erwenden,
Ich küste sü an iren roten munt.
240 Ich sprach: ›Nuo bin ich bi worden gesunt.   *[130ᵛ]*
Mir ist ein wenig worden bas.‹
Sü sprach: ›Hei der scheck, wer hies dich das?
Diner tücke du enbir!
Strich hin von mir, daz rote ich dir.‹
245 Ich sprach: ›Ir hant doch mir es erlöbet!‹

---

223 *Vers nachträglich eingefügt Br.* **233** ernst *r übergeschrieben Br.* **234** hin *übergeschrieben Br.* **235** vor süche *ein Buchstabe getilgt Br.* **242** ~~schalg~~ scheck *(übergeschrieben) Br.*

---

226 ›wenn ich auch zugrunde gehe‹. **231f.** vgl. V. 213f. **233f.** ›Sie sagte: „Mach ernst!" – „Ich weiß nicht recht, wohin ich jetzt soll, um nach ihr (der Minne) zu suchen"‹; hier liegt wohl ein Defekt vor, weil der Sprecherwechsel nicht wie sonst markiert ist. Wenn man – was inhaltlich ginge – beide Verse ganz als Rede des Ich-Sprechers auffasste (und Sü in Ich verbesserte), wäre allerdings die Inquit-Formel redundant. **236** geriet ›fing an‹. **238f.** ›doch sie konnte nicht verhindern, dass ich sie auf ihren roten Mund küsste‹. **240** bi ›hierbei‹. **242** Hei der scheck offenbar ein Ausruf des Erstaunens und der Missbilligung, sonst nicht belegt.

Sü sprach: ›Du unglückiges höbet!
Wie getarst du mich gegriffen an?‹
Ich sprach: ›Was habe ich üch getan?
Ir hiessent mich doch suochen!‹
250 Sü sprach: ›Des müsse dich got verfluochen!
Ich hies dich suochen min minne.
Die ist me dane vi milen hinnen.
Du hest begangen unbescheidenheit.‹
Ich sprach: ›Frouwe, es beschach in rehter einfaltikeit.‹
255 Sü sprach: ›Wer lerte die seltzen sprüche dich?‹
Ich sprach: ›Werlich, ir künnent ir me denne ich.
Ir sint in guoter schuolen gewesen,
Do irs hant inne gelesen.‹
Sü sprach: ›Ich kam in keine schuole nie,
260 Wanne daz du mich zuo schuolen hast gefüret hie.‹
Ich sprach: ›Frouwe, durch die züht, die an üch ist,
So helfent die wile, daz mir zuo helfende ist!‹
Die schöne begunde lachen.
Sü sprach: ›Du wilt mich lihte trage machen.   *[131ʳ]*
265 Hülfe mir got mit liebe von dir,
Du kemest nit me so nohe mir.‹
Ich sprach: ›Frouwe, sehent an minen smertzen!‹
Sü sprach: ›We mir, an min hertze
Het dich der tüfel har getragen!‹
270 Ich sprach: ›Owe, ungemach hat mich überladen!‹
Sü sprach: ›Ich kam nie me zu dirre not.‹

---

250 daz; verfluͤchen *offenbar aus* verfliessen *korrigiert Br.*   **252** mylen *korrigiert aus* mulen *Br.*   **253** vnbescheidenheit *korrigiert aus* vmbescheidenheit *Br.*   **255** die *übergeschrieben Br.*   **264** tragen *Br.*   **266** *Der erste Buchstabe von* nohe *war wohl ursprünglich ein* m *Br.*   **271** zu *übergeschrieben Br.*

---

247 ›*Wie kannst du es wagen, mich anzufassen?*‹   **252** vi milen ›*sechs Meilen*‹.   **255** seltzen ›*seltsamen, fremdartigen*‹.   **260** ›*außer dass du mich hier soeben in die Schule geführt hast (mir eine Lektion erteilt hast)*‹.   **264** lihte trage machen ›*wohl verdrießen*‹.   **265** ›*Wenn mich Gott in seiner Liebe von dir befreien würde*‹.   **269** har ›*hierher*‹.   **271** ›*Ich bin früher noch nie in diese Bedrängnis gekommen*‹.

Ich sprach: ›Ich bin me den halber tot.
Werlich, es zimmet üch nit wol,
Daz ich also verderben sol.‹
275 Do sprach die schöne frouwe min:
›Du maht ein seltzen meiger sin.
Woltest du, daz ich dich neme,
Wie wol ich denn zuo hofe keme?
Reht also der mit hosen tecket sich,
280 Glich also tete ouch ich.‹
Ich sprach: ›Begnodent, frouwe minneklich:
Hette ich ein gantz kunigrich,
Daz alles sament were min,
Daz wolte ich durch üch lossen sin.‹
285 Sü sprach: ›Es lot wol reden sich,
Daz doch zuo tuonde ist kumberlich.
So du mich brehtest in den strick,
Dar noch gebest du uff mich nit ein wig.   *[131ᵛ]*
Also es dicke ist beschen,
290 Und ich daz selber han gesehen,
Daz ein man so schiere varen lot,
Daz er so kume erworben hat.‹
Ich sprach: ›Frouwe, daz beschiht selten.
Sol ich nuon des engelten,
295 Daz ein ander hat geton?
Ir süllent mich geniessen lon,
Daz ich üch minne in rehter stete.
Ungerne ich üch nöte missetete.
Alle manne sint nit glich gemuot:
300 Einer ist böse, der ander ist guot.
Han ich nuo böses nit geton,

---

278 zů *übergeschrieben Br.*   **283** werre *Br.*

---

276 meiger ›*Meier, Oberbauer*‹.   **277f.** ›*Wolltest du, dass ich dich nähme, obwohl
ich doch auch an den Hof kommen könnte?*‹   **279** mit hosen tecket sich ›*sich mit
Hosen bedeckt*‹ (*d. h. sich behilft, so gut es geht*).   **287** ›*Wenn du mich mit dem
Strick eingefangen hättest*‹.   **288** nit ein wig ›*gar nichts*‹.   **296** geniessen lon
›*ein Nutzen davon haben lassen*‹.   **298** nöte missetete ›*überfüssige Nöte bereite*‹.

Daz sollent ir mich geniessen lon.‹
Die schöne sprach: ›Ich wil dir sagen:
Du kanst din leit vil wol geklagen
305 Und seist mir ouch din ungemach
Und sprichest, du sihst gar sere swach.
So men den schaden alle gesiht,
So bristet dir doch anders niht,
Wenne wie du des flisest dich,
310 Wie du betriegen mügest mich.
Ich mag mich nit an dich gelon.
Du solt dine stroße gan   *[132ʳ]*
Nuo zuo disen stunden.
Ich habe es wol befunden,
315 Daz die manne unstete sint:
Ire wort sint reht also der wint,
Ein iegelich man geheisset vil,
Und so geschit, daz er wil,
So lot er sü bliben
320 Und got zuo andern wiben.
Sit men unstetikeit an mannen siht,
So kan ich dir gelöben niht.‹
Ich sprach: ›Frouwe, wen daz beschiet,
So ist do rehter liebe niht.
325 Nuo merckent, obe daz wor si:
Do rehte liebe wonet bi,
Do minnet ein man ein liebes wip
Vir basser denn sin selbes lip.
Die minne hat söliche craft,

---

324 liebe *zweites e übergeschrieben Br.*   **328** ~~wip~~ lip *Br.*   **329** ~~maht~~ craft *Br.*

---

306 sihst *›seist‹.*   **307–310** *›Wenn man den ganzen Schaden ansieht (den du angeblich erlitten hast), so fehlt es dir doch an nichts anderem als daran, dich darum zu bemühen, wie du mich täuschen könntest‹.*   **317** geheisset *›verspricht‹.* **318** so *›wenn‹.*   **319** *›so kümmert er sich nicht mehr um sie‹.*   **328** Vir basser *›viel mehr‹.*   **329** *Die in der Hs. vorgenommene Korrektur des identischen Reims löst das Reim- und Redundanzproblem dieses Verspaares nicht.*

330 Daz sü git kraft und maht,
Wem sü mit reinen dingen werden mag.
Danne rehte liebe nie gelag,
E kurtze stunden hinnan gat,
Daz liep bi liebe fröide hat.
335 Rehte liebe nit verderben kan.
Wer ie hertzeliep gewan, [132ᵛ]
Der stet mir des noch wol bi,
Daz mine rede worhaftig si.
Ich wil bliben one wang.
340 Noch truwen ie min hertze rang.‹
Sü sprach: ›Manne, die sint wunderlich,
Daz sü des gerne flissent sich,
Wie sü die wip betriegen mügen.
Es ist ein worheit und nit ein lügen:
345 Ein man zuo manigen stunden giht,
Daz ime ist in dem hertzen niht.
Er swert ouch vil manigen eit,
Daz er wor habe geseit
Manigem wibe hie. Wie wol ein man
350 Den strit mit reden gestellen kan!
Ir rede ist süsse und lang.
Do mitte hant sü den gedang,
Der doch den worten glichet niht,
Dü der munt vil dicke giht.
355 Sü sagent also der vogeler,
Der die vögelin und den bar
Vil dicke hat gefangen.
Also ist es dicke ergangen
Den armen wiben dicke

---

331 *vor mit* unleserlicher Buchstabe durchgestrichen *Br.* **349** *vertikaler Strich zwischen* hie *und* wie *Br.* **354** Dz *Br.*

---

331 mit reinen dingen ›*auf tadellose Weise*‹. **332–334** ›*Denn rechte Liebe hört nie auf: Bevor eine kleine Weile vergeht, haben die Geliebten wieder Freude miteinander*‹. **337** ›*der stimmt mir außerdem sicherlich darin zu*‹. **339** wang ›*Wanken, Untreue*‹. **340** Noch ›*Nach*‹. **350** gestellen ›*beilegen*‹. **355** vogeler ›*Vogelfänger*‹. **356** bar *gemeint ist wohl ein* ›*Bär*‹.

360 Von maniges manne stricke. [133ʳ]
Got dem wibe heiles gan,
Die sich dovor gehüten kan!‹
Ich sprach: ›Ich wolte es, uff die truwe min,
Daz ir bekantent denn minen sin!
365 So möhtent ir wol wißen,
Daz ich bin verflissen
Uff üch also sere,
Daz ich niemer mere
Von uch nit schöide lip noch guot.
370 Hertze, sinne und muot,
Dar zuo min lip und leben
Han ich üch zuo eigen geben.‹
Sü sprach: ›Ebe ich nuo gerne daz beste tuo
Beide spote und fruo:
375 Tete ich es wirde geseit.‹
Ich sprach: ›Ich wil iehen die worheit:
Es kan niemer also geschehen,
Daz men unßer *minne* iemer kunde gespehen.
Sü sol also rehte heimlich sin.
380 Frouwe, lont uwer forhte sin!
Beide stille und offenbar
Es wurt niemer mensche gewar.‹
Sü sprach: ›Owe, ich armes wip!
Ich förhte, ich müße minen lip [133ᵛ]
385 Geben dir in dinen gewalt.
Das ist ein ding also gestalt,
Daz ich nie gehorte sagen

---

367 vff úch ~~Mit ich~~ *Br.* **376** die worheit yehen *(mit je zwei vertikalen Strichen vor* worheit *und* yehen *als Zeichen für die reimtechnisch notwendige Umstellung; die ersten zwei Striche hätten allerdings wohl vor den Artikel gehört) Br.* **378** vnß ~~minne~~ mir *(übergeschrieben);* ~~bespehen~~ gespehen *(übergeschrieben) Br.* **382** ~~gegewar~~ *Br.* **386** *Vers nachträglich eingefügt Br.*

---

373 Ebe ›*Falls, wenn, ob*‹; *diese Konjunktion kommt in der Form* eb(e) *im Folgenden auffallend häufig vor.* **375** ›*Täte ich es, es würde darüber gesprochen*‹ *(Konstruktion Apokoinu).* **381** ›*Sowohl im Geheimen als auch öffentlich*‹.

Von eime manne, der do kunde geklagen
So rehte wol sine pin.
390 Min hertze müste gestanden sin,
Es müste sich erbarmen
Uber dich vil armen.
Ouch des großen tüfels kraft
Min hertze hat so gar behaft,
395 Daz ich dem tüfel bin gelich
Ab den wörten sider. Sich:
Nuo wolte ich wol und möhte es, dir
Geschehe üt guotes von mir.
Brechest du die truwen,
400 So blibe ich dem ruwen.‹
Ich sprach: ›Frouwe, solte ich üch lon,
Daz were sere misseton.
Ein worhaftiger man nit tuot.
Bede lip und guot
405 Sol iemer uwer sin.
Wider üch mag ich nit gesin.‹
Sü sprach: ›Uf mine iungeste fart,
Sider ich ie geboren wart,
Daz mir nie zuo ougen kam   [134ʳ]
410 So ein rehter zühtiger man,
Der do so getruwe were
Und ales wandels lere,
Do bi tugen*t*haft und gemeit!
Sag an bi diner worheit:
415 Ebe alle riche werent din,
Die woltest du durch mich lossen sin?
Ebe alles dins hertzen gir
Mit gantzen truwen stet zuo mir?‹
Ich sprach: ›Gnodent, frouwe min*n*enklich wolgemeit,

----

389 So D̶o̶ *Br.*   **396** ab O̶b̶e̶ *Br.*   **401** *zweites* ich *übergeschrieben Br.*   **410** z̶i̶g̶ zühtiger *Br.*   **413** tugenhaft *Br.*   **419** minenklich; gemeit *übergeschrieben Br.*

390–392 ›*Mein Herz müsste starr sein, um nicht mit dir Ärmstem Mitleid zu haben*‹.   **396** ›*aufgrund der bisher gesprochenen Worte. Siehe*‹.   **398** üt ›*etwas*‹.
407f. ›*(Ich schwöre) auf meinen Tod, dass mir, seit ich einst geboren wurde, …*‹.

420 Ich habe üch hüte lange geseit:
Ebe alle riche werent min,
Die wolte ich durch üch lossen sin.
Wie möhte *ich* denne gegen uch
Gewencken, frouwe min*n*enklich?‹
425 Sü sprach: ›Ich habe *mit* dir gehöschet
Und mit dir geköset.
Daz tet ich alles umbe das,
Daz ich erkante deste bas,
Ebe *du* werest von hertzen holde mir.
430 Nuo tuo alles, daz du wilt, nach diner gir.
Daz wil ich lon geniessen dich.
Was du wilt, daz wil oüch ich.‹
Der rede wart ich fröiden rich.
An fröiden wart mir nieman glich,
435 Kein man uff erden nie.
Wie balde ich zuo der lieben gie,
Mit armen ich sü umbefing zehant.
Daz mahte mir min*en* iomer verant,
Und ir röselehter munt
440 Tet mich selden vil gesunt.
Do sprach die schöne wol geton:
›Liebes trutes bielin, wir wellent gon!‹
Ich sprach: ›Zarte frouwe reine,
Mine fröide ist nit kleine,
445 Daz ich gelebet han die stunt,
Daz mir din genode ist worden kunt.‹

423 v́ch *Br.*   **424** minenklich *Br.*   **425** nit *Br.*   **429** du mir *Br.*   **437** ~~Man~~ Mit; armen *aus* armem *korrigiert; danach* ~~Daz vil minenkliche vmbefang~~ *Br.* **438** Dez *nachträglich hinzugefügt;* min *Br.*   **444** ~~bekleine~~ *Br.*

425 mit dir gehöschet ›*mit dir meinen Spott getrieben‹.*   **426** geköset ›*geschä-kert‹.*   **438** ›*Das sorgte dafür, dass mein Jammer von mir abließ‹.*   **440** ›*stellte mein Glück wieder ganz her‹.*   **442** bielin ›*Bühllein (Diminutiv von Buhle), Gelieb-ter‹.*   **446** *hier – nach der erfolgreichen Werbung – duzt der Sprecher die Frau erstmals.*

Also fuorte ich die zarten
In einen bömgarten,
Der was mit bluomen wolbekleit.
450 Do was ein bette do bereit,
Do leitent wür uns bede an.
Do hette ich senender man
Bi liebe fröide und gemach.
Min sorge wart ouch do von swach.
455 Die tugenderiche schöne
Gap mir zuo lone,   [135ʳ]
Daz mir von ir nüt wart verseit.
Was ich wunste, daz bat ich die vil wolgemei*t*.
Dovon ich üch roten wil:
460 Weler man, der do wil haben fröidenspil,
Der sol werben umbe ein wip,
Die leben, liep und lip,
Die hertze hebet und muot.
Gip alles guot über guot!
465 Gip aller hertzen sinne!
Gip aller ougen wünne!
Die rehte sumer*bern*de summerzit,
Die under wibes ougen lit,
Die git dem hertzen frölich leben
470 Und kan wider alles tru*r*en streben.
Wer nuo selden noch var,
Der neme der rein*en* wiber war.
Wip, aller ouwen wunn*e*!

---

457 a̶n̶ von *(übergeschrieben)*; n̶i̶t̶ nút *(übergeschrieben)*; geseit *(versehentlich nicht durchgestrichen)* verseit *(übergeschrieben)* Br.   **458** wolgemei *(bis zum rechten Blattrand geschrieben)* Br.   **459** w̶i̶l̶ roten; wil *vermutlich aus* wol *korrigiert* Br.   **461** V̶i̶l̶ der *Br.*   **467** sumerde *Br.*   **470** truwen *Br.*   **472** reinenen *Br.*   **473** wunnen s̶p̶i̶e̶l̶ *Br.*

---

458 wunste ›wünschte‹.   **460** Weler man ›Jeder Mann, der‹; vgl. V. 541. **462f.** *offenbar sind alle Substantive artikellose Akkusativobjekte zu* Die [Frau] hebet *(›erhöht‹)*.   **464–466** *wohl Apostrophe an die Dame bzw. die personifizierte Minne.*   **471** selden noch var ›nach Glück sucht‹.   **473** ›Frau, die Wonne aller Auen‹ *(oder sind doch die Augen gemeint wie in V. 466?)*.

Wibes lieb, heisser denn die sunne!
475 Wip, o guoter nam*m*e,
Din lip ist guot und lobesamme,
Lobesamme*r* tusent stunt,
Den iemant müge werden kunt!
Und daz alle zungen zuo lobe
480 Getwungen wurdent, sü möhtent nit gelöben
Hie uff diser erden [135ᵛ]
Dich noch din*e* werden.
Frölich one dich mag ich nit geleben,
Du kanst alle fröide geben.
485 Ich han üch vil wor geseit,
Daz vil eren und wirdikeit
In reinen zarten wiben lit,
Die fröide bringent alle zit.
Nit stellent dar uff uwern muot,
490 Wie ir gewinnent groß guot.
Wo nuo ist ein iunger man,
Der umb frowen werben nit enkan,
Der volge miner lere,
Frawen er er mere.
495 Wil er werben umbe ein wip,
So muos er setzen sinen lip,
Daz er zühtikliche hofiere
Und weder swere noch liege,
Ebe ime der bette wurt verseit.

---

474 *Vers nachträglich hinzugefügt Br.* **475** namne *Br.* **476** lobesamme *b
aus einem anderen Buchstaben korrigiert Br.* **477** Lobesammen den *Br.*
480 Getwun~~dent~~ gen *(untergeschrieben) Br.* **482** dinen *Br.* **483** ~~dich~~ mag *Br.*
487 ~~iren~~ reinen *(übergeschrieben) Br.* **491** e junger *Br.* **492** *Vers nachträglich
hinzugefügt Br.* **493** volg~~et ant~~miner *Br.* **494** *Vers nachträglich hinzugefügt Br.*

477f. ›*tausendmal lobenswerter, als jemand erfahren könnte*‹ *(iemant: Dativ).*
479 *Und daz* ›*Wenn*‹. **482** *dine werden* ›*deine Würden, deine Werte*‹. **494** ›*die
Ehre der Damen vermehre er*‹. **496** ›*so muss er sein Leben einsetzen*‹.
498 *swere* ›*schwöre*‹, *hier wohl im Sinne von* ›*beschwöre*‹. **499** ›*falls ihm die
Bitte nicht gewährt würde*‹.

500 Des sol er nit tragen grosses leit,
    Und obe er iemer litte,
    Daz es ime in sin hertze snitte,
    Daz sol er alles dulden
    Durch der frouwen hulden.
505 Er lidet etwenne spot
    Von einem zarten mündlin rot.
    Er muos ouch liden qual
    Dicke under allem male.
    Er muos also sin geschaffen,   *[136ʳ]*
510 Daz men sin müge gelachen.
    Er muos uff sich lon muncken.
    Es sol in alles guot duncken.
    Er muoß alles fin verswigen.
    Ime sol ouch nit swere ligen,
515 Eb im *wurt* hundert stunt verseit.
    Es sol ime nit wesen leit,
    Wen es bringet ettewenne ein tag,
    Das ein ior nit bringen mag.
    Nuo ist etlich toreht man,
520 Der leider sprache nit enkan.
    Mit muot der frouwen sitten
    Er kan weder flehen noch bitten
    Und gicht denne, er si ii gantz ior
    Einre noch gangen beide stille und offenbar,
525 Und do er sü bitten solte,
    Der rede sü nit enwolte

---

500 *Vers nachträglich hinzugefügt Br.* **506** *Vers nachträglich hinzugefügt; da-nach* ~~Von den ein unden munden rot~~ *Br.* **507** ~~walle~~ qual *Br.* **508** allem *über-geschrieben Br.* **513** *Vers nachträglich hinzugefügt Br.* **514** *danach:* ~~Ebe~~ ͥᵐ ~~der bette wurt verseit~~ *Br.* **515** Eb im *nachträglich hinzugefügt;* wurt yme *Br.* **523** ~~git~~ gicht *(übergeschrieben) Br.* **525** sú *übergeschrieben Br.*

---

511 ›*Er muss es ertragen, dass man schlecht von ihm spricht‹.* **515** ›*wenn er hun-dertmal zurückgewiesen würde‹.* **517** Wen ›*denn‹.* **521** ›*Mit einer inneren Aus-richtung auf die Art der Damen‹.* **523** ii ›*zwei‹.*

Und ime bot ungsliffen wort.
Do stunt er tumber vor ir trot:
›Wann ich wolt zuo reden ir,
530 So kerte sü sich umbe von mir.
Ich ging uff oder nider,
Ich kam niemer me hin wider.
Es tuo mir wol oder we,
Mit ir gerede ich niemer me.
535 Dorffdirnen sint ouch wip   *[136ᵛ]*
Und hant also wol wibes lip,
Also die sich smehe dunckent vil.
Sol ich do haben minnespil,
So gibe ich e einre ainen pfenning,
540 Die lot mich tuon daz guote ding.‹
Welle manne hant solichen list,
Die wissent nit, was lieb ist.
Der nie anders enbeis,
Dem ist gumpost also fleisch.
545 Er weis ouch einen stinckenden fist,
Was guot oder böse ist. Amen.

---

528 trot *r übergeschrieben Br. Vielleicht ist aber tort (›dort‹) gemeint (vgl. das Reimwort* wort*).*   **529** *Vers nachträglich hinzugefügt Br.*   **530** So *aus* Sú *gebessert;* sú *übergeschrieben Br.*   **535** ~~Große~~ Dorff *(übergeschrieben);* ~~sintt öch~~ sint ouch *(übergeschrieben) Br.*   **539** ich *übergeschrieben;* ~~dich~~ ainen *Br.*   **542** lieb *übergeschrieben;* ist ~~ni~~ *Br.*   **545** ~~fisch~~ fist *Br.*

---

528 trot *›schnell, unversehens‹.*   **536f.** *›und haben genauso einen Frauenkörper wie diejenigen, die sich für ganz unansehnlich halten‹.*   **539** *›so gebe ich lieber so einer (gutaussehenden Dorfdirne) einen Pfennig‹.*   **540** tuon daz guote ding *euphemistisch für ›Geschlechtsverkehr haben‹.*   **541** *vgl. V. 460.*   **543f.** *sprichwörtlich: ›Wer nie anderes gegessen hat, dem ist Sauerkraut wie Fleisch‹.*   **545** *›Er weiß einen stinkenden Furz, weiß gar nicht‹.*

Auf Bl. 136ᵛ stehen mehrere nicht abgesetzte Reimpaarverse (Devisen) von anderen Händen. Oben auf der Seite (über V. 535 der Minnerede) steht:

(1.) noch liebe hab ich verlangen | durch liep bin ich in leide gevangen

Direkt unter dem letzten Vers der Minnerede stehen zwei Sprüche, die sich kommentierend auf die Minnerede zu beziehen scheinen:

(2.) ase komen die zuei zuosamm zuo der e
      got well daz es uns wol erge

Darunter:

(3.) Aso komen die zwei zuo samen
      wer es liset der müeß bl??en vür lammen *(?)*

Darunter:

(4.) wen ich bin bider zarten
      so darf ich ir nit warten

Darunter folgende Sprüche und Devisen von einer anderen Hand:

(5.) Ach got wie sere
      get guot fur ere

(6.) liep han vnd selten sehen
      das duot we daz muoz ich iehen

(7.) ellen vnd hert
      ist min gefert

(8.) ellen min bewise mich
      wie lange sol ich buwen dich

(9.) wer ellen für truren guot
      so wer ich dicke wol gemuot

(10.) hest du lieb so hab
      hest du nit so lieb *[hab?]*

39. Glückliche Werbung (B231)

›O Senen, wie we du tuest, [145ʳ]
Das du statigs bei mir ruest
Und willt daran nit abelassen!
Ob ich dich darumb tue hassen,
5 Das tunckt mich nit ain wunder.
Wie hastu mich so gar besunder
Außerkorn fur ander lewt?
Gedenck noch an die vergangen zeit,
Das ich oft hohes muets pflag.
10 Soll nimer erschein der tag,
Das es mir mer geschehen soll,
So leit mein hertz gros kumers voll
Und wirt davon genaiget;
All mein frewd die wirt geswaiget.
15 Das ist doch, Senen, nur dein schulld.
Vor mir hastu nit frid noch hulld.
Ich tue uber dich ain clag:
Ich wolt, das du in meres wag
Lägst bis an den grunt
20 Und das dich nimer fund
Kaines menschen hant.
Ich hof, ich woll dich aus dem land
Mit meinem swaren clagen
Gar und gantz verjagenn.
25 Darumb, Geluck, nu merck mein wort:
Senen bringt nur semlich hortt
Gegen ainer frawen minecklich,

Text nach **Lo₄** *(London, BL Add. 24946; 2. Hälfte 15. Jh.), 145ʳ–148ʳ. – Bisher unediert.*

Überschrift: Von ubergrossem senen *Lo₄.*

---

2 bei mir ruest ›*bei mir bleibst*‹.   **6f.** ›*Warum hast du ausgerechnet mich allen anderen Menschen vorgezogen und auserwählt?*‹   **12** leit ›*leidet*‹.   **14** wirt geswaiget ›*wird zum Schweigen gebracht, verstummt*‹.   **18** wag ›*Wogen*‹.   **25** *Ab diesem Vers richtet sich die Rede an das personifizierte Glück.*   **26f.** ›*Die Sehnsucht bringt nur wenig Trost hinsichtlich einer schönen Dame*‹.

Die mich solt machen freidenreich.   [145ᵛ]
Do lat mich Senen nit komen zue.
30 Es wont mir bei spat und frue
Und bringt mir schwär und grosse not.
Und wert es lanng, mir wär der tod
Vil wäger dann das leben,
Wann ich bin umbegeben
35 Mit allem trawrn, kurtz genant.
Geluck, das thun ich dir bekant,
Und tue an mir dein hillfe schein:
Bis ingehaim der botte mein
Gegen der frawen, von der ich trag
40 Senen baide nacht und tag,
Und sag ir meines hertzen grues!‹
Geluck das sprach mit worten sues:
›Ich will die botschaft werben gern.
Davon will ich mich von dir kern
45 Und kum doch wider her zue dir,
So ich nach deines hertzen begir
Der frawen sag die botschaft dein,
Dartzue deines hertzen sendlich pein,
Wann ich dir da willig bin.
50 Beleib du hie, ich var dahin
Und will mich wencken an die vart,
Da ich vind die frawen zart
Allain on aller mellder list.‹
Ich kam dahin in kurtzer frist.
55 Da sie mich von erst ansach,
Si bekant mich balld und sprach:
›Du solt mir gotwilkumen sein!
Geluck, was ist das werben dein

32f. ›Und würde es lang andauern, wäre mir der Tod viel lieber als das Leben‹.
37 ›erzeige mir deine Hilfsbereitschaft‹. **38** Bis ›Sei‹. **44** Davon ›Deshalb‹.
48 sendlich pein ›Liebesschmerz‹. **49** ›weil ich deinem Wunsch nachkommen
will‹. **51** ›und werde mich an den Ort begeben‹. **53** mellder ›Wächter, Verräter‹.
54 *Ab hier erzählt das personifizierte Glück wie auch später in V. 156–160 in erster
Person.* **56** bekant mich balld ›erkannte mich sogleich‹. **58** das werben dein
›der Zweck deines Tuns‹.

Oder was ist dein geschaft hie?‹
60 Ich danckt und naigt mich auf ain knie.
›Genad, fraw, ich bin gesant
Von ewrm diener ungenant,
Den ich lies in grossem seen.
Gott selber es an im erkenn
65 Und geruech im abzunemen sein pein.   [146ʳ]
Der enpewt euch den grues sein
Begirleich aus sendem hertzen,
Das an im hat vil grozzen schmertzen,
Und lat euch wissen dabei,
70 Das im niemand lieber sei
In aller wellt, dann ir seitt,
Und bitt, das ir on allen neid
Verhoret mich von seinen wegen.
Er spricht sicher, er woll pflegen
75 Ganntzer stat und rechter trew
Gegen euch on alle afterrew.
Ewr lieb, die hat im angesigt.
Sein leib, sein leben an euch ligt,
Daruber habt ir gantz gewallt.
80 Ich hort auch van im manigvallt,
Das er sprach, im wär entzunt
Sein hertz nach euch in kurtzer stund
Und prün in rechter lieb fewr
Nach ewrm stolltzen leibe gehewr,
85 Das er nit west, ob er lebtt,
Und doch in dem wan schwebt,
Im werd noch sunst bues
Von ewrm rotten mund vil sues
Mitt ainem minenckleichen trost,

---

59 geschaft ›*Aufgabe*‹. **63** seen ›*Sehnen*‹. **66** enpewt ›*entbietet*‹. **72f.** ›*und bittet Euch, dass Ihr ohne jeglichen Einwand mich, seinen Beauftragten, vernehmt*‹. **74** spricht sicher ›*versichert*‹. **76** afterrew ›*nachkommende Reue, Betrübnis*‹. **80** van ›*von*‹; manigvallt ›*mehrmals*‹. **84** ›*nach Eurer herrlichen und schönen Gestalt*‹. **86f.** ›*und doch in der Hoffnung lebt, er werde noch auf diese Weise erlöst werden*‹.

90 Der seinen leib von senen erlost.
    Ir sollt des van mir sein bericht,
    Wert in hoffnung nicht,
    Das im sein leib mues verderben
    Und frewdenlos in senen sterben.
95 Darumb last mich gutten botten sein
    Und tuet im ewr hilff schein.
    Ich wais das woll furwar,
    Das er nit wenckt als umb ain har
    Aus ewr lieb zue kainer stund,
100 Wann im ist rechter lieb grundtt
    Geschriben in das hertze sein   *[146ᵛ]*
    Von ewrn clarn ewglen schein.
    Was soll ich nu sprechen mer?
    Er tuet nach ewrs hertzen ger.
105 Was ir zue im mügt gesprechen,
    Rennen, springen, tantzen oder stechen,
    Das tunckt in alls ain ringes spill.‹
    ›Geluck, hör, was ich will
    Dir sagen und machen kund:
110 Wann ich die werich fund
    Als gerecht als die wort,
    Die du mir an diser vart
    Von im kund hast getan.‹
    ›Fraw, zweivelt nicht daran:
115 Was ich euch hab gesagt,
    Des ist sein leib gar unvertzagt.
    Darumb sollt ir mir antwurt geben,
    Die im erfrew sein senes leben.
    Die bring ich im hinwider schier.‹
120 ›Gelück, ich merck es woll an dir,
    Das sein hertz ist stät und rain.
    Darumb so will ich in allain

---

92 *›wenn Ihr ihm keine Hoffnung gewährt‹.*   **100–102** *›denn in sein Herz ist das Wesen der wahren Liebe durch den Glanz Eurer leuchtenden Augen eingeschrieben‹.*   **105** *›Was auch immer Ihr von ihm fordern mögt‹.*   **107** *›all das erscheint ihm als Kinderspiel‹.*   **110f.** *›Wenn ich sähe, dass seine Taten seinen Worten entsprächen‹.*   **112** an diser vart *›soeben‹.*

Aus aller wellt erwelen
Und in mein hertz gesellenn.
125 Darinn soll er beschlossen sein
Mit trewen an das ende mein.
Gelück, das mach im offenbar,
Und das er alles trawrn gar
In meinem dinst las underwegen,
130 Wan er hat billich frawensegen
Umb sein stät, die an im leit.
Und sag im on allen neid,
Das ich sein trost will sein,
Wo es in ern mag gesein.
135 Sider er durch mich erlitten hat
Senen baide frue und spatt,
Das will ich in ergetzen
Und in in all frewd setzen.   *[147ʳ]*
Und doch das er nit soll begern,
140 Das mich tät swechen an den ern
Oder das mein er tät krencken.‹
›Fraw, ee er tät gedencken,
Das euch brächt uner oder nott,
Er litt ee den bittern tod.
145 Des wollt ich mich verpfennden.‹
›Geluck, du sollt dich wenden
Widerumb, das ist mein rat,
Wann es ist nu schier spat.
Und tue dem lieben diener mein
150 Von mir lieben grueß schein
Trewlich aus meines hertzen grunt,
Verpunden mit der lieben pund.
Damit sollt du hinfarn.‹
›Fraw, got müeß euch bewarn.
155 Meines beleibens ist nimer hie.‹

---

124 ›und in mein Herz als Freund aufnehmen‹.   **129** las underwegen ›unterlas-
se‹.   **131** ›wegen seiner Beständigkeit, die er vorzuweisen hat‹.   **135** Sider ›Da‹.
137 ›werde ich ihn dafür entschädigen‹.   **142–144** ›Herrin, er würde lieber den
bitteren Tod erleiden als etwas zu beabsichtigen, das Euch Schande und Bedräng-
nis brächte‹.   **146f.** dich wenden Widerumb ›die Rückfahrt antreten‹.

Mit der red ich dannen gie
Und kam hinwider zue dem helld,
Der mich zue dinst het auserwellt.
Von verrn er mich komen sach.
160 Er sprang auf und zue mir sprach:
›Geluck, wie mag die fraw mein?
So sie sällig muesse sein!
Mich hat verlanget ser nach dir,
Darumb so solltu sagen mir,
165 Wie der frawen mein behag
Mein gruessen und mein sende clag.
Das sollt du mir machen kundt.‹
›Nu hör, gesell, aus meinem mund
Liebe mär will ich dir sagen:
170 Enden soll sich alles dein clagen,
Die gehabt hat dein junger leib.
Dich trost ain minencklichs weib
Und haist dir sagen one spott,
Das ir nit liebers sei an gott,
175 Dann du ir bist on alles wencken.   [147ʳ]
Doch sollt du nit bekrencken
Ir er in kainerlai weise,
Wann sie hat der ern breise
An dich gelegt mit rechter trew.
180 Darumb so laß dein senden rew
Und nimb frewd in das hertze dein
Fur trawrn und fur sende pein;
Das hat sie haissen sagen dir.
Furwar sollt du gelauben mir,
185 Das sie ist aller ern voll.
Davon so dien ir woll,
Das tunckt mich sein ain trewer rat.

---

165 behag *korrigiert aus* behab Lo₄.

161f. ›*Glück, wie geht es meiner Dame? Möge sie glücklich sein*‹.   **163** ›*Ich habe
mich sehr nach dir gesehnt*‹.   **174** an ›*außer*‹.   **178** der ern breise ›*das Lob der
Ehre*‹.   **179** An dich gelegt ›*in deine Hände gelegt*‹.   **182** Fur ›*anstelle, statt*‹.

Es ist nu an dem abent spatt,
Die nacht vast nahent herzue,
190 Ich will dir lassen rue.
Las dir die sach empfolhen sein
Immer durch den willen mein,
Wann sie macht dir frewden new.‹
›Gelück, nimb hin mein trew,
195 Das ich ir dien fur aigen.
Irer lieb der will ich naigen,
Seitt mich hat erlost
Von senen ir minenckleicher trost.
Was mir gepewt die rain,
200 Es sei gros oder klain,
Des bin ich willig und gerecht
Als ir diener und ir knecht
Zue volbringen nach dem willen ir.
Gelück, wie soll ich lonen dir
205 Der dinst, die du mir hast getan?
All mein dinst stent dir zu lonn:
Die weil ich hab das leben mein,
Sullen dir mein dinst berait sein.
Damit will ich empfelhen dich
210 Dem hochsten got von himelrich,
Wann du hast mich wol frewd bericht.
Zwar Awgentrost, Vergißmeinnit,   *[148ʳ]*
Das sind zwai hubsche bluemlein zwar,
Gott, der reiche, sie bewar
215 Und dich froleich hinwider send.‹
Also hat dise red ain end.

---

189 vast nahent ›*naht rasch*‹.　**194** trew ›*Ehrenwort*‹.　**196** ›*Ich werde mich ih-*
rer Liebe unterwerfen‹.　**199** gepewt ›*befiehlt, gebietet*‹.　**205** Der dinst ›*für die*
Dienste‹.　**211** ›*denn du hast mir überaus Erfreuliches berichtet*‹.　**212** Zwar
›*Wahrlich*‹. *Der Blattwechsel und die unvermittelte Erwähnung der beiden typischen*
Minne-Blumen mit sprechenden Namen könnten Indizien für einen Textverlust sein.

40. Gozold: Der Liebesbrief (B213)

Fassung Heidelberg

Wich umb die liebe so wol getan!   *[82ᵛ]*

Ich sach sie gein mir hergan,

Gegürtet uff iren besten rok.

Wie crus, wie goltvar etlich lok

5   So zart sich für ir hüblin bot!

Ir hitzenricher munt so rot   *[83ʳ]*

Warff mir ein morgengrüßen dar.

We, wie gern ich den hals so snegevar

Hette mit miner hant geslagen.

10   Dez luste mich, daz muoz ich sagen,

Do er so bloßer vor mir stunt,

So lang, so blang, so linde, so runt.

Wie kume enthielt sich dez min hant!

Die süße mich alleine vant.

15   Ich vant mich selber auch bi ir.

›Guten morgen‹, sprach sie zu mir.

Ich sprach: ›frawe, genade, wannan sus?‹

Si sprach: ›het ich in hie, im würde ein kuos

Von minem munde, alz helff mir got.‹

20   Ich sprach: ›eia, ez ist ewer spot!‹

---

*Text nach **He₁₀** (Heidelberg, UB Cpg 358; vor 1410), 82ᵛ–85ᵛ. – Bisherige Ausgabe: Geuther 1899, 95f. (V. 1–56, 102–107) (nach He₁₀).*

Überschrift: Dis ist gozoldis sproch *He₁₀*. **1** wol *nach* getan *mit Einfügungsstrichen nachgetragen He₁₀*.

---

1 Wich ›Weh‹. **5** ›*so lieblich aus ihrer kleinen Haube hervorschauten*‹. **8** snegevar ›*schneeweiß*‹. **9** geslagen ›*berührt*‹. **17** wannan sus ›*woher kommt ihr denn*‹. **19** alz helff mir got ›*so wahr mir Gott helfe*‹.

Fassung Prag

    O wol dir lieb wolgetan!   *[47ʳ]*

    Ich sach si her gen mir gan,

    Gegürt in iren pesten rock.

    Wie kraus, wie goltvar ettlich lock

5   Zartlich sich für die hauben pot!

    Ir hitzreicher mund so rott

    Warff mir ain morgen gruoß dar.

    Geren ich iren hals schnefar

    Hett mit meiner hannd geschlagen.

10 Mich lustet des, das muoß ich sagen,

    Da er so schöner vor mir stuond,

    So langk, so planck, so lind, so rund.

    Gar kaum enthielt sich des mein hannd.

    Die schön mich allain vand.

15 Als ich nachent was bi ir,

    Guoten morgen gab si mir.

    Ich sprach: ›gnad, fraw, alsus!‹

    Si sprach: ›hett ich nun hie ain kus,

    Den gäb ich im sammer got.‹

20 Ich sprach: ›fraw, es ist ewr spott!‹

---

*Text nach **Pr₂** (Prag, Knihovna Nárondního muzea Cod. X A 12 [›Liederbuch der Klara Hätzlerin‹]; 1470/71), 47ʳ–49ʳ. Weitere Überlieferung:* **Lg₄** *(Leipzig, UB Ms. Apel 8 [›Bechsteins Hs.‹]; um 1512), 188ʳ–190ᵛ;* **Be₃** *(Berlin, SBB-PK Ms. germ. fol. 488 [›Ebenreutters Hs.‹]; um 1530), 60ʳ–62ᵛ. – Bisherige Ausgabe: Haltaus 1840, 145–147 Nr. II 10 (nach Pr₂).*

Überschrift: Wie lieb ain fraw ein knaben hett *Pr₂ (gleichlautend in Lg₄Be₃).* **13** kaum] kamdt *Lg₄* kammett *Be₃.* **14** mich] ich *Be₃.* **17** gnad fraw alsus] fraw ~~es ist ewer spot~~ gnad fraw *Lg₄ (Rand abgeschnitten, Textverlust)* fraw gnad fraw als suß *Be₃.* **18–20** *fehlen Lg₄Be₃.*

---

5 ›*lieblich aus der Haube hervorschauten*‹. **8** schnefar ›*schneeweiß*‹. **9** geschlagen ›*berührt*‹. **15** nachent ›*nahe*‹. **18f.** ›*Sie sprach: Wenn ich einen Kuss (zu vergeben) hätte, gäbe ich ihn ihm, bei Gott*‹.

Sie sprach: ›in rehten trüwen: nein!
Werstu niergen bi uns zwein,
Dez hett ich alzu rinngen hazz.‹
Ich sprach: ›ez ist gevallen baz:
25 Er ist dort, so bin ich hie.‹
›Ez ist leider war‹, so sprach sie,
›Und wer er hie, von richer kost
Min munt und sin munt bütent schost.   [83ᵛ]
Die schüst muoz nu velen.
30 Dez muoz min hertze quelen
In iamer und in pine.
Wie fro ich anders schine,
So liden ich doch grozze quale
Nu und alle male.
35 Waffen, immer waffen!
Ich enmag weder ezzen, trincken, slaffen,
Sitzen nach geligen.
Mir wil min hertze nidersigen
Zu tale uff minen füzze.
40 Daz dir got lonen müße,
Lere mich etwaz dawider!
In unmaht valle ich dernider
Dicke, so ich wene stan.
Alle min macht wil mir zurgan.
45 Ich brinne rehte alz ein kertze.
Lege din hant uff min hertze,
Griff, wie ez lebet,
Uz minen brüsten ez strebet,
Alz ez sprech, ez wülle von hinnen.‹
50 Ich sprach: ›ez ist von minnen   [84ʳ]
Allez, daz üch wirret.‹

----

21 n̶r̶ neyn *He₁₀*.

22f. *›Wärest du nirgends, wenn wir zwei zusammen wären, würde mich das überhaupt nicht stören‹.* **27** von richer kost *›mit großem Aufwand‹.* **28** bütent schost *›würden sich eine Tjost bieten‹.* **29** velen *›fehlen, nicht stattfinden‹.* **37** nach *›noch‹.*

Si sprach: ›in rechten triüen, nain!
Und wärest du auch bi uns zwain,
Des hett ich alles ringen has.‹
Ich sprach: ›es ist gefallen bas:
25 Er ist dort, so bin ich hie.‹
›Das ist laider war‹, sprach si,
Und wär er hie bi mir,
Ich schmuckt in zuo mir schier.
Der dienst, der will nun wellen.
30 Des muoß mein hertz quellen
In jammer und in pein.
Wie fro ich sunst schein,
Iedoch so leid ich grossen qual
Nun und zu allem mal.
35 Des waffen, immer waffen!   [47ᵛ]
Ich mag nit essen noch schlauffen,
Gesitzen noch geligen.
Mein crafft ist mir entsigen
Zu tal hin uff die fuoß.
40 Ei das dir got lonen muoß,
Ler mich ettwas dawider!
In onmacht vall ich nider
Vil dick, so ich will stan.
All mein crafft will mir zergan.
45 Ei, leg dein hannd uff mein hertz,
Das prinnet recht als ain kertz,
Und greiff, wie kaum es lebt,
Uß meiner prust es strebt
Recht, als es woll von hinn.‹
50 Ich sprach: ›fraw, es ist von minn
Alles, das euch wirret.‹

---

21 nain] mein *Lg₄*.   **23** Das *Pr₂* Des *Lg₄Be₃;* alles] allen *Lg₄Be₃*.   **29** will *fehlt Lg₄Be₃*.   **41** mich *fehlt Lg₄Be₃*.   **49** es woll] woll es *Lg₄*.   **50** es] ich hab vernommen es *Lg₄Be₃*.   **51** Alles das] Das kein *Lg₄Be₃*.

---

23 ›würde mich das alles wenig stören‹.   **29** ›Der Dienst (des Mannes) will jetzt (eine neue Herrin?) wählen‹.   **38** entsigen ›entschwunden‹.

Si sprach: ›ich bin verirret
Aller raste und aller rüwe.
Min hertze inn mir glüwe
55 Reht alz ein zunder.
Daz ich leb, daz ist wunder.
Griff mir an den arm und taste!
Get mir der puls icht vaste?
Ist er snelle oder trege?
60 Hülff iht, daz ich gelege
Noch eim sweiße, ob er wült komen?‹
Ich sprach: ›frawe, ich hon vernomen,
Daz ez üch kein sweiz vertribe
Anders an dem líbe.
65 Hapt ir keinen smertzen?‹
Si sprach: ›ia, an dem hertzen
Vert er mir reht mitten.
Alz der smit in der smitten
Vert er dar smiden.
70 Ich hon nie geliden
Me so grozze pine.‹
Ich sprach: ›frawe vine,   [84ᵛ]
Ez ist der minnen etika.‹
Si sprach: ›ich enweiz wie oder wa.
75 Mir ist ie gar wunderlich.
Ich sagen dirz wol heimelich:
Ich minne einen ritter taugen,
Daz von wibez augen
Nie gesehen wart so süßer lip.
80 Ach, waz tuon ich armez wip,

---

55 ~~ez glu~~ ein *He10*.   **64** liebe *He10* (*vgl. V. 79*).

60f. ›*Würde es etwas helfen, dass ich mich hinlegte, um zu schwitzen, falls der Schweiß überhaupt kommen wollte?*‹   **63f.** ›*dass es (diesen Zustand) Euch auch kein Schwitzen am Körper vertreiben würde*‹.   **73** der minnen etika ›*die Minnekrankheit*‹, *vgl. auch die Minnerede Nr. 37* ›*Das Zauberkraut*‹ *(B407), V. 241.*

Si sprach: ›ich bin verirret
Aller rast und ruo
Baide spatt und fruo.
55 Mein hertz prinnt als ain zunder.
Das ich leb, ist ain wunder.
Greiff an mein arm und tast!
Schlecht mir der puls nit vast?
Ist er schnell oder träg?
60 Hulff es icht, ob ich läg
In ainem schwaiß, ob er wolt chomen?‹
Ich sprach: ›fraw, ich hab vernomen,
Das chain schwais vertreib
Anders dann an dem leib.
65 Habt ir sunst chain schmertzen?‹
Si sprach: ›ia, in dem hertzen.
Da fert es mir enmitten.
Recht als ain schmid in der schmitten
Fert es hin und her.   [48ʳ]
70 Ich hab nie erlitten mer
So gar grosse pein.‹
Ich sprach: ›frawe mein,
Es ist der minn ethica.‹
Si sprach: ›ich wais *nit* wie oder wa,
75 Mir ist gar wunderlich.
Ich sag dir wol haimlich:
Ich minn ain knaben taugen,
Das von weibes augen
Gesehen ward nie zerter leib.
80 Obe, mir vil armen weib!

---

52 bin] win *Lg₄*.   **60** Hulff] Hilfft *Lg₄Be₃*.   **72** mein] fein *Lg₄Be₃*.   **74** nit *fehlt Pr₂Lg₄Be₃*.   **77** taugen] tegenn *Lg₄Be₃*.

60f. ›*Würde es etwas helfen, wenn ich schwitzend läge, falls der Schweiß überhaupt kommen wollte?*‹   **63f.** ›*dass Schwitzen nur körperliche Leiden vertreiben könne*‹.   **73** der minn ethica ›*die Minnekrankheit*‹, *vgl. auch die Minnerede Nr. 37* ›*Das Zauberkraut*‹ *(B407), V. 241.*

Daz ich an in gedencken?
Wil ich mich aber selber krencken?
Ach mich, ach mich vil arme!
Jetzuont heiz und alltzu warme,
85 So wirt mir dann an der stuont
Kalt und pla wirt mir der munt,
Min wengelin val und aber rot.
Ane zwifel ich bin tot,
Sal ich ez die lenge triben.
90 Trut geselle, wilt du mir schriben
Ein briefflin so cleine,
Daz der süße und der reine
Minen kuomer lese?
Wil got, daz ich genese,   [85ʳ]
95 Ich wil dirz zwar dancken.‹
Ich sprach: ›frawe, ir keret mir di ancken,
Wanne ez nach ewerm willen gat.‹
›Alle min solde an der stat!
Ich mag dirs nit entwencken.
100 Du salt daran gedencken,
Ob ich dir ie kein gut getet.‹
Ich sprach: ›frawe, durch ewer bet
Wil ich schriben disen brieff.‹
›So schrip alsus: „lieff und lieff,

105 Lieff und lieff, lieff an ende“.‹

Ich sprach: ›mit miner hende
Han ich diz *ze*hant geschriben.

———

107 mit miner hant *He₁₀*.

———

82 ›*Will ich mich denn wieder selbst schwächen?*‹ **86** pla ›*blau*‹. **96f.** ›*Ich sprach: Herrin, ihr kehrt mir den Rücken zu, sobald ihr Euren Willen bekommen habt*‹. **98** ›*Meinen ganzen Lohn (sollst du) sofort (haben)*‹. **99** ›*Ich werde dir nicht untreu sein*‹.

Ich will mich aber krencken,
So ich tuo an in dencken.
Obe, obe ich arme!
Ietz kalt und dann warme
85 Wirt mir an der selben stund.
Kalt und plaw wirt mir der mund,
Mein wänglen val und darnach rott.
On zweifel ich müs ligen tott,
Sol ichs die lengin treiben.
90 O, woltest du mir schreiben
Ain brieflin vil clain,
Das der zartt und der rain
Den meinen kummer läs?
Wolt dann got, das ich genäs,
95 Ich wolt dir des immer dancken.‹
Ich sprach: ›ir chert mir die ancken,
So es nach ewrem willen gat.‹
›Nain gesell, trost an dir statt.
Du solt daran gedencken:
100 Ich will dir zwar nit wencken,
Ob ich dir vor ie guot getätt.‹
Ich sprach: ›fraw, durch ewr gebätt,   [48ᵛ]
So will ich schreiben den brief.‹
Uß süsser stimm die fraw *rief*.
105 Si sprach: ›schreib alsust,
Das ist meins hertzen gelust:
„Lieb und lieb, ee lieb und noch lieb,
Also bin ich dir hie
Meines hertzen lieb on end“.‹
110 Ich sprach: ›fraw, mit meiner hennd
Hab ich das pald geschriben.

---

89 lengin] lenge *Lg₄Be₃*. **93** läs] ließ *Lg₄Be₃*. **98** Nain gesell] Mein gesell mein *Lg₄* Mein gespill mein *Be₃*. **102** gebätt] bett *Lg₄Be₃*. **104** rüft *Pr₂* rieff *Lg₄Be₃*. **108** *fehlt Lg₄Be₃*.

---

81 ›*Ich werde erneut schwach*‹. **96f.** ›*Ich sprach: Herrin, Ihr kehrt mir den Rükken zu, sobald ihr Euren Willen bekommen habt*‹. **100** ›*Ich will dir gegenüber wahrhaftig nicht davon ablassen*‹.

Sit ir noch bi sinnen bliben,
So sprechent me, so schrib ich vort.‹
110 Si sprach: ›wo ist wise? wo ist wort?
Wo ist sinne? wo ist gedang?
Ach got, ez ist so lang, so lang!‹
Wie kuome si daz wort uollen sprach!
›Ez ist so lang, daz ich in sach.‹
115 Ich sprach: ›habt ir die sinne verlorn?
Sprechent me, oder mir wirt zorn.
Ich sült schaffen minem herren etwaz.‹
Si sprach: ›nuo la mich ruowen baz,
Wanne ich dez alzu wol bedarff.‹
120 Vor zorn ich die vedern hinwarff.
Da sie begonde akallen,
Da sach ich ir enpfallen
Varwe, lit und lip.
In unmaht viel daz süße wip.
125 Jedoch sach ich an der stuonde
Ein dünes flemelin von irem muonde.
Daz waz von der hitz, die er trug.
Daz ich daz füer da nit entslug
Mit minem vinger, daz ist mir leit.
130 Ir not und ir erbeit,
Der sie von minnen konde pflegen,
Daz macht, daz ich underwegen
Liez daz briefflin bliben,
Daz ich da solte schreiben.

[85ᵛ]

---

121 akallen ›*sinnlos reden; verstummen*‹ *(?), das Verb scheint sonst nicht belegt, vergleichbare Wortbildungen aber in mhd. âkôsen ›sinnlos reden‹, âsprâchen ›schwätzen‹, âwitzen ›von Sinnen sein‹.*

Seit ir bi sinnen beliben,
So sagent mer, das schreib ich furt.‹
Si sprach: ›wa ist witz und wort?
115 Wa sind sinn? wa ist gedanck?
Ach herre got, sein ist so langk,
So lang, das ich in nie gesach!‹
Gar kaum si dise wort sprach!
Ich sprach: ›hab ir die sinn verloren?‹
120 Si sagt mer. Es tuott mir zoren.
Ich solt tuon anders was.
Si sprach: ›Ei, laß mich ruoen bas,
Wann ich des wol bedarff.‹
Vor zoren ich die vedern hin warff.
125 Da si nit mer kunt kallen,
Da sach ich empfallen
Der zarten lid und leib.
In onmacht viel das schön weib.
Da sach ich an der selben stund
130 Ain haissen flamm us irem mund,
Das von der hitz der mund was truck.
Das ich das fewr nit entschluogk
Mit meiner hannd, das ist mir laid.
Ir nott und ir arbait,
135 Die si von lieb gund pflegen,   [49ᵛ]
Das macht das ich underwegen
Den brief ließ beleiben,
Den ich da solt schreiben.

---

113 das] so *Lg₄Be₃*.   **120** So sagt mer es thut zorn *Lg₄Be₃*.   **126** empfallen] ent-
pfallenn *Lg₄Be₃*.   **132** entschluogk] ent schlucht *Lg₄* ent schlucktt *Be₃*.

---

125 kallen ›*daherreden, schwätzen*‹.   **131** truck ›*trocken*‹.

41. Hans Schneider: Der Traum (B253)

[116ᵛ]

    Sin und gedenck, der liebe steur
    Schenck ich den werden frawen teur,
    Die aller welt haben gantz gwalt.
    Kaiser und künig hochgezalt
5   Haben von rainen frawen muot,
    Als aine mich erfrewen thuot,
    Der ich zuo aller zeit nachtracht.
    Kurtzlich lag ich bei ainer nacht
    Und vantesiert ir raine art,
10 Wie die schön, die kluog und zart
    So adelichen wer geschaffen.
    In dem gedanck war ich entschlafen.
    Bald kam mir in dem schlafe für,
    Wie daz geöffnet weer die tür
15 Und tret die allerschienst hinein,
    Die mir erfret das hertze mein
    In aller gstalt, sam si mich griest,
    Daz mir altz mein gemiet durchsiest.
    In meinem schlaf naigt ich mich gener.
20 Kain pild geschnitzt sach ich nie schöner.
    Ir har waz gel nach golden art,
    Lang eingeflochten, schön und zart.
    Ir antlütz föllig sinwel waz
    Und gleisset als ain spiegelglaß.

[117ʳ]

---

*Text nach **Nü₃** (Nürnberg, GNM Hs. Merkel 2° 966 [›Hs. des Valentin Holl‹];
1524–1526), 116ᵛ–117ʳ. – Neben den allgemeinen Editionsrichtlinien gilt für diesen
Text: Geminationen wie ff, nn und tt wurden stillschweigend vereinfacht, wo sie
weder vom Mhd. noch vom Nhd. her nachvollziehbar sind (z. B. werden statt wer-
denn). – Bisher unediert.*

Überschrift: Ain spruch von ainem throm volgtt hirnach *Nü₃.*   **9** *Der Blattwech-
sel erfolgt innerhalb des Wortes* vannte | siertt *Nü₃.*

---

4 hochgezalt ›edel, vornehm‹.   **7** ›auf die ich stets meine Aufmerksamkeit richte‹.
9 ›und hing Tagträumen von ihrer vorzüglichen Beschaffenheit nach‹.   **17f.** ›auf
alle Art und Weise, als ob sie mich grüßte, sodass ich innerlich ganz von Süße erfüllt
wurde‹.   **19** gener ›jener, vor ihr‹.

25 Da ich daz münecliche weib
   Beschaut nach adelichem leib,
   Die aller schön ain krone tregt,
   Da ward ich tugent angelegt
   Durch ainen gruoß, den si mir gab.
30 Der nam mir all mein trauren ab
   Und fret mich mer in diser zeit
   Wan Alexanders land und leut,
   Der het doch gantz der welte breiß.
   Si schloß mich in ir ärmle weiß
35 Und gab mir gwalt, waz ich begert,
   Daz solt ich willig sein gewert
   Mit halßen, küssen, lieplich kosen.
   Daz liebet mir für edel rosen.
   Der mai hat niendert so vil lust,
40 Ich weer darfür an lieber brust.
   Für pürschen, paissen, vogl dien,
   Darfür liebt mir die wunderschien.
   Si trib mit mir vil freud und wunder.
   In dem ward ich des schlafes munder,
45 Daz ich erwachet da zustund.
   Ich sprach: ›wa bist, meins hailes fund?‹
   Ich griff, ich rüeft und ward betriept.
   Die mir von gantzem hertzen liebt,
   Die waz nun hin. wie es mir gieng?
50 Darvon ich traurens vil empfieng.
   Ich sach mich umb. wie ich in thet?
   So lag ich ainig an dem bet
   Und waz mein freud von mir hin gar.
   Ich sprach: ›her got, nun nim mein war,
55 Daz ich mein sin nit gar verlier,
   Dan all mein trost stat gantz an ir.
   Und ob si selber mich nit tröst,
   So würd ich nimmermer erlöst

---

28 ›da wurde mir Vortreffliches zuteil‹. **38** ›Das erfreut mich mehr als edle Ro-
sen‹. **41f.** ›Noch mehr als Pirschjagd, Beizjagd und Vogelgesang erfreut mich die
Wunderschöne‹. **46** meins hailes fund ›der Fund meines Heils (was ich mir zum
Heil gefunden habe)‹. **51** in ›darin‹.

Von kainem weibsbilde nimmer
60   Und muoß dan trauen ewig immer.‹
In dem kam mir in meinen wan,
Das ich dacht, Khünig Salomon
Und Apsolon, der allerschönst,
Sampson der sterckest und der könst
65   Und Adam, unser vater her,
Virgilius der zauberer –
Ir aller weißhait, schön und kunst
Waz altz gen weiplich lieb umbsunst.
Darumb will ich mich selber trösten,
70   Seid daz die teuren und die grösten
Durch weiplichs pild hand glitten kumer,
So hoff ich noch gen disem summer,
Daz mir die schönst, die leben thuot,
Werd geben freud und hohen muot
75   Und mir meiner dienst thue widergelt.
Wer lebt dan baß in diser welt
Wan ich, so si mir fraindtschaft thet
Und mir genad wurd zugeset?
So wer gantz ab der sorgen stram.
80   Das sagt Hans Schneider von aim tram.

---

75 w// wider *Nü₃*.

---

64 könst ›kühnste‹.   **68** altz ›alles‹, vgl. V. 18.   **78** zugeset ›zugesagt, verspro-
chen‹.   **79** ›Dann wäre der Strom der Sorgen dahin‹.   **80** tram ›Traum‹.

42. Traum von erfüllter Liebe (B399)

[151ᵛ]

In gesellschaft wil ich hie verjehen,
Was mir eines nachtes ist geschehen,
Do ich an meiner rwe lag
Und mancherlei gedancken pflag
5   Von der lieb lauft, von irer gewalt.
Mein mute, der waß manigfalt,
Das ich gedacht in dem sinne mein,
Wie eß sich füget oder möcht gesein,
Das sie die leut also könde zwingen
10 Und also hoen mute könde pringen,
Als man lieder singt und sagt von ir.
Ich meint nit, das sie mir
So vil mute und frewde mocht geben.
Ich thue in grossen frewden leben,
15 Das ich mit niemant beckommert bin.

Text nach **Be₁₉** *(Berlin, SBB-PK Ms. germ. quart. 1899 [olim Wernigerode, Gräfl. Stolbergische Bibl. Cod. Zb 15]; 1496), 151ᵛ–161ʳ. Weitere Überlieferung:* **Lo₄** *(London, BL Add. 24946; 2. Hälfte 15. Jahrhundert), 141ʳ–142ᵛ. – Neben den allgemeinen Editionsrichtlinien gilt für diesen Text: Geminationen wie ff, nn und tt wurden stillschweigend vereinfacht, wo sie weder vom Mhd. noch vom Nhd. her nachvollziehbar sind (z. B. werden statt werdenn). Der Schreiber von Be₁₉ hat vermutlich eine Vorlage mit Nasalstrichen und r-Haken benutzt; er hat nämlich die Kürzungen durchgängig aufgelöst, an einigen Stellen jedoch falsch, was die häufige Verwechselung von m/n/r erklärt, auf deren Korrektur sich die meisten editorischen Eingriffe beziehen. – Bisher unediert.*

Überschrift: Von zwayen gespilen *Lo₄.* **1f.** *fehlt Lo₄.* **3** Do] Ains nachts *Lo₄.* **5** lieb lauft] mynn lauf *Lo₄;* von irer] und irem *Lo₄.* **6** mute der] wunder das *Lo₄.* **7** gedacht] het *Lo₄.* **8** sich *fehlt Lo₄;* oder] vnd *Lo₄.* **9** könde] kan *Lo₄.* **10** könde *fehlt Lo₄.* **11** lieder *fehlt Lo₄;* sagt] list *Lo₄.* **12** meint] gedacht *Lo₄.* **13** So vil mute] Also hohen muet *Lo₄;* und frewde *fehlt Lo₄.* **14** Ich] Ich gedacht ich *Lo₄;* grossen] grossern *Lo₄.*

---

5 lauft ›Treiben, Wirken, Art‹. **15** ›ohne mich in Gedanken mit irgendjemanden zu beschäftigen‹.

Mich dunckt, es sei ein kindes sin,
Wer sich zu dinst eigen thut.
Ich wolt sunst sein vil baß gemut.
In dem getrecht ich entschlief aldo.
20 Nun waß mir in dem schlaf also,
Wie daß ich were komen an ein heid,
In ein stat, di nit verren leidt
Von mir, do ich gesessen bin.
Do waß durch kurtzweile komen hin
25 Vil frawen und gesellen gut.
Sie vandt ich do in hoem mut
Dantzen und ander frewde pflegen.
Nu ließ ich auch nit unterwegen:
Ich holf darzu, waß ich vermochte,   [152^r]
30 So vil mein hilf zu frewden dochte.
Nu het ich ein gespilen do,
Die sich vormals dick anderßwo
In gesellschaft het gesellet zu mir.
Nu bat sie mich, das ich ging zu ir
35 Von den leuten besonder.
Sie sprach: ›gespile, mich nimpt wunder,
Wie dir dein mute im hertzen sei,
Wan ich wol weiß, daß du pist frei
Vor aller liebe und nimant bezwingt *d*ich.‹
40 Ich sprach: ›wisß, das ich mich

---

18 wolt] will *Lo*$_4$.   **19** ich entschlief aldo] entschlief ich do *Lo*$_4$.   **21** Wie ich wer
komen zu ainer zeit *Lo*$_4$.   **23** mir do] der vnd *Lo*$_4$.   **24** waß] was ich *Lo*$_4$.
25 Vil] Ich vnd ander *Lo*$_4$.   **26** Sie vandt] Die sach *Lo*$_4$.   **28** auch *fehlt Lo*$_4$.
30 Das mich dann das pest taucht *Lo*$_4$.   **32** vormals dick] da vnd *Lo*$_4$.
33 gesellschafft] fruntschaft *Lo*$_4$.   **34** Nu bat sie] Sie bat d̶a̶ *Lo*$_4$.   **38** wol weiß]
wais wol *Lo*$_4$; daß *fehlt Lo*$_4$.   **39** mich *Be*$_{19}$; Von rechter lieb dich niemand er-
frewtt *Lo*$_4$.   **40** mich] mich in frew *Lo*$_4$.

---

19 getrecht ›Nachsinnen, Gedanken‹.   **23** gesessen bin ›mich aufhielt‹.
28 ›Nun unterließ ich es auch nicht‹.   **30** dochte ›nützte, taugte‹.   **35** besonder
›beiseite‹.

Mit freuden halt in der gemein.‹
Sie sprach: ›thun hin, dein freude ist klein,
Di du von der gemein magst haben.
Hestu besunder einen knaben
45 Beschlossen in deinem sinne,
Allererst wurdestu inne,
Was freude und hoer mut wer.
Es ist mir dick gewesen swere
Umb dich, das du pist libeß an.
50 Wer eß aber, das du noch wollest lan
Dich brengen von deiner hertigkeit,
So wolt ich dich auf meinen eidt
Versprechen einem knaben gut,
Das der leib, ere, gedanck, sinn und mut
55 In deinem gewalt thet eigen dir.‹
Ich sprach: ›gespile, der rede empier,
Den wiß, eß mag nit gesein,
Wan ich han in dem sinne mein,   [152ᵛ]
Das ich wil unbezwungen leben.
60 Das thuet mir grösser frewd geben,
Dan ob ich volget deiner lere.
Ab ich nu hett freuden mere,
So wurd mir dick mere kummers kundt.
Ich lebe an sorge zu aller stund:
65 Kein peiten brengt mir leiden,

---

41 Mit freuden] Den *Lo₄*. **46** erst] erst so *Lo₄*. **48** dick] oft *Lo₄*. **49** Umb dich *fehlt Lo₄*. **50** eß *fehlt Lo₄*; noch *fehlt Lo₄*. **51** Dich brengen *fehlt Lo₄*. **52** dich] dir *Lo₄*. **53** einem] für ainen *Lo₄*. **54** *fehlt Lo₄*. **55** Machen ganntz aigen dir *Lo₄*. **57** Den] Vnd *Lo₄*; eß mag nit] das es nit mag *Lo₄*. **58** Vnd hauß nit in dem willen mein *Lo₄*. **59** Das] Wann *Lo₄*. **60** thuet] kan *Lo₄*; grösser] mer *Lo₄*. **61** volget] wolt volgen *Lo₄*. **62** nu hett] hett etwan *Lo₄*. **63** dick] auch *Lo₄*. **65** peiten] bitten *Lo₄*.

---

41 halt in der gemein ›*in der Gemeinschaft aufhalte*‹. **42** thun hin ›*Gib auf!*‹ **49** pist libeß an ›*ohne Liebe lebst*‹. **56** der rede empier ›*hör auf, so zu reden*‹. **62** Ab ›*Wenn*‹. **63** ›*erführe ich oft (auch) mehr Kummer*‹. **65** peiten ›*Warten*‹.

Ich acht auf kein meiden,
Belangen lett mir rue und rast,
Von senen han ich keinen uberlast.
Furbaß wil ich haben gemach.‹
70 Mein gespile lacht und zu mir sprach:
›Dein sinne soltu mich beweise,
Entrichten und gutlich unterweise,
Was vedrissens dir daran leidt,
Ob er dir kein urkundt geit?
75 Was meiden ungemuts bringt,
Ein gut dinck das alles vorrinct.
Kan das belangen frewde letzen,
Das thut ein liplich kuß ergetzen.
Von liebe ein liplich botschaft,
80 Das prengt so grosser frewden kraft,
Das es thut fur alle frewde wegen,
Der kein hertz nie hat gepflegen.
Dovon loß deinen thummen wan
Und gedenck, das du bist selden an,

---

67 Belangen] Gedencken *Lo₄*.　**68** Von] Vnd von *Lo₄*.　**69** Furbaß wil ich] Wo-
für willtu *Lo₄*; gemach] den gemach *Lo₄*.　**70** lacht und] lachent *Lo₄*.　**71** soltu
mich beweise] dich nit beweisen kann *Lo₄*.　**72** *fehlt Lo₄*.　**73** dir daran leidt]
leit darann *Lo₄*.　**74** *fehlt Lo₄*.　**75** meiden] leiden *Lo₄*.　**76** dinck] gedanck
Lo₄; alles *fehlt Lo₄*; vorrinct] wider ringt *Lo₄*.　**77** das] dich *Lo₄*; frewde] an frew-
den *Lo₄*.　**78** thut] mag *Lo₄*; kuß] plick *Lo₄*.　**80** grosser frewden] hohe muets
Lo₄. *Nach diesem Vers zwei Plusverse in Lo₄:*
　　Wo zway lieb nit bey ainander mugen sein
　　Das bringt we leiden vnd pein.
81f. *fehlt Lo₄*.　**83** Dovon] Darvmb *Lo₄*; deinen] dein synn vnd *Lo₄*.　**84** Und
gedenck] Bedenck *Lo₄*; selden] sellten *Lo₄*.

---

67 *›Sehnsucht lässt mich völlig in Ruhe‹.*　**71** beweise *›belehren‹*.　**72** Entrichten
›(mir) erläutern‹.　**73f.** *›welche Bekümmernis es dir denn bereitet, wenn er dir eine
Nachricht zukommen lässt‹.*　**76** vorrinct *›leichter macht‹.*　**77f.** *›Vermindert die
Sehnsucht auch die Freude, so wird dies durch einen liebevollen Kuss entschädigt‹.*
81 *›dass es alle Freude aufwiegt‹.*　**84–86** *›und bedenke, dass du dein Glück
verpasst, wenn du bei niemandem den Wunsch nach guten Taten erweckst‹.*

85 Das du zu keinen guten sachen
    Nimant thuest keinen willen machen.
    Wan sein doch wirt selten vergessen,   *[153ʳ]*
    Wo man sich thut manheit vermessen.
    Man sprech: „gedenck hewt ein iglichman,
90 Ab er je hoen mut gewan
    In frawen gunst und dinen so,
    Das sein lob ir hertz mach fro.“
    So ist doch nimant, der menlich begir,
    Trost und mute hab von dir.
95 Was gewdestu von deinem leben?‹
    Ich sprach: ›ich wil dir sagen eben,
    Gespile, die rechten warheit,
    Was mir eß so sere hatt geleit.
    Und wiß furwar, eß ist an lawgen,
100 Das ich im hertzen dick thue traugen.
    Hett ich zu bulschaft guten willen,
    Den sin und mut thet mir stillen
    Der argen falschen kleffer zungen,
    Von den so dick ist misselungen
105 Mancher frawen falsches an.
    Dann wo ir falscheit thut verstan,
    Das ein fraw ein freuntlichen mant,

---

85 Das du] Vnd *Lo₄*. **86** keinen willen] kain frewd *Lo₄*. **87–94** *fehlt Lo₄*. **94** ›dir, *ursprünglich wohl* mir, *dann korrigiert zu* dir *Be₁₉*. **95** deinen *Be₁₉*; gewdestu] gewingst *Lo₄*; von] an *Lo₄*. **96** Ich] Sie *Lo₄*; dir] dir es *Lo₄*. **98** sere] vast *Lo₄*; geleit] erlait *Lo₄*. **99f.** *fehlt Lo₄*. **101** Hett ich] Wann ich hett *Lo₄*. **102** Der *Be₁₉*; Den sin und mut] Daselb das *Lo₄*. **103** falschen kleffer] klafer vallsche *Lo₄*. *Mit diesem Vers endet der Text in Lo₄ und es beginnt in der nächsten Zeile die nächste Minnerede, das ›Liebesgespräch‹ (B235).*

---

88 ›wo man sich Tapferkeit zum Ziel macht‹. **93** menlich begir ›tapferes Streben‹. **95** gewdestu ›verschwendest du‹. **96** eben ›genau‹. **98** geleit ›verleidet‹. **99** an lawgen ›ungelogen‹. **100** traugen ›trauern‹. **102** stillen ›unterdrücken, zunichtemachen‹. **106** thut verstan ›wahrnimmt‹. **107** ein freuntlichen mant ›einem (Mann) freundlich Mut macht‹.

So ist ir hertz so gar entrant,
Das im kein ander sine wonet bei,
110 Dann das ir ere verkrencket sei,
Und reden offentlich das.
Das macht mich an frewden laß
Von fremder schuld zu mancher frist.‹
Sie sprach: ›durch iren falschen list
115 Man eß doch nit gelossen mag.
Man muß biß an den jungsten tag   [153ᵛ]
Zu dinst leben der *minne.*
Gedenck auch in dem sinne,
Das es von uns ist nicht erdacht:
120 Eß haben di alten auff uns bracht
Und konde man di weile auch klaffen.
Sie sein in gut darzu geschaffen,
Wan förcht man nicht der kleffer var,
So trib man eß so offenbar,
125 Das eß nit brechte so hoen mute,
Als so man sich behelt in hute,
Wenn hute weist aller eren strosse.‹
Ich sprach: ›ja, hett es die masse,
So were hute ein edler hort.
130 Aber huten hie und dort,
Mit geperde, mit worten, mit gesicht,
Das brengt alle freude entwicht,
Wan der mercker ist zu vil.‹
Sie sprach: ›ei trawt hertz, liebe gespil,
135 So trost dich, das die gedancken sein frei.
Enruch, wi vil der kleffer sei,

––––––

117 liebe *Be₁₉*.   **127** west *korrigiert zu* weist *Be₁₉*.

––––––

108 ›*da ist das Herz der Klaffer so (von der Wahrheit) abgetrennt*‹.   **110** ›*als dass die Ehre der Dame geschwächt sei*‹.   **112** an frewden laß ›*freudlos*‹.   **121** di weile ›*damals*‹.   **122** ›*Sie (die Klaffer) sind zu einem guten Zweck geschaffen worden*‹.   **123** var ›*Nachstellung, Falle*‹.   **127** ›*denn das Aufpassen führt einen auf die Straße jeglicher Ehre*‹.   **132** ›*das macht jegliche Freude zunichte*‹.   **135** *Sprichwörtlich, vgl.* TPMA 4, GEDANKE 13–30.   **136** Enruch ›*Kümmere dich nicht darum*‹.

Du gedenckest und wunscht, was du wilt.
Vor aller schalkeit sich das behilt.
Darumb verzag nit mit trewen
140 Und laß *den* knaben dich erfrewen,
Der mich an dich hat gesant,
Wann er mir also ist beckant,
Das ich wol weiß, das er eß treibt
So heimlich, daß eß gar pleibt
145 Vor aller prufer melde*n* bewart.   *[154ʳ]*
So wurt eß lenger nit gespart.
Ich wil dir sagen, wer er ist.
Er ist auch hie zu diser frist.
Sein namen ich dir nennen bin:
150 Seinhalbe stete trew an falschen sin
Bleibt immer unverbant.‹
Aldae wart mir sein nam bekannt.
Ich sprach: ›du geswurst, sein nam wer schlecht.
Wie solt er haben mein so recht
155 Mit seinem dinst biß her erbiden?
Wisß auch, das in nich*t* hat vermiden
Frawen gunst biß auff dise frist.
Ich prufe auch, das er ist
In frawen gepot zu diser zeit.‹
160 ›An einem versuchen das alles leit‹,
Sprach mein gespile do wider mich,
›Thue eins: bedenck desselben dich,
Wie er dir trew sol machen schein.
Das kan und mag so herte nit gesein,

---

140 laß knaben *Be₁₉*. **145** melder *Be₁₉*. **156** nichts *Be₁₉*.

---

138 ›*Das ließe sich vor jeder Böswilligkeit bewahren*‹. **145** ›*sicher vor allem Verrat der Aufpasser*‹. **149** dir nennen bin ›*nenne ich dir nun*‹. **150** Seinhalbe ›*Seinerseits*‹. **151** unverbant ›*unverletzt*‹. **152** Aldae ›*eben dort*‹. **153** sein nam wer schlecht ›*er sei untadelig*‹. **154f.** ›*Weshalb soll er bisher gewartet haben, seinen Dienst an mir auszuführen?*‹ **158** prufe ›*nehme an*‹. **160** ›*Es ist wichtig, all das einer Probe zu unterziehen*‹. **161** wider mich ›*zu mir*‹. **163** machen schein ›*zeigen*‹. **164** herte ›*schwer*‹.

165 Es werde alles von im gethan.
    Darinnen soltu keinen zweifel han,
    Das in keineß dings von dir bevilt.
    Ist auch, das du immer nemen wilt
    Suß mannes dinst in trewen ware,
170 So vernimestu sicher an im gare
    Alles, des dein hertz sich frewen sol.
    Du solt mir doch getrawen wol,
    Das ich es nit wolt raten dir,   [154ᵛ]
    Wer es nit gentzlich kundig mir,
175 Das du mit im bist wol behut
    Mit steter trew an falschen mut.
    Auch kenne ich alles sein thun und lone.
    Darinn ich keinerlei dingk verstan,
    Dan das wol preist ritters sitt.
180 Im wonet auch solch bescheidenheit mit,
    Das er nit gehoren mag,
    Wo man einer frawen zu arg gedacht.
    Er ist verswigen und warhaft
    Und auch zu aller ritterschaft
185 Sein mut willig und unverzagt.‹
    Ich sprach: ›man hat mir je gesagt,
    Daß eß sei aller kaufleut sin,
    Was si wollen geben hin,
    Daran sie legen lobel vil.‹
190 Sie sprach: ›deines gespottes ich nit wil.
    Dunckt dich, ich hab dir nit recht geseit,
    So vindestu selbest die warheit
    Und wo er immer anders thue.
    Darumb so sprich mir freilich zu
195 Und thue es durch aller trew mein
    Und laß mich nit ein boser bote sein

---

167 ›dass ihm nichts, was du von ihm forderst, zu viel ist‹. **168** immer ›jemals‹.
177 lone ›Lassen‹. **180** bescheidenheit ›Verständigkeit‹. **181** gehoren ›zuhö-
ren‹. **182** zu arg gedacht ›etwas Böses nachsagt‹. **188f.** ›dass sie das, was sie
loswerden wollen, mit Lob überschütten‹. **194** ›Deswegen gib mir freimütig deine
Zustimmung‹.

Ader es must immer unter uns peiden
Alle freuntschaft sein gescheiden.‹
Ich sprach: ›ee ich deiner huld empere,
200 Ich thet ee, das mir nirgent were
Zu sinne oder mute gedacht.
Umb waß dein bete hie versagt
Gein mir, das bringt nimant zu.‹   [155ʳ]
Si sprach: ›ei trawt gespile, so thue
205 Es wol und bedenck eines guten dich.
Was mag dir geschaden, das er sich
Dein frewet und das im fuget,
Das in keiner guten tadt benugt
Zu volpringen durch den willen dein?
210 Laß mich es mit im verdinen sein
Und thue im etwas gutes verjehen,
Das er sich trosteß mag versehen.‹
Ich sprach: ›far schone und nim dir sit:
Do sol man sich verjehen nit
215 Noch in also kurtzer zeit.‹
Si sprach: ›gespile, den sin vermeidt
Und wiß, das von nicht in der welt
Bulschaft wurt so vil vermelt
Als von langem reißen.
220 Doch thun im nicht verheissen,
Biß das du wol versuchest in.
Nicht anders ich dich biten pin,

---

197 Aber *Be₁₉; vgl. V. 499.*   **219** langenn *Be₁₉.*

202f. ›*Was dein Bitten aber hier mir gegenüber ankündigt, das bringt niemand
zustande*‹.   **205** bedenck eines guten dich ›*entscheide dich für eine gute Sache*‹.
207 das im fuget ›*dass es ihm passt*‹.   **208f.** ›*dass ihm keine gute Tat genug ist,
die er dir zuliebe vollbringen kann*‹.   **210** ›*Lass mich um seinetwillen würdig sein*‹.
212 ›*dass er Trost erwarten kann*‹.   **213** ›*Ich sprach: Mach langsam und bleib
anständig*‹.   **214** sich verjehen ›*sich (jemandem) verpflichten*‹.   **217** von nicht
›*durch nichts*‹.   **218** vermelt ›*öffentlich gemacht*‹.   **219** reißen ›*Reizen, Locken*‹.
221 ›*bevor du ihn genau auf die Probe gestellt hast*‹.   **222** ›*Um nichts anderes
bitte ich dich*‹.

Dan das dein gute im sage,
Was dir zu thun von im behage.
225 Helt er sich dan noch seiner gir,
Daß er deß genisse gein dir.‹
Ich sprach: ›er ist verseumet nicht,
Wer dich sein potschaft werben bit.
Du machst eß je mit worten gantz.
230 Wol auf, los uns geen zum dantz!
So wil ich rate meines hertzen han,   [155ᵛ]
Das ich dir sage ab oder an.‹
Sie sprach: ›so vereine dich, das mein beth
Ergehe. ab ich dir je getet
235 Kein dinst, das sag mir domit danck
Und mach des dancken nit zu lanck.
Ich hoff, es werde dir nimmer leid.‹
Also gingen wir do beidt
Hin zu der wolgemuten schar.
240 Der knab zu meiner gespilen ging dar
Und retten do, ich weiß nit waß.
Auch ließ er selbst nit daß,
Wo im fuge wart di stunde,
So thett er selbst sein rede mir kunde.
245 Mit solchen siten das geschag,
Das ich an im wol prufet und sahe,
Das mir bereit was gar sein wille.
Auch erging sein rede gein mir so still
Und hilt sich auch so in grosser hut
250 Und aller sein wandel waß so gut,
Das er mein hertz zu liebe zwang.
Ich het auch vil mancherlei gedanck,
Ab ich eß solt thun oder lan,
Doch fuget Fraw Lieb, daß ich verstan

---

246 *Tintenfleck über* sahe *Be₁₉.*

---

225 ›*Hält er dänn noch an seinem Begehren fest*‹.   **227** verseumet ›*im Stich gelassen*‹.   **233** vereine dich ›*entscheide dich*‹.   **235** Kein ›*irgendeinen*‹.   **241** retten ›*redeten*‹.   **243** ›*wo der Zeitpunkt für ihn günstig war*‹.

255 Wol mecht, waß sie gewalteß het,
  Wan alle mein sinn zwangk ir rede,
  Das ich ir dinstes wart bereit.
  Mein gespile auch lenger nit vermeid
  Ir piten und ir manen gein mir.
260 Nu mocht ich nicht lenger verhelen ir,   [156ʳ]
  Ich must meines willes ir verjehen.
  In scham mocht si mein farb wol sehen.
  Sie lacht und viel mich freuntlich an
  Und sprach: ›ob ich je trew gewan
265 Gein dir, di sol erst werden new.
  Ich hoff, das kein afterrew
  Dir nimmer kum darumb zu sinne.
  Nun thue so wol und breng in ine,
  Wi er dein gnade verdinen konde
270 Und wo im dein gute zu wesen gonde.
  Mich zu beckennen das verricht,
  Das sage ich im und anders nicht.‹
  Ich sprach: ›sich hat mein sin vereint,
  Sint er mir mit worten bescheint
275 Gerechter lieb und trew so vil,
  Das ich sein dinst versuchen will,
  Ab ime sei nach seiner sage.
  Ist es dan, das ich in erfrewen mag,
  Das sein hertz ist seinen gedancken bei,
280 So heisß in wesen trawrenß frei.
  Sunst sprich nit mer, der do libe gert.‹
  In hoem mute si do kerte
  Und thet di rede dem knaben kund.
  Nu waß es kommen an di stund,
285 Das sich di kurtzweile enden solt

---

274 beschempt *Be₁₉*.

---

255 mecht ›*konnte*‹. **263** viel mich freuntlich an ›*fiel mir liebevoll um den Hals*‹.
266 afterrew ›*nachkommende Reue, Betrübnis im Nachhinein*‹. **268** breng in
ine ›*zeige ihm*‹. **270** ›*und wo es ihm vergönnt ist, deine Güte zu erfahren*‹.
271 ›*Erkläre es mir, damit ich es verstehe*‹. **274** ›*weil er mir mit Worten zeigt*‹.
281 ›*Sag nichts mehr, wenn einer Liebe begehrt*‹.

Und man von dannen scheiden wolt.
Desselben ich auch willen het.
Geglimpflich es sich do fugen thet,
Das er zu rede vor mit mir kam.   [156ᵛ]
290 Vil danckes ich von im vernam,
Das ich meinen willen darzu het geben,
Das er in meinem gebot solt leben.
Er sprach: ›gnad fraw, bescheid mich,
Wi oder mit welchen dingen ich
295 Dich mag beweisen, das du recht
Beckennest, daß ich sei dein knecht.
Gebewt, verbewt, fraw, wastu wilt,
Was dir behagt, waß dir gefelt,
Das soltu mich leren.‹
300 Ich sprach: ›geselle, du thuest nit verkeren
Dein wort mit wercken. du wisse, daß
Mich nimant mag erfrewen baß.
Des wurstu furpas villeicht gewar.‹
Mein willen sagt ich im gar,
305 Wi er zu dinst solt leben mir.
Doch waß alles sein begir,
Was ich zu thun von im begert.
Davon sich solch libe an mir gemert,
Das es selbst thet wundern mich,
310 Und must auch do verenden sich
Unser rede in kurtzer frist.
Das macht der argen prufer list,
Di man muß besorgen alle stund,
Das ich im nicht mocht machen kund.
315 Mit meiner gespilen verließ ich das.
Ich schied von dan. je mer, je paß
Zohe er mir mein hertz herwider.
Ich reit, ich ging, ich legt mich nider,

---

288 er *Be₁₉*.   **312** augen *Be₁₉*.

---

288 Geglimpflich ›*Angemessen*‹.   **289** vor ›*davor (vor dem Aufbruch)*‹.   **300** du thuest nit verkeren ›*verkehre nicht ins Gegenteil*‹.   **313** ›*vor der man sich stets fürchten muss*‹.

Ich aß, ich dranck, ich schlieff, ich wacht,   [157ʳ]
320 Kein stunde ich sein ni vergessen mocht.
Doch zwangk mich etwan zweifels gert,
In kurtzer frist mir das wert
Sein williger dinst verzihenß an,
Wenn es wart nie von im verlan,
325 Was ich im je geboten hete.
Gegluckeß und heile do sagen thet,
Das palde ein thurnei wart genomen,
Nicht verre, dohin ich wol mocht komen.
Die zeit ich hoes muteß pflag,
330 Biß daß sich verlief deß zileß tag.
Mein trawt geselle do zu mir kam,
Mit grossen frewden furen wir hindan
In di stat mit solchem schalle,
Das man uns must hören uberalle.
335 Ein herberc man uns nach unser bede
Willen zu einander do geben hete.
Snelliglich wir wurden bereit
Und sahen zu, do man reit.
Balde nam ich meines gesellen war.
340 In mein gebete frumbt ich in gar.
So ich in also gahes erplicket,
Vor freuden mir mein hertz erschrickt,
Das sich mein farbe gar verkeret,
Wan sein gestalt waß lobes wert.
345 Kein ritter wart nie gemalet baß
Mit leib nach allem wunsch maß.
Sein arm wurden außgeworfen dick   [157ᵛ]
Mit manchem wolgemuten blick

---

323 willigen *Be₁₉*.   **335** herbere *Be₁₉*.

321–323 ›*Und wenn mich doch einmal das Verlangen des Zweifels bezwang,
wehrte mir nach kurzer Zeit sein bereitwilliger Dienst, der frei von jeglichem Zögern
war, den Zweifel ab*‹.   **324** Wenn ›*denn*‹.   **330** ›*bis der ersehnte Tag kam*‹.
335 bede›*beider*‹.   **340** frumbt›*nahm*‹.   **341** gahes›*plötzlich*‹.   **347–349** ›*Sei-
ne Arme streckte er oft aus und warf mir manch liebevollen Blick zu, als er mich
bemerkte*‹.

Auff gein mir, do er mich ersag.
350 Mein gespile lacht und zu mir sprach:
›Pruf, ab ich verraten hab dich.‹
In frewden stunden wir, sie und ich,
Wan sie auch wol etwas hett,
Darinn si irem willen leben thet.
355 So das bereiten ein ende nam,
Zu disch jderman do kam.
Darnach man zu tantzen hub an,
Das erfrewet frawen und man.
Dort ging diser und der.
360 Stoltzlichen sahe ich tretten here
Mein trost. des höet sich mein mut,
Dan ab zwangk mir die welt thut
Und ob ir list mir reden wert,
Mit liben plicken ich mich nert,
365 Das alles trawren mir verswant.
Wen ich in hett an meiner hant,
Mich daucht, ich wer der keiserin genoß.
Des tantzes lenge mich nit verdroeß.
Sunst tantzet man nahen biß an den tag.
370 Durch rwe man do schlafen lag,
Wan man des morgens turniren wolt.
Do ich gemaches pflegen solt,
Gedencken mir ließ weder rue noch rast.
Ich erbeitet kaum, biß der sonnen glast
375 Den tregen iren schlaff verstoret.   [158ʳ]
Des morgens frue man messe horet,
Darnach sich meniglichs herfur macht.
Do waß mein geselle auch erwacht,
Wan er fure mit den ersten here.
380 In anzusehen waß mein gere.

———

362 mich der *Be₁₉*.

———

354 ›worin sie ihre Wünsche auslebte‹.   **355** bereiten ›(Schau-)Reiten‹.
362f. ›denn auch wenn die Gesellschaft mich einschränkt und ihre Tücke mir das
Reden verwehrt‹.   **367** genoß ›ebenbürtig‹.   **369** ›So tanzte man fast bis zum
Tagesanbruch‹.   **374** erbeitet kaum ›konnte es kaum erwarten‹.   **380** gere ›Be-
gehren‹.

Doch gefilhe er mir nit alleine,
In lobten fraw und man gemein
Fur den stoltzen ritter vor in allen.
Das lob thett mir so wol gefallen,
385 Mein hertz ein span hoer rucket,
Do man di schrenck aufzucket.
Balde nam ich meines gesellen war:
Er brach so menlich durch di schar,
Jtzund hindan von seiner hant
390 Gingen schleg, der wol entpfandt,
Wem er sie bot mit ernsteß kraft.
So hert waß do di ritterschaft,
Das manchen daucht di weil zu langk.
Einer schlug hie, dort der ander trangk,
395 Mancher alter haß gerochen wart.
Nu pfeiff man auf dort noch vil hart,
Etlich do belangen thett.
Darnach der thurnir ende hett.
Zu herberig jderman do keret.
400 Der gemach do nit lenger wert,
Zu stechen sie sich do legten an.
Nu sahe man do zihen auf di ban
Manchen ritter stoltzlich.   [158ᵛ]
Nu kam der mein so weidenlich
405 Herfure, das ich wol mag jehen,
Ob ich in nit het gesehen,
Es het seiner dinst mich gelust.

---

391 bat *Be₁₉; historische Korrektur bei* ernsteß *Be₁₉*.

---

382 gemein ›einstimmig‹. **385** ›*mein Herz rückte mir um eine Spanne nach oben*‹. **386** schrenck ›*Absperrung (Schranken) des Turnierplatzes*‹. **389–391** ›*Nun gingen von seiner Hand Schläge aus, die derjenige, dem er sie mit Kampfeszorn anbot, zu spüren bekam*‹. **394** trangk ›*drängte heran*‹. **396f.** ›*nun spielte man dort ganz in der Nähe auf, weshalb viele (das Ende des Kampfes) herbeisehnten*‹. **401** *Nach dem Massenturnier (in Scharen) und einer Ruhepause folgen nun die einzelnen Zweikämpfe (Tjosten) mit Lanzen.* **404** weidenlich ›*stattlich*‹. **407** ›*hätte ich mir (in dem Moment) seinen Dienst gewünscht*‹.

Es ging manch ritterliche gust
Von seiner hant mit speres craft.
410 Einen ritter ich do faren sag
Gein im, als in furt der wint.
Im waß sein gegenkunft so swinde,
Das si stachen bede einander nider.
Mein gesell hett gern gestochen wider,
415 Do waß sein roß im verbugt.
Seld het zu heile mir das gefugt,
Das mein gespil ein schimpf anfing
Und ruft im, das er zu uns ging.
Newer schilt und helm man von im nam,
420 In gantzem gezeug er zu uns kam.
Er was mit sweiß berunnen gar
Und auch so liplich harnischfar,
Das mich in meinem sinne daucht,
Der schein mir in meinem hertzen laucht.
425 In ein fenster *er* sich zu mir leinet,
Groß libe sein kraft an mir bescheinet,
Das ich wart alles glimpfes an.
Auch thet ich an im wol verstan,
Das sich in libe *niht* vil rede erfant.
430 Sein geperde mich vil mere trew ermant,
Dann er mit worten mir verjach.   [159ʳ]
Mein gespil schimpflich zu uns sprach:
›Wie ist euch ewr sprach so gelegen?

---

425 fenster sich *Be₁₉*.   **429** libe vil *Be₁₉*.

---

408 gust ›Tjost‹.   **410** sag ›sah‹.   **412** ›Ihm (dem geliebten Ritter) kam der andere so kraftvoll entgegengeritten‹.   **414** wider ›zurück‹.   **415** verbugt ›buglahm gemacht‹; der Aufprall bewirkte also eine Verrenkung des Schultergelenks des Pferdes.   **417** ein schimpf anfing ›einen Scherz machte‹.   **419** Newer ›Nur‹.   **420** gezeug ›Rüstung‹.   **422** ›und auch so schön von der Rüstung gefärbt‹.   **424** laucht ›leuchtete‹.   **425** leinet ›lehnte‹.   **427** ›dass ich all meine Contenance verlor‹.   **428f.** ›Auch konnte ich an ihm genau erkennen, dass Liebende nicht viele Worte finden‹.   **432** schimpflich ›scherzhaft‹.   **433** ›Habt ihr euer Sprachvermögen verloren?‹

Kont ir nit mer redenß pflegen?‹
435 Er lachet und sahe sie gutlichen an
Und sprach: ›ob ich je *kunst* gewan,
Der ist mir gar zurunnen hie.
Mein gluck, mein trost, ich weiß nit, wie
Ich dir sage meines hertzen gir.
440 Ich hoff, du prufest eß selber an mir,
Das ich mich an dich han ergeben.
Leib, hertz, gedanck, sinn, mut und leben
Ich alhie in dein gefenkniß stelle.‹
Ich sprach: ›mein einiger trawt geselle,
445 Du hast dein ernst mir so erscheint,
Das dich mein hertz mit trewen meint
Fur alle, di leben in der werlt.
Ich went, mein trew solt unvermelt
Gein allen mannen immer sein.
450 Nu hat dein lieb das hertze mein
Besessen, das dir offenbar
Von mir sal sein an alle var
Stete trew mit unverkertem mut.
Doch saltu mich baß thun behute
455 Fur zweivel mit gluckes kraft,
Das du mir stete gesellschaft
Allein tragest an argen list
Und mir allein zu diser frist
Dein thun und lassen sein bereit.‹   *[159ᵛ]*
460 Er sprach: ›ich thue dir sicherheit,
Das ich mich han an dich ergeben
Und dir allein nach willen leben
An alles verdrissen immer wil.
Mich duncket auch nit zu vil

----

436 gunst *Be₁₉*.

----

437 zurunnen ›zergangen‹. **443** ›*übergebe ich hier in deine Gewalt*‹.
444 einiger ›*einziger*‹. **446** meint ›*liebt*‹. **448** ›*Ich glaubte, meine Liebe sollte
unausgesprochen*‹. **452** an alle var ›*ohne jede Falschheit*‹. **455** Fur ›*vor*‹.
460 sicherheit ›*Ehrenwort, feierliche Verpflichtung*‹; *im Ritterkampf das Unter-
werfungsgelübde des Besiegten.*

465 Alles, das dein gute an mich begert,
    So verr mich leib und leben wert.
    Des nim alhie von mir zu pfande
    Mein eigen trew in dein hand.‹
    Sein hant ich in mein hant entpfing.
470 Di frewde mein hertz so gar durchging,
    Das ich auß dem schloff erwacht.
    Ich blickt auf, do waß es tag
    Und waß alles ein trawm gewesen.
    Das ich vor leid je *tet* genesen,
475 Do pruf ich noch ein wunder an,
    Do ich mich recht dorein verstan,
    Daß mir die frewde verzucket waß,
    Wan mir auf erden nie wart baß.
    Ich han auch sider oft darnach gedacht,
480 Do mir ein trawm di freude bracht,
    Wi wol mag denn den leuten sein,
    Den wachent wurt di freude schein.
    Die haben wol himelreich uff erden.
    Pfach, wie billichen doch unwerde
485 Di *arg*en kleffer seindt!
    Wo ich es immer mer erfindt
    An alten oder an jungen,   *[160ʳ]*
    Di mit iren falschen zungen
    Gerechte pulschaft verkeren,
490 Di man in zuchten helt und in eren,
    Den will ich immer haß tragen
    Und allen guten frawen sagen,
    Das sie iren gruß gein in verpergen.
    Doch wost ich ein dinck so gerne
495 Und nim auch vil wunder darab,
    Wan ich vil dick gehoret hab
    Von mancher frawen wolgemut,

---

474 tod *Be₁₉*.   **485** eigen *Be₁₉*.   **497** manchen *Be₁₉*.

---

466 ›*soweit es mir Leib und Leben gestatten*‹.   **470** durchging ›*durchdrang*‹.
477 verzucket ›*weggenommen, geraubt*‹.   **484** ›*Pfui, wie doch zurecht verachtet*‹.
486 immer mer ›*jemals in Zukunft*‹.   **494** wost ›*wüsste*‹.

Die selber bulschaft pflegen thut
Ader doch gepflogen hat,
500 Das sie nit unterwegen lat,
Sie thut bulschaft verschwechen.
Von welcherlei sachen
Sie daß thet, west ich gern.
Si solt es pillichen verwerren
505 Und solt ir des gedencken:
›Ich thue mich selbß krencken,
Hört jmant di rede von mir hie.
Und hett er vernumen je,
Das ich ein pulen gehabt han,
510 Der ist nun gentzlichen in dem wan
Gein mir: ich hab mit solchem sinne
Gepflegen unrechter minne,
Wann mercker haben mancherlei list.‹
Darzu ein alts sprichwort ist:
515 ›Weß sich der pock selbst verweiß,   *[160ᵛ]*
Deß versicht er sich auf di geiß.‹
Und ist auch nit missesagt gar.
Des nim ich an mir selber war,
Wan seint der trawm mir kundig wart,
520 Ist mer von mir verspart
Alle rede, di bulschaft krencken mag,
Wan ich so rechter libe pflag
Mit ungefelschtem sinne rein
Gein dem, der mir im schlof erschein,
525 Das ich allen guten frawen
Immer desterbaß wil getrawen,
Di nit zu freißlich halten sich,
Und wil auch mit in frewen mich,
Und wo ich sihe zwen freidenhaft

---

501 verschwechen ›abwerten‹. **502** ›Aus welchen Gründen‹. **504** verwerren
›unterlassen‹.   **510–512** ›der wird mich nun vollständig in Verdacht haben, ich
wäre mit solchen Absichten unrechter Liebe nachgegangen‹.   **515f.** Sprich-
wörtlich: ›Was der Bock von sich selbst weiß, das traut er auch der Geiß zu‹ (TPMA
2, BOCK 1–11).   **519** seint ›seitdem‹.   **520** verspart ›unterlassen‹.   **527** freißlich
›grausam‹.   **529** freidenhaft ›freudvoll‹.

530 In liplicher geselschaft,
    Und sprich es auf meinen eidt,
    Und wer es allen kleffern leidt:
    Was frewden auf erden je mensch gewan,
    Das sich di nit gleichen kan
535 Den frewden, di sich do erscheint,
    Wo sich in rechter lieb vereint
    Eine reine fraw, vor falsch behut,
    Gein einem werden mane gut.
    Doch rede ich di rede newr noch wan,
540 Als ich mich nach dem trawm verstan.
    Sunst weiß ich nicht davon zu sagen,
    Wan eß war nie bei meinen tagen
    Die rede kunt dem hertzen mein,   [161ʳ]
    Dan als mir wart in dem schlaf schein.
545 Und ab ein*e* diser rede in zuchten thet leren,
    Die sol ir nimant verkeren.
    Und wer sie darinnen verdecht,
    Sein glimpf er selbst zunichte mecht.
    Dann es ist auf erden stetigers nicht
550 Dann frawen und junckfrawen zuversicht.
    Das hab ich gehort vor alten tagen
    Und wil auch all zeit von in sagen.

---

545 einer *Be₁₉*.   **552** *auf den Text folgend, abgesetzt:*
    I. T.
    Lieb ist gut
    Wer ir recht thut
    Thut ir als ich
    So weret sie ewiglich
    1496 *Be₁₉*.

539f. *›Doch formuliere ich diese Worte nur vermutungshalber, so wie es mir nach dem Traum zu sein scheint‹.*   **543** rede *›Sache, Angelegenheit‹.*   **545** leren *›anderen zur Kenntnis bringt‹.*   **547f.** *›Und wer es ihr verübeln würde, würde seinen Anstand selbst zunichtemachen‹.*

43. Traumerscheinung einer schönen Frau (B522)

[69ᵛ]

Ich rait ainß durch ainen wald
Uf minem roß, das truog mich bald
Durch den wald, der waß so grün,
Uf ainen anger, der waß vil schön.
5 Der lag mitten in dem than.
Ain schöner brun dardurch ran,
Der quelet her usß der erden kraft.
Zuo dem brunen ich her staft,
Der waß lustig und waß kalt.
10 Deß zwang mich mineß dursteß gwalt,
Daß ich von dem pferde staig
Und nider zuo dem brunen saig.
Wan eß waß in deß sumerß wun,
Da haiß schinen thuot die sun
15 Auß oriendt mit irem glancz,
Wan si waß bi iren kreften gancz.
Wan von ireß glanczes art
Entsprang die edel plie so zart
Von den baumen in dem holcz.
20 Darunder den die bluomlach stolcz
Aufgiengen gen der sunen schin
Und wolt ie ainß fur daß ander sin.
Daß gruon mit sinem anefang

---

*Text nach **Be₂₀** (Berlin, SBB-PK Ms. germ. quart. 2370 [olim Lana, Familienarchiv der Grafen von Brandis Cod. XXIII D 33]; um 1495), 69ᵛ–73ʳ. – Neben den allgemeinen Editionsrichtlinien gilt für diesen Text: Geminationen wie ff, ll, nn und tt wurden stillschweigend vereinfacht, wo sie weder vom Mhd. noch vom Nhd. her nachvollziehbar sind (z.B. werden statt werdenn). – Bisher unediert.*

4 ainen *korrigiert aus* ainem *Be₂₀*. **10** Daß *Be₂₀*.

---

1 ainß ›einmal‹. **8** staft ›ritt‹. **12** saig ›mich beugte‹. **17** Wan ›Nur‹. **18** plie ›Blüte‹. **20** den ›denn, dann‹; bluomlach ›Blümlein‹ (vgl. auch V. 43, 48, 50). **22** ›und immer wollte eines das andere übertreffen‹. **23–42** *Die Farbauslegung folgt weitgehend dem bekannten Muster: grün=Anfang, blau=Beständigkeit, weiß=Überstrahlen, violett=Hoffnung und Verschwiegenheit, rot=Liebeshitze.*

[70ʳ]

     Fur die andern alle trang,
25   Darwider uf minen aid
     Daß blau mit siner stetikait,
     Wan eß gab schin mit sinem glicz.
     Gen der sunen niderhicz
     Prechet eß mit hohem preiß.
30   Nachen darneben stuond daß wiß,
     Daß gab fir die andern schin.
     Ich priß eß in dem herczen min
     Und wilß in minem herczen behalten,
     Wil ich leb und sol ich alten.
35   Darzuo deß edlen wolgemuotß plie
     Mit siner praunen farb alhie.
     Wan wer hofft und ist verschwigen,
     Dem wirt selten gar verzigen.
     Ich gugt auch witer in daß graß.
40   Darneben auch entsprosssen waß
     Die roß mit irem roten glicz,
     Die brinet in der liebi hicz.
     Fur die andern bluomlach all
     Stund si da mit richem schall
45   Und gab fröd dem herczen min.
     Ich het vergessen aller pin,
     In der ich ie gewesen waß.
     Die plemlach waren alle naß
     Von dem süssicklichen tau
50   Waren die plumlach gell und plau
     Gepogen in daß gruone graß.
     Min kumer gancz vergessen waß
     Von den pluomen mencherlai.
     Die vogel triben ir geschrai
55   Mit lieplichen schall und thon

---

49 süssicklchen *Be*$_{20}$.

---

27 glicz ›*Glanz*‹. **28f.** ›*Der niederbrennenden Hitze der Sonne funkelt es entge-
gen und erlangt hohes Lob*‹; *vielleicht ist eigentlich mhd. widerhiuze (*›*Rivalität*‹*) zu
lesen.* **31** fir ›*vor*‹. **34** Wil ›*solange*‹. **38** verzigen ›*abgeschlagen*‹. **41** glicz
›*Glanz*‹. **44** schall ›*Freudenjubel, Übermut*‹.

Sungend die vogel allsant schon.
Darfon ich miner sin vorgaß
Und saig nider in daß graß
Under ain linden, die waß wit,
60 Die mir zuo der selben zit
Vor der sunen schatten gab.
In den bluomen ich da lag
Und entschlief da mit siesser gir.
In dem schlaf, da kam mir fir
65 Ain gestalt, die waß so adenlich.
Mich ducht, daß der ie gelich
In aller welt nit mecht leben.
All min hab, die het ich geben,
Daß ich solt mer gesehen hon,   *[70ʳ]*
70 Die tugencklichen for mir ston,
Und solt mit ir han turren scherczen.
Mit rechter trüw uß ganczem herc*zen*
Det si wol gefallen mir.
Ich daucht: ›Und sol*t ich* sin bi ir
75 Verzeren mine iunge tag,
So wolt ich haben ie kain clag
Ab allen dem, daß mir geschech.
Und wen si frintlich zuo mir sprech:
„Du solt in mienem dienst beliben“,
80 Fur all kurczwil wölt ich triben
Und wolt ir trüwer diner sin
Gancz biß uf daß ende min.
In steter lieb und in eren
Wölt ich si gancz nit verkeren
85 Und all min hofnung gancz in si seczen.
Mineß laideß tät si mich ergeczen,

---

56 all sant *korrigiert aus* an sant Be₂₀. **57** syn *korrigiert aus* sun *(?)* Be₂₀.
72 herczem Be₂₀. **74** soltest Be₂₀. **86** ergoczen Be₂₀.

---

58 saig nider ›*legte mich nieder*‹. **65** adenlich ›*edel, herrlich*‹. **71** ›*und gewagt
hätte, mit ihr zu scherzen*‹. **74f.** ›*Und wenn ich bei ihr sein und bei ihr meine
jungen Tage verbringen sollte*‹. **77** Ab ›*wegen*‹. **80** Fur all ›*mehr als alle an-
deren*‹. **84** ›*würde ich sie überhaupt nicht vom Guten abbringen wollen*‹.

Wan waß mir unmuotß geschech,
Mit irem lachen si mirß brech.
Mineß libeß haut si gancz gewalt.
90 Mit ierer minnencklichen gestalt
Wer si mineß herczen fierer
Und mineß libß ganczer regierer.
Ich wölt mich vlissen imer und mer
Aller zucht und aller er.
95 Und waß ich ie erdencken möcht,
Daß irem herczen fröden brecht,
Dar in wöllt ich kain sumnuß han.
Ich wolt ir alweg willig stan
In irem gefallen spät und fruo.
100 Vil gelücks stuond mir zuo,
Wen ich von got daß glück solt han,
Daß ich in ierem dienst solt stan.
So wer mir selden vil beschert,
Vor allem unfal wer ich ernert.‹
105 Wan si waß wol, so wol gezieret:
Ir schüchlin waren wol geschnieret,
Da mit si in die bluomen trat.
Ich halt, daß der uf glickeß rat
Gancz vor aller welte kem,
110 Den die rain und zarte näm.
Ir füslach waren schmal und langk.
Ain adenlichen stolczen gangk
Het die edel iunckfrou zart.
Wa si in die bluomen trat,

[71ʳ]

---

90 minnenckliche *Be*₂₀.   **110** ~~Den~~ den *Be*₂₀.   **111** k langk *Be*₂₀.

---

91 fierer ›Anführer‹.   **97** sumnuß ›Säumen‹.   **105–187** *Die hier eingefügte Schönheitsbeschreibung geht nicht wie üblich vom Kopf zum Fuß (a capite ad calcem) vor, sondern umgekehrt.*   **108f.** *›Ich meine, dass derjenige auf dem Glücksrad ganz über alle Welt erhoben würde‹.*   **111** Ir füslach ›Ihre Füßchen‹. **114–118** *›Da, wo sie durch die Blumen ging, schien sie mir einem fröhlich springenden Hirschen zu gleichen, der dabei das Rückgrat angespannt hat (spint als Präteritum von spannen): so bedacht war sie bei der Wahl ihres Tritts‹.*

115 Si daucht gelich in minem herczen,
    Wie ain stolczer hürsch tuot scherczen,
    Der da spint ain scharpfen gradt:
    Alß kluog waß si mit irer pfaudt.
    Ieri bain, die waren in der mauß,
120 Nit zuo lang und nit zuo grouß.
    In wiß so waß geschmücket ir lib.
    In aller welt waiß ich kain wib –
    Oder wer frowen namen haut –,
    Neben die zuckerzarten tret,
125 Den priß si denocht hätte gar.
    Under aller iunckfrowen schar
    Müst si han von mir den priß.
    Ir klaidung waren mit ganczem vliß
    Eingebrisen scharpf und rain.
130 Die miniklich, die waß so klain
    In ierer waich, alß ich si sach.
    In dem trom ich selber iach:
    ›Got haut an dir zwar nichß vergessen.‹
    Ir hinder waß gar wol gemessen,
135 In rechter groß gewelbet wol.
    Ir rücklin, daß waß schmal und hol.
    Ir gurtlin waß rot und schmal,   *[71ᵛ]*
    Daß gesencket waß zuo tal
    In rechter mauß und nit zuo langk.
140 Ir ermlin warend planck.
    Ir henlin warend wiß und rain,
    Darzuo ir finger langk und clain.
    Ir prüst waren nach lust
    Recht alß ainß stolczen löwen brust,
145 Der her trit in hohem muot.

---

115 So *Be₂₀*.   **126** allen *Be₂₀*.   **144** Rech *Be₂₀*.

---

119 mauß ›*Maß, richtige Größe*‹.   **122–125** ›*In der ganzen Welt kenne ich keine
Frau – oder eine, die man Dame nennt –, die neben die Zuckersüße treten könnte,
ohne dass dieser doch der Preis vollständig gebührte*‹.   **128** klaidung *ist hier of-
fenbar Plural.*   **129** ›*eng und säuberlich eingeschnürt*‹.   **130** klain ›*schlank*‹.
131 waich ›*weiche mittlere Körperseite, Taille*‹.

Alß waß die rain die guot
Gewünschet gancz nach wunsche gar.
Ireß helslinß nam ich eben war.
Daß waß wiß und darzuo rund.
150 Kain maister si verloben kund
Mit aller zier, die an ir waß.
Min selber ich da gancz vergaß.
Bald ich erplickt ir kinbeckelin,
Darin ain grieblin, daß waß fin.
155 Ain berlin wer darin gelegen.
All maister kunden nit widerwegen
Mit irer kunst die schön gestalt.
Allexander kund mit sinem gewalt
Nit ierß gelichen zaigen mir.
160 Ir roter mund, der tra*t h*er fur
Mit also rosenrotem schin.
Nun kund er doch nit schöner sin
Vor röti recht, alßsam er prun.
Und ain wol gespreche zung
165 Kund si laiten tugentlich.
Die zenlin stuonden ir gelich
In ierem rosenroten mündelin,
Alß werenß helfenbainin.
Iere wengle waren wiß baliert
170 Und mit rosenroter röti gemusiert.
Daß gab so frödenrichen schin.
Darob ir schwarcze öglin,
Darmit tet si gancz lieplich sehen.
In der warhait ich muoß iehen: [72ʳ]
175 Wil ich lag und schlief so leiß,
Ich wandt, ich wer in dem paradeiß.
Ir stürn, die waß wiß und klar.

---

160 traff er *Be*$_{20}$.

---

150 verloben ›*vollständig loben*‹. **155** berlin ›*kleine Perle*‹. **156** widerwegen ›*aufwiegen*‹. **164f.** ›*Und sie konnte ihrer wohl redenden Zunge auf tugendhafte Weise den Weg weisen*‹. **169** baliert ›*poliert*‹. **170** gemusiert ›*verziert, durchsetzt*‹. **175** ›*Während ich lag und so sanft schlief*‹.

Schon lüchtet ir goldfarbeß har,
Daß hat si umb gewunden fin.
180 Und zwai berline harbantlin
Lagen darob mit rechtem glancz.
Ain roter kerman sidiner francz,
Der waß hinden gehenckt zuo tal
Auf ir vill liechteß helslin schmal.
185 Darzuo haut si uf irem haubt
Von samat ain vil roti kap.
Daruf da lag ain heftlin klar.
Ia ich sprich sicherlich fur war:
Hett ich kinig Allexanderß gewalt
190 Und kinig Salomoniß wishait manigfalt
Und kaiser Octavianuß guot,
Fur daß alleß erwalt min muot
Die tugenliche iunckfrou rain.
Ach got, solt ich bi ir allain
195 Verzeren all min leben tag,
Ich näm eß *fur der* helden sag
Und fur die stercki Samsoniß
Und fur die schön kingß Absoloniß,
Wan si waß mit ierem wesen
200 Mit aller zucht gancz usß erlesen,
Züchtigß wandelß und beschaiden.
Mit worten solcz mir niemant laiden,
Wan lieplich sach si mit ieren augen.
Solt ich die ganczen welt durchfraugen,
205 Und ob ich schon ain schönere fund,
Fur die si mir nit lieben kund.
In ierer hand fürt si ain bogen
Und hat dri stral daruf gezogen.

---

180 harbatlin *Be*$_{20}$.　**185** sy *nachgetragen Be*$_{20}$.　**196** fur den der *Be*$_{20}$.　**197** sa-
samsoniß *Be*$_{20}$.

---

180 berline ›aus Perlen bestehende‹.　**182** ›Ein *karmesinroter seidener Kopf-
schmuck*‹.　**187** heftlin ›*Spange*‹.　**192** ›*vor all diesem würde ich … erwählen*‹.
196 ›*ich nähme das lieber als sagenhaften Heldenruhm*‹.　**206** lieben ›*lieb wer-
den*‹.　**208** stral ›*Pfeile*‹.

Der erst stral waß ir ogen klar,   *[72ᵛ]*
210 Darmit si geschossen haut fur war
In min hercz alß zuo ainem zil.
In ierem namen ich allweg wil
All min thuon und lon volenden.
O glück, tuo mich schier zuo ir senden,
215 Darmit ich miner hofnung gnieß
Und mit ir minen kumer bieß.
Den andern stral ich och ton kund:
Mit irem rosenroten mund
Traf si min hercz mit ganczer kraft.
220 Den stral schoß si biß an daß heft
Durch min hercz alß in dem trom.
Wie ver ich ie von ir kam,
Noch kan ich ir vergessen nicht.
Deß tritten straulß ich uch bericht:
225 Daß waß ir guot geberd und gestalt.
Durch min hercz mit ganczem gewalt
Schosch si den straul mit ganczer kraft.
Durch der liebin maisterschaft
Traf si mineß herczen grund.
230 Frou Venus hat zuo diser stund
Da angelegt vil grossen vliß,
Daß si durch ieren gewalt bewiß,
Daß si der liebi maister ist.
Min hercz zuo aller zit kain frist
235 Vor der lieb gehaben mag.
Erst muoß ich tuon min rechte klag,
Wan si füret bi ir ain schwert,
Mit dem si erst min hercz versert.
All min auderen und gemuot,
240 Durch daß schwert eß alleß pluot
Und bin durchhouwen und durchschlagen.
Die wunden muoß ich haimlich tragen
Und schluß die in mineß herczen port: *[73ʳ]*

---

216 ›*und mich durch sie von meinem Kummer befreie*‹.   **220** heft *bezeichnet hier den Griff, also das Ende des Pfeils.*   **234** frist ›*Aufschub*‹.   **239** auderen ›*Adern*‹.

Eß waren ir siesse wort.
245 Mich daucht in mineß schlaufeß gir,
Die miniklich, die ret mit mir.
Darvon min hercz muoß sin ir gefanger.
Si ließ mich ligen uf dem anger
Und schied von mir in schneller il.
250 Ach got, solt ich ain klaine wil
Die tugentlichen han gesehen
Und solt zu ir han turen jehen,
Daß si mir het verbunden
Mineß herczen jamerß wunden!
255 Alß ich erwacht und niemandt sach,
Min jungeß hercz mir schier erbrach
Und mert sich mineß schmerczen gir.
Den jamer wil ich behalten mir.
Wie wol eß geschach im schlauffe doch,
260 Dennocht trag ich die wunden noch
Und will si tragen mit stillem sitt.
Nun hail mierß, mien lieb! renn, gluck, hilff mit!

---

262 lieb *ist über der Zeile nachgetragen Be*[20].

---

249 il ›*Eile*‹.　252 ›*und hätte ich es gewagt zu ihr zu sprechen*‹.

44. Jagdallegorie (B504)

[102ra]

Het ich ze iagende sinne guot,
So wolt ich mit wisem muot
Zihen uf den walt.
Do hat ein hinde so balt
5 Geflohen dur den tan.
Do hat ein iager an
Gehetzet guote hunde.
Maniger leige funde
Hat er erdacht, daz si im were
10 Worden, wan im waz swere,
Daz er so lange hat gestrichen
Der hinden na und si entwichen
Im so verre waz hin dan.
Er waz ein wegemüeder man
15 Worden von dem geiagd.
Sere er daz klagd,
Daz in so wening do verfieng
Sin langes harren, daz er gieng
Mit trüwen uf dem spor,
20 Als er het dike vor
Dem wilde nach gegangen.
Er waz mit leide bevangen.
Er sprach: ›wie mag dis iemer wesen,
Daz dis tier vor mir genesen
25 Wil und ich im mit trüwen nach
Gan und *mir* zuo im ist gach

Text nach **Wa** *(Warschau, Nationalbibl., Cod. 8097 III; 1. Hälfte 14. Jh.), 102ra–103vb. – Bisherige Ausgaben: Stejskal 1880, 259–268; Schulz 1896, 234–237.*

26 och *Wa.*

1–3 ›*Wenn ich verständig jagen könnte, wollte ich mich gerne mit Weisheit in den Wald begeben‹.* **4** hinde ›*Hindin, Hirschkuh‹.* **5** tan ›*Wald‹.* **8–13** ›*Viele verschiedene Kunstgriffe hat er ersonnen, damit sie ihm zuteilwerde, denn ihn bedrückte, dass er so lange Zeit ihr hinterhergezogen und sie ihm so weit in die Ferne entkommen war‹.* **17f.** ›*dass sein langes Warten ihm überhaupt nichts nützte‹.* **19** spor ›*Spur des Wildes‹.*

Und och mine hunde
Verdrüsset keiner stunde?
Si louffent mit dem wilde
30 Uf berg und uf gevilde,
Uf egerden und uf sne
Kein nügerute hilft nu me.
Ich het gemachet guote hag,
Der ich mit ganzen trüwen pflag,
35 Und darin vil manigen rik
Geleit mit sorgen dik.
Daz kan alles nüt verfahen.
Ach, wen sol mir vröde nahen?
Nu han ich doch die besten
40 Hunde und och die festen,
Die ieman mag gehan.
Daz als nüt helfen kan.   *[102rb]*
Ich wande, mir helfen solte Trost,
Daz ich von iamer würde erlost;
45 Und och min vröde nüwe
Macht Harre, Stete, Trüwe
Und och ander hunde guot,
Die mit berichtem muot
Louffent stille und och in lut.
50 Des kunt alles hin die trut.
So alle hunde nüt iagen me

---

31 egeren *Wa*.   **32** nügeräte *(Lesung von* ä*t unsicher: Tinte verblasst, wohl a zu v korrigiert); die Konjektur zu* nigromante *von Stejskal 1880 und Schulz 1896 scheint weder notwendig noch mit dem Text begründbar.*   **48** berichten *Wa*.

---

31 egerden *>Brachland, unbebautes Land‹.*   **32** nügerute *>neugerodetes Land‹ (wohl ein für die Jagd besonders günstiges Gebiet).*   **33** hag *>Hecke‹.*   **35** rik *>Schlinge, Verstrickung‹.*   **37** *vgl. V. 17.*   **38** wen *>wann‹.*   **40** festen *>beständigsten‹ (hier Superlativ).*   **42** als *>alles‹.*   **43–46** *Diese und ähnliche Canifizierungen von Tugenden bzw. Untugenden kommen häufig vor allem in den später überlieferten Jagdallegorien der Hadamar-Tradition vor.*   **48f.** *>die mit rechter Gesinnung still oder aber auch mit lautem Gebell laufen‹.*   **50** *>All dem konnte die Geliebte entkommen‹.*

Mochten, so tet Stete we
Allen dem gewilde.
Daz ist ein gros unbilde
55 Worden, daz nüt helfen kan,
Waz ich ie gelernet han
Von mir selb und anderswa:
Daz kan als nüt helfen da.
Ach herre, daz las erbarmen
60 Dich, daz ich muos armen,
Min vröde ich sus vertribe
Und stirbe mit gesundem libe!‹
Sin klagen aller grossest waz.
Er nieman getorste sagen daz.
65 Er leite sich do nider
Und wart im er noch sider
Von müedi nie so we,
Im geschehe do dristunt me:
In herz und in gedenken
70 Begund im sere krenken
Der ungefuog, der im geschach.
Daz leit im durch sin herze brach.
Die klag erhort ein wiser man,
Der von geschicht dort hare kan
75 Gegangen für in hin.
Er sprach: ›gegrüsset muost du sin!
Wie list du sus, daz sage mir.‹
Er sprach: ›ia losent, daz ist min gir
Und gent mir üweren rat!
80 Sid üch har getragen hat
Von himelriche got,
So helfent mir us not!‹
Er sprach: ›gerne, ob ich es kan.‹   [102ᵛᵃ]
›Ia‹, seit der ellende man,

---

54 unbilde ›*Ungerechtigkeit, Unvorstellbares*‹. **58** *vgl.* 42. **60** armen ›*arm werden*‹. **66–68** ›*und er erlitt weder früher noch später so großen Schmerz wegen der Erschöpfung, es sei denn, dass ihm dreifach mehr (an Leid) widerführe*‹. **71** ungefuog ›*Frevel*‹. **74** hare kan ›*her kam, entlang kam*‹. **77** ›*Sag mir, weshalb du so redest*‹. **78** losent ›*hört zu*‹.

85 ›Ich han geiaget wol zehen iar
Beide stille und offenbar
Einer hinden na uf dem spor
Und ist mir gegangen vor,
Daz ich mich ir han verwegen
90 (Ratent, wes ich solle plegen)
Und lies nie nüt beliben,
Daz man zem iegd sol triben.‹
Ich kam ane geverde dar,
Do ich ir beider wart gewar.
95 Ich verbarg mich hinder einem hag,
Daz ich erhort ir beider sag.
Der wise sprach: ›wie sint genant
Din hunde? Die tuo mir bekant.‹
Er sprach: ›Trost, Trüwe, Harre, Stete.
100 Der vier hunde missetete
Hort ich niemer von in gesagen
Und muos mich leider von in klagen.‹
Der wise sprach: ›ich tuon dir kunt,
Du muost haben ander hunt.
105 Wilt du iagen mere,
So volge miner lere:
Du muost Trüwe und Stete lan,
Harre lassen von dir gan,
Trost la beliben
110 Da heime. Er kan vertriben
Dir nüt uf dem walt.
Dovon du in behalt
Und acht umb ein gehunde,
Die könnent guote funde:
115 Zwefel und och Wenken
Und Falsch, der kan erdenken
Uf dem louf gar guoten list.

---

87 Einr *Wa.*   **92** trieben *Wa.*

---

89 ›*dass ich mich für sie entschieden habe*‹.   **93** *Der Ich-Sprecher (vgl. V. 1–5)*
offenbart hier, dass er das Geschehen und Gespräch beobachtet und belauscht.
112–114 ›*Halte ihn fern und achte auf eine Meute, die erfolgreich sein kann*‹.

Si gent dem wilde keinen frist.
Und macht du han die drie,
120 So la si und schrie
„Iu" sicher ane sorg:
Si gent dem wilde keinen borg
Und och keine suon.
Wilt du es gerne tuon,   *[102vb]*
125 Sus stritlouf sint si selbe.
Es ist nüt so schelbe.
Si könnentz richtig machen.‹
Des muost der ieger lachen,
Wie wening es im in herzen waz.
130 Er sprach: ›ich tet, es were daz:
Solt ich mit trugenie
Umbegan, nu phie!
Ich tuon sin nüt,‹ sprach do der degen,
›Ich wil mins gehündes plegen
135 Iemer me an ende
(Dar an mich nieman wende)
Und och mit in ersterben.
Solt ich umb Falsch nu werben
Und och umb Zwifel, Wenken,
140 Daz müst mich iemer krenken.
Nein! min herze ein anders seit:
Solt ich sin iemer haben leit,
Si koment nicht zuo mir.
Ich nüt des rates volge dir.
145 Du gang von mir drate
Und sume dich nüt ze spate.
Möchte ich dich wol erlouffen

---

136 niema *Wa.*   **140** mich *ist übergeschrieben Wa.*

119f. ›*Und wenn du die drei haben kannst, so lass sie laufen und ruf*‹.   **121** Iu
Jagdruf an die und zur Ermutigung der Hunde oder Ruf der Freude.   **122f.** ›*Sie
geben dem Wild keine Ruhe und auch keinen Frieden*‹.   **125** stritlouf ›*im Kampf
bewandert*‹.   **126** schelbe ›*quer, verkehrt*‹.   **129** ›*wie wenig es ihm auch zum La-
chen zumute war*‹.   **130–132** ›*So täte ich, wenn es (um mich) so stünde: Sollte ich
mit Betrug handeln, pfui!*‹.   **147–149** ›*Könnte ich dich einholen, wollte ich dich
völlig zerraufen trotz der Müdigkeit, die ich verspüre*‹.

Ich wolt dich ser zerrouffen
Vor der müedi, die ich han.
150 Du solt eim anderen raten an
Und las gehören mich
Oder ich henke dich sicherlich!‹
Von dannan huob sich do
Der man und waz gar vro,
155 Daz er mit eren dannan kan.
Den weg er zuo guoten sprüngen nan.
Ich schiet mich och von dannan schier
Und waz vröwer denne vier:
Beide umb die wort
160 Und daz ich do erhort
Von ir beider munde
Und ich dar kunde
Mich gerichten, als ich solt,
Wand ich es versuochen wolt:
165 Wan ich hatte genomen in   [103ᵛᵃ]
Den rat, den er im tet do schin.
Min herze wolt geruochen
Daz unbild do besuochen,
Daz ich dovon gesagen kund.
170 Uf stunt ich zer selben stunt.
Die drie hunde ich balde vant,
Wand man si leider in dem lant
Balder vindet denne dekein
Hunde, wand si sint gemein
175 Worden vil und dike.
Man darf dekeine rike
Noch ein keiner hag,
Wo man si haben mag.

———

150 da *Wa.* **169** gesagent *Wa.*

———

155 dannan kan ›von dannen kam‹. **156** nan ›nahm‹. **158** vier ›vorher‹.
167–169 ›Ich war entschlossen, es anzugehen und das Unvorstellbare aufzusu-
chen, um davon berichten zu können‹. **173–175** ›schneller findet als alle anderen
Hunde, denn sie sind allgemein verbreitet geworden, zahlreich und oft‹. **176** darf
›braucht‹.

Ich fuor hin uf die strassen,
180 Da hat er gelassen
Der ieger sine guoten hund.
Ich lies Valsch, den bösen slund,
Louffen in die ruor.
Daz tier im do wider fuor.
185 ›Iu‹, schrei ich nu dar,
›Wenke, nim ir eben war!‹
Zwifel lies ich strichen mit.
Do der kam mit sime sit,
Ein keiner möcht ein erkouffen
190 Als bald als erlouffen
Do die selbe hinde waz,
Wie lange si er genas
Vor eime guoten ieger,
Der manig wild geheger
195 Hat gemacht mit siner kunst.
Er hat witz und die vernunft
Lange gehabt mit trüwen
Und muost dovon mit rüwen.
Ich nam daz tier an ein seil.
200 Mir waz do lichte min teil
Worden an geverde.
Doch waz mir ein swerde,
Das unbilde da geschach.
Mit dem ich riten sach
205 Die Minne und ir gesinde.
Des erschrag die hinde.   [103rb]
Ich waz sin aber vro.
Zuo der Minne sprach ich do:

---

179 strasse *Wa.*   **189** keinr *Wa.*

182f. ›*Ich hetzte den bösen Schlund* ›*Falsch*‹ *zum Verfolgen des Wildes auf*‹.
185 *vgl. V. 121.*   **188–191** ›*Sobald dieser mit seiner Art hinzukam, da hätte sich
niemand so schnell (ein Wild) kaufen können, wie diese Hindin da (von den
Hunden) eingeholt wurde*‹.   **192** er ›*vorher, früher*‹.   **194** geheger ›*Hecken*‹.
200f. ›*Der Erfolg wurde mir da mühelos zuteil*‹.   **202f.** ›*Doch betrübte mich, dass
Ungerechtigkeit da geschah*‹.   **204** Mit dem ›*Währenddessen*‹.

›Gnade, vrouwe, ich ger gerichtz
210 Und och des urphlichtz.
Vernement hie, daz ich üch sage:
Ich han eriaget in eime tage
Dis wild mit falsche*m* gezüge
(Ich üch des nüt enlüge)
215 Mit Zwifel, Falsch und Wenken.
Des sont ir wol gedenken.
Der het ein guoter ieger vor
Gegangen uf dem spor
Mere den zehen iar
220 Beide stille und offenbar
Mit guotem reinen gehunde.
Er hatte keine kunde
Der falschen, als er solte.
Mit recht ers gewinnen wolte
225 Oder aber verlieren.
Nu ist im wirs den vieren
Ie würde von keime geiagt.
Wer in sehe, er klagt
In fur alle man,
230 Der ie iagendes muot gewan.
Darumb sönt ir vragen
Des rechten ane betragen.‹
Die Minne sprach do zuo ir sun:
›Als du hast wol vernun
235 Nach dem rechten urteil sprich.
Uf die sache ich billich rich.‹
›Mich dunket recht,‹ sprach do hin wider
Ir sun, ›daz man si lege nider

---

213 falschen *Wa.*

---

210 urphlichtz ›*Fürsorge*‹.   **213** mit falschem gezüge ›*mit falscher Ausrüstung, mit falschen Werkzeugen*‹.   **226f.** ›*Nun steht es schlimmer um ihn als jemals zuvor wegen einer Jagd*‹.   **231f.** ›*Daher sollt ihr ohne Verdruss nach dem Recht fragen*‹.
233 *Die Minne bittet ihr Kind (›Das Minnekind‹, Amor?) um einen Urteilsspruch.*
234 vernun ›*vernommen*‹.   **236** ›*In diesem Rechtsfall verschaffe ich Genugtuung gemäß dem Recht*‹.

Und ir breche die ougen us.
240 Billich gat die urteil sus,
So hütent sich deste e
Ein ander vor dem we.
Dunket ieman anders recht old guot,
Der sage och den sinen muot
245 Schier bi sinem eide,
Er ich von hinnan scheide.‹
Es waz allessament sle*ch*t   *[103ᵛᵃ]*
Die urteil do und och daz recht.
Von dannan schiet die Minne do.
250 Ich wolt, es in allen gieng also,
Die mit falschen sich erwerben
Lassent und den lant verderben,
Der mit stete umbegat.
Ich wollte, daz ir niemer rat
255 Würde hie noch dort.
So hetten si licht fort
Ein kleine umb ir wanken.
Der tüfel mües in danken
Und niemer in beschehe
260 Guot, die man sus sehe
Mit Falsch, mit Stete umbegan.
Den segen sönt si von mir han:
Billich man in fluochen sol.
In müsse niemer werden wol
265 Hie uf erde in dirre zit,
Unselig si ir lip
Und och ir leben, des bit ich got.
Si müssen werden gar ze spot
Und niemer in beschehe guot,
270 Sid daz ir unsteter muot

---

247 sleit *Wa.*

---

246 Er ›bevor‹.   **247** slecht ›*ordnungsgemäß, unwidersprochen*‹.   **251–253** *vgl.*
V. 272–274.   **251f.** ›*die sich mit Falschheit gewinnen und denjenigen zugrunde*
gehen lassen‹.   **256f.** ›*So bekämen sie sicherlich fortan nur wenig für ihren Wan-*
kelmut‹.   **261** ›*die gleichermaßen mit Falschheit und mit Beständigkeit handeln*‹.

Sus rechte trüwe übersicht
Und sich mit falscher geschicht
Lant fahen und erwerben
Und den lant verderben,
275 Der Trost, Trüwe und Harre hat
Und Stete keinest von im lat.
Daz müesse got erbarmen.
Si sönt vil wol erwarme*n*
In fegefüre hie und dort.
280 Der tüfel neme si in ein ort
Von biderben lüten ferre hin,
Sid daz si mit ir falschem sin
Nüt went an eime beliben.
Si went ir zit vertriben
285 Mit drin oder mit vieren.
Sid dis loterieren
So gar ist komen in die welt,
Dovon ich bit, mach ein gezelt,   [103vb]
Luzifer, als billich ist,
290 Und zette darin stro und mist
Und sage diner muoter,
Daz si in gebe höwe für fuoter.
Bessers höret si nüt an,
Wand si lant manigen vesten man
295 Hie in zit verder verderben,
Der mit trüwen werben
Wol könd, als man solte,
Der rechtes pflegen wolte.
Ich kan in nüt gefluochen me.
300 Si müssen haben iemer we
Untz daz si gebüssen gar,
Daz an in niene blibe har,

---

278 erwarme *Wa.*   **295** verder verderben *möglichweise eine Dittographie.*

272–274 *vgl. V. 251–253.*   **272** mit falscher geschicht ›*mit Falschheit*‹.
286 loterieren ›*leichtfertiges Handeln*‹.   **290** zette ›*streue, breite aus*‹.
292 ›*dass sie sie mit Heu füttern soll*‹.   **295** verder *vielleicht für vürder* ›*wei-*
terhin‹.   **302f.** ›*dass kein Haar an ihnen übrig bleibe, das nicht vom Feuer völlig*
verbrannt worden wäre‹.

Es si von füre gar verbrant.
Hiemit sint si gnuog geschant.
305 Den selen ich nüt fluochen.
Von got ich des geruochen:
So dise buosse sus geschicht,
Daz denne got ane gericht
Die selen neme in ewikeit
310 Und si behüt ane alles leit
Und in gebe vröden vil
Iemer me, ane endes zil.
Des bittent allesament got,
Der och genant ist Sabaot.
315 Amen sprechent alle,
Den dise rede gevalle.

———

316 *Nachträglich, von späterer Hand:*
O herre got vater (vater *übergeschrieben)* erbarme dich
genediklichen über mich
la mich von dir nicht scheiden Amen
Weiterer Nachtrag am unteren Seitenrand:
Gaudeamus omnis in domino iesu Christo.

45. Die Jägerin (B508)

[15^r]

Wil gi weten, wo mir ghescach?
Ich reit nu lest uff einem dach,
Beide uff berge unde och uff dall.
Do horde ich soisser hunde gheschall
5   Klingen uff demm walde.
Do reit ich vill balde,
Dar ich der hunde meister vant.
En schoen bilde wart mir bekant,
Dat stont in minnenclicher vaer
10   Unde gaff sich mich upenbar.
Ich traet van minem perde neder,
Uff dat ich siee mochte sprechen weder.
Ich vragede siee der mere,
Wie dat bilde were.
15   Siee sprach: ›knabe, dat wil ich dir sagen.
Ich solde allhir de lengde jagen
Dat wilt tzo allen tziden recht*e*,
Bes ich it uff enn ende brechte.
Ich bin gheheisen Vrouwe Stede.
20   Der mir nu vragede unde bede
Umme der hunde enn underscheit,

Text nach **Wi₁₃** *(Wien, ÖNB 2940*; um 1481), 15^r–16^r (auf 14^v findet sich eine ganzseitige Federzeichnung mit eindeutigem Textbezug; zu sehen sind oben der Sprecher auf dem Pferd, links der Sprecher im Gespräch mit der Dame sowie rechts die Personifikation der Staete mit ihren fünf Hundepaaren). – Bisherige Ausgabe: Dalby 1965, 256–259.*

1 *Initiale in Höhe von zwei Zeilen* Wi₁₃. **13** meren *korrigiert zu* mere Wi₁₃. **17** recht Wi₁₃.

---

1 ›*Wollt ihr wissen, was mir widerfahren ist?*‹   **2** lest uff einem dach ›*neulich eines Tages*‹. **4** gheschall ›*Lärm, Gebell*‹. **8** bilde ›*Gestalt, Erscheinung*‹. **9** in minnenclicher vaer ›*in liebenswerter Schönheit*‹. **10** ›*und gab sich mir zu erkennen*‹. **12** ›*sodass ich mit ihr sprechen konnte*‹. **14** Wie ›*wer*‹. **16–18** ›*Ich werde an diesem Ort das Wild immerdar recht in einer Hetzjagd jagen, bis ich es erlege*‹. **21** underscheit ›*Belehrung*‹.

Ich sechte es em uff meinen eit:
Der hunde der sint tzeen
Unde loffen alle ghemein
25 Beide de lenge und och die herde
Nae des wildes ghewerde.
Tzwen heissen Leifft unde Lust;
De jagen nae des wildes brust.
De horen ich tzo allen tziden doer   [15ᵛ]
30 Jagen na dem rechten spoer.
De anderen tzwen sint Troest unnd Wan;
Die haven dicke wol ghedaen,
Dat si na dem wilde varen
Unde in dem walde sich bewaren.
35 Noch horen ich tzwen hunde loffen:
Der ein hest Tzwivel, der ander Hoffen.
Dat deit Tzwivel na siner ardt,
Die des spores nit wol enwart:
Alse he den dat spore vorleset,
40 Tzohant hee daen enn ander keset.
Hoffen jaget och wael de richt,
Hee enwesselt ouch nit licht,
Hie enwilt nit widerwenden,
He meinet altzid tzo vullen enden.
45 Dat verde par heisset Herden unnd Helffen;
De hore ich alletzit ghelfen
Baven uff dem walde.
Wo ich de tzwen behalde,
So wil ich ummer wesen vri

----

49 ~~frod~~ vry *Wi₁₃*.

----

22 sechte ›*würde sagen*‹. **23–56** *Ähnliche Canifizierungen wie die folgenden be-gegnen häufig in den Jagdallegorien der Hadamar-Tradition.* **25** ›*sowohl ausdau-ernd als auch hartnäckig (?)*‹. **26** ghewerde ›*Fährte*‹. **27** Leifft ›*Liebe*‹. **29** doer ›*dorthin*‹ oder ›*durch*‹. **31** Wan ›*Vermutung*‹. **38** nit wol enwart ›*nicht gut achtet*‹. **39f.** ›*Wenn er einmal eine Spur aufnimmt, wählt er gleich wieder eine andere*‹. **42** enwesselt ›*wechselt, ändert sich*‹. **44** ›*er richtet sich immer auf das Erreichen des Ziels aus*‹. **45** Herden ›*Harren*‹. **46** ghelfen ›*laut werden, bellen*‹. **47** Baven ›*oben*‹. **49** ummer ›*immer*‹.

50 Unnd jagen na der hunde gheschri.
Dat vümffte par heisset Heelen unde Hoden;
Die haven dat van rechter guden,
Dat sie stellen und schicken
Nae demm wilde hemelichen.
55 Dat neme ich uff de truwe mein.
Nu weistu, we de hunde sin.‹
›Junckfrow, ich han wol ghehort.
Wilt ir mich nu bescheiden vort
Unde doen mich wissentlich bekant,   [16ʳ]
60 Wie dat wilt si ghenaent?‹
Sie sprach: ›Ich sage dir enn mere,
Ich wil dir gheven eine lere.
Wiltu dat wilt erkennen,
So saltu dich rechte besinnen.
65 Sin name is „l m r E“.
Ich enkaen dirs nit ghesagen mer
Umme der nider unde boser saghen,
Die nae demm wilde nit enjaghen.
Got den bosen nit enghaen,
70 Dat si id erkennen mogen.
Dat saltu also vorstaen:
Alles dinges enn underscheit
Dat were mir nu und ummer leit.
Wilch maen der dat wilt wil jagen,
75 Der sall in sime hertzen dragen
Menlichen moed unnd reinicheit
Unnd tzo der eren sin bereit,

---

52 ~~guder~~ rechter *Wi₁₃*.   **69–71** *Diese Stelle ist verderbt; die Abfolge der Verse scheint gestört und es fehlt mindestens ein Vers, der sich auf V. 70 reimt.*

---

51 Heelen ›Verbergen‹; Hoden ›Behüten‹.   **65** l m r E *verschlüsselter Name des Wildes, hinter dem Dalby 1965 „l'ameir" und E als Initiale eines Frauennamens vermutet.*   **67f.** ›*wegen des Geschwätzes der Feinde und Bösewichte, die selbst nicht nach dem Wild jagen*‹.   **69f.** ›*Gott vergönne es den Bösen nicht, dass sie ihn (den Namen des Wildes) erfahren könnten*‹.   **72f.** ›*Eine vollständige Belehrung über alles würde mir jetzt und immer Leid bereiten*‹.

Hie si arm ader rich.
So wo hie leve redelich
80   Unde drage under sime schilde
Otmoet, hovesch unde milde,
Unde och tzo dem schilde sin ghebaren,
Hie ciget wol tzovorren
Danck von guden wiven.
85   Dat wil ich ummer recht beschriven:
Mit unwillegen hunden is boes jage*n*
In grossen bergen und dicken haghen.‹

---

86 jagent *Wi₁₃*.

---

78 Hie ›er‹.   **79–84** ›*Wenn er der Vernunft gemäß lebt und unter seinem Schild Rücksicht, höfische Gesinnung und Freigebigkeit trägt und neben dem Schild (vornehmes) Verhalten an den Tag legt, wird ihm bald der Lohn edler Frauen zuteil‹.* **85** beschriven ›*schriftlich festsetzen‹.* **86** is boes jagen ›*kann man schlecht jagen‹.*

46. Der Minne Gericht (B461)

[60^v]

```
    Do der summer was dahin
    Und do der winter ungewin
    Wolt pringen den klain vögelin,
    Das sie in irß hertzen schrin
5   Muosten verliesen iren gesang
    Durch deß argen winters zwang,
    Und der riff kalt und pitter
    Und deß herbst ungewitter
    Uff sie fiel, das sie sich schmugen –
10  Wie houch die lerchen vor flugen,
    Ab muosten sie sich setzen –,
    Ains morgens rait ich hetzen
    Mit winden und mit vogelhunden
    Für ain loch, da ich het funden
15  Zuo hetzen vil, das gedaucht ich.
    Holtz halb huob ich mich,
    Ob es mir lieff an die hand.
    Der hund ainer ain hasen vand.
    Do ich in ward ansichtig,
20  Zehand zuckt ich den strick
    Und hetzt an in, ob ich in vieng.
    Der has doch den hunden engieng
```

[61^r]

Text nach **He₁₄** *(Heidelberg, UB Cpg 393; um 1455), 60ᵛ–65ʳ. – Neben den allgemeinen Editionsrichtlinien gilt für diesen Text: Ff bzw. ff wurde an Wort- und Silbenanfang stets zu F bzw. f vereinfacht. – Bisherige Ausgaben: Matthaei 1913, 152–155 Nr. 15; Kiepe/Willms 1972, 345–352 (mit nhd. Übersetzung).*

Überschrift: Der minne gericht *He₁₄.* **2** des *He₁₄.* **5** ire *He₁₄.* **11** sitz *He₁₄.* **15** das das *He₁₄.*

---

1 *Der Nebensatz* ›Als der Sommer vorbei war…‹ *beinhaltet einen winterlichen Natureingang und geht bis V. 11.* **2** ungewin ›Schaden‹. **9** schmugen ›duckten‹. **10f.** *wohl als Parenthese aufzufassen.* **10** vor ›vorher‹. **11** ›nun mussten sie sich unten hinsetzen‹. **12** hetzen *hier* ›jagen‹. **13** winden ›Windhunden‹; vogelhunden *Hunde, die zur Jagd von Vögeln abgerichtet sind.* **16** ›Ich machte mich in Richtung des Waldes auf‹. **20** ›löste ich sofort die Leine‹.

Und lieff in vor biß an das holtz.
Doch sach ich: Ain frowen stoltz
25 Gegen mir gieng uff ainem stig.
Ich sprach zuo mir selber: ›Nun schwig!
Stand von dem pferd zuo der *erden*!
Möcht dir ain grüsen von ir werden,
So wär wol beschehen dir.‹
30 Die selb frow engegnet mir
Und gruost mich. Do das beschach,
Ich danckt ir und sprach:
›Gnad, frow schön und rain.
Wie sind ir also ain
35 Komen her, deß nimpt mich wunder.‹
Sie sprach: ›Ich hett m*i*r baß besunder
Zuo lieb erkoren ainen man,
Der haut so übel an mir getan,
Das man in solt schelten.
40 Er laut mich deß engelten,
Das ich gar stett an im was.
Nun gevelt im ain andre baß.
Die selben haut er in dem muot.　　　　　　　　*[61ᵛ]*
Das er das ungerecht gen mir tuot,
45 Das will ich Frow Minn clagen.
Werlich, die kan nit vertragen,
Das man unrecht tuot an mir.
Das soltu geloben mir.‹
Ich sprach: ›Frow, laut *mich* mit *ü*!
50 Ich gib uch deß mein trü,
Das ich üch immer dienen will.
Ich hon ir ouch ze clagen vil
Alß ainem rainen wib,
Das ich von der belib

---

25 steg *He₁₄*. **27** andern *He₁₄*. **31** das b̶e̶j̶ *He₁₄*. **36** mich *He₁₄*. **49** laut mit üch *He₁₄*.

---

23 in vor ›vor ihnen her‹. **25** stig ›Steig, Pfad‹. **34** ›Wie seid ihr so allein‹. **44** ungerecht *hier wohl als Adverb aufzufassen*: ›ungerechtfertigterweise‹. **48** geloben *hier* ›glauben‹. **53** Alß *hier* ›und so auch‹.

55 So gar on hilff und ön trost.
Mocht ich von der werden erlost,
Das ich so gar hertz, muot und sinn
An sie nit leg on allen gewin!‹
Sie sprach: ›Ich für dich mit mir dar.
60 Da würstu ouch wol gewar,
Wes da die Minn kan walten.‹
Sie fiert mich aubent halben
Durch ain holtz uff ain haid.
Da sach ich in kunigliche claid
65 Die Minn da zuo rechten   [62ʳ]
Mit vil ritter, frowen und knechten.
Die warn all geladen dar
Und namen da deß rechten war.
Funff frowen sprachen do das *wort*,
70 Die ir Frow Minn hett erkort,
Die da richterin was.
Frow Er, Frow Trü waren das,
Frow Stett, Frow Seld, daz waren vier.
Die funfft ne*nn* ich üch schier:
75 Das *was* Frow *Lieb*, die mengem man
Lib und guot *het* gewun*n*en an.
Durch das gedreng ich da prach.
Ich gieng für und sprach:
›Edlu Kunigin Fenuß,
80 Ich bin komen alsus,

---

57 und s̶y̶ *He₁₄*.   **69** recht *He₁₄*.   **74** funfft i̶r̶; nem *He₁₄*.   **75** Das Frow Mynn
He₁₄.   **76** guot gewund an *He₁₄*; gewund an *könnte ein (endungsloses?) Part.
Prät. von* anwinden *›angreifen‹ sein; wahrscheinlicher ist aber, dass hier eine Ver-
schreibung des vor allem in der Rechtssprache vielfach belegten* angewinnen *›et-
was erlangen, fortnehmen‹ vorliegt.*

---

56 *›Könnte ich von ihr befreit werden‹.*   **62** aubent halben *›aufwärts, oberhalb‹
oder ›westwärts‹ (?).*   **69** *Die Wendung ›das Wort sprechen‹ im Sinne von ›vertei-
digen‹ wird auch in V. 85 und 97 verwendet.*   **75** *Die fünfte von Frau Minne er-
wählte Dame ist Frau Liebe, vgl. V. 200.*   **76** *›Leben und Besitz abgenommen hat‹.*
79 *Frau Minne wird nur an dieser einen Stelle mit ›Königin Venus‹ angesprochen.*

Das ir mir richtet hie durch gott –
Wann man tuot durch üwer gebott,
Was unvernumpffticlichen lept –
Und mir ain fürsprechen gebt,
85 Der mir min wort hie sprechen wöll.‹
Sie sprach: ›Lieber gesell,
Nim selber, wer dich dunck guot.
Des gan dir wol mein muot.‹
Frow Sellden ich da mit urtail gewan.
90 Die nam ich und fuort sie hin dan
Und klagt ir mein *kummer*,   [62ᵛ]
Das von ainer frowen ich tummer
Hett erlitten groß arbait,
Das sie die von minen wegen klaid.
95 Die hin fuor gar züchteclich
Und sprach: ›Frow, vernimpt mich.
Ich sol dem das wort hie sprechen.
So weg er, ob ich im dett prechen,
Geschach on zug oder dingen
100 Oder an tagen, das im mug pringen
Schaden, ob ich es nit recht hande*l*,
Ob ich im sam, das er mich wandel,
Hie mit ainer ander ger.
Der selben urtail begert er.
105 Doch tuot er es nit gern;

––––––––

83 unvernumpffticlichen ~~lie~~ *He₁₄*. **88** dir g *He₁₄*. **89** mit ~~vr~~ *He₁₄*. **91** kommer
He₁₄. **92** das o *He₁₄*. **101** handelt *He₁₄*.

––––––––

82f. ›*denn alles handelt, wie ihr es gebietet, auch das, was ohne Vernunft lebt*‹.
84 fürsprechen ›*Anwalt*‹. **94** ›*damit sie diese Not um meinetwillen beklage*‹.
98–103 ›*So wäge er ab: Falls ich ihm einen Schaden zufüge – geschähe es etwa
ohne Berufung oder Verhandlung oder ohne Gerichtstag zu halten –, dass ihm das
Schaden brächte, oder falls ich die Sache nicht richtig verhandeln oder für ihn
verzögern würde, dass er mich dann auswechsle und hier eine andere (Fürspre-
cherin) begehre*‹. **104** ›*Er verlangt nach genau so einem Urteil*‹. **105–107** ›*Doch
tut er das widerwillig und wünscht sich, darauf verzichten zu können, wenn Frau
Minne seiner Geliebten zureden würde*‹.

Er wolt, er möcht sin enpern,
Frow Minn sprech zuo sinem lieb dar.
Ob sie es noch gentzlichen und gar
Wölt laussen an ir zuo –
110 So geb er ouch ettwan darzuo,
Das wirß mit der minn machte slecht.
Das wär besser dann das recht.‹
Frow Minn sprach: ›Ich tuonß gar gern,
Welt si der bet mich nun gewern.‹
115 Was sie die lieben da gepatt,
Da kunt sie an *ir* ninndert statt
Vinden, das es möcht gesin.
Do sprach also der fürsprech m*i*n:
›Der hie des rechten gert,
120 Mag er es sein von mir gewert.
Wann der lit von mir smertzn,
Der haut sie in dem hertzen
Und haut sie ouch in dem sinn
Und ist deß nie von ir inn
125 Worden, ob er ir gevall
Etwas für ander man all.
Und er ir nit gevelt,
Frow Minn, ob ir es welt
Und ob es das recht geben mag,
130 Man geb im hie ain andern tag.
Die wil er erfarn sol,
Ob es stee übel oder woll.

[63ʳ]

---

116 mir *He₁₄*.　**118** mein *He₁₄*.　**126** man ~~an~~ *He₁₄*.

108–111 ›*Und wenn sie es doch noch vollständig zulassen würde, würde er auch etwas beisteuern (auf einen Teil seiner Ansprüche verzichten), auf dass wir die Sache in einem außergerichtlichen Vergleich* (mit der minn) *beilegen können*‹. **112** ›*Das wäre eine bessere Lösung als die rechtliche*‹.　**116f.** ›*sie konnte dort an ihr keinen Anhaltspunkt finden, dass es sein könnte (d. h. dass sie der Bitte von Frau Minne nachkäme)*‹.　**119f.** ›*Ich plädiere dafür, jenem, der hier ein Urteil will, Recht zu geben*‹.　**127** ›*Sollte er ihr nicht gefallen*‹.　**130** tag hier ›*Gerichtstermin*‹. **131** ›*Inzwischen soll er herausbekommen*‹.

Dar nach geschech, was recht si.
Der urtail will ich geston pi.‹
135 Frow Minn fraugt darumb zuohand
Frow Eren, was der *wär* bekant.
Frow Er sprach: ›Im ist nit also.
Man sol tragen gemuot houch
Von frowen *on* klainen lon.
140 Sicherlich das staut schön.
Wer des selben nit will pflegen,
Des sol man sich verwegen.‹
Frow Minn fraugt da zuohand
Frow Trü, was ir wär bekant.
145 Frow Trü da zuohand sprach:
›Es ist pillich, wer ungemach
Litt von des andern schuld,
Das er ettwas hin wider dult,
Das ainem sein pin widerlegt werd.‹
150 Der selben urtail ich da begert.
Frow Minn *fraugt* darnach zuohand
Frow Stett, was der wer bekant.
Frow Stätt sprach mit wortt:
›Wa ain frow ain man allfart
155 Steteclich in irm dienst sich*t*
Und er zuo allen zitten spricht,
Sie si in sinem hertzen die best,
Und ouch sin hertz ist gen ir vest
Und ouch mit gantzen trewen stätt –
160 Ob die ain gnaud gen im tätt,
Daz geschach on allen haß.
Er clagt von aller erst das:
Da er sie erst an sach,
Das im da sein hertz prach

[63ᵛ]

---

136 wol *He₁₄*.　**139** ainen *He₁₄*.　**146** wer g *He₁₄*.　**151** sprach *He₁₄*.　**155** sich *He₁₄*.　**161** Und daz *He₁₄*.

---

134 ›Diesem Urteil werde ich zustimmen‹.　**142** ›von dem soll man ablassen‹.
154 allfart ›immer‹.　**161** ›dann wäre das nichts Schlechtes‹.　**164** Das *hier* ›dass sie‹.

165 Und fuor dar ein mit gewalt
Und haut sich dar ein enthalt [64ʳ]
On recht biß an die stund.
Er clagt, das ir rotter mund
In frävelich haut verprant,
170 Das sie mit selbs ir hand
Der min für *leit* an *in touge*n
Deß sie nit wol mag gelognen.
Sie hab des nit geruocht
Und hab in haim gesuocht
175 Vil manig nacht und tag,
So er in sinem pett lag.
Und so alld welt sol haben frid,
So acht sie deß alles nit.
Sie enput im den unlust
180 Unverdient und umb sunst.
Haimsuochen, roben und prennen,
Frow Minn, das sond ir erkennen
Und sond in deß von ir machen fri.
Fraugt, was darumb recht si,
185 Das er an sie haut geleit
Gantze lieb und stätikait
Mit gantzen trüen offt und dick
Und sie mit ainem ougen plick
In getröst haut noch nie.
190 Der selben schuld ger er gerichts hie.‹
Frow Minn fraugt dar nach zuohand [64ᵛ]
Frow Selden, was der wär bekant.
Frow Säld, die ertailt also:
›Es macht ain frow ain man wol fro
195 Offt mit ainem ougenplick dar.
Das chund ir niemand gar

---

171 für haut gewesen an ir tragen *He₁₄*.   **196** niemand ~~dar~~ *He₁₄*.

---

166 enthalt ›*aufgehalten*‹.   **167** biß an die stund ›*bis jetzt*‹.   **170f.** ›*dass sie mit ihrer eignen Hand heimlich in ihm das Feuer der Minne gelegt habe*‹.   **173** ›*Sie habe sich nicht darum gekümmert*‹.   **193** ertailt ›*urteilte, entschied*‹.   **196f.** ›*Das könnte ihr niemand falsch auslegen, weil es rechtmäßig wäre*‹.

Verkeren, wann es wär billich.‹
Der selben urtail begert ich.
Nun stund alles mein hail
200 An Frowen Lieb urtail.
Die bedaucht deß doch sich
Und sprach also gar züchteclich
Hie mit guotten sitten:
›Wir süllend disen pitten,
205 Das er von dem rechten laß
Und sich der clag maß.
Man sol uff gnaud *dienen* den frowen,
Villicht so wirt man hilff schowen
Dar nach in kurtzen tagen.‹
210 Was sol ich üch mer davon sagen?
Sie benampten mir ain tag,
Uff den solt ich meinß lons betrag
Lugen von der zartten.
Jedoch ich fürcht, ich muoß warten   [65ʳ]
215 Der frist noch ain wil.
Ich sprach zuo mir selb: ›Nun il
Und richt dich hin uff die fart.‹
Urlob mir da gegeben ward
Und ließ die andern all clagen.
220 Aber man sol der lieben von mir sagen:
Richt sie sich nit mit mir vor dem tag,
Das ich es fürbaß clagen mag.

---

200 lib *He₁₄*. **206** mauß *He₁₄*. **207** gnaud den frowen *He₁₄*. **212** *Korrektur von* lony *zu* lons *He₁₄*.

---

201 bedaucht ›*fasste einen Entschluss*‹. **205** ›*dass er auf eine rechtsförmige Klärung verzichte*‹. **206** maß *hier* ›*enthalte*‹. **211** benampten ›*benannten*‹. **212** betrag ›*Summe*‹ *oder* ›*Beweis*‹. **213** Lugen *hier* ›*kontrollieren, ersuchen*‹. **221f.** ›*dass ich weiter klagen werde, wenn sie sich nicht vor dem Gerichtstag mit mir aussöhnt*‹.

47. Die Klage der Treue (B447)

›Ich, Trüwe, klag min ellent [108ra]
Und muoß winden nun die hent
Von grossem laide, daß ich han
Und ich nit gewenden kan,
5 Sid ich pin worden so unwert,
Daz min uff erd nieman gert.
Wo ich mich nun hinwende,
Da pin ich gar ellende.
Wie gern ich pi den luten wär,
10 So pin ich in laider unmär.
Ich pin versumpt guoter dinge.
Secht, daz machent pfeninge.
Mancher seczet sinen muot,
Wie er gemeren mug daz guot.
15 Er achtet guoter frouwen clain.
Sol er ze wibe nemen ain,
Daz tuot er nit in rechter minne.
Er minnet laider die pfenninge.
Haut si der vil, so ist si zart.
20 We daz er ie geporen wart,
Er solt unsälig iemer sin,
Der guot nimpt für die truwe min,
An froden so ist er verzait. [108rb]
We daß in die erde trait,

Text nach **Sr₂** *(Straßburg, BNU Ms. 2333; 1472), 108ra–110ra. – Neben den allgemeinen Editionsrichtlinien gilt für diesen Text: Geminationen wie ff, nn und tt wurden stillschweigend vereinfacht, wo sie weder vom Mhd. noch vom Nhd. her nachvollziehbar sind (z.B. werden statt werdenn). – Bisher unediert.*

Überschrift: Hie nauch merk ain schönen spruch von der trü *[107vb]; nach der Überschrift ist eine halbe Spalte leer, der erste Vers der Minnerede steht oben auf 108ra Sr₂.* **1** Ch Sr₂: *siebenzeilige Initiale nicht ergänzt. Verse 1–7 sind nicht abgesetzt, sondern teilweise durch doppelte Trennstriche getrennt.* **18** mimet Sr₂; *nach diesem Vers:* ~~Mancher seczet sinen muot.~~ **22** min *überschrieben Sr₂.*

---

11 versumpt *hier* ›um etwas gebracht‹. **23** verzait = *verzaget.*

25   Der mich versmecht durch armuot
     Und minen willen nit entuot.
     Ach *Minne*, Minne, wo bist du?
     Wiltu in helffen nicht darzuo,
     Daz ich behalte noch min recht?
30   Wann du ritter und knecht
     Und alle hercz twingest wol.
     Daz mich nun daz nit helffen sol,
     Es muoß mir iemer wesen lait.
     Minne, nun law dirß sin geklait.‹ –
35   ›Trüwe, waß rüeffest du mich an,
     Sid ich dirß nit gewenken kan?
     Die bösen tuont nauch ir art,
     Deß sich die fromen schament hart.
     Vaige hercz min achtent nit.
40   Ia, versmechent si min gedicht
     Und *[wellen]* vri sin vor mir.
     In stett al irß herczen gir,
     Wie si daß guot gemern
     Und daß vil klain verzern
45   In wolgemuoter frouwen lon.
     Si habent fröwde nit davon,
     Waz guoteß von frowen mag geschechen.
     In herczen si daz gar versmehen.   *[108ᵛᵃ]*
     Von reht so sint si alle zagen,
50   Die nit von frowen muot tragen.
     Si sprechent frouwen niemer wol.
     Unsälde in deß lonen sol.
     Da hüt ewer, ir stolczen degen,
     Die rechter trüwe und minne pflegen
55   Und herczen lieb erkorn hand,
     Daß si frouwe oder man,
     Daz ir nit durch ain snödeß guot

---

27 ninne *Sr₂*.   **35** Trwe *Sr₂*.   **41** Und vri *Sr₂*.

---

25 ›*der mich wegen Armut verschmäht*‹; *vgl. auch V. 59f.*   **34** geklait = *geklaget.*
36 gewenken ›*wenden, abwenden*‹.   **44f.** ›*und davon nur sehr wenig für die Be-
lohnung freudereicher Damen aufbrauchen*‹.

Gewinnent ainen krancken muot.
Ain lieb sin lieb nit smehen sol
60 Durch armuot, daß stet wol.
Man vint ir laider clain,
Der guoten, die ich da main,
Die daz gepot nun halten
Und mineß willen walten.
65 Den ist ir lieb vor allem guot,
Si habent fröd und hochen muot,
Wenn si an lieb gedencken
In herczen und nit wencken.‹ –
›Minne, deß ist laider niht.
70 Oft und dick daß beschiht:
Ver uz den ogen, ver uz dem muot.
Zwar daß ist von recht nit guot.
Ain lieb sineß liebß gedencken sol   [108vb]
Mit stäten truwen, daz stet wol.
75 Ob iemer kumt die stunt der tage,
Daz lieb sinß liebß nit sehen mage,
In herczen er si pilden sol,
Alß si vor im gewunschet wol
Vor sinen augen wär,
80 Die vil seldenber.
Daß wär pillich und recht,
Er sig ritter oder knecht,
Der sich mit lieb hat veraint
In herczen und si stät maint
85 Und sich ir aigen haut gegeben,
Paide zuo sterben und zu leben.
In sineß liebeß er
Ich, Truwe, nun daß ler.
Den ich zuo recht wol guoteß gan
90 Und die mir wesen undertan,
Ir frouwen und ir knecht,

---

75 kunt *Sr*₂.

---

76 sehen mage ›*sehen kann*‹. **78** gewunschet wol ›*wunderschön*‹. **85** ›*und sich ihr übereignet hat*‹.

Sint stät und gar gerecht.
Ich han daß wol enpfunden,
Daz zwai sint so gebunden,
95 Der trü zuosamen ist gesworn.
Ain ander lieb do wart erkorn
Durch güet ich, Trüwe, verrauten pin.
Si haben laider pösen sin, [109ra]
Die sich durch *güet* also ergeben.
100 Got sol si ubel laussen leben,
Die mich also verkiesen.
Si mugent dar an verliesen.
Guot wird licht gewunnen,
Eß ist och schier zerrunnen.
105 Daruff sich niemant sol verlon,
Eß sig frowe oder man.
Wer nun verdirbt an dem guot,
Daz ist nüt. Nu der an muot
Verdirbt, der ist gar verdorben
110 Und alle frode an im erstorben.
Wie sol deß iemer werden raut,
Der sich mit truren uberlaut?
Ir güten, nun sind fröden rich
Und lond die pösen all gelich
115 Mit trauren in sorgen stan!
Ir guoten frouwen und man
Sond nun rechter trüwen walten
Und stät lieb behalten!
Daß stant guoten luten wol.

---

97 güet *überschrieben Sr₂.* **99** durch also *Sr₂. Vgl. die Formulierung in V. 97.*
117 trwen *Sr₂.*

96f. *wohl eine Konstruktion Apokoinu, weil beide Sätze nur mit der näheren Be-stimmung* Durch güet *einen Sinn ergeben.* **99** ergeben ›zeigen, erweisen‹.
101 verkiesen ›verachten‹. **107–109** ›Wenn nun einer an seinem Besitz Schaden erleidet, ist das eine Nichtigkeit. Wer aber an seinem Herzen Schaden erleidet, der ist ganz und gar geschädigt‹. **111f.** ›Wie aber soll jemals dem, der sich mit Trau-rigkeit überlädt, geholfen werden?‹ **114** lond ›lasst‹.

120 Zuo recht die Minne deß helfen sol
Und irn raut darzuo geben,
Wie ir behalt ain steteß leben.
Darzuo ist si getwungen.   *[109ʳᵇ]*
Si maistert alt und iungen.
125 Und pin ich, *Minn*e, dar gekorn
Zuo sölichem raut, daz tuot mir zorn.‹ –
›Ia, halt man selten min gebot.
Daß ist min aller gröste not:
Die gar ungetruwen herczen.
130 Mancher spricht, er leb in smerczen
Und sig ain gar betrübter man,
Der herczen lieb nie gewan
Und nicht enwaist, waß lieb ist.
Si lebent gar mit valscher list,
135 *Die* nun in selber liegen
Und mich, Minne, wellen triegen.
Den wil ich alweg schade sin,
Si wunschent denn der hulde min,
Daß si die wol gewinnen
140 Mit allen iren sinnen
Und trachtent, waz in schade si,
Daß si deß furbaß wesen fri
Und mineß rauteß leben.
So wil ich in die ler geben,
145 Daß mich selbe dunkcet guot:
Wer denn haut unstäten muot,
Der sol sich liebeß nit erwegen,
Ob er nit stäter trü kan pflegen.   *[109ᵛᵃ]*
Doch so raut ich allen den,
150 Die ir lieb in lieb sen
Und ir zuo guot gedencken,

---

122 Wir *zu* Wie *korrigiert Sr₂.*   **125** nimme *Sr₂.*   **135** Die in *Sr₂.*   **141** trichtent
Sr₂.

---

124 maistert ›lenkt, beherrscht‹.   **125** gekorn ›ausgewählt‹.   **135** ›*die sich nun
selbst anlügen*‹.   **137** alweg ›*immer*‹.   **141** trachtent ›*bedenken, erwägen*‹.
147 ›*der soll sich nicht für die Liebe entscheiden*‹.

Si söllent darin nit wencken
In herczen und in sinnen,
Weß si nur beginnen
155 In herczen muot, in fröuden.
Darzuo niemant sol guden
Und rümen sich von sinem lieb.
Ich, Minne, ich haiß in ainen dieb,
Der sich rümet siner frouwen,
160 Die im guoteß wil getrüwen.
Ob si in gütlich ansicht
Und in lieb daß geschicht,
Daß sol er tugenlichen tragen
Im herczen und niemant sagen,
165 Damit die guot ist bewart.
Und ist danne so pöser art,
Daß er sich ir rümet vil,
Ich, Minne, im widersagen wil,
Daz er von mir nit wirt gewert,
170 Weß er an sin lieb gert,
Und wil im iemer sin gever.
Min vientschaft wirt im ze schwär
Und allen, die diß nun pflegen,
Die sich ir liebeß gar erwegen
175 Durch ain claineß snödeß guot.
Wer mir daz nun ze laide tuot,
Den wil ich machen so unwert,
Daz sin uff erden nieman gert
Und alle guot frouwen,
180 Die söllent im niht getruwen.
Ia mag ich im schaden wol,
Daz im kain guot geschechn sol.
Von recht so hab ich den gewalt,
Daß ich paide, iung und alt,
185 Twinge nauch dem willen min.

[109vb]

---

163 tugenlilhen *Sr₂*.

---

156 guden ›prahlen‹.   **160** getrüwen ›anvertrauen‹.   **171** gever ›feindselig‹.
174 ›die ihre Geliebte gar aufgeben‹.

Ich mag uch wol ain maister sin,
Wie ich, Minne, bin genant.
Vil mangen bin ich unbekant,
Der mich haut hören nennen
190 Und kan mich nit erkennen.
Daß sint die ungetrüwen,
Die sich oft vernüwen
Mit maniger herczen frouwen.
Den sol man nüt getruwen.
195 Wer mer denn aine minnet
Und daruff also sinnet,
Wie er mit triegen umbgaut,
Den sol man schenden, daß ist min raut.   *[110ᵃ]*
Wan nieman mag eß geschaffen wol,
200 Der zwain heren dienen sol.‹

---

199 wol *überschrieben Sr₂.*   **200** *Unterschrift:* Explicit trü *Sr₂.*

192f. ›*die sich immer wieder neuen Herzensdamen zuwenden*‹.   **198** schenden
›*in Unehre bringen*‹.   **199f.** *Mt 6,24.*

48. Der Harder: Der Minne Lehen (B464)

Ich saß ains tags und gedaht,   [173ᵛ]
Wie meins mutes schal und praht
So gar geschwigen wer
Und wie so frewden ler
5 Mein hertz imer möcht gesein
Und wie die zornig fraw mein
Mich also ring weg,
Wie in irs hertzen pfleg
Die untet imer möcht geligen
10 Und wie sie mir ließ angesigen
Ain andern, das ich duld,   [174ʳ]
Und wie ich on schuld
Meinen steten dinst het verlorn,
Wie mich ir ungenaden dorn
15 Stech an also manchen enden.
Des ich hallt möht erwenden
Nicht halbes mit gedencken do.
Es was ains morgenß, do sich gro
Der himel het geverbet
20 Und wunigklich gegerbet.
Auch was der anger und walt
In newen claidern unversalt,

Text nach nach **Mü₁₀** *(München, BSB Cgm 714; um 1453–58), 173ᵛ–175ᵛ, 76ᵛ–79ᵛ, 175ᵛ–182ᵛ (die Textpassage V. 81–190 ist in der Hs. versehentlich auf Bl. 76ᵛ Z. 19 bis 79ᵛ Z. 11 aufgeschrieben worden; außerdem wurde bei der Foliierung der Hs. aus Versehen die Folio-Nummer 177 vergessen, so dass – ohne Blatt- und Textverlust – die Zählung von 176ᵛ auf 178ʳ springt). – Bisher unediert.*

Überschrift: Fraw Mynne lehen *Mü₁₀.* **22** unversolt *Mü₁₀.*

---

2 praht ›Lärm, Geräusch, Geschrei‹. **3** geschwigen ›verstummt‹. **7** ›mich so wenig schätze‹. **8f.** ›wie sich in der Gewalt ihres Herzens ungerechte Taten (oder ist unstaete zu lesen?) fortwährend befinden‹. **10** angesigen ›überlegen sein, besiegen‹. **16f.** ›Das allerdings könnte ich nicht einmal zur Hälfte mit meinem Nachdenken abwehren‹. **18** gro ›grau‹. **20** gegerbet ›geschmückt‹. **22** unversalt ›unbeschmutzt, rein‹.

Die also mein gemüte
In jamer laider plüte,
25 Und trawren praht der sorgen schne.
Zwar so gedaht ich aber m*e*
In meiner sinnen vallten:
›Eia, laß sein Got wallten
Und tröst dich selber mit de*m* mut
30 Und gee durch frewden stewr gut
An disem morgen lind
An dem süsßen wind.
Seit das an frewden wil genesen
Manig edel creaturlich wesen,
35 Das der mei hat geschicket,
Biß auch an mut erquicket.‹
Ich sprach: ›Das will ich thun, Her Sin.‹
Do schid ich in ain holtz hin,
Das es mir des pas ergieng
40 Und guten mut enpfieng.
Und ob ich iemant fünd so frum,
Dem ich clagt auff dem spacium
Mein senendes lait durchwimmert,
Das mir die lieb zimmert.
45 Ain haid vor dem vorst lag.
Do het di natur manchen hag
Von plumen, rosen awff geflohten,
Geworffen als sie tohten.

[174^v]

---

26 mer *Mü₁₀*. **29** den *Mü₁₀*. **34** ~~te~~ wesen *Mü₁₀*. **37** *Vers durch ein Alineazeichen markiert Mü₁₀*. **42** ~~de~~ auff *Mü₁₀*.

23f. *›die auf diese Weise mein Inneres leider in Jammer aufblühen ließen‹.*
24 *plüte ›zum Blühen brachte‹.* **27** *vallten ›Falten, Winkel‹.* **28–36** *Die Gedankenrede ist als wörtliche Rede des personifizierten Sinns aufzufassen, vgl. V. 37.*
30 *›und geh mit guter Führung der Freude‹.* **35** *geschicket ›gestaltet‹.* **38** *holtz ›Wald‹.* **42** *spacium ›Weg, Spaziergang‹; vielleicht hier als (sonst nicht belegte) Substantivierung von ›spazieren‹ verwendet.* **43** *durchwimmert ›das mich ganz durchdringt‹.* **46** *hag ›Dorngesträuch, Gebüsch‹.* **48** *›so hingeworfen, wie es passte‹.*

Vor ir erlewhten varbe prehen
50 Kan ich envolln nicht gesehen,
Wann an der selben stund [175ʳ]
Die sunn ir fakeln entzund,
Die also wunnigklich auffprast.
Do enpran der claren haiden glast.
55 Ich moht nit lenger peiten.
Ich gieng an einer leiten,
Das ich so veins nie gesach.
Do het der weis man ain dach
Mit speher kunst gedecket.
60 Sein panir darawff gestecket
Was und auch mancher plut fan.
Aldo pegund ich für mich gan
Auff des perges spitzen.
Ich must durch climmen schwitzen.
65 Nu sah ich anderhalb zu tal,
Do mer denn tawssent nachtigal
Florierten in gesang.
Mein ruen wert nicht lang
Vor lieb, die mich zu der vart
70 Dar willigklich hat geschart. [175ᵛ]
Do hub ich mich zu stund
Als gen dem wilden grund
Und pekert mich vil sorgen nider,

---

62 für~~pa~~ *Mü₁₀*.

---

49 prehen ›*Glanz*‹. **50** envolln ›*völlig*‹. **53** auffprast ›*hervorbrach*‹. **55** peiten ›*warten*‹. **56** leiten ›*Bergabhang*‹. **58** der weis man *gemeint ist wohl eine (allerdings ungewöhnliche) Personifikation des Mais, wobei unklar bleibt, ob dieser weiß (weißhaarig, weißbärtig, also alt) oder weise ist; auffallend ist, dass der erst später auftretende Zwerg in V. 96 genau so benannt wird.* **59** speher ›*klug*‹. **60** panir ›*Banner*‹. **61** plut fan ›*Blutfahne*‹, *ein Hoheitszeichen (›rote Reichsfahne‹) und Rechtsymbol bei der Belehnung.* **65** anderhalb ›*auf der anderen Seite*‹. **67** Florierten ›*(alles) ausschmückten*‹. **68** ruen ›*Ausruhen, Ruhe*‹. **70** geschart ›*hingeschafft, abgesondert*‹. **73** ›*und wandte mich voller Sorgen abwärts*‹.

    Das †ungnert† her und wider.
75 Do ich kom an den perk,
    Ich kom zu eim zwerk,
    Das saß und schnitzt also wol
    Unter einem stain vor seim hol.
    Es fragt mich der mer,
80 Wie di werlt gestalt wer,
    Waz wer meins hertzen ger,   *[76ᵛ]*
    Was ich da suchen wer.
    Ich sprach: ›Vil claines menschlein,   *[77ʳ]*
    Mich zwingt grosser sach pein,
85 Das ich in dise wildnuß
    Bin kumen durch gevildnuß.
    Ich such Frawen Minn und wolt die clagen
    Und meiner sach vorm sagen.
    Ein fraw, der ich lang
90 Mit tihten und mit gesang,
    Mit stet und mit getrewem mut
    Gedienet als mancher thut,
    Den sein gemut leret,
    Das er sein frawen eret,
95 Die hat mich on sach gelan.‹
    Do sprach der clain weis man:
    ›Thut sie das one schuld,
    So hat sie lobes huld
    Aller guten lewt verlorn,
100 Ich wil sagen one zorn.

---

74 vngnt *das* t *mit er-Haken (?), der über das zweite* n *geführt wird* Mü₁₀. **79** *Vers durch ein Alineazeichen markiert* Mü₁₀. **81** Daz Mü₁₀; *die folgende Textpassage findet sich in* Mü₁₀ *versehentlich auf Bl. 76ᵛ–79ᵛ.* **95** *Vers durch ein Alineazeichen markiert* Mü₁₀.

---

74 *Der Vers scheint verderbt.* **76** *Zwerg ist im Mhd. ein Neutrum.* **79** ›*Er bat mich um einen Bericht*‹. **86** gevildnuß *ist wohl eine (sonst nicht belegte) Analogiebildung zu* ›Wildnis‹ *aus dem Wort* ›Gefilde‹. **87f.** ›*... und wollte die Anklagen und den Tatbestand meines Falles vor Gericht vorbringen*‹. **95** ›*die hat mich ohne Grund abgewiesen*‹. **97** one schuld ›*ohne Ursache, ohne Grund*‹.

Ich hör hie machen schon
Reichlich stoltze gedon [77ᵛ]
Und wachter rüffen pei der nacht
Und eines grossen volkes praht.
105 Do ist mit hoffe Fraw Minne
Reht als ain künigine.
Des gee das wasser hin gen tal,
So sihstu fürstenhawß und sal
Mit mancher zinnen scheinen
110 In einer purg veinen.
Das mir ain gut ritter sait,
Der geßtern wol da nider strait
Werlich auff der wisen
Gar mit einem reschen risen.‹
115 Da pegund ich aber fürpas
Zu tal durch taw plumen nas,
Durch manchen hak mit rosen,
Die lewhten in ir closen.
Und mancher claren art figur
120 Sah ich da in der floritur.
Urlawp gab mir der clain. [78ʳ]
Hin gieng ich alltersain
Ain steglein nider pei dem pach.
Ei, wie pald ich da ersach
125 Die wunigklichen veßten
Mit reichem glast hergleßten.
Ir mawrn waren von rubein.
Sie waren von Carfunckel vein,
Ir türn und ir kemmnaten.
130 Mein sin pegunde raten
Mir, das ich mußt für mich gan.

---

120 ~~nit~~ in *Mü₁₀*.   **127** mawr *Mü₁₀*.

---

102 stoltze gedon ›*herrliche Klänge*‹.   **112** da nider strait ›*dort unten kämpfte*‹.
113 Werlich ›*wehrhaft, sich gut verteidigend*‹.   **114** reschen ›*schnellen, lebhaf-
ten*‹.   **115** ›*Da setzte ich meinen Weg wieder fort*‹.   **118** closen ›*Klausen, ver-
borgenen Orten*‹.   **120** floritur ›*Blütenpracht*‹.   **122** alltersain ›*ganz alleine*‹.
125 veßten ›*Feste, Burg*‹.

Tür und pforten offen stan
Sah ich da fürstenleichen.
Dem hof da nit halp gleichen
135 Nicht aller fürsten hof mügen,
Künd ich in genossen und gefügen
In speher sprüch winckel.
Seit meiner sinnen sprinckel
Ain claine kunst gevangen hat,
140 Ich sprich nach der materi rat.
Minn *und weib* vorpedehtig   [78ᵛ]
*H*atten ir herrn mehtig
Zu hof gepoten an der zeit.
Nu was in der pürge weit
145 Gar manig reich pusaw*n*.
Tampurn und auch purdaun
Mit hohen frewden kerreten inn.
›Ach, wie kum ich nu für Frawen Minn?‹,
Gedacht ich dick und dick.
150 Ich ließ auch mein plick
Durch schawen fliegen her und dar.
Mein nam ain allter war
Und gieng zu mir durch mer,
Er und ain kamerer,
155 Do ich stund unter eim pallast.
Er sah wol, das ich was ain gast.

---

141 weib und *Mü₁₀*. **142** Herrn *Mü₁₀*. **145** pusawm *Mü₁₀*.

---

133 fürstenleichen ›*fürstlich*‹. **135** hof ›*Höfe*‹. **136f.** ›*selbst wenn ich einen sol-
chen Hof im Winkel kunstvoller Ausdrücke zusammenfügen und vergleichen könn-
te*‹. **138–140** ›*Weil die Sprenkel meines Verstandes (nur) eine geringe Kunstfer-
tigkeit haben, spreche ich so, wie es dem Gegenstand (der Materie) entspricht*‹.
141–143 ›*Frau Minne und weitere Frauen hatten vorausschauend die Großen ihres
Reiches zu jener Zeit an den Hof gerufen*‹ (vgl. V. 180ff.). **145** pusawn ›*Busunen,
Posaunen*‹. **146** ›*Tamburine und Pfeifen*‹; purdaun *meint wohl ein Instrument,
das einen Bordun erzeugt (Drehleier, Sackpfeife o. Ä.)*. **153** durch mer ›*um Aus-
kunft zu bekommen*‹. **155** unter eim pallast ›*unterhalb von einem Palas*‹, also im
Burghof oder in einem Burgweg, von wo aus er im Folgenden die Fenster sehen
kann.

So gedawht mich an der weis,
Er wer ain meidegezog greis,
Fraw Minne jugent herlein zart.
160 Manig reichlich venster ward verspart
Von clainer frawen kel,   [79ʳ]
Das ich geleicher vel
Noch so veins nie hab gesehen.
Manig wengel schein und mündel prehen
165 Sah ich da widerainander.
Der fewrig Salomander
Het wol gehalten da sein wesen,
Das er vor lust wer genesen.
Nu sprach der ritter alt:
170 ›Wol an, ich wil euch pald
Zu meiner frawen fürn hinein.‹
Er nam mich pei der hende mein
Und fürt mich willigkleich
An einer stieg reich
175 In einen sal hoh und weit,
Des himelitz het (sunder neit)
Von gold manig spangen.
All umb und umb pehangen
Was er mit guten tebichen wol
180 Und was Frawen Minn diener vol.   [79ᵛ]
Die saß in iren wirden schon
Mit zeptor und mit kron
In irem gestül reich erhaben,
Das von gestain wol ergraben

---

157 weis ›weißen Farbe (seiner Haare)‹.   **158f.** ›er wäre ein alter Erzieher (mhd. magezoge), ein feiner kleiner Herr über die Jugend der Frau Minne‹.   **160** verspart ›versperrt, ganz eingenommen‹.   **161** kel ›Hals‹.   **162** vel ›Haut‹.   **164** ›Den Schein vieler kleiner Wangen und das Glänzen vieler kleiner Münder‹. **166–168** Der mittelalterlichen Naturkunde gemäß kann der Salamander nur im Feuer überleben – ein solches bieten hier metaphorisch die roten Wangen und Münder.   **176** himelitz ›Decke, Gewölbe‹; sunder neit ›unbestritten‹.   **177** spangen ›Balken‹.   **183** gestül ›Thron‹.   **184f.** ›der aus Edelstein bestand, welcher meisterhaft graviert war‹.

185 Was also maisterleich
    Und auch von gold reich.
    Do leh sie, alz mir ist pekant,
    Irs reichen lehens von der hant
    Den vesten und den steten,
190 Die gern stetlich teten,
    Und den getrewen sunder pein   *[175ᵛ]*
    Und die der frawen hüter sein
    Und den selben gesellen,
    Den stillen sunder mellen,
195 Den, die da hoh wegen weibs lon,
    Und den tugentreichen schon,
    Den, die sich nimer nennen
    Und doch wol nun erkennen,
    Den in irs hertzen funtkamer   *[176ʳ]*
200 Newr schlecht getrewer hamer,
    Den, die nicht durch miet
    Hofiern weibes diet,
    Den, die newr durch reichen mut
    Dar legen leip, leben und gut,
205 *Die* durch weibes gürten
    Auff land und auch auff fürten
    Werlich sein durch feint
    Und die sich han gepeint,

---

187 ~~mir~~ alz *Mü₁₀*. **191** der *Mü₁₀*. **193** Von *Mü₁₀*. **197** Den~~n~~ *Mü₁₀*. **200** ~~kamer~~ Newr *Mü₁₀*. **201** ~~Die~~ Den *Mü₁₀*. **205** Den *Mü₁₀*.

---

187 leh ›*gab als Lehen*‹. **188** ›*die Lehen ihres Reiches von ihrer Hand*‹ *(Rechtsakt der Verleihung)*. **189** *wohl doppeldeutig:* ›*den fest und beständig Minnenden*‹ *sowie* ›*den Burgen und Städten*‹. **193** ›*und auch jenen Liebenden*‹. **194** sunder mellen *könnte* ›*ohne Versprechen*‹ *heißen* (mellen *von* mahelen/mehelen); *oder ist* sunder melden *gemeint:* ›*ohne Ausplaudern*‹? **195** hoh wegen ›*hoch wägen, schätzen*‹. **199** funtkamer ›*Fundgrube, Kammer der Erfindungen, der Gedanken*‹. **200** ›*nur ein treuer Hammer schlägt*‹. **201** durch miet ›*um Belohnung*‹. **205** ›*und die, um von den Frauen gegürtet zu werden*‹. **206** ›*zu Land und zu Wasser*‹. **208** gepeint ›*abgemüht*‹.

Den unter d*em* schilt
210 Des lebens wese milt,
Das sie prechen rück und pain
Durch stoltz frawen güt und rain,
Und den, die auff turniers plan
Durch ere sich schlahen lan,
215 Die sie von irem lieb han –
D*en* leh Fraw Minne sunder wan
Die aller schönsten lehen
On pet und on flehen
(Die enpfeht vil guter frawen und man)
220 Allda mit zepter und mit fan;
Ich main di aller peßten,
Reichsten, schönsten, veßten:
Zu Helssenperk und Plickenstain
Und Küsseneck leiht die rain.
225 Frölichleben und Grüssenaw
Leiht die wirdig fraw
Und Trostenvelß und manig gut,
Das iren dienern sanft thut.
Die reichen pürgveßte
230 Fraw Minne, die allerpeßte,
Leicht mit irer milten hant
In dem künikreich zu Frawenlant.
† Weipliches lones scheib
Main ich an weibes leib,
235 Do den selldenreiches wort
Von den durchlewten f*rom*men zart. †

[176^v]

---

209 den *Mü₁₀*. **216** Die *Mü₁₀*. **229** *Vers durch ein Alineazeichen markiert* *Mü₁₀*. **236** for̄men *Mü₁₀*.

209f. ›*und denen, die unter dem Schild das Leben nicht schonen*‹. **213** plan ›*Platz*‹. **223–227** *Die Lehen tragen sprechende Namen, die in engem Zusammenhang mit dem erwünschten Minnelohn stehen.* **229** pürgveßte ›*feste Burg*‹. **231** Leicht ›*gab als Lehen aus*‹. **233–236** *Die Stelle ist verderbt; vermutlich will der Sprecher hier kommentieren, was mit den Lehen gemeint sei, nämlich der Lohn der Damen wie etwa ein glückbringendes Wort.*

Auch hieß Fraw Minne schreien
Einen knappen also freien   [178ʳ]
Unschuld und ungenaden vil.
240 ›Nu hört, seit ich kunden will
Den zorn der kuniginne,
Der reichen kron Minne!‹,
Rieff da pald der knapp frei.
›Meiner fraw huld versagt sei
245 Den ungetrewen wihten,
Die liegen, triegen, tihten,
Die sich der tawssent rümen gar,
Der doch ains nit ist war,
Die merken und meiden
250 Stetz auffs pößte reiden,
Die sprechen: „liep, meins hertzen wan
Han ich allain auff dich gethan;
Zu dir und niemantz mer.“
Eia, wie mancher hand ker
255 Sie tun durch *effen* hie und da.
Sie künen newr wunder pla.
Ir schicken und ir triegen
All umb und umb fliegen,   [178ᵛ]
Reht als ain ar auff sein pejag,
260 Der in unmuß ie geitzes pflag.
Sie spüren auch zu stund,
Als di nasweisen hund

---

238 *Die Zählung der Blätter von Mü*₁₀ *springt hier fälschlich auf 178 (die Zahl 177 wurde ausgelasssen).* **255** *essen Mü*₁₀.

---

237 schreien *›verkünden‹.* **242** kron *steht hier metonymisch für ›Königin‹.* **249f.** *›die das Beachten (Beobachten des anderen) und das Meiden (des anderen aus Vorsicht) immer als etwas Schlechtes auslegen‹.* **254** mancher hand ker *›mancherlei Wende‹.* **255** durch effen *›um zum Narren zu halten‹.* **256** *›Sie können nichts als blaue Wunder (falschen Schein)‹.* **257** schicken *›schaffen, wirken‹; schicken und triegen werden hier substantivisch verwendet.* **259** ar *›Adler‹; pejag ›Beute‹.* **261** zu stund *›sogleich‹.* **262** nasweisen *›mit gutem Geruchssinn ausgestatteten‹.*

Thun, über lant ain newen fuß.
Ir rawmen füret valschen gruß
265 Von oren hin zu orn.
Das sein törin und torn,
Die mainn, sie schicken irn frumen.
So muß es in zu schaden kumen,
In welches hertzen sinne
270 Ligt mer dann ain küniginne.
Da ist nicht so vil wirde pei.
Sie sein der höhsten kron frei.
Ich main, die müßen schertzen
In einem trüblossen hertzen.
275 An einem lieb genügen schol
Ain liep: Die lieb ist liebes vol.
Minne, das im also wer,
So wer dein kraft nicht ler.   [179ʳ]
Und het dein diener eren vil
280 Und fünst du süsser fünd spil,
Das ains sein liep mit trewen stark
So liept für tawssent, tawssent mark,
Und kainer hant miet
Nicht minn verkawffen riet –
285 So köm erst di ritterschaft
Durch lieb in ir volkumen kraft
Und wer auch minne minn
Und wer in gantzem sinn
Die stet on allen wank

––––––

289 stet ~~stet~~ *Mü₁₀*.

––––––

264 rawmen *Nebenform von mhd. rûnen ›leise und heimlich reden‹.*   **267** *›die glauben, dass sie sich einen Vorteil verschaffen‹.*   **273** schertzen *›sich vergnügen‹.*   **274** trüblossen *›treulosen‹.*   **275f.** *›Ein Liebender soll sich mit einer Geliebten zufrieden geben: Eine solche Liebe ist eine vollständige Liebe‹.*   **277** *›Frau Minne, wenn dem so wäre‹.*   **280** *›und fändest du ein Spiel liebreicher Einfälle‹.*   **282** So liept für *›lieber hat als‹.*   **283** kainer hant miet *›um keinerlei Lohn‹.*   **287–289** *›dann wäre auch Minne Minne und wäre in vollständigem (Wort)Sinne die Beständigkeit ohne jeden Wandel‹.*

290 Und gieng die trew iren gank
Und wer di manhait erlich,
Die weiphait wol gevellich
Und wer ain lieb seins liebes gar
kunig oder künigin clar.‹
295 Do Minn im het verkündet,
Wer gen ir het gesündet,
Und sie auch het gelihen gar,
Das sie zu leihen het fürwar,   [179ᵛ]
Frü und auch spate,
300 Do gieng ich für sie drate.
Sie enpfieng mich. Ich danckt ir wider.
Ich sprach: ›Genad, fraw!‹ und kniet nider.
›Ach, süsse fürstinne her,
Ich will euch clagen ser
305 Hie über ain frawen, der ich han
Gehallten lang auff dienstes pan.
Die hat mein nu vergessen,
Die offt frölich hat gesessen‹,
Sprach ich zu Fraw Minne,
310 ›Und die mir in dem sinne
Vor allem horte ist gelegen,
Die hat irn ungenaden regen
Mich ser lassen pegiessen.
Vor der ich verschliessen
315 Mein hertz kunt zu keiner stund,
Die meins hertzen poden und grund
Offt gar frolich hat pesessen,
Die hat mein nu vergessen.   [180ʳ]
Und mir nie mensch lieber wart
320 Und also liep und also zart,
Das sie mich dartzu pracht,

---

304 clagen ~~her~~ *Mü₁₀*.

---

291 manhait *hier als Kollektivbezeichnung für alle Männer;* erlich ›ehrbar‹.
302 Genad *hier ein Ausdruck des Dankes.* **303** her ›erhaben‹. **305f.** ›..., der
ich lange gedient habe‹. **307f.** vgl. V. 317f. **311** horte ›Schatz‹. **317f.** vgl.
V. 307f.

Das ich gar offt gedacht,
Ich wer ain reicher fürst reich.
Sie hat meins hertzen see und teich
325 Durchpfadelt und durchtawchet,
Der stet nu an minne strawchet,
Und leßt ir lieber sein dann mich
Einen andern.‹ – ›Das ist unwaidenlich.‹,
Sprach die gewalltig Minne.
330 ›Was hat dich auß irem sinne
Getriben? Kanstu das?‹
›Nain fraw, ir wißt es selber pas.‹
›Hat miet dich versetzet
Oder wanckelmut geletzet
335 Oder fremdes mannes sawbrikait
Oder hastu gethan ir ain lait
Mit kainen unsteten dingen?‹ –
›Nain, zwar mein ungelingen   [180ᵛ]
Ist on schuld mir pecliben.
340 Ichn waiß, warumb ich pin vertriben.‹
Do sprach sich Fraw Minne her:
›So wil ich zürrnen ser.
Ir schol mein hof verpoten sein.
Golt und gestain und perlein fein
345 Nach mer sol sie meiden,
Scharlach und gewant von seiden.‹

---

322 Das ~~sie~~ *Mü₁₀*. **329** *Vers durch ein Alineazeichen markiert Mü₁₀*. **340** Ich
Mü₁₀. **341** *Vers durch ein Alineazeichen markiert Mü₁₀*. **345** Nach ~~meiner sin-
nen~~ *Mü₁₀*.

---

325 Durchpfadelt *wohl zu* pfaden ›bahnen‹. **326** ›*der beständig nun an der Min-
ne zu Fall kommt*‹. **328** unwaidenlich *zu* weidenlich ›schön‹; *die letzten drei
Worte könnten auch noch vom Sprecher selbst geäußert worden sein*. **331** Kanstu
das? ›*Weißt du das?*‹ **333** ›*Ist dir der Lohn versagt geblieben*‹. **334** geletzet
›*gehindert, gehemmt*‹. **335** sawbrikait ›*Vornehmheit, Schönheit*‹. **337** kainen
›*irgendwelchen*‹. **338f.** ›*Nein. Mein Misserfolg ist wahrhaft ohne mein Zutun an
mir hängen geblieben*‹. **341** *Das Reflexivpronomen* sich *wird hier lediglich pleo-
nastisch gebraucht*. **345** Nach ›*noch*‹. **346** Scharlach *bezeichnet einen kost-
baren Wollstoff*.

Fraw Minne aber in zorn sprach:
›Sie schol von seiden zwaintzigfach
Nicht umb ir löcklich hüllen.
350 Sie schol auch nicht erfüllen
Kain stetes hertz in minne mee.
Es schol auch imer wesen wee
Irem ungetrewen mute.
Es schol auch kain ritter gute
355 Kain sper verthun noch kain swert erheben
Durch sie an pergen noch auff eben.
Seit ungenad ich mawr,   [181ʳ]
So will ich der natawr
Gepieten pei den hulden mein,
360 Das sie nicht tar ir mündlein
Der rosen geleich geverben.
Ir natur schol verderben,
Wenn sie ir helsslein plancken wil
In ungewend trewer ding vil,
365 Wenn sie mit fleiß var
Will, und ir augen clar.
Verpunten sein ir löcklein kraws,
Das sie sich für des schlaires krawß
Auch nimer mer gepieten.
370 Sie schol sich nimer mer nieten
Von claren strengen zopff lank.
Sie sol sich nimer in kainen strank
Mer flehten ir goltvar har.‹
›Ach fraw, die vil clar
375 Mag solcher straff nicht getragen.
Ir zarthait niemant mag volsagen.

---

355 *Im Anschluss an diesen Vers ist ein Vers getilgt worden:* Seit so ungenad auch
Mü₁₀.

---

357 *›Weil ich Undank einsperre (mit Mauern umgebe)‹.* **363** plancken *›glänzend weiß machen‹.* **364** *›in ungewohnt vielen zuverlässigen Dingen‹ (?).*
365f. *›wenn sie sich fleißig schminken will, auch ihre hellen Augen‹.* **368** *›damit
sie sich vor der Krause des Schleiers niemals mehr (den Blicken) anbieten‹.*
370 nieten *›sich erfreuen an‹.*

Sie möht nicht halp erleiden
Solches thun und meiden. [181ᵛ]
Nu habt ir fackeln und prant,
380 Strol und pogen in der hant,
Recht gaissell und ruten,
Das ir die rainen guten
Wol haimlich strafft, das sie sich
Gen mir pedenck genedigklich,
385 Und das mein gut geding
Mir icht so gar entrinn.‹
Fraw Minn sprach: ›Nu thu ich das,
So pin ich an dem rehten las.‹
Do ich vernam die mer,
390 Das ir straff was so schwer,
Do stund ich vor ir und erschrak.
›Ach, so müßt meiner frewden hak
Verderben‹, ich gedacht
In meiner sinnen acht.
395 Ich sprach: ›Fraw, sie ist so clar.
Sie stürb, ee sie es erlide gar.
Ir raine, feine natur
Hat also clare figur [182ʳ]
Und von so minnigklicher art,
400 So tzart, so zart, so zart, so zart.
Ir leben würd zustürt,
Wenn sie leiden perürt.
Und trüg sie auch der sorgen clait
Und thet ir mir an ir kain lait,
405 So wer deßter mer mein mut verhawen.
Und lebt ich on frawen
Und wer on frewden imer me
Und auch an minniclicher we

---

387 *Vers durch ein Alineazeichen markiert* Mü₁₀.

---

379 prant ›*Feuer*‹. **380** Strol ›*Pfeil*‹. **388** las ›*träge, nachlässig*‹. **401** zustürt ›*zerstört*‹. **404f.** ›*und wenn Ihr ihr zu meinem Leidwesen ein Leid antätet, wäre mein Glück desto mehr zerstört*‹. **406** ›*Und dann müsste ich ohne Minneherrin leben*‹. **408f.** ›*und wäre auch im Minneleid allein gelassen und vernichtet*‹.

Verainet und verpaißt,
410 Verheret und auch verraißt
Und perawbt aller sellden gunst,
Entzewhet sinnen und auch der kunst.
Darumb lat sie entladen
Von ungemach und schaden.‹
415 Do nam ich urlawp und schid hin dan.
Noch pin ich laider ain trawrig man
Und auch pin ich meins leibes an.
Nu ger ich anders nichtz von ir,
Denn das die lieb sprech zu mir: [182ᵛ]
420 ›Hab guten mut durch meinen willen.
Mag ich, dein lait, das wil ich stillen.‹
Und ob das hallt nimer geschech,
Das newr ir zung das zu mir sprech,
So wolt ich trawren angesigen
425 Und übel mut müst von mir fliegen
Und alls, das *frewd*en möcht pringen,
Zu mir müst eilen und springen.
Gut*en* mut on trawren vil
Und lust ich haben wolt on zil
430 Und wolt also immer leben
Und in irem dienst streben
On wanckeln mit gantzer stet.
Das sein des Harders red.

---

417 ich a̶i̶n̶ *Mü₁₀*.   **426** trawren *Mü₁₀*.   **428** Guter *Mü₁₀*.

---

412 ›*aller Sinne und Fähigkeiten beraubt‹.*   **415–417** *Der Dreireim deutet wohl auf einen Überlieferungsfehler hin.*   **417** ›*und bin auch meines Lebens beraubt‹.*
422 hallt *hier konzessiv:* ›*auch‹.*   **424** ›*so könnte ich das Trauern überwinden‹.*

49. Erhard Wameshaft: Liebe und Glück (B482)

[61ʳ]

Hert, ich einß dageß ein muot gefing,
Also daß ich spatzieren ging,
Und kam off eineß stigeß pfat,
Dar off ich schnelliclichen drat.
5 Der füert mich hin in einen dall,
Da fant ich blimlin ane zall
Durch grieneß graß lieplichen brussen.
Ich waß alda gar unferdrussen
Und sah durch lust daß wonder an.
10 Da kam ich furt off eine ban,
Die fürt mich wit hin durch ein auen,
Da wart ich eine lind anschauen.
Die waß mit esten wit gelegt,
Mit iren blettern so bedeckt,
15 Daß nieman moht die sunn beglesten,
Wer sich dar under det vergesten.
Da bi ein kieller brun ersprang,
Daß man sines wasserß clang
Hort über die wißen kiessell clingen.
20 Ich nam zu mir selb ein geding*en*
Und setzt mich durch rug nieder
Und daht hin und darzu wieder
Und nam ein wonder ab der sach.
Ich daht: ›Bi diessem lust gemach

Text nach **Be**₁₅ *(Berlin, SBB-PK Ms. germ. quart. 719 [›Königsteiner Liederbuch‹];*
1473/74), 61ʳ–65ʳ. – Neben den allgemeinen Editionsrichtlinien gilt für diesen Text:
Die häufige Gemination von f und s am Silben- und Wortanlaut und vor ß wurde
stillschweigend vereinfacht. Ebenso wurde anlautendes u, ü und üw, die der Schrei-
ber häufig mit w *oder* wy *oder* wü *wiedergibt, stillschweigend normalisiert, z. B. 19*
wyber > über, 48 wüer > üwer. – Bisherige Ausgabe: Bach 1957a.

20 *geding* Be₁₅.

5 dall ›*Tal*‹.　**7** brussen = *brozzen* ›*sprießen, sprossen*‹.　**12** ›*wo ich eine Linde*
erblickte‹.　**15f.** ›*dass die Sonne niemanden anstrahlen konnte, der sich darunter*
verbarg‹.　**16** vergesten *hier wohl im Sinne von* ›*verbergen*‹.　**20** ›*Ich fasste einen*
Gedanken‹.　**21** durch rug ›*um mich auszuruhen*‹.

25 Mohtstu woll abentir spehen.‹
Da gund ich neben mich zu sehen:
Ich sa herstrichen durch den anger
Finff frauen, waren mutteß swanger.
Mier ist, alß ich sie aneblickt,
30 Min augen ich alda verzwickt
Und schlug sie nieder zu der stunt.
Ich daht: ›Hie will dier werden kunt
Abentir nach diner gir.‹
Die frauen warent bi mir schier.
35 Ich ging gegen in mit zichtten sieß.
Die botten mier den iren gruß
Und fragtten mich, wo ich her kem.
Ir schene zucht, die gab mier schem,
Daß ich da nit gesprechen kund
40 Und *wie ein stum glich fur in stund.*
Da sprach die aller schenst und rein:
›Gesell, nu antwort mier allein:
Waß hast in disser au geschafft?
Bistu nit der Wammeßhafft,
45 Fur den ich dich versehen han?
Daß selb sultu mich wissen lan!‹
Ich sprach: ›Vill minicliche frucht,
Ich bit uch durch üwer wiplich zucht,
Wo her kent ir mich armen cneht?‹
50 Sie sprach: ›Daß sultu mercken reht:
Da hab ich dich gar dick gehort
Ruffen in gedihtteß wort
Und hast min er gar dick gebreit
Und gutteß vill von mier geseit.

[61ᵛ]

---

30 verzuickt *Be₁₅*.　**40** stund fur in glich wie ein stum *Be₁₅*.　**46** *Nach diesem Vers:* ~~Daß sselb sulttü mych wissen l~~ *Be₁₅*.　**54** wan *zu* von *(oder* van?*) korrigiert Be₁₅*.

---

26 gund ›begann‹.　**28** ›fünf Damen, die von edler Gesinnung waren‹. **29–31** ›Mehr noch (?), als ich sie ansah, blieben meine Augen an ihnen hängen, ich schlug sie dann sogleich nieder‹.　**35** ›Ich ging angemessen freundlich ihnen entgegen‹.　**44** Wammeßhafft *Selbstnennung des Dichters vgl. V. 289.*　**45** versehen ›gehalten‹.　**53** gebreit ›verbreitet‹.

55 Daß selb ich dier hie danken will
Und min gespiln zu disem ziell
Und da bi underscheit hie geben,
Wie wir verdriben unser leben.
Ein an die ander nit mag wesen,
60 Istz, daß wier wollen lang genesen.‹
Mit lust under der linden waß
Ein sitz gemaht, dar off daß graß
Wahß und die lichtten blumen dar,
Gell, rot, brün, wiß und bla gefar.
65 Dar off die rein begund zu sitzen.
Ir zucht gebot mier da mit witzen,
Daß sie mich bi sie sitzen bat.
Ir siesseß flehen maht mich mat,
Daß ich nach irm gebot mich hilt.
70 Mit wortten ich da mit ir spilt
Und zoch mich in gein ir zu fragen.
Ich sprach: ›Min hort, ir sult mier sagen,   [62ʳ]
Wie daß ir heist, daß wist ich gern.
Der frage min dut mich gewern.‹
75 All ir gespiellen sie nit ließ
Und auch idlich sitzen hiß.
Da daß gescha off schneller fart,
Da sprach zu mier die edell zart:
›Gesell, du hast gebetten mich,
80 Daß selb will ich bescheiden dich:
Frau Lieb, so ist min nam so fin.
Du aller liebster diener min,
Darumb ich mich dier offenbar:
Wo du dust in den landen farn,
85 So sprich frolich und du eß jehen,
Daß du Frau Lieb habst gesehen.‹
Ich sprach: ›Zart miniclich und rein,
Nu sagent mier den rehtten mein,

---

57 underscheit … geben ›*Auskunft erteilen*‹.   **59** an ›*ohne*‹.   **68** ›*Ihr liebliches Flehen setzte mich matt*‹.   **71** ›*und ich geriet dahin, sie zu fragen*‹.   **76** idlich ›*jede*‹.   **77** off schneller fart ›*sogleich*‹.   **88** mein ›*Bedeutung, Sinn*‹.

    Daß ich üwer wesen reht erken.
90   Wie sull ich üwer gespiellen nenen,
    Die mit uch sient her kumen,
    Daß eß auch werd von mier vernummen,
    Wo ich üwer werd gedencken?
    So will ich in auch da bi schencken
95   Ein lop und will mich deß nit sparn.
    Daß sult ir woll von mier erffarn.‹
    Sie sprach: ›Das si dir nit verseit‹,
    Und rieff ir gespillen Stedikeit.
    Die kam mit grosser zucht her brangen.
100 ›Von dir sull werden woll enpfangen
    Min diener und min liebster bot.
    Hür si gelopt der zartte got,
    Daß ich mit freiden dich sull sehen.
    Van dir ist mier viell gutz geschen.‹
105 Frau Lieb, die riff aber dar:
    ›Hoffnung, nun drit her an die schar
    Und hilff unß, unsern cnecht enpfahen!‹   *[62ᵛ]*
    Die miniclic, die det mir nahen
    Und grust mich nach adlichem sit
110 Und hieß mich wilckum sin da mit
    Fruntlichen und auch dugentsam.
    Frau Lieb aber rufen began
    Und sprach: ›Frau Drost, kum zu mier her!
    Enbit dem man auch zucht und er!
115 Daß will ich von dier han gehapt.‹
    Die Frau mit ziechten zu mier drapt
    Und sprach: ›Du hast mich dick erlost.
    Min nam genent ist Frau Trost.
    Min sulttu furbaß nit vergessen,
120 Wo du mit eren wirst besessen.
    Daß kan ich woll umb dich beschulden.‹

---

98 stedikett *Be₁₅*.   **104** *Nach diesem Vers:* ~~Daß will ich Dich geniessē lon~~ *Be₁₅*.
111 ffrmtlichen wn *Be₁₅*.

---

99 her brangen *›prächtig daher‹*.   **102** Hür *›Heuer, in diesem Jahr‹*.   **116** drapt
›kam schnell‹.   **120** besessen *›begütert, ausgestattet‹*.   **121** *›Das werde ich dir
auf jeden Fall vergelten‹.*

    Frau Lieb, die sprach: ›Bi minnen hulden,

    So kum, Frau Glick, und sum dich niht!‹

    Sie sprach: ›An mier hie nit gebriht.

125 Min zucht, die will ich nu bewissen:

    Am lesten so müß er mich prissen,

    Wan wo ich nit am lesten bin,

    Da fellt all sach in ungewin.‹

    Mit sissem gruß sie gein mir neigt

130 Und sprach: ›Min nam si dir erzeigt:

    Frau Glick. Wer mich nit hat am lesten,

    Der kan sin sach nit befesten.‹

    So idlich frau sich selber nant,

    Ir aller nam wart mier becant.

135 Daß danckt ich in mit zichtten schon.

    Ich wollt mit urlaub fon in gan,

    Da wolt mich Frau Lieb nit lassen.

    Sie sprach: ›Sie dorthin aff die straßen!

    Dort her so cumpt ein jüngelinck,

140 Der hat zu mier gar groß geding

    Und auch zu den gespiellen min.

    Wolt im Frau Glick behulffen sin,   [63ʳ]

    So wird sin sach bald gut.

    Die selb im sullichen schaden duot,

145 Alß er dan selber hat gesprochen.

    Sie hat sich woll an im gerochen,

    Und het er ir ein groß getan.‹

    So kam herzu der junge man.

    Er grust die frauen all mit sitten.

150 Idlich ir hant begund im bietten,

    Genumen uß Frau Glick alda.

    Deß wart der junglinck gar unfro

    Und sprach: ›Nu will ichß got clagen.

    Sul ich min kummer lenger dragen,

155 Will eß nit nemen noch ein end?‹

------

124 gebrigt *Be₁₅*.   **137** walt *Be₁₅*.   **145** gespruchen *Be₁₅*.

------

126 Am lesten ›*Zuletzt*‹.   **132** befesten ›*dauerhaft machen*‹.   **147** ›*obwohl er sie doch gegrüßt hat*‹ *(?)*.

Von leid so wand er sine hend.
Sin farb im alle da entweich.
Von großem schrecken wart er bleich.
Den manttell er da von im leit,
160 Furn an dem hertzen daß ander cleit
Enblost er da von sinem lib
Und sprach: ›Nu seht, ir werden wib –
Seht, wie min hertz umbfangen ist!
Helft suchen alle mier den list,
165 Daß mich Frau Glick well begnaden,
Min hertz von sollichem kümer laden.‹
Sin hertz het off ein gilden cron,
Daruß die brinden flam schon
Sah ich offgan mit großer hittzen.
170 Zu beden sitten gund glittzen,
Glich wie man malt der sunnen stechell,
Also sin hertz stunt in dem hechell.
Da mitten uß sinß hertzen kestlin
Entsprussen waß ein reineß estlin,
175 Daß waß mit bluomen schon geziert,
Nach lebendiger art so rein mosieret.
Fürbaß nam ich sinß hertzen war –   *[63ᵛ]*
Unden waß eß bluttigfar –
Und sah der frischen dropflin fiell
180 Ab risen zu dem selben ziell.
Davon kam mier ein großer schrick.
Frau Lieb, die gab mier einen blick
Und sprach: ›Ich merck daß dencken din.
Dich wondert von des hertzen schrin
185 Und wolttest mich gern davon fragen.

---

160 daß ander cleit ›*das zweite Kleid, Unterhemd*‹. **166** laden ›*befreien*‹.
171 der sunnen stechell ›*die Sonnenstrahlen*‹.   **172** hechell *gemeint ist wohl die*
›*Hechel*‹, *ein kammartiges Gerät zur Bearbeitung von Flachs- und Hanffasern, de-*
ren Metallstifte den Strahlen des Feuers gleichen.   **173** hertzen kestlin ›*Kästchen*
des Herzens‹, *bildhaft für* ›*Mitte des Herzens, Herzensgrund*‹. **176** mosieret ›*als*
Mosaik eingelegt, wie ein Mosaik aussehend‹. **180** Ab risen ›*hinuntertropfen*‹.
184 ›*Du wunderst dich über die kunstvolle Einfassung dieses Herzens*‹.

Daß selb ich dir will eben sagen:
Sich an die cron deß hertzen schrin –
Daß cleinet ist gewesen min.
Damit so hab ich in becront,
190 Wan er sin lieb nie verhont
Und helt sie lutter alß ein golt.
Deß hat er von mier dissen solt.
Frau Stetikeit hat in bestampt,
Mit irer hitz also durchflampt,
195 Wan er ist stet in sinen sachen,
Daß in kein wanckell mag verswachen.
Hoffnung sin hertz hat umbschin,
Wan er all dag dut wartten gin,
Wo im die sunn sinß hertzen anger
200 Beschin und mach in freiden swanger.
Sistu daß estlin mit den blumen,
Daß uß dem hertzen sin dut kumen?
Daß hat Frau Drost dar in geset.
„Vergißminnit“ sin nam stet.
205 Daß drostet in in sinem hertzen.
Dannoch so lit er grossen smertzen
Und ist verwont und verschnitten
Und hat den kummer lang gelitten
Und rert deglich sinß hertzen bluot.
210 Die not Frau Glick im schaffen dut.
Die selb hat in noch nit begnat.‹
Ich sprach: ›Zart Frau, nu helfft und rat,
Viell edlle minicliche blum,   [64ʳ]
Daß der gessell von kummer kum!‹
215 Sie nam mich da bi miner hant,
Fürt mich, da ich Frau Glick fant.
Sie sprach: ›Der gesell hilfft bitten mier,

---

190 verhent *Be₁₅*. **192** sŭlt *Be₁₅*. **211** *Nach* nit *wurde ein Buchstabe gestrichen Be₁₅*. **217** hilff *Be₁₅*.

---

188 cleinet ›Kleinod‹. **190** verhont ›entehrt‹. **193** ›Frau Beständigkeit hat ihn (den Schrein) geprägt‹. **198** gin ›gehen‹. **207** ›und ist verwundet und verletzt‹. **209** rert ›vergießt‹. **211** begnat ›Gnade erwiesen‹.

     Daß du komst zu helff schier
     Dem jungeling in siner not,
220 Wan er so lang gelitten hat
     In sinem hertzen sende clag
     Und wolt erleben gar den dag,
     Daß eß ein end nemen wird.
     Nu lad im ab all sine bird
225 Durch mich und aller frauen will!‹
     Glick antwort daroff mit wortten still
     Und sprach: ›Frau Lieb, eß dut sin nit.
     Eß kumpt dick umb ein clein geschit,
     Daß ir üwer siegell drucken an
230 An mangen ungeiebtten man –
     Dartzu hilfft uch Frau Stettikeit –
     Ir*ne* aht, ob mirß si liep noch leit.
     Frau Drost und auch Frau Hoffnung
     Stant all zit mit uch in dem bung.
235 Darnach so frag ich nit gar vil.
     Ir keiner mag schiben zu dem ziell,
     Wo ich nit bin mit miner stir.
     Zu lest so muß all abentir
     Durch mich, Glick, werden fullenbracht,
240 Eß si bi dag oder bi naht.
     Min hertz zu keinem sich nit kert,
     Eß si dan, daß er si gelert
     Und daß er wiß die rehtte maß.
     Frau Lieb, kind ir mercken daß?
245 Swigen, helen und sich dricken
     Und nit zu freblichen blicken,
     Miden auch zu manger stunt –
     Wer daß dut, dem wirt glick kunt.

---

228 umb ~~eym~~ *Be₁₅*.　**232** Jr *Be₁₅*.

---

226 mit wortten still ›*mit ruhigen Worten*‹.　**227** eß dut sin nit ›*es hilft nichts dazu*‹.　**228** umb ein clein geschit ›*wegen eines unbedeutenden Ereignisses*‹. **234** bung ›*Bund*‹, *vgl. Bach 1957b, 446*.　**236** schiben zu dem ziell *etwa* ›*das Ziel erkegeln*‹.　**237** stir ›*Hilfe*‹.　**245** ›*Schweigen, verbergen und sich zurückziehen*‹. **246** freblichen ›*verwegen, kühn*‹.

Daß ist die maß, die darzu hert.
250 Gar manger dript ein wildeß gefert   [64ᵛ]
Zu dantz, zu straß und off den gassen.
Sie werden alle Glickß verlassen.
Darumb han ich sin hertz verhauen.
Mir ist geschen menig drauen
255 Von manen und dar zu von wiben,
Die sich vom leben woltten schiben
Darumb, daß ich, Glick, sie verlan.
Da ker ich mich gar litzell an.‹
Frau Lieb, die fragt den junglinck fort
260 Und sprach: ›Hastu gehort die wort,
Die dir Frau Glick sagen dut.
Dar nach so richtu dinen mut,
So wirstu genad finden schier
Nach allen dineß hertzen gir.‹
265 Also der jünglinck schiet von in
Und sprach: ›Nu will ich minen sin
Furbaß dar nach rihten
Und lernen drahtten,
Ob ich mog zu der maß kummen,
270 Sit mier die maß hat genomen,
Dar nach min hertz hat lang gesent.
Ich west nit, ich hab gewent.‹
Mit neigen er fon danen ging.
Ein urlaub ich darnach gefing
275 Und danckt Frau Lieb mit zichtten da.
Frau Stedikeit, Frau Hoffnung so,
Frau Drost, Frau Glick ich nit vermit
Und danckt in mit neigeß sit,

---

272 *Der Vers scheint unvollständig zu sein; möglicherweise ist er folgendermaßen zu ergänzen:* ich west nit *wez* ich hab gewent.   **276** *vor* Hoffnung *ist ein Buchstabe durchgestrichen* Be₁₅.   **278** wn Be₁₅.

---

249 darzu hert ›hierzu gehört‹.   **250** ›*Sehr viele gehen einem sittenlosen Lebenswandel nach*‹.   **253** verhauen ›*verwundet*‹.   **254** menig drauen ›*viel Drohen*‹.   **256** schiben ›*abwenden*‹.   **272** ›*Ich wusste das nicht, habe es nur vermutet*‹ (?).

Daß sie mich hetten lassen sehen,
280 Daß ich fur abentir moht jehen,
Wo ich kem zu den jungen litten,
Die lieb dragen zu allen zitten,
Daß sie sich brehtten nit zu smertzen
Also der junglinck mit dem hertzen.
285 Het er die maß gewist eben,   [65ʳ]
So het im Glick zugegeben
Und wer nit worden so gepfent.
Hie mit die red sich fullent,
Die ich dummer Wameßhafft
290 Uß schlehttem sin, an meinsterschafft,
Zu Kingstein uß siennen brach.
Fier wochen waß ich cranck und swach,
Daß ich daß lant moht bruchen niht.
Die will maht ich diß nü gediht.
295 Minner genedigen junckffrauen hab ichß geschenckt,
Daß got deß frumen hern gedenck
Und behiet sin son, daß edell blut.
Wan sie mier detten alleß gut,
Spis und dranck mit willen gern.
300 Got well die dugent rich gewern,
Der sellen nütz, deß libß begird,
Wan sie hat aller dugent wird,
Kisch begird mit reiner jugent.
Still vernunft, zucht, wisheit, dugent
305 Ist ir geberd und auch hof wiss.
Der frauen rein geb ich auch priß

---

291 uß ~~ssinnen brach~~ *Be₁₅*. **304** vernanfft; wissheit ~~scham~~ *Be₁₅*. **306** rey *Be₁₅*.

---

281 litten ›Leuten‹. **287** gepfent ›gepfändet, um sein Glück gebracht‹.
288 fullent ›vollendet‹. **289** *Selbstnennung des Dichters; vgl. V. 45.* **291** ›zu
Königstein meinen Fähigkeiten abgerungen habe‹. **293** ›so dass ich nicht umher-
gehen konnte‹. **295–297** *Angespielt wird wohl auf Mitglieder der Königsteiner
Grafenfamilie: Eberhard III. von Eppstein-Königstein, dessen Tochter Anna
(† 1483), Graf Eberhard III. von Eppstein-Königstein († vor 1475) sowie seinen Sohn
Graf Philipp von Eppstein-Königstein († 1481).*

Von Arburck her mit reyner giet,
Daß ir got sell und lip behit
Und auch die andern junckffrauen all.
310 Dar nach mit gemeinem schall
Jung und alt alß hof gesind,
Daß ich die alle wieder find,
Wan ich kum. Und alle stund
In frieden frolich und gesunt,
315 Wan ich biß an deß ende min
In dinst edller hern will sin,
Deß stamß von Kingstein jung und alt.
Den got geb frieden mit gewalt
Off erden und in hiemellrich.
320 Dasz wonsch ich in gar flissiclich.

---

307 *Statt* arburck *könnte auch* anburck *gelesen werden;* reyner ~~gat~~ *Be*$_{15}$. **315** *Vor dem Vers ist am linken Rand* dert *angemerkt Be*$_{15}$. **316** dinst ~~deß~~; edllē *Be*$_{15}$. **319** in ~~hil~~ *Be*$_{15}$. **320** *Darunter:*

Amen Amen

Edlle junckffrau radent waß ist daß
Zwyernet ffünf wnd eynß me
Der ffynffzehenst bustab am abc
Bedrigt den man wnd nit me.

(Das Rätsel ist folgendermaßen aufzulösen: Zwyernet ffünf = *V V;* wnd eynß me = *I;* Der ffynffzehenst bustab am abc = *P; = VVIP [wip]).*

---

307 *Eine Frau von Arburg (Aarburg?) oder Anburg ist bislang nicht identifiziert.*

50. Sekte der Minner (B302)

Ich bredie unde lere   *[XXXª]*
An froeiden michel ere
Von einre nuwen secta,
Die heisset vides recta.
5   Die ist nuweling uz komen.
Nu bin ich dar zuo genomen,   *[XXXᵇ]*
Das ich sú den lúten kúnde.
Er lebet ane súnde,
Der hieher an wil gestan.
10 Der sol ouch vil gewis han
Der minnere krone,
Die git ime zelone
Sin gewaltiger *got*.
Das ist sin erste gebot,
15 Daz er heisset schriben:
Er gebútet den wiben,   *[XXXIª]*
Daz sú mit guoten sinnen
Steteclichen minnen
Ane mie*t*e und ane kouf.

---

*Text nach Myller 1784; die Straßburger Handschrift **Sr₃** (Straßburg, Stadtbibliothek Cod. A 94; Mitte 14. Jh.), in der die Minnerede fol. 47ʳᵇ–49ʳª unikal überliefert war, ist 1870 verbrannt. – Da Myllers Abdruck den einzigen Zugang zum Text darstellt, wurde hier auf Eingriffe im Sinne einer ›behutsamen Normalisierung‹ weitestgehend verzichtet, jedoch wurden zwecks besserer Lesbarkeit s-Formen vereinheitlicht und Kürzungen aufgelöst. Die Interpunktion wurde ergänzt. Vereinzelte sonstige Eingriffe wie Emendationen oder Konjekturen sind an entsprechender Stelle gekennzeichnet. – Bisherige Ausgaben: Myller 1784, XXX–XXXII; Sprague 2007, 165–171.*

Überschrift: Dise mere ist von der minne *Myller.*   **13** bot *Myller.*   **19** miehe *Myller.*

---

1 bredie ›predige‹.   **3** *Die lateinische Form* secta *(›Irrlehre / Anhänger einer solchen Lehre‹) wird der mittelhochdeutschen mehrfach belegten* secte *wohl wegen des Reims vorgezogen.*   **4** vides recta *(lat.* fides recta) ›rechter Glaube‹.   **6** ›Nun bin ich dazu bestimmt worden‹.   **9** ›der dieser Sekte beitreten / zu dieser Lehre stehen will‹.   **19** ›ohne Lohn und ohne Bezahlung‹.

20　So enphahent sú den touf
　　An dirre núwen warben.
　　Es ist bas, das sú darben,
　　Denne sú durch boese guot
　　Verderbent lip unde muot.
25　Den verbút ich das leben.
　　Ich wil es núwent den geben,
　　Die von der minnen arte
　　Ligent uf der warte,
　　Luogent unde kaffent.
30　Swen in zuo stapffent,
　　De*n* sú holdes herze tragen,
　　Das suln sú ouch nút versagen
　　Mit herzen noch mit sinnen.
　　Toeigenliche minnen
35　Súllent sú die jungen,
　　Die ie nach froeiden rungen,
　　Kurze wile machen
　　Und lieplich an lachen
　　Unde enzúnden den muot,
40　Als ein michel fúr tuot
　　Mit dúrrer schoube.
　　Nu sprechent: ›ich geloube.‹
　　Ich verbúte dem manne
　　Mit eiden unde mit banne,
45　Swelhe*m* iht guotes geschehe,
　　Daz er das nieman verjehe.
　　Die sich wellent ruemen,

---

31 Der *Myller. Die Verlesung* r *statt* n *kommt öfters vor; vgl. etwa V. 190 u. 241.*
41 Wirt *Myller*.　**45** Swelhen *Myller*.

---

21 warben ›*Versammlung, Gemeinschaft‹*.　**23** ›*als dass sie wegen zweifelhaften Gaben‹ (gemeint sind materielle Liebesgaben)*.　**25** ›*Den Letzteren verwehre ich diesen Orden‹*.　**26** núwent ›*nur‹*.　**27–29** ›*die nach Art der Minne auf der Lauer liegen und von dort aufmerksam spähen und beobachten‹*.　**30f.** ›*Wann immer solche auf sie zuschreiten, denen sie Zuneigung entgegenbringen könnten‹*. **34** Toeigenliche = *tougenliche*.　**41** ›*mit trockenem Stroh‹*.

Die wil ich vertuemen.
In versmilzet ir guft
50 Reht alse der *t*uft
Von der heissen sunnen.
So hant sú niht gewunnen
Wenne spot und has
Unde das sú niemer deste bas
55 Die frowen gegruezent.
Waz sú do mitte buezent,
Das enkan ich niht erdenken.
Men solte sú alle henken
Unde die zunge uz sniden.
60 Hassen unde niden
Súllent ir alle von úch tuon
Unde lazent den ruon.   [*XXXI^b*]
Behaltent alle dis gebot,
So múgent ir der minnen Got
65 Froeliche schowen.
Ir súllent ouch den frowen
Machen hoch gemuete,
Daz úch der behuete,
Der der minnen waltet.
70 Swer ein ding behaltet,
Das man hin solte geben,
Daz ist ein unstetes leben.
Der stirbet an dem roube.
Nu sprechent: ›ich geloube.‹
75 Nu vernement ein nuwen rat,
Wel frowe ein boesen man hat,
Der zuo minnende ist unnútze,
Wie sú den betúze.

---

50 huft *Myller*.

---

48 vertuemen ›*verdammen*‹. **49** guft ›*Prahlerei, Rühmen*‹. **50** tuft ›*Tau*‹.
56 buezent ›*einbüßen*‹. **57** erdenken ›*gedanklich völlig erfassen*‹. **58** Men =
Man. **60** niden ›*missgünstig sein*‹. **62** ruon = *ruom*. **76–78** ›*wie eine Frau,
welche einen untauglichen Mann hat, der zur Minne nichts nützt, diesen heimlich
hintergehen soll*‹.

Daz erloube ich ir also,
80 Das sú sich sin erlo
Unde *si* mit eime geilere,
Der buezet ir die swere
Unde git ir hoch gemuete.
Eht sú sich behuete
85 Vor oeffenlichen schanden,
So hat sú zuo iren handen
Alles, des ir herze gert.
Steln ist nirgend so wert
Als in der minner lere.
90 Er hat sin michel ere,
Der es gefuegelichen kan.
Waz sol ein boese man,
Siech an den lenden,
An rúcken und an henden,
95 Dúrre und dar zuo kalt?
So machet er sich drivalt
Als ein ankretzig rint.
So lit der alte *mü*eding
Mit owe und mit ache.
100 Nu sprechent: ›ich versahe.‹
Iung man wol gestellet,
Dem das bluot vellet,
Stete und wol gezogen,
One valsch unde unverlogen,
105 An hübescheit verflissen,
Den moehte ein frowe wissen
Vil gerner bi ir siten.
Sú bete in lihte bi*t*en,

[*XXXI*^c]

---

81 si *fehlt Myller.*   **98** maeding *Myller.*   **108** bitten *Myller.*

---

80 sin erlo ›*von ihm befreie*‹.   **81** ›*und mit einem fröhlichen Gesellen zusammen sei*‹.   **84** Eht ›*Nur wenn*‹.   **88** Steln ›*Heimlichtun, Verheimlichen*‹.   **96** drivalt ›*dreifaltig (sehr faltig)*‹.   **97** ankretzig ›*von Krätze/Räude befallenes*‹.   **98** ›*So liegt der alte Schuft*‹.   **100** versahe ›*schwöre ab*‹.   **101** wol gestellet ›*gut aussehend*‹.   **102** ›*dem das Leben zufällt*‹.   **104** unverlogen ›*nicht zu verleumden*‹.   **105** ›*auf höfisches Benehmen bedacht*‹.   **108–112** ›*Auch wenn sie jenen (ihren alten Mann) vielleicht bitten könnte zu warten, würde sie ihm jederzeit viel lieber den vorziehen, der ihr ohne Täuschung die lange Nacht kürzen könnte*‹.

Sú moehte ime zuo allen ziten
110 Vil gerner úber striten,
Der ir kunde ane lúrzen
Die lange naht gekúrzen.
Mit listen er wol mehte
In der langen nehte
115 Bluomen an der heide,
Liep uzer leide,
Sueze uzer sure
Von rehter nature.
Ist diz ein guot geselle,
120 Wol her der in welle!
Sol ich in ir bieten,
So muos sú mich mieten
Mit ettelichen sachen.
Ich wil ein kloster machen,
125 Dar súllent ir úwer opfer bringen.
Do múgent ir hoeren singen
Von wunnen michel wunder.
Do lit nieman sunder,
Sú muezent sich alle zweigen
130 Alse die vogel in dem meigen.
Stúrent hie min gotz hus,
Das ennimet úch nút die mus
Noch enstilt úch nút der diep.
Das wurt úch hernoch liep.
135 Der hier her an erstarket,
Dem schaf ich guoten market,
Beide dar unde dan.
Ist aber ieman,

---

113 moehte *Myller.*

---

113 mehte *(Konjunktivform von* machen) ›*machen würde*‹. **121f.** ›*Wenn ich ihr den verschaffen sollte, muss sie mich dafür bezahlen*‹. **128** sunder ›*allein*‹. **129** zweigen ›*sich paarweise zusammenfinden*‹. **130** meigen ›*Mai*‹. **131** Stúrent ›*Beschenkt, Unterstützt*‹. **135** ›*Wer zur Stärkung des Klosters beiträgt*‹.

Der niht pfenninge hat,
140 Versetzet er denne sine wat,
Des ist er niht verboeset.
Swen er sú denne loeset,
So sint alse vor sin.
Alse han ich ouch die min
145 Vil dicke versetzet.
Er wurt do ergetzet
Leides unde sorgen
Die naht unze an den morgen
Mit guoten gezowen.
150 Herren unde frowen,
Die meine ich hie mit núte.
Es sint einre slahte lúte,
Das sich dar sol began.
Dis kloster sol han   *[XXXIIᵃ]*
155 Also maniger slahte,
Daz nieman weis kein ahte.
Dis súllent ir vil wol verstan:
Swele frowe wil han
Frúnt in minre celle,
160 Die sol vil getelle
Zuo minen antwúrten
Sich húbeslichen gúrten,
Lesen unde prisen
Snúrringe, risen
165 Hohe uf rucken,
Den lip nider smucken,

---

153 der *Myller.*   **165** trucken *Myller.*

---

141 verboeset ›(moralisch) schlecht gemacht‹.   **142f.** ›Wenn er seine Kleider dann
wieder einlöst, sind sie so, wie sie davor waren‹.   **146** ergetzet ›entschädigt‹.
149 gezowen ›Werkzeugen‹.   **151** núte ›nicht‹.   **152f.** ›Es sind Menschen einer
einzigen Art, die sich dorthin begeben sollen‹.   **154–156** ›Dieses Kloster soll vieles
zu bieten haben, was niemandem bekannt ist‹.   **160** getelle ›artig, zierlich‹.
161 ›in meiner Gegenwart‹.   **163–165** ›den Kopfputz sorgfältig auswählen und
schnüren, den Schleier hoch aufwerfen‹.   **166f.** ›den Körper zusammenkauern und
wieder fröhlich ausstrecken‹.

Froeliche strecken,
Das neckelin enplecken,
Gezoegenliche fro sin.
170 Der erloube ich den win,
Daz sú sin niht en mische.
Fleisch unde starke vische,
So sú das han mag,
Ich enbitte sú dekeinen tag
175 Der umbe niemer gevasten.
Greiffen unde dasten
Erloube ich an dem buoche.
Man sol es wol versuoche,
Ist es ir aber leit
180 Unde wert sich mit ernstheit
Ze hute und ze hare,
Daz er denne gebare,
Als es were sin schimph.
Es hoeret vil guot gelimph
185 Zuo sus getanen dingen.
Man sol ez in uz ertwingen   *[XXXII^b]*
Under wilen und ouch under wilen sus:
Ob ein man einen kus
Mit fuogen moehte verzucken
190 Und ein gebende verrucken,
Ich vergibes ime vil lihte,
Kumet eht ers ze bihte,
Ich nime die schulde uber mich.
Ein ding verbúte ich:
195 Daz ist ungemeine,
Daz die frowe iht weine

------

170 Den *Myller*.   **187** u. *Myller*.   **190** geberde *Myller*.

------

168 enplecken ›*entblößen*‹.   **169** Gezoegenliche ›*anständig, feiner Sitte gemäß*‹.
171 ›*und ich erlaube ihr, ihn nicht zu mischen*‹.   **177** an dem buoche ›*in den
schriftlichen Regeln*‹.   **181** ›*indem sie schlägt und an den Haaren zieht*‹.
183 ›*als wäre es nur Spaß gewesen*‹.   **184** gelimph ›*Anstand*‹.   **187** ›*manchmal
so, manchmal so*‹.   **189** ›*mit Anstand rauben könnte*‹.   **195** ›*Das verstößt gegen
die Regeln des gemeinsamen Lebens*‹.

Und der man lache.
Das leben ich versache.
Ir múgent mir gerne sin bereit,
200 Wan ich núwent die warheit
Bredie unde lere
Durch der minnen ere.
Durch das súlt ir mir volgen.
Ist aber úch erbolgen
205 Ieman dar umbe,
Der gat die krumbe
Unde midet die slihte.
Sus getan getihte
Bringet úch noch alle dar,
210 Daz ir an der minnen schar
Vil gerne múgent ringen.
Swaz ir an húbeschen dingen
Und mit minnen begant
(Eht ir die núfteln lant),
215 Des tuon ich úch aplas.
Wol getrunken und gas,
Des súllent ir genuog han,
Ir súllent mit guoter spise began   *[XXXIIᶜ]*
Froelichen die zeit.
220 Ein alt wort daz kit:
›Wol getrunken und gessen
Unde sanfte gesessen
Erfrowet wip und man.‹
Daz ich ie ze hove kan,
225 Des bin ich geil iemer sider.
Nu súllent ir úch tuon nider
Unde enpfahent den segen,
Daz úwer mueze pflegen
Der wunderliche jungeling,

---

198 *›Dieser Lebensweise entsage ich‹.* **199** bereit *›willfährig, dienstfertig‹.*
204 erbolgen *›erzürnt‹.* **206f.** *›der schlägt den krummen Weg ein und meidet
den geraden‹.* **214** *›wenn ihr nur die weiblichen Verwandten in Ruhe lasst‹ (Inzestverbot).* **216** gas *›gegessen‹.* **220** kit *›sagt, besagt‹.* **221** gessen *›gegessen‹.* **224** kan = *kam.* **225** geil *›fröhlich, heiter‹.* **229** *Mit dem Jüngling könnte Amor oder Christus gemeint sein.*

230 Von dem alle ding
Da vor her dar kamen.
Nu sprechent alle amen.
Dis meres getruwe,
Ouch sprichet er nuwe:
235 Swaz man het, so man wil,
Daz dunket schiere zevil.
Unde swelich wip rehte bekort
Geswaslicher minnen hort,
Die muos durch not gewinnen
240 Froeide mit hohen sinnen.
Swel aber das nút entuot,
Die hat selde noch hohen muot.
Verziehen ist der frowen sitte
Und ist in doch liep, das man sú bitte.
245 Ist ein schoene wip getruwe,
Der lop sol wesen nuwe.
Durch not muos kúsche sin ein wip,
Der nieman sprichet an den lip.

---

238 Geswachlicher *Myller*.　　**241** ertuot *Myller*.　　**244** U. *Myller*.

---

233 *›Der Gewährsmann dieser Rede‹.*　　**237** bekort *›kostet, kennenlernt‹.*
238 *›den Schatz heimlicher Minne‹.*　　**239** durch not *›notwendigerweise‹.*
243f. *Die Verse entsprechen zwei Freidank-Versen, vgl. den Kommentar in diesem*
Band zu Nr. 7 Liebesbrief (B147), V. 112f.　　**243** *›Hinauszögern entspricht der Art*
edler Damen‹.　　**248** *›für die sich niemand interessiert‹.*

51. Predigt im Namen des Papstes an die Jungfrauen und Frauen (B348)

Fassung Gotha

[106ra]

Ir meide und ir jungen wip,
Die do haben schonen lip,
Min herre, der babest, tuot euch kunt:
Die wile daz ir sit gesunt,
5 Pflegt der minne, daz ist min rat,
Und halttet des babest gebot.

Darumb bedenket euch enzit,
Die wile daz ir junk sit
Und in ewer besten fluge.
10 Man sol den aphel, wann er tuge,
Von dem bamme brechen.
Ich wil furwar sprechen:
Wer kein meit oder wip,

Text nach **Go₁** *(Gotha, Forschungsbibliothek Chart. A 216 [›Würzburger Kleinepiksammlung‹]; 1342–45), 106ʳᵃ–106ᵛᵃ. – Bisherige Ausgaben: Grimm 1816, 164–167; Vetter 1889, 129–132; Rotermund 1964, 56–58.*

Überschrift: Von dez babst gebot zuo den meyden vnd wyben (gebot übergeschrieben) Go₁. **1** *Iir Go₁.* **3** *kunt übergeschrieben Go₁.*

---

9 *›und in eurem besten Flug (Schwung)‹.* **10f.** *sprichwörtlich, vgl. TPMA 1, APFEL 22 (diese Textstelle ist der einzige Beleg), vgl. aber ›Der Minne Klaffer‹ (B243, V. 265–277) sowie TPMA 6, JUNGFRAU (lateinisches Sprichwort).* **10** *tuge ›taugt, reif ist‹.* **11** *bamme ›Baum‹.* **13f.** *›Gäbe es irgendeine Jungfrau oder Frau, die sich so unattraktiv gemacht hätte‹.*

Fassung Brüssel

Got waldes ende ick beginne,   *[111ᵛ]*
Dat mir got geve inne
Te dichten ende te scriven,
Dat wi in godes dienst mogen bliven.
5 Got moet allen zelen troesten
Ende alle gevangen verloesen
Ende alle siecken maecken gesont
Ende levenden wat in den mont.
Min heer, di pavß, doet u kont:
10 Die wile dat di iunck siet ende gesont,
Plegt der minnen, dat is sin raet,
Eer u die alderdom aenstaet.
Want wanneer u dat ripen begint,
So enis niemant, die u mint.
15 Darom begint u in der tit,
Die wile dat ghi iunck sit.

Weer ein iunfrouwe, wedve off wiff,

---

*Text nach **Bs₄** (Brüssel, KBR Ms. II 144 [›Venloer-Geldrisches Hausbuch‹]; 1. Hälfte 16. Jh.), 111ᵛ–113ᵛ. – Bisherige Ausgabe: Priebsch 1907, 169–172.*

Überschrift: De sancto amore *Bs₄*.   **3** Mich te *Bs₄*.

---

9 pavß ›*Papst*‹.   **12** ›*bevor ihr alt werdet*‹.   **13** ›*Denn wenn ihr reif werdet*‹; *ggf. ist mit Priebsch* rympen (›*runzlig werden*‹) *zu konjizieren; vgl. auch V. 51.* **17** wedve ›*Witwe*‹.

Die so unteurt het irn lip,
15 Daz si wolde keinen man,
Die tette der babst in sinen ban,
Ez were den, daz si der minne
Schier wolte beginnen.
Und genüge ir dann an einem nicht,
20 So tuo sie, alz dicke me geschicht,
Und neme, wievil sie *ir* wolle,
Und swige dabie stille.
Tut nach des babest rate
Beide fruo unde spate:
25 Lat die gesellen minnen!
Damit mugt ir daz himelrich gewinnen.
Swer nun gedechte den gedank,
Der ie gelaz oder gesank,
Daz minnen were sunde,
30 Ob er die schrift kunde
Gelesen und geteuten
Offenbar vor den luten
(Die minne midet manik man),
Kond er die schrift, als ich sie kan,
35 Er mide sie ungerne.
Ich han vil manik quaterne
Beide hin und her gewant,
Daz ich nie geschriben vant,
Daz man die minne solte fliehen.
40 Ungelucke mus im geschehen,

[106rb]

---

21 er *Go₁*.

---

21 ir ›von ihnen (den Männern)‹. **27–39** *Diese Passage entspricht (mit Ausnahme von V. 31f.) überwiegend wortwörtlich dem Anfang einer über 130 Jahre später überlieferten Minnerede, ›Das Wesen der Minne‹ (B285), V. 1–11 (aus He₃); siehe auch V. 63–68.* **27f.** *›Wer auch immer, der jemals las oder sang, auf den Gedanken käme‹.* **30–35** *›wenn der die (Heilige) Schrift lesen und öffentlich vor den Menschen auslegen könnte – die Minne meiden (nämlich) viele –, wenn er sie so verstehen könnte, wie ich sie verstehen kann, dann miede er sie (die Minne) ungerne‹.* **36** quaterne *›Quaternio, Lage eines Codex, Faszikel, Heft‹.* **40–42** *gemeint sind die zölibatär lebenden Priester und Prediger.*

Die alsoe wolde halden oer liff, [112ʳ]
Dat si enwolde geinen man,
20 Die doit der pavß in den ban,
Winß dat si der minnen
Wael dorren beginnen.
Genoecht oer aen einem man niet,
Si doi, als duck is geschiet,
25 Ende neme so mennigen, als si will,
Ende swige darmede all still.
Volget des pavß raet
Beide vroech ende spaede
Ende laet truwe aen dei gesellen schinen,
30 Soe moegdi dat himmelrick verdienen.
Waer nam di doer dat gedanck,
Off hi van sinnen alsoe weer cranck,
Dat hi seide dat minnen weer sunde?
Recht off ick die scriftur niet enconde,
35 Latin ende duits beide,
Mi enweer daer niet leide.
Die minne wundet mennigen man.
Konde hi die scriftur, als ick kann,
Hi solde der minnen plegen so gerne.
40 Ick heb so mennigen quatern
Beide hir ende daer gewant,
Dat ick niet bet envant,
Dat men minnen solde vlien. [112ᵛ]
Ovel moet hem geschien,

---

18 oer liff ›ihr Leben‹.   **21** Winß ›wenn nicht‹.   **22** dorren ›wagen, sich trauen‹.
24 duck ›oft‹.   **29** ›und zeigt den Geliebten eure Treue‹.   **31–43** vgl. den Kommentar zur Fassung Gotha, V. 27–39.   **31** ›Woher nahm der Tor den Gedanken‹.
34–36 ›Auch wenn ich die (Heilige) Schrift weder auf Latein noch auf Deutsch verstünde, wäre mir davor nicht bange‹.   **40** quatern ›Quaternio, Lage eines Codex, Faszikel, Heft‹.   **42** ›dass ich nichts besseres (bisher?) fand‹.   **44** Ovel ›Übel, Böses‹.

Der nicht mak getruten
Und minne verbutet ander luten.
Ir werden jungfrawen und ir wip,
Ich rat euch uff minen lip:
45 Minnet, die wile ir minnen muget
Und zuo der minnen spil tuget!
Wann euch die liechten augen schal
Und die roten mundel val
Und euch rimpfet der buch aller sus,
50 So ist die wirdekeit alle uz,
So wil uch nieman minnen.
So must ir wollen spinnen.
Minnen ist kein sunde,
Des gib ich euch ein urkunde:
55 Man schribet, daz kunig Davit

Hette wol zwei und sibenczik wip,
Und waz doch ein heilig man.
Daz lesen wir von kunig Saloman: *[106ᵛᵃ]*
Der hat wol achzig kuniginne
60 On ander ingesinde.
Mit minnen nieman gesunden kan,
Ez sie wip oder man.
Ez tunt nit dann alte phaffen,

---

58 *Das* man *in* Saloman *ist übergeschrieben* Go₁. **59** *Vor* achzig *ist* acz *durch Unterpungierung getilgt* Go₁.

---

41 getruten ›*lieben, die Liebe vollziehen*‹. **44** uff minen lip ›*bei meinem Leben*‹.
47 Wann ›*Wenn*‹; schal ›*trübe (sind)*‹. **49** ›*und euer Bauch ganz runzlig ist*‹.
54 urkunde ›*Beweis*‹. **55f.** *Dass König David viele Frauen und Nebenfrauen hatte, ist biblisch, vgl. z. B. 2 Sam 5,13–16 oder 1 Chr 3,1–9. Die Zahl 72 ist jedoch nicht belegt.* **58–60** *1 Kön 11,1–8 berichtet von 700* ›*ausländischen*‹ *adligen Frauen und 300 Nebenfrauen.* **61** gesunden ›*sündigen*‹. **63–68** *Eine sehr ähnliche Passage findet sich in der Minnerede* ›*Das Wesen der Minne*‹ *(B285), V. 19–24 (aus* He₃*); siehe oben zu V. 27–39.* **63** Ez *gemeint ist die Behauptung, Minne sei Sünde.*

45 Die der minnen selver niet enmoegen
   Ende enkonnens van anderen niet gedoegen.
   Ghi werde iunfrouwen ende schone wiven,
   Ick raede u bi minem live:
   Minnet, die wile dat ghi dartoe doeget
50 Ende ghi der minnen vermoeget!

   Want wanneer u rimpet die huit,
   So is alle die vrouden ut,
   So enwilt u niemant minnen
   Noch moegdi den gesellen ut winnen.
55 Minnen enis gein sunde.
   Des hoert ein oirkonde:
   Men lest van coeninck David,
   Dat hi seer minden mit vlit.
   Die wile dat her doecht dat liff,
60 Hadde hi lxxii wiff
   Ende bleiff doch ein heilich man.

   Mit minnen niemant gesundigen enkan.
   Dat minnen verbieden alle die alde papen,

---

54 Doch *Bs*$_4$.

---

46 gedoegen ›ertragen‹.   **48** bi minem live ›bei meinem Leben‹.   **51** vgl. V. 13
sowie *Fassung Gotha, V. 49.*   **54** ›noch könnt ihr den Geliebten erwerben‹.
57–60 *vgl. den Kommentar zur Fassung Gotha, V. 55f.*   **58** ›dass er sehr liebte mit
Eifer‹.   **63–68** *vgl. den Kommentar zur Fassung Gotha, V. 63–68.*

Die nicht wizsen, waz sie klaffen,
65 Die da sint veraltet
Und an der minne erkaltet.
Wer die welt nicht mit minnen bestan,
Sie wer vor tusent jarn vergan.
Applaz ewer sunden,
70 Den wil ich euch kunden.
Manik mensche gnade gert
Und wirt applas gewert
Und vert her und dar
Zuo Rome und anderswar,
75 Daz er ledig werde siner sunde.
Mit worheit ich euch kunde:
Wer daz buch andechtiklich hort lesen,
Der mag an der sele wol genesen;
Tuot er nach dem gebot
80 (Daz sag ich euch on allen spot),
Dem hat unser geistlicher vater furwar
Applaz geben zwelf tusent jar.
Darzuo die kardinal gemein
Vergeben sunde groz unde klein
85 Und auch die missetat.
Nun gib ich einem ieglichen den rat,
Daz er dicz buch les und hore.
So kumen die sele zuo der engel kore.
Furwor, da ist der freuden allermeist.
90 Dar help uns der geile geist!
Amen.

---

69 *Ab diesem Vers hat der Text von Go₁ keine wörtliche Übereinstimmung mehr mit der Fassung Brüssel.*

---

67 bestan ›erhalten geblieben‹. **72** ›und es wird ihm Ablass gewährt‹. **77** daz buch ›diesen Text‹. **78** genesen ›gerettet werden‹. **83** gemein ›allesamt‹.

Die anders niet enweten dan clappen
65 Ende die alsoe sin veralt,
Dat in hoen die minne is vercalt.
Weer die werelt sonder minne bestaen,
Si weer over dusent iaer vergaen.
Het was ein pavß der heilicheit,   [113ʳ]
70 Die aensaech der minschen selicheit.
Hi peinsden alsus in sinem sinn,
Wie hi die minschen moecht gewinnen
Aflaet, rick, arm ende all gader.
Doe gaff onse ertshe vader
75 Ein groit aflaet sonder geluit,
Dat herde geistelick beduit.
Soe wie sin lieff aensiet mit ogen,
Blidelick mach hi sich verhoegen,
Want hi x dage aeflaets heft
80 Van dem pavß, die nu left.
Als hi si kust vor oeren mont,
xx dage aeflaets heft hi ter stont.
Als hi se fruntelick ontfaet,
So is hi quit van alre misdaet.
85 Comen si tesamen heimelick,
Gekroent werden si int hemelrick.
Ende si sich in minnen verwermen,
Onß lieff sall oer erbermen.

---

68 iaer g *Bs₄*.   **69** *Ab diesem Vers hat der Text von Bs₄ keine wörtliche Überein-stimmung mehr mit der Fassung Gotha.*

---

67 *›Hätte die Welt ohne Minne bestehen bleiben müssen‹.*   **72f.** *›wie er für die Menschen Ablass erreichen könnte, und zwar für Reiche und Arme und alle zusam-men‹.*   **74** *ertshe vader gemeint ist wohl Adam.*   **75f.** *›einen großen Ablass ohne viel Aufhebens, der eine sehr geistliche Bedeutung hat‹.*   **78** *›kann er sich fröhlich rühmen‹.*   **79ff.** *Eine ähnliche Passage findet sich in derselben Hs.: Bs₄, 45ᵛ =* *›Liebesgrüße‹ (B82), Gruß 21, V. 113–115:* Dat heft onß dye pauß gegeuen | Dye eyn lieff weit ende kust se vor synem mont | Dye verdyent xl dage aflaets tieseluer stont.   **88** *›unser Lieb (unser lieber Herrgott?) wird sich ihrer annehmen‹.*

Die pavß seget, ten is gein sunde,
90 Ende hi geft onß up oirkonde,
Dat hi ter eeren alsoe is comen.
Dat mach seer die seelen vromen.
Die pavß segt, ten is gein schande,
Het doin die betste van dem lande: *[113ᵛ]*
95 Keiser, koeninck, hertog ende greven,
Die besten, die nu in der werelt leven.
Wi secht, dat minnen sunde si,
Die endoecht niet, des gelovet mi.
Dat enseggen niet dan die alde papen,
100 Want si enkonnen niet dan clapen.
Ick segge u, vrouwen ende wiven,
Volgt des pavß raet bi uwen liven,
Ende alle quaede clepper moten vlien!
Amen, dit moet ommer geschien.

---

89 paeß *Bs₄*.   **97** ~~weer~~ sy *Bs₄*.   **100** lapen *Bs₄; vgl. den Reim in V. 63f.*

---

89 *›Der Papst sagt, sie hätten keine Sünde‹.*   **103** *›und alle bösen Klaffer müssen fliehen‹.*

52. Glaubensbekenntnis eines Liebenden (B15)

[135^r]

Wer verzwifelt an dem end,
Ich forcht, das im got send
Ainen boten, der im unnütz ist.
Darumb han ich für zwifel list
5   Ainen aigen geloben mir gedicht.
Darin ich wort für zwifel flicht
Mit sillaba, so ich umer böst kan.
Hiemit fach ich den globen an:
Ich glob an ain jung wip.
10 Ich glob, das ir zarter lip
Minß dienstz almechtig si.
Ich glob, das die wandels fri
Miner fröd ain schöpferin ist.
Ich glob, das ir an argen list

Text nach **He₉** *(Heidelberg, UB Cpg 355; um 1450), 135ʳ–138ʳ. – Neben den allge-
meinen Editionsrichtlinien gilt für diesen Text: Geminationen wie ff, nn und tt wur-
den stillschweigend vereinfacht, wo sie weder vom Mhd. noch vom Nhd. her nach-
vollziehbar sind (z. B. werden statt werdenn). – Bisherige Ausgaben: Brauns/Thiele
1938, 97–99 Nr. 17; Kiepe/Willms 1972, 339–344 (mit nhd. Übersetzung).*

14 *arge He₉.*

1–3 *Anspielung auf die Sünde der Desperatio (Verzweiflung angesichts der Größe
der eigenen Sünden und Zweifel an der Gnade Gottes), die zum ewigen Verderben
führt; der in V. 3 genannte Bote dürfte daher entweder mit dem Erzengel Michael zu
identifizieren sein, der nach dem Tod die Sünden des einzelnen Menschen abwägt,
oder – gemäß dem Wortlaut des Glaubensbekenntnisses (Credo) – mit Christus, der
›kommen wird, zu richten die Lebenden und die Toten‹.* **3** *unnütz* ›schädlich‹.
4f. *›Deshalb habe ich mir, um gegen den Zweifel anzukommen, ein eigenes Glau-
bensbekenntnis gedichtet‹.* **7** *sillaba latinisierende Form zu sillebe* ›Silbe‹; *böst*
›am besten‹. **9ff.** *Parodistisch werden im Folgenden einzelne Schlagwörter und
Sätze des Apostolischen Glaubensbekenntnisses aufgenommen:* ›Credo‹ *(9),* ›om-
nipotentem‹ *(11),* ›creatorem‹ *(13),* ›conceptus‹ *(17),* ›natus‹ *(19),* ›passus‹ *(28),*
›resurrexit‹ *(33),* ›descendit‹ *(36),* ›ascendit‹ *(40),* ›sedet ad dexteram‹ *(41),* ›ven-
turus est‹ *(46f.),* ›iudicare‹ *(49),* ›remissionem‹ *(50),* ›carnis resurrectionem‹ *(56).*
12 *die wandels fri* ›die Beständige‹. **14f.** *›Ich glaube, dass ihr meine Absicht, ihr
zu dienen, ohne Falschheit verkündet wurde‹; Anspielung auf Mariä Verkündigung.*

15 Min dienstlich wil verkunt wart.
    Ich glob, das die rain, die zart
    Enpfangen ist in min gemüet.
    Ich glob, das sü zuo rechter güet
    Zuo fröden mir geboren ist.
20 Ich glob, das sü zuo aller frist
    Ufrüstig mach min leben.
    Ich glob, das si hin ward gegeben
    Von iren fründen ainem man.   [135ᵛ]
    Ich glob, das sü in nie gewann
25 Lieber dann sü mir si.
    Noch me glob ich dabi,
    Das die rain, die zart,
    Gemartert und gepingt wart
    Von sorgen, da sü bischlief
30 Und das sü mengen sünftzen tief
    Des selben nachtz pflag.
    Ich glob, das sü an aim sunntag
    Erstuond und min begeren was.
    Ich glob, das ich ir nie vergas,
35 Sid mich ir guot zuom erst umbfieng.
    Ich glob, das sü abgieng
    Durch dri porten, do sü mich sach.
    Ich glob, daz sü min truren in mir zerbrach,
    Do sü mir so güetlichen naig.
40 Ich glob, daz sü wider ufstaig
    Und sitzet zuo der rechten hand
    In ainem stüblin bi der wand.
    Darin ist fröden tusentfalt.
    Ich glob, das got ir zart gestalt

---

18 ~~die~~ sü *He₉*.   **20** allen *He₉*.   **31** Das *He₉*.

---

21 Ufrüstig *hier ›frisch, fröhlich‹*.   **22f.** *›Ich glaube, dass sie von ihren Freunden einem Mann ausgeliefert wurde‹*.   **28** gepingt *›gequält‹*.   **29** bischlief *›mit ihrem Mann schlief‹*.   **36f.** *›Ich glaube, dass sie durch drei Tore hinabstieg, als sie mich erblickte‹*.   **36–38** *Parodistische Anspielung auf die Höllenfahrt Christi, auf der er die ›Pforten‹ der Hölle ›zerbricht‹*.   **40–42** *›Ich glaube, dass sie sich wieder erhob und zur Rechten sitzt, in einem Kämmerlein an der Wand‹*.

45 Hät geschafft uf die erd.
Ich glob, das sü mir noch werd [136ʳ]
Zuo schouwen hie und an mencher stat.
Ich glob, das sie gewalt hat
Zuo richten in dem willen min.
50 Ich glob ablas miner pin
Nach kunft ir gegenwertikait.
Ich glob in ir zart menschait,
Das die mir min hertz digk ufclieb.
Ich glob gemainsami unßer lieb,
55 Min und des minnenglichen wibz.
Ich glob urstendi minß libz,
Wenn ich bi ir nit sitzen tar.
Ich glob, das sü werd blaich gefar,
Wen ich mich von ir schaidn sol.
60 Ich glob, das mir tü we und nit wol,
Wen ich ir lieb enber.
Ich glob, das ich lieber wer
Bi ir denn im bethuß.
Ich glob, das ir und mir digk gruß
65 Ab claffern, die sü umb sich hat.
Ich glob, das noch meng Pontius und Pilat
Und Judas uf erdterich leb.
Ich glob, das sü mir muot geb [136ᵛ]
Vor allen rainen frowen zart.
70 Ich glob, das mich ir hinfart
Bekumert und beschwert hab.
Ich glob, das sü mir ir triw gab,
Das sü nieman lieber hett denn mich.
Noch me, so glob ich,
75 Das wir zuosamen kumen dort,
Do sich miner fröden seldenhort

---

45 Hät geschafft ›erschaffen hat‹.   **50f.** ›Ich glaube an die Befreiung von meiner
Not im Moment ihrer Anwesenheit‹.   **52** ›Ich glaube an ihre zarte Menschennatur‹.
53 ufclieb ›aufspaltet, (in mein Herz) eindringt‹.   **56** urstendi ›Auferstehung‹.
63 bethuß ›Bethaus, Kirche‹.   **64** ›Ich glaube, dass es ihr und mir oft graust‹.
70 hinfart ›Abreise, Weggang‹; parodistische Anspielung auf Christi Himmelfahrt.

Den ursprung nam und sin gelügk,
Und das ich sie säche in irm geschmügk.
Das wünsch ich och zuo fröden mir
80 Und das der falscher cleffer gir
Unß dar zuo kain schäd nit si,
Das helf uns diß namen dri:
Amor, Venus cum Cupido,
Das sind dri wirdig namen ho,
85 Die uns als laid verdriben,
Ußgenommen den alten wiben,
Den gerünzolohten röchfaß.
Die sullen geloben fürbaß,
Dann diser glob ist in nit nütz.
90 Sie sind sin worden urdrütz.
Sie schribent, als Sant Peter tet,
Doch tröst ich mich, das katzen gebet   *[137ʳ]*
Zuo himel nie herhört ward.
Dar an gedenck, ir rainen frölin zart,
95 Und sind mit zucht wol gemuot,
Wen diser glob ist gereht und guot.
Und sind darzuo mit fröden gail
Also, das ieglich irn tail
Erwerb so umer best sie mag,
100 Dann es ist nit ain iar sunntag,
Das ich den selben globen fand.
Ich graif in selber mit der hand,
Dann ich bin Sant Thomaß geschleht.

82f. *Parodie der trinitarischen liturgischen Schlussformel ›Quem concedit pater et filius et spiritus sanctus‹.* **85** *als ›alles‹.* **87** *›den gerunzelten Rauchfässern‹.* **88** *›Die sollen weiterhin (den alten Glauben) glauben‹.* **90** *›Sie sind seiner überdrüssig geworden‹.* **91** *Petrus dient hier als Exempelfigur für die Frömmigkeit oder das gottgefällige Schreiben (im Gegensatz zu Thomas, vgl. V. 103). Brauns/Thiele 1938 und Kiepe/Willms 1972 konjizieren* schribent *zu* schrient *und verstehen die Stelle als Anspielung auf die Verleugnung des Petrus bzw. auf Mt 26, 69–75.* **92** *katzen gebet ›nichtiges, wertloses Gebet‹.* **96** *Wen ›denn‹.* **99** *umer ›immer‹.* **102f.** *Parodistische Anspielung auf den ungläubigen Thomas, der erst an die Auferstehung glaubt, als Christus ihn seine Wunden mit der Hand berühren lässt (Joh 20,24–29).*

Zwar diser glob ist guot und gerecht.
105 Er ist bewert zuo menchem mal.
In hand bestetigkt dri cardinal
Und verbrieft wol für zwifelß not,
Versigelt schön mir blaw, brun und rot.
Das hat geton mit willen gern
110 Wiplicher tugent ain lucern.
Darin lucht ir güet alß ain fagkel.
Minr fröden ciborg und tabernagkel
Ist in disem globen zwar.
Er ist gemacht im zwelften jar,
115 Als man zalt von der rainen zart
Vierzenhen tag nach miner ußfart,
Als ich zuom letzsten bi ir was
Und sich ir güet an argen haß
Begirlich in min hertz verschloß.
120 Wer ich der höchsten art genoß,
Caldeischer kaiser zuo Indion,
Ir wird muost mit mir tragen cron
Und sitzen in der maigenstät.
Disiu red hie ain end hät.
125 Doch der glob sol umer weren,
Dem schatz zuo trost, der fruht kan bern,
Der fröden frucht in min hertz.
Gelutert lieb uß rainem ertz

[137ᵛ]

---

108 brön *He₉*.   **124** ~~end~~ end *He₉*.

---

105 ›Es (das Glaubensbekenntnis) wurde häufig bekräftigt‹.   **106** ›Drei Kardinäle haben es bestätigt‹.   **108** Gemeint sind heraldisch gefärbte Siegelschnüre an einer Urkunde.   **110** lucern ›Leuchte‹.   **112** ciborg ›Ziborium, Hostiengefäß‹. **114–117** Parodistische, weil nicht aufzulösende Datierung (vielleicht steckt die Jahreszahl 1412 dahinter).   **118** an argen haß ›ohne bösartige Feindseligkeit‹. **120–123** Parodistische Konkretisierung des Kaisertopos; der ›chaldäische Kaiser‹ könnte eine Anspielung auf den neubabylonischen König Nebukadnezar (II.) sein (vgl. das biblische Buch Daniel), wozu aber die geographische Angabe ›in Indien‹ nicht recht passt.   **122f.** ›dann müsste ihre Würde mit mir die Kaiserkrone tragen und auf dem Thron der Majestät sitzen‹.   **128f.** ›Weibliche Güte hat in mir eine aus reinem Erz geläuterte Liebe hervorgebracht‹.

Hät wiplich güet in mir gepurt,
130 Der fröden gruntfest tief gemurt,
Daruf ich umer buwen sol.
I suesser zart, nun tuo so wol,
Erzög din güet alß diomant!
Gedenck, wa reht lieb nimpt obernhant,
135 Da sol gantz trü nit sin ain gast!
Bulier din hertz alß adamast!
Durchsihe min triuw nach strussen art!
Gedenck, wie Gardafies wart   *[138ʳ]*
Verkuppolt in das brakgensail
140 Und dir stetlich blib das hail,
Daruß sich all fröd sprüssen tät!
Und das sich och din rainer muot
Und din guoter wil nit von mir wend!
Und das minr fröden kogk sich lend
145 In glükes hab zuo aller stund,
Da engker rürt der fröden grunt!
Da bist du kiel und pattraun.
Din segel fert durch all vortaun.
Dar an gedenck, hab adlers muot!
150 Gedenck och, wie das bantier tuot!
Das bist du, süeser amantist.
Ach lieb fröw, ich man dich an Crist!

––––––––

132 Ysnesser *He₉*.

––––––––

130 gemurt ›gemauert‹.   **132** I ›Ach‹.   **133** diomant ›Diamant‹.   **136** ›Poliere
dein Herz wie einen Edelstein‹.   **137** ›Durchschaue meine Treue, wie der Strauß es
tut‹; dem Blick des Vogel Strauß wurden besondere Kräfte zugeschrieben.
138f. Gardafies *Anspielung auf den Jagdhund Gardivias aus der* ›Titurel‹-*Traditi-
on. Dessen prachtvolle Leine (das Brackenseil) war mit einer umfangreichen Lie-
beslehre beschriftet.*   **141** sprüssen tät ›sprieße, hervorgehe‹.   **144f.** ›Und dass
das Schiff meiner Freude allezeit in den Hafen des Glücks hineinfahre‹.
146 engker ›Anker‹.   **147** kiel und pattraun *(aus lat. patronus)* ›Schiff und Ka-
pitän‹.   **148** vortaun *(aus lat. fortuna)* ›Glücks- und Unglücksfälle‹.   **150** bantier
›Panther‹; *dem Tier wurde besondere Friedfertigkeit zugeschrieben.*   **151** amantist
›Amethyst‹.   **152** *Anspielung auf den weit verbreiteten Gebetseingang* ›Memorare
Maria‹.

Verzwifel nit, das ist min rat.
Wer dise*n* globen bi im hat
155 Und in des morges frü ansicht,
Der verbrint in kainem wasser nicht
Und hertringt nit in dehainem für.
Damit so gib ich üch zuo stür:
Sullend ir kain wil leben,
160 Das uch uwer buoln wol mugen urlob geben.
Hie hat diser glob ain end.
Got unß sin gnad send.
  Amen.

---

154 disem *He$_9$*.

154–157 *Parodie gängiger Anleitungen zum Abwehrzauber.* **157** *›und ertrinkt in keinem Feuer‹.* **159f.** *›Es soll keinen Moment in eurem Leben geben, in dem eure Geliebten euch gerne verabschieden‹.*

53. Paternoster-Parodie (Z44)

›Pater noster, vater mein,   *[179ʳᵇ]*
Ich pins, die lieb tochter dein,
Diu schön swester Else.
Mich schaidet stain noch felse   *[179ᵛᵃ]*
5 Von dir, dez solt du sein gewis.‹
Er sprach: ›nu lon dir, qui es in celis!
Sanctificetur nomen tuum.
So pist du meins hertzen drum
Daz liebest, daz ich ie gwan.
10 Hertzen-Lieb, nu sich mich an!
So haiz ich pruder Hertzen-Ger.
Mein liebs kint, ruk zu her!‹
Si sprach: ›adveniat, mein trawt,
Wird ich dein tochter und dein prawt,
15 Daz ich aus sender swer kum!
Daz haizz ich regnum tuum.‹
Er sprah: ›mein turteltawb, ja,
Fiat voluntas tua!

Text nach **Wi₈** *(Wien, ÖNB 2885; 1393), 179ʳᵇ–180ʳᵃ. Weitere Überlieferung:* **In₃** *(Innsbruck, Tiroler Landesmuseum Ferdinandeum 32001; 1456), 83ᵛᵇ–84ʳᵃ). – Bisherige Ausgaben: Zingerle 1869, 405–407 (nach Wi₈ mit Laa. von In₃); Rotermund 1964, 53f. (nach Zingerle 1869); Schmid 1985, 594f. (nach Wi₈).*

Überschrift: Der pater noster Wi₈In₃. **1** *Rote Initiale in Höhe von drei Zeilen Wi₈.*

1ff. *Parodistisch nimmt diese Minnerede sämtliche Teile des lateinischen Vaterunser unverändert auf: ›Pater noster‹ (1), ›qui es in celis‹ (6), ›Sanctificetur nomen tuum‹ (7), ›adveniat‹ (13), ›regnum tuum‹ (16), ›Fiat voluntas tua‹ (18), ›sicut in celo‹ (20), ›Et in terra‹ (21), ›Panem nostrum‹ (27), ›Cottidianum‹ (28), ›da nobis hodie‹ (34), ›Et dimitte nobis‹ (35), ›Debita nostra‹ (36), ›Sicut et nos dimittimus‹ (42), ›Debitoribus nostris‹ (43), ›Et ne nos inducas‹ (45), ›In temptationem‹ (50), ›Sed libera nos a malo‹ (51), ›Amen‹ (58).* **6** *›Er sprach: Nun mögest du belohnt sein, die du im Himmel bist‹.* **7** *›Geheiligt werde dein Name‹.* **8** *›So bist du darum das Liebste in meinem Herzen, das ich je gewann‹.* **13–15** *›Sie sagte: So möge es kommen, mein Geliebter, dass ich, wenn ich deine Tochter und deine Braut werde, aus Liebesnot befreit werde‹.* **16** *›Das nenne ich dein Reich‹.* **18** *›dein Wille geschehe‹.*

Gesamen wir uns auf ain stro,
20 So wirt uns sicut in celo.
Et in terra warts nie so gut:
Daz dein gspil Wendel-Mut
Wolt mein gesellen bedenken,
Der da haizt prudr Swenken-
25 Den-Pecher-Aus-Piz-An-Grunt.
Der tut ir klosterminne kunt.
Panem nostrum sult ir uns geben
Cottidianum und ditz leben,
Haizzen pheffer und guten wein.
30 Damit süll wir fröleich sein.
Und gut hüner in den slunt!
Daz ander flaisch ist ungesunt.
Damit so wirt uns hie,
Mein kint, da nobis hodie!
35 Et dimitte nobis, herr Krist,
Debita nostra, wan uns lib ist
Der prüder minne also lieb!
Nu ist der preiol ain dieb,
Der sleicht uns mit listen nah
40 Und pewt uns manigen schah.
Daz vergeb im Christus Jesus
Sicut et nos dimittimus

[179vb]

---

25 an *Wi₈* aus *In₃*. **27** geb] *unterhalb der Zeile Wi₈*. **31** gut hüner] hüner gut *In₃*. **36** lib] lieb *In₃*. **38** preiol] priol *In₃*. **41** verb *Wi₈* vergeb *In₃*; Christus Jesus] Jesus Cristus *In₃*.

---

20 ›so wird es uns wie im Himmel‹. **21–23** ›Und auf Erden wurde es noch niemals schöner, als wenn deine Freundin Wankelmut sich um meinen Freund kümmern wollte‹. **26** ›Der macht ihr die Klosterminne bekannt‹. **27f.** ›Unser Brot sollt ihr uns geben, täglich und (dazu) dieses (herrliche) Leben‹. **29** pheffer ›Pfefferbrühe‹. **32** ander flaisch *minderwertiges Fleisch im Gegensatz zu den guten Hühnern (V. 31)?* **33** wirt ›bewirte‹. **34** da nobis hodie ›gib uns heute‹. **35–37** ›Und vergib uns, Herr Christus, unsere Schuld, denn die so liebe Minne der (Ordens-)Brüder ist Leben für uns‹ (?). **38** preiol ›Prior, Vorsteher eines Männerklosters‹. **40** ›und bietet uns vielfältig Schach, stellt sich uns in den Weg‹. **42f.** ›wie auch wir vergeben denen, die schuldig geworden sind an uns‹.

Debitoribus nostris!
So wirt ers galgen gwis;
45 Et ne nos inducas!
Und ain pöswiht ie waz
Der lesmaister vind:
Sein zorn ist geswind.
Ich wünsch, daz in der tiefel nem
50 In temptationem.
Set libera nos a malo!‹
Des gepets werden fro   [180ʳᵃ]
Alle tugentleich kint,
Die in der dritten regel sint,
55 Die ir gemüt also keren,
Wie si mit listen gemeren
Den kloster Minne samen.
Nu sprechent alle ›amen‹.

---

44 gwis] gebis *In₃*.   **52** gepets] gepots *In₃*.   **56** gemeren] meren *In₃*.

---

44 ›*So kann er sicher sein, an den Galgen zu kommen*‹.   **45** ›*und mögest du uns nicht mehr verleiten*‹.   **47** ›*der feindselige Lehrer*‹; lesmaister *ist der Lehrer in einer Klosterschule.* **48** geswind ›*heftig*‹.   **50** ›*in Versuchung*‹; *der Teufel soll den Lehrer also zum Bösen und damit wegführen.* **51** ›*Uns aber erlöse vom Bösen!*‹   **54** *gemeint sind die sog. Terziaren, die außerhalb des Klosters nach einer Ordensregel leben.*

54. Ave Maria-Parodie (Z45)

[180ra]

›Ave, ich gruz dich, swester Anne,
Ich tun dich in gots panne,
Ob dir iemant lieber ist
Dan ich, wan du mein pule pist.
5 Davon vernim die red mein
Und hilf mir in dein kemerlein,
Daz wir uns gesamen da:
Daz haiz ich gracia plena.
Dominus tecum, roter munt,
10 Ich pin von deiner minne wunt.
Und trag an meinem hertzen qual,
Wan mich geschozzen hat dein stral.
Benedicta pist du gnant
In mulieribus übr all lant.‹
15 ›Got lon dir, pruder Otte,
Ich red ez an allen spotte:
Ich pin dir holt mit trewn.
Davon la dich nit rewn,

[180rb]

Text nach **Wi₈** *(Wien, ÖNB 2885; 1393), 180ra–180rb. Weitere Überlieferung:* **In₃** *(Innsbruck, Tiroler Landesmuseum Ferdinandeum 32001; 1456), 84ra–84rb). – Bisherige Ausgaben: Zingerle 1869, 407f. (nach Wi₈ mit Laa. von In₃); Rotermund 1964, 55 (nach Zingerle 1869); Schmid 1985, 596 (nach Wi₈).*

Überschrift: Daz Aue maria *Wi₈In₃.* **1** *Rote Initiale in Höhe von zwei Zeilen Wi₈;* Ave] Nve *In₃.* **16** *vor* spotte: so *ausradiert Wi₈.*

1ff. *Parodistisch nimmt diese Minnerede Teile des lateinischen Ave Maria auf:* ›Ave‹ (1), ›gracia plena‹ (8), ›Dominus tecum‹ (9), ›Benedicta tu‹ (13), ›In mulieribus‹ (14), ›Benedictus‹ (21), ›fruht‹ (fructus) (23), ›ventris tui‹ (33), ›amen‹ (38); vgl. auch ›In jubilo‹ (24); die Anrede ›Schwester Anne‹ bezieht sich auf den klösterlichen Kontext, entsprechend ›Bruder Otte‹ (V. 15).* **2–4** *›Ich verhänge den Bann Gottes über dich, falls du einen anderen mehr liebst als mich, denn du bist meine Geliebte‹.* **7** gesamen *›versammeln‹.* **8** *›Das nenne ich eine vollständige Gnadengewährung‹.* **9** *›Der Herr sei mit dir, roter Mund‹.* **12** *›weil mich dein Pfeil getroffen hat‹.* **13f.** *›Du wirst überall die Gesegnete unter den Frauen genannt‹.* **16** an *›ohne‹.*

    Ob du dinst mir.
20   Sol ich leben, ich lon dir.
    Benedictus müst du sein:
    Ich loz dich auz aller pein.
    Wirt dein fruht mir geben,
    In jubilo süll wir leben.
25   Doch so muz ich sorgen,
    Wie *ich ez* trag verporgen
    Vor meiner maistrin überher.
    Ich wolt, wer si in dem mer
    Versunken vor manigem tag:
30   So het ain end mein klag
    Und lebt denn an allen pein
    Und wolt mit dir froleich sein.
    Der spiegl ventris tui,
    Der macht mich sorgenfri,
35   Wan ich ze allen zeiten prinne,
    Pruder Ott, nah deiner minne.
    Davon kum her mit schall!‹
    Nu sprecht ›amen‹ all.

---

23 fructus *in* fruht *korrigiert Wi*$_8$.   **26** ez *Wi*$_8$ ichs *In*$_3$.   **27** vbr hör *Wi*$_8$ überher *In*$_3$.   **38** sprecht] sprechent *In*$_3$.

---

21 ›*Gesegnet sollst du sein*‹.   **22** loz ›*löse*‹.   **24** In jubilo ›*in Freuden, im Jubel*‹, *dies ist das einzige lateinische Zitat, das nicht dem* ›*Ave Maria*‹ *entstammt; evtl. ist von einem Lied- oder Bibelzitat (z. B. Ps 46,6:* ›*Ascendit Deus in jubilo*‹*) auszugehen.*   **27** ›*vor meiner übermächtigen (Kloster-)Vorsteherin*‹.   **28** ›*Ich wünschte, sie wäre im Meer*‹.   **33** ›*Der Spiegel deines Leibes*‹, *gemeint ist wohl der nackte (wie ein Spiegel hell glänzende) Bauch oder Unterleib.*

55. Der Allerfrauenhold (B11)

[99va]

Ich han gehört al min tag:
Wer von im selber arges sag,
Und ez im doch nit kan gefrumen,
Das der selten solti komen
5 Zen lüten, wan er da gesicht,
Das er hernach ze mer vergicht.
Wan wer sin laster selb gesait,
Das betüt unstätikait.
Dez selben ich mich nie geflaiß,
10 Wan ich alz minen tot waiß
Daz stäter hertz nit mag gesin.
Doch das ich hie so klaffig bin,
Das schaft min minnegernder mut,
Der ist gen allen frawen gut

Text nach **Ka₃** *(Karlsruhe, BLB Hs. Donaueschingen 104 [›Liedersaal-Handschrift‹];
um 1433), 99ᵛᵃ–100ʳᵇ. – Neben den allgemeinen Editionsrichtlinien gilt für diesen
Text: Geminationen wie ff, nn und tt wurden stillschweigend vereinfacht, wo sie
weder vom Mhd. noch vom Nhd. her nachvollziehbar sind (z.B. werden statt wer-
denn). Die nicht ausgeführten Zwischeninitialen in Ka₃ werden nicht gesondert im
Apparat vermerkt, sondern stillschweigend ergänzt. – Bisherige Ausgabe: Lassberg
1822, 165–168 Nr. 119.*

Nachgetragene, neuzeitliche Überschrift: CXVII allen frauen hold *Ka₃.* **1** *drei-
zeilige Initiale nicht ausgeführt Ka₃.*

1–8 *Diese Minnerede ist ein (ironisches?) Selbstbekenntnis eines Mannes, der
wahllos alle Frauen begehrt, weil seine geliebte Dame ihn ablehnt. Das ist in der
Minneredentradition ebenso ungewöhnlich wie die Selbstkommentierung dieses
Bekenntnisses in den ersten Versen: Wer eingesteht, dass er etwas Negatives tut
(etwas, das den Tugenden der Minne widerspricht), wird als unbeständig bezeich-
net. Der Verweis des Sprechers darauf, dass er das oft gehört habe, markiert viel-
leicht eine Regel des Diskurses: dass man nämlich in der Minnekommunikation
nichts von sich sage, was ein schlechtes Licht auf einen selbst werfen könnte;
andernfalls dürfe man nicht mehr unter den Minnenden sein.* **3** ›wovon er keinen
Nutzen haben kann‹. **5f.** ›weil er dort das sieht, was er danach weitererzählt‹.
8 ›das wird ihm als Unbeständigkeit ausgelegt‹. **11** ›dass es kein beständigeres
Herz (als meines) geben kann‹.

15   Also, das ich kain versprich
      Durch kainen wandel, den ich sich.   *[99ᵛᵇ]*
      Ist aini groß, si gevelt mir wol,
      Wan ain getrüwer armvol
      Des nachtes an dem bette bi,
20   Mit dem lebt ich sorgen fri.
      Welch fro ist clain und gefüg,
      Dü wär zutätig und clug,
      Dü müsti tun nach miner gir,
      Wes ich zu gedächte ir.
25   Singt aini wol und ist gesprech,
      So denck ich, daz ez nieman säch:
      Ir munt küst ich mit fröden drat
      Und wär gar uf selden pfat.
      Sich ich ain blüg, die nit enkan
30   Singen, sagen, das ist der man,
      Der tät ich durch ir ainfältikait,
      Das miner muter dick erlait.
      Kan aini tantzen, springen,
      Möcht mir an der gelingen,
35   Mit ir den appenzeller ich
      A*m* bett kond treten waidenlich.
      Welch fro mit spruchen, die si kan,
      Wil vertriben jeder man,
      So denck ich, het ich s*tunt* und stat,
40   Daz ich si bät, ich spräch ir mat.

---

36 Ain *Ka₃*.   **39** samt *Ka₃*.

---

15 ›von solcher Art, dass ich keine zurückweise‹.   **18** armvol *gemeint ist die Geliebte, die man im Arm halten kann, hier mit der Konnotation, dass man bei einer* ›großen‹ *Frau* ›viel‹ *im Arm hält.*   **22** zutätig ›*umgänglich, sich anschmiegend*‹; clug ›*fein, gewandt*‹.   **29f.** ›*Sehe ich eine Schüchterne, die nicht singen und nicht sagen kann: Das ist der Mann!*‹; *gemeint ist wohl: eine, die seine Männlichkeit nicht erkennt.*   **32** ›*was meiner Mutter oft Leid machte*‹; *gemeint ist wohl, sie zu schwängern.*   **35** appenzeller *vermutlich der (sonst nicht belegte) Name eines Tanzes.*   **39f.** ›*so denke ich, dass ich sie im Gespräch matt setzen könnte, wenn ich Zeit und Raum hätte, sie (um ein Gespräch) zu bitten*‹.

Kan aini schriben und lesen,
Der wölt ich miner ainig wesen,
Wan si mir mit ir zarten hant
Schrib, daz mir wol tät bekant,
45 Wie ich mich halten sölt gen ir,
Daz si nimer wort spräch mit mir.
Ich näm ain kurtzes fröwelin
Und ließ ainem suren win,
Der im zergrimi sinen buch
50 Und im sin zungen machti ruch.
Ain lengi tät mich frölich sin,
So ich wolt varen über Rin,
So hüb si mit dem ruder
Und zerhew wassers ain fuder.
55 Schüst mich ain fro mit ainem blick,   *[100^(ra)]*
Dü wirft mich in sölichen strick,
Das ich irs widergilt ze hant,
Solt ich sin komen umb ain lant.
Bi zwölf jaren ain fröwelin
60 Näm ich und ließ min wainen sin.
Mit dem wölt ich gemache han
Und alles truren abelan.
Ain fro, die vil der jar hat
Und mit lustlicher wat
65 Ir alter kan vergulden,
Möcht ich mich der gehulden,
So gert ich kainer fröde me.
Ich trag nach jamer lieplichs we.
Hat aini golt varwes har und lang,
70 Solt ich mit der ain undergang

---

42 ›*mit der würde ich ganz allein sein wollen*‹.   **47** kurtzes ›*kleingewachsenes*‹; *die Beziehung zwischen der Körpergröße der Frau und der an oder mit ihr vollzogenen Handlung ist unklar.*   **48** ließ ›*überließ es (das* ›*Fräulein*‹)‹.   **49f.** ›*der ihm seinen Bauch angriffe und seine Zunge rauh machte*‹.   **53f.** ›*so würde sie mit dem Ruder beginnen und ein Fuder Wasser zerspalten*‹.   **57f.** ›*dass ich sofort das Gleiche mit ihr mache, auch wenn ich dadurch ein ganzes Land verlieren sollte*‹.   **70** undergang ›*Begegnung*‹.

Han, darumb wölt ich nit me
Nachtes gan als ich tät e.
Ob aini alli mini ding
Zu bösten kert, daz wäg ich ring,
75 Als ich waiß; ain faiges wib,
Der tät ich durch den selben lib,
Daz ich miner swester nit wolt tun,
Darumb, daz si mir geb ain sun.
Ain wissi fro mit liechtem schin
80 Fröti baß das hertze min
Den dü wild faßnacht,
Swig si und hörti mich an bracht.
Ich ächt it uf ain klainen schaden,
Het ich in ainem tunckeln gaden
85 Ain brün, ain blaich, ain swartz bi mir,
Daz gestöß wirt alles ir.
Das ichz mit kurtzen worten slicht:
Welch fro min ög an sicht,
Die gut gebärd und wandel hat,
90 Dez nachtez si mich nit ruwen lat.
Doch vor in allen sunder pin
Lieb ich die zarten frowen min,
Der ich mich ze ainem knecht ergab,
Do ich rait kintlich uf ainem stab,
95 Und mocht hart mit sölicher not,   [100rb]
Daz mir wäger wer der tot.
Die rain hat solich volkomenhait,
Die götlichi wishait,

71f. ›dann würde ich nachts nicht mehr herumgehen, wie ich es früher tat‹.
73–76 ›Falls eine alle meine Angelegenheiten heruntermachte, würde mich das
nicht kümmern, wie ich weiß; auch einer frechen, schamlosen Frau würde ich
nämlich ihres Körpers wegen zufügen‹. **78** sun ›Sühne, Wiedergutmachung‹.
79 wissi ›weiße, weißgewandete‹. **80–82** ›würde mein Herz mehr erfreuen als
die wilde Fastnacht, wenn sie schweigen und mich ohne großes Gerede anhören
(erhören?) würde‹. **83** ›Ich würde eine kleine körperliche Beeinträchtigung nicht
weiter beachten‹. **84** gaden ›Kammer‹. **87** slicht ›klarmache‹. **95** ›und
vermochte es nur mühsam und mit solch einer Not‹. **96** wäger ›lieber‹.
98–101 ›die Weisheit Gottes wird, wie ich glaube, in diesem Zeitalter niemals mehr
irgendeinem Menschen solchen Verstand und solche Vernunft verleihen‹.

Als ich wän, in disem zit
100 Niemer me kainem menschen git,
Sölich sin und och vernunft,
Mit guter gebärd alle kunst,
Vor der mir nie liebers wart.
Dez swer ich bi der jungsten vart,
105 Die min sel von hinen tut.
Si hat ernsthaften mut.
Dez selben ich mich wenig tröst,
Wan si vermartert und verröst
Min hertz in haisser minne glut,
110 Daz es in unstätem mut
Zu andern frowen naiget sich,
Wie das ir kaini si ir gelich.
So nim ich doch daz mich genimpt.
Aim armen nimmer daz gezimpt,
115 Daz er lieb hab ain vetter arn,
Und salterfrowen lassi varn.
Sust ist mir wol zu aim armen leben.
Wölt aber mir dü küschi geben
Ir gruß mit gantzer stätikait,
120 So wölt ich sweren tusent aid,
Das ich min kumberhaftes leben
Allain ir wolt ze dienst geben
Und daz niemer giengi ab,
Undtz das man mich toten trüg ze grab.

---

102 ♭ gebärd *Ka₃*. **109** hert *Ka₃;* mine *Ka₃*.

---

112 Wie das ›obwohl‹. **114–116** *›Von einem Armen kann man nicht erwarten, dass er einen armen Verwandten lieb habe, und Betschwestern eine Absage erteilt‹.*
123 *›und dass ich nie wieder abschweifte‹.*

56. Die Graserin (B23)

[208ᵛ]

Die minn ist wunderlich gemuott:
Sie tuott manigen schnöden guott
Und efft dabei manigen man,
Der ir vil wol gedienen kan.
5 Aller ding hatt sie gewallt.
Sie äfft jung und auch allt,
Sie irret alles, das da ist.
Dawider gehörtt weder sin noch list.
Sie höhet und nidertt,
10 Sie raubts und widertt,
Sie setzt und entsetzt,
Sie hailet und letzt,
Sie pringt hail und unhail,
Sie macht offt fro und gail
15 *All, die ir gefert suchen.*
Darumb sol man ir nicht fluchen,
Wan solt die minn si all gewern,
Die ir helff suchen und gern,

Text nach **He₁** *(Heidelberg, UB Cpg 4; 1455–1479), 208ᵛ–210ᵛ (die Verse sind nicht abgesetzt, die Versgrenze wird konsequent markiert; auf 210ᵛ rote Verzierungen der Versanfänge). Weitere Überlieferung:* **Dr₂** *(Dresden, SLUB Mscr. Dresd. M 65; 1415–1430), 1ʳᵃ–1ᵛᵇ. – Bisherige Ausgabe: Keller 1846, Bd. 1, 4–10 Nr. II (nach He₁).*

Überschrift: Die rede von ainer graserin *(rote Überschrift mit blauer Initiale)* He₁ Ain spruch van ainer grasserin *Dr₂.* **1** *Rote Initiale in Höhe von fünf Zeilen He₁.* **4** ir *ist überschrieben He₁;* vil *fehlt Dr₂.* **5** Alle *He₁* Aller *Dr₂.* **6** auch *fehlt Dr₂.* **7** das da ist *unterhalb der Zeile He₁.* **8** D *Initiale He₁;* Daz weder hort singt oder list *Dr₂.* **9** S *Initiale He₁.* **10** raubts] rawbt *Dr₂;* widertt] fidert *Dr₂.* **14** offt *fehlt Dr₂.* **15** Die irn werde gesuochen gertt *He₁; Vers nach Dr₂ eingefügt, ebenso V. 16–18.* **16–18** *fehlen He₁.*

2–4 ›*Sie behandelt viele Unwürdige gut und macht zugleich manchen zum Narren, der es versteht, ihr richtig zu dienen*‹. **8** ›*Dagegen hilft weder Klugheit noch List*‹. **10** widertt ›*gibt zurück*‹. **17** ›*denn wenn die Minne sie alle erhören würde*‹.

So wer die minn nicht wertt,
20 Wann ir so manig esel gertt
Und ouch so maniger schnöder gauch.
Derselben bin ich ainer auch.
D*och* wie tumb ich bin der sinn,
So waiß ich, das hohe minn
25 Gibt hohen mutt und swerttes nott.
Nidere minn ist *a*n fröuden todt.
Davon so will ich ir nit achten
Und will legen mein getrachten
Auff aine, die mir gehelffen kan.
30 Als ich selb bin ain man,
Also hon ich mich gesellet.
Ob ir es hören wöllet,
So sag ich euch meinen gelingen
Von minneklichen dingen,
35 Wie mir gelingt mit meiner frawen.
Zu holtz, zu wisen und inn den auwen
Hatt mir gott gegeben
Ain viel wunnekliches leben:
Den summer ie ain graserin,
40 Den winntter ain stubenhaitzerin.
Wenn uns dann kompt die summerzeitt,
Die allen hertzen fröde geitt
Und wir unns beratten,

---

19 wer] wurd *Dr₂*; nicht wertt] gar vnwert *Dr₂*.   **21** schnöder *fehlt Dr₂*.   **23** Da *He₁* Doch *Dr₂*.   **25** Gibt] Pringt *Dr₂*; swerttes] wendt *Dr₂*.   **26** ern *He₁* an *Dr₂*. **27** so *fehlt Dr₂*.   **28** Vnd ich leg alls mein trachten *Dr₂*.   **29** gehelffen] helfen *Dr₂*.   **30** Als] Recht als *Dr₂*.   **36** zu wisen] wisen *Dr₂*.   **37** Hatt mir] Daselbez hat mirs *Dr₂*.   **38** Ain viel] Schons vnd *Dr₂*.   **39** Den] Jn dem *Dr₂*; ie *fehlt Dr₂*. **40** Den winntter] Des wintters *Dr₂*.   **41** Wenn uns dann] Vnd wann vns *Dr₂*; die summer] der sumers *Dr₂*.   **43** Und] So gee *Dr₂*.

---

25 ›*schenkt Hochstimmung und führt zu lebensgefährlichen Kämpfen*‹.   **28f.** ›*und will mich einer zuwenden, die mir helfen kann*‹.   **33f.** ›*dann erzähle ich euch von meinem guten Erfolg in Sachen Minne*‹.   **43** beratten *hier* ›*verabreden, treffen, einrichten*‹.

Inn kainer kemenatten
45 Noch in kainem paumgartten
Darff man unser nitt wartten.
Die lieb spricht, meins hertzen fraw:
›Waist du iendertt ain aw,
Darein sullen wir gon nach gras.
50 Kume hernach, biß nicht ze laß!‹
Was acht ich auff werde ritters frawen?
Die laussent sich in frouden schauwen
Inn dem liechten maien
Und bei prunnen sicht man sie raien.
55 Die tuondt, sam in gepeutt ir artt.
Also heb ich mich auff die fartt,
Als mir mein lieb vor hat gesaitt
Und bin denn willigklich beraitt.
Ich lauff die schlicht und die krumm
60 Und sich zu baiden seitten umb,
Wie ich paldt ouch kome dar,   *[209ᵛ]*
Das sein niemant werd gewar,
Und kume dar, da sie warttet mein,
Die vil lieb fraw graserein.
65 So tuott sie paldt gahen.
Ain fruntlich umbfahen
Von uns baiden da geschicht.
Sie fürtt mich alhin die richt

---

46 unser] vnß *Dr₂*. **47** Die *fehlt Dr₂*. **48** iendertt] nidert *Dr₂*. **49** sulle *He₁*
well *Dr₂*. **50** biß nicht ze laß] vnd sej nicht lass *Dr₂*. **51** ich] acht *Dr₂*; werde
fehlt Dr₂. **53** Inn dem liechten] Kegen diesem werden *Dr₂*. **54** Ob kuelen prun-
nen rayen *Dr₂*. **55** sam] als *Dr₂*. **56** Also] Vil pald *Dr₂*. **57** vor hat] hat vor
Dr₂. **58** denn] ir *Dr₂*. **61** W *Initiale He₁*; Vil pald kom ich dar *Dr₂*. **62** iemant
He₁ niemant *Dr₂*; D *Initiale He₁*; werd] wart *Dr₂*. **63–65** Sein wirt auch niemant
jnn | Denn mein liebe grasserinn | Sy tut pald mit gahen *Dr₂*. **68** alhin die richt]
hin gar gericht *Dr₂*.

---

48 iendertt ›irgendwo‹. **50** laß ›träge‹. **54** ›und man sieht sie an Quellen den
Reigen tanzen‹. **55** ›Sie verhalten sich so, wie es ihnen ihr Wesen vorgibt‹.
59 ›Ich gehe den geraden Weg und den Umweg‹. **68** ›Sie führt mich geradewegs
hin‹.

Under die grönen püschen,
70 So war wir frölich tuschen
Vor der haissen sunnenglanntz.
Aller erst ist unser fröude ganntz,
Als wir ligen an der leitten.
Ich greiff zuo baiden seitten
75 Gen irem leib, der ist nicht lindt:
Sie hatt der reiff und der windt
Zerfürtt und zerplätt.
Ir hembt stett ungenätt
Zu baider seitten mitt weittem schrantz.
80 Sie ist niden von dem schwantz
Nass von tauw untz auff die knie.
Ich wöllte auff zwölff betten hie
Dieselben weil nicht rasten,
So ain lieblich taschten
85 Geschicht, so wir ligen unvermeldt;
Ich wöllt under aines kaisers zeldt
Dieselben weil nit schlaffen.
Mich darff niemant straffen,
Ob ich bin ungeschaiden,

69f. Vnder ains grünen pawms dach | Durich liepleichen gemach *Dr₂*. **70** So wer wir *He₁*. **72** Aller erst] Als denn *Dr₂*; unser] vnß *Dr₂*. **73** Wir legen vns an die leiten *Dr₂*. **74** zuo] ir ze *Dr₂*. **76** Sie] Den *Dr₂*. **78** stett] ist *Dr₂*. **79** Das hat an seiten werte släntz *Dr₂*. **80** von] by *Dr₂*. **83** weil] zeit *Dr₂*. **84** So ain lieblich] Ein freuntlich vmb *Dr₂*. **85** so wir ligen] von vns *Dr₂*. **86** under aines] in ains *Dr₂*. **87** weil] czeit *Dr₂*. **89** bin ungeschaiden] da sey vmbeschaiden *Dr₂*.

---

70 ›wo auch immer wir uns fröhlich verbergen‹. **73** leitten ›Abhang, Hügel‹. **75** lindt ›weich, zart‹. **76f.** ›Der Reif und der Wind haben sie zerwühlt und zerzaust‹. **79** schrantz ›Schlitz‹. **80** schwantz hier ›Schleppe eines Frauenkleides‹. **84** taschten ›Tasten, Anfassen‹. **85** unvermeldt ›heimlich‹. **88–90** ›Niemand braucht mich zu tadeln, wenn ich mich ungebührlich verhalte, denn wir haben beide Spaß daran‹.

90 Wann der schimpff geschicht von uns baiden.
     Sie spricht: ›ruck her näher baß!‹
     Die weil hatt sie ain pürde gras
     Hinden auff den ars geschürtzt
     Und hat sich da nider gestürtzt.
95 All scham ist uns da fremdt.
     In den sattel auff ir hembdt
     Knie ich mitt gracktem gsper.
     Ich darff kain zawmfürer,
     Der mir mein rößlin dürff weisen:
100 Sie hebt mir herwider zuo preise.
     So tuo ich meinem rößlin ain *just*
     Und hauw dar mitt vollem lust.
     Wurtt mir dann der helm abgestochen,
     Das bleibt nicht ungerochen
105 Von zwain stoltzen knaben,
     Die da hindan nacher draben,
     Die schlahen auff zwain paugken schal,

90 Der schimph der liebt vns paiden *Dr₂*.　**91** Sie Ruckt mich pald hin neher paß *Dr₂*.　**92** Die weil] Behennde *Dr₂*.　**93** Hinden auff den ars] Auf jren Ruk *Dr₂*. **94** Von mir wirt sy hin nider gesturczt *Dr₂*.　**95** Vns ist all schame fremde *Dr₂*. **96** In] Hinder *Dr₂*.　**97** gsper] sper *Dr₂*.　**98** kain zawmfürer] kains tzawm füer *Dr₂*.　**99** Der mich all da durf weisen *Dr₂*.　**100** her *ist überschrieben He₁*; Si halt mirs herkegen nach prejssen *Dr₂*.　**101** rust *He₁*; Meinem Rosse tuen jch ain jusch *Dr₂*.　**102** dar] drin *Dr₂*.　**103** dann der helm] der helm da *Dr₂*.　**104** nicht *fehlt Dr₂*.　**106** da *fehlt Dr₂*.　**107** auff zwain paugken schal] an mit liben schall *Dr₂*.

92f. ›*Währenddessen hat sie einen Grasballen hinter dem Po zusammengescho-ben*‹.　**96–107** *Die Sexualmetaphorik bedient sich hier der Bildlichkeit von ritter-lichem Zweikampf zu Pferde und von Turniergeschehen.*　**98** ›*Ich brauche keinen Zaumführer*‹.　**100** ›*Sie bietet sich mir vorzüglich an*‹.　**101** just ›*Tjost, Stoß mit der Lanze*‹, *vgl. V. 97; die in den Wörterbüchern angenommene (und vor allem mit dieser Stelle belegte) Bedeutung für* rust ›*Ruhe*‹ *ergibt hier im Kontext und syntak-tisch wenig Sinn.*　**103** *gemeint ist hier wohl die zurückgestreifte Vorhaut des Pe-nis.*　**105** *gemeint sind die Hoden.*　**107** ›*die schlagen laut auf zwei Pauken*‹ (*auf die Pobacken der Frau?*).

Untz das die lieb fraw nachtigall [210ʳ]
Kumpt über unns auff die stauden
110 Und singt, untz wir verschnauden.
Alle die hoher minn pflegen,
Die müssen sich solichs schimpffs verwegen
Und türren sein nicht treiben
Mitt minneklichen weiben.
115 Wenn sie in dienent in helm und in platten,
So lig *ich bei der lieben im* schatten;
Wenn sie hallten an der sunnen
Und mitt schwaiß sind umbrunnen,
So hör ich der clainen vögelin gsangk
120 Under meiner graserin umbfangk.
Das tuott mich paß sorgen par.
Also vertreib ich den summer gar
Zuo holtz, zuo wisen, inn den auwen
Und sen mich nach kainer frawen,
125 Wann wöllt ich hoher minn begern,
So wurd man mich vil paldt gewern,
Das man mich würff ain stieg ab.
Des ich sunst kain sorg nicht hab.
Wenn unns denn kompt der wintter kallt,
130 So württ unnser fröudt manigfallt.
Wenn die nächt werden langk,

---

108 U *Initiale He₁;* So kompt die edel fraw nachtigall *Dr₂.* **109** K *Initiale He₁;* Vber vns auf die stawden *Dr₂.* **110** Und] Se *Dr₂.* **112** Die *fehlt Dr₂.* **113** Und] Wann sy *Dr₂.* **114** minneklichen] hochgelapten *Dr₂.* **115** in dienent] dienn *Dr₂;* in platten] platten *Dr₂.* **116** an dem *He₁* ich bey der lieben jm *Dr₂.* **117** Wenn sie] Vnd *Dr₂.* **118** umbrunnen] vberunnen *Dr₂.* **119** gsangk] sank *Dr₂.* **120** Under] Vnd *Dr₂.* **121** Dar tüt mir aller sargs pär *Dr₂.* **122** *Nach diesem Vers bricht der Text in Dr₂ ab.*

---

110 verschnauden ›verschnaufen‹. **112** ›die müssen auf solchen Spaß verzichten‹. **115** platten ›eiserne Brustplatten, Rüstung‹. **118** ›und sind schweißüberströmt‹. **121** ›Das befreit mich wirkungsvoller von den Sorgen‹. **126f.** ›so würde man mich rasch erhören, aber in der Form, dass man mich eine Treppe hinabwürfe‹.

So tuon ich manigen umbgangk
Für meines lieben vensterlein.
So hatt die swartz gewartt mein:
135 Sie laufft hinhinder und herfür,
So wartt ich bei der hindern tür;
So hatt sie sich beratten
Und schleußt mich inn die kemnatten,
Da die kelber inn schlaffen,
140 Oder sie setzt mich zu den schaffen
Und spricht: ›lasse dich nicht belangen!‹
Vil schier kompt sie gegangen,
Als der wirtt entschlaffen ist.
Als ain plinden zu der frist
145 Weißt sie mich datz der stuben ein.
So spricht die haitzerin mein:
›Mir was dis weil für dich langk.
Nun setz dich nider auff die banck!‹
Die stub ist auß der massen warm.
150 Sie spinnt flachs, so wind ich garn.
Zu dem ofen auff die prugg
So fellt sie selber an den rugg.
Von uns württ wunderlich gefaren:
Die zwai cleublin mitt garn,
155 Die ich vor gewunden hon,
Die hencke ich da undten daran   [210ᵛ]
Und stoss ir ain spindel in den kragen.
Künden mir drei weber sagen,
Die da hinden nacher giengen,
160 An welichem tail die kleulin hiengen,
Die wöllt ich wol vermeren,

---

156 D *Initiale He₁.*   **157** V *Initiale He₁.*

---

134 swartz ›*schwarze Frau*‹, *gemeint ist die rußgeschwärzte Heizerin (vgl. V. 146).*
141 ›*und sagt: Sei nicht ungeduldig*‹.   **144** ›*Wie einen vorübergehend Blinden*‹.
145 datz ›*dort zu*‹.   **150–157** *Die Sexualmetaphorik bedient sich hier der Bildlichkeit vom (Garn)Spinnen.*   **151** prugg ›*Brücke*‹, *ein erhöhtes Sitzgerüst aus Brettern am Ofen.*   **152** rugg ›*Rücken*‹.   **154** cleublin ›*Knäuel*‹, *hier metaphorisch für die Hoden.*   **157** kragen ›*Hals*‹.   **160** kleulin *vgl. V. 154.*   **161f.** ›*dann würde ich von diesen wohl herumerzählen, dass sie gute Meister wären*‹.

Das sie guote maister wären.
Also vertreib ich den winnter langk
Und acht nicht auff der wachter gsangk,
165 Als sie pflegen hoher minne.
Die legen alle ir sinne,
Wenn der wachter verkündt den tag,
Das sie dann unvermeldt durch das hag
Komen inn der schwärtze hin.
170 Der sorgen ich wol entladen pin
Und schlaff gar one alles sorgen,
Wann mich weckt all morgen,
So es an meiner zeit ist,
Des wirttes schwein inn dem mist,
175 Wenn sie gen dem tag erkeren.
Was möcht mir dann geweren?
Also gätt mir der winnter hin.
Hette ich zuo hoher minn sin,
Daran wurd ich vil leicht betrogen
180 Und törßtz also vil baß wogen,
Dann das ich hoher minn gertt.
Die were mir heur teurer dann vertt.
Davon will ich mich niemantz anders understaun,
Sunder an meiner graserin ain benügen hon,
185 Wann si ist meines hertzen wunn
Und lücht in meinen ougen als die clare sunn.
Davon laß ich die vogel sorgen
Den aubent und auch den morgen
Gen dem hertten winnter kallt.
190 Wa sie stondt im hag oder waldt,

164f. ›und kümmere mich nicht um den Gesang der Wächter, wie diejenigen, die hohe Minne pflegen‹. **166** ›Diese verlegen ihr ganzes Sinnen darauf‹. **169** inn der schwärtze ›(noch) in der Dunkelheit‹. **175** erkeren ›laut schreien, grunzen‹. **176** geweren ›fehlen‹. **180** ›und erlaube mir, darauf besser zu verzichten‹. **182** ›Die wäre mir dieses Jahr noch unerreichbarer als letztes Jahr‹. **183** ›Deshalb will ich mit niemand anderem schlafen‹. **187–190** ironische Anspielung auf die topische Verbindung der Minne mit den Jahreszeiten und dem Vogelgesang.

So will ich von meiner graserin nicht wencken,
Sunder mit fröuden an sie gedencken
Von tag zu tag ie mer,
Wa ich im landt hinker.
195 Wann gott, der herr, der mer
Ir güettig weiblich er.
Das wünsch ich ir mitt trüwen
Gen disem säligen guoten neuwen.

---

198 *Nach dem Text, abgesetzt:* Amen | Anno 1479 Dominica reminiscere *He₁ (= der zweite Fastensonntag, d. h. der 7. März 1479).*

---

191 *›so werde ich mich von meiner Graserin nicht abwenden‹.* **195f.** *›Nur möge der Herrgott ihre gütige Frauenehre vermehren‹.* **197f.** *Schlussformel eines Neujahrsgrußes.* **198** *neuwen ›Neujahr‹.*

57. Grobianische Werbungslehre (Z78)

Gesell, die lieb sol man alzo erwerben: [46ʳ]
Man sol si hinden ansehen, wie si hab ein kerben,
Auff welche du tregst mut, sin und dein hertz.
Wo zu ir kumbst, ein wenig mit worten schertz.
5 Es ist recht, das einer ir thue zucht und ere peweisen,
So mag si vor liebe den ars vor einem zereissen.
Begegnet si dir, leich ein wenig hinden,
Lug eben auff, wormit si kindt umbgan.
Thuet si sich ein wenig herumblencken
10 Und mit einem aug auff dich wencken,
Acht tag und nacht auff dich finden,
(›Ach, solt der mich heinnacht ein mal oder iii wol minnen!‹),
Auff den andren tag, so si dir pegegnet und aneplick,
Gesell, gedenck dich flux und nit erschrick:
15 ›Seit gegrust, fraw zarte ob allen weiben!
Solt ich mein zeit mit euch vertreiben?‹
Und wirtt si dir die hant raichen, als si thund pflegen.
Get dir dann der *[Zeichnung]*, piß geschickt und solt irn in die hant geben.
Sprich: ›fraw, gefelt er euch, ich muß minnen oder ich wirff euch ein stein an
    kopff,

Text nach **Be₁₂** *(Berlin, SBB-PK Ms. germ. quart. 495 [›Kuppitschs Hs. O‹]; um 1500),
46ʳ–46ᵛ. – Neben den allgemeinen Editionsrichtlinien gilt für diesen Text: nn wurde
stillschweigend vereinfacht, wo es weder vom Mhd. noch vom Nhd. her nachvoll-
ziehbar ist (z. B. werden statt werdenn). – Bisher unediert.*

1 *Lesung des ersten e in Gesell unsicher Be₁₂; erweben Be₁₂, wie bei keben (V. 2)
greift der Nasalstrich am Wortende auch ins Wortinnere hinein und fungiert viel-
leicht gleichzeitig als r-Haken.* **2** d̶i̶e̶ si *Be₁₂;* keben *Be₁₂.* **4** wortz̄ *Be₁₂.* **13** *Vir-
gel nach* tag. *Be₁₂.* **14** Sie soll *Be₁₂.* **17** pfelegen *Be₁₂.* **18** *nach* der *ist ein Penis
gezeichnet Be₁₂.*

---

1 lieb ›Geliebte‹. **5** peweisen ›erweisen‹. **7** leich ein wenig hinden ›spring ein
bisschen zurück‹. **8** ›beobachte genau, wie sie sich verhält‹. **9** herumblencken
›hin und her wenden, umblicken‹. **11** ›stets darauf sinnt, dich zu finden‹.
12 heinnacht ›heute Nacht‹. **18** solt irn ›du sollst ihn ihr‹.

20 Das ir umblaufft recht als ein topff,
Wann er ist von adel hochgeporen.　　　　　　　　　　　*[46ᵛ]*
Er kraet euch wol, daz es kitzelt hinder den oren.
Darumb, fraw, macht es nit lang, pesindt euch recht:
Er ist mein her und lidr nit der knecht.‹
25 So wirt dir die mait daz hauß von worten formiren
Und dich heissen kumen und ir hofiren
Und nach dem hofiren eingelan.
Darnach thue, als ein rechter man sol pestan.
Solch ist von Jorgen N mit dem zerß gescriben worden,
30 Des offt erdencken ist in menchen hurenorden.

---

23 mocht *Be₁₂;* pesundt *Be₁₂.*　**24** Es *Be₁₂.*　**26** *zweites* und *korrigiert aus* ir *Be₁₂.*
29 N *Lesung unsicher Be₁₂.*　**30** Das *Be₁₂.*

---

22 kraet ›krault, liebkost‹.　**24** lidr ›leider‹.　**25** von worten formiren ›mit Worten ausmalen, beschreiben, nennen‹.　**26** ir hofiren ›um sie werben‹.　**28** pestan ›standhalten‹.　**29** zerß ›Penis‹.　**30** ›an den man oft denkt im Kreise der Prostituierten‹.